U0717493

新版
宗教史
丛书

任继愈 总主编

道教史

DAOJIAOSHI

卿希泰 唐大潮 著

江苏人民出版社

图书在版编目(CIP)数据

道教史/卿希泰,唐大潮著.--南京:江苏人民出版社,
2006.1(2025.6重印)

(新版宗教史丛书/任继愈总主编)
ISBN 978-7-214-04137-1

Ⅰ.道… Ⅱ.①卿…②唐… Ⅲ.道教史-世界
Ⅳ.B959.1

中国版本图书馆 CIP 数据核字(2005)第 119780 号

书　　　　名	道教史
著　　　　者	卿希泰　唐大潮
丛书总责编	府建明
责 任 编 辑	王保顶
装 帧 设 计	刘葶葶
责 任 监 制	王　娟
出 版 发 行	江苏人民出版社
地　　　　址	南京市湖南路 1 号 A 楼,邮编:210009
照　　　　排	南京凯建图文制作有限公司
印　　　　刷	江苏凤凰扬州鑫华印刷有限公司
开　　　　本	652 毫米×960 毫米　1/16
印　　　　张	32.5　插页 2
字　　　　数	400 千字
版　　　　次	2006 年 1 月第 1 版
印　　　　次	2025 年 6 月第 15 次印刷
标 准 书 号	ISBN 978-7-214-04137-1
定　　　　价	88.00 元

(江苏人民出版社图书凡印装错误可向本社调换)

新 版 总 序

任继愈

距离组织编写这套宗教史书至少有 15 个年头了。15 年来,我们国家发生了值得骄傲的变化,世界格局也发生了巨大的变化。在这样形势下,出版社还要求再出新版,说明这套读物还有读者群,还有社会需要。

最初编写的目的比较简单:我们对于宗教缺乏知识,尤其是对于世界性宗教,缺乏系统的、客观的知识;而通过对宗教史的基础研究,可以是补上这一课的一个好方法。因此,在研究和写作过程中,参加编写的同志普遍注意到社会史与宗教史的关系,宗教信仰与宗教神学的关系,同时也探讨了诸多宗教派别的各自特色,以及它们得以形成的原因。在语言上,尽可能简练明晰,争取蕴涵的内容充实一些,可读性强一些。虽然在方向上是这样定的,但具体做起来,各本书的风格还是有差异的。

研究世界宗教,学习宗教知识,是当年毛泽东同志的提议。而今国内外宗教形势的演变,证明这一提议是多么的富有远见。我们当年编写这套宗教史书,主要是给大学文科学生作选修课教材用的。到了现在,我感到一些有关的领导也不妨翻翻,或许有助于更全面地了解当前世界奇谲多变的局势,认识宗教在社会历史和文化发展中的实际作用。

据我所知,这几本宗教史著作总体反应是好的。出版了十多年,经历了考验。这期间,本书的作者和有些读者指出了书中的某些错误、欠妥或不足之处,这次新版大都作了改正,藉此机会,我代表编者、作者一并致谢,希望继续得到读者指正。另外,经出版社提议,将原本不属于这个系列的《道教史》(卿希泰、唐大潮著),这次也一并纳入进来,希望给读者提供更全面的关于我国的宗教知识。

2005 年 3 月

目　录

引 言

在中国历史上,"道教"一词曾被赋予过广泛的含义。它最初的意思是指以"道"来教化众生的各种理论学说和实践方法,诸子百家都曾以"道"来称呼自己的理论和方法。儒家、墨家、道家、阴阳家以及佛教等,都曾自命或被认作是"道教",但这种意义上的"道教"显然不是我们要谈的。

我们所说的"道教",是指在中国古代宗教信仰的基础上,沿袭方仙道、黄老道的某些宗教观念和修持方法而逐渐形成,以"道"为最高信仰,相信人通过某种实践经过一定修炼有可能长生不死、成为神仙的中国本民族的传统宗教。它尊老子为教主,奉老子的著作《道德经》为主要经典,并对其进行了宗教性的阐释。它在创始之初主要流传于民间,曾同当时的农民起义相结合。魏晋以后,封建统治者出于某种需要对其扶植、利用,使流传于民间的道教逐渐上层化并与儒家纲常名教相结合,在有些朝代还卷入了宫廷政治活动。在民间,则继续流传着通俗形式的道教,从中还演化出一些秘密宗教组织,在一些农民和平民的起义斗争中,成为发动和组织民众的旗帜和纽带。道教在长期发展过程中,积累了大量的经籍书文,后多被编入《道藏》。道教对于中国封建时代的政治、经济、哲学、文学、音乐、艺术、医学、药物学、养生学、化学、天文、地理以及社会心理、社会习俗、思维方式等各个方面都有过不同程度的影响,有过一定的贡献,是中国古代文化遗产的一个有机组成部分,在中国传统文化中占有相当重要的地位。

第一章　道教产生的历史背景和思想渊源

第一节　秦汉社会危机与统治思想宗教化

在中国历史上占有重要地位的道教,究竟是怎样形成的呢? 关于此,历来众说纷纭,莫衷一是,例如,《魏书·释老志》称:"道家之原,出于老子。"[①]葛洪《枕中书》认为道教起源于"二仪未分"之时的"元始天王"。《隋书·经籍志》则云:"道经者,云有元始天尊,生于太元之先,禀自然之气,冲虚凝远,莫知其极。……以为天尊之体,常存不灭。每至天地初开,或在玉京之上,或在穷桑之野,授以秘道,谓之开劫度人。然其开劫,非一度矣,故有延康、赤明、龙汉、开皇,是其年号。其间相去经四十一亿万载。所度皆天仙上品……诸仙得之,始授世人。"[②]如果说《魏书·释老志》的说法还多少有点根据的话,那么,《隋书·经籍志》的说法则完全是荒诞无稽之谈了。然而,这也反映出道教的起源问题确有其错综复杂的特点。

宗教同其他社会历史现象一样,其产生总是与当时的客观历史条件相联系,有其产生、发展的过程。道教作为中国封建社会的一种意识形态、一种社会历史现象亦不例外。当然,道教与其他宗教,如基督教、伊斯兰教、佛教等相比,在起源上有它的特殊性,这表现在:它不是由某个教主在短时期内创建的,而是经历了一个较长的酝酿过程。

---

① 《魏书》,第 3048 页,中华书局,1974。
② 《隋书》,第 1091—1092 页,中华书局,1973。

　　具体说来，道教的正式形成是在东汉的中后期，促使其产生的客观历史条件有以下几个方面。

　　第一，深重的社会危机。

　　公元前 230 年到公元前 221 年，秦国连续吞并了韩、魏、楚、赵、燕、齐六个大国，中国社会由战国进入秦汉时代。秦始皇建立了中国历史上第一个统一的中央集权制国家，其政治、经济和文化的发展都达到了前所未有的水平。但是，秦汉社会的发展，又受到封建生产方式的制约，呈现出时起时伏的波浪式发展特征。即使在秦汉鼎盛时期，社会矛盾依然十分尖锐，在封建生产关系的基础上，地主阶级和封建国家对广大农民的剥削和压迫是残酷的，农民赖以为生的土地被大量兼并，出现"富者田连仟伯，贫者亡立锥之地"[①]，"故贫民常衣牛马之衣，而食犬彘之食。重以贪暴之吏，刑戮妄加，民愁亡聊，亡逃山林，转为盗贼，赭衣半道，断狱岁以千万数"[②]的局面。农民阶级与地主阶级的矛盾日渐严重，农民对地主阶级的反抗也日益增多，终于引发了以陈胜、吴广为首的农民大起义，秦王朝在农民大起义的冲击下走向灭亡。袭承秦制的汉王朝，十分迫切的任务就是如何巩固地主阶级的政权，防止农民起义再发生。秦王朝是以法家思想作为指导的，实行的是严刑峻法，借暴力镇压以维护其统治，而且秦统治者又十分迷信神仙方士，大搞鬼神祠祀，希图能永久统治下去。不过，却并不能如其所愿，转瞬之间，即为农民大起义的怒涛所覆没。这强烈地震撼了地主阶级，从而迫使继起的西汉王朝的统治者们，不得不从中汲取教训，结合实际情况制定新的治国理民的统治理论和策略。这样，汉初的统治者在思想上就推崇以"清静无为"为特征，以"无为而治"为原则的黄老思想，并把它作为统治术的指导思想，实行约法禁省、与民休息的"黄老政治"，以此来安定社会秩序。结果使社会经济得到了较快地恢复和发展，出现了"文景之治"的繁荣景象。司马迁记述说："汉兴七十余年之间，国家无事，非遇水旱之灾，民则人给家足，

3

----

①②《汉书》，第 1137 页，中华书局，1962。

都鄙廪庾皆满,而府库余货财。京师之钱累巨万,贯朽而不可校。太仓之粟陈陈相因,充溢露积于外,至腐败不可食。众庶街巷有马,阡陌之间成群,而乘字牝者傧而不得聚会。守闾阎者食粱肉,为吏者长子孙,居官者以为姓号。"①民富国强,说明汉初统治者的治国措施有了一定成效。可是,讲清静无为、倡仁义道德的说教,仍未能阻止封建社会固有矛盾的发展,至汉武帝刘彻继位后,他虽然凭借前几代经营积蓄的雄厚资财,连连发起反击北方匈奴的侵扰及开拓西南疆域的大规模战争,扩大和巩固了疆界,使秦汉社会空前强盛。但是,在繁荣昌盛的背后,却又显现出另一种场景:"然多杀士众,竭民财力,奢泰亡度,天下虚耗,百姓流离,物故者(过)半。蝗虫大起,赤地数千里,或人民相食,畜积至今未复。亡德泽于民,不宜为立庙乐。"②豪富兼并土地,横行乡里,官家"争于奢泰",挥霍无度,司马迁对此敏锐地指出:"物盛而衰,固其变也。"③随着沉重的租赋、徭役,及"重以贪暴之吏,刑戮妄加"④,隐伏于繁荣景象之中的深重社会危机便逐渐显露出来。

　　自汉初以来一直在发展着的土地兼并之风,造成大量无地的赤贫农民,加之频频发生而无法克服的水旱等自然灾害,使得人民的生活日益贫困,流离失所,迫使他们"转为盗贼","是以犯法而罪多,一岁狱以千万数"。社会矛盾日渐加剧,整个社会都处于动荡不安之中,到汉武帝晚年,已是"郡国盗贼群起"⑤。这种情况,仅据《史记·酷吏列传》载:"南阳有梅免、白政,楚有殷中、杜少,齐有徐勃,燕赵之间有坚卢、范生之属。大群至数千人,擅自号,攻城邑,取库兵,释死罪,缚辱郡太守、都尉,杀二千石,为檄告县趣具食;小群(盗)以百数,掠卤乡里者,不可胜数也。"⑥最后,一场酝酿已久的农民大起义终于爆发。在农民起义的打击下,西汉王朝也由盛而衰,步秦王朝之后尘,走上了衰亡的道路。西汉灭亡后,光武帝刘秀号称中兴,建立了东汉政权。刘秀实际上是利用农民起义的成

①③⑥《史记》,第1420、1420、3151页,中华书局,1959。
②④⑤《汉书》,第3156、1137、2887页,中华书局,1962。

果而登上皇帝宝座的,他还在战争期间就采取了一些措施以图缓解农民与地主阶级之间的矛盾,但东汉王朝是建立在农民起义的火山之上的,政治基础极其脆弱,只有光武帝、明帝和章帝三代,皇权比较稳固。从和帝刘肇开始,豪强地主势力便迅速膨胀,政治上逐渐形成外戚与宦官两大集团,彼此间激烈争夺政治权力,把持朝政,使本来就不稳定的东汉王朝的统治更加腐朽黑暗,给广大劳动人民带来莫大的痛苦。在外戚、宦官两大集团激烈争夺政权的过程中,豪强地主大量兼并土地之风也愈演愈烈,一方面土地和社会财富高度集中,以致"豪人之室,连栋数百,膏田满野,奴婢千群,徒附万计"①。另一方面,广大农民丧失土地,一部分沦为依附于豪强地主的佃农或雇佣,受着极其残酷的剥削,而更多地则变成无家可归、辗转道路的流民,处境尤其悲惨。在安帝、顺帝之后,世家大族和地方豪强势力更是恶性发展,统治阶级内部两大集团之间的权力争夺到了无以复加的地步。同时,地方官吏亦"贪残专恣,不奉法令,侵冤小民"②,致使吏治愈益腐败,搜刮更为猖獗,人民无法生活,被迫起为"盗贼"。而在官军对这些所谓盗贼进行围剿时,竟出现了"贫困之民,或有卖其首级以要酬赏,父兄相代残身,妻孥相(见)[视]分裂"③等惨绝人寰的骇人景象。加之当时频频发生的自然灾害、疫病流行,以致"死者相枕于路"、"民相食",广大人民深陷于水深火热的苦难之中。他们在渴望摆脱苦难,获取幸福,而又找不到行之有效的出路之时,就常常幻想能有一种超于人间之上的力量来替他们伸张正义,从而使自己获得拯救,使不幸的处境能够得到改善,这个超人间的力量就是人们想像中的神灵。换句话说,人们是把希望寄托在神灵身上,祈求神灵的庇佑。仲长统在其著述《昌言》中说"农桑失所,兆民呼嗟于昊天",正是对这种祈求的最好写照。

---

① 《后汉书》,第 1648 页,中华书局,1962。
② 王符著、汪继培笺、彭铎校:《潜夫论笺》,第 68 页,中华书局,1979。
③ 《后汉书》,第 1856 页,中华书局,1965。

综上所述，就广大人民群众来说，有接受宗教影响的内在条件。此外，就统治阶级而言，在严重的社会危机、统治危机面前，他们也竭力想利用宗教来消弭随时可能发生和已经发生的反抗斗争。同时，也希望利用宗教来为他们的统治祈求长治久安和个人的延年益寿，在不可避免的社会矛盾中"借鬼神之威，以声其教"①。一句话，深重的社会危机使得宗教成为了社会的需要，道教就是在这种社会危机的催化下应运而生的。

第二，汉代统治思想的宗教化。

秦王朝的覆灭，表明了单靠严刑峻法和暴力镇压，是不能使社会矛盾得到解决而达到国治民安的；而汉初所奉行的具有兼采各家思想特点的黄老之术，虽然在某种程度上使社会矛盾有所缓和，但也未能使矛盾从根本上得到解决和防止封建社会固有矛盾的发展。所以，到汉武帝时，又面临"盗贼群起"，农民以暴力反抗官府的事件"不可胜记"的严重局面。为了在不可避免的社会矛盾中巩固自己的统治地位，统治者借鉴历史上"圣人以神道设教，而天下服矣"②的治民经验，企图借鬼神的威力来加强"文武并用"的"长久之术"，使黎民百姓成为俯首贴耳的顺民。《淮南子》就明确提出："因鬼神机祥，而为之立禁。"③汉武帝更是身体力行，"尤敬鬼神之祀"④，并重用神仙方士，大搞祀神求仙活动。当时的思想家董仲舒的以"天人感应"为核心的宗天神学理论亦应运而生，得到统治者的赏识，并被加以提倡，从而成为统治人民的重要思想工具。

董仲舒，生于汉文帝元年（前179），卒于汉武帝太初元年（前104），广川（今河北枣强广川镇）人，以研究《公羊春秋》而著名，是西汉主要唯心主义哲学家。汉武帝即位后，在建元元年（前140）下

①③《道藏》，第28册，第108页，文物出版社、上海书店、天津古籍出版社，1988。（后引此书不再注明版本）

② 徐子宏：《周易全译》，第113页，贵州人民出版社，1991。

④《史记》，第451页，中华书局，1959。

诏郡国诸侯推选贤良博士,回答"三代受命,其符安在? 灾异之变,何缘而起? 性命之情,或夭或寿,或仁或鄙"①的问题。董仲舒连立三论,得到武帝重视,"朝廷如有大议,使使者及廷尉张汤就其家而问之,其对皆有明法"②。董仲舒的著述,现存的主要有《举贤良对策》三篇、《春秋繁露》十七卷、八十二篇。他的主要思想观点,是援引阴阳五行学说来重新解释儒家传统经典,用"天人感应"的思想和"天人比附"的手法,将造成人类自身、君主地位、三纲五常、主德辅刑事、灾异得失等原因都归结于至高无上的"天帝"或"天命",把自然现象和社会现象相提并论、混为一谈,建立起了以"天人感应"为核心的神学体系。在他的这个神学体系中,最富宗教色彩的乃是天人感应论、善恶报应说,以及祈求"昊天"降雨、止雨的法术和仪式。

首先,董仲舒赋予"天"以政治的、道德的属性,将自然之天人格化,把天说成是有意志、有目的,能够支配一切的最高主宰,具有无与伦比的权威,是"百神之大君"③,无论自然界日月星辰的运行、春夏秋冬四季的更替,还是人类社会的治乱兴衰、个人的死生祸福,都是由这个"大君"的意志所决定的。他说:"天者群物之祖也,故遍复包涵而无所殊,建日月风雨以和之,经阴阳寒暑以成之。"④又说:"为生不能为人,为人者天也。人之为人本于天,天亦人之曾祖父也。此人之所以上类天也。"⑤不仅如此,他还认为人的形体构造、精神面貌、思想感情、道德品质等等,都是"天"按照自己的特点塑造出来的,即他所谓的"人副天数"。人被创造出来,就是为了体现天的意志。总之,通过一系列的牵强附会,董仲舒得出了"天人一也"⑥的结论,"天"与人之间有一种相互感应的关系,体现为"天"对人有着决定作用,同时人的行为又可影响天。这就是他的"天人感应论",直接为其"君权神授"说奠定了理论基础。

①②④《汉书》,第 2496、2525、2515 页,中华书局,1962。

③⑤⑥ 董仲舒撰、凌曙注:《春秋繁露》,第 502、385、418 页,中华书局,1975。

7

中 的大量自然

董仲舒认为，君主是受命于天的，他说："此天之所以兴周国也，非周国之所能为也。"①"天以天下予尧、舜，尧、舜受命于天而王天下。"②这样，人类社会国家政权的建立就不是人所为，乃是由"天"赐予的。而受命于天的君主，能够体察和代天行使"天意"，他说"德侔天地者称皇帝，天佑而子之，号称天子"③，帝王是"承天意以从事"④。天是仁善慈爱的，当帝王的行为体现了天的意志，积善累德，天就会降符瑞任命他、嘉奖他，让其长久统治下去。他说："臣闻天之所大奉使之王者，必有非人力所能致而自至者，此受命之符也。天下之人同心归之，若归父母，故天瑞应诚而至。《书》曰：'白鱼入于王舟，有火复于王屋，流为乌。'此盖受命之符也。……皆积善累德之效也。"⑤反之，当统治者的行为违反了天的意志，有了过失，天就会降下灾异以示警告，让其改过，如果屡告不改，就会受到天的惩罚，取消其统治权力。他说："国家将有失道之败，而天乃先出灾害以谴告之，不知自省，又出怪异以警惧之，尚不知变，而伤败乃至。以此见天心之仁爱人君而欲止其乱也，自非大亡道之世者，天尽欲扶持而全安之。"⑥董仲舒认为："天地之物有不常之变者，谓之异，小者谓之灾。灾常先至而异乃随之。灾者，天之谴也；异者，天之威也。谴之而不知，乃畏之以威。……凡灾异之本，尽生于国家之失。"⑦"废德教而任刑罚。刑罚不中，则生邪气；邪气积于下，怨恶畜于上。上下不和，则阴阳缪戾而妖孽生矣。此灾异所缘而起也。"⑧总之，董仲舒是把《春秋》中记载的大量自然现象、神话传说都加以神秘主义的解释而附会到社会人事之上。这种以"天人感应"为理论基础的"灾异谴告"说，实际上是一种善恶报应思想的反映，是宗教思想的核心内容之一。它既为封建专制主义的中央集权统治提供了理论依据，同时也为宗教的产生奠定了思想基础。

---

①②③⑦ 董仲舒撰、凌曙注：《春秋繁露》，第503、271—272、249—250、318页，中华书局，1975。

④⑤⑥⑧《汉书》，第2502、2500、2498、2500页，中华书局，1962。

董仲舒之后，言灾异者大有人在，诸如夏侯始昌、睦弘、夏侯胜、李寻等。这种天人感应、阴阳灾异的思想，一直贯穿于昭、宣、元、成、哀、平各代，在汉王朝的政治生活中起着支配作用。如：汉明帝即因日食而下诏罪责自己，认为日食的出现是"无有善政"的缘故，要求"有司勉思厥职，以匡无德"①。汉章帝因日食而下诏，称"上天降异，大变随之"，责令"公卿已下，其举直言极谏、能指朕过失者各一人，遣诣公车，将亲览问焉"②。汉和帝因日食而"引见公卿问得失，令将、大夫、御史、谒者、博士、议郎、郎官会廷中，各言封事"③。又因京师出现蝗灾，诏令："刺史、二千石详刑辟，理冤虐，恤鳏寡，矜孤弱，思惟致灾兴蝗之咎。"④汉安帝亦因日食"诏公卿内外众官、郡国守相，举贤良方正、有道术之士，明政术、达古今、能直言极谏者，各一人"⑤。当京师等地出现大风大水、雨雹成灾时，下诏要求博选人才，广开言路，"冀获嘉谋，以承天诫"⑥。有关这一类的记载，不绝于汉代史书。

董仲舒不仅是一个宣扬"天人感应"、阴阳灾异谴告说的宗天神学家，而且还是神仙方术的鼓吹者。他在《春秋繁露》中，除以神秘的阴阳五行学说附会儒家经典，还创造了一套求雨、止雨的仪式。据记载，他本人还亲自登坛祈祷作法，弄神作怪，使人分辨不出他到底是儒生还是巫师、方士。章太炎先生曾对此说："及燕齐怪迁之士兴于东海，说经者多以巫道相糅。故《洪范》旧志之一耳，犹相与抵掌树颊，文为抽绎。伏生开其源，仲舒衍其流；是时适用少君文成五利之徒，而仲舒亦以推验火灾，救旱止雨与之较胜。以经典为巫师豫记之流，而更曲传《春秋》，云为汉氏制法，以媚人主而梦政纪；昏主不达，以为孔子果玄帝之子，真人尸解之伦。谶纬蜂起，怪说布彰，……则仲舒为之前导也。……夫仲舒之托于孔子，犹宫崇、张道陵之托于老聃。"⑦说明在汉代儒学已经宗教化，儒

①②③④⑤⑥《后汉书》，第106、139、180、182、206、210页，中华书局，1965。

⑦ 章炳麟：《章氏丛书·文录》卷二《驳建立孔教议》，民国六年（1917）至八年（1919），浙江图书馆校刊。

生与方士开始合流。

　　以董仲舒把《春秋》学说与阴阳五行家的阴阳五德终始说的神学观念相结合,将大量天象变化和超自然现象加以全面的歪曲和神秘化为前导,在汉王朝的支持下,混合封建宗教神学和庸俗经学而成的谶纬之学渐渐兴起,逐步成为两汉之际宗教神学思想的主导。所谓"谶",是假托神意制造的一种预言,即"诡为隐语,预决吉凶"①,源出于巫师和方士,由来已久。司马迁在《史记·秦本纪》中所载秦朝流行的"亡秦者胡也"②,即是这样的预言。"纬"是以神意来对儒家经典进行阐释,把儒家《诗》、《书》、《礼》、《乐》、《易》、《春秋》六经宗教化,将孔子神化为超人的教主、神人。如《孝经钩命诀》就把孔子描绘成海口、牛唇、虎掌、龟脊、辅喉、骈齿;《春秋演孔图》则说,孔子的头像尼丘山,长有十尺,大有九围。总之,通过种种夸张,把孔子描绘成是一个不同凡人的神。《四库全书总目提要》对此评价说:"迨弥传弥失,又益以妖妄之辞,遂与谶合而为一。"③即是说,原本不同于"谶"的"纬",在以后的发展中,变得愈来愈荒诞怪异,与"谶"相融。

　　虽说"谶"与"纬"在形式上是有区别的,但就其宗教神秘主义的实质而言,则完全一样。"谶纬"所反映的宗教神学思想是多方面的,诸如天人感应、星象预示吉凶、善恶报应、巫术、呼神劾鬼、仙山圣地、仙人神人、经籍图箓等等。西汉末年,这种谶纬之学极为盛行,后来的汉光武帝刘秀就依靠这种谶纬之学而起家,并夺得统治权。《后汉书·光武帝纪》说:"光武先在长安时同舍生彊华,自关中奉《赤伏符》,曰:'刘秀发兵捕不道,四夷云集龙斗野,四七之际火为主。'群臣因复奏曰:'受命之符,人应为大,万里合信,不议同情,周之白鱼,曷足比焉?今上无天子,海内淆乱,符瑞之应,昭然著闻,宜答天神,以塞众望。'光武于是命有司设坛场于鄗南千秋

---

　　①③《文渊阁四库全书》,第 1 册,第 158 页,台湾商务印书馆,1986。
　　②《史记》,第 252 页,中华书局,1959。

亭五成陌。""六月己未,即皇帝位。"①光武帝即位后,对谶纬之学大加提倡,据《隋书·经籍志》称:"光武以图谶兴,遂盛行于世。汉时,又诏东平王苍,正五经章句,皆命从谶。俗儒趋时,益为其学,篇卷第目,转加增广。言五经者,皆凭谶为说。"②自刘秀依靠图谶建立起了东汉王朝后,东汉的统治者们都把它作为官方之学而尽力使其完善,以便更符合自己统治的需要。建初四年(79),在汉章帝的主持下,召开了一次全国性的经学讨论会。会议纪录由班固进行整理,编辑为《白虎通德论》,以法令的形式使谶纬之学定型化,纬书被提到与正统经学具有同等权威的地位。《白虎通德论》实际上成为一部官方神学法典,整个社会都笼罩在浓厚的宗教神秘主义气氛之下。

固然,谶纬之学给传统儒学染上了浓厚的宗教神学色彩,儒家之祖孔子也被赋予教主的神光,有利于统治者维护其权力。但是,后来的事实表明,谶纬之学并不能化解阶级矛盾和阶级斗争,它不仅遭到古文经学派的反对,在政治上亦有很大的副作用,各种政治势力都可以按各自的需要来利用它。自光武帝到献帝,社会上利用谶纬符命起事者一直是络绎不绝,经过汉章帝钦定的谶纬之学并未能成为行之有效的治国之术,儒学转化为宗教的希望破灭,但当时社会的宗教神学氛围,却为道教的孕育提供了合适的土壤和条件。

第三,佛教的启示和借鉴。

佛教究竟何时传入中国,历来有多种观点。一般说来,认为佛教至少在汉明帝时即传入了中国的观点,是得到大多数人所认同的。当时的中国人把佛教看做神仙方术的一种,认为"此道清虚,贵尚无为,好生恶杀,省欲去奢"③,将其与当时的黄老道等量齐观。然而,佛教作为一种外来的成熟宗教,有着完整的教义、教规及教团组织,自传入中国后,经过百多年的译经和传布,在汉代社会浓

①③《后汉书》,第21—22、1082 页,中华书局,1965。

②《隋书》,第 941 页,中华书局,1973。

厚的宗教氛围中,颇有兴发之势。这对当时的神仙方士创立道教不仅提供了重要的启示和借鉴,且具有相当的激发作用,从而成为道教产生的催化剂。必须指出的是,道教的出世,是中国封建社会自身孕育的结果,即使没有外来宗教——佛教的影响,它也会诞生于中国神州大地,起决定作用的乃是当时中国存在的客观社会历史条件。

以上所述的这些客观的社会历史条件,表明道教有了赖以产生的气候和土壤,如果没有种子,也不可能仅凭借气候和土壤无缘无故地产生出来。即是说,道教既然是中国本民族固有的传统宗教,它的种子来源就只能是从中国传统文化中去寻找。这样,就有必要进一步去探讨它的思想渊源及其孕育过程。

第二节　各种思潮的涌出与融摄

植根于中国封建社会土壤之中的道教,从其产生的思想渊源来看,其特点是"杂而多端",大致说来有以下几个主要方面。

第一,道家思想。

道家和道教是有区别的,先秦道家是以老子和庄子为代表的哲学派别,而道教乃是在东汉中后期形成的一种宗教。然而,二者之间又不是毫无联系的。道教在创立的时候,就把老子奉为教主,尊老子的著作《道德经》为主要经典,并定为教徒必须习诵的功课;在后来的发展中,又把道家学说另一代表人物庄子的著述《庄子》奉为经典,命名为《南华真经》。这表明,道家哲学是道教的思想渊源。

著述《道德经》的老子,其生平众说纷纭,没有定论。据《史记·老子韩非列传》载:老子是春秋末期的思想家,道家学派的创始人,姓李,名耳,字伯阳,谥聃,生于楚国苦县厉乡曲仁里。曾任东周王朝的守藏室之吏,后辞官退隐。并应函谷关令尹喜之请,著《道德经》五千言而去。但司马迁也未能肯定老子究为何人,只好说:"老子,隐君子也。"①不过,老子其人的生平事迹无论怎样,但《道德经》流传于世却是事实。而且,从这部著述的内容看,写作此书的老子的确是一位伟大的思想家,开创了道家学派。这一学派的另一代表人物是庄子(约公元前 369—前 286),名周,宋国蒙(今河南商丘东北)人。曾任蒙漆园吏,其著述为《庄子》。下面,我们就来看看道家思想为什么会成为道教的思想渊源。

老子《道德经》的基本思想是"道",这个"道"是超时空的,是天地万物的根源,既有本体的意义,也含有规律的意思,其界属模糊不清,用老子的话来说,那就是"玄之又玄",十分神秘,不同的人可以对它作出不同的解说。老子说:"道之为物,惟恍惟惚。惚兮恍兮,其中有象;恍兮惚兮,其中有物。窈兮冥兮,其中有精;其精甚真,其中有信。"②表明"道"恍惚不定、深邃幽远、不可捉摸而又确实存在。这个"道","视之不见"、"听之不闻"、"搏之不得"③,即无声、无形、无体,既看不见、听不到,也摸不着。然而,"道冲,而用之或不盈。渊兮,似万物之宗……湛兮,似或存。吾不知谁之子,象帝之先"④。"道"十分渊深,是万物的根本,永远用之不尽。总之,"道"在老子那里被看做宇宙的本源,不可名状,亦无法认知,但却是万物存在和变化的最终依据和普遍法则。庄子继承了老子关于"道"为宇宙本体的思想,并予以进一步神秘化。他说:"夫道,有情有信,无为无形;可传而不可受,可得而不可见;自本自根,未有天地,自古以固存;神鬼神帝,生天生地;在太极之先而不为高,在六极之下而不为深,先天地生而不为久,长于上古而不为老。"⑤并称得道后,便可以长生久视,"以登云天"。概而言之,在老子和庄子看来,"道"不仅产生天地万物,显示出神奇的功用,而且在天地之先本就存在。老、庄这种把"道"作为天地万物的根源,且是看不见、听不到、摸不着的超越时空的神秘的"存在"的思想,与宗教思

13

---

① 《史记》,第 2142 页,中华书局,1959。
②③④ 陈鼓应:《老子注译及评介》,第 148、114、75 页,中华书局,1984。
⑤ 郭庆藩辑:《庄子集释》,第 246—247 页,中华书局,1961。

想十分接近。仅从这一点来看，老、庄的作为哲学范畴的"道"，能够被道教所吸收，也就不奇怪了。

　　道教的基本信仰也是"道"。然而，它却是从宗教的角度来看待"道"的。"道"是"神秘之物，灵而有信"，"为一切之祖首，万物之父母"。① 道教的早期经典《太平经》描述说："夫道何等也？万物之元首，不可得名者。六极之中，无道不能变化。……天地大小，无不由道而生者也。"② 又说："夫道者，乃大化之根，大化之师长也，故天下莫不象而生者也。" ③ 又说："夫道乃深远不可测商矣，失之者败，得之者昌。"④ 可见，道教所直接摄取老、庄哲学中关于"道"的思想的痕迹是显而易见的。道教在汲取道家哲学"道"的思想时，也不是原封不动地搬用，而是对其作了宗教性的阐释，还是以"我需"为前提条件的。同时，道教还把神秘化了的元气说与"道"的思想相结合，如《太平经》就认为："元气行道，以生万物。"⑤ 唐代著名道教学者吴筠《玄纲论》说："道"是"其大无外，其微无内。浩旷无端，杳冥无对。至幽靡察，而大明垂光；至静无心，而品物有方。混漠无形，寂寥无声。万象以之生，五音以之成。"⑥ 总而言之，道教亦是把"道"认做宇宙、阴阳、天地万物的本源，并以此为基点建立自己的宗教唯心主义理论体系。然而，道教不仅仅将"道"作为其宗教信仰的理论基础，还从宗教神秘主义的角度把"道"人格化，将老子看做"道"的化身。东汉明帝、章帝之际，益州太守王阜所作《老子圣母碑》中就有"老子者，道也，乃生于无形之先，起于太初之前，行于太素之元，浮游六虚，出入幽冥，观混合之未别，窥清浊之未分"⑦之说。道教则将这种把老子与道合而为一的思想进一步加以发挥，《太平经》称："老子者，得道之大圣，幽显所共师者也。应感则变化随方，功成则隐沦常住。住无所住，常无不在。……周流六

---

①《道藏》，第 24 册，第 721 页。

②③④⑤ 王明：《太平经合校》，第 16、662、210、16 页，中华书局，1960。

⑥《道藏》，第 23 册，第 674 页。

⑦《传世藏书》，总集第 1 册，第 695 页，海南国际新闻出版中心，1996。

虚,教化三界,出世间法,在世间法,有为无为,莫不毕究。"①相传为
汉天师张道陵著述的《老子想尔注》(一说为张陵之孙张鲁所著),
也把老子视做"道"的化身,谓:"一者道也","一散形为气,聚形为
太上老君"。②《混元皇帝圣纪》也说:"老子者,老君也,此即道之身
也。元气之祖宗,天地之根本也。"③"老子"与"道"在道教中便被神
化为众生奉信的神灵。作为天地万物之源的道的化身的"太上老
君",也就成了混沌之宗祖、天地之父母、阴阳之主宰、万神之帝君。
这表明,作为哲学家的老子和作为哲学范畴的"道"在道教那里已
被神化为天上的神灵,信"道"即信"神",尊奉老子即尊奉天神。随
着道教的成熟,至六朝时,又从"道"衍化出道教尊奉的至高无上的
神灵元始天尊,产生出"三清"尊神。以后,又逐渐发展并形成了包
罗其他许多天神、地祇、人鬼在内的道教神仙体系。

　　修道成仙思想是道教的核心,道教的教理教义和各种修炼方
术,都围绕着这个核心而展开。这个核心的形成,同样与道家哲学
中的一些神秘主义思想相关联。道家历来比较注重养生,在其学
说中包含着长生的思想胚芽,《道德经》中就有"长生久视之道"④,
"谷神不死"⑤,"善摄生者,路行不遇兕虎,入军不被甲兵","不失其
所者久,死而不亡者寿"⑥之类的言论。此外,老子还主张清静无
为、抱朴守雌、专气致柔、静观玄览等等。这些思想中蕴含着能为
道教所利用的内容。庄子对老子的思想大大地作了发挥,养生思
想在庄子的学说中占有很大比重。他说:"为善无近名,为恶无近
刑。缘督以为经,可以保身,可以全生,可以养亲,可以尽年。"⑦认
为通过修道能够使人返老还童,延年益寿。在《大宗师》里,庄子借
南伯子葵问女偶的对话表达了他的思想,曰:"子之年长矣,而色若

①　王明:《太平经合校》,第 10 页,中华书局,1960。
②　饶宗颐:《老子想尔注校证》,第 12 页,上海古籍出版社,1991。
③　《道藏》,第 22 册,第 690 页。
④⑤⑥　陈鼓应:《老子注译及评介》,第 295、85、257、198 页,中华书局,1984。
⑦　郭庆藩辑:《庄子集释》,第 115 页,中华书局,1961。

孺子,何也?"曰:"吾闻道矣。"①庄子还提出了"断绝欲望"和"心斋坐忘"等修道方法。他的修道方法大概有以下这样一些内容:

导引。"吹呴呼吸,吐故纳新,熊经鸟申,为寿而已矣;此导引之士,养形之人,彭祖寿考者之所好也。"②

守一。"无视无听,抱神以静,形将自正。必静必清,无劳女形,无摇女精,乃可以长生。目无所见,耳无所闻,心无所知,女神将守形,形乃长生。慎女内,闭女外,多知为败。……天地有官,阴阳有藏,慎守女身,物将自壮。我守其一以处其和,故我修身千二百岁矣,吾形未尝衰。"③

坐忘。"堕肢体,黜聪明,离形去知,同于大通,此谓坐忘。"④

庄子所提出的这些修道之术,都被道教继承和发展,在道书中屡屡论及。庄子还认为,通过这些方法来修道,达到得道境界,就可成为具有无限神通的"真人"、"至人"、"神人"。他说:"古之真人,其寝不梦,其觉无忧,其食不甘,其息深深。真人之息以踵,众人之息以喉。"⑤真人具有"登高不栗,入水不濡,入火不热"⑥的能力,且"不知说生,不知恶死"⑦。又说:"至人神矣!大泽焚而不能热,河汉沍而不能寒,疾雷破山[飘]风振海而不能惊。若然者,乘云气,骑日月,而游乎四海之外。死生无变于己。"⑧又说:"藐姑射之山,有神人居焉,肌肤若冰雪,绰[淖]约若处子。不食五谷,吸风饮露,乘云气,御飞龙,而游乎四海之外。其神凝,使物不疵疠而年谷熟。"⑨庄子所描绘的这些得道的真人、至人、神人,可以入水不被淹、入火而不会觉热,悠然而来,倏忽而往,以至于乘云气,驾日月,御飞龙,遨游于太空,与天地同寿,具有独与天地精神往来的特异神通。总之,老子和庄子的这些思想,为道教的神仙理论提供了丰富的资料,被道教吸收后,又从宗教的角度加以渲染和发挥。

老子、庄子之后,战国时期形成了以宋钘、尹文、田骈、慎到等人为代表的稷下道家学派。这个学派继承了老、庄的思想,主张不

①②③④⑤⑥⑦⑧⑨ 郭庆藩辑:《庄子集释》,第 251—252、535、381、284、228、226、229、96、28 页,中华书局,1961。

累于俗,不嗜于物,见侮不辱,情欲寡浅。提出齐万物以为道,顺乎自然,不顾于虑,不谋于智,于物无择,与之俱往,并把黄帝与老子相并称。此后随着崇尚黄老的社会思潮的泛起,始于稷下道家学者的黄老学说,逐渐分演成几个流派,出现了以道家的清静养生、无为治世为主体,而又汲取了阴阳、儒、墨、名、法各家部分思想内容,被称为黄老之术的新道家。司马迁《史记·自序》中引用其父的《论六家要旨》,对新道家有这样的评说:"道家使人精神专一,动合无形,赡足万物。其为术也,因阴阳之大顺,采儒墨之善,撮名法之要,与时迁移,应物变化,立俗施事,无所不宜,指约而易操,事少而功多。"①又说:"凡人所生者神也,所托者形也。神大用则竭,形大劳则蔽,形神离则死。死者不可复生,离者不可复反,故圣人重之。"②"不先定其神[形],而曰'我有以治天下',何由哉?"③从这里可知,新道家思想所包含的内容是以黄老思想为主旨的。它的思想内容与当时的社会思潮相结合,自然成为了道教的理论渊源。而且,崇尚黄老的社会思潮,在西汉前主要是侧重于黄老学的清静无为,与民休息,垂拱而治,其重点在于从统治术的角度来利用黄老学说。到东汉时,人们所讲的黄老,偏重的却是它的养生、修仙方面的内容,并开始立祠祭黄帝、老子,出现了以"求长生福"为中心的黄老道。它不仅对统治者有吸引力,"延熹中,桓帝事黄老道,悉毁诸房祀"④。而且有活跃于社会下层的"张角自称'大贤良师',奉事黄老道"⑤。这个追求长生,崇奉老子,反对房祀的"黄老道",把黄老学的养生术演变为具有道教意味的修炼术。黄老道成为道教的前身。

综上所述,老子之被尊为道教教主,道教之所以用"道教"来命名,绝不是偶然的,是与它的基本信仰"道"密切相关。道家思想确实是道教神学理论最为重要的思想渊源之一,道家哲学乃是道教至为重要的理论基础。《魏书·释老志》在谈到道教的本源和宗旨

17

①②③《史记》,第 3289、3292、3292 页,中华书局,1959。
④⑤《后汉书》,第 2470、2299 页,中华书局,1965。

时说:"道家之原,出于老子。其自言也,先天地生,以资万类。上处玉京,为神王之宗;下在紫微,为飞仙之主。千变万化,有德不德,随感应物,厥迹无常。……其为教也,咸蠲去邪累,澡雪心神,积行树功,累德增善,乃至白日升天,长生世上。"①这表明,道教的形成和发展,确与道家学派及其鼻祖老子有历史的渊源关系,故人们习惯上常常把道教称为道家。

第二,儒家思想。

道教吸收儒家的学说,首先是吸收儒家学说中的纲常伦理思想,以此构成了它的宗教道德观主体。儒家伦理纲常道德观的核心是"三纲五常"。先秦时代,儒学创始人孔子和孟子,在道德问题上是讲君臣、父子、兄弟、夫妇和朋友五伦。汉代董仲舒从神学人性论出发,将五伦发展为"三纲",即:君为臣纲,父为子纲,夫为妻纲。并利用神权来论证它的绝对性,而把仁、义、礼、智、信五常作为调整"三纲"的基本原则。认为:"三纲"完全出于天意,就像天地的阴阳不可改变一样,是天经地义的,所以说"王道之三纲,可求于天"②。董仲舒提出的这种有利于统治者的道德法则,获得了统治者的首肯,并被当做封建社会中最主要的道德关系而固定下来。诚然,"三纲五常"的名称在道教经书里很少被提到,然而,道教的宗教伦理道德观是以"三纲五常"的实质内容来展开却是确凿无疑的。道教在宣扬这些伦理道德的合理性的时候,常常是把它与道教的长生成仙思想相结合,以"神"的威力驱使人们去奉持。道教的早期经典《太平经》提出:"人亦天地之子也,子不慎力养天地所为,名为不孝之子也。"③"子不孝,则不能尽力养其亲;弟子不顺,则不能尽力修明其师道;臣不忠,则不能尽力共敬事其君。为此三行而不善,罪名不可除也。天地憎之,鬼神害之,人共恶之,死尚有余责于地下,名为三行不顺善之子也。"④《荀子·礼论》中提出:"天地

---

① 《魏书》,第3048页,中华书局,1974。

② 董仲舒撰、凌曙注:《春秋繁露》,第434页,中华书局,1975。

③④ 王明:《太平经合校》,第406、405—406页,中华书局,1960。

者,生之本也;先祖者,类之本也;君师者,治之本也。无天地,恶生? 无先祖,恶出? 无君师,恶治? 三者偏亡,焉无安人。故礼,上事天,下事地,尊先祖,而隆君师,是礼之三本也。"①荀子这个"礼有三本"的思想,亦被道教吸取,并加以大力宣扬。《太平经》强调天、地、君、父、师信仰的重要性,且第一次将"天地君父师"合为一体,在当时的儒家经典中尚未见有此种提法。道教"天地君父师"的宗教伦理道德说教,在社会上的影响尤为深远,可说是后来中国封建社会中"天地君亲师"世俗伦理规范的由来。随着中国封建社会世俗伦理观的发展,道教的宗教伦理体系亦日趋与之一致。魏晋时期道教理论家葛洪在他的《抱朴子内篇·对俗》中特别强调:"欲求仙者,要当以忠孝和顺仁信为本。若德行不修,而但务方术,皆不得长生也。"②遵守封建伦理道德成为修仙求道的必要条件。另一道教理论家陶弘景还"搜访人纲,究朝班之品序;研综天经,测真灵之阶业","埒其高卑,区其宫域"③,对神仙地位作了排列,把人间世界的品第等级搬到了神仙世界,使道教能更好地为封建等级制度服务。

先秦的儒家思想,到西汉时,经董仲舒之手,便改变了原来的面目。董仲舒以天人感应为核心的宗天神学以及随之而起的谶纬神学,均为道教所直接吸取,成为道教的重要思想渊源。葛洪说:"按《易内戒》及《赤松子经》及《河图纪命符》皆云,天地有司过之神,随人所犯轻重,以夺其算。"④"又人身中有三尸,三尸之为物,实魂魄鬼神之属也。欲使人早死,此尸当得作鬼自放,纵游行飨,食人祭醱。每到六甲穷日辄上天,白司命道人罪过。过大者夺人纪,小者夺人算。故求仙之人,先去三尸,恬愉无欲,神静性明,积众善乃服药有益,乃成仙。"⑤《龙鱼河图》则谓人身有神灵,说:"发神名

---

① 梁启雄:《荀子简释》,第 256 页,中华书局,1983。

②④ 王明:《抱朴子内篇校释》,第 47、114 页,中华书局,1980。

③《道藏》,第 3 册,第 272 页。

⑤ 安居香山、中村璋八辑:《纬书集成》,第 1196 页,河北人民出版社,1994。

寿长,耳神名娇女,目神名珠映,鼻神名勇卢,齿神名丹朱。夜卧呼之,有患亦便呼之九过,恶鬼自却。"①这类神秘的东西,几乎原封不动地被道教采用,并加以发挥。其他如"少室山有白玉膏,服即仙矣"②,昆仑山为仙人、神人聚集之所,西王母为赐受仙经、指导修道之神,"凡得道受书者,皆朝王母于昆仑之阙"③。黄帝原本为北斗黄神,即位后"体道修德,以仁是行",最后终于得道而乘龙上天。五岳四海和人的五官皆有神灵以及星象能够预示吉凶、召神劾鬼之术等等,皆成为道教便于利用的现成素材。

第三,易学和阴阳五行思想也被道教吸收。

《周易》是我国古代的一部珍贵文献,对古代哲学、史学、文学、宗教学乃至天文、历法、地理、医学、法学、数学等的发展都产生过重要的影响,儒家将其列为重要经典。西汉以降,对《周易》所作的注释数以千计,遂逐渐形成一门专门的学问——易学。道教人士亦把《周易》当做基础的经典而广泛地加以应用,重视对《周易》理论的探讨,注疏和演绎之作品颇多。可以毫不夸张地说,《周易》的内容和形式都为道教所接收,渗透到了道教的基本信仰、神仙体系、方术仪式、政治伦理等各个方面。

从基本信仰方面来看,以《周易》解"道"的现象贯穿于道教的产生、发展、衰落的全过程。《老子想尔注》说:"道贵中和,当中和行之,志意不可盈溢,违道诫。"④其实就是以《易传》之"刚柔得中"的思想来对"道"所作的解说。葛洪《抱朴子·道意》说:"道者涵乾括坤,其本无名。论其无,则影响犹为有焉;论其有,则万物尚为无焉。"⑤而其《明本》则在直接引《易》解"道"之后,又说:"凡言道者,上至二仪,下逮万物,莫不由之。"⑥所谓"涵乾括坤",就是指"道"本身就包含着乾坤二仪。总之,道教人士在以《易》释"道"时,涉及的

---

① 《汉学堂丛书·龙鱼河图》,清道光中甘泉黄氏刊光绪中印本。
② 《文渊阁四库全书》,第893册,第563页,台湾商务印书馆,1986。
③ 安居香山、中村璋八辑:《纬书集成》,第387页,河北人民出版社,1994。
④ 饶宗颐:《老子想尔注校证》,第7页,上海古籍出版社,1991。
⑤⑥ 王明:《抱朴子内篇校释》,第155、168页,中华书局,1980。

内容有关于"道"的性质、"道"的自身运动、"道"与"一"的关系、"道"化生天地万物等一系列问题。在他们看来,"道"就是"易","易"也就是"道",把《周易》与《老子》融合为一体,经过宗教神秘主义的渲染,最终"易"与"道"都成为主宰一切的神灵。

从神仙体系方面来看,道教以《周易》中至高无上的人格化的"天"为模型来塑造最高神"天尊",以及次一级的神灵。据《太上老君开天经》说:伏羲之时,老君下凡,教伏羲推旧法,演阴阳,正八方,定八卦。认为道德天尊即太上老君是《易》的创造者,并按照《易》理来安排人间的活动。这虽然是后世道教人士为提高本教的身价而臆造的神话,确也反映了道教对《易》的吸收。又如"八卦神",《太上老君中经》说:"八卦天神下游于人间,宿卫太一为八方使者,主八节日,上计校定吉凶。"①又把乾、坎、艮、震、巽、离、坤、兑八卦套在历史传说人物头上,并认为它们各有字号。又说:"常以八节之日存念之,其神皆在脐中,令人延年。"②还以《易》之"九"老阳之数比类"九皇神",说:"《易》之八卦,盖祖乎天真九皇之气也,纯阳为乾而居西北,纯阴为坤而居西南。乾阳下降而夺坤中之阴,故坎中实而为月也;坤阴上升而夺乾中之阳,故离中虚而为日也。"③凡此种种,不胜枚举。

从方术仪式方面来看,道教符箓、内丹、外丹术皆与《易》密切相关。符箓是一种似字非字的图形,道教认为其具有"遣神役鬼"、"驱魔压邪"之功用,《道藏》中保存有不少以卦命名的符箓,如"东方震符"、"东方艮符"、"西北乾符"、"西南坤符"等。道教追求长生成仙的主要手段是修炼内、外丹。内丹是以人体为炉鼎,以人体内的精、气、神为药物。外丹是指烧炼金石药物。自东汉魏伯阳撰《周易参同契》假《周易》爻象的神秘思想来论述修仙的方法,以《易》之纳甲法言坎离水火龙虎铅汞之要,以阴阳五行昏旦时刻为进退行持之候以来,对后世道教产生了极大的影响,被称为"万古

21

---

① ② 《道藏》,第 27 册,第 146 页。

③ 《道藏》,第 3 册,第 122 页。

丹经王"。总之,道教皆常常以《易》道来阐明丹道。

从道教的政治伦理思想方面来看,亦受《周易》影响。首先是《易》的"变革"思想。如太平道在发动黄巾起义时提出的"苍天已死,黄天当立,岁在甲子,天下大吉"口号,实际上就是体现了"变革"的思想。这个口号的理论依据来自《太平经》中的"通变"思想,而其源头则应上溯到《周易》中的"尚变"思想。《革卦·彖》说:"天地革而四时成。汤武革命,顺乎天而应乎人。革之时,大矣哉。"[①]再如在等级观念方面,《周易》的影响也是显而易见的。《太平经》把神与人分为神人、真人、仙人、道人、圣人、贤人、凡民和奴婢八个等级,并说神人象天、真人象地、仙人象四时、道人象五行、圣人象阴阳、贤人象山川、凡民象万物、奴婢象草木,《太平经》的这种划分也与《周易》所言非常接近。在这一等级差别背后,起作用的是天地、四时、五行、阴阳、万物这样一个体系,《系辞》说:"天尊地卑,乾坤定矣。卑高以陈,贵贱位矣。"[②]《太平经》接受了这种思想,认为它所划分的等级顺序"犹易之乾坤,不可反也"[③],清楚地道出了与《周易》的内在联系。

阴阳五行学说对道教的影响也是十分明显的。阴阳的观念在《周易》、《诗经》、《尚书》、《左传》等古籍中都有记载,经过后来的发挥和演变,与关于"气"的学说相结合,阴阳成为"气"的属性。阴阳二气具有生成万物的力量。

"五行"说最初见于《尚书·洪范》,所谓五行,即:"一曰水,二曰火,三曰木,四曰金,五曰土。水曰润下,火曰炎上,木曰曲直,金曰从革,土爰稼穑。"[④]这里谈到的是水、火、木、金、土五种物质及它们的自然属性。战国时,齐国的邹衍将"阴阳"与"五行"两种思想相结合,创立了一种阴阳五行说,给阴阳五行赋予社会属性,以此说明王朝的更替原因和趋势。邹衍认为,历史的发展是依照"五行

---

① ② 徐子宏:《周易全译》,第 264、349 页,贵州人民出版社,1991。

③ 王明:《太平经合校》,第 110 页,中华书局,1960。

④ 江灏、钱宗武:《今古文尚书全译》,第 235 页,贵州人民出版社,1990。

相胜"顺序循环的,由土德开始,木胜土,金胜木,火胜金,水胜火,最后又是以土胜水这样的次序永恒地循环往复。秦时,邹衍的这种思想就被当时的神仙方士吸取作为神仙方术的理论基础。《史记·封禅书》说:"自齐威、宣之时,邹子之徒论著终始五德之运,及秦帝而齐人奏之,故始皇采用之。而宋毋忌、正伯侨、充尚、羡门高最后皆燕人,为方仙道,形解销化,依于鬼神之事。驺衍以阴阳主运显于诸侯,而燕齐海上之方士传其术不能通,然则怪迂阿谀苟合之徒自此兴,不可胜数也。"[①]到汉代,董仲舒将五行重新排列,并赋予它们道德的属性,木为仁,火为智,土为信,金为义,水为礼。说:"五行者,乃孝子忠臣之行也。"[②]还把古代圣贤周公、孔子等作为仁义礼智信的体现者,使五行的道德属性拟人化、形象化。往后,如《淮南子》、《河图》等书,都尽力把"五行"神化,造设了所谓"五行神"。概言之,原本具有朴素唯物主义思想的阴阳五行说,经过一些人的阐发,充满了神秘的宗教色彩,不仅东汉的《太平经》是"以阴阳五行为家",而且成为道教鬼神系统和理论成分的一个重要来源。

第四,墨家思想。

章太炎先生早就指出过道教思想"本诸墨氏,源远流长"[③]。墨子(约前468—前376),名翟,墨家的创始人,著述为《墨子》。他的思想言论代表的是民间手工业小生产者,同时也有反映自由农民、商贾的利益和要求的内容,提倡劳动、互助、兼爱、交利的思想。他试图通过宣扬天的意志和鬼神的存在,借天的权威来推行其政治主张。他在《墨子》的《天志》、《明鬼》篇中,重申了天的意志和赏善罚恶的至上权威,在中国宗教思想发展史上有着承前启后的作用。

墨子提倡尊天明鬼,他所说的天是有意志、能赏善罚恶的最

---

① 《史记》,第1368—1369页,中华书局,1959。

② 董仲舒撰、凌曙注:《春秋繁露》,第391页,中华书局,1975。

③ 《章太炎全集》,第3册,第449页,上海人民出版社,1984。

高神,说:"天子为善,天能赏之;天子为暴,天能罚之;天子有疾病祸祟,必斋戒沐浴,洁为酒醴粢盛,以祭祀天鬼,则天能除去之。"① 他还把鬼的范围由"人死为鬼"扩大到天鬼、山川鬼神,从而为祭祀天地亡灵提供了鬼神的依据。认为祭祀鬼神的目的在于:"上以交鬼之福,下以合欢聚众,取亲乎乡里。"② 因此,"今天下之王公大人士君子,实将欲求兴天下之利,除天下之害,故当鬼神之有与无之别,以为将不可以不明察此者也"③。可见,墨子的这些思想中,有着以敬事天地鬼神来聚合民心的内容,这同《易·观卦象辞》中"圣人以神道设教,而天下服矣"④之论,有异曲同工之妙,对以后鬼神崇拜的发展及道教的产生,都有着极大影响。例如,道教中人就将某些神仙方技依托于墨子。葛洪《抱朴子·金丹》中记有"墨子丹法",《遐览》记有言变化之术的"墨子五行记",并称"其法用药用符,乃能令人飞行上下,隐沦无方"。⑤ 其《神仙传》又记孙博、封衡皆宗墨子,说孙博"治墨子之术,能使草木金石皆为火光,照曜数十里中。亦能令身成火,口中吐火"⑥。又说封衡自幼学道,著有《墨子隐形法》一篇。葛洪还把墨子本人列入了《神仙传》,说墨子外治经、内修道术、精思道法、想像神仙,并因神人授书"乃得地仙"。

此外,墨子还站在小生产者的立场上,提倡自食其力和互助互利。他提出:"赖其力者生,不赖其力者不生",反对"不与其劳,获其实"⑦的分配原则。墨子的这个思想,在《太平经》中亦有反映,曰"夫人各自衣食其力"⑧,反对"强取人物"⑨。墨子又主张人与人之间应当采取"兼相爱,交相利"⑩的互助互利原则,说:"为贤之道"就

①②③⑩ 孙诒让著、孙以楷点校:《墨子闲诂》,第 180、226、201—202、197、177 页,中华书局,1986。

④ 徐子宏:《周易全译》,第 113 页,贵州人民出版社,1991。

⑤ 王明:《抱朴子内篇校释》,第 309 页,中华书局,1980。

⑥《道藏》,第 22 册,第 745 页。

⑧⑨ 王明:《太平经合校》,第 36、243 页,中华书局,1960。

是"有力者疾以助人,有财者勉以分人,有道者劝以教人"①,只有这样,才可以使"饥者得食,寒者得衣,乱者得治"②。反之,若"至有余力不能以相劳,腐朽余财不以相分,隐匿良道不以相教"③,就会使"天下之乱,若禽兽然"④。这种人与人之间应互助互利的思想在《太平经》中亦被强调,主张有财物的人应当"乐以养人"⑤、"周穷救急"⑥。因为天地间的一切财物都是天地中和之气所生,故应属社会公有,而不应被个人所独占,曰:"此财物乃天地中和所有,以共养人也。此家但遇得其聚处,比若仓中之鼠,常独足食,此大仓之粟,本非独鼠有也;少(小)内之钱财,本非独以给一人也;其有不足者,悉当从其取也。愚人无知,以为终古独当有之,不知乃万尸(户)之委输,皆当得衣食于是也。"⑦又说:"或积财亿万,不肯救穷周急,使人饥寒而死,罪不除也。"⑧还认为,有道德的人亦应当以道德教人,否则也是犯了"不可除"之弥天大罪,说:"人积德无极,不肯力教人守德养性为谨,其罪不除也。"⑨还反对"智者"欺负"愚者"、"强者"欺负"弱者"、"少者"欺负"老者",指出:"或多智反欺不足者,或力强反欺弱者,或后生反欺老者,皆为逆。故天不久祐之。何也?然智者当苞养愚者,反欺之,一逆也。力强当养力弱者,反欺之,二逆也。后生者当养老者,反欺之,三逆也。与天心不同,故后必凶也。"⑩《太平经》的这些思想,十分明显地带有墨家思想的痕迹,可说是对墨子有关思想的继承和发展。墨家学说对道教信仰所起的作用,绝不能等闲视之。

第五,神仙思想和神仙方术。

早在《庄子》和《楚辞》里,有关神仙思想的言论及对神仙的描述已是屡见不鲜。《庄子》一书的神仙思想在前面已经述及,兹不赘述。《楚辞》系伟大诗人屈原所作,虽说是一部文学作品,其中却

①②③④ 孙诒让著、孙以楷点校:《墨子闲诂》,第63—64、64、67、67页,中华书局,1986。

⑤⑥⑦⑧⑨⑩ 王明:《太平经合校》,第248、246、247、242、242、695页,中华书局,1960。

反映了不少关于神仙的思想和对神仙生活的向往。如:"闻赤松之清尘兮,愿承风乎遗则。贵真人之休德兮,羡往世之登仙。"[①]"餐六气而饮沆瀣兮,漱正阳而含朝霞。保神明之清澄兮,精气入而粗秽除。"[②]"仍羽人于丹丘兮,留不死之旧乡。"[③]屈原还以其丰富的想像力,描绘出仙游太空的图卷。在北方的燕齐地区,盛传仙人和不死之药的说法。战国时,北方燕齐和南方荆楚等地均出现了鼓吹长生成仙之术的神仙方士。这些神仙方士的方术,最初并没有理论,后来,他们利用战国时齐人邹衍的终始五德之运的阴阳五行学说来解释他们的方术,从而形成了所谓的神仙家,即方仙道。方仙道是战国至秦汉间方士所鼓吹的成仙之道,其著名代表人物,在战国末年有宋毋忌、正伯侨、充尚、羡门高等人;秦始皇时有徐市(福)、韩终(众)、侯公、石生、卢生等人;汉武帝时有李少君、廖忌、少翁、栾大、公孙卿等人。他们宣扬长生成仙信仰,把黄帝作为长生成仙的楷模而备加推崇,俨然奉之为祖师。并提出了主要以寻求仙人和不死之药以及祠灶祭神等多种修炼成仙的方术,其突出特点是倡导化丹砂为黄金的炼丹术。当时,方仙道的方士向往神仙"形解销化,依于鬼神之事",向秦始皇、汉武帝大肆鼓吹他们的方术,秦皇、汉武不仅相信,而且求之"如恐弗及",以致当时"自言有禁方,能神仙"[④]之徒多到"不可胜数"。方仙道所具有的这些神仙信仰,崇奉黄帝,主张服食丹药成仙的特征,及其独特的神学理论,以及行气、辟谷、祠灶、炼丹等方术,均为后世道教所吸收,从而表明方仙道的出现是道教孕育过程的重要阶段。在后来的发展过程中,神仙家的信仰和方术为道教所承袭,神仙方术衍化为道教的修炼方术,神仙方士亦逐渐演化为道士。

第六,古代宗教思想和巫术。

道教在其产生过程中,除汲取以上所说的古代各家思想外,同时还汲取了传统的鬼神观念和古代的宗教思想与巫术。在中国古

---

①②③ 王泗原:《楚辞校释》,第 299、302、303 页,人民教育出版社,1990。

④《史记》,第 1391 页,中华书局,1959。

代社会中,人们将日月星辰、河海山岳和祖先等视之为神灵而加以
祭祀,向其祈祷,顶礼膜拜。周朝时,周公规定:"郊祀后稷以配天,
宗祀文王于明堂以配上帝。"①《周官》谓:"冬日至,祀天于南郊,迎
长日之至;夏日至,祭地祇。皆用乐舞,而神乃可得而礼也。天子
祭天下名山大川,五岳视三公,四渎视诸侯,诸侯祭其疆内名山大
川。"②"大夫祭门、户、井、灶、中溜五祀,士庶人祖考而已。各有典
礼,而淫祀有禁。"③到了秦汉之时,统治者对神灵的祭祠有增无减。
秦始皇除自己亲祠名山大川之外,还令祠官常奉的天下名山大川
鬼神就有:自殽山以东,名山五,大川祠二,曰太室、恒山、泰山、会
稽、湘山;水曰济、淮。自华山以西,名山七,名川四,曰华山、薄山、
岳山、岐山、吴岳、鸿冢、渎山;水曰河,祠临晋;沔,祠汉中;湫渊,祠
朝那;江水,祠蜀。而如霸、产、长水、沣、涝、泾、渭等并非大川,却
因其靠近咸阳,亦按大川规格祠之。在雍则有日、月、参、辰、南北
斗、荧惑、太白、岁星、填星、二十八宿、风伯、雨师、四海、九臣、十四
臣、诸布、诸严、诸述等天地星辰山川,祠祀它们的庙宇就有百余
所。汉武帝即位,"尤敬鬼神之祀"。《史记·封禅书》说汉武帝所
兴祠有:"泰一、后土,三年亲郊祠,建汉家封禅,五年一修封,薄忌
泰一及三一、冥羊、马行、赤星,五,宽舒之祠官以岁时致礼。凡六
祠,皆太祝领之。至如八神诸神,明年,凡山他名祠,行过则祀,去
则已。方士所兴祠,各自主,其人终则已,祠官弗主。他祠皆如
故。"④王莽篡汉后,"遂崇鬼神淫祀,至其末年,自天地六宗以下至
诸小鬼神,凡千七百所,用三牲鸟兽三千余种。后不能备,乃以鸡
当鹜雁,犬当麋鹿。"⑤东汉光武帝,在洛阳南北郊立二坛,供奉天神
地祇、山川神灵,仅南郊的外营、中营,所供奉的神灵就多达 1514
位。这种由来已久的鬼神崇拜,在长期的发展中,逐渐形成了一个
天神、地祇和人鬼的神灵系统。道教不仅承袭了这种鬼神崇拜的
思想,而且将这个神灵系统中的许多神灵都纳入道教神灵体系。

---

①②④⑤《史记》,第 1357、1357、485、485 页,中华书局,1959。

③《汉书》,第 1193—1194 页,中华书局,1962。

　　与鬼神崇拜相联系的巫术,亦由来已久。古代殷人认为卜筮可以决疑惑,断吉凶;巫师可以交通鬼神,依仗巫术可以为人们祈福禳灾、医治疾病。从事这种巫术的人,男的被称做觋,女的被称做巫。巫、觋能够与鬼神交通,专门代人祈祷神明,以符咒求神明保佑,并能把人的祈愿告诉神明,也可以把神的旨意转告给人,是神与人的中介。这种巫术也就是神术,祈祷时,常用一种歌舞相辅。《尚书·伊训》说:"敢有恒舞于宫,酣歌于室,时谓巫风。"①到秦汉之际,这种巫术便直接为神仙方士所承袭,亦为道教所吸收和继承。

　　由上可见,道教和我国传统文化的诸多领域都有一种可说是血肉相连的密切关系,它的产生乃是中国传统文化直接孕育的结果,而它本身又是中国传统文化的一个重要的组成部分。当然,道教从孕育到最后形成,经历了一个较长时间的逐步衍化的酝酿过程。

　　早在战国之末,鼓吹长生成仙的方仙道便渐次兴起;西汉末,由于谶纬神学的盛行和黄老学向宗教化方向的发展,旋即又有了黄老学与方仙道相结合的黄老道的出现。方仙道、黄老道,都是道教的胚胎,不过它们仍属于一种准宗教的信仰,还没有正式形成为宗教组织,行其术者谓之"方士",尚未被称为"道士",至前、后汉交替之时,"方士"开始被称为"道士"。《汉书·王莽传》说:"先是,卫将军王涉素养道士西门君惠。君惠好天文谶记,为涉言:'星孛扫宫室,刘氏当复兴,国师公姓名是也。'涉信其言。"②据《后汉书·蔡遵传》记载,鼓动涿郡张丰造汉光武帝反的也是道士。载曰:"初,丰好方术,有道士言丰当为天子,以五彩囊裹石系丰肘,云石中有玉玺。丰信之,遂反。"③《后汉书·方术传》中的《许曼传》云:"许曼者……祖父峻……行遇道士张巨君,授以方

　　① 江灏、钱宗武:《今古文尚书全译》,第132页,贵州人民出版社,1990。
　　②《汉书》,第4184页,中华书局,1962。
　　③《后汉书》,第740页,中华书局,1965。

术。所著《易林》,至今行于世。"①又《第五伦传》云:第五伦"自以
为久宦不达,遂将家属客河东,变名姓,自称王伯齐,载盐往来太
原、上党,所过辄为粪除而去,陌上号为道士"②。不是道徒方士
的第五伦,隐姓埋名,为人们做扫除垃圾的善事,而获得道士之
称。这表明,道士之名在这时已为民间所熟知,且被视为一种尊
称。另外,当时民间不仅有个别道士的活动,且有近于组织的活
动,如《后汉书·马援传》说:"初,卷人维氾,訞言称神,有弟子数
百人,坐伏诛。后其弟子李广等宣言氾神化不死,以诳惑百姓。
十七年,遂共聚会徒党,攻没皖城,杀皖侯刘闵,自称'南岳大
师'。"③同书《桓帝纪》又载:建和二年(148)"冬十月,长平陈景自
号'黄帝子',署置官属,又南顿管伯亦称'真人',并图举兵,悉伏
诛。"④从这些人相信"神化不死"和自称"真人"、"黄帝子"、"南岳
大师"等来看,表明当时民间已有类似道教组织的活动存在了。
由于各种条件的具备,因而在经过了方仙道到黄老道的长期酝酿
之后,到东汉顺帝、桓帝之际,道教便正式诞生了。

---

①②③④《后汉书》,第 2731、1396、838、293 页,中华书局,1965。

第二章

汉魏两晋南北朝道教

第一节 民间兴起的汉代道教

早期道教形成过程的重要标志之一,是道教经书的出现。最早的道教经书是汉成帝(前32—前7在位)时,齐人甘忠可造作的名为《天官历包元太平经》共12卷的经书。此部经书早已不存于世,故今不可能详知其内容。然而,据《汉书·李寻传》,这部经书所言为"汉家逢天地之大终,当更受命于天,天帝使真人赤精子,下教我此道"①。在这里,值得特别加以注意的是此书有了不同于以往的两个新内容:一是构造出了天帝—真人—方士的传授系统,将君权神授的观念与真人奉天帝之命传达"天意"给经书制造者的神话结合了起来;二是神仙被赋予了新的职能,他们不再是游戏于世外超现实的神人,而是直接参与并影响社会政治生活的活生生的人。从其他历史资料及结合当时的社会情况来看,我们大致可知此部经书的内容,除以传统的天人感应思想与神仙思想相结合,宣扬阴阳灾异,述统治吉凶,假天帝、真人之力为统治者服务外,还以天帝使真人"教我此道"。可见,该书从思想面貌上已经表现出其已具备了宗教神学的特征。其祈求太平世道的愿望和托天帝使神仙下凡以道教人的手法,在随后出现的道教早期重要经书《太平清领书》中,得到了广泛的应用和发挥。

《太平清领书》又称《太平经》,分为自甲至癸10部,每部17卷,共170卷。没有署明作者和成书时间,书中自称是天师代天传言,

---

① 《汉书》,第3192页,中华书局,1962。

授予真人的"天书"。这当然是一种不足为凭信的神话。在官修正史中,最早出现关于《太平经》记载的是范晔所修的《后汉书》。《后汉书·襄楷传》云:"初,顺帝时,琅玡宫崇诣阙,上其师干(一作于)吉于曲阳泉水上所得神书百七十卷,皆缥白素朱介青首朱目,号《太平清领书》。其言以阴阳五行为家,而多巫觋杂语。有司奏崇所上妖妄不经,乃收藏之。后张角颇有其书焉。"①说明宫崇上书没有引起皇帝的重视。到汉桓帝延熹九年(166),襄楷"自家诣阙上疏曰:臣前上琅玡宫崇受干吉神书,不合明听"②。后又上书曰:"前者宫崇所献神书,专以奉天地顺五行为本,亦有兴国广嗣之术。其文易晓,参同经典,而顺帝不行,故国胤不兴,孝冲、孝质频世短祚。"③根据这些记载,使我们对《太平清领书》即《太平经》可以有一个大致的了解:至少它于东汉顺帝时成书,并献给皇帝。此书的内容,亦不可能是由一个人于一时一地所作,乃是东汉时期秘密流传的原始道教徒多人著述,经过逐步积累,最后汇集而成。概言之,《太平经》一书乃是以道家哲学、阴阳五行学说、传统的宗教思想、巫术以及儒家的伦理观念,并吸收当时的天文学、医药学、养生学等自然科学成就等,来建立其宗教神学庞杂理论体系,运用神道设教的方式,宣扬天人合一和善恶报应思想,以及帝王统治术和封建道德观念,以实现"太平世道"为理想目标。其主要内容有这样几个方面:

第一,提出了"一分为二"及天、地、人"三合相通"的宇宙观,论述了天、地、人和万物的起源及其相互协力的生存法则。它继承老子"道生一,一生二,二生三,三生万物"④的思想,结合《周易》的阴阳之道和汉代流行的"元气"说来阐述其宇宙生成理论,认为宇宙万物的本源是"元气","元气"的聚合生成天、地、人和万物。

第二,提出了建立"太平世道"的政治设想,描绘了公平、大乐、

①②③《后汉书》,第 1084、1080、1081 页,中华书局,1980。
④ 陈鼓应:《老子注译及评介》,第 232 页,中华书局,1984。

无灾的理想社会蓝图。它要求明君以民为本,实行仁治,举贤善任,远奸佞小人,而臣民事君也应尽忠尽孝。强调敬奉天地、忠孝顺慈仁诚信等宗教伦理道德,并发展了天人感应的善恶报应观念,提出"承负说"。认为善恶报应,不仅应在自身,而且影响到子孙后代,而自身也要承负祖宗善恶的报应。其范围是:承负前五代,流及后五代。但是,如果自身能行大功,就可避免祖先的余殃,并为子孙后代造福。这种思想,在以血缘关系为纽带的中国封建社会里,自有其特殊意义。

第三,提出了"乐生"、"好善"的传教依据和有关生死的理论及修炼方术。《太平经》认为人人都有成仙的可能性,精、气、神具足是人生命存在的条件。所以,人欲想长生不死,就应固精、爱气、养神,行持"守一"、"食气"、"胎息"等等修炼方术。

第四,从"天人一体"的神学思想出发,构筑了以"天君"为最高神灵的鬼神系统。《太平经》认为,人们生活于其中的现实世界,存在着无数的神灵。神是"皇天之吏",为"无形象变化无穷极之物也"[①],神根据人的行为,赏善罚恶,毫厘不爽。最高神灵为天君,又称天公,下辖有众多官属,各司其职,不仅统治神的世界,且管辖人的世界。

总之,《太平经》里所表明的宗教神学观念,已奠定了中国土生土长的道教的基调,特别是其"乐生"的主旨,更是道教区别于其他任何宗教的最为显著的特点。《太平经》的思想,均为早期道教两大派别"五斗米道"和"太平道"所接受。在道教发展史上,《太平经》占有极为重要的地位。

另一部早期道教经书是《周易参同契》。它出现在东汉中、后期,对以往的养生术、炼丹术作了总结和发展。该书作者魏伯阳(生卒年不详),一说名翱,号伯阳,自号云牙子,会稽上虞人,生平事迹正史无载。据晋代葛洪所著《神仙传》载:"魏伯阳者,吴人也。高门之子,而性好道术,不肯仕宦,闲居养性,时人莫知其所

---

① 王明:《太平经合校》,第439页,中华书局,1960。

从来……伯阳作《参同契》、《五相类》凡二卷,其说如似解释《周易》,其实假借爻象,以论作丹之意。而儒者不知神仙之事,多作阴阳注之,殊失其奥旨也。"①概而言之,《周易参同契》全书分为上、中、下三篇,及《周易参同契鼎器歌》一首,共约六千字。其内容系借《周易》爻象的神秘思想论述炼丹修仙的方法,它将"大易"、"黄老"、"炉火"三者参合,强调修丹与天地造化是同一个道理,易道与丹道是相通的,故能用说明天地造化的《易》的道理来解释炼丹内养。魏伯阳认为,万物的产生和变化,皆是精气得以舒发的结果。欲求长生不死,必须顺从阴阳变化,掌握乾坤六十四卦运行规律来进行修炼,即所谓炼丹。《参同契》既讲了外丹炉火,也述说了内丹修炼;既肯定外丹,也肯定内养;既批评了外丹的失误,也对内炼的某些不正确做法有所指责。这样,以致后来的主外丹者和主内丹者都可以从中找根据、受启发,而受到极大重视,被尊为"万古丹经王"。《四库全书总目》说:"后来言炉火者,皆以是书为鼻祖。"②

有了经书,又有了类似道教组织的活动存在,到东汉顺帝、桓帝之际,早期道教派别五斗米道和太平道便相继出现,标志着道教的正式诞生。

诞生于东汉顺帝、桓帝时的早期道教两大派别——五斗米道和太平道,主要活动于民间,在下层群众中间流行,都受道教早期经典《太平经》中部分反映劳动群众愿望和要求的思想影响,并与农民反封建的经济剥削和政治压迫等要求相结合。五斗米道的首领在汉中建立了政教合一的地方政权,太平道的首领则发动了农民起义,动摇了东汉王朝,使之迅速走向崩溃。

五斗米道又称天师道、正一道或正一盟威之道,创立者是沛国丰(今江苏丰县)人张陵,道门内又称其为张道陵、张天师、祖天师、正一真人等。其子张衡被称为嗣师,孙子张鲁被称为系师。

---

① 《道藏》,第 22 册,第 741—742 页。

② 《文渊阁四库全书》,第 3 册,第 1091 页,台湾商务印书馆,1986。

在这里,有必要对"张天师"之称作一点说明。"张天师"有狭义与广义之分,前者仅专指张陵,后者则指张陵及其后代嗣教天师。张陵创立五斗米道的时间是在东汉顺帝时,创教地点在西蜀鹤鸣山。《三国志·张鲁传》载:张陵"客蜀,学道鹄鸣山中,造作道书以惑百姓,从受道者出五斗米,故世号米贼。陵死,子衡行其道。衡死,鲁复行之"①。《后汉书·刘焉传》的记载与此相同,只是"鹄"作"鹤"、"道书"作"符书"。《华阳国志·汉中志》亦说:"沛国张陵,学道于蜀鹤鸣山,造作道书,自称太清玄元,以惑百姓。"②

关于张陵的生平,正史记述非常简略,且未记载其生卒年代。根据晋葛洪《神仙传》和晚出的《汉天师世家》及其他一些史料,张陵生平大致为:张陵(生卒年不详),字辅汉,沛国丰人,传为汉留侯张良之后。少年时即精研《道德经》,旁及天文地理、河洛图纬之书。曾入太学,通达五经,举贤良方正直言极谏科。明帝(58—75在位)时,出任马巴郡江州(今重庆)令。后隐居北邙山,学长生之道,朝廷征为博士,称病不应。和帝(89—105在位)征为太傅,三诏不就。顺帝时,修道于蜀中鹤鸣山,自称太上老君"授以三天正法,命为天师"③,为"三天法师正一真人",并造作道书24篇,开始传播五斗米道。其道尊老子为教主,奉《老子五千文》(即《道德经》)为基本经典。据传张陵曾著《老子想尔注》,称人君按"道意"治国,则国太平;循"道意"爱民,民即寿考;人法"道意",可得长久。以佐国辅命,养育群生为己任。张陵弟子有三百余人,在蜀汉一带和东都洛阳立有二十四治(即教区),为其后五斗米道的发展奠定了基础。最后,张陵与弟子王长、赵升等同时升天而去。这些传说中虽然有后人加上的神话,但是,张陵确实于蜀中创立五斗米道和设立二十

---

① 《三国志》,第 263 页,中华书局,1959。
② 《文渊阁四库全书》,第 463 册,第 146 页,台湾商务印书馆,1986。按:"鹄"与"鹤"音近相假,实指同一地方,即四川省成都市大邑县北 25 华里处,与道教另一胜地青城山相距甚近。
③ 《道藏》,第 22 册,第 37 页。

四治,却为大多史料所肯定。

张陵选中蜀地作为创教之地,并非偶然,而是与当时蜀地的社会状况及宗教习俗、风土人情有密切关系。当时,蜀中图谶数术之学和黄老道术相当盛行,《后汉书·杨厚传》载:新都人杨厚"修黄老,教授门生,上名录者三千余人"[①]。广汉人翟酺"好《老子》,尤善图纬、天文、历算"[②]。另一广汉人折象"能通《京氏易》,好黄老言。……乃散金帛资产,周施亲疏"[③]。诸如杨厚、翟辅、折象一类人,在蜀中还有很多。可见,黄老道在蜀地是广为传播的。另外,蜀地居有多种少数民族,其宗教习俗颇尚鬼巫,《后汉书·南蛮西南夷列传》谓"俱事鬼神",賨人(即巴人)"俗好鬼巫"[④]。《晋书》也说:"賨人敬信巫觋。"[⑤]这些,都为五斗米道诞生于蜀地提供了良好的条件。而且,五斗米道亦被称为"鬼道"。《渊鉴类涵·道部》引《正一经》说:"陵学道于蜀中鹤鸣山,时蜀中人鬼不分,灾疾竞起,感太上老君降正一盟威之法,始分人鬼,置二十四治。"张陵创教时建立的二十四治,实为二十四个教区,其分布为:在蜀郡的是阳平治、鹿堂治、鹤鸣治、漓沅山治、葛璝山治;在广汉郡的是更除治、秦中治、真多治、昌利治、隶上治;在遂宁郡的是涌泉治;在犍为郡的是稠稉治、北平治、本竹治、平盖治、平刚治;在越嶲郡的是蒙秦治;在巴西郡的是云台治;在汉中郡的是浕口治、后城治、公慕治;在成都南门左的是主簿治、玉局治;在东汉都城洛阳的是北邙治。不过,关于北邙治,《无上秘要》称北邙山是在京兆(今陕西西安)一带,而《云笈七签》则记载说是在东都洛阳县渠水旁。这二十四治中有二十三治分布在今川西北和陕南一带,最为重要的治为阳平治、鹿堂治和鹤鸣山治,其中阳平治规模最大,说明五斗米道的活动范围主要是在今天成都市及其周围蜀郡地带。张陵初创的五斗米道,是一种具有主神崇拜特征的多神教,据《华阳国志》载,张

---

①②③《后汉书》,第 1050、1602、2720 页,中华书局,1965。

④《文渊阁四库全书》,第 463 册,第 222 页,台湾商务印书馆,1986。

⑤《晋书》,第 3022 页,中华书局,1974。

陵自称"太清玄元",除崇奉老子为教主外,他还造出了许多神灵,《正一法文经章官品》称有"百二十官",其道术主要是上章招神和符咒劾鬼,并以长生成仙为最高目标。张陵死后,其子张衡、孙张鲁相继嗣教。

张衡(生卒年不详)的生平事迹,除道书臆造的一些传说外,见于正史的记载是少之又少,这至少表明张衡在传播五斗米道的过程中所起作用不大。张鲁(?—216)嗣教后,不仅继续传播五斗米道,而且壮大并发展了五斗米道,在汉中建立了政教合一的地方政权。据《三国志·张鲁传》说:张鲁,字公祺,生年不详。他"以鬼道教民,自号'师君'。其来学道者,初皆名'鬼卒'。受本道已信,号'祭酒'。各领部众,多者为治头大祭酒。皆教以诚信不欺诈,有病自首其过,大都与黄巾相似。诸祭酒皆作义舍,如今之亭传。又置义米肉,悬于义舍,行路者量腹取足;若过多,鬼道辄病之。犯法者,三原,然后乃行刑。不置长吏,皆以祭酒为治,民夷便乐之"[1]。"有小过者,当治道百步,则罪除;又依月令,春夏禁杀;又禁酒。流移寄在其地者,不敢不奉。"[2]可见,张鲁割据汉中,以五斗米道教化百姓,自封为"师君",规定初入道者称"鬼卒",经过考验而信仰坚定者为"祭酒",祭酒各领部众,为首领,部众多的称"治头大祭酒"。祭酒既管教务,也理行政。张鲁建立起了政教合一的政权和从鬼卒、祭酒、治头大祭酒直至师君的金字塔式的教阶制和行政管理体制。祭酒是教内骨干,他们保证义舍、宽刑、禁杀、禁酒等项措施的实行。此外,还设有专为信徒讲解《老子五千文》的"奸令祭酒",设"鬼吏"给请求治病者主持祈祷仪式。其政令的实施,是以廉耻治人,诚信不欺诈,令病人自首其过、修路补过等具有浓烈宗教色彩的措施来保证的。而这些措施,多与《太平经》的思想一致,受到百姓的普遍欢迎。

张鲁以五斗米道统治巴、汉一带前后将近三十年,扩大了道教的势力,史称"民夷便乐之",朝廷"力不能征"。[3]直至建安二十年

---

[1][2][3]《三国志》,第263、264、263页,中华书局,1959。

(215),曹操统兵十万进攻汉中,张鲁遂投降。由于张鲁本有降意,被拜为镇南将军,封为阆中侯,邑万户。他的五个儿子,皆封中侯。[①] 建安二十一年(216)张鲁卒,葬于邺城(今河北临漳),其道众也大量北迁,五斗米道遂发展至中原地区。

在这里,有两个问题需加以说明。一是五斗米道崇尚符箓、咒祝。此道在为人治病时,令病人饮符水,居静室思过,并继承了古代关于天官(天帝)赐福、地官(地祇)赦罪、水官(水神)解厄的神话传说,令病者自书姓名、服罪、悔过之意的文书一式三份,一份放置于山上,一份埋入地下,一份沉入水中,称为"三官手书"。二是关于五斗米道名称的来源。据《后汉书》和《三国志》等的记载,五斗米道初创时,要求奉道者和求治病者交纳五斗米为"信米",故得名。另外,也有人认为它的得名,与其崇拜五方星斗和斗姆有关。五斗米即"五斗姆",亦即五方星斗中的北斗姆,为众星之首。

早期道教的另一派别为太平道,它出现的时间与五斗米道相差不远,是奉事黄老道的巨鹿(今河北平乡)人张角(?—184)于东汉灵帝(168—188 在位)时创立的。因主《太平经》而得名,并以之为主要经典,以"中黄太乙"为其奉祀的至尊天神。据《后汉书·皇甫嵩传》载:"初,巨鹿张角,自称'大贤良师',奉事黄老道,畜养弟子,跪拜首过,符水咒说以疗病,病者颇愈,百姓信向之。角因遣弟子八人使于四方,以善道教化天下,转相诳惑。十余年间,众徒数十万,连结郡国,自青、徐、幽、冀、荆、扬、兖、豫八州之人,莫不毕应。遂置三十六方。方犹将军号也。大方万余人,小方六七千,各立渠帅。讹言'苍天已死,黄天当立,岁在甲子,天下大吉'。以白土书京城寺门及州郡官府,皆作'甲子'字。中平元年(184),大方马元义等先收荆、扬数万人,期会发于邺。元义数往来京师,以中常侍封谞、徐奉等为内应,约以三月五日内外俱起。未及作乱,而张角弟子济南唐周上书告之,于是车裂元义于洛阳。灵帝以周章下三公、司隶,使钩盾令周斌将三府掾属,案验宫省直卫及百姓有

---

① 《三国志》,第 263 页,中华书局,1959。

事角道者,诛杀千余人,推考冀州,逐捕角等。角等知事已露,晨夜驰敕诸方,一时俱起。皆着黄巾为标帜,时人谓之'黄巾',亦名为'蛾贼'。杀人以祠天。角称'天公将军',角弟宝称'地公将军',宝弟梁称'人公将军'。所在燔烧官府,劫略聚邑,州郡失据,长吏多逃亡。旬日之间,天下响应,京师震动。"①司马光《资治通鉴》记载说:"初,巨鹿张角奉事黄、老,以妖术教授,号'太平道'。……自青、徐、幽、冀、荆、扬、兖、豫八州之人,莫不毕应。或弃卖财产,流移奔赴,填塞道路,未至病死者亦以万数。郡县不解其意,反言角以善道教化,为民所归。"②从上述记载和其他一些资料,可知太平道的大致情况为:张角在传教之初,先是事奉黄老道,后据《太平经》中"众星亿亿,不若一日之明也。柱天群蚑行之言,不若国一贤良也"③之义,角自称"大贤良师",其弟张宝、张梁称"大医"。宣称太平之气将至,太平之世将来,反对剥削聚敛,主张周穷救急,以"跪拜首过,符水咒说"为人疗病的方式传教。由于当时疾疫流行,百姓纷纷找他疗病,且"病者颇愈",因而信奉其道者甚众。张角在冀州布道成功后,便派遣八名弟子到四方传教,十余年间,其教徒便达到数十万,遍及青、徐、幽、冀、荆、扬、兖、豫八州。为加强统一领导,张角以"方"为单位建立教区组织,共设三十六方,大方有上万人,小方亦有六七千人,并各立渠帅分管教务。太平道发展达到鼎盛,为其发动起义奠定了群众基础。

东汉中叶以后,社会动荡异常,阶级矛盾特别尖锐、突出。张角顺应时势,提出周穷救急、互相帮助,反对豪门大族对百姓的掠夺,勾画了一幅"太平世道"的蓝图,把广大流民和农民集中在太平道的旗帜之下。在太平道日渐强大的基础上,派教徒四处传播"苍天已死,黄天当立,岁在甲子,天下大吉"的谶语,为其发动起义制造舆论。以教区组织"方"为起义的军事组织,其大方渠帅马元义

① 《后汉书》,第2299—2300页,中华书局,1965。
② 《资治通鉴》,第1864页,中华书局,1956。
③ 王明:《太平经合校》,第448页,中华书局,1960。

还收买宦官封谞、徐奉等为内应,预定于甲子年即中平元年(184)三月五日各地同时起义。就在预定起义日期约前十天,由于济南人唐周向官府告密,起义计划被打乱。于是,除青、徐二州外,幽、冀、荆、豫、兖、扬六州一同提前并起,"天下响应,京师震动",声势极为浩大。张角按《太平经》中天、地、人"三统"思想,自称"天公将军",弟张宝称"地公将军"、张梁称"人公将军",领导了这次起义。因起义军皆头著黄色头巾,故称起义军为"黄巾军",称此次起义为"黄巾起义"。

东汉王朝采取了一系列的军事、政治措施,全力以赴对其进行残酷镇压。起义军奋战十个月,其间张角病故,张宝、张梁先后战死。这次起义给东汉王朝的打击是沉重的,使"朝政日乱,海内虚困"[1],东汉王朝随之衰亡。然而,在统治者的镇压下,太平道组织自身也遭重创,从此销声匿迹,传授不明。

由上可见,汉代是道教孕育和草创时期,既有了早期道教经书,建立了有组织、有规戒的宗教团体,其神学理论、教理教义虽然简单,但已初具体系,五斗米道和太平道的出现标志着道教的正式产生。这两大道派的组织形式,均与当时的社会状况紧密相连,在阶级矛盾激化、广大百姓难以生存的条件下,神道设教便被农民群众用作维护自身利益的武器。总之,这两大早期道教派别的理论和各具特色的实践,不仅为后世统治者的宗教政策的建立提供了借鉴,同时,也为道教自身的发展提供了模式。

第二节　魏晋道教的分化和发展

黄巾起义,使统治者对于农民利用宗教组织进行反抗,有了一定的认识和警惕。于是,便对活动于民间的早期道教采取了两手政策,一方面加紧镇压,另一方面则进行利用和改造,加之这一时期道教内部出现一些问题,遂促使道教开始发生分化:一部分道教

---

① 《后汉书》,第 2302 页,中华书局,1965。

徒向社会上层靠拢,参与宫廷政治,为封建统治者服务;一部分道教徒则隐遁山林,专事修炼;还有一部分道教徒继续活动于民间,为农民起义者所利用。这种分化,始于曹魏时期。

中国历史上赫赫有名的曹操,出身官宦家庭,最初只是东汉王朝中的一个小吏。他的飞黄腾达,是在汉灵帝光和(178—183)末,因镇压颍川黄巾起义有功而开始。后在汉献帝初平三年(192),又因击败青州黄巾军,占兖州,获降兵三十余万,并于其中选精锐,组成青州兵,拥有了自己独立的武装力量。建安元年(196),他控制汉献帝,开始用汉献帝的名义发号施令,在政治上、军事上都扩充了实力,掌握了主动权,从而登上了中国历史舞台。

靠镇压黄巾起义发家的曹操,深知下层百姓利用宗教起义造反的危险,他吸取东汉王朝的教训,对道教及在当时社会上有声望的道士、方士,采取了镇压与利用、限制加改造相结合的两手政策。这主要表现在两个方面:一是广泛招罗各种在社会上有影响的方士、道士,将他们"集之于魏国",以防其"接奸宄以欺众,行妖慝以惑民"①。关于曹操罗致方士、道士的情况,许多历史文献资料皆有记载。如:张华《博物志》说:"魏王所集方士名:上党王真,陇西封君达,甘陵甘始、鲁女生,谯国华佗字元化、东郭延年、唐霅、冷寿光,河南卜式、张貂、蓟子训,汝南费长房、鲜奴辜,魏国军吏河南赵圣卿,阳城郄俭字孟节,庐江左慈字元放。"②曹植《辩道论》说:"世有方士,吾王悉所招致,甘陵有甘始,庐江有左慈,阳城有郄俭。"③《后汉书·方术列传·甘始传》说:"甘始、元放、延年皆为操所录,问其术而行之。"④曹操所招致的这些方士中,比较著名而又有明文可考者,便有甘始、左慈、郄俭、华佗、东郭延年、郝孟节等。这批人在社会上都有一批崇拜者及信徒,有一定的号召力。如善于辟谷

40

---

①③《三国志》,第 805 页,中华书局,1959。
②《文渊阁四库全书》,第 1047 册,第 591 页,台湾商务印书馆,1986。
④《后汉书》,第 2750 页,中华书局,1965。

术的郄俭,曹丕《典论》说:"初,俭之至,市伏苓价暴数倍。"[①]善于变化的甘始,长于呼吸导引之术,"后始来,众人无不鸱视狼顾,呼吸吐纳"[②]。左慈善补导之术,"左慈到,又竞受其补导之术"[③]。华佗精于医术,史称其"游学徐土,兼通数经。晓养性之术,年且百岁而犹有壮容,时人以为仙"[④]。曹植对其父召集这些人的目的有明确的说法,谓:"卒所以集之于魏国者,诚恐斯人之徒,接奸宄以欺众,行妖慝以惑民,岂复欲观神仙于瀛州,求安期于海岛,释金辂而履云舆,弃六骥而羡飞龙哉?"[⑤]曹操的目的不在于利用这些方士、道士所挟道术、方术为其延年益寿服务,他并不十分相信神仙之说,而是出于政治上的考虑,把这些人召集起来"聚而禁之",以防这些人聚众造反。曹操的这个目的,还可以从他对待这些人所采取的不同做法上看出。凡是俯首贴耳听他的调遣和支配者,就加以优待,如:"颍川郄俭,能辟谷,饵茯苓,甘陵甘始名善行气,老有少容庐江左慈知补导之术,并为军吏。"[⑥]"(郝)孟节(上党人)能含枣核,不食可至五年十年。……为人质谨不妄言,似士君子。曹操使领诸方士焉。"[⑦]而对于敢反抗他的人,则毫不留情地杀掉,如对名医华佗就是如此。《后汉书·方术列传》载:华佗在被招致后,"因托妻疾,数期不反。操累书呼之,又敕郡县发遣,佗恃能厌事,犹不肯至。操大怒,使人廉之,知妻诈疾,乃收付狱讯,考验首服。荀彧请曰:'佗方术实工,人命所悬,宜加全宥。'操不从,竟杀之"[⑧]。

在曹操网罗的这批人中,最值得注意的是左慈。左慈,字元放,庐江(今属安徽)人。《后汉书》说他少有神通,曹植《辩道论》谓其"晓房中之术",葛洪《神仙传》说他明五经,兼通星气,后学道,能役使鬼神,坐致行厨,变化万端,不可胜记。《后汉书·左慈传》载

①②③ 严可均辑:《全上古三代秦汉三国六朝文》,第2册,第1095页,中华书局,1958。

④⑥⑦⑧《后汉书》,第2736、2748、2751、2739页,中华书局,1965。

⑤《三国志》,第805页,中华书局,1959。

有他许多异常怪诞的具体事例,难以为信。然而,东汉时候丹鼎派道教的道术,却由左慈一脉相传于后世,到东晋葛洪而集其大成。据葛洪《抱朴子·金丹篇》说:左慈曾以《太清丹经》三卷、《九鼎丹经》一卷、《金液丹经》一卷,传授给葛洪祖父葛玄,葛玄又传给其弟子郑隐,郑隐再传给葛洪。丹鼎派道教,经过葛洪的改造,成为了为统治阶级服务的官方道教。

曹操对早期道教所采取的两面手法,其第二面是在对待五斗米道的首领及其教民问题上。曹操对张鲁,起初用兵讨伐,在张鲁归降后,一面给予优厚的待遇,对张鲁及其子女、臣僚皆封官拜侯,假他们的影响来笼络群众。对曹操优待张鲁等人的做法,裴松之在《三国志·张鲁传》注中发表议论,说:"臣松之以为张鲁虽有善心,要为败而后降,今乃宠以万户,五子皆封为侯,过矣。"[①]认为太过分了。不仅如此,曹操还让张鲁的子女与他自己的子女相互婚配,结为姻亲。另一面,加紧对张鲁及其教民的严格控制,采用调虎离山的手法,将张鲁及其子女、臣僚及汉中百姓北迁,瓦解五斗米道的根据地。据《三国志》、《华阳国志》等史书记载,从建安二十年(215)十一月至建安二十四年(219)五月,在不到四年的时间里,汉中百姓被迫向北迁移至少有三次之多,人数达数万之众,迁往地点为长安、三辅及洛阳、邺城等。《正一法文天师教诫科经·大道家诫令》中亦谈到:"至义国殒颠,流移死者以万为数,伤人心志。自从流徙以来,分布天下。"[②]这里所说的"义国颠殒",即指被曹操覆灭的张鲁建立的政教合一的地方政权。从中,我们既可看到汉中人民的北迁是被迫的,且情况悲惨;也可看出张鲁及其教民北迁后,五斗米道在北方得以传播开来。

曹操使张鲁及其大量臣民北迁的行动,给五斗米道的分化犹如注入了催化剂,加快了它的分化过程,所产生的影响及其后果是双重的。

---

① 《三国志》,第265页,中华书局,1959。
② 《道藏》,第18册,第236页。

　　张鲁在迁到邺城后的第二年(216)便亡故,五斗米道失去了权威的统一领导。于是,北迁后的祭酒、教徒便各自为政,独立设治传教,往日的传教规则被破坏了。《正一法文天师教诫科经·阳平治》说:"诸祭酒主者中,颇有旧人以不? 从建安(196—219)、黄初元年(220)以来,诸主者祭酒人人称教,各作一治,不复按旧道法为得尔。"[1]五斗米道的势力、影响扩展到了北方,在中原地区传播开来,同时,又陷入组织混乱、教戒松弛、思想紊乱的状况。分化不可避免地在五斗米道内部出现了。

　　巴蜀地区的五斗米道(天师道),在张鲁投降曹操和北迁之后,仍继续传播和发展。陈瑞、李特的先后起义,即是明证。

　　陈瑞为魏晋间人,奉事五斗米道,传道于犍为郡(今属四川)。关于陈瑞的传教及起义情况,据《华阳国志》卷八载:"咸宁三年(277)春,刺史(王)浚诛犍为民陈瑞。瑞初以鬼道惑民,一道始用酒一斗,鱼一头,不奉他神。贵鲜洁,其死丧产乳者不百日不得至道治。其为师者曰祭酒,父母妻子之丧不得抚殡入吊及问乳病者。转奢靡,作朱衣素带朱帻进贤冠。瑞自称天师,徒众以千百数。浚闻,以为不孝,诛瑞及祭酒袁旌等,焚其传舍。益州民有奉瑞道者,见官二千石长吏巴郡太守犍为唐定等,皆免官或除名。"[2]可见,陈瑞所传的道被称为"鬼道",为师者叫"祭酒",他自称"天师",无疑属于天师道的组织。但其所传道,已不再是按旧道法办事,而是自己设治传教,自己署置。革除入道者须交纳信米等陈规,创立入道者只须交纳酒一斗、鲜鱼一尾,不许信奉他神,只贵鲜洁等新法。由于陈瑞的某些规定,诸如祭酒若父母,妻子去世,不得抚殡入吊,也不能问候病、乳者,与封建社会伦理道德规范相抵牾,更因为他领导的徒众力量越来越强大,有危及西晋政权之嫌。终于,在咸宁三年被益州刺史王浚以"不孝"罪诛杀,并焚烧了其道治。

---

　　[1]《道藏》,第18册,第238页。

　　[2]《文渊阁四库全书》,第463册,第210页,台湾商务印书馆,1986。

爆发于西晋惠帝永宁元年(301),由关陇流民领袖李特、李雄领导的流民起义,与天师道有密切关系。他们的起义获得成功,并在成都建立了史称成汉的农民政权,是与青城山天师道首领范长生给予的支持分不开的。史称:范长生名延九,字元,涪陵丹兴(今重庆黔江)人,率千余家迁居青城山,奉天师道。而李特、李雄本为賨人,世奉五斗米道。晋惠帝永宁元年,李氏父子率略阳、天水六郡流亡入蜀的流民举行起义,反抗西晋政权。太安二年(303)正月,攻占成都少城。二月,李特在新繁之战中战死,起义军死伤极为惨重。在成败危亡的关键时刻,由于范长生资助其粮草,从而使起义军从困境中解脱出来。李雄率余部退出成都,同年底,复攻入成都,益州刺史罗尚弃城而逃,李雄遂占领了益州。第二年(304)冬十二月,李雄自称成都王,欲迎范长生为君王,范长生固辞不允,反劝李雄称帝。永兴二年(305)六月,李雄遂称帝,国号大成,后传至三世李寿,改国号为汉,故史称"成汉"。

《晋书·李雄载记》说:"范长生自西山乘素舆诣成都,雄迎之于门,执版延坐,拜丞相,尊曰范贤。长生劝雄称尊号,雄于是僭即帝位……加范长生为天地太师,封西山侯,复其部曲不豫军征,租税一入其家。"①李雄在范长生的辅助下,地位日益巩固,在位三十年,刑政宽和,甚得百姓拥护。史称其"简刑约法,甚有名称。……其赋男丁每岁谷三斛,女丁半之,户调绢不过数丈,绵数两。事少役稀,百姓富实,闾门不闭,无相侵盗"②。"由是夷夏安之,威震西土。时海内大乱,而蜀独无事,故归之者相寻"③。李特、李雄建立的成汉政权,经六世74年,至东晋穆帝永和三年(347)方为桓温所灭。李氏与范长生的联合,除了政治、经济的原因外,共同的宗教信仰亦是重要因素。今人唐长孺在《范长生与巴氏据蜀的关系》一文中,对此有较为详细的论证。

东晋时,废帝太和五年(370)在四川广汉地区又爆发了以李弘、李金银为首的道教徒起义。

---

①②③《晋书》,第3036、3040、3040页,中华书局,1974。

以上这些表明,张鲁北迁和辞世之后,蜀中道教仍在民间流传、活动,反映了天师道在蜀中的影响颇大,以及巴蜀地区天师道的分化和发展。

这一时期,道教在江南地区的活动也日渐活跃。如:从北方流入江南的帛家道;三国时从蜀中传到江南,并在江南地区广为传播,且与天师道有一定渊源的李家道;杜子恭一派的天师道等等。

帛家道的情况不是十分清楚明了。最初见于葛洪《抱朴子内篇·祛惑》,再根据其他一些散见资料推测,这个道派大约属于太平道,太平道被镇压后,少数信徒在河北、洛中一带活动于民间。东晋时,帛家道流传至江浙一带,并向上层发展。《真诰》卷四说:丹阳句容人许映(即许迈)"本属事帛家之道。血食生民,通愆宿责,列在三官,而越幸网脱,奉隶真气"[1]。同书卷二〇又说:"华侨者,晋陵冠族,世事俗祷。"[2]《周氏玄通记》卷一注指出:所谓俗祷,即"俗神祷","俗称是帛家道"。陈国符《道藏源流考》中说:"疑郑君葛洪皆奉帛家道。"[3]

从蜀中传入江南的李家道,是影响较大的一个派别,其徒众上千,"布满江表"。李家道为三国时蜀人李阿、李宽所创,以崇奉神仙"李八百"而得名。李家道与天师道颇为类似,以祝水神符为人治病,并设置有"道庐"。吴大帝(222—252)时,李阿、李宽至吴地传道,以符水为人治病颇为灵验,于是自公卿以下,莫不云集其门。至东晋时,其"弟子转相教授,布满江表,动有千许"[4]。李家道在民间的影响相当大,托名李家道道徒李弘之名者,从东晋明帝太宁元年(323)始直至隋炀帝大业十年(614)的二百余年间连绵不绝,遍及安徽、山东、四川、湖北、陕西、甘肃、河南各地,且汉民族、少数民族皆有之。北魏道士寇谦之于明元帝神瑞二年(415)在《老君音诵诫

---

①② 《道藏》,第 20 册,第 513、610 页。

③ 陈国符:《道藏源流考》,下册,第 277 页,中华书局,1963。

④ 王明:《抱朴子内篇校释》,第 159 页,中华书局,1980。

经》里说："世间诈伪,攻错经道,惑乱愚民。但言老君当治,李弘应出,天下纵横,返逆者众,称名李弘,岁岁有之。"①

晋代杜子恭一派的天师道,在江南也颇有影响。杜子恭,名炅,吴郡钱塘人,世传五斗米道。《三洞珠囊》说他从小即信奉天师道,擅长符箓禁祝、跪拜首过之术,并以为人治病作为传教方式,还废除了入道者须交纳信米五斗的规定。《南史·沈约传》说:"初,钱塘人杜炅字子恭,通灵有道术,东土豪家及都下贵望并事之为弟子,执在三之敬。"②此派最初流传于上层士族之中,而到杜子恭弟子孙泰时,便在下层群众中广收徒众,并发动了反对晋王朝统治的起义。据《晋书·孙恩传》说:"孙恩字灵秀,琅玡人,孙秀之族也。世奉五斗米道。恩叔父泰,字敬远,师事钱塘杜子恭。而子恭有秘术……子恭死,泰传其术。然浮狡有小才,诳诱百姓,愚者敬之如神,皆竭财产,进子女,以祈福庆。……泰见天下兵起,以为晋祚将终,乃煽动百姓,私集徒众,三吴士庶多从之。……会稽内史谢輶发其谋,道子诛之。恩逃于海,众闻泰死,惑之,皆谓蝉蜕登仙,故就海中资给。恩聚合亡命得百余人,志欲复仇。及元显纵暴吴会,百姓不安,恩因其骚动,自海攻上虞,杀县令,因袭会稽,害内史王凝之,有众数万。于是会稽谢鍼、吴郡陆瓌、吴兴丘尫、义兴许允之、临海周胄、永嘉张永及东阳、新安等凡八郡,一时俱起,杀长吏以应之,旬日之中,众数十万。……恩据会稽,自号征东将军,号其党曰'长生人'。宣语令诛杀异己,有不同者戮及婴孩,由是死者十七八。畿内诸县处处蜂起,朝廷震惧,内外戒严。……刘裕乃总兵缘海拒之。及战,恩众大败,狼狈赴船。寻又集众,欲向京都,朝廷骇惧,陈兵以待之。……及桓玄用事,恩复寇临海,临海太守辛景讨破之。恩穷慼,乃赴海自沉,妖党及妓妾谓之水仙,投水从死者百数。"③余众数千人,又推举孙恩妹夫卢循为主。卢循,字于先,小

---

① 《道藏》,第18册,第211页。

② 《南史》,第1405页,中华书局,1975。

③ 《晋书》,第2631—2634页,中华书局,1974。

名元龙。他在安帝元兴二年(403)率众进攻东阳和永嘉,为刘裕所败,乃"泛海到番禺,寇广州,逐刺史吴隐之,自摄州事,号平南将军"①。安帝义熙六年(410),卢循与其姐夫徐道覆率兵十余万,直逼建康,又被刘裕击败,遂退至广州。义熙七年(411),为刺史杜慧度"谲而败之",卢循投水而亡,"慧度取其尸斩之,及其父嘏;同党尽获,传首京都"②。孙恩、卢循领导的这次起义的原因,是与会稽王世子"元显纵暴吴会,百姓不安"直接相关,然而起义军的成分主要是由信奉五斗米道的农民组成,明确提出了"诛杀异己"的口号,并杀了高级士族中"世奉五斗米道"的道教徒王凝之,表明虽同为道教信徒,也会因阶级利益不同而相互对抗。可见,这一时期道教内部在改造、分化及其发展过程中斗争之激烈。

从以上所述不难看出,魏晋时期,道教无论是在北方,还是在蜀中,抑或在江南,都不断地在发展、传播,同时又不断地在分化。这种分化,概括地来说,表现为如下特征。

其一,部分道教徒接受统治者的利用和扶植,奔走于权贵之门,"攀龙附凤",直接参与封建统治阶级内部争夺政治权力的斗争,为他们出谋划策。例如:西晋初期,先后一度把持朝政的杨骏和贾后,都曾利用道士、术士来巩固他们的统治地位,最为典型的是赵王伦之利用孙秀。赵王伦是西晋初年八王之乱的中心人物,其谋士孙秀即为五斗米道的信徒,颇得赵王伦宠信。《晋书·赵王伦传》说:"事无巨细,必咨而后行。伦之诏令,秀辄改革,有所与夺,自书青纸为诏。"③又说:"秀家日为淫祀,作厌胜之文,使巫祝选择战日。又令近亲于嵩山著羽衣,诈称仙人王乔,作神仙书,述伦祚长久以惑众。"④赵王伦还"拜道士胡沃为太平将军,以招福祐"⑤。参加八王之乱的道徒方士除孙秀外,还有步熊和黄道士。步熊善卜筮数术,门徒众多,为成都王颖的掾属。史载:"永兴(304—305)初,左卫将军陈眕,殿中中郎逯苞、成辅及长沙故将上官巳等,奉大驾(指晋惠帝)讨颖,驰檄四方,赴者云集。军次安阳,

①②③④⑤《晋书》,第2631—2634、2634、2636、1602、1603页,中华书局,1974。

众十余万,邺中震惧。颖欲走,其掾步熊有道术,曰:'勿动!南军必败。'……颖从之,乃遣奋武将军石超率众五万,次于荡阴。……超众奄至,王师败绩。"①成都王颖在获胜之后,遂挟持惠帝于邺城,独揽朝政。此时,安北将军王浚率胡、晋兵骑二万攻邺,卢志等"劝颖奉天子还洛阳。……而程太妃(颖母)恋邺不欲去,颖未能决。……时有道士姓黄,号曰圣人,太妃信之。及使呼入,道士求两杯酒,饮讫,抛杯而去,于是志计始决"②。说明在成都王颖军事行动的紧要关头,道士起了非常重要的作用。

道徒方士参与上层政治活动,不仅汉族有之,在当时的少数民族中亦有之。如:前秦苻坚和后秦姚苌,均曾利用过道士王嘉。王嘉,字子年,陇西安阳人。《晋书》卷五九、《云笈七签》卷一一○《神仙传》、《历世真仙体道通鉴》卷二八皆有传,称他"不食五谷"、"清虚服气",还能预知吉凶,并有隐形之术。起初,他隐于东阳谷,凿岩穴居,弟子数百人,亦皆穴处。石季龙之末,弃其徒众,至长安,潜隐于终南山,结庵庐而居。门人闻而复随之,好尚之士无不师宗之。问其当世事者,皆随问而对,好为譬喻,状如戏调,言未然之事,辞如谶记,时人莫能晓,事过皆验。苻坚数次征召不起。及苻坚南征,遣使问之,嘉答复说"金刚火强",乃乘使者马,正衣冠,徐徐东行数百步,而策马驰反,脱衣服,弃冠履而归,下马踞床,一无所言。使者还告,坚不悟,复遣人问:"国祚如何?"嘉答曰:"未央。"坚十分高兴,以为吉。明年,岁在癸未,坚大败于寿春,遂亡秦国,乃知"殃"在未年,以秦居西为金,晋都南为火,"火能炼金"也。后姚苌到长安,礼王嘉如苻坚故事,每事皆咨之。苌与苻登相持,问嘉曰:"吾得杀苻登定天下不?"嘉答曰:"略得也。"③苌大怒说:"得当云得,何略之有!"遂杀之。"苻登闻嘉死,设坛哭之,赠太师,谥曰文。及苌死,苌子兴字子略,方杀登,'略得'之谓也。"④王嘉著有《拾遗录》十卷,多记诡怪之事,又造《牵三歌谶》,累世传之。

①②③④《晋书》,第1618、1257、2496、2497页,中华书局,1974。

其二,道教被一些最高统治者接受,传播于世胄高门,大批高级士族人士加入道教,成为它的信徒,出现了一些所谓的天师世家。据《晋书·哀帝传》载:晋哀帝司马丕"雅好黄老,断谷,饵长生药,服食过多,遂中毒"①。因哀帝喜好服食,其臣子高嵩"谏以为'非万乘所宜'"②。简文帝司马昱"清虚寡欲,尤善玄言"③,"以冲虚简贵,历宰三世","道化宣流,人望攸归,为日已久"。④孝武帝司马曜,则以"先帝淳风玄化,遗咏在民"⑤,重用信奉五斗米道的高级士族郗愔为镇军大将军,对信奉五斗米道的高级士族殷仲堪"甚相亲爱","受腹心之任,居上流之重,朝野属想,谓有异政"。先"召为太子中庶子"、"复领黄门郎",后又"授仲堪都督荆益宁三州军事、振威将军、荆州刺史、假节、镇江陵"。⑥这些都说明,道教日渐为统治者所重视。据陈寅恪先生《天师道与滨海地域之关系》一文中的考证,当时的所谓天师世家就有:钱塘杜氏(以杜子恭和杜京产最著),琅玡孙氏(以孙泰和孙恩最著)、王氏(以王羲之和王凝之最著)、徐氏(以徐道覆最著),吴兴沈氏(以沈警最著),高平郗氏(以郗愔和郗昙最著),陈郡殷氏(以殷仲堪最著),东海鲍氏(以鲍靓最著),范阳卢氏(以卢循最著),会稽孔氏(以孔道隆、孔道微、孔灵产和孔稚珪最著),义兴周氏(以周勰最著),丹阳葛氏(以葛洪最著)、陶氏(以陶弘景最著)等。

统治者的雅好道教和大批高级士族的大量涌入,必然会将他们的思想带到道教中来,引起道教内部在思想上和组织上的变化。于是,道书的造作日益增多,新的道派也相继出现。丹阳葛洪在这个转变的关头,对战国以来的神仙方术思想作了系统的总结,为道教构造了种种修炼成仙的方法,提出了以神仙养生为内、儒术应世为外的主张,将道教的神仙方术与儒家的纲常名教相结合,建立了一套长生成仙的理论体系,使道教的神仙信仰理论化,丰富了道教的思想内容,为上层士族道教奠定了理论基础,并对后世道教的发

49

①②③④⑤⑥《晋书》,第 208—209、1896、219、220、224、2194 页,中华书局,1974。

展产生了较大的影响。因此,葛洪在中国道教史上的地位是十分重要的,可说是道教史上的一个承前启后的人物。

葛洪的生平见于《晋书》卷七二《葛洪传》和《抱朴子外篇·自序》,据此我们可以勾勒出其概况。

葛洪(约281—341),字稚川,自号抱朴子,丹阳句容(今属江苏)人。出身贵族家庭,世代都有人在朝廷做大官。13岁时,父逝,家道中落。葛洪从16岁始,广览经、史、百家,以儒学知名,并从方士郑隐学道。西晋太安二年(303),张昌、石冰于扬州起义,葛洪因破石冰有功,迁伏波将军。后又获赐爵关内侯。他本来是想成为一个儒者的,但因种种原因而未成。他自述说:"余少好方术,负步请问,不惮险远。"[1]《晋书·葛洪传》则说他"尤好神仙导养之法"[2],后去广东罗浮山炼丹,"在山积年,优游闲养,著述不辍"[3],最后在此辞世。

葛洪著述丰富,有《抱朴子》内外篇70卷、《金匮药方》100卷、《肘后备(要)急方》4卷、《神仙传》10卷、《隐逸传》10卷等等。葛洪在这些著作中,不仅论述神仙道教理论,在道教理论建设上颇有成就,而且对我国的医学、化学等方面的贡献也是卓越的。如:《肘后备急方》中关于天花病的记载是医学史上现存最早的;对结核病的认识,也比国外早一千多年;在化学方面深刻认识到丹砂的化学特性、铅的可逆性、金属间的置换作用、化学反应中的升华现象及"炭"在高温下的还原作用等等。《抱朴子》一书是他的思想的代表性著作,分为内篇和外篇。《内篇》20卷,主要总结了战国以来神仙家的理论,论述神仙、方药、鬼怪、变化、养生、延年、禳邪、祛祸之事,并继承魏伯阳的炼丹理论,集魏晋时代炼丹术之大成。《外篇》50卷,论述人间得失、世事臧否,阐明他的社会政治观点,是政论性的著作。

葛洪是上层士族道教理论的奠基人,这可以从以下几个方面

---

① 王明:《抱朴子内篇校释》,第63页,中华书局,1980。
②③《晋书》,第1911、1912页,中华书局,1974。

来分析。

第一,在长生成仙问题上,他强调要想长生成仙,不能仅靠内修外养等方术,还必须积善立功,以忠孝和顺仁信为本,"若德行不修,而但务方术,皆不得长生也"①。为保证封建秩序神圣不可侵犯,他还假借鬼神的威力来对人们实行严格的监督。他说:"按《易内戒》及《赤松子经》及《河图纪命符》皆云,天地有司过之神,随人所犯轻重,以夺其算,算减则人贫耗疾病,屡逢忧患,算尽则人死。"②他又认为,不但天地有司过之神,而且人的身体中还有上、中、下"三尸"。他说:"三尸之为物,虽无形而实魂灵鬼神之属也。欲使人早死,此尸当得作鬼,自放纵游行,享人祭酹。是以每到庚申之日,辄上天白司命,道人所为过失。又月晦之夜,灶神亦上天白人罪状。大者夺纪。纪者,三百日也。小者夺算。算者,三日也。"③又提出"诸应夺算者有数百事"④,其中包括"憎拒忠信,不顺上命,不敬所师"⑤等,"凡有一事,辄是一罪,随事轻重,司命夺其算纪,算尽则死"⑥。他认为重大的"罪过"和"恶事",无过于"不忠不孝"和"诸横夺人财物者"⑦,不仅仅做了这种"恶事"的要被"夺纪",即使"但有恶心而无恶迹者",也要被"夺算"。可见,葛洪的神仙道教理论,主要反映封建统治阶级的利益和愿望。葛洪还认为,由于仙药有上、中、下之分,故神仙也因服药的不同而有上、中、下之别。而且在众仙之中,又因新老资格的不同,其地位亦各有尊卑的不同,且位卑者必须奉事位尊者。他还认为,在众仙之上有一个统率众仙的"大神仙",叫做"元君"。他说:"元君者,老子之师也。……大神仙之人也,能调合阴阳,役使鬼神风雨,骖驾九龙十二白虎,天下众仙皆隶焉。"⑧葛洪构造的这种等级森严的神仙世界,实际上正是人间世界的封建等级制度的反映。

第二,在对待民间道教的态度上,葛洪站在士族道教的立场,视民间道教为异端,称为"妖道"、"邪道",把信奉这些道教的人称

---

①②③④⑤⑥⑦⑧ 王明:《抱朴子内篇校释》,第47、114、114、114、115、115、115、67页,中华书局,1980。

为"杂猥道士",说他们"与彼穿窬之盗,异途而同归"①,"必不得长生可知也"②。尤其对太平道首领等切齿痛恨:"曩者有张角柳根王歆李申之徒,或称千岁,假托小术,坐在立亡,变形易貌,诳眩黎庶,纠合群愚,进不以延年益寿为务,退不以消灾治病为业,遂以招集奸党,称合逆乱……威倾邦君,势凌有司,亡命逋逃,因为窟薮。"③他还指出,当时的"诸妖道百余种"④,派别繁多,认为"皆宜在禁绝之列"⑤。他向统治者大声疾呼:"淫祀妖邪,礼律所禁。然而凡夫,终不可悟。唯宜王者更峻其法制,犯无轻重,致之大辟,购募巫祝不肯止者,刑之无赦,肆之市路,不过少时,必当绝息,所以令百姓杜冻饥之源,塞盗贼之萌,非小惠也。"⑥力图从宗教方面为封建统治者镇压民间道派提供理论根据。葛洪在主张对民间道派进行残酷镇压和坚决禁止的同时,还对民间道教以符水咒语为人治病、祈禳祷祝为人求福免灾的符箓道术加以贬低,而鼓吹通过修炼和服食金丹而成仙,抛弃民间道教所具有的济世度人的现实性和群众性,将道教从济世度人引向个人长生成仙,使之满足统治阶级自秦皇、汉武以来的长生梦想。

第三,在儒、道关系上,葛洪从神仙道教的基本立场出发,主张道本儒末,道高于儒。他认为,道家之教"务在全大宗之朴,守真正之源"⑦,"得道之圣人,则黄老是也"⑧。主张"包儒墨之善,总名法之要"⑨,吸收各家之长来建树神仙道教的理论体系。然而,他又认为儒、道二家"殊途同归",可以相互补充,相互调和,二者应该而且是完全能够"兼而修之"的,提出:"内保养生之道,外则和光于世,治身而身长修,治国而国太平。以六经训俗士,以方术授知音,欲少留则且止而佐时,欲升腾则凌霄而轻举。"⑩可见,葛洪以"外儒内道"来调和儒、道关系,而这正是上层化士族道教的一个显著特点。

第四,葛洪提出修道者不能脱离人世,不能"废生民之事"。他说:"古人多得道而匡世,修之于朝隐,盖有余力故也。何必修于山

①②③④⑤⑥⑦⑧⑨⑩ 王明:《抱朴子内篇校释》,第317、236、158、158、158、157、167、203、167、135页,中华书局,1980。

林,尽废生民之事,然后乃成乎?"①他直言不讳地说:"君臣之大,次于天地,思乐有道,出处一情,隐显任时,言亦何系? 大人君子,与事变通。老子无为者也,鬼谷终隐者也,而著其书,咸论世务。何必身居其位,然后乃言其事乎?"②修道者的第一要务在葛洪看来就是要顺服统治者,为其统治的稳固服务。这样,葛洪针对当时"网漏防溃,风颓教沮"③的局面,提出应实施严刑峻法。他说:"然黎庶巧伪,趋利忘义,若不齐之以威,纠之以刑,远羡羲农之风,则乱不可振,其祸深大"④,"奸党实繁,而不严弹违之制者,未见其长世之福也"⑤。不但主张恢复肉刑,而且还对道家的学说进行了批评。由此可见,葛洪的神仙道教理论是入世的,他的这些思想,正是士族贵族思想在道教内部的反映,说明道教派别的分化,实际上是阶级分化的表现。上层贵族神仙道教与民间"妖道"的对立,在一定程度上也反映了士族贵族与农民群众的对立。

其三,由于高级士族大量参加道教,并把他们的思想带到道教中来,因而反映这种思想的上清、灵宝等派别也相继出现,并得到迅速发展。

上清派是以奉《上清经》而得名。东晋兴宁二年(364),道士杨羲(330—386)声言南岳魏夫人与众仙真下降,授予他上清众经31卷,以及诸真传记、修行杂事等,用隶书写出,传与句容许谧(305—376)、许翔(341—370)父子。东晋末,由道士王灵期加以增饰,遂广泛流传,信奉者日多。这一道派在开创之初,与天师道有密切关系,被尊为上清派第一代太师的魏华存(252—334),起初即信奉天师道,为天师道女祭酒。许谧、许翔家族,原本属天师道世家。其开派人物均为高门士族出身,受到良好的封建教育,文化修养较高,与封建统治的上层人物有密切关系,属于士族知识分子,有的人本身即为王朝的官吏。但是,由于东晋司马氏政权对江南士族

---

① 王明:《抱朴子内篇校释》,第135页,中华书局,1980。
②③④⑤《丛书集成初编》,第0561册,第741—742、506、490、500页,中华书局,1985。

始终抱有戒心,甚至持歧视态度。这样,许多高级士族人士在政治上并不得意,于是他们便以老庄思想为精神寄托,并由此而信仰道教。他们参加道教,一是为了寻求精神寄托,二是利用道教服务于封建统治。因此,对原来民间道教反映下层民众的那些思想和在他们看来是鄙陋庸俗的科仪教戒感到不满意,当他们加入道教后,就必然会按照自己的口味和爱好对旧的天师道进行改革,这从他们所制造的大量上清经典中可以看到。

这个时期上清派所奉主要经典为《大洞真经》,又名《三天龙书》、《九天太真道经》,或称《上清大洞真经》。又因为全经分为三十九章,故又名《三十九章经》。上清派以之为上清诸经之首,历代传授不绝,谓:"《大洞真经》,读之万过便仙,此仙道之至经也。"①上清派的另一重要经典为《黄庭经》,其基本内容与《大洞真经》多类似。二经都认为人身的百脉关窍皆有各种各样的神分别镇守,强调修炼之道即在于存思存神,着重个人精、气、神的修炼,通过炼神达到炼形。它们所提出的修炼方法,重在调意和精神修养,与庄子思想相似,且简便易行,适合士大夫的口味,亦比较容易为士大夫所理解和接受,故能在当时的知识阶层中得到传播。而且,它们完全排除了早期道书中反映农民群众的愿望和要求的思想,获得了封建统治阶级的赞赏,这也正是上清派能不断发展、壮大的重要原因。总之,上清派是以《大洞真经》、《黄庭经》为主要经典,以魏华存为开派祖师,奉元始天王、太上大道君为最高神。在修炼上,主张存思存神,强调人身内精气神的修炼,通过炼神达到炼形,不重视符箓、外丹,尤其排斥房中术。

灵宝派出现的时间大致与上清派同时,以传授洞玄灵宝部经而得名。其传授关系,据说由葛玄传予郑隐,郑隐传予葛洪。《云笈七签》卷三《灵宝纪略》说:"抱朴于罗浮山去世,以付兄子海安君,至从孙巢甫,以隆安(397—401)之末传道士任延庆、徐灵期等,

---

① 《道藏》,第20册,第520页。

世世录传,支流分散,孳孕非一。"①从东晋末年到刘宋初年,灵宝经书有了很大发展,已达到55卷,信奉者也日益增多,影响相当广泛。这是灵宝派的形成期。后来,刘宋道士陆修静又补充制定了各种斋戒仪轨,从而使灵宝派作为一个道派更为健全。

灵宝经中的《五篇真文》、《元始无量度人上品妙经》是灵宝派的主要经典。此派与上清派一样,代表上层统治阶级的利益,他们把儒家的封建伦理思想和修道密切结合起来,强调"言无华绮,口无恶声,齐同慈爱,异骨成亲,国安民丰,欣乐太平"的思想。在《洞玄灵宝斋说光烛戒罚灯祝愿仪》中,又提出"三合成德"的理论,说:"夫道,三合成德,自不满三,诸事不成。三者,谓道、德、仁也。仁,一也;行功德,二也;德足成道,三也。三事合,乃得道也。若人但作功德而不晓道,亦不得道;若但晓道而无功德,亦不得道;若但有道德而无仁,则至理翳没,归于无有。譬如种谷,投种土中,而无水润,何能生乎? 有君有臣而无民,何宰牧乎? 有天有地而无人物,何成养乎? 故《五千文》曰:'三生万物。'"②可见,其"三合成德"思想,正是为了使君、臣、民各安其位,以利于维护封建统治。不仅如此,他们还制定了一些规戒,要求信徒们"不可得乱语,论及世务"③。在《太上洞玄灵宝三元品戒功德轻重经》之《三元品戒罪目》中就列有"不忠于上"、"私蓄刀杖兵器"、"合聚群众"、"评论国事"、"轻凌长官有司"、"议论世间曲直"、"妄论国家盛衰"④等各种罪目。不难看出,这其实就是要求人们奉公守法,不许妄言朝政得失,不许犯上作乱,更不准参加反抗封建统治的活动。灵宝派的修炼方法,主要是符箓科教,它注重斋仪,同时又受上清派的影响,也讲思神、诵经,对金丹、房中术甚为轻视。从其重视符箓科教方面来看,它比上清派更接近旧天师道,故甚至有人认为《灵宝经》系张陵所造。但是,它实际上与旧天师道那种画符念咒以"驱鬼降魔"、"祈

55

---

① 《道藏》,第22册,第15页。
②③ 《道藏》,第9册,第823、824页。
④ 《道藏》,第6册,第880—882页。

福禳灾"的方式并不完全相同。它也强调济世度人,因而与上清派着重于个人修炼有一定区别。由于灵宝派既保留了旧天师道能够吸引群众的某些思想和宗教活动形式,又革除了那些庸俗粗鄙和反映农民群众愿望和要求的内容,在修持方法上也比上清派更简便易行,故更能适合当时中上层人士的口味,发展相当迅速。

其四,民间仍然传播着通俗形式的道教,并不断发动反抗统治阶级的起义。例如,道士陈瑞在巴蜀犍为地区发动的起义,李特、李雄领导的流民起义,以李弘名义发动的起义,孙恩、卢循领导的起义等等。前已有述,此处不赘。

产生于东汉末年的道教,到了魏晋时期,在不断地分化过程中得到发展,而统治者及其上层贵族知识分子亦对道教进行不断改造,出现了代表上层统治阶级利益的新道派,标志着道教组织的正式分化,也进一步促进了道教的改革和发展。但是,我们也可以看到,道教在分化过程中,斗争也是相当激烈的。必须看到,这个时期对道教的改造,离成功还有不小的距离。实际上,对民间早期道教的成功改造,当在南北朝时期。

第三节 南北朝道教的改造和充实

魏晋时期道教开始发生分化,在分化过程中得到了进一步的发展。然而,就整个道教的情况来看,无论是创建于民间的、并常为农民起义所利用来反抗封建统治者的天师道,还是创自士族地主知识分子之手的上清派、灵宝派,都需要整顿、改造、充实、提高。经过整顿、改造,使一个民间宗教转变成适合封建统治阶级需要的官方宗教;经过充实、提高,使一个不成熟的宗教变成为比较成熟的宗教。这不仅是统治者所期望的,也是道教本身获取进一步发展的需要。由于这个时期的中国社会处于南北政权对峙的局面,为方便起见,先谈北方道教,然后再讲南方道教。

对北方道教进行改造的主要推动者是北魏嵩山道士寇谦之,他在北魏统治者太武帝拓跋焘(424—451 在位)的大力支持下,对天师道进行了成功改造。

北魏是由少数民族鲜卑拓跋氏入主中原建立的政权,其统治者深知必须利用汉族的思想及汉族士大夫阶层来维护自己政权的重要性,不仅需要利用传统的儒学,而且也需要利用佛、道二教。早在西晋时,道教就传到了拓跋部,魏文帝拓跋少漠汗的侍从务勿尘就是道教的信仰者,传说他后来在伊阙山成仙。而北魏的几个皇帝,如道武帝拓跋珪(386—407 在位)、明元帝拓跋嗣(409—423在位)、太武帝拓跋焘,对道教都有一定的信仰,道武帝、明元帝皆因服食丹药中毒而死。太武帝拓跋焘对道教非常热心,寇谦之改革天师道的工作,就是在拓跋焘及其宰相崔浩的共同支持下得以顺利完成,并使改造后的天师道在北魏境内获得迅速发展。

据《魏书·释老志》载:寇谦之(365—448),字辅真,上谷昌平(今属北京)人,南雍州刺史赞之弟,自云寇恂之十三世孙。据学者考证,寇谦之家族实为世奉天师道的豪家大族。他早年就爱好仙道,修张鲁之术,后与仙人成公兴一同入嵩山修道。成公兴对他说:"先生未便得仙,正可为帝王师耳。"① 成公兴死后,寇谦之继续在山修道,并开始为改造天师道及下山获得统治者支持做准备。首先,他制造了太上老君于北魏明元帝神瑞二年(415)降临嵩岳,授予他天师之位的神话,并称太上老君赐他《云中音诵新科之诫》二十卷,令他"宣吾《新科》,清整道教,除去三张伪法,租米钱税,及男女合气之术",行"专以礼度为首,而加之以服食闭炼"② 之道。老君还"授谦之服气导引口诀之法。遂得辟谷,气盛体轻,颜色殊丽。弟子十余人,皆得其术"③。其次,他编造了神授经书。除太上老君授其《云中音诵新科之诫》二十卷外,又有泰常八年(423),老君之玄孙李谱文降临嵩山,授他《录图真经》六十余卷,并命他奉持此经,辅佐北方泰平真君,统领人鬼之政。

在完成了上述两项必不可少的准备工作之后,寇谦之就下山来到北魏朝廷,物色能够对皇帝产生重大影响、能帮助他的支持

57

①②③《魏书》,第 3050、3051、3051 页,中华书局,1974。

者。经过一番努力,他物色到了一位十分合适的人物,即太武帝的左光禄大夫、著名儒学家崔浩。崔浩属清河崔氏,是北方第一大族,崔浩与他的父亲都在北魏朝廷参与国事,史载:明元帝时,"恒与军国大谋,甚为宠密"①。太武帝即位后,崔浩便成为军国大事的决策人物之一,深得太武帝的宠信。崔浩与寇谦之的结合,绝非偶然,而有信仰上和政治上的原因。在信仰方面,二人的家族都属信奉天师道的世家。在政治方面,寇谦之是想达到做"帝王师"的目的,而崔浩则是想在北魏实现儒家政治,恢复汉族的统治。正因为这样,二人一拍即合,很快建立起了亲密关系。而且,寇谦之还向崔浩补习儒学,他对崔浩说:"吾行道隐居,不营事务,忽受神中之诀,当兼修儒教,辅助泰平真君,继千载之绝统。"然而,自己却是"学不稽古,临事暗昧",请求崔浩予以帮助。崔浩不仅答应了寇谦之的请求,且十分尽心地教,而寇谦之学得也相当认真。史载:"天师寇谦之每与浩言,闻其论古治乱之迹,常自夜达旦,竦意敛容,无有懈倦。"②崔浩还为其"撰列王者治典,并论其大要","著书二十余篇,上推太初,下尽秦汉变敝之迹,大旨先以复五等为本"。③

从现存资料看,寇谦之面见太武帝时,最初并不顺利。《魏书·释老志》载:太武帝始光(424—428)初,寇谦之至魏都平城(今山西大同),"奉其书而献之"。但太武帝对此却并不感兴趣,"令谦之止于张曜之所,供其食物"。而朝廷的大臣们对此也表示怀疑,没有什么热情。此时,正是崔浩帮助寇谦之脱离窘境,向太武帝"上疏,赞明其事"④,说:"臣闻圣王受命,则有大应。而《河图》、《洛书》,皆寄言于虫兽之文,未若今日人神接对,手笔粲然,辞旨深妙,自古无比。……今清德隐仙,不召自至。斯诚陛下俸踪轩黄,应天之符也,岂可以世俗常谈,而忽上灵之命。"⑤经崔浩这样一说,"世祖欣然,乃使谒者奉玉帛牺牢,祭嵩岳,迎致其余弟子在山中者。于是崇奉天师,显扬新法,宣布天下,道业大行"⑥。寇谦之所谓"新

---

① 《北史》,第772页,中华书局,1974。
②③④⑥ 《魏书》,第814、814—815、3052、3052、3052—3053页,中华书局,1974。

法",也就是改革旧天师道的总原则,即:"专以礼度为首"。这个
"礼"指的就是儒家礼教,他的改革就是在这个总原则下进行的。
凡是合乎这个原则的就保留、增益,凡是不合乎这个总原则的就革
除、废弃。概而言之,他革除和增益的有以下这样一些内容。

　　第一,绝不允许利用天师道犯上作乱,废除三张时期的租米钱
税制度。他在《老君音诵诫经》中假老子之口明确地说:"我以今世
人作恶者多,父不慈,子不孝,臣不忠。……今世人恶,但作死事,
修善者少。世间诈伪,攻错经道,惑乱愚民,但言老君当治,李弘应
出。天下纵横,返逆者众,称名李弘,岁岁有之。其中精感鬼神,白
日人见,惑乱万民,称鬼神语,愚民信之。诳诈万端,称官设号,蚁
聚人众,坏乱土地。称刘举者甚多,称李弘者亦复不少。吾大瞋
怒,念此恶人以我作辞者,乃尔多乎!世间愚痴之人,何乃如此!
吾治在昆仑山,山上台观众楼,殿堂宫室,连接相次,珍宝金银,众
香种数,杂合错饰,兰香桂树,穷奇异兽,凤凰众鸟,栖于树上,神龙
骐骥,以为家畜,仙人玉女,尽集其上。若欲游行,乘云驾龙,呼吸
万里。天地人民鬼神,令属于我,我岂用作地上一城之主也!"[①]从
这里可以看到,寇谦之是非常仇视民间道派的。他认为这些敢于
"犯上作乱"者,都是一些"诳诈万端"、"惑乱万民"的"恶人"。又
说:"愚人诳诈无端,人人欲作不臣,聚集遁逃罪逆之人,及以奴仆
皂隶之间,诈称李弘。我身宁可入此下俗臭肉奴狗魍魉之中,作此
恶逆者哉!世人奸欺,诵读伪书,切坏经典,输吾多少,共相残害,
岂不痛哉!"[②]毫不含糊地表明他之所以改革天师道,完全是为了维
护父慈、子孝、臣忠的封建伦常关系,反对"犯上作乱",以及"称官
设号"、"坏乱土地",即推翻和改变封建的政治制度、土地占有制度
的行为。并特别把自收"租米钱税"制度列为"三张伪法"之一,宣
布按"新科"加以革除。

　　第二,整顿组织,加强科律规戒。张鲁逝世后,天师道由于缺
乏具有威望的领导,出现组织涣散,科律废弛,祭酒各自为政的局

59

---

①②《道藏》,第18册,第211—212、212页。

面。其实,针对这样的情况,早就有道士想解决这一问题,但没有取得成效。寇谦之对这个问题的严重性有清醒的认识,他说:"从系天师升仙以来,旷官置职,道荒人浊,后人诸官,愚暗相传,自署治箓符契,气候倒错,不可承准。"①由此而导致诸多的混乱情状,十分不利于道教的发展。因此,他在如何解决这个问题上下了相当大的工夫,建立了一套比较完备的科律规戒,要求道教徒严格遵守。他认为,只有严格遵守"新科之诫"之人,才能有资格被接纳为道士,说:"其投道门之民,欲为弟子者,当观望情性,与约诫相应者三年,体能修慎法教,精进善行,心无有退,志无倾邪,乃可授箓诫,纳为弟子。"②客观地说,寇谦之改革天师道的措施,相当部分内容是有利于道教进一步发展的。如,一些道官祭酒乱取民财,"授人职契录,取金银财帛,而治民户,恐动威逼,教人脆愿③匹帛、牛犊、奴婢、衣裳,或有岁输全绢一匹,功薄输丝一两,众杂病说,不可称数"④。对此,寇谦之假老君口吻斥责:"吾初立天师,授署道教治箓符契,岂有取人一钱之法乎?"⑤因此宣布说:"吾今并出新法,按而奉顺,从今以后,无有分传。说愿输送,仿署治箓,无有财帛,民户杂愿,岁常保口,厨具产生,男女百灾,疾病光怪,众说厨愿,尽皆断之!……唯听民户岁输纸三十张,笔一管,墨一挺,以供治表救度之功。若有道官浊心不除,不从正教,听民更从新科正法清教之师。"⑥这种限制道官祭酒索取道民钱财的措施,显然大大减轻了群众的经济负担,具有一定积极意义。又如,废除已将道教房中术变为淫秽之术的房中黄赤之法。房中术又称黄赤之道,或称男女合气之术,本是一种讲究房中节欲,"还精补脑"的养生方法。一些道士将它变为淫秽之术后,就丧失了其本来的积极意义,而成为伤风败俗、纵欲坏伦的借口。《老君音诵诫经》指出某些道官"妄传(张)陵身所授黄赤房中之术,授人夫妻,淫风大行,损辱道教"⑦。因此,"吾《诵诫》断改黄赤,更修清异之法,与道同功。其男女官箓生佩

---

①②④⑤⑥⑦《道藏》,第18册,第216、217、211、212、212、211页。

③ 脆愿,即脆信,指传经所用的信物。

契黄赤者,从今诫之,后佩者不吉"①。再如,改革道官祭酒职位父死子继的陈规旧制。这个制度是在三张五斗米道时就有了的,张陵死后,其子张衡继之(称嗣师),张衡死后,其子张鲁继之(称系师)。不仅三张如此,其他道官祭酒也相沿实行这个制度,致使一些品行道业不肖者也担任了要职。对此,寇谦之说:"有祭酒之官,称父死子系,使道益荒浊。《诫》曰:道尊德贵,惟贤是授,若子胤不肖,岂有继承先业? 有祭酒之官,子之不肖,用行颠倒,逆节纵横,错乱道法,何有承系之理者乎! ……诸道官祭酒,可简贤授明,末复按前父死子系,使道教不显!"②这种对道官祭酒实行"简贤授明",废除世袭旧制的措施,对道教的良性发展,无疑具有积极意义。

第三,增订斋醮仪范和戒律。斋醮是道教举行祭祷的一种重要的宗教仪式,主要用来为人祈福、消灾,为死者超度亡灵等等,同时也是道教徒自身修炼的方法。寇谦之本人十分重视斋醮仪范,他认为,单修道教的其他方术,只"可得除病寿终,攘却毒气,瘟疫所不能中伤,毕一世之年"③,并不能得长生之道。要想长生或成仙,还必须诵经礼拜。他说:"诸欲修学长生之人,好共寻诸诵诫,建功香火,斋练功成,感彻之后,长生可克。"④又说:"男女官努力修斋,寻诸诵诫香火建功,仙道不远。"⑤他所增订的道教斋仪,大约有:道官受箓斋仪、道官道民求愿斋仪、道民犯律解度斋仪、为人治病斋仪、为亡人超度斋仪、为祖先亡灵解厄斋仪等等。每种斋仪都有相应的仪式,如,道官道民求愿斋仪就规定:"道官箓生,男女民烧香求愿法:入靖东向,恳三,上香讫,八拜,便脱巾帽,九叩头,三抟颊,满三,讫,启言……上香。"⑥为亡人超度斋仪规定:"为亡人设会,烧香时,道官一人,靖坛中正东向,箓生及主人亦东向,各八拜,九叩头,九抟颊,三满三过止,各皆再拜恳;若人多者,亦可坐,礼拜叩头,主称官号姓字,上启无极大道,万万至真无极大道,以手捻香,三上著炉中,口并言为亡者甲、乙解罪过,烧香愿言,余人以次

61

①②③④⑤⑥《道藏》,第18册,第216、211、215、215、216、214页。

到坛前恳,上香如法尽,各各讫。靖主上章,余人当席拜,主人东向叩头上章讫,设会解坐讫,靖主入靖启事。为主人求愿收福言,当时主人东向叩头,坐罢,出时,客向靖八拜而归家焉。主人一宿之中满三过烧香。"①从这些大致可知寇谦之所增订的斋仪。至于戒律方面,由于《老君音诵诫经》现仅存很少的一部分,戒律的具体条文并没有保存下来,但是,结合该书的整个内容和当时道教的情况及同一时期所出的道教其他戒律书来看,应当说在戒律方面,他强调必须用忠、孝、仁、义等儒家思想约束道徒。也就是说,用忠孝这些儒家的道德规范作为道士们的主要行为准则。这方面的内容是他改革天师道的措施中最大的增益。

总之,概括起来说,寇谦之改革天师道的主要内容为:剔除旧天师道中反映劳动人民利益和愿望的思想,坚决禁绝利用天师道犯上作乱行为,废除三张时期的租米钱税制度;整顿组织,加强科律;增订戒律和斋醮仪范。经过寇谦之改革后的天师道,便由一个民间宗教变成了符合封建统治阶级需要的宗教,为了同以前的旧天师道相区别,被称为北天师道或新天师道。这个"专以礼度为首,加之以服食闭炼"的北天师道,得到魏太武帝的尊崇,在北魏境内兴盛起来。《魏书·释老志》说:太武帝"崇奉天师,显扬新法,宣布天下,道业大行"②。并在魏都平城之东南部,特建天师道场,供寇谦之及其弟子们作宗教活动之用。史载:"遂起天师道场于京城之东南,重坛五层,遵其新经之制。给道士百二十人衣食,斋肃祈请,六时礼拜,月设厨会数千人。"③太延六年(440),太武帝又在寇谦之的建议之下,改元太平真君。太平真君三年(442),又听从寇谦之奏请,亲至道坛受箓。《魏书·释老志》载:"真君三年,谦之奏曰:'今陛下以真君御世,建静轮天宫之法,开古以来,未之有也。应登受符书,以彰圣德。'世祖从之。于是亲至道坛,受符箓。备法

---

① 《道藏》,第18册,第215页。

②③ 《魏书》,第3052—3053、3053页,中华书局,1974。

驾,旗帜尽青,以从道家之色也。"①以此为始,后来北魏历代皇帝即位,都要至道坛亲受符箓,以此作为鲜卑拓拔部统治汉族的一种依据。太武帝对寇谦之无比尊崇,将其视为国师,许多军国大事都要先征求他的意见之后方作决定,而太武帝则既是国君,又是"泰平真君"。可以说,当时的北魏政权几乎成为政教合一的道教王国了。

北魏太武帝还于太平真君七年(446)做出了废除佛教的行动,这是佛、道二教关系史上的一件大事,佛教徒称之为佛教史上的第一次大"法难"。太武帝的废佛,起因于他的从官在长安(今西安)佛寺发现大批兵器,时当太武帝率兵亲征卢水胡人盖吴在杏城(今陕西黄陵)发起的反魏起义。于是,太武帝怀疑寺内僧人与盖吴通谋造反,下诏说:"朕承天绪,属当穷运之弊,欲除伪定真,复羲农之治。其一切荡除胡神,灭其踪迹,庶无谢于风氏矣。自今以后,敢有事胡神及造形像泥人、铜人者,门诛。……有司宣告征镇诸军、刺史,诸有佛图形像及佛经,尽皆击破焚烧,沙门无少长悉坑之。"②一场大规模的废除佛教的行动,在魏境展开。但是,由于太子恭宗上书谏言,延缓了废佛诏书的颁布,且使消息走漏,因此,太武帝的废佛对佛教并未造成严重后果,佛教势力仍得以继续发展。在这里,我们有必要分析一下太武帝灭佛的原因。这次事件发生在太武帝尊崇道教最盛的年代,不可否认有信仰上的原因,与当时受宠的寇谦之有一定关系,但这不是根本之因。史载,寇谦之并不赞同崔浩向太武帝提出的悉诛沙门、毁坏经像的建议,"苦与浩净,浩不肯。谓浩曰:'卿今促年受戮,灭门户矣。'"③其废佛的决策者是太武帝与崔浩,主因在于崔浩推行封建士族制度的儒家政治与拓拔氏贵族守旧势力之间的矛盾和斗争。崔浩的政治主张是要"齐整人伦,分明姓族"④,用儒家政治帮助太武帝"除伪定真,复羲农之治"。而太武帝亦赞同崔浩的主张,为表明自己亲汉不亲佛,借以缓和汉士族与鲜卑贵族之间的矛盾,稳定和巩固自己的统治,将废佛之举

63

---

①②③④《魏书》,第 3053、3034—3035、3035、1045 页,中华书局,1974。

与政治主张紧密联系在一起,这在他的废佛诏书中表述得十分清楚。诏书曰:"昔后汉荒君,信惑邪伪,妄假睡梦[①],事胡妖鬼[②],以乱天常,自古九州之中无此也。"[③]"由是政教不行,礼义大坏,鬼道炽盛,视王者之法,蔑如也。"[④]这就是说,魏太武帝认为佛教是他实行儒家政治之大敌,宣称他要做"非常之人"、"行非常之事",废掉事奉"胡神"、妨碍他实行儒家政治的宗教。总之,佛、道之间的矛盾仅是太武帝废佛的部分原因,起决定性作用的还是政治上的原因。

道教不仅在寇谦之的改革下于北魏获得发展,后来,北齐和北周的统治者都对道教加以支持和扶植。不过,道教在北齐和北周两个王朝,其际遇是不同的,发展情况也很不一样。

北齐立国于 550 年,由高欢之子高洋所建,只存在短短的 27年。在高洋之父高欢把持东魏朝政及北齐立国之初,道教曾得到他的支持,他网罗了不少方士充当幕僚,这些方士虽不一定就是道士,但确实是带有道士的色彩。高洋立国之初,也崇信某些道士,"又有张远游者,显祖(即高洋)时令与诸术士合九转金丹。及成,显祖置之玉匣,云:'我贪世间作乐,不能即飞上天,待临死时取服。'"[⑤]

但是,在高洋立国后的第六年,即天保六年(555),高洋却下令禁绝道教,使道教遭受到一次沉重打击。佛、道二教在北魏时,北魏王朝对二教均甚为扶植,使二教均获得了较大发展,以致高洋当政时,他面临的佛、道现状,已是"馆舍盈于山薮,伽蓝遍于州郡","缁衣之众,参半于平俗;黄服之徒,数过于正户"[⑥]的局面。在这里,馆舍,指道教观宇;黄服,指道教徒;伽蓝,指佛教寺庙;缁衣,指佛教徒。意思是说,佛教寺庙,各州郡都有,佛教徒的人数,相当于一般平民人数;而道教的观宇把山野都占满了,道教徒的人数比纳

---

① 指汉明帝感梦,遣使于西域求佛法之事。

② 指奉事佛教。

③④《魏书》,第 3034 页,中华书局,1974。

⑤《北齐书》,第 674 页,中华书局,1972。

⑥《大正藏》卷五二,第 273 页。

税正户还要多。这种情况，毫无疑问会对封建王朝的财政经济造成极为严重的影响，高洋说："国给为此不充，王用因兹取乏。"①正因为如此，他决定裁减佛、道人数，限制二教的发展，他说："欲择其正道，蠲其左术。"然而，真正实行起来，阻力太大，因为"积竟繇来，行之已久，顿于中路，沙汰实难"②。按照高洋的本意，他是想对佛、道都加以限制，但北齐特别崇奉的是佛教，而且佛教的势力也相当大，真正对佛教下手，来自这方面的阻力会更大。经过一再思量，他决定向力量相对薄弱的道教开刀。其实，高洋这样做，还有政治方面的因素。据《北史》记载，当高洋拥立孝武帝元修时，"诸王皆逃匿，帝在田舍。先是，嵩山道士潘弥望见洛阳城西有天子气，候之乃帝也，于是造第密言之"③。道士潘弥不仅为元修进言，后来当元修逃往长安，又跟随前往，为维护其安全尽力。也就是说，道教与高氏集团从一开始便有矛盾，故他选择拿道教开刀，也不是偶然的。虽然《议沙汰释李诏》中佛、道并提，其实主要针对道教。天保六年便正式下了一道《听度道士为沙门诏》，曰："法门不二，真宗在一，求之正路，寂泊为本。祭酒道者，世中假妄，俗人未悟，仍有祗崇，曲麹是蘖味，清虚焉在？瞿脯斯甜，慈悲永隔，上异仁祠，下乖祭典。皆宜禁绝，不复遵事，颁敕远近，咸使知闻。其道士归伏者，并付昭玄大统上法师，度听出家，未发心者，可令染剃。"④这实际上就是禁绝道教。《资治通鉴》亦记载说："[天保六年]八月……齐主还邺，以佛、道二教不同，欲去其一，集二家论难于前，遂敕道士皆剃发为沙门；有不从者，杀四人，乃奉命。于是齐境皆无道士。"⑤这是道教在北齐的情况。

再说北周。北周统治者是依靠关西汉族立国的，在特别强调儒学的同时，道教也得到重视和扶植。例如，原来由北魏太武帝建立的皇帝即位须到道坛受箓的制度，便由北周统治者继承下来。

①②④《大正藏》卷五二，第273、273、113页。
③《北史》，第170页，中华书局，1974。
⑤《资治通鉴》，第5131页，中华书局，1956。

《隋书·经籍志》说:"后周承魏,崇奉道法,每帝受箓,如魏之旧。"[1]
再如,周武帝的异母兄弟腾闻王宇文逌,他在所撰《道教实花序》
中,用了洋洋洒洒数千言,从老子的道,到道教的经书、神仙,都给
予颂扬,在他看来,这一切都玄妙神奇之极:"混成元胎,先天地而
生,玄妙自然,在开辟之外。可道非道,因金箓以诠言,上德不德,
寄玉京而阐说。高不可揆,深不可源,闷之而章三光,舒之而绵六
合。广矣大矣,于得尽其钩深,恍兮惚兮,安可穷其象物。十善之
戒,四极之科,金简玉字之音,琼笈银题之旨,升玄内教,灵宝上清,
五老赤书之篇,七圣紫文之记,故以晖诸篆籀,焕彼图牒,玄经秘
籍,可得而谈者焉!……无上大道,游于空洞之上,梵形天尊,见于
龙汉之劫。日在丁卯,拜东华之青童,辰次庚寅,虔台山之静默。"[2]

北周诸帝中,最为崇奉道教的是周武帝宇文邕(561—577 在
位),他是道教的热心支持者,不仅礼待楼观道徒,还于建德(572—
577)中期,采取废除佛教的行动。这是北朝时期第二次废佛事件,
被佛教徒称为第二次大"法难"。这次废佛事件,仍不只是佛、道间
的斗争,而是有更为复杂的政治、经济方面的原因。在政治上,周
武帝是一个具有远大抱负的君主,《周书·武帝纪》说:周武帝"沉
毅有智谋。……克己励精,听览不怠","性既明察,少于恩惠。凡
布怀立行,皆欲逾越古人。身衣布袍,寝布被,无金宝之饰,诸宫殿
华绮者,皆撤毁之……劳谦接下,自强不息。以海内未康,锐情教
习。至于校兵阅武,步行山谷,履涉勤苦,皆人所不堪。……至于
征伐之处,躬在行阵。性又果决,能断大事。……必使天下一统,
此其志也"[3]。要实现其"天下一统"的大志,就不能不利用汉民族
的传统文化与思想。在经济上,北周政权亦受到寺院经济的威胁,
佛教势力的迅猛发展,造成了寺院经济与世俗地主经济的尖锐矛
盾。正是因为政治与经济两方面原因,才迫使北周武帝采取了废

---

① 《隋书》,第 1094 页,中华书局,1973。

② 徐坚:《初学记》,第 549 页,中华书局,1962。

③ 《周书》,第 107 页,中华书局,1971。

佛的措施。前人对北周武帝废佛之经济方面的原因已有所论,《文苑英华》卷七第五十一《后周兴亡论》谓:北周武帝"弃奢淫,去浮伪……以释氏立教本贵清静,近世以来,糜费财力,下诏削除之,亦前王所未行也"。当然,不可否认,在周武帝废佛决策过程中,道士张宾与还俗僧人卫元嵩起了一定作用,而后者所起作用更大。张宾只是向武帝"佞辩",无非说佛教的坏话,而卫元嵩则于武帝天和二年(567)上《省寺减僧疏》,谓大周启运,"远慕唐虞之化,无浮图以治国而国得安。齐梁之时,有寺舍以化民而民不立者,未合道也。若言民坏不由寺舍,国治岂在浮图? 但教民心合道耳。民合道则国安,道滋民则治立"①。建议周武帝以前朝皇帝佞佛为戒,不要仅仅为少数僧尼谋取福利,而要为天下百姓谋福利。从某种意义上说,周武帝废佛与道教有一定关系,但绝非本质原因。

北周武帝的废佛,与北魏太武帝废佛相较而言有着不同的特点:一是采取了比较缓和的步骤和方法,经过长时间的酝酿讨论,从天和二年(567)至建德三年(574),先后组织了七次儒、释、道三教辩论会,以图通过论辩判定佛教之劣,从而废除之。关于这七次辩论会的情况,《广弘明集》卷八《周武帝集道俗议灭佛法事》对之作了叙述。二是不仅废除佛教,且在佛教徒的强烈抗议下也废除道教,并没有采取诛杀僧人的暴力行为。

由于七次辩论都没有最后结果,周武帝不得已下定决心,于"建德三年,岁在甲午五月十七日,初断佛、道两教,沙门、道士并令还俗。三宝福财,散给臣下,寺观塔庙,赐给王公"②。然而,周武帝虽同时将佛、道二教废除,但又于六月下令设立通道观,选著名道士、僧人120人入通道观学习《老》、《庄》、《周易》,名为通道观学士。他在诏令中说:"至道弘深,混成无际,体包空有,理极幽玄。但歧路既分,源流逾远,淳离朴散,形器斯乖。遂使三墨八儒,朱紫交竞;九流七略,异说相腾。道隐小成,其来旧矣,不有会归,争驱靡息。今可立通道观,圣哲微言,先贤典训,金科玉篆,秘赜玄文,可以济养黎元扶成教义者,

①② 《大正藏》卷五二,第132、136页。

并宜弘阐，一以贯之。"①从这个诏令的内容看，周武帝设立通道观的意思，主要是为了保存儒、道，并以之来改造佛教。

北周于建德六年(577)灭北齐，周武帝即把废佛政策推行到齐境。在该年二月，他召僧人入殿宣布废佛令，说：六经儒教，于世有宜，故须存立；佛教费财，悖逆不孝，应予废除。面对周武帝对佛教的斥责，五百僧人默默无言、低头垂泪，独有释慧远抗声争辩，说："陛下今恃王力自在，破灭三宝，是邪见人，阿鼻地狱不简贵贱，陛下何得不怖？"②周武帝勃然大怒，直视慧远，说："但令百姓得乐，朕亦不辞地狱诸苦。"③旋即下令将齐境四万多所寺庙赐给王公作宅第，一切经像皆焚毁之；寺院所有财物，簿录入官；寺院奴婢，一律释放；僧尼将近三百万全部还俗为民。正是在北周统治者的支持下，道教在北方取得了较大发展，最为典型的是这一时期兴起的道派——楼观道，从北周始进入了它的鼎盛期。

楼观道是继北魏寇谦之的新天师道之后，在北方兴起的另一道派，以陕西周至县楼观为其活动中心。该派以尹喜为祖师，特别重视《道德经》，以它为主要的传习经典。又因为坚信老子化胡说，故对《老子化胡经》、《老子西升经》、《老子开天经》和《妙真经》十分重视。修炼方术上杂采众家，符箓与丹道样样皆习，尤喜服食丹药。关于楼观道由何人于何时所创，已难于考定。据传，楼观为周代关令尹喜之故宅，晋永兴二年(305)，尹喜之弟太和真人尹轨下降楼观，授楼观道士梁谌(247—约318)丹书数卷而去。许多资料都说楼观道为尹喜所创，其实这不过是道士们的传说，并不符合历史事实。还有另外一些说法，同样是缺乏依据。据研究者们研究，种种传说中，与楼观道的创立有关系者为尹喜、尹轨、梁谌。但他们三人是否真的是楼观道的创始人，也缺乏根据。不过，梁谌虽说不能被肯定为楼观道的创始人，但却是较早居于楼观的道士。所有现存资料表明，两晋时，楼观道士很少，在社会上也无什么影响。到了北魏太武帝始光(424—

①《北史》，第360—361页，中华书局，1974。
②③《大正藏》卷五二，第153页。

428)初,道士尹通(399—499)事马俭(341—439)法师于楼观,后道术精进,名声远播,得到太武帝礼遇。接着,又有道士牛文侯(457—539)、尹法兴等人接踵而来,道士增至四十余人。其后,王道义(生卒年不详)、陈宝炽(473—549)、李顺兴(502—540)等楼观道士,皆为世所钦。

楼观道的鼎盛始于北周。周武帝宇文邕尊礼楼观道士王延(? —604)、严达(518—609),楼观道士被大量吸收入通道观。王延被命于通道观校雠三洞经书,凡八十余卷。又作《三洞珠囊》七卷,奏贮于通道观。武帝还向严达诏问佛、道二教之优劣。选入通道观的楼观道士以王延、严达为首,加上苏道标、程法明、周化生、王真微、史道乐、于章、张法成、伏道崇等共十人,他们"以道术相忘,同乎出处,世号曰'田谷十老'"①。

总之,楼观道自北周武帝始,历隋至唐初,一直是北方最大的道派。其传授系统为:

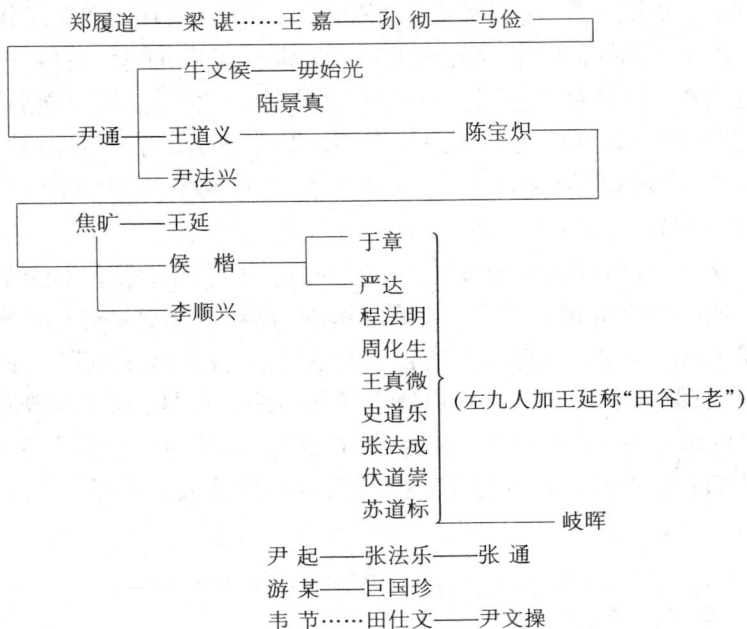

郑履道——梁谌……王嘉——孙彻——马俭

牛文侯——毋始光
陆景真
尹通——王道义————陈宝炽
尹法兴

焦旷——王延
侯楷——于章
严达
程法明
周化生
王真微   (左九人加王延称"田谷十老")
史道乐
张法成
伏道崇
苏道标——岐晖
李顺兴

尹起——张法乐——张通
游某——巨国珍
韦节……田仕文——尹文操

---

① 《道藏》,第 5 册,第 275 页。

以上所述，为道教在北朝的基本状况。

南北朝时期，道教发展的重要地区为南朝统治地区，不仅有天师道长期传播，而且是上清派和灵宝派的发端之地。因而，既存在对天师道进行改造，还有充实、提高上清派和灵宝派的任务。刘宋道士陆修静适应形势的要求，担当起这一任务。

陆修静（406—477），字元德，吴兴东迁（今浙江吴兴）人，生于晋安帝司马德宗义熙二年（406），卒于宋后废帝刘昱元徽五年（477），出身士族家庭。幼习儒书，旁究象纬。但性喜道术，"研精玉书，稽仙圣奥旨"①。及长，弃绝妻子，入山修道。为搜寻道书，曾南至"衡、㠓、湘，暨九嶷、罗浮，西至巫峡、峨嵋"②，声名远播。元嘉（424—453）间，宋文帝刘义隆钦其道风，使左仆射徐湛召之入内，请其讲经说法。宋孝武帝刘骏大明五年（461），入庐山修建道观（后名简寂观），隐居修道。于宋明帝刘彧泰始三年（467）奉召至建康，明帝躬亲问道，礼遇甚隆。于北郊天印山（方山）筑崇虚馆居之。在此期间，陆修静"大敞法门，深弘典奥，朝野注意，道俗归心。道教之兴，于斯为盛也"③。并广集道经，加以校刊整理。逝后，谥曰简寂先生，诏其庐山旧居曰简寂观。其弟子著名者有孙游岳、李果之等。陆修静所撰著述，已知的约有三十多种，其中大都遗佚，现存少部分，收于《正统道藏》中。

然而，陆修静的师承却不可知，视其一生行事，所学不囿于一家。他既与天师道有关系，又承传鲍靓、葛洪一系；既被上清派奉为第七代宗师，又撰有灵宝斋仪，使"灵宝之教大行于世"④。他自称为"三洞弟子"，不把自己归属于任何道派。但是，他在道教发展史上的地位却不同一般。他通过"祖述三张，弘衍二葛（葛玄、葛洪）"⑤，搜罗经诀，尽有上清、灵宝、三皇各派经典，"总括三洞"，汇

---

① 《全唐文》，第 10 册，第 9659 页，中华书局，1983 年影印本。

② 《道藏》，第 22 册，第 27 页。

③ 《道藏》，第 25 册，第 306 页。

④ 《道藏》，第 6 册，第 376 页。

⑤ 《弘明集·广弘明集》，第 116 页，上海古籍出版社，1991。

归一流。他编制的《三洞经书目录》，为道教史上第一部道经目录，为道教经典的编纂创立了体例和原则，对后来整理和保存道教经典起了重要作用。不过，从他一生来看，对天师道和灵宝派的贡献更为突出。

陆修静在总结天师道原有各种斋仪的基础上，以葛巢甫所撰的《太极真人敷灵宝斋戒威仪》诸经要诀为蓝本，吸取佛教的修持仪式和儒家的封建礼法，为道教广制斋醮仪范，以适应巩固教团组织和对道教进行改革的需要。早期天师道曾有过一些简单的斋仪，如"旨教斋"、"涂炭斋"。前者为张陵所创，《正一论》说："旨教斋者，天师以教治官而已。"①又说："旨教斋法，虽真而古拙。"②后者为张鲁所创，《无上秘要·涂炭斋品》载："谨相携率，为承天师《旨教》，建义涂炭。"③北周释道安《二教论》说："涂炭斋者，事起张鲁。"④这两种斋法都很原始而简陋，修斋者需"露身中坛，束骸自缚，散发泥额，悬头衔发于栏格之下"⑤。很显然，这样的斋法是不适合上层士族的旨趣的。而陆修静广制斋仪的目的，正如释道宣所说："昔金陵道士陆修静者，道门之望，在宋齐两代……广制斋仪，糜费极繁，意在王者遵奉。"⑥

陆修静在制订斋仪方面，下了极大功夫，他认为斋仪是检束身、口、心"三业"，使之不沉沦于恶境的重要方法。他说："斋直是求道之本"⑦，"上可升仙得道；中可安国宁家，延年益寿，保于福禄，得无为之道；下除宿愆，赦见世过，救厄拔难，消灭灾病，解脱死人忧苦，度一切物，莫有不宜矣"⑧。因而，"圣人以百姓奔竞五欲，不能自定，故立斋法，因事息事。禁戒以闲内寇，威仪以防外贼，礼诵役身口，乘动以反静也，思神役心念，御有以归虚也。能静能虚，则与道合"⑨。

---

①②《道藏》，第 32 册，第 125、126 页。
③⑤《道藏》，第 25 册，第 180 页。
④⑥《弘明集·广弘明集》，第 146、116 页，上海古籍出版社，1991。
⑦⑧⑨《道藏》，第 9 册，第 824、824、822 页。

　　可见,陆修静从修身与治国相统一的观点出发,以"劝善戒恶"为宗旨,以"意在王者遵奉"为目的来建立道教斋戒仪范。使斋戒仪范成为既符合整顿道教的需要、成仙修道的重要方法,又满足封建礼法的要求。经他改造增修后的道教斋仪,无论在形式还是内容上都得到了很大的提高和充实,并把天师道原有的一两种斋法扩展为包括天师、上清、灵宝各派斋仪在内的"九斋十二法",即:上清斋法两种、灵宝斋法九种、天师斋法一种。这十二种斋法之名,见于他所著的《洞玄灵宝五感文》,曰:"大体九等斋,各有法,凡十二法:一曰洞真上清之斋,有二法。……二曰洞玄灵宝之斋,有九法。以有为为宗:其一法,金箓斋。调和阴阳,救度国正。其二法,黄箓斋。为同法拔九祖罪根。其三法,明真斋。学士自拔亿曾万祖九幽之魂。其四法,三元斋。学士一年三过自谢涉学犯戒之罪。其五法,八节斋。学士一年八过谢七玄及己身宿世今生之罪。其六法,自然斋。普济之法,内以修身,外以救物,消灾祈福,适意所宜。其七法,洞神三皇之斋。以精简为上,……其八法,太一之斋,以恭肃为首。其九法,指教之斋,以清素为贵。又曰三元涂炭之斋,以苦节为功,上解亿曾道祖无数劫来宗亲门族及己身家门无鞅数罪,拯拔忧苦,济人危厄,其功至重,不可称量。"①可以看出,陆修静是以灵宝斋为主体的。后世道教的斋法,大都不出"九斋十二法"的范围。

　　陆修静所撰《道门科略》,就天师道组织制度方面,提出了一套改革方案。主要内容为:

　　第一,恢复和健全"编户著籍"和"三会日"制度。在"三张"时期,特别是张鲁时期,由于他在巴汉地区建立了地方政权,实行政教合一制度。在他所辖区域内设立了二十四治(后又加八治),每治设道官、祭酒"各领户化民"②,道民均"编户著籍,各有所属"③。因此,当时天师道的组织系统较为严密,科律制度也能得到较好的

贯彻执行。正如前述,自张鲁降曹北迁及逝世后,情况就发生了很大变化,原有的制度几乎不再存在和起作用,出现了组织混乱、科律废弛的严重局面,阻碍着天师道的进一步发展。这不仅存在于寇谦之所处北魏境内,在陆修静所处的刘宋境内同样存在,故陆修静也对此种情况非常重视,并特别从此着手整顿改革天师道。

所谓"编户著籍",又称"宅录",类似于后世的户口薄。道民入道,须把全家的人口数登记注册,名曰"宅录"。此后凡有生、死,即人口增、减,都必须去本师治所(一般都是在三会日)进行登记或注销。每年三会日,治官祭酒都要与道民一起对此宅录进行核对,使其与实际情况相符合。道民亦凭此宅录向道教组织缴纳"命信"(又称脆信,即敬神的信物),道教组织即派守宅之官予以保护。所谓"三会日"制度,指道民一年中,必须要在规定的三个日子中去本师治所进行宗教活动。"三会日"的具体日期,各书记载略有差别,但《陆先生道门科略》说:"令以正月七日、七月七日、十月五日,一年三会。"①很明显,这两项制度都是道官联系道民、传布指令的重要途径和方法,是体现和加强道官与道民之间统属关系的重要桥梁,关系到道教教团组织的生存和稳固发展。陆修静对此有清醒的认识,他痛斥当时这两项制度被破坏的混乱情况,说:"今人奉道,或初化一人,至子孙不改;三会之日,又不投状。"②"或死骨烂,籍犹载存;或生皓首,未被纪录;或纳妻不上,或出嫁不除。"③"今人奉道,多不赴会。或以道远为辞,或以此门不往。"甚而"舍背本师,越诣他治。唯高尚酒食,更相炫诱。明科正教,废不复宣,法典旧章,于是沦坠。元纲既弛,则万目乱溃"④。这样的混乱状况,所带来的后果是严重的,他说:"如此之师,则灭后绝种;如此之民,则天横破丧。"⑤这就使道教组织根本不能掌握自己所统领的道民,也很难对其进行有效的管理。因此,必须将这两项制度重新建立起来。《陆先生道门科略》说:"三会日"时,"民各投集本治师,当改治录

---

①②③④⑤《道藏》,第24册,第780页。

籍,落死上生,隐实口数,正定名簿。三宣五令,令民知法。其日,天官地神咸会师治,对校文书。师民皆当清静肃然,不得饮酒食肉,喧哗言笑。会竟,民还家,当以闻科禁威仪教敕大小,务共奉行"①。这就是说,"三会日"的主要活动为:道民向本师申报家口录籍,登记出生者,注销已死者,以便"隐实口数,正定名簿";上章言功,听候"三官考核功过",决定授受符箓契令的等次;道官向道民宣令科戒,"三宣五令,令民知法";道民回到家后,还应将所听的科禁威仪,向未去参会的老人、小孩传达,以求共同奉行。

第二,建立和健全道官祭酒依功受箓和按级晋升的制度,废除父死子继的陈规,禁止道官自行署职。这一项措施主要针对道官,因为当时在道官祭酒方面科律废弛、组织混乱的情况也相当严重。陆修静说:"今人受箓无此德,受治无此才。或都无师籍,或有师无籍,或虽有师籍而无德。于时受箓之日,越诣他官,既不归本,又不缘阶,妄相置署,不择其人。佩箓惟多,受治惟多,受治惟大,争先竞胜,更相高上。遂乃身受下治,署人上品;或自荷白板,而加板于人。纵横颠倒,乱杂互起,以积衅之身,佩虚伪之治箓。身无戒律,不顺教令,越科破禁,轻道贱法。恣贪欲之性,而耽酒嗜食,背盟威清约之正教,向邪僻祅巫之倒法,把持刀笔,游走村里,遇逼违之民,婴考被灾。"②可见,当时由于道官、祭酒任非其人,他们在科律废弛、组织混乱的状况下,做出了种种无法无德之事,这对于天师道的发展无疑是十分有害的。必须对道官、祭酒进行严格的整顿,改变道官、祭酒良莠不齐的局面,他说:"科教云:民有三勤为一功,三功为一德。民有三德,则。与凡异听得署箓受箓之后,须有功更迁,从十将军箓阶,至百五十。若箓吏中有忠良质朴,小心畏慎,好道翘勤,温故知新,堪任宣化,可署散气道士;若散气中能有清修者,可迁别治职任;若别治中复有精笃者,可迁署游治职任;若游治中复有严能者,可署下治职任;若下治中复有功称者,可迁署配治职任;若配治中复有合法者,本治道士皆当保举,表天师子孙,迁除

①②《道藏》,第24册,第780、781—782页。

三八之品,先署下八之职;若有伏勤于道,劝化有功,进中八之职;若救治天下万姓,扶危济弱,能度三命,进上八之职;能明炼道气,救济一切,消灭鬼气,使万姓归伏,便拜阳平、鹿堂、鹤鸣三气治职。"①总之,道官、祭酒的任命、升迁,必须按其人的德行逐级提升,强调"精察施行功德,采求职署,勿以人负官,勿以官负人"②。

第三,将封建等级制的服饰制度引入道教,以巩固道教内部的等级制度。陆修静说:"道家法服犹世朝服,公侯士庶各有品秩,五等之制以别贵贱。"③"夫巾褐裙帔,制作长短,条缝多少,各有准式,故谓之法服。皆有威神侍卫。"④

以上所述,就是陆修静改革、整顿天师道的主要内容。经他改革后的天师道,被称为南天师道。

由于陆修静对灵宝经书撰述不少,又编制灵宝经目,改革了天师道,这样,既促使了灵宝派的发展,也促使改革后的天师道面目一新。据记述上清派历史的《真诰》一书载:齐初,学上清道者甚寡,到上清派所在地茅山朝道的男女,都"不过修灵宝斋及章符而已"⑤。梁代的情况也是如此。说明当时灵宝派的发展及影响力,确实超过了上清派。而经过改革后的天师道,在宋、齐间也获得了较大发展,拥有众多信徒。比如,在宋、齐间信仰道教的皇帝较多,最为著名的有宋文帝(424—453 在位)、宋明帝(465—472 在位)、齐高帝(479—482 在位)、齐东昏侯(499—501 在位)。而朝臣士大夫中信仰道教的就更多了,特别是东晋天师道世家,大都继续信道不衰。而且,这一时期还有许多隐居山林潜修的道士,最为有名者为孙游岳、顾欢。

道教的教规教戒、斋醮仪范经过寇谦之和陆修静删改修订之后,便基本定型,各种规章制度更为全面而系统,道教组织也较为严密,使道教向成熟阶段迈出了一大步。在这个基础上,齐、梁时,茅山道士陶弘景吸收儒、释两家的思想,继续改造和充实道教的神

---

①②③④《道藏》,第 24 册,第 781 页。

⑤《道藏》,第 20 册,第 558 页。

仙学说和修炼理论,在道教史上亦占有重要地位。

　　陶弘景(456—536),字通明,丹阳秣陵(今江苏南京)人,出身于南朝士族家庭,因隐居茅山而自号华阳隐居。生于宋孝武帝孝建三年(456),卒于梁武帝大同二年(536)。《南史·陶弘景传》载,陶弘景自幼好学,"读书万余卷,一事不知,以为深耻"①。"至十岁,得葛洪《神仙传》,昼夜研寻,便有养生之志"②。三十岁左右,拜陆修静高足孙游岳为师,从受上清经法、符图。南齐武帝永明十年(492),隐居于江苏句容之句曲山(茅山),传杨羲、许谧等上清大洞经典,主上清经说。居茅山45年,享年81岁。赠散中大夫,谥贞白先生。陶弘景学识渊博,一生著述约八十余种。其中,关于道书、丹书方面的纂集、撰述,便有《真诰》20卷、《真灵位业图》1卷、《登真隐诀》存有3卷、《合丹药诸法节度》1卷、《集金丹黄白方》1卷、《太清诸丹集要》4卷等。除这些道教著述外,还有包括天文、地理、历算、兵学、医药学,乃至文学、艺术、经学等著述。如《效验方》5卷、《肘后百一方》3卷、《本草集注》7卷、《养性延命录》2卷,以及《陶隐居本草》、《药总诀》、《导引养生图》等。贾嵩《华阳陶隐居内传》、《茅山志》卷九《众真所著经论篇目》列有其著述名。

　　在与最高统治者的关系上,陶弘景获得梁武帝萧衍(502—549在位)的宠信。当萧衍准备篡夺齐政权尚有犹豫之时,陶弘景"上观天象,知时运之变;俯察人心,悯涂炭之苦。乃亟陈图谶,贻书赞奖"③,表示支持。当萧衍"平健康,闻议禅代"时,他又"援引图谶,数处皆成'梁'字,令弟子进之"④。据说,当时范云、沈约等萧衍的主要谋士对采用什么作国号还没有定见时,陶弘景"引王子年《归来歌》中水刃木处,及诸图谶,并称'梁'字为应运之符"⑤,才使国号确定为"梁"。萧衍当了皇帝后,曾多次请陶弘景到朝廷做官,即使

①②《南史》,第1897页,中华书局,1975。
③⑤《道藏》,第5册,第504、505页。
④《梁书》,第743页,中华书局,1972。

遭陶弘景婉拒,仍对其"恩礼逾笃,书问不绝,冠盖相望"①。史称:"国家每有吉凶征讨大事,无不前以咨询。月中常有数信,时人谓之山中宰相。"②梁武帝甚至在天监三年(504)舍道事佛后,对陶弘景仍是恩宠如前。当陶弘景为炼制金丹而"苦无药物"时,梁武帝就派人送去黄金、朱砂、曾青、雄黄等物,供其使用。③又在天监十三年(514)、十五年(516),先后为其修建朱阳馆和"建太清玄坛,以均明法教"④。不仅得到皇帝的恩宠,王公显贵们也争做他的弟子。贾嵩《华阳陶隐居内传》说:"齐梁间侯王公卿从先生授(受)业者数百人,一皆拒绝,唯徐勉、江祐、丘迟、范云、江淹、任昉、萧子云、沈约、谢瀹、谢览、谢举等在世日,早申拥慧之礼。"⑤《三洞珠囊》也说:"梁高祖太子从而受道,梁简文、邵陵诸王、谢览、沈约、阮忻、虞权,并服膺师事之。"⑥可知陶弘景的名望之高,这在整个道教史上也是不多见的。

概括地说,陶弘景对道教的贡献,至少有这样几点。

第一,为道教建立了神仙谱系。我们知道,古人对道教早有"杂而多端"之品评,就其信奉的神灵而言,也体现了出来。最早出现的天师道、太平道,除自创了一批神灵外,又收罗了中国古已有之的一批神灵,稍后的上清派和灵宝派也是各造了一大批神灵。这样一来,道教神灵是包罗万象,新神、旧神相互交错,天神、地祇、人鬼、仙真众圣无所不有。这样,就使得原本是一神教的道教凸显出多神教的色彩。且神灵来源各异,互不统属,杂然无序,这种情况导致其吸引力减弱,十分不利于道教的传播。陶弘景意识到了这是一个必须加以解决的问题,因此,他"搜访人纲,究朝班之品序;研综天经,测真灵之阶业。……今正当比类经正,雠校仪服,埒其高卑,区其宫域"⑦,撰著了《真灵位业图》。在此书中,他仿照人

---

①②③《南史》,第 1898—1899 页,中华书局,1975。

④《道藏》,第 24 册,第 877 页。

⑤《道藏》,第 5 册,第 509 页。

⑥《太平御览》,第 3 册,第 3032 页,中华书局,1960。

⑦《道藏》,第 3 册,第 272 页。

间的封建等级制度来构造道教的神仙谱系,认为"虽同号真人,真品乃有数;俱目仙人,仙亦有等级千亿"①,他不仅罗列了包括天神、地祇、人鬼及诸仙真在内的虚幻的神灵,还把中国历代许多有名的帝王将相及思想家也一并作为神灵排列进去,共分为七个等级(或称七个系列)。每一个等级都各有一个主神,在七个主神之下,分别左、右位,各将若干天神、仙真、地祇、人鬼置于其统率之下,从而构成了一个等级分明的神仙谱系。陶弘景构造的这个神灵谱系,一是将当时道教三个主要派别(上清派、灵宝派、天师道)的创始人分别纳入不同等级的三个神阶中,以示三派地位的高低。其中以上清派的地位最高,灵宝派次之,天师道最低。这不仅反映了陶弘景作为上清道士的立场,而且也是当时三个道派在社会上的实际状况的反映。而陶弘景建立这一谱系的最重要的成就和贡献,是将道教庞杂无序的神仙群,初步系统化了,使道教向一神教迈了一大步,特别是前四个主神,在很多方面与道教后来所尊奉的最高神"三清"相近似。

第二,通过编著《真诰》一书,对道教的传授历史作了整理。全书引用了众多的道经,提到大量道教历史人物、神话故事、仙官鬼神、具体的修行方术等等,这些都可以作为道教史资料供研究者进行校勘、比对。

第三,发展了道教的修炼理论。陶弘景继承道教传统,在修炼理论上主张形神双修,养神与炼形并举。也就是说,他主张道士的修炼应从养神与炼形两方面着手,认为只要这两方面的工夫真正到家了,精神与肉体皆可长存不灭。他说:"今且谈其正体,凡质象所结,不过形神。形神合时,是人是物;形神若离,则是灵是鬼。其非离非合,佛法所摄;亦离亦合,仙道所依。"②又说:"假令为仙者,以药石炼其形,以精灵莹其神,以和气濯其质,以善德解其缠,众法

① 《道藏》,第 3 册,第 272 页。
② 《道藏》,第 23 册,第 646 页。

共通,无碍无滞。欲合则乘云驾龙,欲离则尸解化质。"①

　　从总体上看,陶弘景的修炼理论,除讲述上清派一贯主张的养神、炼形,强调少思寡欲和"饮食有节,起居有度"外,服食药物也是很重要的组成部分。在养神方面,他认为,人是血肉之躯,是有情有欲的,要完全断绝,不仅做不到,而且也无必要。他说:"常人不得无欲,又复不得无事。但当和心少念,静身损虑。"②也就是说,关键在于如何节制。他提出"十二多"和"十二少"。所谓"十二少",即少思、少念、少欲、少事、少语、少笑、少愁、少乐、少喜、少怒、少好、少恶,说:"行此十二少,养生之都契也。"③"十二少"的反面就是"十二多",有了这"十二多",会使人"神殆"、"志散"、"心惬"、"意溢"、"形疲",故"此十二多不除,丧生之本也"④。他还认为利欲贪念,也是人们不得长寿的大敌,说:"世人不终耆寿,咸多夭殁者,皆由不自爱惜,忿争尽意,邀名射利。"⑤在炼形方面,陶弘景认为最基本的是应做到"饮食有节,起居有度"。也就是说,在饮食的时间、数量上,要有节度,通俗地说即定时定量。他说:"饮食之患,过于声色。声色可绝之逾年,饮食不可废之一日。为益亦多,为患亦切。"⑥此外,他还提出了使用行气、导引、按摩、房中等术来养神、炼形。在服食药物方面,他说:"摄养无亏,兼饵良药,则百年耆寿,是常分也。"⑦实际上,服食药物是他的修炼理论中相当重要的组成部分。这个"良药",不是指一般人患病时所服之药,而是服食之后可以延年益寿以至长生不死的药,主要是经过炉鼎烧炼所得的金石药(丹药)。因而他积极从事炼丹活动。史载,他的炼丹活动长达二十年之久。而且,在获得丰富的炼丹实践经验的基础上,撰写了多种炼丹著作。

　　第四,弘扬上清经法,开创茅山宗。陶弘景是上清派的嫡传弟子,直接承传于杨羲、许谧、陆修静、孙游岳诸人。李渤《真系》说:"今道门以经箓授受,所自来远矣。……其陆君之教,杨许之胄也。

①《道藏》,第23册,第646页。
②③④⑤⑥⑦《道藏》,第18册,第476、476、476、477、477、474页。

陆授孙君,孙君授陶君,陶君搜撅许令之遗经略尽矣。"①又由于他长期居住茅山,传授上清经法,因而在上清经法的弘扬方面做了不少工作。他所撰写的带有教派史性质的《真诰》一书,就对上清经的来源、传授系统作了历史的叙述,虽不免掺杂种种神话,蒙有一层浓厚的神秘面纱,但确实保存了不少有价值的史料。特别是所记杨、许以后的经书传授、流布情况,更有重要的史料价值。总之,通过这部书,不仅可以使人们较为具体地了解上清派最初是如何产生的,而且还可以大体上了解灵宝派产生的最早的历史线索。正是他做的这些工作,再加之他本人的名气,以及在朝野中也有他的许多信仰者。因此,从他开始,茅山实际上成为了上清派的中心。又由于继陶弘景之后的茅山的历代传人,大多是较有学问和名气的道士,故茅山一直保持着它在上清派中的中心地位。也就是说,从陶弘景起始,茅山实际上代表着上清派,于是人们便将这以后的上清派径称为茅山宗,并以陶弘景为茅山宗的创始人。从茅山宗所奉神灵、经书和修习的方术来看,仍是承袭上清派。所奉神灵为元始天尊,传习的经书为《大洞真经》和杨羲、许谧、许翔所造的上清经,修炼方术仍以存神为主,并辅以诵经、修功德,奉魏夫人或杨羲为本门第一代宗师。

正是在陶弘景等人的努力和道教建设日有成就的情况下,道教在梁、陈的发展也取得了成绩。不但封建统治阶级的上层人物中信仰道教的越来越多,影响也更为广泛和深入,诸如梁武帝萧衍、简文帝萧纲(550—551 在位)、元帝萧绎(552—554 在位)、陈武帝陈霸先(557—559 在位)、宣帝陈顼(569—582 在位)等帝王皆奉道,至于公卿大臣中奉道的人就更多了。《隋书·经籍志》说:"(梁)武帝弱年好事,先受道法,及即位,犹自上章,朝士受道者众。三吴及边海之际,信之逾甚。陈武(帝)世居吴兴,故亦奉焉。"②同时,道教自身有声望、有学识的道士比过去更多,最著名的有:孟景

---

① 《道藏》,第 22 册,第 25 页。
② 《隋书》,第 1093 页,中华书局,1973。

翼,他曾与竟陵王和僧人们辩佛、道是非,著《正一论》以调和佛、道矛盾。孟智周,在理论上有相当造诣,曾于梁代与光宅寺僧法云辩是非,著有《老子义疏》、《道德玄义》。臧矜,人称宗道先生,著《道德经疏》。他们从不同方面对道教的发展做出了贡献。

南朝与北朝一样,也出现了佛、道之间的激烈斗争。在这个时期,虽然道教有了很大的发展,但是,佛教的发展是更甚于道教。例如:宋文帝刘义隆对佛教的崇信更甚于道教,他的宰辅彭城王刘义康、范泰、王弘、何尚之等都信奉佛法,谢灵运、颜延之更是闻名于世的佛教居士。齐竟陵王萧子良也大倡佛教,《南齐书》说:"子良敬信尤笃,数于邸园营斋戒,大集朝臣众僧,至于赋食行水,或躬亲其事,世颇以为失宰相体。"①佛、道二教的发展,使得它们之间为争夺宗教传播阵地和思想控制权的斗争也日益激烈起来。而且,佛教的因果报应、三世轮回、地狱天堂等教义与中国传统思想之间的矛盾也日益尖锐。

就道教与佛教间的斗争来说,以南齐道士顾欢所著《夷夏论》为标志。顾欢在《夷夏论》中,详论佛、道二教之同与异,从而论证两家的是与非、优与劣。论中虽有调和二教之言,但主要还是强调二教之异。他在讲二家的同时,是以老子化胡论为基础的,即认为佛、道都是老子所创,佛教是由道教派生的。他说:"道经云:'老子入关之天竺维卫国,国王夫人名曰净妙,老子因其昼寝,乘日精入净妙口中,后年四月八日夜半时,剖左腋而生,坠地即行七步,于是佛道兴焉。'此出《玄妙内篇》。佛经云:'释迦成佛,有尘劫之数。'出《法华无量寿》。或'为国师道士,儒林之宗。'出《瑞应本起》。"②故曰:"道则佛也,佛则道也。"这个观点,在汉魏之际就有了,但因当时佛教在中国还未能立足,所以没有佛教徒出来反对。但是,时至南北朝,佛教已经在中国兴盛起来,这个说法就不能不遭佛教徒

---

① 《南齐书》,第700页,中华书局,1973。
② 《夷夏论》,载《南齐书》卷五四《顾欢传》,第931—932页,中华书局,1973。(下引不注)

的反对。因此,顾欢以此立论,说二教同源,就必定不会为佛教徒接受,而且是要反对的。接着,他又以中国传统的夏尊夷卑思想为据,贬佛教为戒法,褒道教为圣教,表现出强烈的排佛思想。认为二者虽然同为老子所创,但因二者产生发展的国度、条件以及具体内容不同,只能各自适用于自己的国度。所谓"其圣则符,其迹则反","是以端委搢绅,诸华之容;剪发旷衣,群夷之服。擎跽磬折,侯甸之恭;狐蹲狗踞,荒流之肃。棺殡椁葬,中夏之制;火焚水沉,西戎之俗。全形守礼,继善之教;毁貌易性,绝恶之学。……或昭五典,或布三乘。在鸟而鸟鸣,在兽而兽吼。教华而华言,化夷而夷语耳"。这就是说,顾欢认为在两种不同国度产生的两种宗教,针对的对象不同,各有其习俗和信仰,虽同具"化民"之质,但正如船与车都能载人去远方,但不能互相调换一样。他说:"虽舟车均于致远,而有川陆之节;佛道齐乎达化,而有夷夏之别。若谓其致既均,其法可换者,而车可涉川,舟可行陆乎?"不仅如此,他又从佛、道二教信仰的不同及其他特点论述二教的差异,说:"圣道虽同,而法有左右。……泥洹仙化,各是一术。佛号正真,道称正一。一归无死,真会无生。在名则反,在实则合。但无生之教赊,无死之化切,切法可以进谦弱,赊法可以退夸强。佛教文而博,道教质而精。精非粗人所信,博非精人所能。佛言华而引,道言实而抑。抑则明者独进,引则昧者竞前。佛经繁而显,道经简而幽。幽则妙门难见,显则正路易遵。此二法之辨也。"也就是说,佛教以生为苦,追求"涅槃"(泥洹)、"无生";道教以生为乐,追求"仙化"、"无死"。顾欢还指出了佛教的某些思想与中国的礼教不相容处。他说:佛教"下弃妻孥,上废宗祀。嗜欲之物,皆以礼伸;孝敬之典,独以法曲。悖礼犯顺,曾莫之觉。弱丧忘归,孰识其旧?"认为佛教对一切鸟兽虫蚁都能慈悲为怀,而唯独对父母无孝敬之心。这样的宗教怎能让它在中国存在下去? 他说:"舍华效夷,义将安取? 若以道耶? 道固符合矣。若以俗邪? 俗则大乖矣。"总之,佛教不适合中国,应让其回到它的本土。

当然,顾欢的言论遭到佛教徒的回击,许多佛教徒纷纷撰文驳斥《夷夏论》。《弘明集》中收集了不少佛教徒驳《夷夏论》的文章，这里就不再细说。随之，又有南齐司徒中郎张融著《门律》，寄给周颙等人，结果又引起了张融与周颙间的一场争论。张融《门律》首作调和二教之论，他说："吾门世恭佛，舅氏奉道。道也与佛，逗极无二。寂然不动，致本则同。感而遂通，达迹成异。"[①]但是，周颙不同意张融的观点，作《难张长史门论》。随后二人又相互辩驳。大约此后不久，又有道士假托张融之名撰《三破论》，使佛、道间的斗争更为激烈。此文已经失传，但从保存下来的反驳文章可知其基本观点，说佛教"入国破国，入家破家，入身破身"[②]。而且使用了侮辱性的言词，说："胡人无二，刚强无礼，不异禽兽，不信虚无，老子入关，故作形象之教化之。又云：胡人粗犷，欲断其恶种，故令男不娶妻，女不嫁夫。一国伏法，自然灭尽。"[③]这当然会刺伤佛教徒的宗教感情，因而佛教徒和信仰者们撰文加以反驳。至此，理智的论辩已经让位给了情感，与前一时期《夷夏论》之辩已不是一回事了。

与北朝相较而言，南朝的佛、道之争，只是义理上的争辩，没有诉诸武力。而且，在佛、道二教激烈斗争的同时，也有人持调和论。陶弘景就认为："夫万象森罗，不离两仪之育；百法纷凑，无越三教之境。"[④]又说："崇教惟善，法无偏执。"[⑤]笃信佛教的萧子良也说："真俗之教，其致一耳。"[⑥]正因如此，故至陈、梁以后，佛、道二教斗争的激烈程度大大下降，除个别人之间的小争论外，再未出现过如齐代《夷夏论》那样的大论争。二教之间相互吸取、融合却有了加强。不仅佛教的因果报应、三世轮回、地狱天堂等思想被道教大量吸收，道教的一些思想也被佛教吸取，如被佛教天台宗尊为第三祖的陈代僧人慧思，他就在其所著《誓愿文》中吸取了道教的神仙思想。

①②③⑥《大正藏》卷五二，第38、52、50、72页。
④⑤《道藏》，第23册，第651、643页。

第三章

隋唐五代北宋道教

第一节　隋代道教的转折

隋王朝的建立,结束了中国三百余年南北分裂的局面,国家重新获得统一。尽管隋统治时间不长,一共不到 40 年(581—618),然而,所制定的政治、经济制度和思想文化政策,却大都为唐王朝所承袭,奠定了唐朝空前繁荣的基础。从道教发展的历史来看,隋代道教是处于道教史上的一个转折点,为唐以后道教的兴盛与理论大发展做了准备。这种转折,既是道教自身发展的结果,也与隋统治者对道教的利用和扶持有关。

从一些史籍的记载来看,隋统治者以崇信佛教为主。开国皇帝隋文帝杨坚(581—604 在位)说:"朕于佛教,敬信情重。"[①]又多次说:"朕遵崇三宝,归向情深,恒愿阐扬大乘,护持正法。"[②]《隋书·经籍志》亦说:"高祖雅信佛法,于道士蔑如也。"[③]也就是说,在信仰上隋高祖对道教没有太大兴趣。但是,这并没有妨碍他利用道教为其服务,在他夺取政权的过程中,就曾利用道士来大造舆论。例如,在北周时,道士张宾与焦子顺都帮助周武帝兴道灭佛,受到周武帝的青睐。在周武帝死后,杨坚起兵灭周时,由于他们向其密告受命之符,帮助其夺取政权,因而在杨坚当上皇帝后,便为其封官。《隋书·来和传》载:"道士张宾、焦子顺、雁门人董子华,

---

①②《传世藏书》,总集第 3 册,第 4208、4199 页,海南国际新闻出版中心,1996。

③《隋书》,第 1094 页,中华书局,1973。

此三人,当高祖潜龙时,并私谓高祖曰:'公当为天子,善自爱。'及践阼,以宾为华州刺史,子顺为开府,子华为上议同。"①《隋书·律历志》说:"时高祖作辅,方行禅代之事,欲以符命曜于天下。道士张宾,揣知上意,自云玄相,洞晓星历,因盛言有代谢之征,又称上仪表非人臣相。由是大被知遇,恒在幕府。及受禅之初,擢宾为华州刺史。"②可见,正是由于杨坚相信符箓科谶而为道士张宾等人提供了向其密告符命的机会,张宾等人也以能揣摸杨坚之意而获知遇,受到提拔重用。另一道士焦子顺也不例外。《唐会要》载:"开皇八年(588),为道士焦子顺能役鬼神,告隋文受命之符。及立,隋授子顺开府柱国,辞不受,常咨谋军国。帝恐其往来疲困,每遣近官置观,以'五通'为名,旌其神异也。号焦天师。"③焦子顺也是因为以向杨坚密告符命而受到重用,甚至军国大事都常常要同他商议定夺;还担心其往来劳累,特别为其在宫廷附近建"五通观"让其居住,并尊之为天师。恩遇之隆,于此可见一斑。既然道士为杨坚夺取政权效力,杨坚立国后对道教就愈加尊重。建国之初,不但重用焦子顺、张宾等道士,而且把开国年号命名为"开皇"。这个名称实来自道教,具有道教神学象征意义。《隋书·经籍志》说:元始天尊开劫度人,"然其开劫,非一度矣,故有延康、赤明、龙汉、开皇,是其年号"④。这就是说,"开劫"是道教表示一个新纪元的开始的说法,而"开皇"为道教的一"劫"之始,表示又一个新纪元的到来。杨坚以此为年号,就是为了证明历史进入了另一个新纪元,他自己则是如同元始天尊那样济度众生。他的大臣王劭曾在上书中说:"又年号开皇,与《灵宝经》之开皇年相合。"⑤《三洞珠囊》亦云:"似元皇君号开皇元年,隋家亦象号开皇元年是也。"⑥文帝杨坚以开皇为其年号,其意是非常清楚的。杨坚在作亳州刺史时,当时的著作郎王劭就一再"上表言符命",为杨坚"有龙颜戴干之表",当"受命代周

85

---

① ② ④ ⑤ 《隋书》,第 1774、420、1091、1607 页,中华书局,1973。

③ 《唐会要》,第 1026 页,上海古籍出版社,1991。

⑥ 《道藏》,第 25 册,第 351 页。

有天下",称:"又陈留老子祠有枯柏,世传云老子将度世,云待枯柏生东南枝回指,当有圣人出,吾道复行。至齐,枯柏从下生枝,东南上指。夜有三童子相与歌曰:'老子庙前古枯树,东南状如伞,圣主从此去。'及至尊牧亳州,亲至祠树之下。自是柏枝回抱,其枯枝,渐指西北,道教果行。"①这是说,杨坚为亳州刺史时,竟然"亲至祠树下",标榜自己就是"圣主",而当他掌握了皇权后对亳州老子祠也特别关注。于开皇元年(581)修复鏊屋县老子庙,开皇三年(583)迁都于龙首原,"号大兴城,乃于都下畿内造观三十六所,名曰玄坛,度道士二千人"②。对楼观道士也是特别优宠,《历世真仙体道通鉴》卷三〇《严达传》说:"至隋室道教复振,文帝开皇中诏重修二庙,精择羽流,累致墨词,以祈景福。于是,朝野宗奉焉。"③又下令重修道教重地陕西周至县楼观宫宇,度道士 120 名,并亲至道场"沐芳礼谒,护门休征",以示崇敬之意。④ 又特置玄都观,以"田谷十老"之一的楼观道士王延为观主,为提高王延之声望,于开皇六年(586),亲自召见其于大兴殿。《历世真仙体道通鉴》卷三〇《王延传》载:"至隋文帝禅位,置玄都观,诏延主之。开皇六年丙午,特召见于大兴殿,上斋诚受智慧大戒。……时公卿大夫翕然钦附。"⑤开皇七年(587),为道士吕师立清虚观,为道士孙昂立清都观。开皇八年(588),征道士孟静素至京师,居至德观;征魏郡道士仇略至京师。隋文帝所建道观还有益州至真观、三洞观、会圣观等。凡此种种,都说明隋文帝杨坚对道教的扶植和利用是相当积极的,特别是设置类似北周通道观的玄都观,不仅使北周以来的道教学术得以保存,而且为其在唐代的进一步发展创造了条件。如果说杨坚起初对道教还是出于政治上的考虑而对其加以利用,但到晚年,对道教的长生成仙之说也产生了信仰,史称其"晚年深信

---

① 《隋书》,第 1604 页,中华书局,1973。

② 《道藏》,第 11 册,第 1 页。

③⑤ 《道藏》,第 5 册,第 275、273 页。

④ 欧阳询:《宗圣观序》,见《古楼观志》,第 4 页,手抄油印本。

佛道鬼神"①。

总之,杨坚在宗教政策上实行的是佛、道并重的政策。他在开皇元年曾下诏曰:"法无内外,万善同归;教有浅深,殊途共致。朕伏膺道化,念存清静,慕释氏不贰之门,贵老生得一之义,总齐区有,思至无为。若能高蹈清虚,勤求出世,咸可奖劝,贻训垂范。"②开皇二十年(600),又重申:"佛法深妙,道教虚融,咸降大慈,济度群品,凡在含识,皆蒙复护。所以雕铸灵相,图写真形,率土瞻仰,用申诚敬。其五岳四镇,节宣云雨,江、河、淮、海,浸润区域,并生养万物,利益兆人,故建庙立祀,以时恭敬。敢有毁坏偷盗佛及天尊像、岳镇海渎神形者,以不道论。沙门坏佛像,道士坏天尊者,以恶逆论。"③《隋书》又载说:"帝以年龄晚暮,尤崇尚佛道,又素信鬼神。二十年,诏沙门道士坏佛像天尊,百姓坏岳渎神像,皆以恶逆论。"④这些都说明,杨坚实行的是佛道并重的政策,而且还用法律的形式对二教加以保护,亦可见道教在杨坚所建立的新政权中,占有重要的政治地位。在他当政期间,道教的道观及数量都有所增加。

继承杨坚皇位的是隋炀帝杨广(605—617在位)。杨广与乃父一样,既笃信佛教,也对道教予以扶植、利用。当他为晋王时,对道教就有相当热情。如对道士徐则甚为钦崇,不但向其请受道法,并企图依靠其帮助他篡夺帝位。《隋书·徐则传》说:"晋王广镇扬州,知其名,手书召之曰:'夫道得众妙,法体自然,包涵二仪,混成万物,人能弘道,道不虚行。先生履德养空,宗玄齐物,深明义味,晓达法门。悦性冲玄,怡神虚白,餐松饵术,栖息烟霞。……钦承素道,久积虚襟,侧席幽人,梦想岩穴。……昔商山四皓,轻举汉庭。淮南八公,来仪藩邸。古今虽异,山谷不殊,市朝之隐,前贤已

① 《资治通鉴》,第5586页,中华书局,1956。

② 《传世藏书》,总集第3册,第4192—4193页,海南国际新闻出版中心,1996。

③④ 《隋书》,第45—46、715页,中华书局,1973。

说,导凡述圣,非先生而谁！故遣使人往彼延请,想无劳束带,贲然来思,不待蒲轮,去彼空谷。希能屈己,伫望披云。'"①杨广对徐则的敬慕期待之情,溢于言表。从其以"商山四皓"和"淮南八公"相期来看,显然渴望徐则能帮助他谋取皇位,《隋书·炀帝纪》就说杨广在藩时"阴夺宗之计"。吴筠《商山四皓》诗云:"四皓同无为,丘中卧白云。自汉成帝业,一来翼储君。"②

杨广不仅对道士徐则满心倾慕,对当时其他的许多道士也非常敬重,史称:"时有建安宋玉泉、会稽孔道茂、丹阳王远知等,亦行辟谷,以松水自给,皆为炀帝所重。"③其中,王远知是陶弘景的著名弟子、茅山高道,开皇十二年(592),杨广就曾具礼招迎。即位后,于大业七年(611)召见王远知于涿郡朔宫,以帝王之尊而"亲执弟子之礼"④,还"令代王越师焉"⑤,且"敕都城起玉清玄坛以处之"⑥。杨广还将道士马赜"引入玉清观,每加恩礼,召令章醮"⑦。将道士薛颐"引入内道场,亟令章醮"⑧。大业八年(612),诏请道士蔡法涛、李德超至衡岳观焚修,兴行道法,"衡州府库田畴什物,并赐观资用"⑨。故《隋书·经籍志》谓:"大业中,道士以术进者甚众。"⑩《隋书·礼仪志》亦载:"大业中,炀帝因幸晋阳,遂祭恒岳。其礼颇采高祖拜岱宗仪,增置二坛,命道士女官数十人,于坛中设醮。"⑪据《历代崇道记》载:"炀帝迁都洛阳,复于城内及畿甸造观二十四所,度道士一千一百人。"⑫又改佛寺为道场,改道观为玄坛,各设置监、丞。还建立崇玄署,设令、丞,加强对道教、佛教的管理。据《隋书·经籍志》载:杨广"于内道场集道、佛经,别撰目录"⑬。而且,炀帝还"以天下承平日久,士马全盛,慨然慕秦皇、汉武之事"⑭,幻

---

① ③ ④ ⑩ ⑪ ⑬ ⑭ 《隋书》,第 1758—1759、1760、5125、1094、140、908、94 页,中华书局,1973。

② 《文渊阁四库全书》,第 1071 册,第 757 页,台湾商务印书馆,1986。

⑤ ⑥ ⑧ 《旧唐书》,第 5125、5125、5089 页,中华书局,1973。

⑦ 《册府元龟》,第 9768 页,中华书局,1960。

⑨ 《道藏》,第 6 册,第 862 页。

⑫ 《道藏》,第 11 册,第 1—2 页。

想长生不死,迷恋金丹方药。据《资治通鉴》载:"初,嵩高道士潘诞自言三百岁,为帝合炼金丹。帝为之作嵩阳观,华屋数百间,以童男童女各一百二十人充给使,位视三品;常役数千人,所费巨万。"①为求长生,不惜耗费大量人力财力,以童男女充役使,可谓十分荒唐。而更为荒谬的是:"其在两都及巡游,常以僧、尼、道士、女官自随,谓之四道场。"②在皇宫内仿照传说中的仙山琼阁建造了西苑,"每日于苑中林亭间盛陈酒馔,敕燕王倓与巨、晶及高祖嫔御为一席,僧、尼、道士、女官为一席,帝与诸宠姬为一席,略相连接,罢朝即从之宴饮,更相劝侑,酒酣殽乱,靡所不至,以是为常。杨氏妇女之美者,往往进御。晶出入宫掖,不限门禁,至于妃嫔、公主皆有丑声,帝亦不之罪也"③。炀帝的荒淫生活,亦反映其崇道之滥。

综上所述,隋代统治者无论是文帝还是炀帝,对道教都是扶植、利用的,这种扶植并不仅仅只是出于政治上的考虑,应当说有信仰的成分。文帝、炀帝对道教的许多举措,都被唐代统治者继承。《广弘明集》卷四曾指出:由于北齐排斥道教,而"致使齐境国无两信。迄于隋初,渐开其术"④。隋统治者对道教的扶植和利用政策,确为唐代道教的发展奠定了基础,后面将详论。

就道教本身在隋代的情况来看,随着国家的统一,具有不同特征的南方道教和北方道教也逐渐融会。这种融会是以茅山宗为主流的。在陶弘景之后,茅山宗传往北方的上清经法,已经纳入了灵宝、三皇及召神劾鬼之类的道经,并与北方的楼观道相结合。据《仙苑编珠》、《西岳华山志》以及《云笈七签》中的相关资料,在北周武帝(561—578 在位)时,就有茅山道士焦旷入居华山,楼观道士王延前往求法,得其传授三洞秘诀真经。周武帝令王延校雠三洞经法、科仪戒律八十余卷,又撰《三洞珠囊》七卷,据说他拥有的"三洞

89

①②③《资治通鉴》,第 5658、5649—5650、5650 页,中华书局,1956。
④《弘明集·广弘明集》,第 117 页,上海古籍出版,1991。

玄奥,真经玉书,皆焦君所留,俾后传于世"①。另一楼观道士侯楷,
"行三奔术,诵《大洞经》及《三皇内文》劾召之法"②。可见,南北朝
时道教各派已开始融会,上清经法对北方道教已产生了较大的影
响。隋统一南北之后,南北间道士的交往日渐频繁起来,道教的地
域性特征也开始被打破,茅山宗不仅巩固了其在南方的地位,在北
方也获得很大发展并逐渐占据主导地位。这与当时茅山宗的领袖
人物王远知的活动密切相关。受隋炀帝殊宠的王远知,由南方到
北方积极从事传教活动,居于炀帝为他在京师洛阳设置的"玉清玄
坛",并在大业(605—617)中收潘师正为弟子,而潘师正则成为茅
山宗在北方传教的重要人物。王远知是一个政治活动能力极强的
道士,他不仅赢得了隋王室的尊崇,而且由于他曾向还处于"龙潜"
时的唐高祖李渊密告符命而成为唐室的功臣,这样,又为茅山宗在
唐代能横贯大江南北、成为道教主流打下了坚实的基础。总之,这
时从南方传入北方的上清经法,已融入灵宝与三皇经的法箓,是以
"三洞"的形式出现的。所谓"三洞",既是道教经书的分类法,又类
似于佛教的"判教",用以区分道教内部的深浅高低层次。又由于
茅山宗在隋代已成为道教的主流,因而上清经法在当时已被确认
为上品经法,《隋书·经籍志》在谈到隋代受道箓的次第时,说:"初
受《五千文箓》,次受《三洞箓》,……次受《上清箓》。"③

隋代道教的特征,除上面的叙述中已经谈到的一些外,据《隋
书·经籍志》的记载,还有这样一些内容:

尊崇元始天尊,将其奉为最高神灵。曰:"天尊姓乐名静信。"④
"生于太元之先,禀自然之气,冲虚凝远,莫知其极。所以说天地沦
坏,劫数终尽,略与佛经同。以为天尊之体,常存不灭。每至天地
初开,或在玉京之上,或在穷桑之野,授以秘道,谓之开劫度人。然
其开劫,非一度矣,故有延康、赤明、龙汉、开皇,是其年号。其间相

---

①《道藏》,第22册,第602页。

②《道藏》,第5册,第274页。

③④《隋书》,第1092、1094页,中华书局,1973。

去经四十一亿万载。"①又曰：元始天尊"所度皆诸天仙上品，有太上老君、太上丈人、天真皇人、五方天帝及诸仙官，转共承受，世人莫之豫也"。天尊"所说之经，亦禀元一之气，自然而有，非所造为，亦与天尊常在不灭。天地不坏，则蕴而莫传，劫运若开，其文自见。凡八字，尽道体之奥，谓之天书。字方一丈，八角垂芒，光辉照耀，惊心眩目，虽诸天仙，不能省视。"②元始天尊被抬高到了至尊之位，以致"太上老君"也仅为他所传度的弟子之一；道教经典也出自元始天尊之手，而且被神化到神之又神的地步。这种情况表明，茅山宗在道教各派中据有压倒性优势的地位。《魏书·释老志》中所讲道教，以太上老君为最高尊神，反映当时天师道，特别是以寇谦之为代表的北天师道的神灵观念。寇谦之后的楼观道也尊崇太上老君。尊崇元始天尊，则是上清派的思想。这就是说，将元始天尊放在至高无上的位置，反映了茅山宗的表征。从一些资料来看，北周时，茅山宗的神灵思想传到北方，并影响着北方道教的神灵观念。到了隋代，则演化出以元始天尊为最高神，以太上老君为次的道教神团系统。这从另一个方面反映了以茅山宗为主导的南北道教的合流，也证实了隋代已形成以茅山宗为道教主流派别的雏形。

在修行方法和道法传授上，隋代道教讲求渐修，其修行内容不仅包括道教的清静养生，而且包括儒家仁义道德的修养。曰："盖亦归于仁爱清静，积而修习，渐致长生，自然神化，或白日登仙，与道合体。"③道法的传授，不仅有仪式，而且有品次高低之分，曰："受者必先洁斋，然后赍金环一，并诸赞币，以见于师。师受其赞，以箓授之，仍破金环，各持其半，云以为约。弟子得箓，缄而佩之。"④又曰："初受《五千文箓》，次受《三洞箓》，次受《洞玄箓》，次受《上清箓》。箓皆素书，纪诸天曹官属佐吏之名有多少，又有诸符，错在其间，文章诡怪，世所不识。"⑤从这个受箓次第来看，既反映了以上清为最高的状况，又反映了各派的融合。

①②③④⑤《隋书》，第 1091、1091－1092、1092、1092、1092，中华书局，1973。

斋醮法式,主要是黄箓、玉箓、金箓、涂炭等斋法。曰:"其洁斋之法,有黄箓、玉箓、金箓、涂炭等斋。"①此外,"而又有诸消灾度厄之法,依阴阳五行术数,推人年命书之,如章表之仪,并具赞币,烧香陈读。云奏上天曹,请为除厄,谓之上章。夜中,于星辰之下,陈设酒脯饼饵币物,历祀天皇太一,祀五星列宿,为书如上章之仪以奏之,名之为醮。又以木为印,刻星辰日月于其上,吸气执之,以印疾病,多有愈者。又能登刀入火而焚敕之,使刃不能割,火不能热。而又有诸服饵、辟谷、金丹、玉浆、云英,蠲除滓秽之法,不可殚记"②。

宣讲道经"由以《老子》为本,次讲《庄子》及《灵宝》、《升玄》之属。其余众经,或言传之神人,篇卷非一"③,首开将《庄子》奉为道教主要经典之端,对唐以后的道教产生了重大影响。

在道术方面,除以符箓为主外,也有炼制金丹。谓:"其术业优者,行诸符禁,往往神验。而金丹玉液长生之事,历代糜费,不可胜记,竟无效焉。"④ 还第一次将行气导引的修炼方法冠以"内丹"之名。

由上可见,隋代道教的特色是多方面的。

隋代道教流传地域很广,除汉中、巴蜀一带仍保有浓厚的道教传统外,江南也是道教活动盛行之地。北方的终南、华山、嵩山等地,道教活动相当频繁,是隋代道教活动的基本区域。《隋书·地理志》云:"汉中之人,……好祀鬼神,尤多忌讳,家人有死,辄离其故宅。崇重道教,犹有张鲁之风焉。"⑤至于巴蜀,又云:"其风俗大抵于汉中不别。"⑥江南地区"俗信鬼神,好淫祀"⑦。"风俗澄清,而道教隆洽,亦其风气所尚也"⑧。

隋代道教与佛教的关系,总体上看,在隋统治者佛、道并重政策的影响下,双方没有过于激烈的斗争,相互间关系比较平静。隋统治者不甚重视儒学,当时的儒者李士谦对儒、释、道三者的地位

①②③④⑤⑥⑦⑧《隋书》,第 1092、1092—1093、1094、1094、829、830、886、887页,中华书局,1973。

评价说:"佛,日也;道,月也;儒,五星也。"[①]

由于隋代统治者实行佛、道并重,独轻儒学的政策,故在隋末农民大起义中,儒生较多,而道士较少,这实际上也表明道教经过南北朝的改革之后向上层化方向发展的特点。隋代道士大多积极参与了上层统治集团之间的政治斗争,特别在隋末尤甚。隋朝末年,群雄并立,政治集团林林总总,岑仲勉在《隋唐史》中就列举出128个集团,势力较强者就达46个之多。这些政治集团伺机而动,相互间为争夺最高政治权力而展开斗争。在这种情形之下,一些道士眼看隋王朝处于朝不保夕之境,便抛开旧的统治者,或者暂时躲进山林,坐以待变;或者在逐鹿中原的群雄中物色新的靠山。如:东都道士桓法嗣,认为王世充会替代隋统治者,便投靠王世充,为其制作符命图谶,广造舆论,而得到王世充的信任。《隋书·王世充传》载:"有道士桓法嗣者,自言解图谶,充昵之。法嗣乃以《孔子闭房记》,画作丈夫持一干以驱羊。法嗣云:'杨,隋姓也。干一者,王字也。居羊后,明相国代隋为帝也。'又取庄子《人间世》、《德充符》二篇上之,法嗣释曰:'上篇言世,下篇言充,此即相国名矣。明当德被人间,而应符命为天子也。'充大悦曰:'此天命也。'再拜受之。即以法嗣为谏议大夫。"[②]又如,泰山道士徐洪客,则寄希望于李密,向李密进献取天下之策。《资治通鉴》载:"泰山道士徐洪客献书于密,以为:'大众久聚,恐米尽人散,师老厌战,难可成功。'劝密'乘进取之机,因士马之锐,沿流东指,直向江都,执取独夫,号令天下'。密壮其言,以书招之,洪客竟不出,莫知所之。"[③]道士魏徵亦"进十策以干密",李密"虽奇之而不能用"[④]。及密败,魏徵乃随密归唐,成为唐太宗时的名臣。

总之,隋代道教仍保持了朝上层化发展的势头。隋代统治者

---

① 《大正藏》卷四九,第360页。

② 《隋书》,第1898页,中华书局,1973。

③ 《资治通鉴》,第5753页,中华书局,1956。

④ 《旧唐书》,第2545页,中华书局,1975。

利用道教为其统治服务也为唐代统治者在政治上、信仰上崇道树立了样板;而隋代道士依附上层统治者来获取道教的发展,亦为唐代道教徒所效法;隋代道教通过吸取外来佛教文化以丰富自己的理论,也为道教教理教义在唐代的大发展起了引发作用。以茅山宗为主并融会南北道派的隋代道教,为唐代道教以茅山宗为主流的格局奠定了基础。凡此种种,都显示出隋代是道教发展史上的一个转折点,承前启后,为唐代道教的兴盛准备了内在条件。

第二节　盛唐道教的鼎兴

在隋末群雄纷起的局面中,比较多的道士都认为李渊父子会取得天下,于是便纷纷投靠到他们的麾下,为其夺取政权、建立李家王朝效力。在这些道士中,特别以楼观道士岐晖和茅山宗领袖王远知最为著名。

岐晖(557—630),京兆人,13 岁入道,在周武帝沙汰释、老时曾还俗。隋初,复衣道士服,师事通道观苏道标法师。他在大业七年(611)隋炀帝亲驾征辽时就对弟子们说:"天道将改,吾犹及见之,不过数岁矣。……当有老君子孙治世,此后吾教大兴,但恐微躯不能久保耳!"[①]不久,隋朝果然发生大乱。李渊起兵之后,岐晖又预测其是"真君出世",便立刻投靠于他。《混元圣纪》载此事曰:"唐高祖皇帝初起义兵于晋阳,帝女平阳公主柴绍妻也,亦起兵应帝,屯于宜寿宫。晖逆知真主将出,尽以观中资粮给其军。及帝至浦津关,晖喜曰:'此真君来也,必平定四方矣!'乃改名为平定以应之,仍发道士八十余人向关应接。"[②]对于岐晖的行为,李渊不仅嘉许,还特下诏,曰:"今东应义旗,西开幕府,设官分职,本在忠诚。道士岐平定铲迹求真,销名离俗,恬淡荣利,无闷幽闲,而能彻损衣资,以供戎服,抽割菽粟,以赡军粮,忠节不("不"应为"丕")嘉,理须标授。平定宜受(授)紫金光禄大夫,已下并节级授银青光禄大

---

①②《道藏》,第 17 册,第 854、854 页。

夫,以酬其义。"对此,平定力辞,曰:"草莽之臣,应接圣君,心崇道
本,黄冠不贵金紫,玄教岂向银青,虽奉殊私,理恐非惬。"但高祖却
说:"师且受,俟得京城,别有进止。"①后来,李渊果不负所许,以岐
平定为楼观观主,并多次拜谒楼观老子祠,以示崇敬。王远知作为
茅山宗在当时的领袖人物,本与隋炀帝杨广交往非常密切,杨广曾
向他"亲执弟子礼"。但在炀帝晚年,王远知看到天下兵起,炀帝大
势已去,便自称"奉老君旨",向李渊"预告受命之符"。《旧唐书·
王远知传》载:"高祖之龙潜也,远知尝密传符命。"②《混元圣纪》卷
八亦载:"初,高祖诏玉清观道士王远知授朝散大夫,赐金缕冠、紫
丝霞帔。以远知尝奉老君旨预告受命之符也。"③此外,有的道士还
直接参加到李渊的军队之中。据《起居注》卷二说:"其来诣军者,
帝并节级授朝散大夫以上官。至于逸民道士,亦请效力。教曰:
'义旗拨乱,庶品来苏,类聚群分,无思不至。乃有出自青溪,远辞
丹灶。就人间而齐物,从戎马以同尘。咸愿解巾,负兹羁鞚。虽欲
勿用,重违其请。逸民道士等,诚有可嘉,并依前授。'"④

　　隋末,社会上流传着大量关于李氏当为王的谶语,其中"老子
度世,李氏当王"之类的谶语流行甚广,致使隋炀帝杨广恨不能"尽
诛海内凡姓李者"。李渊原本为"炀帝友人,炀帝以图谶多言姓李
将王,每排斥之"⑤。而这些谶语的出现,是与道教有密切关系的。
据《起居注》记,蜀郡道士卫元嵩在北周武帝天和五年(570)所作诗
谶中就有"十八成男子"、"李树起堂堂"之类的隐语。⑥ 杜光庭《历
代崇道记》亦称:李渊"于隋末大业十三年(617),感霍山神称奉太
上老君命告唐公:'汝当来,必得天下。'"⑦。总之,一方面是道士们

95

①③ 《道藏》,第17册,第854、856页。
② 《旧唐书》,第5125页,中华书局,1975。
④ 《大唐创业起居注》,第29页,上海古籍出版社,1983。《教》收入《全唐文》
卷一,第1册,第17页,中华书局,1973。
⑤ 《唐语林校证》,第403页,中华书局,1987。
⑥ 参见《余嘉锡论学杂著·卫元嵩事迹考》,第262页,中华书局,1963。
⑦ 《道藏》,第11册,第2页。

为李渊效力,以实现其"老君子孙治世,此后吾教大兴"的愿望;另一方面,李渊亦利用道教为其夺取天下服务。

李渊(618—626 在位)取代杨广称帝后,一再宣称:"李氏将兴,天祚有应"①,"历数有归,实惟天命"②。并确认他与道教教主老子的血缘关系,以老子为其祖先。登基后,即对道教大加提倡,给予道教徒大量赏赐。如:武德二年(619)五月,敕楼观令鼎新修营老君殿、天尊堂及尹真人庙,令观内屋宇务必宽博,称其瞻仰。以隋尚书苏威庄田二百顷赐予道观,仍于观侧立监置官检校修造,以岐平定(晖)为观主。三年(620)春,李渊亲祀老君于祠庭,平定率道众迎驾,仍具千人之食以献。并召见平定及法师吕道济、监斋赵道隆,曰:"朕之远祖,亲来降此,朕为社稷主,其可无兴建乎!"遂降诏,令:"改楼观曰宗圣观,赐白米二百石、帛一千匹,以供观中修补。"③楼观道获得唐王朝经济上的大力支持,政治地位也大大提高。

李渊还努力提高道教地位,曾前后三次召集道、儒、释三教人士进行道、佛先后的辩论,在辩论无结果的情况下,李渊索性径直表明自己的观点:"道大佛小。"《问慧乘诏》曰:"道士潘诞奏:悉达太子不能得佛,六年求道,方得成佛。是则道能生佛,佛由道成,道是佛之父师,佛乃道之子弟。故佛经云:求于无上正真之道。又云:体解大道,发无上意。外国语云'阿耨菩提',晋音翻之'无上大道',若以此验,道大佛小,于事可知。"④武德八年(625),颁布《先老后释诏》,明确规定道教在儒、释之上,诏曰:"老教孔教,此土先宗,释教后兴,宜崇客礼。令老先、次孔、末后释宗。"⑤又在《问出家损利益诏》中指责佛教,说:佛教"弃父母之须发,去君臣之服章,利在何间之中? 益在何情之外? 损益二宜,请动妙释!"⑥武德九年

---

① 《旧唐书》,第 8 页,中华书局,1975。
② 《新唐书》,第 7 页,中华书局,1975。
③ 《道藏》,第 17 册,第 855 页。
④⑤ 《大正藏》卷五〇,第 634 页。
⑥ 《弘明集·广弘明集》,第 294 页,上海古籍出版社,1991。

(626)五月,他"以京师寺观不甚清静"为由,下诏沙汰僧尼及道士。他在诏书中历数佛教的种种不是和某些佛教徒的罪恶,说:"释迦阐教,清净为先,远离尘垢,断除贪欲。所以弘宣胜业,修植善根,开导愚迷,津梁品庶。是以敷演经教,检约学徒,调忏身心,舍诸染著,衣服饮食,咸资四辈。自觉王迁谢,像法流行,末代陵迟,渐以亏滥。乃有猥贱之侣,规自尊高,浮惰之人,苟避徭役。妄为剃度,托号出家,嗜欲无厌,营求不息。出入闾里,周旋阛阓,驱策田产,聚积货物。耕织为生,估贩成业,事同编户,迹等齐人。进违戒律之文,退无礼典之训。至乃亲行劫掠,躬自穿窬,造作妖讹,交通豪猾。每罹宪网,自陷重刑,黩乱真如,倾毁妙法。……又伽蓝之地,本曰净居,栖心之所,理尚幽寂。近代以来,多立寺舍,不求闲旷之境,唯趋喧杂之方。缮采崎岖,栋宇殊拓,错舛隐匿,诱纳奸邪。或有接延廛邸,邻近屠酤,埃尘满室,膻腥盈道。徒长轻慢之心,有亏崇敬之义。"花了长篇大论斥责佛教徒有的本为"浮惰之人",为避徭役而进入佛门,出家后仍是"嗜欲无厌"、"营求无息",广积田产货物,违背戒律,甚而触犯国家刑律,等等。与此形成鲜明对比的是,对道教徒只是轻轻两句"驰驱世务,尤乖宗旨"而已。最后规定说:"京城留寺三所,观二所,其余天下诸州,各留一所。余悉罢之。"①这个诏书,从表面上看,好似对佛、道二教都要进行沙汰,而实际上,却是为了打击佛教,助长道教。因为当时佛教寺院的数量远远超过道观,按照这个诏令的规定,显然是有利于道教,而不利于佛教。此外,李渊还派使臣将道教天尊像送给高丽,派道士去高丽宣讲《老子》,使道教传播到朝鲜半岛。

唐高祖李渊尊崇道教,是有特别原因的。唐初,门阀士族的传统势力还相当强大,若非出自名门,就得不到社会的承认和重视。李唐王朝的统治者为了提高自己的门第,便以道教所奉的教主老子姓李,唐王朝帝室也姓李为由,与老子叙家谱,尊老子为其先祖,宣称自己是李老君的后代,为"神仙之苗裔",以神化其统治,借此

---

① 《旧唐书》,第16—17页,中华书局,1975。

抬高李氏皇家的身价、地位,把李氏取代隋王朝的统治说成是神意。因而,当岐平定、王远知等道士宣称奉老君之旨,向其密告符命之时,当然就受到赏识。关于老子护佑李氏的神话,从李渊起兵至登上皇位,一直不绝,而且越传越离奇。据《旧唐书·高祖本纪》、《混元圣纪》和《历代崇道记》等书记载:大业十三年(617),李渊与隋武牙郎将宋老生交战于霍邑,适"会霖雨积旬,馈运不给"①,就在此时,忽有霍山神称奉太上老君命来告诉李渊"必得天下",并且"八月雨止,路出霍邑东南,吾当济师"。这样,到"八月辛巳,高祖引师趋霍邑,斩宋老生,平霍邑"②。就是说,李渊是在太上老君派来的霍山神的帮助之下平霍邑的,实际上是说平霍邑是在太上老君帮助下取得的。《混元圣记》亦称:李渊"大业十三年丁丑,老君降于终南山,语山人李淳风曰:'唐公当受天命。'"③。李渊取得帝位后,传说太上老君又托人告诉他,说他是太上老君的后裔,应当子子孙孙享国千万年。据《唐会要·尊崇道教》载:"武德三年(620)五月,晋州人吉善行于羊角山,见一老叟,乘白马朱鬣,仪容甚伟,曰:'谓吾语唐天子,吾汝祖也。今年平贼后,子孙享国千岁。'"④李渊听了吉善等人的话后,即在羊角山建老君庙,将道教教主作为自己的祖先加以祭祀,又将浮山县改为神山县,羊角山改为龙角山,并多次亲至老子祠拜谒以示崇敬,确认他和老子一脉相承的血缘关系。

唐高祖李渊所制定的奉道教为皇家宗教的崇道政策,亦为唐太宗李世民(627—649 在位)所继承。他在尚未登基之前,就与道士们有密切交往。李世民是通过诛杀其长兄李建成,史称"玄武门之变"而登上皇位的。当时,以法琳为首的佛教徒拥护的是李建成,而以王远知为首的道教徒却拥护李世民。王远知恭维其是"圣人",说李世民"方作太平天子",要其"自惜"。据《旧唐书·王远知

---

①② 《旧唐书》,第 3 页,中华书局,1975。

③ 《道藏》,第 17 册,第 854 页。

④ 《唐会要》,第 1013 页,上海古籍出版社,1991。

传》载:"武德中,太宗平王世充,与房玄龄微服以谒之,远知迎谓曰:'此中有圣人,得非秦王乎?'太宗因以实告,远知曰:'方作太平天子,愿自惜也'。"①即是说,王远知向李世民预告其将做皇帝,表明李世民在与其长兄争夺皇位继承权的斗争中,王远知是站在李世民一边的。滑州道士薛颐,亦向李世民密告符命,谓:"德星守秦分,王当有天下,愿王自爱。"②当李世民击败李建成而登极之后,便优宠道教,尤其是对王远知器重非常,想委以重任,只是在王远知的力辞之下而作罢。《旧唐书·王远知传》载:"太宗登极,将加重位,固请归山。至贞观九年(635),敕润州于茅山置太受观,并度道士二十七人。"③又降玺书称王远知"操履夷简,德业冲粹,屏弃尘杂,栖志虚玄"④。对薛颐,则是在登极之前即授太史丞,累迁太史令。贞观(627—649)中,薛颐上表请为道士,太宗为其"置紫府观于九嵏山,拜颐中大夫,行紫府观主事。又敕于观中建一清台,候玄象,有灾祥薄蚀谪见等事,随状闻奏"⑤。

唐太宗李世民为使"尊祖之风,贻诸万叶",于贞观十一年(637),继李渊之后再次下诏规定道士、女冠在僧、尼之上,也就是道教高于佛教。其诏书曰:"大道之行,肇于遂古,源出无名之始,事高有外之形,迈两仪而运行,包万物而亨育,故能兴邦致泰,反朴还淳。至如佛法之兴,基于西域,爰自东汉,方被中华。……洎乎近世,崇信滋深。……遂使殊方之典,郁为众妙之先;诸华之教,翻居一乘之后。流遁忘反,于兹累代。朕夙夜寅畏,缅惟至道,思革前弊,纳诸轨物。况朕之本系,起自柱下,鼎祚克昌,既凭上德之庆;天下大定,亦赖无为之功。宜有改张,阐兹玄化。"规定:"自今已后,斋供行玄法,至于称谓,道士女冠可在僧尼之前。庶敦本之俗,畅于九有;尊祖之风,贻诸万叶。"⑥从这个诏书中看,李世民提出了扬道抑佛的三点理由:一是认为佛教是外来之教,不合华俗;二是认为老子是其祖宗;三是认为他之所以取得天下,乃实行老子

①②③④⑤《旧唐书》,第5125、5089、5125、5125、5089页,中华书局,1973。
⑥《文渊阁四库全书》,第426册,第789页,台湾商务印书馆,1986。

之教的结果。在实际的治国政策上,他确实采用了《老子》清静无为的思想。他说:观隋炀帝之灭亡,故为政"但以清静抚之";"为政之要,务全其本。若中国不静,远夷虽至,亦何所益?"①"往昔初平京师,宫中美女珍玩,无院不满。炀帝意犹不足,征求无已,兼东西征讨,穷兵黩武,百姓不堪,遂至亡灭。此皆朕所目见。故夙夜孜孜,惟欲清净,使天下无事。遂得徭役不兴,年谷丰稔,百姓安乐。"②

唐初,社会上崇佛轻道的风气仍相当浓厚,佛教有较大的势力,因此,当唐太宗的抑佛诏令一下,佛教徒智实、法琳、法常、慧净等随驾赴阙,上表力争,表示强烈反对。无奈李世民崇道抑佛之意决然,令岑文本宣敕严诫,谓:"语诸僧等,明诏既下,如也不伏,国有严科。"众僧只好饮气而还,惟有智实"不伏此理,万刃之下,甘心受罪,遂杖之放还"③。道教在政治上得到封建统治者的支持,在唐代二教互争地位高低中取得了第一次优势。贞观十三年(639)九月,道士秦世英控告法琳毁谤皇宗老君,李世民即派人严刑勘问,判定法琳有罪,将其流放益州,途中死去。再次给予佛教以重创。

综上所述,李世民在处理佛、道关系时,态度比李渊更为鲜明。据记载,佛教在隋代有僧人23.62万之众,到唐太宗时却不足7万之数。佛教典籍《大宋僧史略》亦称:"自唐有天下,初则佛法萎迟,盖李教勃兴,物无两大故也。傅奕上疏条释氏之愆,神尧不无其惑;次巡幸东洛,太宗诏令僧尼班于道后。"④

唐太宗说佛教"上以违忤君主,下则扇习浮华"⑤,明确表明了他对佛教的认识。但是,唐太宗对于佛教并没有采取废除的过激政策,而是仍让其保留,对佛教徒也有安抚之举。如:据《佛祖历代通载》载:贞观十五年(641),太宗幸弘福寺,不仅自制疏称皇帝菩

① 《全唐文》,第1册,第122页,中华书局,1983。
② 《贞观政要》,第22页,上海古籍出版社,1978。
③ 《大正藏》卷五〇,第635—636页。
④ 《大正藏》卷五四,第243页。
⑤ 《资治通鉴》,第6241页,中华书局,1956。

萨戒弟子,施绢二百匹,还对寺主道懿说:"顷以老子是朕先宗,故令名位在前,卿等应恨恨也!"道懿回答曰:"陛下尊祖宗降成式,懿等蒙荷国恩,安闲学道,诏旨初下,咸皆欢悦,讵敢有恨?"太宗又说:"尊祖重亲,有生之大本,故先老子以别亲疏之序,非不留心于佛也。"①又如,对玄奘加以优待、尊崇,支持其译经工作等。

　　唐太宗对道教的尊崇,最初主要出于政治上的利用,但到后来,则逐渐演变为热衷于道教的长生方术。他曾说:"神仙事本虚妄,空有其名。秦始皇非分爱好,遂为方士所诈……汉武帝为求仙,乃将女嫁道术人,事既无验,便行诛戮。据此二事,神仙不烦妄求也。"②又于贞观十一年(637)下诏,曰:"夫生者天地之大德,寿者修短之一期。生有七尺之形,寿以百龄为限,含灵禀气,莫不同焉,皆得之于自然,不可分外企也。"③对秦皇、汉武追求长生的行为持反对态度,说明他是不相信神仙之说的。然而,至其晚年,他却渐渐表现出了对道教神仙"轻举"及长生方术的极大兴趣。他在《述圣赋序》中说:"余每览巢、许之俦,松、乔之匹,未尝不慨然慕之,思可脱屣长辞,拂衣高谢。欸复以时运见羁,因留连于大任,徒有轻举之志,而不达者,其天意也,岂人事乎?"④甄权精晓药术,"贞观十七年(643),权年一百三岁,太宗幸其家,视其饮食,访以药性,因授朝散大夫"⑤。又将洞庭山道士胡隐遥"诏入内殿,问摄生之道"⑥。唐太宗对炼丹方术的迷恋,不仅仅限于中国道教的方术,对外国炼丹术士也相信。《资治通鉴》载:"王玄策之破天竺也,得方士那罗迩娑婆寐以归,自言有长生之术,太宗颇信之,深加礼敬,使合长生药。发使四方求奇药异石,又发使诣婆罗门诸国采药。"⑦《旧唐书·天竺传》亦载:太宗对那罗迩娑婆寐"深加礼敬,馆之于金飚门内,造延年之药。令兵部尚书崔敦礼监主之,发使天下,采诸奇药

　　①《大正藏》卷四九,第571页。

　　②③⑤《旧唐书》,第33、46—47、5090页,中华书局,1975。

　　④《全唐文》,第1册,第119页,中华书局,1983。

　　⑥《道藏》,第5册,第270页。

　　⑦《资治通鉴》,第6303页,中华书局,1956。

异石,不可称数。延历岁月,药成,服竟不效"①。而据清代赵翼《廿二史札记》所说,唐太宗其实就因服丹药中毒而死。唐代皇帝差不多都相信炼制丹药的方术,因服用丹药而死之皇帝也有好几位。

高宗李治(650—683 在位)嗣位之初,政权执掌在长孙无忌、褚遂良等贞观老臣手中,其基本国策仍是沿袭贞观遗规,高宗说:"政道莫尚于无为也。"②在宗教政策上,仍继续奉行崇道抑佛的政策。永徽五年(654),高宗从尼寺取太宗幼妾武则天入宫,大加宠幸。次年,废皇后王氏,立武则天为皇后,并让其参与朝政。显庆五年(660)以后,政权全落于武则天之手,她开始依靠佛教势力为自己大造篡权夺位的神化舆论。于是,由唐高祖李渊所定下的佛、道政策,便逐渐发生了一些变化。但是,李治为了维护唐王朝的统治,仍然采取了一些崇道措施。

第一,尊封老子为"太上玄元皇帝",并立祠庙加以祭祀,首开唐王朝统治者给老君册封尊号之先河,故《犹龙传》说:"尊祖之庆,古今莫比。"③据《旧唐书·高宗本纪》载:乾封元年(666)"二月己未,次亳州。幸老君庙,追号曰太上玄元皇帝,创造祠堂;其庙置令、丞各一员。改谷阳县为真源县,县内宗姓特给复一年"④。高宗李治之所以册封老子,当然是有其用意的,他在御制文中说:"大道混成,先二仪而立;称至人虚已,妙万物以为言粤。若老君,朕之本系,爰自伏羲之始,暨乎姬周之末。灵应无象,变化多方,游元气以上升,感日精以下降,或从容宇庙,吐纳风云;或师友帝王,丹青妙化。譬阴阳而不测,与日月而俱悬。……朕嗣膺灵命,抚临亿兆。总三光之明而夙宵寅畏,居四大之重而寝兴祇惕。尽孝敬于宗祧,馨怀柔于幽显,行清静之化,承太平之业。"⑤渴望老君护佑其统治之心迹跃然纸上。

---

① ② 《旧唐书》,第 5308、2599 页,中华书局,1975。

③ 《道藏》,第 18 册,第 29 页。

④ 《旧唐书》,第 90 页,中华书局,1975。

⑤ 《道藏》,第 17 册,第 857—856 页。

第二，尊《老子》为上经，令王公百僚皆习，规定为科举考试之内容。起初，武则天于上元元年(674)十二月上表，说："国家圣绪，出自玄元皇帝，请令王公以下皆习《老子》，每岁明经，准《孝经》、《论语》策试。"①李治采纳了武则天建议，于上元二年(675)便令士子加试《老子》。又于仪凤三年(678)五月，下诏谓："自今已后，《道德经》并为上经，贡举人皆须兼通。"②

第三，提高道士地位，优宠道士。据《佛祖统纪》卷三九载：仪凤三年，高宗令道士录属宗正寺，班列于诸王之次。唐代的宗正寺是管理皇室宗族事务的机构，高宗将道士划归宗正寺管理，实是将男女道士视为自己的本家。这样，道士的地位大大得到提高，而且亦可更好地借助道教的力量来扶助王室。在优宠道士方面，高宗不仅优礼在世道士，而且对已逝道士亦加以追封。受高宗优宠的道士主要有：万天师、刘道合、潘师正、尹文操、叶法善等人。万天师，名振，南昌人，获长生久视之道。显庆二年(657)，高宗召见，问其治国养生之道。《历世真仙体道通鉴》说："帝尊待之如师友，赐予无所受。龙朔元年(661)尸解于京师，数日启棺，惟有一剑一杖而已。诏以铜函盛剑杖，葬于西山天宝洞之侧。"③刘道合，陈州宛丘人。他起初是与潘师正同隐于嵩山，后高宗闻其名，召入宫中，深加礼敬。不仅令其作法止雨，且令其为己合丹药。高宗对刘道合的道法和丹药甚为满意，前后给予大量赏赐。④ 潘师正，茅山宗王远知弟子。高宗对其也是尊崇有加，除召问其"山中有何所须"，诏其庐为"崇唐观"外，还在他隐居的嵩山逍遥谷岭上别起精思观，于谷口特为其开启一门，曰游仙门，于苑北置寻真门。当时，太常寺奏新造乐曲，高宗令以《祈仙》、《望仙》、《翘仙》为名，前后赠诗数十首。潘师正逝后，又赠太中大夫，谥体玄先生。⑤ 尹文操，楼观道

---

① 《资治通鉴》，第6374页，中华书局，1956。
② 《旧唐书》，第918页，中华书局，1975。
③ 《道藏》，第5册，第279页。
④ 参见《旧唐书》，第5127页，中华书局，1975。
⑤ 参见《新唐书》，第5605页，中华书局，1975。

士。高宗曾就字彗经天而向其请问,回答说:"此天诚子也。子能敬父,君能顺天,纳谏征贤,斥邪远佞,罢役休征,责躬励行,以合天心,当不日而灭。"据说高宗依言而行,果然即刻消失。因此,高宗为太宗造昊天观,并以尹文操为观主。① 叶法善,世为道士。弘道元年(683),令叶法善封南岳,辟地四十里充宫观长生之地。② 高宗还对已逝道士进行追封,最具代表性的是对王远知。据《茅山志》载:永隆元年(680)二月,高宗在《赠王法主诰》中对其大加称赞,说:"故玉清观道士王远知,性含几赜,迹徇幽玄,体兹悬解,见称先觉。自缔构之初,迄光华之旦,绸缪恩遇,事昭纶绂,仙化不追,英灵浸远,眷言留舄,宜有褒崇。可赠太中大夫,谥曰升真先生。"③

第四,兴建道观。高宗朝时,全国各地修建道观的数量相当地多。据记载:显庆元年(656),立"昊天观"、"东明观";显庆二年(657),立"宏道观";乾封元年(666),兖州界置建"紫云观"、"仙鹤观"、"万岁观",天下诸州皆置观一所。④ 甚至到其临死之前的永淳二年(683)十二月四日,还下诏曰:"朕之绵系,兆自元元。常欲远叶先规,光宣道化,变率土于寿域,济苍生于福林。……可大赦天下,改永淳二年为弘道元年。仍令天下诸州置道士观,上州三所,中州二所,下州一所,每观度道士七人,以彰清净之风,伫洽无为之化。主者施行。是则奉先尊祖,复朴还淳之旨也。"⑤据《旧唐书》称,高宗在宣布此诏时已是"气逆不能上马",当晚即"崩于真观殿"。可见,其临终之前仍不忘尊奉老君,扶持道教,以维护李唐王朝的"绵系"。⑥

受到高宗宠幸的武则天(684—704在位),逐渐参与朝政,掌握了实权,便欲取李唐而代之。她依靠佛教徒为她大造篡权夺位的舆论,为其以周代唐的所谓"武周革命"服务,故高宗李治时已不能

---

① 参见《全唐文》,第2册,第1685页,中华书局,1983。

② 参见《道藏》,第6册,第862页。

③ 《道藏》,第5册,第555页。

④⑥ 参见《旧唐书》,第90、111—112页,中华书局,1975。

⑤ 《全唐文》,第1册,第162页,中华书局,1983。

像太宗李世民那样给道教以强有力的支持,佛教势力渐渐强大,道教势力则逐步减弱,道、佛之争又复趋尖锐。

显庆元年(656)五月,以玄奘为首的佛教徒要求调整道先佛后的政策。玄奘奏说:"正(贞)观以老子名位在佛先,曾面陈先帝,许从改正。"[①]对此,高宗回答说:"佛道名位,事在先朝,尚书(须)平章。"[②]这样,李治于显庆二年(657)六月,召集佛、道教代表对此进行辩论,辩论以道教败北告终。当时朝中大臣也多有附和佛教者,如御史冯神德就上《释在道前表》,认为:"沙门者,求未来之胜果;道士者,信有生之自然。自然者,贵取信真,绝其近伪之迹。胜果者,意存杜渐,远开趣道之心。诱济源虽不同,从善终归一致。""今乃定道佛之尊卑,抑沙门之拜伏。拜伏有同常礼,未是出俗之因;尊卑物我之情,岂曰无为之妙。陛下道风攸阐,释教载陈,每至斋忌,皆令祈福,一依经教,二者何独乖违?"[③]委婉地劝高宗改变道先佛后的既定政策。至上元元年(674)八月,李治只好下诏宣布:"公私斋会及参集之处,道士、女冠在东,僧、尼在西,不须更为先后。"[④]这样,就改变了高祖李渊定下的道先释后的崇道政策,佛、道二教至此平起平坐了。到武则天载初元年(689)"九月九日壬午,革唐命,改国号为周"[⑤]后,作为历史上有名的崇佛者武则天,便一方面对佛教徒大加赏赐,大肆营建佛堂、佛像,尽力扶持佛教;一方面毅然改变高祖李渊以来的崇道政策,先是下令削去太上老君"玄元皇帝"称号,接着于天授二年(691)"夏四月,令释教在道法之上,僧尼处道士女冠之前"[⑥]。又罢贡举人习《老子》的规定,于"长寿二年(693),自制《臣轨》两卷,令贡举人为业,停《老子》"[⑦]。必须指出的是,武则天在信仰上无疑笃信佛教,但她对道教亦从政治上加以利用,对道教的神仙长生也十分赞赏,对炼服丹药颇感兴趣。总之,

---

①②《大正藏》卷四九,第367页。

③《全唐文》,第3册,第2041页,中华书局,1983。

④《唐会要》,第1006页,上海古籍出版社,1991。

⑤⑥⑦《旧唐书》,第121、121、918页,中华书局,1975。

她与道教的关系比较复杂,既不是打击,也不是纯粹利用,而是视其政治的需要,既利用又抑制。

神龙元年(705)正月,宰相张柬之与崔玄暐、敬晖等以恢复李唐为号召,诛杀了武则天的嬖臣张易之、张昌宗,迎立中宗李显复位。中宗复位后,即于同年二月"复国号,依旧为唐。……老君依旧为玄元皇帝。……令贡举人停习《臣轨》,依旧习《老子》"①。然而,中宗复位不久,即被皇后韦氏干政。韦氏效仿武则天的举动,依靠佛教势力,并与武氏集团相勾结,阴谋篡夺政权。在景龙四年(710)六月,毒死中宗李显,自己临朝称制。其后,李旦之子李隆基与太平公主联合,率禁军诛杀韦后,立李旦为帝,是为睿宗。

睿宗李旦(710—712在位),是位佛、道二教皆信奉的皇帝,认为:"释典玄宗,理均迹异,拯人化俗,教别功齐。"②虽说如此,但尤崇信道教。据史书记载,他不仅对道教理身理国理论十分赞赏,以此作为他的理国之要,而且其登上帝位也与道教有关。《新唐书·叶法善传》载:"睿宗立,或言(叶法善)阴有助力。"③因而,他当上皇帝后,便开始了一系列的崇道行动。景云(710—711)中,睿宗令道士叶善信去南岳魏夫人仙坛修法事,于坛西建洞灵观,度女冠七人。景云二年(711),四月,建玄元皇帝庙,在继中宗恢复老君为玄元皇帝的基础上进一步崇老尊祖;五月,加道士银青光禄大夫行太子率更令史崇玄为金紫光禄大夫玉清观主。他还令西城公主、昌隆公主出家入道,分别改称玉真公主、金仙公主,为她们建玉真、金仙两观,还因此事在朝廷上引起一场风波。在处理佛、道关系上,睿宗规定:"自今每缘法事集会,僧尼、道士、女冠等宜齐行道集。"④这种佛、道二教"齐行并集"的形式,直到唐玄宗李隆基时仍是如此。

玄宗李隆基(712—756在位),李唐王朝在他统治期间最为繁荣昌盛,国家富庶,是唐朝开国以来所未有过的。李隆基基于武

①②④《旧唐书》,第136—137、157、157页,中华书局,1975。
③《新唐书》,第5805页,中华书局,1975。

氏、韦氏均依靠佛教势力篡夺李家王朝的教训,再加之他在诛杀韦、武党时,得到"善于占兆"的道士冯道力的密布"诚款",从即位之日起,便大力推进开国以来的崇道政策,采取了一系列措施来提高道教地位,促进道教的发展,从而形成了唐代道教的全盛时期,在道教发展史上具有重要影响。这些措施概括起来,主要有以下几个方面。

第一,尽可能地神化"玄元皇帝",掀起崇拜热潮。首先,唐玄宗本人在不同场合利用各种机会大力讴歌圣祖玄元皇帝,多次亲谒玄元皇帝庙祭祷礼拜,并不断提高对老子的封号,将老子抬高到无与伦比的地位。他赞颂老子曰:"大道混成,乃先于天地。圣人至教,用明其宗极。故能发挥妙品,宏济生灵,使秉志者悟往,迷方者知复。以此救物,故无弃人。其孰当之,莫若我烈祖元元皇帝矣。"[1]又道:"我烈祖元元皇帝,禀大圣之德,蕴至道之精,著五千文,用矫时弊,可以理国家,超夫象系之表,出彼明言之外。"[2]天宝元年(742)二月,玄宗"亲祔玄元庙"[3];天宝二年(743)三月,又"亲祀玄元庙以册尊号"[4];天宝八年(749)闰六月"丙寅,上亲谒太清宫"[5];天宝十三年(754)二月,又"亲朝献太清宫"[6]。在提高老子封号上,天宝二年"春正月丙辰,追尊玄元皇帝为大圣祖玄元皇帝"[7];天宝八年又"册圣祖玄元皇帝尊号为圣祖大道玄元皇帝"[8];天宝十三年再"上玄元皇帝尊号曰大圣祖高上大道金阙玄元天皇大帝"[9]。不仅仅是一再地给"玄元皇帝"追加封号,而且还给"玄元皇帝"的父母加封、置庙。《旧唐书·玄宗本纪》载:天宝二年三月,"制追尊圣祖玄元皇帝父周上御史大夫敬曰先天太上皇,母益寿氏号先天太后,仍于谯郡本乡置庙"[10]。并且还将"高祖、太宗、高宗、中宗、睿宗五帝,皆加'大圣皇帝'之字;太穆、文德、则天、和思、昭成皇后,皆加'顺圣皇后'之字"[11]。这样就使唐代开国以来的帝、后们均同

107

---

①②《全唐文》,第1册,第350页,中华书局,1983。

③④⑤⑥⑦⑧⑨⑩⑪《旧唐书》,第926、216、223、227、216、223、227、216、223页,中华书局,1975。

"大圣祖"老子更加紧密地联系了起来,其目的当然是为了借神权以维护李唐王朝的统治。

其次,诏令天下诸州普遍修建玄元皇帝庙,并给玄元皇帝庙改名。开元十年(722)正月,诏"两京及诸州各置玄元皇帝庙一所"①;开元十九年(731)五月,诏"五岳各置老君庙"②;开元二十八年(740),"五月,帝谓宰臣曰:朕在藩邸有宅在积善里东南隅,宜于此地置玄元皇帝庙及崇玄学"③;开元二十九年(741),"正月己丑,诏两京及诸州各置玄元皇帝庙一所,并置崇玄学。……至天宝元年(742)正月癸丑,陈王府参军田同秀称于京永昌街空中见玄元皇帝……于是置玄元庙于太宁坊,东都于积善坊旧邸"④。玄宗一再地发出修建玄元皇帝庙的诏令驱使全国各地都建起了玄元皇帝庙,而且其建筑极其富丽堂皇、庄严雄伟。杜甫在《冬日洛城北谒玄元皇帝庙》一诗中咏道:"碧瓦初寒外,金茎一气旁。山河扶绣户,日月近雕梁。仙李盘根大,猗兰奕叶光。……翠柏深留景,红梨迥得霜。风筝吹玉柱,露井冻银床。"⑤玄宗还多次下令更改玄元庙的名称。天宝元年(742)九月,"两京玄元庙改为太上玄元庙,天下准此"⑥。天宝二年(743)三月,改"西京玄元庙为太清宫,东京为太微宫,天下诸州为紫极宫"⑦。并为之选配道士,赐赠庄园、奴婢等。

又次,大肆制作玄元皇帝神像分布天下,加以供奉。范祖禹《唐鉴》卷五记载:"二十九年(741)正月,帝梦玄元皇帝告云:'吾有像在京城西南百余里,汝遣人求之,吾当与汝兴庆宫相见。'帝遣使求得于周至楼观山间,闰四月,迎置兴庆宫,五月,命画玄元真容,分置诸州开元观。"⑧并为此专下诏令,曰:"宜令所司,即写真容,分使送诸道采访使,令当道州转送开元观安置,所在道士女冠等,皆

---

①③《册府元龟》,第589、593页,中华书局影印,1960。
②④⑥⑦《旧唐书》,第197、925—926、926、926页,中华书局,1975。
⑤《全唐诗》,第7册,第2387页,中华书局,1960。
⑧《唐鉴》,第125页,上海古籍出版社,1984。

具威仪法事迎候,像到七日夜,设斋行道,仍各赐钱,用充斋庆之费。自今已后,常令讲习道经,以畅微旨,所置道学,须倍加敦劝,使有成益。"①诏书又谓:"今者真容应见,古所未闻,福虽始于邦家,庆宜均于士庶,其亲王、公主、郡主、县主及内外文武官等,并量赐钱,至休假之辰,宜以酒食,用申庆乐,诸道节度及将士等亦宜准此。其两京及诸州父老,亦量赐钱,同此欢宴。"②在上自皇室、文武百官,下至诸州父老中掀起了一个崇拜玄元皇帝的热潮。紧接着,又于天宝三年(744)三月,诏令:"两京及天下诸郡于开元观、开元寺,以金铜铸玄元等身天尊及佛各一躯。"③又:"太清宫成,命工人于太白山采白石,为玄元圣容,又采白石为玄宗圣容,侍立于玄元之右。皆依王者衮冕之服,缯彩珠玉为之。"④天宝八年(749),于太清宫、太微宫圣祖像前,更立孔子及"四真人"像以列左右,并以唐代开国以来的高祖、太宗、高宗、中宗、睿宗五帝之像为玄元皇帝的陪像,从而给予了老子无与伦比的崇高地位。与此同时,还大量制造玄元皇帝显灵的各种神话,以至"所在争言符瑞,群臣表贺无虚月"⑤。在玄宗自述梦中见到玄元皇帝之说的启示下,天宝元年(742)正月,陈王府参军田同秀上言,说:"玄元皇帝降见于丹凤门之通衢,告赐灵符在尹喜之故宅。"⑥玄宗即派人就函谷关尹喜台西得之,遂置玄元庙于大灵坊,并以函谷宝符潜应年号为由,改元"天宝",又改桃林县为"灵宝县",晋升田同秀为朝散大夫。当时,人们皆怀疑所谓宝符乃田同秀造作的,而玄宗却深信不疑,大加赞赏。又如,天宝七年(748)十二月,人称见到玄元皇帝显现于朝元阁,于是便下令改朝元阁为"降圣阁"。天宝八年(749)六月,陇右节度使哥舒翰攻吐蕃石堡城,人称看到"老君以神兵助战"。天宝十三年(754)正月,太清宫奏称:学士李琪见玄元皇帝乘紫云,告之"国祚

---

①②《文渊阁四库全书》,第 426 册,第 793、793—794 页,台湾商务印书馆,1986。

③④⑥《旧唐书》,第 926、927、214 页,中华书局,1975。

⑤《资治通鉴》,第 6900 页,中华书局,1956。

延昌"。所有这一切,正如范祖禹在《唐鉴》中所说:"上之所好,下必有甚者矣。明皇崇老喜仙,故其大臣谀,小臣欺,盖度其可为而为之也。不惟信而惑之,又赏以劝之,则小人孰不欲为奸罔哉?"①那么,唐明皇大力尊崇玄元皇帝的目的何在呢? 从史料中可知,他实是为了针对武周,重树李唐权威,以证明和祈望李唐王朝"国祚中兴"、"享祚无穷",具有重要的政治意义。这在明皇追封被武则天禁锢的邬元崇(又作"邬玄宗")一事中清晰可见。据《册府元龟》、《全唐文》载:开元二十九年(741)二月,玄宗对宰臣说:"洪州人邬玄宗,往在文明(684)中,传玄元皇帝真告于天后曰:'我国祚无穷,当千万君。'遂遭禁锢,因兹沦丧。自非忠义之士,感激过人,孰能不避死亡之诛,竟达神灵之命? 宜与追赠,以慰泉壤。其子瑗亦依资授一官。"②下令曰:"故洪州人邬元崇,往者来应嘉诏,次于虢略,忽睹元元皇帝,俾之升云空中,与言使戒天后,表国祚中兴之运,示宝历无疆之期。遂能不顾其身,来传此旨,竟遭幽执,谅可伤嗟。自非竭节本朝,孰克犯颜兹日? 宜加追赠,用慰幽魂,可赠棣州刺史。"③

第二,尽量提高道士的社会地位。首先,玄宗继续执行高宗时道教徒隶宗正寺的做法,于开元二十五年(737)七月,再次下令重申:"道士、女冠宜隶宗正寺,僧尼令祠部检校。"④他还将中央政府中专门管理道教事务的机构"崇玄署"隶属宗正寺,其用意显然是要把道教提高到皇家宗教的地位,可以享受到皇家特权,这样,道教便差不多成为李唐国教。不仅如此,玄宗还给予道士犯法不依俗制处罚的特权。据《唐会要》载:开元二十九年(741)正月,河南采访使、汴州刺史齐澣奏曰:"伏以至道冲虚,生人宗仰,未免鞭挞,孰瞻仪型。其道士、僧尼、女冠等有犯,望准道格处分,所由州

---

① 《唐鉴》,第127—128页,上海古籍出版社,1984。
② 《册府元龟》,第1册,第593—594页,中华书局,1960。
③ 《全唐文》,第1册,第278页,中华书局,1983。
④ 《旧唐书》,第207页,中华书局,1975。

县官不得擅行决罚。如有违越,请依法科罪,仍书中下考。"玄宗敕令:"宜依。"①以特别的行政条令来提高道教的社会地位,维护道士的尊严。其次,玄宗经常召见道士,拜官赐物,甚而亲受法箓,以道士为师。在他所召见的道士中,以茅山宗道士居多,表明他对当时道教主流茅山宗的重视。如开元九年(721),遣使迎天台道士司马承祯入京,"亲受法箓,前后赏赐甚厚"②。天宝四年(745)二月,召司马承祯弟子李含光入京,馆于禁中,请受道法之前,玄宗必先斋戒沐浴。李含光以疾为名请求还山,玄宗特敕以杨、许故宅紫阳观居之,禁止于山中采捕渔猎,食血荤者不能入山等,并亲自制诗饯别。天宝七年(748)三月十八日,玄宗受上清经箓于大同殿,先遣使至茅山告诉李含光受箓之期,然后于期遥礼度师,赐李含光"玄静先生"号,又赐法衣一袭,以申师资之礼;又度道士于茅山华阳宫焚修,奉三茅真君香火。如此等等。玄宗还册封茅山宗的祖师们,且对魏夫人仙坛"祈祷不绝"。天宝七年(748)五月三十日颁《加应道尊号大赦文》,曰:"朕每以道元有属,思竭精诚,经教所在,岂忘崇奉,且宗其道者师其人,行其教者尊其礼。晋琅琊王公府舍人杨真人,护军长史许真人,丹阳上计掾许真人,皆道著妙门,感通元阙,降高真之迹,为上清之宗。后汉张天师,教达元和,德宗太上,正一之道,幽赞生灵。梁中散大夫贞白陶先生,高尚尘表,博达元微,综辑真经,传授后学。并令有司审定子孙,将有封植,以隆真嗣。天师册为太师,贞白册赠太保。其洞宫山各置坛祠宇,每处度道士五人,并取近山三十户,蠲免租税差科,永供洒扫。"③在这里,特别值得注意的是,玄宗不仅册封茅山宗的历代祖师,还册封正一派的张陵天师,促使了正一派在日后的兴盛。

第三,订立普天之下诸州均须遵守道教节日的制度。例如:

① 《唐会要》,第 1013 页,上海古籍出版社,1991。
② 《旧唐书》,第 5128 页,中华书局,1975。
③ 《全唐文》,第 429—430 页,中华书局,1983。

开元二十二年(734)十月十三日下诏,曰:"道家三元,诚有科戒……今月十五日,是下元斋日,禁都城内屠宰。自今已后,及天下诸州,每年正月、七月、十月三元日,十三日至十五日,并宜禁断屠宰。"①开元二十五年(737),又下令规定:每年二月道教教主玄元皇帝降生日,天下诸州皆须设祭礼。天宝七年(748),又规定:"自今以后,天下每月十斋日,不得辄有宰杀。"②此外,玄宗还对道教各派代表人物,如张道陵、陶弘景、杨羲、许谧、许翙及各地的灵山仙迹,都订立了崇礼醮祭的规制。

第四,设置崇玄馆,规定道举制度,设置玄学博士,以"四子真经"开科取士。史载:开元二十一年(733)正月,令士庶家均须藏《老子》一本,每岁贡举人量减《尚书》、《论语》两策,加《老子》策。开元二十五年(737)正月,始设玄学博士,每岁依明经举。开元二十九年(741)正月,制定两京及诸州各置崇玄学,置生徒,令习《老子》、《庄子》、《列子》、《文子》,每年准明经例考试,此即所谓"道举"。玄宗不仅开设了这种"道举"制度,而且还"降制"说:"诸色人有能明《道德经》及《庄子》、《列子》、《文子》者,委所由长官访择,具以名闻,朕当亲试,别加甄奖。"③天宝元年(742)正月,又下诏将庄子封号为南华真人,文子封号为通玄真人,列子封号为冲虚真人,庚桑子封号为洞虚真人,此四子所著书尊为"真经",崇玄学置博士、助教各一员,学生一百人。天宝二年(743)正月,又将两京崇玄学改为崇玄馆,博士为学士,助教为直学士,更置大学士员。并规定大学士以宰相为之,领两京玄元宫及道观。

第五,规定以《道德经》为诸经之首,亲为之作注,颁示天下。开元二十一年(733),玄宗亲注《道德经》。二十三年(735),又修义疏。天宝二年(743),诏令崇玄馆学士于三元日讲《道德》、《南华》诸经,群公百辟,咸就观礼。为了突出《道德经》的地位,天宝四年(745)十月,下诏曰:"其坟籍中有载玄元皇帝及南华真人旧号者,

①② 《唐会要》,第 1029、857 页,上海古籍出版社,1991。

③ 《文渊阁四库全书》,第 426 册,第 793 页,台湾商务印书馆,1986。

并宜改正。其余编录经义等书,宜以《道德经》在诸经之首,《南华》等经不宜编列子书。"①天宝十四年(755)颁示《御注老子》并义疏于天下,令学者习之。

第六,积极开展对道经的搜集、整理及传播。玄宗在即位之初,便于先天元年(712)至二年(713)命太清观主史崇玄,昭文馆、崇文馆学士崔湜、卢藏用、沈佺期、员半千、薛稷等修《一切道经音义》、《妙门由起》等经书,共约 150 卷,还亲自为《一切道经音义》作序。开元(713—741)中,即派人四处搜求道经,纂修成藏,曰《三洞琼纲》,总 3744 卷(或谓 5700 卷),于天宝七年(748)诏令传写,以广流布,名为《开元道藏》。此是历史上第一次编纂的《道藏》。为了使道经能够更好地广为流布,于天宝八年(749)下敕,令:今内出一切道经,宜令崇玄馆缮写,分送诸道采访使,令馆内诸郡转写,其官本便留采访郡太一观诵持。天宝十年(751),又命写《一切道经音义》五本,颁赐诸道观。

第七,大力倡导斋醮和制作道教乐曲。据《旧唐书·礼仪志》称:"玄宗御极多年,尚长生轻举之术。于大同殿立真仙之像,每中夜夙兴,焚香顶礼。天下名山,令道士、中官合炼醮祭,相继于路。投龙奠玉,造精舍,采药饵,真诀仙踪,滋于岁月。"②在玄宗的倡导下,以致当时还出现了"专以祀事希幸"、"博求祠祭仪注以干时"③的情况。正是由于玄宗迷信斋醮,故对各种斋醮乐曲特别欣赏和重视。据《新唐书·礼乐志》载:开元九年(721),令司马承祯制作《玄真道曲》,李会元(即李含光)制作《大罗天曲》,贺知章制作《紫清上圣道曲》。开元二十九年(741)二月,玄宗还亲制《霓裳羽衣曲》、《紫微八卦舞》荐献于太清宫。天宝四年(745),又自制《降真召仙之曲》、《紫微送仙之曲》。天宝十年(751),在内道场亲自教诸道士步虚声韵。

唐玄宗的种种举措和行为,一方面,使初、盛唐以来的奉道之

---

① 《唐会要》,第 1031 页,上海古籍出版社,1991。
②③ 《旧唐书》,第 934、3617 页,中华书局,1975。

风发展到极致,在社会上造成了非同一般的奉道风气。仅就社会上层来看,当时的一些公主妃嫔,多有入道为女道者,杨贵妃亦被度为太真宫女道士。朝臣中,请舍宅为观,或请为道士者也是大有人在。如宰相李林甫即请舍宅为观,太子宾客贺知章、著名诗人李白等也加入了道教。就道教宫观的数量来看,仅长安城中就有道观三十所之多。道士升官晋爵者亦不乏其人,故时有"终南捷径"之讥。另一方面,唐玄宗以及前几代唐统治者的崇道措施,对当时道教理论的发展亦起到了不可小视的推动作用。下面,我们就来看看初、盛唐时道教的基本情况。

1. 道教学者的涌现和道教理论的发展

初、盛唐时期,道教教内涌现了不少著名的道教学者,如孙思邈、成玄英、王玄览、李荣、司马承祯、吴筠、李筌、张万福等,他们从各方面发展了道教理论,从而成为道教思想史和发展史上有影响的人物。我们从中选择几位,对他们的思想作一些简单介绍。

孙思邈(约581—682),京兆(今陕西耀县孙家塬)人,唐代道士和道教学者,著名医药学家。余嘉锡《四库提要辩证》说:孙思邈"弱冠善谈《庄》、《老》及百家之说,兼好释典"。他自己说:"吾幼遭风冷,屡造医门,汤药之资,罄尽家产。"[1]为此,他很早便从事于医学方面的研究,"至于弱冠,颇觉有悟,是以亲邻中外有疾厄者,多所济益"[2]。隋亡,隐于终南山,与名僧道宣相友善。唐武德(618—626)中,以修炼、行医闻名于世,奉唐太宗召,入京师。唐太宗见其年岁虽高而容色甚少,惊叹其"有道",欲授之以爵位,固辞不受。显庆三年(658),唐高宗征其至京师,次年(659)拜谏议大夫,仍固辞不受。上元元年(674),以疾辞还山。孙思邈学识广博,以山居著述为人治病度过一生,他的弟子卢照邻称他"道合古今,学殚数术。高谈正一,则古之蒙庄子;深入不二,则今之维摩诘耳。其推步甲乙,度量乾坤,则洛下闳、安期先生之俦也。"[3]孙思邈著作众

①②《道藏》,第26册,第2页。

③《旧唐书》,第5095页,中华书局,1975。

多,有《千金要方》、《千金翼方》、《摄养枕中方》、《福禄论》、《保生铭》、《存神炼气铭》、《合三教论》等等。不过,令人遗憾的是这些著作大都亡佚。总之,他在道教史和科技史上都占有重要地位,不仅是唐代医药养生方面的代表人物,而且对中国医学的发展有不可磨灭的贡献,被后人尊为"药王"。

孙思邈的著作中,给后人以影响最大的是《千金要方》。此著作共 30 卷,计 233 门,合方、论 5300 首。书中总结了古代医学的研究成果,收集了东汉以来至唐代的许多医论、医方、用药、针灸等成果,兼及服饵、食疗、导引、按摩等养生方法,还记载了他自己的临床经验和采集的民间单方,对于后来医药学特别是方剂学的发展,有着显著的影响和贡献。他本人在养生实践上亦颇有成效,唐太宗见他容貌甚少,叹曰:"故知有道者诚可尊重,羡门、广成,岂虚言哉!"[①]孙思邈的思想体系,是道与儒、释的成分兼而有之,道、儒杂糅,寓忠孝仁义的思想于医疗活动之中。在医学方面,提出"人命至重"的医德思想,说:"人命至重,有贵千金,一方济之,德逾于此。"[②]他认为作为一名医生,首先,必须"博极医源,精勤不倦,不得道听途说,而言医道已了"[③]。其次,医家当"志存救济","若有疾厄来求救者,不得问其贵贱贫富、长幼妍媸、怨亲善友、华夷愚智,普同一等,皆如至亲之想;亦不得瞻前顾后,自虑吉凶,护惜生命"。[④]即是说,对病人应一视同仁,全力救护。孙思邈在医学上有很高的成就,不但精于内科,而且长于妇产科、小儿科和外科,并有相当高明的针灸技术和渊博的药物学知识。他在疗病过程中,往往将疾病与病人们生活的主客观条件和患者的生理、病理现象联系起来考察。认为治病处方,应当因人、因地、因时制宜,切不可一概而论。他具体医学成就是多方面的,在此不能一一述之。

在养生学方面,他发挥道教"我命在我不在天"的思想,强调养生可以延寿,说:"神仙之道难致,养性之术易崇。故善摄生者常须

---

① 《旧唐书》,第 5095 页,中华书局,1975。
②③④ 《道藏》,第 26 册,第 2、26、26 页。

慎于忌讳,勤于服食,则百年之内不惧于夭伤也。"①他认为养生最为重要的是养性,这比饵药服食更为重要,他说:"德行不充,纵服玉液金丹,未能延寿。"②在养性的方法上,谈到了居处法、调气法、按摩法、服食法、黄帝杂忌和房中补益等。他首创老年医学体系,列举了老人特有的生理病态现象,并针对这些现象,提出了老年养生之道。孙思邈在医学和养生学方面成就颇大,不仅发展了道教的养生理论,从科学的角度看,也有不少符合现代科学的内容。然而,孙思邈作为一个道士,对道教的神仙之说也是相信的,他在《太清丹经要诀·序》中说:"余历观远古方书,全云:身生羽翼,飞行轻举者,莫不皆因服丹。每咏言斯事,未尝不切慕于心。"③因此,在他的理论体系中也杂糅了不少宗教神秘主义的内容。例如,他认为"屏外缘"为养性的关节点,所谓"屏外缘",就是使内心不受外界物欲的干扰,保持内心的清静宁明。而要做到此,就必须实行"守五神"、"从四正"、"黄帝内视"等方法。再如,唐代服食外丹药石以求长生成仙的风气是极盛的,亦是道教修炼理论的重心,孙思邈即是一位著名的炼丹家,对炼丹非常爱好,他说:炼丹"虽艰远而必造,纵小道而亦求,不惮始终之劳,讵辞朝夕之倦"④。故我们对孙思邈的思想、理论,亦需认真加以辨别。

成玄英(生卒年不详),字子实,陕州(今陕西)人,是唐代著名道教学者和"重玄"学派的代表人物。贞观五年(631),唐太宗李世民召其至京师,加号西华法师。高宗永徽(650—655)间,流郁州。成玄英对《道德经》、《庄子》推崇备至,著有《老子道德经注》二卷、《南华真经注》三十卷、《开题诀义疏》七卷、《度人经注》等。《老子道德经注》本已散佚,后经著名学者蒙文通先生精心校理,辑成《道德经义疏》;其《南华真经注疏》,收入《道藏》,又名《庄子疏》,全文收录于清代郭庆藩《庄子集释》。

---

① 《传世藏书》,医部第3册,第3877页,海南国际新闻出版中心,1996。
② 《道藏》,第26册,第530页。
③④ 《道藏》,第22册,第492页。

　　成玄英注疏《老》、《庄》，着重于发挥其"重玄之道"的思想。所谓"重玄"，语出老子《道德经》的"玄之又玄，众妙之门"①。在道教理论的发展过程中，逐渐形成了一个以"重玄"思想注解《道德经》而闻名于世的学派——重玄宗。唐代重玄宗的代表人物之一便是成玄英，他的重玄思想充满哲理的思辨，反映了唐代道教哲学理论的思辨水平。

　　成玄英认为："玄者深远之义，亦是不滞之名。有无二心，微妙两观，源乎一道，同出异名，异名一道，谓之深远。深远之玄，理归无滞，既不滞有，亦不滞无，二俱不滞，故谓之玄。"②这就是说，"既不滞有，亦不滞无"即"非有非无"，就叫做"玄"。他又认为："有欲之人，唯滞于有，无欲之人，又滞于无，故说一玄，以遣双执。又恐行者滞于此玄，今说又玄，以祛后病。既而非但不滞于滞，亦乃不滞于不滞，此则遣之又遣，故曰玄之又玄。"③这就是说，所谓"又玄"即为"非有非无"。对此，成玄英用了一个通俗的比喻来加以说明，他说："前以一中之玄，遣二偏之执，二偏之病既除，一中之药还遣，唯药与病一时俱消，此乃妙极精微、穷理尽性。"④药是用于治病的，病愈则药无所用，故"药"也应当遣去，这就是"重玄"之理。在宇宙观上，用这个观点来看待产生天地万物的"道"，就不能将"道"说成是有，也不能将"道"说成是无，亦不能将"道"说成是亦有亦无、非有非无，"道"是一个绝对的精神本体。成玄英用这个观点对境与智、有与无、美与恶、是与非等一系列范畴作了论证，从而否定一切矛盾，认为世界上一切对立的东西都是虚幻的，宇宙间只有那个抽象的"虚通之妙理，众生之正性"⑤的"道"，才是唯一真实的存在。成玄英还将其"重玄之道"的理论用来论证修道成仙，认为只有通过"重玄之道"才能进入至虚至空的境界，而这个境界正是修道所要达到的终极目标。在他看来，修行圆满的人，由于身心合乎道，

117

　　① 陈鼓应：《老子注译及评介》，第 53 页，中华书局，1984。
　　②③④⑤ 蒙文通：《道书辑校十种》，第 377、360、502、531 页，巴蜀书社，2001。

故可以超乎生死之外,没有夭寿可言。他说:"体道圣人,境智冥符,能所俱会,超兹四句,离彼百非,故得久视长生。"又说:"心冥至道,不灭不生。"①他的这个修道观,显然由佛教中观的否定思维方法与庄子齐生死思想相结合而成,在唐代道教神仙理论中独树一帜。

总之,成玄英"重玄之道"包罗了诸如宇宙论、人生论、道德论、人性论、政治论等多方面的内容,其思想体系主要是融合老庄哲学和佛教中观哲学而成,并受儒家思想的影响,在当时的道教理论中独具特色,具有强烈的思辨色彩,不仅对后世重玄学产生很大影响,而且对道教仙学理论及宇宙论的发展、演变也有深远的影响。他的"重玄之道"思想为唐代另一重玄学代表道士李荣所继承、发展。

王玄览(626—697),本名晖,道号玄览,人尊称为"洪元先生"。其先祖自晋末由并州太原(今山西太原西南)迁居广汉绵竹(今属四川)。他的生平事迹在王太霄《玄珠录序》中略有记载,据说:王玄览15岁时,突然与往时不同,独处于静室,不与他人接触并少言。30岁左右,与乡友二三人结伴往茅山访道,于途中觉得同行者概非"仙才",遂自归故里。47岁时,益州(今四川成都)长史李孝逸曾召见,对他深表敬重。时遇恩度为道士,隶籍至真观,居成都,"四方人士,钦挹风猷,贵胜追寻,谈经问道,将辞之际,多请著文"②。武则天神功元年(697)奉召入京,行至洛州卒。《玄珠录序》云:王玄览"二教经论,悉遍披讨,究其源奥,慧发生知,思穷天纵,辩若悬河泻水,注而不竭"③。他的思想体系之特点渊源于道家而杂有佛家色彩,著作有《遁甲四合图》、《真人菩萨观门》、《混成奥藏图》、《九真任证颂道德诸行门》、《老经口诀》等。王太霄所集《玄珠录》,是研究王玄览道教思想的重要资料。

王玄览是通过对"道"的解释来阐述道教长生成仙思想的,其

① 蒙文通:《道书辑校十种》,第409页,巴蜀书社,2001。
②③《道藏》,第23册,第619页。

特点以《道德经》的"道可道,非常道"为基础,提出了"常道"与"可道"的道体论。他认为:"道"分为"可道"和"常道","常道"是真、是实,产生天地;"可道"是假、无常,产生万物。他说:"常道本不可,可道则无常。不可生天地,可道生万物。有生则有死,是故可道称无常。无常生其形,常法生其实。"①这就是说,天地能长久,可以常在,而万物是有生有死,不能常在,因此,"可道为假道,常道为真道"②。然而,"可道"与"常道"之间又是有联系的,二者都统一于"道"。他说:"不但可道可,亦是常道可;不但常道常,亦是可道常。皆是相因生,其生无所生;亦是相因灭,其灭无所灭。"③由于"道"是"常道"与"可道"的统一,因此,从"道"的总体上来说,是真又是不真,是常又是不常。王玄览以这个理论为基础,来看待许多问题。例如:在道与物的问题上,他认为:"道能遍物,即物是道。物既生灭,道亦生灭。为物是可,道皆是物。为道是常,物皆非常。"④这就是说,"道"是永恒的存在,是不随万物的生灭而生灭的。他还以本印和印泥的比喻来通俗地说明道与物的关系:"万物禀道生。万物有变异,其道无变异,此则动不乖寂(如本印字)。以物禀道故,物异道亦异,此则是道之应物(如泥印字)。将印以印泥,泥中无数字,而本印字不减(此喻道动不乖寂)。本字虽不减,复能印多泥,多泥中字,与本印字同(此喻物动道亦动)。故曰:既以与人,己愈有。"⑤就是说,从道之"应物"来说,它会随物的变异而变异,但这种变异不会引起常道的任何变化,正如我们用印去印泥一样,尽管泥上字数的多少会因所印次数的多少而变异,但印本身的字则是不会有任何改变的。显然,王玄览把"道"看成独立于物质世界之外比物质更根本的实体,是决定着物质世界的超然的、精神性的东西。

道与众生(修道者)的关系问题。他说:"道与众生,亦同亦异,亦常亦不常。何者? 道与众生相因生,所以同;众生有生灭,其道无生灭,所以异。"⑥正是因为众生与道异,所以才须修道。他说:

---

①②③④⑤⑥《道藏》,第23册,第626、622、623、621、620、621页。

"众生禀道生,众生非是道。何者? 以非是道故,所以须修习。"①那么,众生为什么可以因修而得道呢? 他说:"众生无常性,所以因修而得道;其道无常性,所以感应众生修。"②这就是说,道与众生是相互依存、互相连接的,即道中有众生,众生中有道,因此众生可以因修而得道,道也能感应众生修,道与众生之间,只有隐显的不同,不存在有无的区别。在"道"与"众生"的关系问题上,还有"可道"与"常道"的区别,二者是否均可因修而得呢? 由于王玄览认为"可道"与"常道"是互相连结、统一的,因此,在他看来,不仅有生灭的"可道"能修得,而且无生灭、永恒存在的"常道"亦能修得。只不过前者是比较低级的,只能成为"形仙";而后者才是修炼的终极目标,通过坐忘的方法养神,灭去知见,舍去形体,得到"真道"。他说:"识体是常是清净,识用是变是众生。众生修变求不变,修用以归体。自是变用识相死,非是清净真体死。"③这个"识体",即是"道体",意即只要修得"常道",与道为一,复还为道,自然就成了神仙,也就能长生不死。王玄览的这个思想,与佛教的般若中观理论有相似之处,又趋近佛教的"无生",并不执著于肉体的永恒,强调的是炼神。这与重玄宗思想家的思想具有一致性。

总之,王玄览思想的核心是他的"道体论",他在"道体论"思想的指导之下,提出了"修变求不变"的修道理论。

司马承祯(655—735),字子微,号道隐,自号白云子,河内温(今河南温县)人。据《旧唐书·司马承祯传》载,21岁时为道士,拜潘师正为师,遂成为上清派茅山宗开创人陶弘景的四传弟子,茅山宗封他为第12代宗师。先居嵩山,潘师正传授其符箓及辟谷导引服饵之术,颇得其师赏识。后又云游名山,终隐于天台山玉霄峰。武则天闻其名,召至京都,降手诏赞美之。及其归山,敕李峤饯于洛桥之东。中宗景云二年(711),睿宗召入宫,问"阴阳术数"等事,答以"无为之旨,理国之要也"④。承祯请求归山,睿宗赐以"宝琴"

---

① ② ③《道藏》,第23册,第621、621、625页。
④《大唐新语》,第158页,中华书局,1984。

及"霞纹帔"等物,而朝中公卿赋诗以送者百余人。流传甚广的"终南捷径"之语,盖始于司马承祯与卢藏用的一段对话。卢藏用早年曾隐居终南山,后登朝,居要官,见司马承祯将还归天台山,便指着终南山向司马承祯说:"此中大有佳处,何必天台?"司马承祯以讥讽的口吻答复说:"以仆所观,乃仕宦之捷径尔!"①开元九年(721)、十五年(727),又应唐玄宗之召入京,深得玄宗厚爱,不仅向其受法箓,并从其所请,敕五岳各置真君祠一所。而且还令司马承祯于王屋山自选形胜,置坛室以居。由于司马承祯善篆隶书,自成一体,人号"金剪刀书",玄宗令其以三体写《道德经》。制赠银青光禄大夫,谥贞一先生。司马承祯有弟子七十余人,以李含光、薛季昌最为著名。

司马承祯为这一时期非常有名的道士,撰有大量著作,主要有《修真秘旨》、《修真秘旨事目历》、《坐忘论》、《修身养气诀》、《采服松叶法》、《洞玄灵宝五岳名山朝仪经》、《上清天地宫府图经》、《上清含象剑鉴图》、《上清侍帝晨桐柏真人真图赞》、《天隐子》、《太上升玄经注》、《太上升玄消灾护命妙经颂》、《素琴传》、《茅山贞白先生碑阴记》等,其中《坐忘论》与《天隐子》是其神仙道教理论的重要代表著作,最能反映其道教思想。

《坐忘论》主要是谈修道方法的著作,虽仅一卷,然而却是当时道教理论水平的反映。在此著述中,司马承祯以《老》、《庄》和其他道教经典为依据,吸收儒家正心诚意及佛教的止观、禅定等思想,提出了"安心坐忘"的修炼方法,其中心思想为"守静去欲"、"坐忘安心"。全文分为"敬信"、"断缘"、"收心"、"简事"、"真观"、"泰定"、"得道"七个部分,它们既是修道的七个步骤,也是修道的七个层次。司马承祯认为,所谓得道,其实就是"神与道合",而要得道则必须按这七个步骤去做,这七个步骤一步比一步高,所以也称为修道的七个阶次。具体内容如下:

第一,"敬信"。指修道者必须对"道"有虔诚的信仰,对修道可

①《道藏》,第22册,第785页。

以得道毫不怀疑。他说："信者,道之根;敬者,德之蒂。根深则道可长,蒂固则德可茂。"①如果"信道之心不足,乃有不信之祸及之,何道之可望乎?"②因此,"信是修道之要,敬仰尊重,决定无疑者,加之勤行,得道必矣!"③

第二,"断缘"。指断除一切俗世尘缘,不为俗累。他说:"断缘者,断有为俗事之缘也。弃事,则形不劳;无为,则心自安。恬简日就,尘累日薄,迹弥远俗,心弥近道,至圣至神,孰不由此乎?"④"无事安闲,方可修道。"⑤

第三,"收心"。指要不断地除尽被外界污染的凡尘之心,向"静"、"虚无"的心体回归。他认为:"心"是"一身之主,百神之帅。静则生慧,动则成昏"⑥。心静能得道而智慧生,心动则是产生昏乱的根源,因此"学道之初,要须安坐,收心离境,住无所有。因住无所有,不著一物,自入虚无,心乃合道"⑦。"心为道之器宇,虚静至极,则道居而慧生。"⑧这就是说,"收心"的关键在于主静去欲,使心不动,不执著于任何事物,就能通于大道。他说:"至道之中,寂无所有,神用无方,心体亦然。原其心体,以道为本,但为心神被染,蒙蔽渐深,流浪日久,遂与道隔。若净除心垢,开识神本,名曰修道;无复流浪,与道冥合,安在道中,名曰归根;守根不离,名曰静定。静定日久,病消命复;复而又续,自得知常。知则无所不明,常则无所变灭,出离生死,实由于此。是故法道安心,贵无所著。"⑨

第四,"简事"。指修道者必须安闲自处,不企求分外不当之事物。他说:"知生之有分,不务分之所无,识事之有当,不任事之非当。任非当则伤于智力,务过分则弊于形神。身且不安,何能及道?是以修道之人,莫若断简事物,知其闲要,较量轻重,识其去取。非要非重,皆应绝之。"⑩对此,他举例加以说明,曰:"生之所无以为者,分外物也。蔬食弊衣,足养性命,岂待酒肉、罗绮然后生全哉!是故于生无所要用者,并须去之,于生之用有要者,亦须舍之。

---

①②③④⑤⑥⑦⑧⑨⑩《道藏》,第 22 册,第 892、892、892、892、892、892－893、893、896、893、894 页。

财有害气,积则伤人,虽少犹累,而况多乎?……夫以名位比道德,则名位假而贱,道德真而贵。能知贵贱,应须去取,不以名害身,不以位易志。"①即是说,酒肉、罗绮、钱财以及名位等等,都是"情欲之余好,非益生之良药"②,如果执著于此,只会给自己带来损伤。

第五,"真观"。指修道之人应善于观察事物,有先见之明。他说:"智士之先鉴,能人之善察,究傥来之祸福,详动静之吉凶。得见机前,因之造适;深祈卫足,窃务全生。自始至末,行无遗累。"③如何才能做到呢?他认为须通过收心简事功夫,才能达到真观。换句话说,即收心简事是达到真观之前提,他说:"观本知末,又非躁竞之情,是故收心简事,日损有为,体静心闲,方可观妙。"④

第六,"泰定"。指"无心于定,而无所不定"⑤。"定"于修道阶次中处于"出俗之极地,致道之初基,习静之成功,持安之毕事"⑥,是接近于得道的一个阶次。这时,修道之人本性所固有的智慧开始"自明",必须将这种"自明"的智慧"怀而宝之",做到"慧而不用",不至于伤"定",才能"深证真常"。⑦

第七,"得道"。指修炼者达到了形神合一,修成长生不老的"真身",成为长生久视、无所不能的神仙。他说:"道有深力,徐易形神。形随道通,与神合一,谓之神人。神性虚融,体无变灭,形与道同,故无生死。隐则形同于神,显则神同于气,所以蹈水火而无害,对日月而无影,存亡在己,出入无间。"⑧这是因为,"道"本身是"神异之物,灵而有性,虚而无象,随迎不测,影响莫求。不知所以然而然,通生无匮"⑨。他援引《西升经》说:"神不出身,与道同久。且身与道同,则无时而不存;心与道同,则无法而不通。耳与道同,则无声而不闻;眼与道同,则无色而不见。六根洞达,良由于此。"⑩"含光藏辉,以期全备,凝神保气,学道无心,神与道合,谓之得道。"⑪修道的整个过程,到此完成。

司马承祯在叙述了以上七个修道阶次后,又附以"枢翼",提纲

---

①②③④⑤⑥⑦⑧⑨⑩⑪《道藏》,第 22 册,第 894、894、894、894、896、896、896、896、896、897、897 页。

挈领地概述了其坐忘思想的主旨,并指出了得道之人在心、身上的标志——"五时七候"。如果没有五时七候,都不可说是得道。所谓五时,即:动多静少;动静相半;静多动少;无事则静,事触还动;心与道合,触而不动。所谓七候,即:举动顺时,容色和悦;夙疾普消,身心轻爽;填补夭伤,还元复命;延数千岁,名曰仙人;炼形为气,名曰真人;炼气成神,名曰神人;炼神合道,名曰至人。①

《天隐子》一书,共分八篇,重点论述长生成仙的可能,以及怎样才能长生成仙。从其内容看,与《坐忘论》互为表里,有不少一致之处。司马承祯认为,人是禀天地之灵气而生的,只要"精明通悟,学无滞塞",人人都有长生成仙的可能,俗人与神仙的差别,仅在于能否修炼自己的"灵气"。他说:"人生时,禀得虚气,精明通悟,学无滞塞,则谓之神;宅神于内,遗照于外,自然异于俗人,则谓之神仙,故神仙亦人也。在于修我虚气,勿为世俗所论折;遂我自然,勿为邪见所凝滞,则成功矣。"②从"人人都可成为神仙"这一思想出发,司马承祯提出了修仙之道,即成为神仙的修道方法,他的主张是"易简","凡学神仙,先知易简"③,这是因为"天地在我首之上、足之下,开目尽见,无假繁巧而言,故曰:易易简简者,神仙之德也"④。可见,这一主张与《坐忘论》所强调的简易工夫的精神是非常一致的。他又认为,修仙之道是一个循序渐进的过程,他称为"渐门"。渐门有五个,由低到高,彼此相互联结。说:"人之修真达性,不能顿悟,必须渐而进之,安而行之,故设渐门。……是故习此五渐之门者,了一则渐次至二,了二则渐次至三,了三则渐次至四,了四则渐次至五,神仙成矣。"⑤这五个渐门为:

第一,"斋戒"。即"澡身虚心",包括身与心两方面。他说:"斋戒者,非蔬茹饮食而已;澡身,非汤浴去垢而已。盖其法,在节食调中,磨擦畅外者也。"⑥所谓"节食调中",是就饮食方面的斋戒而言,指注意饮食的"洁净"和"节慎"。他说:"食之有斋戒者,斋乃洁净

---

① 参见《道藏》,第22册,第897页。
②③④⑤⑥《道藏》,第21册,第699页。

之务,戒乃节慎之称。有饥即食,食勿令饱,此所谓调中也。百味未成熟勿食,五味大多勿食,腐败闭气之物勿食,此皆宜戒也。"①所谓"磨擦畅外",是指用"手常磨擦皮肤温热,熨去冷气,此所谓畅外也。久坐、久立、久劳役,皆宜戒也"②。斋戒之所以成为五渐门之首,是因其为"调理形骸之法。形坚则气全,是以斋戒为渐门之首矣"③。

第二,"安处"。指"深居静室"。须注意坐寝的方位、房屋的高低,使屋内的阴阳适中、明暗适度,同时还要减少事虑和情欲。这样,才能"内以安心,外以安目,心目皆安"④。

第三,"存想"。指"收心复性"。他说:"存谓存我之神,想谓想我之身,闭目即见自己之目,收心即见自己之心。心与目皆不离我身,不伤我神,则存想之渐也。"⑤也就是指把对外物的认识移向对自我的认识,即"心不受外",亦"不逐外"之意。"存想"的要诀乃在于"静",他说:"归根曰静,静曰复命,诚性存存,众妙之门。此存想之渐,学道之功半矣。"⑥可见,这里所说"存想",其道理与其在《坐忘论》中所说"收心离境"是完全一致的。

第四,"坐忘"。指"遗形忘我"。司马承祯认为此是"因存想而得也,因存想而忘也"⑦。他解释"坐"与"忘"说:"行道而不见其行,非坐之义乎?有见而不行其见,非忘之义乎?何谓不行?曰:心不动故。何谓不见?曰:形都泯故。"⑧在"存想"阶段是要达到忘物,而在"坐忘"阶段,则是要达到"彼我两忘,了无所照"⑨,亦即通过物我两忘而进入一个完全空虚寂静的精神境界。因此,他说:"夫坐忘者,何所不忘哉!内不觉其一身,外不知乎宇宙,与道冥一,万虑皆遗。"⑩"坐忘"是修道成仙过程中的最后一关,过了此,就"渐次至五,神仙成矣"⑪。

第五,"神解"。指"万法通神",他说:"一、斋戒谓之信解;二、

①②③④⑤⑥⑦⑧⑨⑪《道藏》,第 21 册,第 699、699、699、700、700、700、700、700、700、699 页。

⑩《道藏》,第 22 册,第 892 页。

安处谓之闲解；三、存想谓之慧解；四、坐忘谓之定解。信、定、闲、慧，四门通神，谓之神解。"①"神"就是"不行而至，不疾而速，阴阳变通，天地长久"②。神解是前四渐的自然结果，修炼到此，就可直接通神得道而长生久视，这"在人谓之仙矣，在天曰天仙，在地曰地仙。故神仙之道，五归一门"③。

总之，在唐代修炼外丹的风气中，司马承祯力倡"坐忘"，强调"主静去欲"，以老庄思想为依据，吸收佛教止观、禅定的方法，予后世道教以极大影响，特别是在道教理论由外丹向内丹的转变过程中，起了重要的理论奠基作用，成为宋元道教内丹学的先驱，并予儒家新学——宋明理学以一定的影响。

张万福，其生平事迹无从详考，据现存的一些零星资料，他大约活动于唐睿宗和玄宗时期，为长安太清观道士，并以太清观大德的身份参与编撰《一切道经音义》。从其著述看，他注重于道教斋醮科仪，编撰有《传授三洞经戒法箓略说》、《三洞法服科戒文》、《洞玄灵宝道士受三洞经戒法箓择日历》、《洞玄灵宝三师名讳形状居观方所文》、《醮三洞真文五法正一盟威箓立成仪》等。

张万福在《传授三洞经戒法箓略说》中，简述了道教的经戒以及道教戒律为何有许多不同的名目，应根据信教对象的品位不同而分别授之。他认为，由于人们禀气有清浊，出生后便有了贤愚之别、根性之异，天尊开演经戒时，便因材施教，所以才产生了针对不同修道对象的种种戒律。他说："天尊大慈，善劝方便，说经演戒，开度天人，普使男女，同登正道。然气有清浊，人有贤愚，故教有三乘，形分万等，法门渐顿，盖有由矣。"④他强调，戒律是修道者首先必须进行的科目，否则就不能得仙："道学当以戒律为先，……若有法而无戒，犹欲涉海而无舟楫，犹有口而无舌，何缘度兆身耶？"⑤因此，"凡初入法门，皆须持戒。戒者，防非止恶，进善登仙，众行之门，以之为键。夫六情染著，五欲沉迷，内浊乱心，外昏秽境，驰逐

①②③《道藏》，第21册，第700页。
④⑤《道藏》，第32册，第184、185页。

名利,耽滞色声,动入恶源,求乖贤域,自非持戒,莫之能返。故经云:持戒制六情,念道遣所欲。又云:学道不修斋戒,徒劳山林。又云:皆从斋戒起,累功结宿缘,飞行凌太虚,提携高上人"①。即是说,只有持戒,才能断除情欲,修善止恶,获得仙缘。这种思想为后世道教所继承。

他又指出,传授经戒的序次为:"凡人初入法门,先受诸戒,以防患止罪;次佩符箓,制断妖精,保中神炁;次受五千文,诠明道德生化源起;次受三皇,渐登下乘,缘粗入妙;次受灵宝,进升中乘,转神入慧;次受洞真,炼景归无,还源反一,证于常道。"②这个传授经戒的次序,显然是将正一、三皇列于较低层次,而以上清品位为最高,反映了当时上清派在道教各派中是处于主流地位的现实。他还对传授经戒所须的信物及仪式作了说明,特别是对其中较重要的"券契"、"盟"、"誓"等,有较详尽的阐述和解释。

另外,在此书中,他还提出了"修道即修心"的主张,强调"心"在修道中的重要性。他说:"人所以生者,神在形也;所以死者,炁离身也。子欲长生,定其心也。身有百神,心为之主。"③又说:"道者,有而无形,无而有情,变化不测,通神群生。在人之身,则为神明,所谓心也。所以教人修道即修心也,教人修心即修道也。道不可见,因生以明之也;生不可常,用道以守之也。若生亡则道废,道废则生亡,生道合一则长生不死,羽化神仙。人不能保者,以其不内观于心故也。内观不遗,生道常存。"④张万福在这里不仅说明了何为心、何为道以及修心与修道的关系,而且也可以看出他是主张从内在心性着手来进行修道的。

与上书相关的著作是《洞玄灵宝道士受三洞经戒法箓择日历》,他在此著作中,对道士应以什么日期为受经戒的最佳时日作了说明,并对当时传授经戒的混乱现象提出了批评,而这又正是他之所以要整理戒律科仪,将其辑录成书的原因。

张万福对道教的醮仪作了整理,撰《醮三洞真文五法正一盟威

127

篆立成仪》。在这一著作里,他首先对醮仪的意义及应注意的事项作了说明,认为醮的关键在于一个"诚"字,也就是诚心诚意,只有这样才能感动神明,与神灵相通。他说:"凡醮者,所以荐诚于天地,祈福于冥灵。若不精专,则不足以通感。尽诚而福不应者,未之有也;诚不极而望臻者,亦未闻矣。修佩之者,宜竭诚焉。"①除"竭诚"外,还须注意环境的闲雅静幽和器物、供品的洁净无秽。他批评:"世人心昧,不睹精微,即云酒脯,但生不信。且道法清虚,特忌殃秽,星辰岳渎,皆是真仙主之,不究根寻源,直信邪说,若斯之类,吁可痛哉!"②其次,对醮仪的全过程进行了叙述。这一过程依次为:设坛座位;洁坛解秽;入户祝;发炉;出灵官;请官启事;送神真;敕小吏神;内官;覆炉;送神颂;出户祝;醮后诸忌。可见,张万福对建醮过程的叙述,从设坛开始,经请神、送神,直到醮后对醮食的处理,皆各有章法,按此施行,才能保证建醮的效果,反映了唐代道教醮仪的概况。

张万福又撰有《三洞法服科戒文》,对道教服饰制度作了阐释和解说,从教理上对道教法服(冠、裙、帔)作了解释,从中反映出道教的某些教义。他说:"冠以法天,有三光之象;裙以法地,有五岳之形;帔法阴阳,有生成之德。总谓法服,名曰出家。内服己身六根三业,调练形神;外服众生三途五道,救拔人天,遍及凡圣。知有所法,景行可尊。又法天尊圣真仙服,住持经戒,教化人间,必使师资相习,真道流通,易此俗衣,著彼仙服。道能服物,德可法人,以是因缘,名法服也。"③他还提出了有关法服的四十六条科戒,也就是关于法服的禁忌,不仅有在什么情况下应着法服,而且还有在什么情况下应脱下法服的种种规戒,如:不冠法服,不得登坛入静,礼愿请启,悔过求恩;不冠法服不得逼近经戒,讲说念诵,看读敷扬,等等。寝息休暇,当脱法服;沐浴浣濯,当脱法服,等等。除此而外,还有一些"勿犯法服"的禁忌,如:手足不净,勿犯法服;器物不

---

①②《道藏》,第28册,第492页。
③《道藏》,第18册,第230页。

净,勿犯法服,等等。对于制作法服的原材料也有禁忌,如:不得用五彩作;不得以非义物作;不得以锦绣罗绮作,等等。凡此种种,十分周详,如果违犯,将受到惩罚。这不仅反映了唐代道士的服饰制度,同时,也反映了道教在唐代的成熟。

总之,张万福对道教科仪斋醮的整理,不仅是对陆修静以来的道教斋醮科仪的清理和总结,而且有所发展,并为后来的杜光庭集道门科仪之大成奠定了良好的基础。

这一时期,著名的道教学者远不止上面所介绍的这几位,限于本书的篇幅,这里不可能一一详尽介绍。不过,为使大家有一个大致的了解,下面将对此时十分著名的几位道教学者的生平略作介绍。

吴筠(? —778),字贞节(一作正节),华州华阴(今属陕西)人。《旧唐书·吴筠传》载:"少通经,善属文,举进士不第。性高洁,不奈流俗,乃入嵩山,依潘师正为道士,传正一之法(似应为"上清经法"),苦心钻仰,乃尽通其术。"[1]可知,吴筠是由于进士不第才成为道士的,为上清派著名道士潘师正的弟子。开元(713—741)间,南游金陵,访道茅山,后又游天台,与名士相交,文辞传颂京师。唐玄宗闻其名,召见于大同殿,问以道法,答之曰:"道法之精,无如五千言,其诸枝词蔓说,徒费纸札耳。"又问以神仙修炼之事,答曰:"此野人之事,当以岁月功行求之,非人主之所宜适意。"[2]天宝(742—756)中,多次请求归山,玄宗均不允,诏于岳观为其别立道院居之。不久,安禄山称乱,玄宗乃许其归山。逝世后,其弟子私谥"宗玄先生"。吴筠撰有著作多种,它们是:《玄纲论》、《神仙可学论》、《心目论》、《形神可固论》、《坐忘论》、《明真辩伪论》、《辅正除邪论》、《契真刊谬论》、《道释优劣论》、《辩方正惑论》等。今《宗玄先生文集》卷中收有《神仙可学论》、《心目论》和《形神可固论》等,《玄纲论》则另单独成篇。吴筠在这些著述中,对道教理论和修炼方术的诸多方面都作了阐述,对道教理论建设作出了贡献。《旧唐书》说吴筠:

129

---

[1][2]《旧唐书》,第5129页,中华书局,1975。

"词理宏通,文采焕发,每制一篇,人皆传写。虽李白之放荡,杜甫之壮丽,能兼之者,其唯筠乎!"①因此,吴筠善用诗词歌赋等形式来表达他的道教思想,这亦为后世道教徒所效法。

李筌(生卒年不详),号达观子,约活动于唐玄宗至肃宗时。正史无传,其生平事迹不可详考。据一些资料记载,他早年即喜好神仙之道,曾隐于嵩山之少室山。晚唐范摅《云溪友议》卷上谓:"李筌郎中为荆南节度判官,集《阃外春秋》十卷,……筌后为邓州刺史。"②李筌的著作见于唐、宋人记载者,有杜光庭《神仙感遇传》说其著《太白阴经》十卷、《中台志》十卷。宋曾慥《集仙传》说他除著有《太白阴经》、《中台志》外,还有《阃外春秋》及《阴符经注》。晚唐范摅《云溪友议》说他"集《阃外春秋》十卷,……注《黄帝阴符经》"③。欧阳修《新唐书·艺文志》著录其著作有:《阃外春秋》十卷、《中台志》十卷、《骊山母传阴符玄义》一卷、注《孙子》二卷、《太白阴经》十卷、《青囊括》一卷、《六壬大玉帐歌》十卷。在《正统道藏》里,现存有题名李筌的《黄帝阴符经疏》三卷,近人刘师培《读道藏记》认为此书之注为李筌所作,而疏则不是。但无论如何,从《阴符经疏》和《太白阴经》来看,李筌对唐代道教理论作出了很大贡献。

李荣(生卒年不详),道号任真子,绵州巴西(今四川绵阳)人,活动于唐高宗时。其生平事迹史无记载,据一些零碎资料,可知其少年时就慕神仙,学道炼丹,后成为蜀中高道。《全唐诗》卷七七有骆宾王《代女道士王灵妃赠道士李荣》,诗曰:"自言少小慕幽玄,只言容易得神仙。""漫道烧丹止七飞,空传化石曾三转。"④描述了其早年学道生涯。唐高宗时,李荣应召入京,多活动于长安、洛阳两地,并作为道教方面的代表与佛教辩难,在论辩中成为"老宗魁首"。他还与儒学博士一起讲论。据宋陈景元《西升经集注》称,李荣曾注释《西升经》,其主要著作为《老子注》。在《老子注》中,他继

---

① 《旧唐书》,第 5129 页,中华书局,1975。
②③ 《文渊阁四库全书》,第 1035 册,第 566 页,台湾商务印书馆,1986。
④ 《全唐诗》,第 3 册,第 838 页,中华书局,1960。

承了成玄英的"重玄思想",并加以阐发。

除这几位外,还有诸如活动于武则天时期的青原道士孟安排,他著有《道教义枢》,通过对一些道教范畴的解释而对道教教义作了阐述;与张万福差不多同时的朱法满,编辑《要修科仪戒律钞》一书,此为道教科戒的类钞,摘引了五十余种道书,所辑内容几乎包罗万象,可谓是当时道教戒律科仪的缩影;唐高宗时的道士尹文操,撰有《玉纬经目》,此书著录道经 7300 卷;太清观主史崇玄奉玄宗之命编撰大型道教工具书《一切道经音义》等等。

由上可见,初、盛唐时,确实是道教学者辈出和道教理论大发展的时代,他们从宇宙论、人生论、道德论、人性论、政治论、仙学论、炼养论及斋醮科仪方面,大大推进了道教理论建设,具有较高的理论思辨色彩和逻辑性。初、盛唐时期的道教理论之所以会达到一个比较高的理论水平和取得较大成就,其原因是多方面的,简单说来,一是这个时期国家统一、政治稳固、经济昌盛促进了文化思想的繁荣,加之李唐王朝的统治者崇奉道教,重视和提倡对道书的研究;二是南北朝以来,儒、道、释三教之间的论争,锻炼了道教徒们的思辨能力;三是这一时期的道教学者具有较高的文化素养,善于吸收义理性较强的佛教思想来充实自己的理论;四是南北道派的相互融合、交流,为道教理论的发展提供了较好的内在条件。

2. 以茅山宗为主的各道派相互融合兴盛

初、盛唐时的道派,以传授上清经法的茅山宗为主流,其道徒大多得到唐统治者的宠信,如王远知、王轨、潘师正、司马承祯、吴筠、李含光等人。在统治者的支持下,茅山宗不仅在南方进一步扩展,而且在北方也有很大发展,建立了嵩山、王屋山、茅山、天台山、京畿、蜀中等几个大的传道基地。可以说,当时许许多多的慕道之人都受到茅山宗所传上清经法的影响,茅山宗的道誉之高,以致远在蜀中的著名道教理论家王玄览等人亦曾不顾路途艰险而前往茅山访道求法,即可见茅山宗在全国的道声之隆。此外,唐代道士张万福所撰《传授三洞经戒法箓略说》,在谈到传授经戒的次序时,也以上清品位为最高,灵宝次之,而正一、三皇为最低,反映了上清派

131

在各道派中的主流地位。同时,也显示了各道派在经箓传授上的融合。

茅山宗之所以成为唐代道教的主流,因素很多。例如:其宗师大都出身自世家大族,具有较高的文化修养,能兼收并蓄,吸收别家之长,注重教理教义和科仪规戒的建设,长于著述;在组织上,有一个严密而独立的传承体系;茅山宗的宗师熟谙政治,大多具有较强的政治活动能力,在他们为统治阶级服务的同时,擅长利用统治者的支持,在变幻不定的政治风云中能较好地把握风向,对政治斗争非常敏感,具有较强的判断能力,为发展本宗获得了相对稳定的客观条件。这一点,在以茅山宗于唐代的第一代宗师王远知最为典型,他受到陈、隋和唐统治者的优渥,是一个"涉陈越隋暨我唐皆宗之"[1]的三朝元老式道士,可见其政治活动能力之强,颇有一套应付统治者的方法。这些都是茅山宗兴盛发展的重要原因。

茅山宗在唐代的宗师,据李渤《真系传》的记载,为王远知、潘师正、司马承祯、李含光、韦景昭。现分别对他们的生平事迹简述如下:

王远知(528—635),字广德,祖籍琅玡临沂(今山东临沂),出身于官宦之家,为茅山宗第10代宗师。史料说他先是入茅山拜陶弘景为师,传其道法,后又师事宗玄先生臧兢(一作矜)。不过,据学者研究,他不可能师事陶弘景,因为在陶弘景于大同二年(536)逝世时,王远知年仅八岁,故学界较一致的看法是他师事臧兢的说法比较可信。

王远知极具政治才能。陈朝时,陈宣帝闻其名,召入重阳殿讲论。当隋炀帝为晋王时,曾先后派人奉请他前来相见,即位后,于大业七年(611)召见于涿郡之临朔宫,亲执弟子礼,向其请教神仙之事,令于都城建玉清玄坛作为王远知居处。到唐代,高祖李渊以其曾密告符命,授朝散大夫,赐金缕冠、紫丝霞帔。武德(618—626)中,秦王李世民与房玄龄从其受三洞经法。李世民登基后,本

① 《道藏》,第5册,第642页。

想委以重任,但王远知固请还山,太宗乃诏令洛州资给人船,施与法服。贞观九年(635),又令润州于茅山置太平观,度道士27人作为其侍者。这一年四月,王远知回到茅山,九月卒。王远知死后极享哀荣。高宗调露二年(680),追赠为大中大夫,谥号"升真先生"。嗣圣元年(684),又赠紫金光禄大夫。武周天授(690—692)间,改谥"升玄先生"。《茅山志》评价其说:"践三清之隩隅,游六学之津要。翘心丹诀,警虑玄波。既毁网于迷途,乃分灯于暗室。清规素论,一代伟人。"①据《茅山志》卷九载,王远知撰有《易总》15卷②,今已不存。其弟子最著名者,有潘师正、徐道邈、王轨、陈羽等。

潘师正(586—684),字子真,赵州赞皇(一说为贝州宗城,今均属河北)人,出身仕宦之家,为茅山宗第11代宗师。幼年得其母口授《道德经》,隋大业(605—618)中,道士刘爱道见而异之,劝其师事王远知,遂师事王远知,得受上清经箓。起初居于茅山,后移居嵩山逍遥谷,潜心修道。上元三年(676),唐高宗李治东巡,礼嵩山,召见师正,甚加礼敬。调露元年(679),高宗再次祠嵩岳,诏于逍遥谷中建崇唐观、精思院等,前后赐诗数十首。潘师正受到高宗的恩宠,并多次向其咨问道要。潘师正曾对其弟子说:"大丈夫业于道,不能投身霄岭,灭景云林,而疲疴此山,以烦世主,吾之过乎?遂欲东求蓬莱,孤舟入海。属天皇敦笃斯道,祈款逾深,踟蹰山隅,绝策未往。"③师正逝后,高宗于调露二年(680),赠太中大夫,赐谥号"体玄先生"。其弟子多人,以韦法昭、司马承祯、郭崇真、吴筠等最为有名。潘师正的道法思想于《道门经法相承次序》中可见。他在嵩岳居住长达50年之久,为茅山宗在北方的发展做出了贡献。

司马承祯(647—735),茅山宗第12代宗师,其生平事迹前已有述。

---

①② 《道藏》,第5册,第642、594页。

③ 《全唐文》,第3册,第2857页,中华书局,1983。

133

　　李含光(682—735),本姓宏,因避孝敬皇帝李弘之讳而改姓李氏,广陵江都(今江苏扬州)人,出身世家,为茅山宗第13代宗师。据颜真卿《茅山玄靖先生广陵李君碑铭并序》及柳识《唐茅山紫阳观玄静先生碑》称:其父与司马承祯为方外之交,母亦出于信道之家。李含光少年时即好读异经,喜静处。年十八,即师事同邑李先生。中宗神龙(705—706)初,以清行度为道士,尤精《老》、《庄》、《周易》,居于龙兴观。开元十七年(729),从司马承祯学道于王屋山,传受大法。又居嵩阳二十余年,后居阳台观。唐玄宗对李含光非常敬重,其《命李含光建茅山坛宇敕》谓:"炼师李含光,道高紫府,学总黄庭,贲然来思,式敷至妙。既而属念茅岭,言访真经。近出咸秦,远游方外。朕载怀仙境,延伫勤修,将使九有之人,同归元教,三清之众,俯鉴遵行。"①给予李含光以高度赞扬。天宝七年(748),玄宗受上清经箓,以李含光为度师,赐号"玄静先生"。天宝十一年(752),奉诏与门人韦景昭等于紫阳东面之郁冈山别建斋院,立"诚心斋"。晚年居茅山紫阳观,纂修经法。其著作有《周易义略》、《老庄学记》、《论三玄异同》、《仙学传》、《真经》、《本草音义》等,这些著作均已佚失,现仅存《表奏十三通》及《太上慈悲道场消灾九幽忏序》。

　　以上介绍的这几位道士,均为茅山宗在初、盛唐时的宗师。其实,这一时期茅山宗不仅以这几位宗师的名望、道名著称于世,而且在一般道士中也有许多著名于世,这里就不一一介绍。颜真卿赞称李含光"能于阴阳数术之道,而不以艺业为能;极于转炼服食之事,而不以寿养为极。但冥怀素朴,妙味玄津。非夫博大之至人,孰能尽于此"②,其实这也正是初、盛唐时期整个茅山宗状况的缩影。这一时期茅山宗传承系统如下表所示:

①《全唐文》,第1册,第395页,中华书局,1983。
②《文渊阁四库全书》,第1071册,第649页,台湾商务印书馆,1986。

```
王远知 —— 潘师正 —— 司马承祯 —— 李含光 —— 韦景昭
     |
  ┌ 王  轨    冯齐整    薛季昌    胡紫阳
    陈  羽    韦法昭    焦静真    韦渠牟
    徐道邈    郭崇真    谢自然    孟湛然
                                唐若倩
    包方广 ┐  吴  筠    田虚应
    王元熠 |                   元丹丘
  ┤ 戴慧恭 |  邵冀元    冯惟良
    吴德伟 |
    包法整 ┘          应夷节
    包士荣 ┘          杜光庭
```

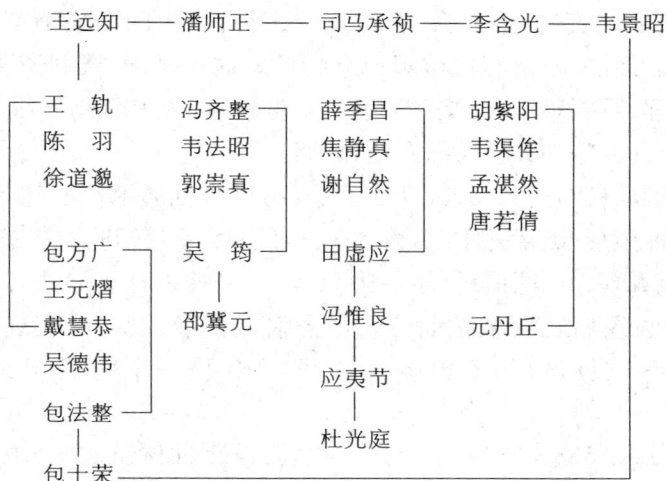

产生于北朝时的楼观道,其道徒也善于窥测政治风向,并积极参与政治活动。进入唐代,从唐高祖李渊时的岐晖(即岐平定)到高宗李治时的尹文操,再到玄宗李隆基时的楼观观主李玄崝,以及一般道士,都积极为李唐王朝的统治寻找神学根据,并在李唐王朝神化老子的活动中扮演了重要角色,从而受到李唐王朝的尊宠。故楼观道于唐代不仅得到发展,而且社会地位亦比前代有很大提高。

楼观道本有尊崇老子的传统,力主老子化胡说,入唐以后,关于老子的神话多与这个道派有关,这与李唐王朝"尊祖"、"崇本"的政治目的一拍即合,李唐统治者对之也是大加利用。由此,李唐王朝与楼观道之间建立了密切的关系,这是唐代楼观道的一个鲜明特点。楼观道本身也善于融汇道教各派之长,不仅受到重玄派的影响,而且还一直保持从茅山宗那里汲取思想营养的传统。关于此,《楼观本起传》就指出:"寻众妙之轨躅,慕重玄之指归。"①又据员半千《大唐宗圣观主银青光禄大夫天水尹尊师碑》载:唐代楼观著名道士尹文操,既谈《老子》及《孝经》,又习《西升》、《灵宝》,还搜

---

① 《道藏》,第19册,第543页。

访道林,博采真迹,遍寻五岳,得三君之祖气。^① 因而集诸家之长,融汇南北经法,亦是唐代楼观道之特色。这一时期,楼观道著名道士有岐晖、巨国珍、田仕文、尹文操、李玄赜等,分别简介于下。

岐晖(557—630),前已介绍,故略。

巨国珍(574—634),武功人。据《历世真仙通鉴》载:他年三十断俗缘师事楼观游法师,焚修之外,口必诵经,名利两忘,喜怒俱遣,食蔬衣弊,所守弥笃。游法师嘉其行,乃授以其思微戒箓、坛召符章。他勤奋备至,依按而修。每当临坛诵经,没有到应诵之数,无论是冬风夏日,从不曾废止。^② 可见其是一个有很高德行的道士。

田仕文(568—634),右鄠人。据《历世真仙体道通鉴》载:隋文帝开皇七年(587),试业入道,师事韦节,受三洞经法及符诀,又诵《灵宝》及《生神章》二经。常服食白术、茯苓,久而有益;又常炼气于静室,颜色愈光泽。凡八节十直庚申日,斋戒奉修,未曾有怠,为人祈福,莫不感通,四方之信奉者颇众。尹文操为其最著名弟子。^③

136

尹文操(?—688),字景先,陇西天水(今甘肃天水)人。据《大唐宗圣观主银青光禄大夫天水尹宗师碑》载:尹文操为后秦尚书仆射尹纬之后,幼习《老子》、《孝经》,后又读《西升》、《灵宝》等道经。15 岁时,"道行已周,名播远近",旋奉太宗之敕出家为道士,居宗圣观。高宗永徽三年(652),游太白山,颇得高宗赏识。显庆(656—660)以来,"国家所赖,出入供奉,询德咨量,救世度人,转经行道,玄坛黄屋,帝座天言,东都西京,少阳太一,九城二华,展敬推诚,三十余年,以日系月,始终不绝。有感必通,凡是效验,君臣同悉,敕书往复,日月更回,神道昭彰,岁时交积者,不可具载"^④。又据《古楼观紫云衍庆集》载:高宗李治以晋府旧宅为太宗造昊天观,以尹文操为观主,兼知本观事。仪凤四年(679),高宗在东都,请尹文操于老君庙修功德,并敕其修《玄元皇帝圣纪》,共十卷,总百十篇,篇

---

① ④ 《道藏》,第 19 册,第 552、551 页。

② ③ 参见《道藏》,第 5 册,第 276、267 页。

别有赞。书成后,"高宗大悦,终日观省,不离于玉案。乃授尊师银青光禄大夫,行太常少卿"①。其实,高宗对此大加赞赏,不过是满足了李唐王朝"尊祖"、"崇本"的政治需要,为之提供了神学证明。尹文操的著作有《祛惑论》四卷、《消魔论》三十卷、《先师传》一卷。其弟子有侯少微等。

李玄崱,其生平事迹皆不得而知。开元二十九年(741),唐玄宗梦见玄元皇帝,因而改楼观为宗圣观,并在楼观立《大唐圣祖玄元皇帝灵应碑》,曰:"玉真长公主以天孙毓德,帝妹联贵,师心此地,杳捐代情,奉黄箓以法洁,瞻白云而志远。观主李玄崱、监斋颜无待、上座傅承。……因聚而议曰:今自道以祐主,自主以祐人。"②从此记载可得知李玄崱是为楼观观主,并积极参与了唐玄宗的崇祖活动,而其余就无从知晓了。

对于楼观道,一般都认为自尹文操后,该派的传承不明,但据《终南山说经台历代真仙碑记》载,五代后周显德(954—959)中,有道士梁筌为楼观观主。

灵宝派,在这一时期似乎消失,不见其传承。

张天师一系,自张鲁卒后,因有关资料极少,其传承亦不明。据点滴资料,该派在盛唐时期,似又开始活动于社会。据《唐大诏令集》载:天宝七年(748),唐玄宗称:"后汉张天师,教达元和,德宗太上,正一之道,幽赞生灵",令"有司审定子孙,将有封植,以隆真嗣。天师册为太师"。③ 从唐玄宗令有司审定张氏子孙,也就是审查确定究竟谁是"汉天师"之后。这一方面说明,当时确有人以张天师之后的身份活动于社会,并有了一些影响,但另一方面也说明,张天师一系的传承确实不明。

综上所述,初、盛唐时期道教各派呈现出相互间的融合进一步加强,各个道派原本具有的鲜明特征,逐渐在教理教义和宗教仪式上相互渗透,呈现出你中有我、我中有你的相互交叉的状况。作为

137

---

①② 《道藏》,第19册,第552、553页。

③ 《全唐文》,第1册,第429—430页,中华书局,1983。

主流的茅山宗不再保持它以前所具有的特色,其既受到重玄派的影响,又吸取了灵宝斋法和正一法。在南北朝时发展一度超过上清派的灵宝派,似乎"消失"了,然其斋醮科仪却为道教各派所遵行,经书亦被普遍征引。这时还有许多不明传承关系、道术不拘泥于一系的道士活动于社会。这一切都反映出南北道派的融合演化趋势。这一时期,随着道教被奉为李唐皇室的皇族宗教(在唐玄宗时几成国教),道教在社会上的地位日益提高,在社会政治生活中扮演了重要角色,在融汇南北道派不同特色的过程中,其教理教义、宗教仪式等方面都有新的建树,不仅涌现了一大批道教学者,其中亦不乏杰出的思想家,还编纂了中国历史上第一部道藏——《开元道藏》,从方方面面显示出其走向成熟和兴盛。

第三节　中、晚唐及五代十国道教的低落

由李唐王朝开国皇帝高祖李渊制定的崇道政策,到唐玄宗时发展至顶峰,其本意当然是想借助神权来巩固皇权,企图以被吹嘘得灵验无比的"大圣祖"之神威来保佑他建立太平盛世。然而,就在大圣祖"乘紫云,告以国祚延昌"①的第二年(755),却"渔阳鼙鼓动地来,惊破霓裳羽衣曲"②,安史之乱的突然爆发,不仅使李唐王朝由极盛走向衰亡,而且也打乱了玄宗的崇道热情。战争烽火还波及到一些"仙山琼阁",遂使"正教凌迟,两京秘藏,多遇焚烧"③,各地的道教建筑、设施均遭受不同程度的破坏。尽管如此,唐代统治者的崇道基本国策却并未从根本上动摇,唐玄宗以后的肃宗、代宗、德宗都信奉道教祈禳之术,而宪宗、穆宗、敬宗、武宗和宣帝等均迷信道教的神仙方药。可以说,在肃宗李亨平息了安史之乱后,直到僖宗李儇,中、晚唐的统治者们都继续沿着"尊祖"、"崇本"的

---

① 《资治通鉴》,第 6923 页,中华书局,1956。
② 《白居易集》,第 238 页,中华书局,1979。
③ 《道藏》,第 9 册,第 346 页。

政策,采取了许多崇道措施,使道教在中唐以后逐步恢复并得到发展。现按历史次序将这一时期统治者们的主要崇道行为,以及道教与社会上层的关系作一简述。

肃宗李亨(756—763在位)颇有其父玄宗崇道之风,尤其重视和喜好斋醮祈禳。据史料载:至德二年(757)"庚午,通化郡上言:'玄元皇帝真容见'",便于"十二月,诏天柱山老君庙改为启圣宫"。[①] 同年,赐茅山第13代宗师李含光敕书称:"仰荷玄元之祐,再成宗社之业,亦师精修愿力有以助之。必须加意坛场,洁精香火,广上皇之福寿,俾六合之康宁。"[②]"乾元元年(758)二月,旱,于曲江池投龙祈雨,又令道士何智通于尚书省都堂醮土神,用特牲,设五十余座,右仆射裴冕及尚书侍郎官并就位如朝仪。"[③]乾元"二年(759)十一月,殿中监成国公李辅国奏:大明宫三殿前设河图罗天大醮,其夜及晨,有龙见于御座褥,宛转鳞甲脚迹遍于褥。上以其褥示朝臣"。"上元二年(761)七月癸巳,于景龙观设高座,讲论道释二教。丁酉,遣公卿百寮悉就观设醮讲论,自宰臣以下,赐钱有差"。[④]

肃宗重视斋醮祈禳活动,不仅自己"殷勤于祠祷"[⑤],而且还重用专门从事这些活动的人。据《旧唐书·王玙传》称:王玙"专以祀事希幸",在玄宗朝时就"博求祠祭仪注以干时",当上了太常博士、侍御史充祭祀使。肃宗对王玙更是优宠有加,"累迁太常卿,以祠祷每多赐赍。乾元三年(760)七月,兼蒲州刺史,充蒲、同、绛等州节度史。中书令崔圆罢相,乃以玙为中书侍郎、同中书门下平章事"[⑥],登上了宰相之位。在这个位置上,王玙主要做了些什么事情呢?据史书载:"肃宗尝不豫,太卜云'祟在山川'。玙乃遣女巫分行天下,祈祭名山大川。"[⑦]"玙又奏置太一神坛于南郊之东,请上躬行祀事。"[⑧]为此,肃宗又为王玙加官晋爵,"肃宗南郊礼毕,以玙使

---

① ③ ④《册府元龟》,第605页,中华书局,1960。

②《道藏》,第5册,第558页。

⑤ ⑥ ⑦ ⑧《旧唐书》,第3618、3617、3617、3617页,中华书局,1975。

持节都督越州诸军事、越州刺史,充浙江东道节度观察处置使,本官兼御史大夫,祠祭使如故。入为太子少保,转少师"①。故史书说:"肃宗亲谒九宫神,殷勤于祠祷,皆玙所启也。"②总之,肃宗如此热衷于道教斋祷活动,其原因可从前面所提他予李含光的敕书中找到答案,即认为唐皇朝能重振宗社,乃是由于玄元皇帝的佑护和李含光为其修斋建醮。

代宗李豫(763—779 在位)即位之后,优宠道士李国祯,大搞祭祀活动,崇敬道教。据史书载:"广德二年(764)八月,道士李国祯以道术见,因奏皇室仙系,宜修崇灵迹,请于昭应县南三十里山顶置天华上宫露台、大地婆父、三皇、道君、太古天皇、中古伏羲娲皇等祠堂,并置扫洒宫户一百户。又于县之东义扶谷故湫置龙堂,并许之。"③大历二年(767),资州刺史叱干公奉为国家造三教道场,颂扬儒、释、道三教圣人。大历七年(772),敕"于岱岳观修金录(箓)斋醮,及于瑶池投告"④。大历八年(773),又"于东岳观金录(箓)行道七日七夜"⑤。

此外,李豫也采取了一些措施,以促进道教建设。《册府元龟》载:大历三年(768)七月,增置崇玄生员满百员。大历七年(772)二月,应光天观道士简校殿中监冲虚先生申甫之言,下制,诫天下道士增修道法。大历八年(773)正月,敕天下寺观僧尼道士不满七人者,宜度满七人;三十人以上者更度一人;二七以下者更度三人。大历十年(775),礼部侍郎常衮建言说,诸祠寺写经造像,焚币埋玉,赏赉比丘、道士、巫祝之流,岁巨万计。大历十二年(777)十二月,令天下仙洞灵迹禁樵捕。大历十三年(778),"新作乾元观,置道士四十九人,以追远祈福,上资肃宗也"⑥。

唐德宗李适(780—804 在位),他在做太子时,"尤恶巫祝怪诞

---

①②③《旧唐书》,第 3618 页,中华书局,1975。
④⑤ 陈垣:《道家金石略》,第 156、159 页,文物出版社,1988。
⑥《册府元龟》,第 1 册,第 606 页,中华书局,1960。

之士"①。继位之后,立即"罢集僧于内道场,除巫祝之祀"②。然而,时隔不久就以"时日禁忌为意,而雅闻(李)泌长于鬼道,故自外征还,以至大用,时论不以为惬"③。李泌在代宗朝时,并不被代宗看重,但却得到了德宗的赏识,"终以言论纵横,上悟圣主,以跻相位"④。德宗对佛、道二教大加称赞,召开三教讨论会,并下诏保护寺观。据史料载:贞元五年(789)三月下诏,曰:"释道二教,福利群生,馆宇经行,必资严洁。自今州府寺观,不得俗客居住,屋宇破坏,各随事修葺。"⑤贞元十二年(796)四月,"命沙门、道士加文儒官讨论三教,上大悦"⑥。他还于贞元三年(787),"作玄英观于大明宫北垣"⑦。可见,德宗对道教仍采取了一些保护措施。

唐宪宗李纯(806—820在位),他是一位崇奉道教,并热衷于神仙之事的皇帝。据史料载:元和二年(807)正月,亲荐献于太清宫。元和八年(813)七月,命中尉彭忠献率300人大修开元时所建的兴唐观,赐钱千万,使壮其旧制。因其观北距禁城,遂命开复道为行幸之所,并以内库绢千匹、茶千斤为复道夫役之赐。以庄宅钱五十万、杂谷数千石充修斋醮之费用。九年(814),由皇宫出道教神仙图像经法九舆,赐予兴唐观。宪宗对神仙方术也日渐迷恋,并重用方士为其采仙药,且不顾谏官劝阻。元和十三年(818)十一月"丁亥,以山人柳泌为台州刺史,为上于天台山采仙药故也。制下,谏官论之,不纳"⑧。最终,唐宪宗竟因"服饵过当,暴成狂躁之疾,以至弃代"⑨。

唐穆宗李恒(821—824在位)、唐敬宗李湛(825—827在位),虽然他们二人在位时间都相当短暂,但仍奉行了崇道政策。穆宗即位后,即对为宪宗推荐方士的皇甫镈、李道古以及为其采药的柳泌等人进行了惩治,处死的处死,流放的流放,贬官的贬官。不过,事

①②③④⑥⑦⑧⑨《旧唐书》,第3623、3623、3623、3623、383、358、465、3642页,中华书局,1975。

⑤《册府元龟》,第1册,第606页,中华书局,1960。

隔不久,穆宗便重蹈乃父之覆辙。史载:"穆宗虽诛柳泌,既而自
惑,左右爱习,稍复进方士。"①并"听僧惟贤、道士赵归真之说,亦饵
金石"②。对于道教,他在长庆二年(822)下敕,曰:"诸色人中有情
愿入道者,但能暗记《老子经》及《度人经》,灼然精熟者,即任入道。
其《度人经》情愿以《黄庭经》代之者,亦听。"③唐敬宗在位仅两年,
而其进行的崇道活动则颇频繁。据史料载:刚即位,就役民数万,
于牛心山修筑庙宇。宝历二年(826),又敕于两京造延唐观。同
年,两次荐献于太清宫。敬宗也是相当迷恋仙术、仙药。是年,命
中使及道士赵常盈等至天台山设醮,采求灵药。九月,命两街供奉
道士赵常盈等 43 人于三清殿修罗天大醮。又给一些道士封官赐
号,据《旧唐书·敬宗本纪》载:宝历元年(825)八月,以兴唐观道士
刘从政为光禄少卿,号"升玄先生"。命兴唐观道士孙准为翰林待
诏,为其炼制长生之药。又以太清宫道士赵归真充两街道门都教
授博士。

文宗李昂(827—840 在位)即位之初,就对影响敬宗的僧人、道
士进行了处置,诏曰:"妖妄僧惟贞、道士赵归真等,或假于卜筮或
托以医方,疑众挟邪,已从流窜。"④将这些人发配岭南。但是,文宗
仍然有一些崇道之举,尽管为数不多,体现出唐代崇奉道教政策的
连续性。据史料记载:大和七年(833)"八月戊子诏曰:圣人立极,
教本奉先;王者配天,义唯尊祖。我太祖玄元皇帝肇开宝运,垂祚
有唐,致六合于大同,济群生于寿域,保兹鸿业,实赖贻谋。如闻亳
州太清宫频经水潦,颇以摧毁,永惟诞圣之地,敢忘崇本之诚,宜令
宣武军节度使李程,兼充亳州太清宫使,仍委渐加修葺,以时致敬,
称朕意焉"。开成二年(837)"正月,召麻姑山女道士庞德祖自录台
门留止玉晨观"⑤。

①④《旧唐书》,第 4448、524 页,中华书局,1975。
②《廿二史札记校证》,第 398 页,中华书局,1984。
③《唐会要》,第 1016 页,上海古籍出版社,1991。
⑤《册府元龟》,第 607 页,中华书局,1960。

武宗李炎(841—846 在位)是继唐玄宗李隆基之后的又一个对道教有非常之热情的皇帝,他的崇道活动也是较为突出的。主要表现有这样一些:采取有力措施崇奉"大圣祖"——老子;亲受法箓,宠信道士;筑望仙观、降真台、炼服丹药。而且与其信道相联系,采取了废除佛教的行动。据史料记载:武宗在做藩王时,即"颇好道术修摄之事"①。开成五年(840)正月即位,二月便下敕规定了纪念老子诞圣的节日,并在全国实行。敕曰:"敕二月十五日为玄元皇帝降生日为降圣节,休假一日",并令两京及天下诸州府设斋行道作乐,赐大酺三日,永为常式。是年秋,又"召道士赵归真等八十一人入禁中,于三殿修金箓道场。帝幸三殿,于九天坛亲受法箓"②。会昌元年(841)六月,又"以衡山道士刘玄靖为银青光禄大夫,充崇玄馆学士,赐号广成先生,令与道士赵归真于禁中修法箓"③。会昌四年(844)三月,"以道士赵归真为左右街道门教授先生。时帝志学神仙,师归真"④。会昌五年(845),听说罗浮山道士邓元起(一作超)有长年之术,遂遣使迎之。会昌三年(843)五月,"筑望仙观于禁中"⑤。会昌五年(845),"造望仙台于南郊坛"⑥,同时还建有降真台,而且这些建筑均极尽奢侈豪华。武宗之所以要建造这些观、台,《剧谈录》卷下《说方士》云:"武宗皇帝好神仙异术,海内道流方士多至辇下。赵归真探赜玄机,善制铅汞,像貌清爽,见者无不竦敬。请于禁中筑望仙台,高百尺,以为鸾骖鹤驾可指期而降。"也就是说,是为了迎接天上神仙的降临。《杜阳杂编》亦说:"上(武宗皇帝)好神仙术,遂起望仙台以崇朝礼,复修降真台,春百宝屑以涂其地,瑶楹金栱,银槛玉砌,晶荧炫耀,看之不定。内设玭瑁帐、火齐床,焚龙火香,荐无忧酒,此皆他国所献也。上每斋戒沐浴,召道士赵归真已下共探希夷之理,由是室内生灵芝二株,皆如红玉。又渤海贡玛瑙柜、紫瓷盆。玛瑙柜方三尺,深色如茜所制,工巧无比,用贮神仙之书,置之帐侧;紫瓷盆量容半斛,内

143

---

①②③④⑤⑥《旧唐书》,第 585、585—586、587、600、595、603 页,中华书局,1975。

外通莹,其色纯紫,厚可寸余,举之则若鸿毛。上嘉其光洁,遂处于仙台秘府,以和药饵。"①武宗的这一系列行为,臣下亦多次劝谏,但武宗根本不予理睬,其崇道决心非常坚定,对神仙之术、服食丹药更是深信不疑。史曰:"禁中修炼至多,外人少知其术。"②会昌六年(846)"三月壬寅,上不豫,制改御名炎。帝重方士,颇服食修摄,亲受法箓。至是药躁,喜怒失常,疾既笃,旬日不能言。……是月二十三日,宣遗诏以皇太叔光王枢前即位。是日崩,时年三十三"③。服食丹药不仅未能成仙,且早逝。

武宗的崇道行为,除上所述外,他还于会昌间采取了废除佛教的行动。史料载:"归真乘宠,每对,排毁释氏,言非中国之教,蠹耗生灵,尽宜除去,帝颇信之。"④会昌四年(844),下令毁道场佛经像,安置天尊老君像,规定僧尼不许街里行犯钟声,外出必须于钟声未动前返回。接着,又下令毁拆天下招提兰若、普通佛堂、村邑斋堂;未满二百不入寺额者,其僧尼勒令还俗。五年(845),又敕令检括天下寺院及僧尼人数,并省天下佛寺,规定:上州只留寺一所,分为三等,上等留僧二十人、中等十人、下等五人,下州寺并废;上都、东都每街留寺两所,留僧三十人,其余皆勒令还俗。旋即又改为都只留僧二十人,诸道留二十人者减半,留十人者减三人,留五人者改为不留。并宣称此举是为了"惩千古之蠹源,成百王之典法"、"将使六合黔黎同归皇化"。最终结果为:"其天下所拆寺四千六百余所,还俗僧尼二十六万五百人,收充两税户,拆招提、兰若四万余所,收膏腴上田数千万顷,收奴婢为两税户十五万人。"⑤当时五台山僧人多亡奔幽州,宰相李德裕命人封锁居庸关,并令凡有游僧入境则斩之。这次废佛,是唐代开国以来对佛教的一次最大的打击。佛教史上称此为"会昌法难"。

尽管史书多将武宗废佛,归于"惑于左道之言",但我们认为根

---

① 《文渊阁四库全书》,第 1042 册,第 615—616 页,台湾商务印书馆,1986。
② 《太平广记》,第 2 册,第 467 页,中华书局,1961。
③④⑤ 《旧唐书》,第 610、600、606 页,中华书局,1975。

本之因并不在此,试析如下。

　　不可否认,武宗废佛确是与赵归真、刘元靖、邓元起等道士的鼓动有关,然事实上,引起此次废佛的原因很多,既有信仰上的,也有政治上的,而根本之因则是在于经济方面。也就是说,强大的寺院经济,已对唐王朝的财政收入造成了很大的冲击。早在代宗之时,就有剑南东川观察史李叔明指出:"今天下僧尼不耕而食,不织而衣,广作危言险语以惑愚者,一僧衣食,岁及三万有余,五丁所出,不能致此,举一僧以计天下,其费可知。"提出必须改变这种状况,应对寺院经济有所限制,僧尼应就役输课,以增加王朝租赋税收。至武宗时,寺院经济与王朝财政收入的矛盾变得更为尖锐,迫使武宗不得不断然采取"废佛"措施。关于此,在会昌五年(845)八月所颁制文,就明确地作了说明。制曰:"朕闻三代已前,未尝言佛,汉、魏之后,像教寖兴。是由季时,传此异俗,因缘染习,蔓衍滋多。以至于蠹耗国风,而渐不觉;诱惑人意,而众益迷。洎于九州山原,两京城阙,僧徒日广,佛寺日崇。劳人力于土木之功,夺人利于金宝之饰……坏法害人,无逾此道。且一夫不田,有受其饥者;一妇不蚕,有受其寒者。今天下僧尼,不可胜数,皆待农而食,待蚕而衣。寺宇招提,莫知纪极,皆云构藻饰,僭拟宫居。晋、宋、齐、梁,物力凋瘵,风俗浇诈,莫不由是而致也。况我高祖、太宗,以武定祸乱,以文理华夏,执此二柄,足以经邦,岂可以区区西方之教,与我抗衡哉!贞观、开元,亦尝厘革,划除不尽,流衍转滋。朕博览前言,旁求舆议,弊之可革,断在不疑。而中外诚臣,协予至意,条疏至当,宜在必行。惩千古之蠹源,成百王之典法,济人利众,予何让焉。"①并且还规定:"天下废寺,铜像、钟磬委盐铁使铸钱,其铁像委本州铸为农器,金、银、鍮石等像销付度支。衣冠士庶之家所有金、银、铜、铁之像,敕出后限一月纳官,如违,委盐铁使依禁铜法处分。"②不难看出,武宗废佛的根本原因在于寺庙经济与中央王朝经济的矛盾,排斥外来宗教只是其外在形式,而不是宗教间的直接

---

①②《旧唐书》,第 605—606、605 页,中华书局,1975。

冲突。

宣宗李忱((847—860 在位)一即位,便将"道士赵归真杖杀之,罢望仙台院"①,"诛道士刘玄靖等十二人,以其说惑武宗,排毁释氏故也"②。并采取了一些恢复佛教的举措。但是,宣宗对于开国以来的崇道政策仍然奉行,在维护道教传统清规、清整道观,以及优待道士方面亦有一些措施。据《东观奏记》卷上载:"上微行至德观,女道士有盛服浓妆者,赫怒急归宫,立宣左街功德使宋叔康,令尽逐去,别选男道士七人住持,以清其观。"到其晚年,宣宗对道教长生成仙之说是深信不疑,酷好仙道,访道服丹。他听说罗浮山道士轩辕集擅长摄生之道,遂派中使诏其赴京。大中十二年(858)春正月,"罗浮山人轩辕集至京师,上召入禁中,谓曰:'先生遐寿而长生可致乎?'曰:'彻声色,去滋味,哀乐如一,德施周给,自然与天地合德,日月齐明,何必别求长生也。'"③。但是,宣宗根本不听轩辕集的劝告,"竟饵太医李玄伯所治长年药,病渴且中燥,疽发背而崩"④。

僖宗李儇(874—888 在位),在他执政期间,其崇道活动是比较多的,最为典型的是企图仰仗"大圣祖"的威力来摧毁农民大起义。广明元年(880),黄巢入长安称齐帝,僖宗出逃凤翔,后又奔成都。在这期间,他一方面调派军队进行镇压,另一方面则"犹资道力,俾殄枭巢",祈求其"大圣祖"能"密垂神化,忽起浓云,或驱以阴风,或击以雷霆",帮助他平息起义。为此,僖宗开始了一系列的崇道活动。中和三年(883),诏升亳州真源县为畿县,赐紫太清宫住持威仪道士吴崇玄、马含章、孙栖梧,赐吴崇玄"凝玄先生"号。又诏帝宗室李特立与道士李无为于成都青羊肆玄中观设醮,祈求"玄穹降祐,圣祖垂祥,将歼大盗之兵戈,永耀中兴之事业"⑤。将玄中观改

---

① 《文渊阁四库全书》,第 407 册,第 615 页,台湾商务印书馆,1986。

②③ 《旧唐书》,第 615、642 页,中华书局,1975。

④ 《廿二史札记校证》,第 399 页,中华书局,1984。

⑤ 《道藏》,第 11 册,第 7 页。

名青羊宫,修置殿堂,赐钱二百贯以收赎附近田地二顷,归宫所有。诏曰:"太上垂祥,青羊应现,礼宜崇饰,用答殊休。诸道州府紫极宫,宜委长吏如法修饰,仍选有科仪道士祭醮。"又令翰林学士乐朋龟撰《西川青羊宫碑铭》,敕西川节度使立之,颁示天下,"以表皇家承神仙之苗裔,感太上之灵贶,实万代之无穷也"①。僖宗还召道士赵希越入宫,向其征询镇压黄巢起义和收复长安之计策,并命于内廷举行醮祭和祈祷。又多次派遣道士、朝臣于蜀中名山修灵宝道场,设周天大醮,开展了大量的崇道活动。直到唐哀帝李柷,已面临灭亡的最后时日,也不忘向"大圣祖"祈求庇佑,于天祐二年(905)修建太清宫,并将北邙山下的玄元观拆迁入城内,于清化坊取原昭明寺旧址建置太微宫,以更便于朝谒"大圣祖"。尽管如此,"大圣祖"还是未能将李唐王朝从被颠覆的深渊中救出。天祐四年(907),唐政权便被朱温取而代之。

安史之乱后,逐渐形成藩镇割剧的形势。就道教而言,伴随着李唐王朝的日趋衰落也由盛而衰。但由于唐玄宗以后的统治者仍然奉行崇道政策,继续扶持道教,不断地给道教上层人物封官晋爵,馈赠财物,乃至延入宫闱侍奉,向其亲受法箓,以之为师,并不断兴建宫观,建立金碧辉煌的望仙台榭,发展道教徒。这一切,都促使道教在新的历史条件下得到恢复并继续发展。据杜光庭于僖宗中和四年(884)十二月十五日的记载,唐代开国以来,"所造宫观约一千九百余所,度道士计一万五千余人,其亲王贵主及公卿士庶,或舍宅舍庄为观并不在其数"②。道书的数目,在隋代共 1216卷,至唐玄宗开元中编修《三洞琼纲》时总为 3744 卷(一说为 5700卷),至代宗大历(766—779)时及 7000 卷。从这些数字,可以从又一侧面看到唐代道教发展之状况。

五代十国是由唐末藩镇势力发展而形成的,是一个封建分裂割据的时代。从公元 907 年朱温取代李唐王朝,正式称帝为后梁太祖始,到公元 960 年赵匡胤取代后周建立赵宋王朝止,"五十三年之

①②《道藏》,第 11 册,第 7 页。

间,易五姓十三君,而亡国被弑者八,长者不过十余岁,甚三四岁而亡"①。当时的政局是"天下大乱,中国之祸,篡弑相寻";"置君犹易吏,变国若传舍"。② 然而,五代十国的帝王们仍因袭唐代之风,不少人也崇信道教,他们在战乱频仍、自身地位和命运尚且岌岌可危的情况下,仍奉行崇道政策,进行了许多崇道活动。例如:

后唐明宗李嗣源(926—933 在位),鉴于"天下宫观,久失崇修",为了"复我真宗"、"期上玄之福佑",于天成(926—929)中曾大力修复道教宫观,四方凡有玄元皇帝宫殿处均整饰一新。又给上清宫崇道观重新制碑额。长兴四年(933),召道士 20 人于中兴殿修金箓醮,七日而罢。

后晋高祖石敬塘(936—942 在位),据《旧五代史》称:他"慕黄老之教,乐清静之风","素尚玄元"。即位之初,便屡召道士张荐明,请问治国之道及宣讲《道德经》,并礼其为师。据《册府元龟》载:天福四年(939)九月辛卯,"召道士崇真大师张荐明锡以缯帛。……帝素尚玄元,御极之初,数数召见。帝问曰:'道可以治世乎?'荐明对曰:'道也者,妙万物而为言,摠两仪而称德,得之上者为道,得之中者为仁义,得之外者为礼智信,外而失之非人也。得其极者,尸居衽席之间以治天下,岂止乎世者也!'帝遂延入内殿,讲老氏《道德经》,……曰:'道士讲《老子》,僧人受戒令,文有之不可轻也。'帝遂礼之为师,益加崇重。……帝繇是虚心致静,尊道贵德,故每一召见,多所颁赐"③。天福五年(940)十一月,赐张荐明"通玄先生"号。又令"以道德二经雕上印板,命学士和凝别撰新序冠于卷首,俾颁行天下"④。据《古今图书集成》引《续文献通考》称:天福五年(940)、天福六年(941)天和节,两次给道释赐紫衣号者就多达 126 人。

后周世宗柴荣(954—959 在位),即位后便大力推行崇道抑佛

---

① 《文渊阁四库全书》,第 1102 册,第 451 页,台湾商务印书馆,1986。
② 《文渊阁四库全书》,第 279 册,第 1 页,台湾商务印书馆,1986。
③④ 《册府元龟》,第 608—609、609 页,中华书局,1960。

政策,采用强制手段大规模毁坏佛寺、佛像,削减僧尼人数,限制佛教的发展。在他即位后的第二年(955),便下诏说:"释氏贞宗,圣人妙道,助世劝善,其利甚优。前代以来,累有条贯,近年已降,颇紊规绳。近览诸州奏闻,继有缁徒犯法,盖无科禁,遂至尤违,私度僧尼,日增猥杂,创修寺院,渐至繁多,乡村之中,其弊转甚。漏网背军之辈,苟剃削以逃刑;行奸为盗之徒,托住持而隐恶。将隆教法,须辨否臧,宜举旧章,用革前弊。"①总之,诏书对当时佛教的种种流弊作了痛斥,认为要革除这些流弊,就应从各方面加以严格限制,诸如悉毁天下铜佛像以铸钱,天下寺院非寺额者悉废之,禁止私度僧尼和禁止僧俗用舍身、断手足、炼指、挂灯、带钳之类来幻惑流俗者等等。诏书还详细地列出如违反将受到何种处置的规定。如私自剃头者,即勒还俗,其本师主决重杖勒还俗,仍配役三年。寺院如果容受不能出家者,其本人及师主、三纲、知事僧尼、邻房同住僧,一并收捉禁勘,申奏取裁。总之,这次废佛,使天下寺院被废者共 30336 所,存者仅 2469 所,僧尼系籍者 61200 人,佛教再次受到严重打击。佛教方面称之为佛教史上"三武一宗"法难事件之一。周世宗的这次废佛,虽然他在诏书中说是由于当时佛教出现种种弊端,需要清整,但根本仍是经济方面的原因。关于此,司马光《资治通鉴》说:"帝以县官久不铸钱,而民间多销钱为器皿及佛像,钱益少,九月,丙寅朔,敕始立监采铜铸钱,自非县官法物、军器及寺观钟磬钹铎之类听留外,自余民间铜器、佛像,五十日内悉令输官,给其直;过期隐匿不输,五斤以上其罪死,不及者论刑有差。"②欧阳修《新五代史》曰:"是时中国乏钱,乃诏悉毁天下铜佛像以铸钱,尝曰:'吾闻佛说以身世为妄,而以利人为急,使其真身尚在,苟利于世,犹欲割截,况此铜像,岂其所惜哉!'由是群臣皆不敢言。"③对于周世宗毁佛像的决定,其臣下是有所顾忌的,但周世宗

---

① 《旧五代史》,第 1529 页,中华书局,1976。

② 《资治通鉴》,第 9529—9530 页,中华书局,1956。

③ 《新五代史》,第 125—126 页,中华书局,1974。

却向他们解释说"卿辈勿以毁佛为疑。夫佛以善道化人,苟志于善,斯奉佛矣。彼铜像岂所谓佛邪!且吾闻佛在利人,虽头目犹舍以布施,若朕身可以济民,亦非所惜也"①。以此打消臣下的顾虑,由此也可看到周世宗毁佛之动机和决心是多么的坚定。

对于道教,周世宗却表现出其崇奉之心。据《五代史补》载:"先是,世宗之在民间也,常梦神人以大伞见遗,色如郁金,加道经一卷,其后遂有天下。"这里似透露出其取得帝位,当与道教有某种关系。他当政后,宠信道士,对陈抟更加以优礼。显德二年(955)十一月,"帝召华山隐士真源陈抟,问以飞升、黄白之术,对曰:'陛下为天子,当以治天下为务,安用此为!'"②他称赞陈抟,说:"高谢人寰,栖心物外","而能远涉山涂,暂来城阙,浃旬延遇,弘益居多,白云暂住于帝乡,好爵难縻于达士"。③打算拜为谏议大夫,陈抟固辞不受,因赐号"白云先生",又赐以茶三十斤、帛五十匹。周世宗还十分关心新建道观的情况,据《册府元龟》载:显德六年(959)"二月,幸太清观,观所赐钟焉。先是于乾明门外新修太清观,既成,帝闻濮州有一钟,其声甚揪,每击之闻数十里,乃命徙之,以赐是观,至是故往观焉"④。

除上述割据中原的五代帝王对道教都有不同程度的信奉外,十国的帝王中亦有不少道教的信奉者。现择其要者述之如下。

闽王王璘(初名延钧,926—936在位),颇好神仙之术,对道士陈守元极为信任,利用陈守元为其称帝造舆论,而陈守元则借宝皇尊神之命以迎合闽王之需。据史料载:后唐明宗长兴二年(931)六月,"闽王延钧好神仙之术,道士陈守元、巫者徐彦林与盛韬共诱之作宝皇宫,极土木之盛,以守元为宫主"⑤。十二月,"闽陈守元等称宝皇之命,谓闽王延钧曰:'苟能避位受道,当为天子六十年'。延钧信之。……延钧避位受箓,道名玄锡"⑥。延钧之子昶(原名继

---

①②⑤⑥《资治通鉴》,第9530、9561、9061、9063页,中华书局,1956。

③《旧五代史》,第1585页,中华书局,1976。

④《册府元龟》,第609页,中华书局,1960。

鹏,936—939在位),即位之后,对陈守元是更为宠信,拜为天师,赐号"洞真先生",甚而"乃至更易将相,刑罚,选举,皆与之议;守元受赂请托,言无不从,其门如市"①。后晋天福四年(939)四月,"闽主用陈守元言,作三清殿于禁中,以黄金数千斤铸宝皇大帝、天尊、老君像,昼夜作乐,焚香祷祀,求神丹。政无大小,皆林兴传宝皇命决之"②。

前蜀王建(907—918在位)特别礼遇道士杜光庭。据《新五代史》载:从武成三年(910)至通正元年(916),不停地为杜光庭加官晋爵,先后拜为金紫光禄大夫、左谏议大夫、户部侍郎,封蔡国公,进号广成先生。又命杜光庭为太子元膺之师。

王建死后,其子王衍(919—925在位)继位,是为后主。他大修宫殿,想方设法地过那种貌似神仙的生活,并仿效李唐王朝尊老子为圣祖的榜样,以图江山永固。于乾德五年(923)八月,受道箓于苑中,以杜光庭为传真天师、崇真馆大学士。起上清宫,塑王子晋像,尊为"圣祖至道玉宸皇帝",又塑自己之像及王衍像于其左右,还于正殿塑玄元皇帝像及唐诸帝,备法驾而朝之。为了过他想像中的那种神仙生活,于乾德三年(921)五月,令构筑重光、太清、延昌、会真之殿,清和、迎仙之宫,降真、蓬莱、丹霞、怡神之亭,飞鸾之阁,瑞兽之门。其土木之工,极尽奢侈精巧。王衍还时着道士衣冠酣饮于怡神亭,或穿云霞之衣游于青城山。咸康元年(925)九月,"帝奉太后、太妃祷青城山。宫人皆衣云霞之衣,帝自制《甘州曲》,令宫人唱之,其辞哀怨,闻者凄惨。又历丈人观、玄都观、丹景山金华宫,至德寺,朝上清宫,设醮祈福"③。

吴国君主对于道教也是崇敬的。如吴王杨行密(902—919在位),宠信道士聂师道,尊为"问政先生",为其建紫极宫以居(一作真元宫),并令其建醮于龙虎山。聂师道逝,追赠为银青光禄大夫、鸿胪卿。

①②《资治通鉴》,第9137、9202页,中华书局,1956。
③《十国春秋》,第544页,中华书局,1983。

吴越武肃王钱镠(907—931在位),深慕道士闾丘方远的道德,亲往余杭大涤洞拜访,并为之筑室宇以安之,撰写《天柱观记》对其大加赞誉,曰:"妙有大师闾丘君灵芝异禀,皓鹤标奇,诞德星躔,披霓灵洞,朝修虔恳,科戒精严,实紫府之表仪,乃清都之辅弼。"①"请上清道士闾丘方远与道众三十余人主张教迹,每年春秋四季为国焚修。镠特与创建殿堂,兼移基址。"②钱镠还将道士钱朗迎至钱塘,以师礼事之。《历世真仙体道通鉴》载:"昭宗世钱塘彭城王钱镠,慕朗得道长年,乃迎就钱塘,师事之。"③忠懿王钱俶,也优礼道士。他命张契真"每三箓斋,俾总其事"④,为道士朱霄外修建天台桐柏崇道观,筑室于上清阁西北用以收藏道经,并赐金银字经二百函及三清铜像。钱俶此举,在唐末五代经籍散逸之际,对道教的发展可说是裨益匪浅。

南唐烈祖李昇(937—943在位)、元宗李璟(943—961在位),也都崇信道教。他们父子二人都优礼道士王栖霞,据史料记载:"王栖霞,一名敬真,字元隐。……从道士聂师道传道法,已又居茅山,从邓启遐受《大洞经诀》。烈祖辅吴,召至金陵,馆于元真观。……栖霞常建醮上章,烈祖命筑坛达之。"⑤为其加金印紫绶,号"玄博大师"。李璟继位后,又加号"贞素先生"。而且,烈祖李昇还饵丹药,最后因服丹药中毒而亡。以上事实说明,五代十国的封建统治者们,在兵荒马乱之中,尽管处于自顾不暇之境,但不少人对道教仍然崇信并加以扶持。他们尊宠道教徒,兴修宫观,收集散佚道书,命道士宣讲道经。这对于道教的维系和继续发展,不能不产生一定的影响。

道教本身在晚唐、五代十国期间的情况,从整体上来看是处于发展的低潮,唐武宗后,已是"真宫道宇,所在凋零,玉笈琅函,十无

---

① ②《道藏》,第18册,第155页。

③ ④《道藏》,第5册,第360页。

⑤《十国春秋》,第473页,中华书局,1983。

三二"①。到五代十国时,由于兵祸连连,道教更是屡遭劫难。据孙夷中《三洞修道仪序》说:"五季之衰,道教微弱,星弁霓襟,逃难解散;经籍亡逸,宫宇摧颓,岿然独存者唯亳州太清宫矣。次有北邙、阳台、阳辅、庆唐数观,尚有典刑;天台衡湘,豫章瀼岳,不甚凌毁;山东及邻于扫地矣。"②从南至北,道教都呈现出荒败之象:宫观毁坏,道士逃散,经书亡佚。然而,由于此时仍然有一些统治者在兵荒马乱中对道教表示尊崇,这对道教的维系和发展起了一定的作用,故在晚唐和五代十国时,仍然有一些著名道教学者致力于道教神话、理论、道术、斋醮科仪的研究和建设,为维护和加强道教的信仰作了不懈的努力,如杜光庭、闾丘方远、谭紫霄、彭晓等。

杜光庭(850—933),字宾至(一说圣宾),号东瀛子,处州缙云(今属浙江)人(一说长安人,或括苍人)。唐懿宗咸通(860—874)中,应九经举不第,乃入天台山学道,"事天台道士应夷节"③,习上清紫虚吞日月诸法。"郑畋荐之于朝,僖宗召见,赐以紫服象简,充麟德殿文章应制,为道门领袖"。唐僖宗中和元年(881),随僖宗入蜀,遂留居成都。后为前蜀王建所用,为光禄大夫尚书户部侍郎上柱国蔡国公,赐号"广成先生"。王衍立,受道箓于苑中,以其为传真天师、崇真馆大学士。晚年居青城山白云溪,逝后葬于清都观。杜光庭学识渊博,精通儒、道经典,他注重研究《道德经》,一生著述颇丰,收入《道藏》的就有20余种。他的著作,除各种斋忏科仪外,主要有《道德真经广圣义》、《太上老君说常清静经注》、《广成集》、《历代崇道记》、《洞天福地岳渎名山记》、《神仙感遇传》、《墉城集仙录》、《录异记》、《道教灵验记》、《道门科范大全集》、《太上黄箓斋仪》等等。这些著作涉及的方面极广,对道教经典、思想源流、历代帝王崇道、神仙怪异、洞天福地、道门科范、斋醮忏仪多有论述,是道教发展史上较有影响的一位人物,道门誉为:"词林万叶,学海千

153

---

① 《道藏》,第 9 册,第 346 页。

② 《道藏》,第 32 册,第 166 页。

③ 《道藏》,第 5 册,第 330 页。

寻,扶宗立教,天下第一。"①

杜光庭对道教建设的贡献,大致说来至少有以下几个方面。

第一,将以往各种神化老子的传说系统化,竭力树立老君伟大而神圣的形象。他在《道德真经广圣义》中,以解"老子者,太上玄元皇帝之内号也",专列"释老君事迹、氏族、降生年代",分为三十段,全面叙述了道教关于老子神奇的来历、神力、尊神的位统、世代的国师,以及不同凡响的降生等各种神话,使老子作为道、神、人三位一体的概念,更加系统、充实和明晰。他说:"老君生于无始,起于无因,为万道之先,元气之祖也。无光无象,无音无声,无色无绪,幽幽冥冥,其中有精,其精甚真,弥纶无外,故称大道。大道之身,即老君也。万化之父母,自然之极尊也。"②"老君乃天地之根本,万物莫不由之而生成。……天地得之以分判,日月因之以运行,四时得之以代谢,五行得之以相生。故于九万九千九百九十九亿万气之初,运玄元始三气而为天,上为三清三境,即始气为玉清境,元气为上清境,玄气为太清境是也。又以三清之气各生三气三境,合生九气为九天。……此之九天,各生三气,气为一天,合二十七天,通此九天,为三十六天。……既分诸天,即以三十六天滓阴之气,下为三十六地,每天立一天帝,每地立一地皇,七十二君同禀命于老君矣。……太上老君乃阴阳之主首,万神之帝君,元气之父母,天地之本根,先王之师匠,品物之魂魄"③。

第二,对研究《道德经》的情况作了总结。他采撷众书之长,发扬唐玄宗御注宗旨,纂成《道德真经广圣义》50卷。在书中,一是论述了《道德经》产生的时代及历史背景问题;二是在对以往60家诠疏笺注《道德经》的内容进行比较考察,并概括了各家意向和宗旨之后,提出了自己对《道德经》主要内容的看法,具体列出了包括天道、神道和人道的38条,分别引经为证。不过,他在阐述时,对天道、神道略而不论,着重谈的是人道。其主要观点认为:"夫此道德

---

①《道藏》,第 32 册,第 8 页。

②③《道藏》,第 14 册,第 316、317—318 页。

二字者,宣道德生畜之源,经国理身之妙,莫不尽此也。昔葛玄仙公谓吴王孙权曰:'《道德经》者,乃天地之至妙,有天道焉,有人道焉,有神道焉。大无不包,细无不入,宜遵之焉。'"①强调以无欲、无为、无事、谦下、守柔、积德、崇善去恶、曲己求全等,为理国治身的基本思想,表现出道教哲学的重要特点。而奉行《道德经》的重要性在于:"以自然为体,道德为用,修之者,于国则无为无事,自致太平;于身则抱一守中,自登道果。得之者,排空驾景,久视长生。于国失道德则必败亡,于身丧道德则致沦灭,故在乎上士勤人抱之为式也。"②三是对以往诸家注解《道德经》作了历史总结,并进行了分析概括。在他总结的60家中,有道士、儒生、僧人、隐者、官吏及帝王,其中道士人数占了约2/3。总之,杜光庭的这个总结是非常珍贵的,使人们可以了解在他之前历代注解《道德经》的大概脉络。这样,杜光庭的《道德真经广圣义》便成为道教理论建设上的一部承前启后之著作,在道教思想发展史上有着重要的地位。

第三,从神仙实有、仙道多途和历代崇道方面开展对道教信仰的宣传。值得注意的是,他在论证仙道多途时,把那些在尘世积功累德、行善乐施、忠臣孝子、贞夫烈妇及心不忘道、勤苦独修之人,都纳入其行可感动太上、死后可以进入神仙之列。这对于道教传统的神仙思想来说,不能不是一个发展,使道教更加世俗化,也更利于道教的广泛传布和被人们接受。其叙述帝王崇道的事迹,神话和史实杂糅,其中既有一些可供参考的史料,也有不少虚构,而且这部分内容占多数。值得注意的内容,大约有这样一些:度道士始于周穆王、供老君神像始于汉武帝、击鼓集众始于晋初、道士赐紫始于唐初、宫观击木石鱼磬的由来等。杜光庭还编录了关于神仙住地的宗教神学地理集,不仅对当时道教知识的系统整理有重要意义,而且保存了一些现已失传的资料。

第四,对斋醮科仪的修订。杜光庭修订的道门科教,署名收入《正统道藏》的就有十余部近二百卷,主要是关于金箓斋、黄箓斋、

---

①② 《道藏》,第14册,第314、341页。

明真斋、神咒斋、阅箓仪、拜表仪等等仪礼规制。他还将传统的斋戒思想与道门戒律结合起来,设立了道场戒约,用以约束参与作道场的道士,从而保证道场斋仪的神圣性。他还在黄箓仪中增加了"谢恩醮"。正是因为此,南宋吕太古《道门通教必用集》卷一《历代宗师略传·杜天师传》说:"尝谓道门科教,自汉天师、陆修静撰集以来,岁久废坠",杜光庭"乃考真伪,条列始末,故天下羽褐,至今遵行"。①

闾丘方远(?—902),字大方,舒州宿松(今属安徽)人。16 岁时,通经史,随庐山陈元晤学《易》。29 岁时,问大丹于香林左元泽,并诣仙都山隐真岩刘处静,学修真出世之术。34 岁,受法箓于天台山玉霄宫叶藏质,得真文秘诀。唐昭宗景福二年(893),钱塘彭城王钱镠慕闾丘方远之道德,拜访于余杭大涤洞,筑室以安之。昭宗赐号妙有大师、玄同先生。闾丘方远将早期道教经典《太平经》节录为简明读本,取名为《太平经钞》。此举不仅适应当时人们在战乱中向往太平的需要,有利于《太平经》思想的传播,更为重要的是,通过此书可以看出已经散佚的《太平经》之全貌,故南唐沈汾《续仙传》谓:闾丘方远"诠《太平经》为三十篇,备尽枢要,其声名愈播于江淮间"②。

谭峭(生卒年不详),字景升,泉州(今属福建)人。他虽出身世宦之家,但从小爱好黄老诸子及《穆天子传》、《汉武帝内传》以及《茅君列仙传》等道书,后游终南、太白、太行、王屋、嵩、华、泰岳诸名山,师嵩山道士为师,得辟谷养气之术,居南岳炼丹服食,内养外炼均有成效。他在游历各地的过程中,深知民生之疾苦,撰作了《化书》。《化书》共六卷,分道、术、德、仁、食、俭六化。它主要是运用道教哲学思想和儒家伦理观念,以类推比附的手法,从事物的变化中阐述修道成仙的思想,探求社会治乱的因由,指出实现太平治世的道路。"化"是全书的核心,认为世间万事万物,每时每刻都莫

---

① 《道藏》,第 32 册,第 8 页。
② 《道藏》,第 5 册,第 93 页。

不是处于变化之中,所谓"化化不间,由环之无穷"①。该书不仅在社会历史观上有突出成就,而且在哲学思想、内丹理论发展史上都具有重要地位。从北宋陈抟始,直到元代全真道十方丛林之规制,都将《化书》作为必读的经书。

彭晓(? —955),字秀川,自号真一子,永康(今四川崇庆西北)人。少好修炼。后来明经登第,做过金堂县令,主张以仁义修身治国。据说在做金堂县令时,遇异人得丹诀,修炼于飞鹤山。彭晓崇尚《参同契》,倡炼"金液还丹",撰有阐述内丹学说的著作《周易参同契分章通真义》三卷,强调修心养性对修身延命的重要性,对后世《参同契》内丹学的发展有重大影响,对道教内丹理论的建设有较大贡献。

这一时期,就道派的情况来看,仍以茅山宗的传系最为清楚明白。但是,其活动似乎是与南岳、天台山有密切关系,而作为祖庭的茅山,其道士的活动反倒不显。茅山宗的传系由安史之乱至五代十国期间,凡传七代,是从第 13 代宗师李含光到第 19 代宗师王栖霞。因前已对李含光作过介绍,故这里就从第 14 代宗师至 19 代宗师的情况加以概略介绍。

第 14 代宗师韦景昭(693—785),丹阳延陵人。初度于延陵寻真观,师事包士荣,唯习灵宝斋法,后居长安肃明观。天宝(742—756)中,奉诏侍玄静先生李含光,居茅山紫阳观,从受经箓。

第 15 代宗师黄洞元(697—792),南岳人。早游茅山,为李含光师友,从受中黄服日之法。大历九年(774),徙居庐山紫霄峰,后返茅山,日诵《大洞真经》,嗣韦景昭之学。

第 16 代宗师孙智清(生卒年不详),不知为何地人,初师洞真先生黄洞元。会昌元年(841),武宗召修生神斋,敕建九层宝坛以行道,赐号"明玄先生"。

第 17 代宗师吴法通(824—907),润州丹阳人。明玄先生孙智清度为道士,尽得经法。僖宗于乾符二年(875),遣使受大洞箓,尊

---

① 《道藏》,第 23 册,第 592 页。

称为度师,赐号"希微先生"。

第18代宗师刘得常(生卒年不详),金陵人。17岁遇希微先生吴法通,执弟子礼,得其道,居紫阳观。据说其20年不出山门。

第19代宗师王栖霞(881—943),一名敬真,字玄隐。生于齐而长于鲁,七岁举神童及第。唐末,避乱南渡至寿春,从问政先生聂师道受道法。及至华阳,又从威仪邓启遐受大洞经诀。南唐李昪召至金陵,赐金印、紫绶,号"玄博大师"。

茅山宗自司马承祯居天台山传道起,出自司马承祯门下的弟子颇为活跃,出现了不少著名道士,他们不仅名于当时,且影响于后世,诸如应夷节、叶藏质、刘元靖、闾丘方远、聂师道、王栖霞等。再者,如杜光庭、谭峭等,都与其中多人有关系。因此,这一时期的道派仍以茅山宗为主流。

此外,还有许多不知传承关系的有名道士也相继出现,如施肩吾、吕洞宾、崔希范、彭晓等,他们对道教内炼学产生了较大的影响。

这个时期,从道教修炼术方面来看,外丹黄白术呈衰退之势,而内炼学渐渐兴起。

道教经过初、盛唐发展高峰后,受安史之乱和中、晚唐藩镇割据及五代十国分裂局面的影响,其发展趋于低潮。但是,在一些统治者的崇道措施及一些道教学者的努力下,道教的理论方术、科仪建设均有所建树,在道教发展的低潮之中,又有前进的趋势,从而为北宋时期道教的再度兴盛创造了有利条件。

第四节　北宋道教的高涨

北宋王朝的建立,结束了军阀割据的局面,中国又归于统一。北宋的统治者继承了唐代儒、道、佛并用和对道教的崇奉、扶持政策,真宗和徽宗两帝统治期间是前后两个高潮。然而,这一政策的奠基者,乃是开国君主太祖和太宗两兄弟。

宋太祖赵匡胤(960—976在位),他在未做皇帝之前,便与道士有所交往。在夺取后周政权时,就曾利用符命为自己制造夺权舆论,特别是利用华山道士陈抟为他争取群众。他称帝以后,尽管倘在戎马倥偬的时日里,仍对道教的发展给予极大的关注。不仅召见道士苏澄(隐)、王昭素等,亲自登门请教"治世养生之术",为他们赐赠封号、财物,还召集京师道士对其学业进行考核,将品学不良者斥退出道门,以提高道士的素质;又对张陵以后道教的"寄褐"等陋习进行了整顿。所谓"寄褐",是指住在宫观、着道士冠服,但并不奉教的人。宋太祖对此深恶痛绝,下令取缔。《燕翼诒谋录》说:"黄冠之教,始于汉张陵,故皆有妻孥,虽居宫观,而嫁娶生子与俗人不异。奉其教而诵经,则曰'道士',不奉其教不诵经,惟假其冠服,则曰'寄褐',皆游惰无所业者,亦有凶岁无所给食,假寄褐之名,挈家以入者,大抵主首之亲故也。太祖皇帝深疾之,开宝五年(972)闰二月戊午,诏曰:'末俗窃服冠裳,号为寄褐,杂居宫观者,一切禁断。道士不得畜养妻孥,已有家者,遣出外居止。'"①又下诏禁私度道士,违者按刑律治罪。对于愿意出家之人,也有严格的规定,史载:开宝五年二月,太祖下诏曰:"今后不许私度","自今如愿入道者,须本师与本观知事同诣长吏,陈牒请给公验,方许披度"。②这一切,对道教本身的发展是大有好处的。

太宗赵光义(976—998在位),不仅继续实行太祖对道教的政策,对道教的崇重远远超过了太祖。首先,在政治上崇尚黄老之治,对提倡无为自然、清静简易的黄老之道大加赞赏。他曾对近臣说:"清静致治,黄老之深旨也。朕当力行之。"③其次,在崇重道教的具体行为方面,概略而言主要表现在:一是频繁召见道教徒,对黄白术、养生术相当感兴趣。在他统治期间,道士陈抟、丁少微、王怀隐、陈利用、郭恕先、张守真、张契真、赵自然、柴通玄等人,均以擅长某一道术而受到诏见、尊宠。二是不断地兴建宫观,对道教宫

---

① (宋)王栐:《燕翼诒谋录》,第79页,中华书局,1981。
② 李攸:《宋朝事实》卷七,文海出版社本。
③ 《道藏》,第17册,第876页。

观予以经济上的优待。从现存史料看,太宗兴建宫观几乎是从其即位到病死都没有停止过,且所建宫观规模之宏大、耗资之巨,都是令人惊叹的。如太平兴国七年(982)六月建成的灵仙观,总630区。端拱(988—989)间,诏于昭阳门内道北建上清宫、兴道坊宣祖旧第兴建洞真宫,两宫皆于至道元年(995)正月建成,前者总为1242区,后者有265区。至道二年(996)二月,诏免茅山九处道观3万亩水田田租。令金坛、句容两县籍入之岁,量供给外,余蓄藏,以备修葺及三元斋醮。三是崇奉道教尊神和大搞斋醮祭祀活动,扩大道教尊神的崇奉范围。如于太平兴国二年(977)五月,诏修凤翔府北帝宫,于三年后建成,题额"上清太平宫"。宫中供奉的神灵就有:玉皇、三十二天帝、大游小游、五福四太一、紫微帝君、二十宿、七元、黑杀、灵官、童子、六丁神、岁星、辰星、天蓬、九曜、东斗、三官、玄武、十二辰、西斗、天曹、南斗等等。令常参官一人主宫事,选道士焚修,军士百人守卫。每年的三元、诞节、皇帝本命日,遣中使致醮。每当祀神之夜,太宗在京拜望。如果有水旱等灾害发生,或国家有大事,还会临时致祷。太宗还诏封黑杀神为"翊圣将军"、湫神普济王为"显圣王"。太宗进行的斋醮活动也相当多,现在,我们还能从《正统道藏》中看到太宗所制道教科仪颂词多首。此外,太宗还积极搜集道书,命散骑常侍徐铉、知制诰王禹偁等校正,删去重复,共得3737卷,写演后分赐宫观。正因为如此,太宗死后,翰林学士承旨吏部侍郎宋白上议,说太宗"肆赦释、老之教,崇奉为先。名山大川,灵踪圣境,仁祠仙宇,经之营之,致恭之诚广也"[①]。从太宗的所作所为来看,这个说法是成立的。总之,经过宋初太祖与太宗的扶持,五代末"道教微弱,星弁霓褾,逃难解散,经籍亡逸,宫宇摧颓"[②]的局面遂得以改观,道教遂渐恢复,并为它的进一步发展奠定了基础。以太祖和太宗为前导,到了真宗赵恒时,宋朝的崇道政策便被推向了第一个高潮。

---

① 《太宗皇帝实录》卷八〇,上海涵芬楼影印宋馆阁本。
② 《道藏》,第32册,第166页。

宋真宗赵恒(998—1022在位)之时,赵宋王朝的统治已日益巩固,社会经济亦呈向上发展的势头,有唐代开元盛世之象。"澶渊之盟"的缔结,外部威胁也暂时缓和。史称:"宋至真宗之世,号为盛治,而得人亦多。"①为了更好地利用道教为赵氏王朝服务,宋真宗用了较多的精力和财力来扶持道教,具体表现如下。

首先,制造天神降临、赐语及天书下降以维护赵宋王朝统治之类的神话,仿效唐代宗祖老子为圣祖,采取前蜀王衍的方式,从道教中另创了一个赵姓之神作为圣祖,重演唐皇室崇道的情景。关于制造神话之举,其实在宋初就已开始,宋太宗对此曾积极加以倡导。据《佛祖统纪》卷四四引《宋会要》说:"国初,有天神降于盩厔张守真家,自言玉帝之辅,奉上帝命,护卫宋朝,所言祸福皆验,守真遂为道士。至是(指太平兴国元年,即976),上召守真入见,陈立坛设醮之法,敕于琼林苑设周天大醮,遣起居舍人王龟从就终南山建上清太平宫以奉天神。上亲征太原,天神降言:'宜设醮谢胜捷。'逾旬,王师奏捷,上遣使诣宫醮谢,其夕,降言曰:'上帝诸天皆喜,国祚延永,过于有唐。'乃诏封天神为翊圣保德真君,赐守真崇元大师。自是公卿士庶诣宫祈叩,必降语告诫。"②好道大臣王钦若撰《翊圣保德真君传》三卷,详述其始末,深得真宗赞赏,亲为该书题名作序。真宗赵恒不仅是这类神话的倡导者,也是这类神话的直接制造者。据《资治通鉴》卷二七载:大中祥符元年(1008)正月,真宗召宰臣王旦、知枢密院士王钦若等人于崇政殿之西,绘声绘色地告诉说:"去年(1007)十一月二十七日,夜将半,朕方就寝,忽一室明朗,惊视之,俄见神人星冠绛袍,告朕曰:'来月三日,宜于正殿建黄箓道场一月,当降天书《大中祥符》三篇,勿泄天机。'"接着,"蔬食斋戒,于朝元殿建道场,结彩坛九级,又雕木为舆,饰以金宝,恭仁神贶,虽越月,未敢罢去"。此后,便接到皇城司的禀报:左承天门屋之南角,有黄帛曳于鸱吻之上。于是,真宗遣中使往视,见

161

①《宋史》,第9557页,中华书局,1977。
②《大正藏》卷四九,第401页。

其帛长二丈许,缄一物如书卷,缠以青缕三周,封口处隐隐有字,盖神人所谓天书。王旦等人听了真宗讲述之后,庆贺说:"陛下以至诚事天地,仁孝奉祖宗,恭己爱人,夙夜求治,以至殊邻修睦,犷俗请吏,干戈偃戢,年谷屡丰,皆陛下兢兢业业日谨一日所致也。臣等尝谓天道不远,必有昭报。今者神告先期,灵文果降,实彰上穹佑德之应。"皆再拜称万岁,即一同步至承天门,焚香望拜,命内侍周怀政、皇甫继明升屋对捧以降,王旦跪进,真宗再拜受书,置舆上,复与王旦等步导至道场,授知枢密院陈尧叟启封,帛上有文曰:"赵受命,兴于宋,付于眘,居其器,守于正。世七百,九九定。"既去帛启缄,命尧叟读之。其书黄字三幅,词类似《尚书·洪范》、老子《道德经》,始言真宗能以孝道治世,次谕以清净简俭,终述世祚延永之意。读讫,藏于金匮。群臣入贺,于崇政殿赐宴,遣吏部尚书张齐贤等奏告天地、宗庙、社稷及京城祠庙。大赦,改元大中祥符,百官并加恩,改左承天门为左承天祥符门。诏东京赐酺五日,以二月一日为始。二月,以天书降,遣使告凤翔太平宫、亳州太清宫、舒州灵仙观。同年四月,天书又降于大内之功德阁。六月八日,又有天书降于泰山,中使捧诣阙,真宗备法驾诣殿拜受之后,仍命陈尧叟启封宣读。其文曰:"汝崇孝奉,育民广福。锡尔嘉瑞,黎庶咸知。秘守斯言,善解吾意。国祚延永,寿历遐岁。"[1]据《宋史·礼志》,事后真宗告诉群臣,此次天书降于泰山,也是那位神人在五月丙子夜即先告知于他。从种种迹象看,所谓天书下降事件,完全是真宗一手导演,并由诸近臣如王钦若等协同完成的。史称:"自天书议起,四方贡谀者日多,帝好之弥笃"[2],以致"一国君臣如病狂然"[3]。大中祥符五年(1012)十月,真宗又告诉辅臣说:他梦见原先降临的那位神人传玉帛之命,云:"先令汝祖赵某授汝天书,将再见汝,如唐朝恭奉玄元皇帝。"[4]翌日,复梦神人传天尊言:"吾坐西,当斜设六位。"[5]是日,即于延恩殿设道场。五鼓后,睹灵仙仪卫天尊

①②④⑤《续资治通鉴》,第 608—614、677、677、677 页,中华书局,1957。
③《宋史》,第 172 页,中华书局,1977。

至。天尊就座后,命真宗向前,对他说:"吾人皇九人中一人也,是赵之始祖……后唐时,奉玉帝命,七月一日下降,总治下方,主赵氏之族,今已百年。皇帝善为抚育苍生,无怠前志。"①言罢,即离座乘云而去。这就直接道出了所谓天书,乃是赵氏圣祖奉玉皇之命传授给他的,赵氏王朝应像李唐王朝恭奉老子那样来恭奉赵氏圣祖,这也是"玉皇之命"。宋真宗讲完了这些神话后,立即召王旦等至延恩殿,指示他们参观天尊降临之所,并以此布告天下。闰十月,真宗遂上圣祖号曰"圣祖上灵高道九天司命保生天尊上帝",圣母号曰"元天大圣后",并下诏:"圣祖名上曰玄(元)、下曰朗,不得斥犯。"②于是,一个道教神人、赵氏始祖便这样有名有姓地产生了。为了避赵玄朗之讳,大中祥符六年(1013)八月,又将老子的"太上玄元皇帝"称号改封为"太上老君混元上德皇帝"。七年(1014)九月,尊上玉皇大帝圣号曰:"太上开天执符御历含真体道玉皇大天帝。"总之,通过这些神话的编纂和神灵的塑造,就将道教与赵宋王室紧密地连接在一起了。

其次,兴修宫观,塑造神像。由于天书下降,真宗于大中祥符元年(1008)四月,便决定修建玉清昭应宫以供奉"天书",并任命丁谓为修宫使、林特为副使,专致其事,以表虔诚。据史载,修建此宫时,"广务雕镂之巧",每天役使的军民达数万之众。该宫于大中祥符七年十月建成,总2610区,又特置玉清昭应宫使,令宰相王旦为之。此外,大中祥符二年(1009)十月(一说为七月),又诏令天下并建天庆观。七年十二月,又于京城左承天门天书下降处建元符观。至于所谓赵氏"圣祖",除了大中祥符五年(1012)闰十月已决定以玉清昭应玉皇后殿为圣祖正殿、天下州府军监天庆观并增置圣祖殿之外,同时还改兖州曲阜县为仙源县,建景灵宫、太极观于寿丘,以奉圣祖及圣母。同年十二月,决定在京城择地再新建一景灵宫以奉圣祖,以参知政事丁谓为修景灵宫使,权三司使林特副之,并

163

---

① 《宋史》,第2541-2542页,中华书局,1977。
② 《续资治通鉴》,第678页,中华书局,1957。

置景灵宫使,以宰相向敏中为之。天僖二年(1018)闰四月,皇城又奉言有"灵泉"出京城拱圣营西南真武祠侧,疫疠者饮之多愈。于是,真宗即命于其地建祥源观。真宗在大力营修宫观的同时,又于大中祥符五年闰十月,令建安军铸造玉皇、圣祖等神像。六年(1013)三月,这些神像铸成,即令丁谓为迎奉使,李宗谔副之,专程前往迎至玉清昭应宫,择日各升本殿。又下诏:凡圣像所经郡邑,减系囚死罪,流以下释之,升建安军为真州,熔范圣像之地特建仪真观。

第三,制订节日、敬神乐章和造作道书。真宗制定的节日主要有:(1) 天庆节:正月三日,即天书下降于左承天门的日子。规定休假五天,两京及诸路州府军监前七日建道场设醮,断屠宰。节日期间,士庶特令宴乐,京师燃灯。(2) 天贶节:六月六日,即天书下降于泰山的日子。令兖州及其余诸州皆建道场设醮,京师断屠宰,百官行香上清宫。(3) 天祯节①:四月一日,即天书下降于大内功德阁的日子。其庆祝活动内容的规定与天贶节相同。(4) 先天节:七月一日,即圣祖赵玄朗下降的日子。(5) 降圣节:十月二十四日,即圣祖赵元朗降临延恩殿的日子。规定在"先天节"和"降圣节",两京诸州前七日建道场设醮。与这些活动相关,宋真宗还亲自制作有关朝拜圣祖、玉清昭应宫、景灵宫,以及斋醮道场所用请神和敬神的表章、青词、步虚词、乐章等。同时,还造作了一些道书,如令王饮若定《罗天大醮仪》十卷。

宋真宗所做的这一切,都和他利用道教来神化赵宋王朝的统治有关,而且是以天书下降、圣祖降临的神话闹剧为中心来进行的。通过这些与道教紧密结合的神话闹剧,给赵宋王朝抹上一层神圣的光彩,从而使道教可以更好地为其统治服务。

除上所述外,在对待道教的具体措施上,宋真宗亦有许多举措,主要有:召见道流的活动特别多,或赠诗,或赠送钱物,或赐名封号,或授以官爵,或为之兴建道观。诸如此类,史不绝书。当时有名的道士如赵自然、秦辨、赵抱一、贺兰栖真、柴通玄、郑荣、张无

---

① 宋仁宗以后,因避仁宗之讳,改称"天祥节"或"天祺节"。

梦、王鼎、张正随等,均受到他的恩宠。例如,他在赠张无梦的歌中曰:"混元为教含醇精,视之无迹听无声。唯有达人臻此理,逍遥物外事沉冥。浮云舒卷绝常势,流水方圆靡定形。乘兴偶然辞涧户,谈真俄尔谒王庭。顺风已得闻宗旨,枕石还期适性情。玉帛簪缨非所重,长歌聊复宠归程。"①充溢着对道教的崇拜和张无梦的赞美之情。举行大型教徒集会,于天禧三年(1019)八月,大会道、释于天安殿,建道场,参加者共 1.3 万余人。这种大型集会,成为宋徽宗时千道会的张本。对于道书的收集整理,真宗也相当重视,继太宗之后进一步加强了对道书的整理工作。他命王钦若领校道经,除张君房为著作佐郎,会道士十人,专修《道藏》,至天禧三年编成《大宋天宫宝藏》4565 卷。张君房又撮其精要,辑成《云笈七签》122 卷。此举对道教教理教义的发展有着重要的影响。又继续对道教的陋习进行整顿,在大中祥符二年(1009)二月,诏令:"禁道士以亲属住宫观",违者将加严惩。②

最后,还需指出的是,真宗对于道教的神仙方药、养生术、外丹黄白术亦十分感兴趣。景德二年(1005),王钦若建议下诏将天皇、北极升在第一龛,曰:"此皆良史鸿儒所述,岂皆方士谬妄耶?"并以唐玄宗立九宫贵神之礼在宗庙之上的故事,说:"今若以方士为妄,即九宫之祀可废乎?"真宗对此表示同意,表明了祈望天皇、北极庇佑其能长生的心理。真宗也服食金丹,据《宋史》载:好道的夏侯峤于景德元年(1004)暴中风眩,真宗亟诏取金丹,尊酒饵之。③

真宗赵恒大搞崇道活动、大修宫观等等,使"费造竟超,远近不胜其扰",加之"自天禧以来,日侈一日"、"县官之费,数倍昔日"、"而上下始困于财矣"④,这样"国用不足"的财政困乏局面更为严重。当真宗还在位时,朝臣中已有人对此提出了批评。孙奭当时

---

① 《道藏》,第 32 册,第 9 页。

② 《续资治通鉴长编》,第 1596 页,中华书局,1980。

③ 《宋史》,第 9758 页,中华书局,1977。

④ 《续资治通鉴》,第 810 页,中华书局,1957。

即对真宗编织天书之事颇不以为然,说:"'天何言哉',岂有书也?"①

仁宗赵祯(1023—1063在位)继位之后,遂将"天书"陪葬真宗,并在崇道方面进行了一定的节制。但是,他对开国以来的崇道政策并无任何根本性的改变,朝飨玉清昭应宫、景灵宫的制度被承袭下来;宫观的兴造仍照常进行,西太一宫、会圣宫、集禧观、醴泉观等一批新宫观建造了起来;道场斋醮之事也甚为频繁;许多道士仍旧受到宠信,对张陵后嗣龙虎山道士张乾曜赐号"虚靖先生"(一作"澄素先生"),茅山道士朱自英赐号"观妙先生"、刘从善赐号"全素大师"、兰方赐号"养素先生"。仁宗还以力主崇道的王钦若为相,并在王钦若逝后,下诏为其塑像茅山,置于仙官之列。又将"圣祖神化金宝牌"分送各地,以加强"圣祖"崇拜。最为突出的是在进行祈雨、祷嗣时,都是在道教宫观进行。《茅山志》载:仁宗无嗣,"祷茅山求嗣",韩降草祝辞。②

英宗赵曙(1064—1067在位)由于在位时间极短,在崇道方面大体承袭旧制,没有什么特别举措。

神宗赵顼(1068—1085在位)继位后,以王安石为相,于熙宁(1068—1077)间实施全面变法。新法规定:原享有免役特权的僧、道户也必须依照户等交纳助役钱,一定程度上对道门经济利益有所损害。但是,神宗对道教还是有一些扶持举措,故道教在神宗时期还是有所发展。例如,他在熙宁四年(1071)十月,罢差役法,使民出钱募役,僧、道皆不例外;而在五年(1072)十二月,却下诏曰:"寺观奉圣祖及祖宗陵寝神御者锡役钱。"③

神宗仍然修建宫观,为神灵封号,举行大型的祈禳道场。熙宁五年(1072),建中太一宫,并以亳州太清宫为模式,建中太一宫衣冠之制。元丰(1078—1085)间,建上清储祥宫,增建景灵宫。熙宁间,增加神仙封号,"初真人,次真君"④。元丰四年(1081)正月,诏江州庐山太平兴国观九天采访使者加号"九天采访应天保运真君"、蜀州青城丈人观九天丈人加号"九天丈人储福定命真君"。元

---

①②③④《宋史》,第12802、10302、282、2561页,中华书局,1977。

丰元年(1078),命枢密直学士、提举中太一宫孙永监修删润斋醮科仪,元丰三年(1080)七月,遣勾当御药院吴靖方于中太一宫真室殿建天皇九曜息灾祈福道场七昼夜。史载:"补道职,旧无试,元丰三年始差官考试,以《道德经》、《灵宝度人经》、《南华真经》等命题,仍试斋醮科仪祝读。"①表明神宗还是关注道士宗教素质的提高。

哲宗赵煦(1086—1100 在位)继位后,其朝政局面是新旧两党、两党内部各派间的党争不断,但对于道教仍是崇奉,但也没有特别之举。

徽宗赵佶(1101—1125 在位)即位后,又形成了北宋的第二个崇道高潮,徽宗亦成为历史上著名的"道君皇帝"。他的崇道举措,主要在以下几个方面。

第一,编造"天神下降"的神话,自称"教主道君皇帝"。据《续资治通鉴》载:徽宗还在藩邸时,即自称梦见"老君"告谕他说:"汝以宿命,当兴吾教。"②政和三年(1113)十一月,又宣称自己看见玉津园东有天神降临,并亲撰《天真降临示现记》颁示天下。四年(1114)夏至,又作《神应记》,并遣使奏告陵庙,诏示天下。徽宗对林灵素编造的"天有九霄,而神霄为最高,其治曰府。神霄玉清王者,上帝之长子,主南方,号长生大帝君,陛下是也,既下降于世,其弟号青华帝君者,主东方,摄领之。己乃府仙卿曰褚慧,亦下降佐帝君之治"③这一套神话深信不疑,并授意道士林灵素于政和七年(1117)二月制造长生帝君之弟青华帝君夜降宣和殿之事。史载:"是时帝兴道教将十年,独思未有一厌服群下者。灵素因希旨造为青华帝君夜降宣和殿事,假帝诰天书云篆。帝乃会道士二千余人于上清宝箓宫,俾灵素宣谕其事。左街道录傅希烈等,皆作记上之。"④同年四月,即指使道录院正式册封他为"教主道君皇帝",他对道士们说:"朕夙昔惊惧,尚虑我教所订未周,卿等可上表章册,朕为教主道君皇帝。"⑤他又说:"朕乃昊天上帝之子,为大霄帝君,

①③《宋史》,第 3690、13528—13529 页,中华书局,1977。
②④⑤《续资治通鉴》,第 2354、2385、2386—2387 页,中华书局,1957。

睹中华被金狄之教,焚指炼臂,舍身以求正觉,朕甚悯焉。遂哀恳上帝,愿为人主,令天下归于正道。"①这表明,徽宗已将佛教视为外教,道教为"正教",因此,他必须"令天下归于正道"②。这样,道教的地位得以大大提高,几乎成为国教。

第二,大兴宫观土木。徽宗为了发展道教,在国家财用匮乏的情况之下,不惜耗费巨资,大动土木,兴建宫观。突出的有:建中靖国元年(1101),修景灵西宫③,仅到苏、湖二州采太湖石,就达 4600枚。崇宁元年(1102)七月,为祈长生,祠荧惑,建长生宫于京师。大观元年(1107)九月,在宋太祖举兵反周的陈桥建显烈观。政和三年(1113)九月,在其出生地福宁殿东建玉清和阳宫,后因其自称为神霄玉清王下凡,于政和七年(1117)五月改宫名为玉清神霄宫。政和五年(1115)四月,于京师建葆真观。政和六年(1116)四月,在皇宫附近建上清宝箓宫,并于城上作复道使与皇宫相通,以便可以经常到那里做斋醮法事和授箓等。又铸神霄九鼎,以奉安于该宫神霄殿。同年九月,令天下洞天福地普遍修建宫观,塑造圣像。政和七年,令将全国天宁万寿观改建为神霄玉清万寿宫,仍于殿上设长生大帝君、青华帝君圣像。凡是改建"不虔"或执行不力者,均先后受到惩治。如:知建昌陈并等因改建神霄宫不虔和科决道士,在重和元年(1118)三月,诏并勒停。知登州宗泽因坐建神霄宫不虔,于宣和元年(1119)三年,除名编管。宣和元年八月,京师神霄宫建成,徽宗亲撰编和书写《神霄玉清万寿宫记》,命京师神霄宫刻《记》为碑,以碑本赐天下摹勒立石。在宋徽宗的积极倡导下,"于是神霄玉清之祠遍天下"④。此外,在崇宁(1102—1106)、大观(1107—1110)间,还于茅山建元符万宁宫,龙虎山迁建上清观,增建靖通庵、灵宝观等。在宋徽宗的支持下,道教宫观的建设又进入了极盛时期。对于大建宫观,徽宗说:"朕祗奉三元,钦崇至道,每念灵承

①② 《续资治通鉴》,第 2386、2368 页,中华书局,1957。
③ 景灵西宫为国家道教宫观,其制参用道仪。
④ 《宋史》,第 13528 页,中华书局,1977。

之重,庶臻可致之祥,凡在幅员,率兴观宇。"①表露了其崇道之心。

第三,热衷于为神仙人物加封赐号和制定道教节日。徽宗十分信神,特别是崇信道教神仙,他说:"夫至诚必通,精修有感,事具存于奥典,仪昭著于真科。"②他为了崇奉道教正神,于政和三年(1113),下令毁灭京师淫祠1038区。七年(1117)六月,再次下诏禁巫觋。而且,为维护神灵的威严,于政和六年(1116),诏"老君名耳字伯阳,谥曰聃,并见于经传,今士庶多以为名,甚为渎侮。自今并令禁止,著于令"。宣和七年(1125)七月一日,又诏士庶不得以"天"、"王"、"君"、"圣"为名字。同时,又不断地为道教神仙人物加封赐号,政和六年(1116)九月,加封玉皇为"太上开天执符御历含真体道昊天玉皇上帝"。政和七年(1117)五月,又上地祇徽号为"承天效法厚德光大后土皇祇"。宣和元年(1119)六月,诏封庄子为"微妙元通真君"、列子为"致虚观妙真君"。此外,对三茅兄弟(茅盈、茅固、茅衷)、张道陵、陆修静、陶弘景、翊圣、真武、关羽等,或赐"真人"、"真君",或加封二字。并对岳渎、城隍、山神、龙神,以及江河等神灵也大加封赐。徽宗制定的道教节日就有:天应节,即天神降临玉津园之日;贞元节(又称真元节),二月十五日,即太上混元上德皇帝老子诞辰日;元成节,八月九日,即青华帝君生辰日。

第四,仿照朝廷官吏品秩,设立道阶、道职。据史料载:政和四年(1114)正月一日,"置道阶六字先生至额外鉴议品秩,比视中大夫至将仕郎,凡二十六等"③。重和元年(1118)十月,"甲辰,置道官二十六等,道职八等,有诸殿侍晨、校籍、授经,以拟待制、修撰、直阁之名"④。道阶是一个虚衔,表示道士的品秩;道职是实际职务,管理道门公事。道阶中最高的是"金门羽客",随身带金牌,可随时出入禁闼。道职最高的是"两府侍宸",可兼管道门公事。为集中管理女道士,宣和三年(1121)七月,令三京置女道录、副道录一员,节镇置道正,正、副各一员,其余诸州置道正一员。

169

―――――――――

①②《道藏》,第5册,第567、564页。

③④《续资治通鉴》,第2356、2404页,中华书局,1957。

第五,对道士给予优宠,提高道士地位。徽宗多次诏令天下搜访晓道法、有道术的道士,从各方面给予优待。当时许多道士如刘混康、魏汉津、徐神翁、王仔昔、王老志、张虚白、王文卿、张继先、王允诚、林灵素等,均受到徽宗的亲切召问,给予他们各种封赐。其中,尤以林灵素的权势十分显赫,以至于"出入呵引,至与诸王争道"①。而且,徽宗对女道士也是相当重视,他召见的女道士就有:虞仙姑、于仙姑、马仙姑、妙靖炼师陈琼玉等。徽宗为了提高道士的社会地位,可说不遗余力。如大观元年(1107)二月,诏道士序位在僧上,女冠序位在尼上。政和三年(1113)十月,诏凡冬祀大礼及朝景灵宫,并以道士百人执威仪为前导。政和七年(1117)正月,令天下道士免阶墀迎接衙内,与郡官、监司相见,依长老法。宣和元年(1119)三月,令天下道观道士与监司、郡县官以客礼相见。其实,徽宗本人在接见道士时,也往往是以客礼相见,以致当时一些道教首领的实际地位已超出一般大臣之上。官吏们根本不敢得罪道士,据史载:应天、河南尹蔡居厚就因"初建神霄宫,度地汙下,为道士交诉,徙汝州"②。"茅山道士刘混康以技进,赐号'先生'。其徒倚为奸利,夺民苇场,强市庐舍,词讼至府,吏观望不敢治。"③许多道士不仅授道官、道职,且享有俸禄,并得到政府施舍的大量财物和土地。据《续资治通鉴》载:重和元年(1118)十月,"癸卯,帝如上清宝箓宫,传度玉清神霄秘箓,会者八百人。时道士有俸,每一斋施,动获数十万;每一观,给田亦不下数百千顷"④。由此可见,宋徽宗对待道士之优厚,道士地位之高。

第六,提倡学习道经,设立道学制度和道学博士。政和四年(1114)三月,诏:"诸路监司,每路通选宫观道士十人,遣发上京,赴左右街道录院讲习科道声赞规仪,候习熟遣还本处。"⑤政和七年(1117)八月,徽宗根据宣和殿大学士蔡攸的建议,将《亢桑子》、《文子》列入国子学,与《庄》、《列》并行。同年十二月,亲改《老子

①②③《宋史》,第13529、11210、11211-11212页,中华书局,1977。
④⑤《续资治通鉴》,第2404、2357页,中华书局,1957。

道德经》为《太上混元上德皇帝道德真经》。他对《老子》一书推崇备至,不仅亲自作注,还于重和元年(1118)八月,同意知兖州王纯奏请,令学者治《御注道德经》,间于其中出题。同时,建道学,下诏云:"自今学道之士,许入州县学教养;所习经以《黄帝内经》、《道德经》为大经,《庄子》、《列子》为小经外,兼通儒书,俾合为一道,大经《周易》、小经《孟子》。"①凡初入学者称为道徒,以后每年进行考试,根据考试成绩分别授以元士、高士、上士、良士、方士、居士、隐士、逸士、志士等名号,按官品的五品到九品拨放。又依儒学贡士法,学道之士可通过考试升为贡士,到京入辟雍学习,然后每三年参加"大比",殿试合格者即为有道之士,可授予道官、道职。为了普及道经的学习,令道录院选择《道德经》数十部,先后镂板,颁之州郡。九月,诏太学、辟雍各置《黄帝内经》、《道德经》、《庄子》、《列子》博士二员。颁《御注道德经》,勒石神霄宫。不久,又因给事中赵野的奏请,规定:"诸州添置道学博士,择本州官兼充。"②从徽宗所采取的这些措施看,其目的是使儒、道合一,而且是很快就收到成效,到宣和二年(1120)正月,遂下令"罢道学,以儒道合而为一,不必别置道学也"③。

171

第七,编修道教历史,访求道经,编修《道藏》。据《宋史·徽宗本纪》载:重和元年(1118)九月,"用蔡京言,集古今道教事为纪志,赐名《道史》"④。该书的编写体例仿照《史记》、《汉书》等"正史"纪传体,分为纪、志、传三部分,只是无有按时间编排的《表》。《混元圣纪》载曰:"宣和三年(1121)十一月三日诏提举道录院:见修《道史》非可以常史论。自《史记》、《汉书》以来,体制有可采,当以为例。则《史表》一门,不须徒设。"关于其内容结构,又载曰:"《道纪》断自天地始分,以三清为首,三皇而下。帝王之得道者,以世次先后列于《纪》。为天地、宫府、品秩、舆服、符箓、仪范、禁律、修炼、丹石、灵文、宝书等十二志。男真自风后、力牧而下,女

①②③④《续资治通鉴》,第 2401、2403、2417、2402 页,中华书局,1957。

真自九灵元君而下,及凡臣庶之得道者,各以世次先后为《传》。"①又谓《道史》直自龙汉(道教年号),止于五代;宋代部分则称为《道典》。总之,《道史》是我国官修的第一部全面叙述道教历史的巨著,可惜书已失传,令人遗憾。

崇宁(1102—1106)中,徽宗即下诏天下访求道教遗书,令道士校定。至崇宁、大观年间,大藏已增至 5387 卷。政和三年(1113)十二月,又"诏天下访求道教仙经"②,编修《万寿道藏》。编成后,总 540 函、5481 卷,送福州闽县镂板。刊镂完毕,即进板于东京。将全藏刊板,这在我国历史上是第一次。

北宋统治者的崇道,目的是为了巩固赵宋王朝的统治,然而,正当徽宗崇道达到高潮的时候,金人已兵临城下,事实证明,所谓"世祚延永",不过是一句骗人的空话。与唐代相似,这时的"圣祖"也不灵了,徽宗派人将所谓"神霄宝轮"送到全国的神霄宫去供奉,企图以镇四方之兵灾,但也无济于事。不久,这位自称天上神霄帝君下凡的"教主道君皇帝"连同他的儿子钦宗赵恒(1125—1127 在位)及全家妇孺被金人"悉虏以去"。当他已成为金人阶下之囚时,仍常身着道袍,头戴逍遥巾,保持道士的装束。应当说,徽宗信仰道教、尊崇道教的思想始终未变。

就道教本身来看,北宋时期的道教是符箓科教道法特别兴盛,不仅统治者重视和支持,每逢重要事情都要请道士设醮建斋做道场,而且是作为一种制度固定下来;百姓也经常需要道士为他们做法事。总之,符箓科教道法适应社会各阶层的需要。当时,符箓派中最有影响的名山是龙虎山、茅山和阁皂山,合称"三山符箓",分别代表符箓道教的三种不同教法。其中,以龙虎山和茅山的影响为大。就道派而言,茅山的势力仍居首位,其组织严密、传系清楚、高道众多,与统治者的关系亦最为密切,在政治、经济上享有种种特权。这一时期,茅山宗的传系为第 20 代至第 27 代宗师,介绍

---

① 《道藏》,第 17 册,第 883 页。
② 《续资治通鉴》,第 2355 页,中华书局,1957。

如下。

第 20 代宗师成延昭(911—990),字怀玉,润州金坛(今属江苏)人。初,诣紫阳观为王栖霞弟子。开宝八年(975),为茅山威仪兼升州道正。不久,辞还紫阳观,门人受学甚众。

第 21 代宗师蒋元吉(?—998),字吉甫,号碧虚子,常州义兴(今江苏宜兴)人。从冲虚先生成延昭受度,应诏居京师,后同还紫阳观。咸平元年(998)三月,以经箓授弟子万保冲后逝世。

第 22 代宗师万保冲(生卒年不详),字用玄,常州武进(今属江苏)人。初于腾仙观出家,后师事洞虚先生蒋元吉,得上清经法。景德(1004—1007)间,奉诏请祷,大应,赐号"冲素先生"。

第 23 代宗师朱自英(976—1029),字隐芝,句曲朱阳里(今属茅山地区)人。12 岁出家,从玉晨观朱元吉(一作朱文吉)为道士,景德元年(1004)嗣教。景德四年(1007),奉诏为真宗祷嗣有验,赐号"国师"。明肃刘太后从其受大洞毕法箓,复赐号"观妙先生"。朱自英对道教经书和上清法箓有一定贡献,传有《上清大洞真经》六卷,并为之作序。

第 24 代宗师毛奉柔(生卒年不详),建康句容(今属江苏)人。师事观妙先生朱自英。嘉祐八年(1064)十二月,以经法授刘混康,未几羽化。徽宗崇宁元年(1102),追赠号"通真明元先生"。

第 25 代宗师刘混康(1036—1108),字混康,另字志通,晋陵(今江苏常州)人。13 岁,从常州泰和观汤含象受业。嘉祐五年(1060)五月,试经为道士;八年(1063),闻华阳毛宗师有道,遂往依。元祐元年(1086),为皇后孟氏治病有验,赐号"洞元通妙法师"。绍圣四年(1097),哲宗敕江宁府改所居潜神庵为元符观,别敕江宁府句容县三茅山经箓宗坛,与江西信州龙虎山、临江军阁皂山三山鼎峙,辅化皇图。徽宗时,亦屡召赴阙,获赐九老仙都君印剑,赐号加至"葆真观妙冲和"六字先生。卒后,特赠太中大夫,谥曰"静一"。

第 26 代宗师笪净之(1068—1113),字清远,金陵(今江苏南京)人。幼时即不茹荤,其父携至茅山,师事刘混康。徽宗崇宁四年(1105),赐号"宁静凝和法师",兼领崇禧观。卒后,诏赠"冲隐先生"。受业弟子数十人。

第27代宗师徐希和(? —1127),字仲和,金陵溧水(今属江苏)人。其父敬慕笪净之,命侍奉之。跟随笪净之入朝,徽宗嘉其道才清素,敕就陛前为道士。笪净之逝后,奉徽宗亲笔之旨嗣教。政和四年(1114),召诣阙,赐丹台郎,转太素大夫、凝神殿校籍。宣和三年(1121),复召之,内廷建别馆处之;四年(1122),授太中大夫、凝神殿侍宸。请归,敕有司礼送。

除上述这些宗师外,茅山道士中还有不少在这一时期中十分著名的道士,诸如张绍英、武抱一、王筌、汤用明、沈若济、冯太申、陈希微、汤友成、杨希真、黄澄等,显示出茅山宗的实力之强。

江西龙虎山张天师一系,唐代已见其活动踪迹,唐玄宗曾诏封张陵。至北宋,与北宋统治者的联系逐渐加强,宋真宗、仁宗、神宗、徽宗,都曾诏张天师后嗣入朝。从资料看,这一时期较为著名者为张正随、张乾曜和张继先。

张正随(生卒年不详),第22代天师张秉一之曾孙,字宝神。他为人质朴,岁以传度法信,救施贫乏,虽家贫而不顾。逝后,追赠"真静先生"号。

张乾曜(生卒年不详),字元光,张正随长子。《宋会要》载:"大中祥符八年(1015),召信州道士张乾曜于京师上清宫,置坛传箓度人。"①

张继先(生卒年不详),字遵正,号翛然子。他与北宋统治者的关系最为密切,徽宗于崇宁(1102—1106)以来,四次召其入京,令于内道场设醮,赐号"虚靖先生",视秩中散大夫,并赐昆玉所刻"阳平治都功印"。又诏有司于京城之东为其修下院,赐额曰"崇道"。又赐缗钱修缮龙虎山上清宫,拨步口庄五万以饭其众,改赐"上清正一宫"额,并追封其父"先生"号。靖康二年(1127),应钦宗诏赴阙,行至泗州而逝。据说,张继先著有《大道歌》、《心说》传世。

此外,龙虎山道士如张继先弟子吴真阳、王道坚等,都受到北

---

① 《道藏》,第5册,第211页。

宋统治者的优待、赏识。政和六年(1116)，下诏为吴真阳大其观，建玉皇殿，书其榜门曰"丹山赤水洞天"；授丹林郎，禁樵采，蠲田租。徽宗还于政和(1111—1117)间，诏王道坚赴阙，馆于太一宫，向其询问修炼延年之术。因当时正在校定《道藏》，制授太素大夫、凝神殿校籍，参与校定道经。这一切均表明，龙虎山张天师一系在社会上的影响与日俱增，龙虎山正一派正在崛起。

阁皂山虽为三山符箓之一，但没有出现十分杰出的道士，与统治者的关系并不密切，只是活动于民间，例行为人设醮奏章、召神劾鬼而已。

这一时期，还有新的道派出现。一是以林灵素、王文卿二人为代表的神霄派，二是以饶洞天为代表的天心派。二派均为符箓道法别派，前者重五雷符，后者重三光符、黑煞符、天罡大圣符。均有道法书多种传于今。

林灵素(生卒年不详)，本名林素(或灵噩)，字岁昌(又作通叟)，温州永嘉(今属浙江)人。《宋史·方技·林灵素传》载："少从浮屠学，苦其师笞骂，去为道士。善妖幻，往来淮、泗间，丐食僧寺，僧寺苦之。"[1]这就是说，林灵素原本为僧，因不堪其师打骂，才转而为道士。而且，他在受宋徽宗优宠前，一直是落魄困窘。林灵素之际遇宋徽宗，据《历世真仙体道通鉴》载：大观二年(1108)四月，徽宗诏求天下有道之士，刘混康以其名奏上，即遣使求之，不得。政和六年(1116)十月，左道录徐知常奏曰："有温州道士林灵噩在道院安下，言貌异常，累言神霄事，人莫能晓。尝作《神霄谣》题于壁，今录奏呈。"[2]徽宗取文览读，皆神仙妙语，于是令徐知常引林灵素入见。林灵素见到徽宗，便向其大言神仙之事，谓："天有九霄，而神霄为最高，其治曰府。神霄玉清王者，上帝之长子，主南方，号长生大帝君，陛下是也，既下降于世，其弟号青华帝君者，主东方，摄领之。已乃府仙卿曰褚慧，亦下降佐帝君之治。又谓蔡京为左

175

① 《宋史》，第 13528 页，中华书局，1977。
② 《道藏》，第 5 册，第 408 页。

元仙伯,王黼为文华吏,盛章、王革为园苑宝华吏,郑居中、童贯及诸巨阉皆为之名。贵妃刘氏方有宠,曰九华玉真安妃。"①这一套神话,颇投徽宗心意,于是,御书改林素名为"灵素",赐号"通真达灵先生",又赐金牌,随时可进入禁中,并专门为其建通真宫以居。又令其删定道史、经箓、灵坛等事,尊为己师。旋又命天下皆建神霄万寿宫,于京师开神霄箓坛,"浸浸造为青华正书临坛,及火龙神剑夜降内宫之事,假帝诰、天书、云篆,务以欺世惑众。其说妄诞,不可究质,实无所能解。惟稍识五雷法,召呼风霆,间祷雨有小验而已"②。林灵素所行神霄雷法,迷惑宋徽宗,时常至其居所,观看其施符水为人治病。当京城神霄宫建成后,徽宗率群臣庆贺游观,林灵素以"神霄一府总诸天"句对徽宗"宣德五门来万国"句,获得徽宗欢心。这样,徽宗乃"令吏民诣宫受神霄秘箓,朝士之嗜进者,亦靡然趋之。每设大斋,辄费缗钱数万,谓之千道会。帝设幄其侧,而灵素升高正坐,问者皆再拜以请。……其徒美衣玉食,几二万人。遂立道学,置郎、大夫十等,有诸殿侍晨、校籍、授经,以拟待制、修撰、直阁。始欲尽废释氏以逞前憾,既而改其名称冠服"③。政和七年(1117),高丽国进献青牛,林灵素为此作《青牛歌》一篇进奏,徽宗大悦。又撰《日月点纲录》进上,徽宗赐镂梓。

据《皇朝通鉴纪事》等书记载,从政和七年(1117)二月甲子日起,徽宗亲临上清宝箓宫,命林灵素讲玉清神霄王降生记和道经,听讲的道士就有二千余众。林灵素集九天秘书、龙章凤篆、九等雷法,集成玉篇进上。徽宗欲得雷书金经全部,收入《道藏》,求访不得。于是林灵素便假借玉华天尊奏告上帝,上帝遣玉女以印相授的名义,造天坛玉印、神霄嗣教宗师印、都管雷公印、天部霆司印各一,和《雷书》五部进奏。重和元年(1118),由林灵素安排通灵之事,谓徽宗为东华帝君,明节为紫虚玄灵夫人,王皇后为献花菩萨,太子为龟山罗汉尊者,蔡京为北都六洞魔王、第二洞大鬼头,童贯为飞天大鬼母,林灵素本人为神霄教主兼雷霆大判官,徐知常为东

---

①②③《宋史》,第13528—13529、13529、13529页,中华书局,1977。

海巨蟾精。同年五月,赐林灵素为金门羽客、通真达灵元妙先生、视中大夫。九月,特授本品真官,免视法。十一月,赐冲和殿侍宸。至此,林灵素权势逼人,竟使朝廷为之升温州为应道军节度。在林灵素获得殊荣、权势熏天之时,道教也臻于极盛。据《宋史》载:林灵素"出入呵引,至与诸王争道,都人称曰:'道家两府'"①。

然而,林灵素的所作所为,亦引起百姓的不满。宣和(1119—1125)初,都城遭洪水袭击,徽宗遣他厌胜,当林灵素率徒步虚城上时,役夫争相举梃将击之。不仅如此,林灵素与蔡京等人的矛盾也非常大。据赵与时《林灵素传》说:"京师大旱,命灵素祈雨,未应,蔡京奏其妄。"②至后来,他与皇室也产生矛盾。《宋史》说:"灵素在京师四年,恣横愈不悛,道遇皇太子弗敛避。太子入诉,帝怒,以为太虚大夫,斥还故里,命江端本通判温州,几察之。端本廉得其居处过制罪,诏徙置楚州而已死。遗奏至,犹以侍从礼葬焉。"③因触忤皇权而被斥之故里而死。林灵素究竟死于何时,具体时间不得而知,综合众多史料比较来看,是在宣和二年(1120)以后。

总之,宋徽宗政和间,林灵素备受尊宠,道教亦获得很高地位。据《清波杂志》说:宣和间,黄冠出入宫禁,号"金门羽客",林灵素为之宗主,神霄雷法亦为世人所知。由于王文卿主要活动于南宋,故将在下面的章节中再介绍,这里略去。

天心派起于华盖山,本山有桥仙观,在抚州崇仁县(今属江西)。据邓有功《上清天心正法序》、元妙宗撰于政和六年(1116)的《太上助国救民总真秘要》,该派祖师为北宋太宗时人饶洞天。饶洞天(生卒年不详),抚州临川(今属江西)人。先为县吏,后因梦神人,遂名"洞天"。得《天心正法经》,能啸命风雷,役使神灵,救人利物,"于是四方慕道者凡数百人从游"④。率弟子登华盖之巅,授以

---

① ③ 《宋史》,第13529、13529—13530页,中华书局,1977。

② 《藏外道书》,第18册,第819页,巴蜀书社,1994年。(下引此书不再注明版本)

④ 《道藏》,第18册,第69页。

至道,"自兹正法流传矣"①。饶洞天一系直传弟子先后有:朱冲素、游道首、邹贲、符天信、邓有功。

在道教理论方面,有许多著名道士诸如陈抟、贾善翔、张伯端、陈景元、张无梦等,他们从各个方面发展了道教理论,有的对道教内丹理论的发展作出了贡献,促进道教内丹学的渐次兴起;有的对儒家士大夫及其理学的建立,起了相当大的影响和作用。

陈抟(?—989),字图南,自号扶摇子,亳州真源(今安徽亳县境)人。其生平事迹和生年众说纷纭,是一位颇具神奇色彩的传奇性隐逸道士。陈抟著述甚丰,但大都亡佚,据现存资料所知,他的学术思想主要有易学、老学和内丹三个部分,其思想特征在于继承汉代以来的易学传统,将黄老清静无为观念、道教修炼方术与儒家修养、佛教禅理融为一体。在易学方面,他著有《龙图序》,是至今仅能见到的他论述易学的一篇短文。据史书记载,他的易学思想,包括《先天图》、《太极图》、《河图》、《洛书》的内容,其授受序列为:

《河图》、《洛书》:陈抟通过种放—李溉—许坚—范谔昌—刘牧;

《无极图》:陈抟得之于吕洞宾,刻于华山石壁,通过(种放)穆修—周敦颐—二程(程颐、程颢);

《先天图》:陈抟得之于麻衣道者,通过种放—穆修—李之才—邵雍。

总之,陈抟的易学思想,通过授徒而得到传播,在宋代学术界大放异彩,对道学的兴起有着广泛而深刻的影响。其老学思想,通过张无梦传给陈景元,也开出了光彩夺目的奇葩。

在内丹方面,陈抟著有《指玄篇》和《入室还丹诗》。现存《阴真君还丹歌注》,就是他讲解内丹修炼的著作,它根据天地方位、五行所属、阴阳交感、四时运转的道理,说明人身脏器部位、修炼的时机、方法和功效,认为"以身口为炉"、"以宫室为灶",默心修炼,就可达到成为真仙的最高境界。在修炼内丹的实践上,他本人以睡

178

---

① 《道藏》,第18册,第69页。

功闻名于世。他对外丹方术作了批判,说:"世人多取五金八石,诸般草木烧之,要觅大还丹,岂不妄也。"①总而言之,陈抟的思想包含多方面的内容,北宋时期的一批道学大师和道教理论家,大都直接或间接受其思想影响,因而陈抟不仅在道教史而且在中国文化思想发展史上都占有一定地位。

张无梦(生卒年不详),字灵隐,号鸿濛子,凤翔盩厔(今陕西周至)人。永嘉开元观道士,主要活动于宋真宗时期,师事陈抟,多得微旨。后游历天台、赤城,结庐琼台观十余年。以修炼内丹形于歌咏,集为《还元篇》。真宗闻其名,召对,为其讲解《还元篇》,赐饮,送之金帛皆不受,又赐"处士畅玄先生"号,亦不受。后归,有旨令台州给著作郎奉以老,隐于终南山鹤池。最后,抵金陵保宁寿宁佛舍,杜门不出。张无梦通《老》、《易》,有《琼台诗集》行于世,其思想特征是把《道德经》和《周易》运用于内丹修炼。

陈景元(?—1094),字太初,号碧虚子,建昌南城(今属江西)人。据说,陈景元因二位兄长先后夭亡,遂有方外之志。于庆历二年(1042),师事高邮天庆观道士韩知止,庆历三年(1043),试经度为道士。后别师游天台,遇张无梦,得其传授《老》、《庄》微旨。神宗闻其名,诏请设普天大醮,赐号"真靖大师"。熙宁五年(1072),进所注《道德经》,遂命为右街都监同签教门公事,累迁右街副道录。所居以道、儒、医书各为斋馆,四方学者从其游。陈景元著述有《上清大洞真经玉诀音义》、《西升经集注》、《道德真经藏室纂微篇》、《南华真经章句音义》、《元始无量度人上品妙经四注》、《碧虚子亲传直指》等。其《道德真经藏室纂微篇》,"盖摭诸家注疏之精华,而参以师传之秘,文义赅赡,道物兼明,发挥清静之宗,丕赞圣神之化"②。近人蒙文通先生说:"唐代道家,颇重成(玄英)、李(荣);而宋代则重陈景元,于征引者多,可以概见。"③

179

---

① 《道藏》,第 2 册,第 880 页。

② 《道藏》,第 13 册,第 655 页。

③ 蒙文通:《道书辑校十种》,第 710 页,巴蜀书社,2001。

张伯端(987—1082),字平叔,一名用成(诚),号紫阳,天台(今属浙江)人。他自己说:"仆幼亲善道,涉猎三教经书,以至刑法书算、医卜战阵、天文地理、吉凶死生之术,靡不留心详究。"[1]曾做过府吏,因怀疑婢女偷窃,其婢自杀而亡。后发现是自己冤枉了婢女,"因赋诗云:刀笔随身四十年,是非非是万千千。一家温饱千家怨,半世功名百世愆。紫绶金章今已矣,芒鞋竹杖任悠然。有人问我蓬莱路,云在青山月在天。赋毕,纵火将所署案卷悉焚之,因按火烧文书律遣戍(岭南)"[2]。至岭南后,被陆龙图收为随从,典机事,"至熙宁己酉岁(1069),因随龙图公入成都,以凤志不回,初诚愈格,遂感真人授金丹药物火候之诀"。这个真人是谁,诸书说法不一,据学者们研究,认为极大可能是刘海蟾。于是,张伯端"乃改名用成(诚),字平叔,号紫阳"。熙宁八年(1075),作《悟真篇》。《悟真篇》为道教内丹丹法的主要经典,以诗词形式总结了北宋以前的内丹术,在道教史和道教修炼术上是一部承先启后的重要著作,与魏伯阳的《参同契》地位相仿。《四库全书总目提要》说:"是书专明金丹之要,与魏伯阳《参同契》,道家并推为正宗。"张伯端认为:道、儒、释"教虽分三,道乃归一","释氏以空寂为宗,若顿悟圆通,则直超彼岸,如有习漏未尽,则尚徇于有生;老氏以炼养为真,若得其枢要,则立跻圣位,如其未明本性,则犹殢于幻形;其次《周易》有穷理尽性至命之辞,《鲁语》有毋意、必、固、我之说,此又仲尼极臻乎性命之奥也"[3]。这就是说,道、儒、释三家都讲的是性命之理、性命之道。然而,他认为独修任何一家之学,都是不圆满的,最好的就是"先以神仙命脉诱其修炼,次以诸佛妙用广其神通,终以真如觉性遣其幻妄,而归于究竟空寂之本源矣"[4]。这也正是他写作《悟真篇》的指导思想。总之,《悟真篇》继承钟离权、吕洞宾"道佛双融"、"性命双修"之说,而又以"先命后性"为其特点,并对陈抟"炼精化气"、"炼气化神"、"炼神还虚"、"复归无极"的思想作了进一步的发挥。

---

[1][3][4]《道藏》,第 2 册,第 914、914、1030 页。

[2]《古今图书集成》,第 51 册,第 62335—62336 页,中华书局,1985。

贾善翔(生卒年不详),字鸿举,蓬州(今属四川)人。好琴嗜酒,喜谈笑,默究修炼,任右街都监同签书教门公事,赐号"崇德悟真大师"。著有《太上出家传度仪》、《南华真经直音》、《犹龙传》和《高道传》,主要在道教人物、神仙传记以及科仪方面作出了贡献。

北宋时期,高道辈出,他们从不同的思想侧面反映了北宋道教理论发展的水平,其中最显著的特点是注重精神内修,特别是自神宗朝的张伯端所撰《悟真篇》传世之后,道教内丹学便呈蓬勃发展之势,不但成为道教修炼术的主流,其后的道教理论也多围绕内丹修炼而展开。

从道教修炼术方面来看,在唐代发展到极盛的外丹术,自北宋后便开始逐渐衰落。外丹,是指用炉鼎烧炼铅、汞等药物以制成一种人服用后可长生不老的丹药。它起源甚早,始称金丹,后为了与内丹相别,遂称外丹。炼制外丹的人认为,丹砂可反复变化,黄金不怕火烧,埋之永不腐朽,因此,人服用了丹砂和黄金炼成的丹药,即可长生不死。烧炼外丹常用的药物有金、银、铜、铅、锡、汞、石灰、矾石、芒硝、石炭、石棉、砒霜、朱砂、雄黄、雌黄、云母、曾青、硫磺、戎盐、硝石等,此外,还有很多草木药。金丹的种类名目繁多,如九鼎丹、太清神丹、九转丹等。烧炼方法有炼(加热)、煅(高温加热)、养(低温加热)、炙(局部加热)、抽(蒸馏)、飞升(升华)、淋(过滤)、浇(冷却)、煮(加水加热)等。

炼制外丹,不仅需要很多药物,还要有炉鼎和其他工具,而且要花很长的时间。也就是说,既要有钱,又要有闲,一般人是无法涉足的,但这对于统治者来说却是轻而易举之事,不需自己劳力,只要给擅长此术的道士以钱物,自己就可获得服之可长生不死之丹药。故外丹术在统治者的提倡下于唐代发展到极盛,唐代的许多皇帝都热衷此道。当时许多道士如孙思邈、陈少微、金陵子、楚泽、沈知言等均是著名的炼丹家,而炼丹方面的著述也不少,孙思邈著有《大清丹经要诀》,陈少微著有《修伏灵砂妙诀》、《九还金丹妙诀》,张果著有《玉洞神丹砂真要诀》,梅彪著有《石药尔雅》等;还有许多不著撰写人姓名的炼丹著作,如《铅汞甲庚至宝集》、《黄帝九鼎神丹要诀》、《金石簿五九数诀》。然而，丹药的毒性很大，唐朝有六个皇帝据说都是因服食丹药中毒致死，社会上对丹药的斥责之声也相当强烈。正因如此，到唐末五代十国之时，外丹术始呈衰微之状，论著有《丹方鉴源》和《通玄秘术》。《丹方鉴源》对五代以前炼丹、黄白术的药物学成就进行了总结，《通玄秘术》则记述了唐末炼丹术用于医疗方面的丹方。北宋时期，从整体上看，论著大为减少，皇帝热衷此道的也不多，炼丹理论仍停滞在唐代成就的基础上，将丹药用于长生的目的，或服食致死的人已为数不多，说明此术已开始衰微。从现存资料看，这个时期的外丹术已转向其旁支——黄白术方向发展。需要指出的是，以炼制丹药求长生的外丹术固然荒谬，但不可否认却是我国古代化学的主体，是我国现代化学的先驱，在医药、火药的发明等方面，都作出了巨大的贡献。

在外丹术衰落之时，内丹术却悄然兴起。内丹是与外丹相对的一种内修方法，源于行气、导引、胎息等术。此术以人的身体为炉鼎，以身体内的精、气、神为药物，通过一定的方法使之于体内结丹，从而达到长生不死之目的。内丹之名，始于隋代道士苏元朗，他最早将魏伯阳《参同契》发掘出来，用以指导内丹实践。唐代致力于内丹修炼的道士有刘知古、施肩吾、崔希范、彭晓等，这时的内丹著作有：刘知古《日月玄枢论》，施肩吾《养生辨疑论》，张元德《丹论诀旨心鉴》，张果《太上九要心印妙经》、《大还丹契秘图》，陶植《还金术》，还阳子《大还丹金虎白龙论》，董师元《龙虎元旨》等。唐末五代，内丹术又有发展，实现了道教修炼由重五金八石的外丹术向重心性修炼的内丹术的大转变，其突出的代表为崔希范和彭晓。崔希范著有《入药镜》，对后世有较大影响；彭晓著有《周易参同契分章通真义》和《还丹内象金钥匙火龙水虎论》。到北宋，内丹术亦向前大大发展，陈抟、张伯端是内丹学的著名代表，他们阐述的"炼精化气"、"炼气化神"、"炼神还虚"功法，成为道教内丹的至要修炼法。张伯端除著《悟真篇》外，还有署其名的《金丹四百字》和《玉清金笥青华秘文金宝内炼要诀》，但很多研究者认为此二书皆为后人伪托。但是，不管怎么说，北宋不但专主内丹修炼的道士出现，逐渐形成了道派,而且符箓派道士也将内丹修炼与符箓结合。总而言之,往后内丹即成为道教的主要修炼术和道教理论阐发的核心。

内丹有许多名词、专用术语,有的从外丹术名词转来,有的则是内丹术独有的,在此,我们仅把最重要而常涉及的"精"、"气"、"神"和"性命双修"大致介绍一下。所谓精、气、神,作为人生命的要素,早在先秦时就受到诸子的重视,道教也以爱气、尊神、重精为长寿之要。内丹学以精、气、神为炼丹药物,称之为"三宝"。精,指人身水液中的精华,是一种具有生命活力的原始物质;气,指具有推动运转作用的生命能量;神,指精神。精的作用是化育,神的作用是觉知、主宰。陆西星《心印妙经注》谓:"灵明之觉之为神,充周运动之谓气,滋液润泽之谓精。以其分量而言,则神主宰制,气主作用,精主化生,各专其能。"①这是关于精、气、神的一般说法。另外,也有把精、气、神分为先天与后天两种者。先天精、气、神为元精、元气(炁)、元神,后天精指淫媾之精及其他体液,后天气指口鼻呼吸之气,后天神指思虑之神。后天精、气、神属阴滓,不堪作内炼药物。也就是说,内炼药物只能是先天的元精、元气、元神。但是,后天也是先天所生,非后天不能成就先天,先天为后天之体,后天为先天之用,所以,欲返先天,须从调理后天做起,而一旦返回先天,后天亦可精固、气足、神灵。性命本是儒学范畴,《易》曰:"穷理尽性以至于命。"内丹家认为,性是指人的心性等精神方面的因素,命是指物质方面的气、元气等,所谓"性者是元神,命者是元气"②,"气脉静而内蕴元神,则曰真性;神思静而中长元气,则曰真命"③。内丹诸家皆强调性命二者不可分离,即"性无命不立,命无性不存"④,"只修性,不修命,此是修行第一病"⑤。因而主张性命双修。在性命双修的次第、方式上,主要有三种主张:一是主"先性后命",

---

①③《藏外道书》,第 5 册,第 208、465 页。

②《道藏》,第 25 册,第 807 页。

④《道藏》,第 4 册,第 503 页。

⑤《全唐诗》,第 9715—9716 页,中华书局,1960。

从炼精化气入手,循序渐进至炼神阶段,再参合禅宗了彻性源。二是主"先性后命",即先澄心遣欲,识心见性,然后再炼精化气,炼气化神,修炼命功。三是主"性命一体,性主命从",认为只要了性,自然就可了命,未必要专门去修命。

综上所述,表明道教在北宋统治者的扶持、崇信下,得到了恢复和发展,旋即又随着北宋王朝的覆灭而告一段落。然而,道教于北宋时期所积淀的理论成就却被往后的道士所继承,翻开了道教史上的新篇章。

隋唐至北宋,道教与封建统治者的关系十分密切,受到了封建统治者的积极利用、大力扶持,甚至是崇信,这对道教在各方面的发展都起了巨大的促进作用,使它进入了道教发展史上的兴盛期。这个时期,在道教南北派别相互交融的基础上,茅山宗一直处于主流的地位,楼观道在隋唐之际也有较大的发展,而其教义方术亦颇受茅山宗的影响。又由于统治者采取了一系列措施加以推动,使道教在理论方面的发展尤为突出,许多著名的道教学者,如唐之孙思邈、成玄英、李荣、王玄览、司马承祯、吴筠、李筌,五代十国的杜光庭、彭晓、谭峭、闾丘方远,北宋时的陈抟、张伯端、陈景元、贾善翔等,都是道教史上或学术史上有较大影响的人物,而且大多出自茅山宗。他们或者撰写论著以阐述自己的学说,或者通过整理、注释道经以发挥自己的思想,研究范围相当广泛,在道教的教理、历史、修持方法和医学、药物学、养生学,以及哲学思想、政治思想、军事思想等诸多方面都有独到之处,其中许多著作不仅对当时道教思想的发展有重要意义,而且对中国古代学术文化也有相当影响。特别是道教的"重玄"之学,经过隋唐诸多道教学者的阐发,建立起一套相当系统化的道教哲学体系,俨然形成为一个独具特色的学派,对于推进当时道教的教理教义和中国哲学思想的发展,有不容忽视的作用。隋唐时代,道教的外丹术特别兴盛,著名的炼丹家和外丹经诀特别多,所产生的社会影响也特别大,故被称为道教外丹术的"黄金时代"。但是,在晚唐、五代后,以钟离权、吕洞宾、张伯端为代表的内丹思想有了较大发展,为南宋、金、元修炼内丹的道派的兴起奠定了基础。

第四章

南宋金代道教

第一节　符箓派统领和金丹派兴起

北宋王朝在北方金国的强大军事攻击下,于 1127 年宣告灭亡,统一的中国再次出现南北分裂的局面。偏安于江南半壁河山的南宋小朝廷,其社会状况从总体上说,一直处于激烈的动荡之中,民族矛盾较为尖锐复杂,经济状况也很不景气,人民饱受战火之苦,苛捐杂税压得人们喘不过气来,在这种情况下,不仅统治者需要借助宗教之力来维护其社会秩序,在老百姓中也同样有渴求宗教的需要。南宋统治者对待道教的态度,基本上与北宋统治者一致,但鉴于徽宗崇道亡国的教训,南宋朝廷再未出现过像北宋真宗、徽宗利用道教神化皇权及崇道抑佛的极端行为。

高宗赵构(1127—1162 在位),即位伊始即对前朝极端崇道的弊端进行了纠偏,建炎元年(1127)五月庚寅,高宗下诏"罢天下神霄宫"①;辛未,又诏"籍天下神霄宫钱谷充经费"②。据宋人周辉《清波杂志》载:高宗于建炎初,敕命温州籍没林灵素家产。周密《癸亥杂识》载:"南渡之初,中原士大夫落南者众,高宗乃有西北士大夫许占寺宇之命。"另外,南宋朝廷对道教的管理相当严格,建观、度道士出家皆由有司限定名额,并依北宋之制设各级道官管理道教事务,大宫观的提举由近臣充当。据《宋会要辑稿》载:绍兴二十年(1150),"道士止有万人"。《燕翼诒谋录》卷五云:"南渡以后,再立新法,度牒自六十千增至百千。淳熙初,增至三百千,又增为五百

①②《宋史》,第 443、446 页,中华书局,1977。

千,又增为七百千。然朝廷谨重爱惜,不轻出卖,往往持钱入行都,多方经营而后得之。"①《建炎以来朝野杂记》卷一五《僧道士免丁钱》条说:自十五千至二千,凡九等,大率禅寺僧、宫观道士散众每丁二千,长老、知观、知事、法师有紫衣号者次第增钱,朝廷由此可岁入钱五十万。据道士杨至质《勿斋先生文集》卷一《太一宫清心斋谢陈提举》云:"当建、绍、乾、淳(高宗、孝宗朝)之际,多巢由园绮之臣,召对禁中,每谈经而论道,放还物外,且锡号以赐书。比年以来,此事俱废。"②这一切表明,南宋王朝对道教确实是有所抑制的。

　　然而,由于此时国力羸弱,递受金人和蒙古人的侵袭,为力求保国延祚,消灾免难,更需求助于神灵的护佑,故高宗赵构仓皇南渡后,面临金军不断南侵的生死存亡关头,积极延揽羽流,并常去宫观参拜。最典型的事例如下:一是他在战败之余、惊魂未定之时,即在钱塘修建了显庆观以处羽流。绍兴十七年(1147)又再度重修,并派人主管教门公事,复赐缗钱,为之置田产增广斋供之费。二是效宋真宗曾于京城和曲阜县修建景灵宫"以奉圣祖及圣祖母"的故事,建炎元年五月,在他即位之日,即下令筑景灵宫于江宁府,及定都临安(今杭州)之后,又于绍兴十三年(1143)二月,在都城修建景灵宫用以奉安累朝神御。三是绍兴十四年(1144),在杭州西湖修建延祥观以奉四圣真君。四是绍兴十六年(1146),下令在全国各地广建报恩光孝观,以奉佑陵神御。五是绍兴十七年(1147)十月,"诏建太一宫于行在"③。次年(1148),又增建明离殿,住宫道士每岁给粮五百斛,其后又诏市嘉兴田三十顷,以为道粮。六是绍兴二十五年(1155)十月,高宗以皇太后之命,调动军队修复临安洞霄宫,建昊天殿、钟楼、经阁。乾道二年(1166),高宗书《度人经》以赐。七是绍兴二十五年(1155)十月,修建三茅观,并派道

---

① (宋)王栐:《燕翼诒谋录》,第 50 页,中华书局,1981。
②《道藏》,第 25 册,第 542 页。
③《续资治通鉴》,第 3376 页,中华书局,1957。

士蔡大象专门管理观事。高宗还经常亲自召见道士，或赐钱物，或赠封号，或授官爵，或书写道经，当时的道士如谯定、姚平仲、刘居中、饶廷直、皇甫坦、张椿龄、唐广真、张守真等，均受到他的优待。为了尊崇道教，他还效法真宗，任命了许多大臣为宫观使或宫观提举。这一做法又为高宗以后诸帝所继承，贯穿于南宋的始终。

高宗后的孝宗赵昚（1163—1189 在位）、光宗赵惇（1190—1194 在位）、宁宗赵扩（1195—1224 在位）等，皆继续奉行高宗时期的崇道政策。如淳熙二年（1175），闽县报恩光孝观所藏《政和万寿道藏》送至临安，太一宫抄录一藏，待抄录完成之后，孝宗御书《琼章宝藏》以赐，并敕写录数藏，颁赐各大道观。孝宗以自己的形象为模式来造道教神像，李心传《建炎以来朝野杂记》甲集卷二载说："佑圣观，孝宗旧邸也。……淳熙三年（1176）初建，以奉佑圣真武灵应真君，十二月落成。或曰真武像，盖肖上御容也。"①据《宋史·孝宗本纪》载：自佑圣观落成后，孝宗每年都要去参拜一次。据叶绍翁《四朝见闻录》卷三说：孝宗晓道教炼养术，"尤精内景"，并"时召山林修养者入内，置之高士寮，人因称之曰某高士"。光宗在位时间很短，他登极之后，急忙修建玉清昭应宫，规模务求宏大，工艺务求精湛，所用木材均用梗楠，且在盛夏动工，不惜耗费巨资，不顾劳民伤财。宁宗对道士张道清、包道成、张成果、王景温、张可大等均甚为宠爱，或赐封号、或赐以田庄、免其租役。他还亲自为显庆观题额，并命楼钥撰记立碑。嘉定二年（1209），他颁发《诰词》宣扬真武神威，并特封为"北极佑圣助顺真武灵应福德真君"。

继宁宗之后的理宗赵昀（1225—1264 在位）当政之时，蒙古已经统一了北方，并向南方步步逼近，南宋王朝已处于"疆土日蹙"、"国势阽危"之境。为了维护赵宋王朝的统治，他在崇奖理学的同时，也进一步加强崇道措施。例如：给一些神仙人物和道派祖师加封，天师道祖师张道陵被封为"三天扶教辅元大法师正一靖应显佑

---

① 李心传：《建炎以来朝野杂记》，第 80 页，中华书局，2000。

真君";封茅山派祖师大茅君茅盈为"太元妙道冲虚圣佑真君",中茅君茅固为"定箓右禁至道冲静德佑真君",三茅君茅衷为"三官保命微妙冲慧仁佑真君";加封真武为"北极佑圣助顺真武福德衍庆仁济正烈真君"。与此同时,又给一些死去的重要道士追赠封号,如:道士张道清,生前曾受到光宗和宁宗的宠信,在他死后,理宗于绍定三年(1210),封其为"真牧普应真人";道士杨淮得三五飞升呼雷术,驱役祷雨辄验,其逝后,赐号"清隐妙济披云杨真人",创寺墓侧,肖像礼祀之。理宗对于当时的一些道派首领,也是或赐赠封号,或委以官职,以示崇敬。如:嘉熙三年(1239),召见第35代天师张可大,命其提举三山符箓兼御前诸宫观教门公事,主领龙翔宫,赐号"观妙先生"。对茅山道士易如刚特赐"妙宝先生",清微派道士南毕道在理宗时曾出任官职,其弟子黄舜申于宝祐(1253—1258)中出任检阅,理宗亲自召见并御书"雷困真人"以赠。神霄派道士莫月鼎,理宗也曾赠诗赞。女冠吴知古,也甚得理宗宠信,其侄吴子聪夤缘以进,得知教门事,势焰薰灼,以官爵为市,引起舆论的强烈不满。

理宗不顾民穷财乏,继续兴建和扩建宫观。淳祐十二年(1252),于临安建西太乙宫。宝祐三年(1255),扩建佑圣观,内侍董守臣逢迎其意,起梅堂、芙蓉阁、香兰亭,强夺民田,招权纳贿,无所不至,人以"董阎罗"目之。

理宗对于道书《太上感应篇》特别感兴趣。《太上感应篇》是根据道教经籍而编成的一部通俗劝善书,大概编成于北宋末,南宋初已在社会上广泛流传,它以"太上"规诫的方式,宣扬善恶报应,提出了数十条善恶标准。所谓恶行,主要指违背三纲五常的行为,诸如"暗侮君亲,慢其先生,叛其所事","恚怒师傅,抵触父兄","违父母训","男不忠良,女不柔顺,不和其室,不敬其夫","无行于妻子,失礼于舅姑,轻慢先灵,违逆上命","非礼而动,背理而行"等等。所谓善行,当然是符合三纲五常的行为,诸如"不履邪径,不欺暗室,积德累功,慈心于物,忠孝友悌,正己化人"①等等。如果犯有恶行,司过之神就将"依人所犯轻重,以夺人算。算减则贫耗,多逢忧患,人皆恶之,刑祸随之,吉庆避之,恶星灾之,算尽则死"②。如果行善,那就"人皆敬之,天道祐之,福禄随之,众邪远之,神灵卫之,所作必成,神仙可冀"③。概而言之,《太上感应篇》利用神道设教的方式来贯彻它所宣扬的伦理道德法则,尤其以行恶遭祸减算、损害现世利益的说教来劝善止恶,这对注重现世利益,希求福寿的中国人来说,具有相当大的吸引力。再者它文字浅显、通俗易懂,便于在大众中传播。这样,在南宋那种社会动荡激烈的情况下,非常符合当时人们的心态。宋理宗也正是看到了《太上感应篇》的社会功用,大力推崇,收拾人心,为巩固自己的统治服务。于是,绍定六年(1233),在他的授意下,由太乙宫道士胡莹微负责刊印,理宗亲自书写"诸恶莫作,众善奉行"八字列于卷首,并由名儒真德秀代作序、跋,宰相郑清之作赞文,将《太上感应篇》广为传播。后来道教劝善书的兴起,当与此有直接的关系。

度宗赵禥(1265—1274 在位)即位时,赵宋王朝已面临土崩瓦解之势,而度宗仍在宫中设内道场,给僧、道大量发放度牒。咸淳六年(1270)八月,蒙古军攻围襄樊甚急,宰臣贾似道仍"日坐葛岭,起楼阁亭榭,作半间堂,延羽流,塑己像其中,取宫人叶氏及倡尼有美色者为妾,日肆淫乐"④。而道士安世通、徐道明、饶松等则在危亡的关头,以捍卫赵宋王朝为己任,置生死于度外,为之奔走呼号,最后甚至不惜以身殉国。他们斥责那些屈膝求荣的"士大夫皆酒缸饭囊,不明大义"⑤。这些道士们的忠义行为自然不免带有时代的局限性,但其可歌可泣的一面,也是不容忽视的。从这里也反映了道教上层化以后与封建统治者的血肉联系。

在道教信仰上,南宋王朝有一个显著的特点,就是把"崔府

189

---

①②③《道藏》,第 27 册,第 13－16、7－9、29－33 页。

④《续资治通鉴》,第 4897 页,中华书局,1957。

⑤《宋史》,第 13470 页,中华书局,1977。

君"、"四圣真君"——北极紫微大帝管辖下的天蓬、天猷、翊圣、真武四将,作为皇室的保护神而加以祠祀。关于崔府君,据《南渡录》说,高宗赵构作为人质从金营出逃的途中,假寐于磁州崔府君庙,梦神人告以追兵将至,以泥身护送他渡江而得以逃脱金人的追捕,这个神人就是崔府君。高宗回朝后,崔府君就受到特别尊崇,被敕封为"护国显应兴福普佑真君",并在京城建"显应观"专祀。宋楼钥《攻媿集》载:"初置观于城南,寻徙于西湖之滨,分灵芝僧寺故基为之,祠宇宏丽,像设森严,长廊靓深,彩绘工致,铁骑戎卒,左出右旋,戈铤旗盖,势若飞动。敞西斋堂以挹湖山之秀,为崇祐馆以处羽衣之流,称其为大神之居。高宗脱屣万乘,尝同宪圣临幸,以丹垩故暗,赐金藻饰一新。"①此后,孝宗赐匾,宁宗御题观额,理宗书《洞古经》赐以刻石。吴自牧《梦梁录》卷四载:每年六月初六日,为崔府君诞辰,"此日内廷差天使降香设醮,贵戚士庶多有献香化纸"②。"四圣真君"也被南宋朝廷作为保护神而加以奉祀。李心传《建炎以来朝野杂记》谓:延祥观,"绍兴十四年(1144)建,以奉四圣真君。初,靖康末,上自康邸北使,将就马,小婢招儿见四金甲神,各执弓剑以卫上,指示众人,皆云不见。显仁后闻之曰:'我事四圣,香火甚谨,必其阴助。'及陷虏中,每夕夜深,必四十拜。及曹勋南归,后令奏上,宜加崇奉,以答景贶云。观今在西湖上,极壮丽,其像以沉香斫之,修缮之费皆出慈宁宫"③。

此外,南宋朝廷还把历代朝廷崇祀的昊天上帝及北宋以来皇家奉祀的诸神祇,沿例加以崇祀,祭天祀神,成为定制。《梦梁录》卷一四"祠祀"条记载:南宋皇家之制,"正月上辛祀感生帝于宗阳宫斋殿,四立日祀十神太乙,祀于东西太乙宫……夏至日祭后土皇地祇,立夏祭荧惑,立秋祭白帝……立夏祭南方岳渎,立秋祭西方

---

① 《文渊阁四库全书》,第1153册,第1—2页,台湾商务印书馆,1986。

② 《文渊阁四库全书》,第590册,第32页,台湾商务印书馆,1986。

③ 李心传:《建炎以来朝野杂记》,第81页,中华书局,2000。

岳渎……"①这些祈祀的目的在于"为苍生祈百谷于上穹","上祈国泰,下保民安",企图借神力来维系其朝不保夕的统治。吕祖谦在《类编皇朝大事记讲义》卷二四说:"当维阳立国冰泮之上,上且行郊祀之典,支赏用钱二十万缗,金三百七十两,银十九万两,帛六十万匹,丝绵入十万两有奇。不能积缣以易胡人首,储金帛以养战士,而乃为无益之费,事无益之文!"吕祖谦此番话虽是针对高宗祠祀行为而发,但却明确地指出祈求神灵庇佑是于事无益的。

南宋道教是以符箓派为主。中国南方素为巫术发源之地,巫风盛行,正一、上清、灵宝三大符箓道派均以巫术为其重要思想渊源,而且都是以南方为发祥地和主要传播地区。符箓道教在南方民间流传甚广,而历代统治者对道教的利用也主要在于其斋醮祈禳之术。符箓道教发展至南宋,门派众多,符法也是五花八门,不过它们却分别与三大传统符箓道派有很深的关系。旧有的龙虎山天师(正一)派、茅山上清派、阁皂山灵宝派这三山符箓传统道派中,此时以江西龙虎山正一派影响最大,上清派退居其次,阁皂山灵宝派最次。

龙虎山正一派,据《汉天师世家》、《龙虎山志》等资料,从南宋初第31代天师张时修到南宋末、元初之时的第36代天师张宗演等六代天师们,大多能以道法著称于世,在当时的社会上相当有威信,并得到南宋统治者的倚重。该派从北宋末第30代天师张继先始,吸收内丹术改进其传统的符箓道法,形成"正一雷法",从而表现出新的生机和活力,使正一道终成为官方所指定的道教诸派首领和统治者所倚重的道派,被视为"道教正宗"。例如:第32代天师张守贞(?—1176),于绍兴十年(1140)应诏治毗陵"树妖"及江涛冲决之灾,高宗召见,赐号"正应先生"。孝宗时,获赐"崇虚光妙正应真君"号和象牙简、宝剑及《清静》、《阴符》二经。第33代天师张景渊(?—1190),曾以咒术治愈孝宗之子魏王疾患,乾道(1165—1173)中,随父入朝,孝宗赐号"崇真太素冲道真君"。第34代天师

①《文渊阁四库全书》,第590册,第112页,台湾商务印书馆,1986。

张庆先(？—1209)嗣教后,留下了劾治张公洞井龙王的故事。第35代天师张可大(1217—1263)见重于理宗。端平(1234—1236)间,多次应诏行斋醮之事,劾治鄱阳湖水灾、钱塘江潮患、蝗灾,并应诏赴阙,重刊道藏经板。嘉熙三年(1239),获赐号"观妙先生",敕命提举三山符箓兼御前诸宫观教门公事,主领杭州龙翔宫。从此,正一派正式成为江南诸道派的统领。此时,正当元世祖忽必烈屯军于武昌,闻知张可大之名,元世祖乃遣使者秘密潜入龙虎山拜访,张可大对使者说:"善事尔主,二十年当混一天下。"第36代天师张宗演(？—1291),宋度宗咸淳(1265—1274)间,江西上饶郡遭遇旱灾,应守臣唐震之请祈雨有验。后际遇元世祖,为正一派在元代的鼎盛起了重大作用。

除以上这些天师外,南宋正一派著名道士还有不少,如王道坚、留用光、张希言、张闻诗、易如刚、毛允中、张道虚、薛应常等,他们不仅以道术高超闻于世,而且得到南宋统治者的看重和嘉奖。这些道士中,以留用光最为有名。宋孝宗淳熙十四年(1187),衢州遭受旱灾,郡守请其祷雨,大应,奏之于朝,诏请赴阙,赐以道士冠服,御笔"行业清高精诚格天"八字以赐,前后制授左右街道录、杭州太乙宫都监,赐号"冲静先生"。宁宗庆元(1195—1200)、嘉定(1208—1224)间,因留用光之请,两度拨内库钱币修建龙虎山上清宫,诏免差役,又为甲乙观奏立长生局,许置庄田养活观中道众。逝后,宁宗赐香赗为其安葬。又如易如刚,宁宗嘉泰(1201—1204)间,制授茅山崇禧观左右监义,五迁至左右街道录、杭州太乙宫都监,赐号"通妙葆真先生"。张希言,第32代天师张守贞之孙,住持龙虎山演法观,敕授"冲妙大师"号,江州都道正,管辖余杭大涤洞霄宫。

总之,南宋正一派受南宋统治者礼遇甚隆。此时的正一派道士,虽然大多能以道法高超而显名于世,然著述却少,其著作主要为留用光弟子蒋叔舆编订的《无上黄箓大斋立成仪》57卷。该著收录了自陆修静、张万福、杜光庭到李景祈、留用光所传黄箓斋仪,是一部重要的道教斋醮仪范著述。

茅山上清派,于南宋时在各道派中的地位虽已不及龙虎山正一派,然仍有一定的实力,其宗师中不乏以道行高超而见重于南宋皇帝者。据元代茅山第54代宗师刘大彬著的《茅山志》,这个时期,茅山共立14代宗师,从第28代至41代。他们是:

第28代宗师蒋景彻(? —1146),建炎初,金兵南下,焚烧元符宫,景彻独保经箓印剑,高宗赐金重建宫宇,命其嗣教。

第29代宗师李景合(? —1150),南渡之后,坛席典仪多有缺落,赖其润色,得以恢复。

第30代宗师李景映(? —1164),高宗累次敕召,皆以疾辞不起,即山中赐号"靖真先生"。

第31代宗师徐守经(? —1195),隆兴二年(1164)嗣教,朝中每有祈禳之事,辄遣使即山焚修。

第32代宗师秦汝达(? —1195),庆元元年(1195)嗣教,曾于光宗绍熙二年(1191)奉敕命修金箓斋,赐"明教先生"号。

第33代宗师邢汝嘉(? —1209),掌教前任京师太一宫高士、右街道录。

第34代宗师薛汝积(? —1214),嘉定六年(1213),宁宗皇后杨氏遣使赍香币诣山,为其受大洞经法,礼薛汝积为度师,并命修罗天大醮。

第35代宗师任元阜(1175—1239),宁宗召至京师修大醮,赐号"通灵先生",后又召其于京师祷雨,又加号"至道",赐象牙简、冠帔。

第36代宗师鲍志真(? —1251),家以岁疫送他进山为道士,嘉定七年(1214)嗣教,应赵葵之请设醮超度滁城战殁将士。

第37代宗师汤志道(? —1258),理宗淳祐五年(1245),应诏赴阙祷雨,诏住太乙宫,赏赐特厚。

第38代宗师蒋琮瑛(? —1282),理宗曾召入京中命祈晴,赐御书"上清宗坛圣德仁佑之殿、景福万年之殿"凡三榜,赐钱十万缗,命修缮茅山宫宇。

第39代宗师景元范(? —1262),理宗嘉熙(1237—1240)间,召为龙翔宫高士,迁左右街鉴义,后奉敕任上清宗师,理宗之谢皇后从其受大洞毕法,尊以师礼。

第40代宗师刘宗昶(生卒年不详),师事蒋琮瑛,朝廷累征不赴。

第41代宗师王志心(?—1273),开庆(1259)间,宦者董宋臣私于道士朱知常,欲私取印剑与朱知常。王志心诣阙揭发其事,宋度宗诏按法传宗,遂取四印剑还山,道众推其登坛掌教。

这一时期的茅山上清派宗师中,虽不乏道术高明者,然而,他们的素养(无论是就文化修养还是就政治活动能力而言)与前朝历代宗师相比较都大为逊色,不仅在参与上层统治者的政治生活中无皎皎者,而且擅长著述者也罕见,只有第38代宗师蒋琮瑛的《大洞玉经注》十卷。一般道士中,有萧应叟的《元始无量度人上品妙经内义》五卷,对教理教义有所阐述。

阁皂山灵宝派,以擅长于斋醮祭炼著称于世,主要活动于民间,其影响不及于正一派和上清派,且罕见有受皇室征召、赐封者。

南宋道教除上述三个传统道派外,其时出现了自称独得异传而别立宗派者,主要有:

神霄派。此派以传神霄雷法而得名,系从天师道演化而来,与上清派的关系也很深。神霄派自称其法出自天上神霄玉清府,北宋末在徽宗的扶植利用下,神霄雷法大行于世,神霄道士显赫至极。

神霄派的主要创始人王文卿(1093—1153),字予道,一说字述道,号冲和子,建昌南丰(今属江西)人,自称得唐代道士火师汪君之传,获万雷总司高上神霄玉清真王符法,可以驱使风、雨、雷、电,斩魔除妖。王文卿以此法击死妖狐、黑鲤,名声大震,四方来学者日不旋踵。徽宗闻之,于宣和四年(1122)遣侍宸董仲允充采访使,同本路监司、守臣具礼延聘,候送赴阙。既至,奏对玄化无为大道,徽宗大喜,赐馆于九阳总真宫。并令驱治宫中之祟,筑雷坛三层缚鬼,封"冲虚妙道先生"号。宣和七年(1125)七月,下诰文敕王文卿可授太素大夫、凝神殿校籍,视朝请大夫、右文修撰。不久,又敕为凝神殿侍宸,后加同管辖九阳总真宫、提举司命府事。父王肇始赠承事郎,母江氏赠太宜人。又敕五日一次,佩金方符入大内诣宫阁咒水涤秽,除邪治病,讲明道德,遣中使黄瑶命其就广德宫行持南昌受炼司大法,拔度亡魂。以祈晴有功,十一月命赐诰,依前太素大夫、凝神殿侍宸再除两府侍宸、冲虚通妙先生,视太中大夫、特进徽猷阁待制,主管教门公事。从此,神霄雷法遂大行于世,形成神霄派。靖康元年(1126)四月,王文卿奏乞还家侍母,得到允许。进入南宋,大概是由于高宗对神霄派林灵素一系进行了严厉惩治,故王文卿不再与朝廷有什么关系。虞集《道园学古录》卷二五《灵惠冲虚通妙真君王侍宸记》云:"其在家乡,既老,而得其传者则新城高子羽,授之临江徐次举,以次至金溪聂天锡,其后得其传而最显者曰临川谭悟真,人不敢称其名,但谓之谭五雷。"综合其他资料来看,王文卿在南渡后,主要在其家乡江西一带传法,在民间也以雷法名,传人不绝于缕,多是家居之人。

与王文卿同时或稍后,传神霄雷法者甚多,诸如天师道之张继先、上清派之刘混康、金丹派南宗之陈楠,皆得神霄雷法之传。受徽宗倚重的林灵素,也传神霄雷法。明代张宇初《道门十规》说:"神霄自汪、王二师而下,则有张、李、白、萨、潘、杨、唐、莫诸师,恢弘犹至。"[1]南宋以后,以王文卿之传特别兴盛,其门徒众多,得其传授者有邹铁壁、莫月鼎、高子羽、徐次举等,均望重当代,为道法所宗。

神霄雷法系以融合内丹与符箓为特色,主张内炼为外用符箓之本,强调祈禳灵验的关键在于运用自身的元神。王文卿《五雷大法序》说:"以我元命之神,召彼虚无之神;以我本身之炁,合彼虚无之炁,加之步罡诀目,秘咒灵符,斡动化机,若合符契。运雷霆于掌上,包天地于身中,曰旸而旸,曰雨而雨,故感应速如影响。"[2]就是说,修炼自身元神,使自己身体内的阴阳五行之炁相互交感,达到人天一体的境界,便能感通身外天地间的阴阳五行之气及主掌阴阳五行之气之神,就能获得召神遣将,祈晴祷雨,治病消灾的神

---

① 《道藏》,第32册,第149页。
② 《道藏》,第29册,第165页。

通。邹铁壁《雷霆妙契》述王文卿所传《雷法秘旨》说："有心感神，神反不应，无心之感，其应如响。……但无妄念，一片真心，不知不识，心与雷神，混然如一，我即雷神，雷神即我，随我所应，应无不可。"①萨守坚《雷说》谓："千变万化，千态万状，种种皆心内物。"②也就是说，"真心"是作法感神的关键。总之，神霄雷法不仅包含传统符箓派的内容，更重要的是对内丹学说的吸收。神霄雷法在后来出现支派繁衍、驳杂混乱的情形，"凡天雷酆岳之文，各相师授，或一将而数派不同，或一派而符咒亦异，以是讹舛失真、隐真出伪者多，因而互生谤惑"③。然而，这也反映了神霄雷法在社会上有着广泛的影响。今据有关资料，择其要者，将其传系列表于下：

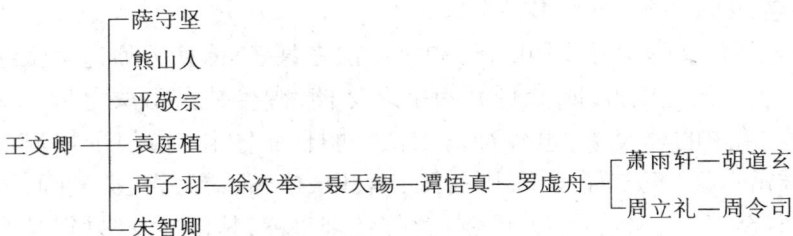

```
          ┌─ 萨守坚
          ├─ 熊山人
          ├─ 平敬宗
王文卿 ────┼─ 袁庭植
          ├─ 高子羽─徐次举─聂天锡─谭悟真─罗虚舟─┬─ 萧雨轩─胡道玄
          └─ 朱智卿                              └─ 周立礼─周令司
```

196

清微派。南宋社会还流传着一种"清微雷法"，渐渐自成一派。它主要由上清派衍化而来，自谓其符箓出自清微天元始天尊，故以清微为名，奉唐昭宗（889—904 在位）时的女道士祖舒为本派祖师。从南宋理宗（1225—1264 在位）时的南毕道始，并经他的弟子黄舜申发扬光大，该派渐至兴盛。张宇初《道门十规》说："凡符章经道斋法、雷法之文，率多黄师所衍。"④

黄舜申（1224—？），号雷渊，福建建宁（今建瓯）人，出身闽中世家，少通经史，侍父于文西幕府，遇南毕道受清微雷法，渐以善祈禳而名闻于闽浙一带。南宋理宗宝祐（1253—1258）间曾任检阅，兼行祈禳于京师，以雷法闻名，理宗召见，赐号"雷困真人"。

---

①②《道藏》，第 29 册，第 213、276 页。

③④《道藏》，第 32 册，第 149 页。

黄舜申首次将清微法编辑成书,传之于世,为清微派作出了贡献。他的门徒很多,后分为南北两支,北支以湖北武当山为中心,张道贵为首;南支以福建建宁为中心,熊道辉为首。清微派的传系为:

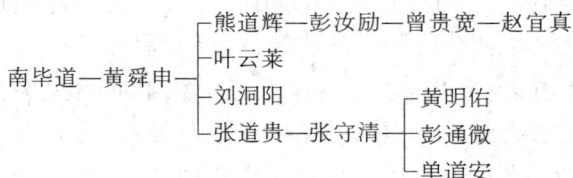

```
                    ┌ 熊道辉—彭汝励—曾贵宽—赵宜真
                    ├ 叶云莱
南毕道—黄舜申 ────┤ 刘洞阳
                    │              ┌ 黄明佑
                    └ 张道贵—张守清 ┤ 彭通微
                                   └ 单道安
```

清微派与神霄派类似,也是以内炼为本,外用符箓为末。内炼强调保养身心,不怠不劳,无思无虑,不为喜怒哀乐所动,心与道合是作法的根本,保持"父母生前一点灵光",弃除一切妄念,是清微派祈祷用法的关键。《道法会元·清微梵炁灵文》说:"凡行持之际,先净口心身,要内外一尘不着,清静圆明,身心与虚空等。然我即天地,天地即我,相忘与彼我之间,诵咒若空中琅琅然有声,所召立至,所祷立通。"[①]清静圆明之心与道契合,便发为符法中所谓的雷霆。《道法会元》卷一《清微道法枢纽·法序》说:"当知法本真空,性源澄湛,了一心而通万法,则万法无不具于一心。……天地五雷人本均有,是性无不备矣。"[②]《清微丹诀》说:"我禀阴阳二炁,出则轰天震地,神归山岳摧崩,煞去精邪粉碎。"[③]这些与神霄派之说如同一辙。故《清微神烈秘法》卷首《雷奥秘论》说:"且清微法者,即神霄异名也。"[④]

天心正法派。此派系由天师道衍化而来,以传天心正法而得名。南宋金允中《上清灵宝大法》卷四三说:"自汉天师宏正一之宗,而天心正法出焉。"[⑤]所谓天心正法,其实也就是雷法的一种,据《上清北极天心正法序》说,天心正法乃太上老君降鹤鸣山以授张道陵天师,有天罡大圣、黑煞、三光三符。该书又称,自张陵之后,

197

①②《道藏》,第28册,第717、673—674页。
③④《道藏》,第4册,第963、135页。
⑤《道藏》,第31册,第645页。

历魏晋之变迁,经南北之分治,天心正法已散失沦落,不可稽考。据宋邓有功编的《上清天心正法》称:宋太宗淳化五年(994),临川饶洞天掘地得《天心秘式》一部,名之曰"正法",并访五代道士谭紫霄受学,饶洞天因之成为"天心初祖"。《历世真仙体道通鉴》卷四三《谭紫霄传》称:"今言天心正法者,皆祖于紫霄。"①

南宋人洪迈《夷坚志》记述行天心正法驱邪治鬼事甚多,南宋社会上行此法者颇众,其中以路时中最为著名,士大夫呼之为"路真官"。至嘉定(1208—1224)时,又有雷时中(1221—1295)以行天心正法著名。雷时中,字可权,号默庵,祖籍江西,迁居于武昌金牛镇,自号双桥老人。本儒士出身,据称遇路时中下降,传其"天心正法秘要",乃于武昌金牛镇置坛,广收徒众,加以发扬,天心正法遂大行于世。每开度弟子,化导世人,则教以精心诵经,要在平日修炼自己,以究返还之妙,博采儒、释二家之学归于一家。著有《心法序要》、《道法直指》、《原道歌》等。《历世真仙体道通鉴续编·雷默庵传》谓:雷默庵"弟子数千人,分东南、西蜀两派。首度卢、李二宗师及南康查泰宇,由是卢、李之道行于西蜀,泰宇之道行乎东南"②。

天心正法强调作法者须内修,内外相合,其法才灵验。路时中所编《无上玄元三天玉堂大法》说:"道在我身,得其要旨修之,久则可成真。吾之真元既成,将有余而补不足,所以莫非法也。"③作法时,"使内炁以合外炁,外神以符内神,则一瞬之间报应如响矣"④。至雷时中,特重《度人经》,"每化导世人及开度弟子,皆先令其精心诵经","非惟十遍可以度人,乃在平日修炼自己,以究返还之妙"⑤。具有鲜明的时代特征。

东华派。此派系由灵宝派衍化而来,两宋间,宁全真(1101—1181)始倡之。宁全真,字本立,开封人。曾从田思真和仙人任子光受教,得东华、灵宝二派法箓之传,遂将二系教法合而为一,从

此,道业大进,以斋醮祈祷之术行化于南方,以善通真达灵而名震京师。绍兴二十八年(1158),金国完颜亮南侵,高宗特旨召其入殿廷,命奏章于天地,祈求国家平安。事毕,赐号"洞微高士",封"赞化先生"。自此以后,国家每有斋醮之事,常命其主之。孝宗(1163—1189在位)时,遭左街道录刘元真嫉妒,陷之于狱。晚年居浙江何淳真家中讲授,所传弟子甚多,弘扬其教者为温州人林灵真。

林灵真(1239—1302)以温州为传教中心,受其教者"州里不下百余人",并将宁全真一系所传灵宝科仪编辑为有320卷的《灵宝领教济度金书》,此为《道藏》中卷帙最为浩大的一部书。

东华灵宝斋法,注重行法者个人的内炼工夫,规定行法者必须于每天清晨静坐寂定,绝虑澄心,凝神思道,无内外想,与元始天尊合为一体,久久修之,达到内想不出、外想不入之境界,就可得到仰视通神、斋醮度炼之本,即"大定神兴之道"。这种内炼入定之法,显然是在上清、灵宝传统的存思神真法的基础上,吸收融汇内丹丹法而成。

净明派。此派系从灵宝派分化而来,为南宋新出道派中的一个重要派别,奉许逊为教主,以江西南昌为活动中心。

许逊信仰由来已久,唐代就有张蕴、胡慧超等尊奉许逊,弘传"灵宝净明"宗旨。尤其是在许逊活动过的江西一带,信仰最为影响深远,在道教神谱中他的地位仅次于正一道祖师张道陵。宋徽宗政和二年(1112),许逊被封为"神功妙济真君",在民间尤被敬奉。宋室南渡后,建炎(1127—1130)中,有西山道士何真公(一说周真公)等在南昌玉隆万寿宫祈祷许逊,称许逊等六真降神,传授净明道法,遂建立"翼真坛",并造作经典,传度弟子五百余人,标志着这一道派的正式形成。据何守证撰于绍兴元年(1131)的《灵宝净明新修九老神印伏魔秘法序》说:"炎宋中兴,岁在作噩(1127),六真降神于渝水,出示'灵宝净明秘法',化民以忠孝廉慎之教,乃命洞神仙卿为训导学者师。越二年(1129)八月,高明大师(即许逊)觌临于游帷故地,即今之江西玉隆万寿宫也。于是肇建仙坛,名曰

199

翼真。"①

净明道脱胎于灵宝派,承灵宝之传统,又吸收上清、正一之学,加以改造,形成一种新符箓。它宣称其符法出自日宫孝道明王,署名许逊的《太上灵宝净明法序》云:"净明法者,乃上清玄都玉京之隐书,昔太阳真君孝道明王以孝道著明,照临下土,成无上道。于是上清上帝降于扶桑洞神之堂,召明王而说法证之,以为最上弟子,号灵宝大真人……愿居东极,用救群品,是谓灵宝救苦天尊。"②这一段话,虽然系道教神话,但明确反映了净明派与上清、灵宝的关系。又据《太上灵宝净明飞仙度人经法》所说,何真公(或周真公)创立的净明道,已有严明的教团教制,其神权机构称灵宝净明院,奉太阳上帝孝道仙王(即灵宝净明天尊)、太阴元君孝道明王(即灵宝净明黄素天尊)为最高神,尊张陵为经师,许逊为度师,何真公(或周真公)为灵宝净明院演教师,何守证为翼真坛副演教师。净明派的教旨,其显著特点在于以封建伦理孝悌之实践及内丹修炼为施行道法的基础,以心性即所谓"净明"为整个教义的枢纽。《太上灵宝净明法序》说:"净明者,无幽不烛,纤尘不汙","以孝悌为之准式,修炼为之方术行持之秘要"。③其符法与清微、神霄一样,强调正性。《净明黄素书》卷七说:"夫道无思无为也。无思也,而未尝不思,思之者,正性也;无为也,而未尝不为,为之者,正理也。……如谓道以无思无为而兼又于存想呼召为矛盾,自非也。"④认为以凝静之心画符念咒,存想奏告,则必会感应神灵。

净明道较之同时代的其他道派,尤以和会儒学,强调忠孝道德实践,积极进行伦理教化为显著特点,它要求进行净明修炼的"黄素之士",必须"以忠孝为本"。⑤忠孝廉慎是其伦理实践之首要,"能事父母,天尊降灵"⑥,将孝道作为通真达灵、祈祷灵验的要诀。所谓忠孝,就是"立身扬名,斯为孝矣;不尸禄位,斯为忠矣"⑦。净明道如此劝化人们做忠臣孝子,表现出其为维护封建

①②③④⑤⑥⑦《道藏》,第10册,第547、526、526、514、500、496、496页。

社会秩序服务的本质。净明道传至何真公弟子何守证、方文后，其传系不明。直到元初，才又有刘玉出面革新净明道法，重建了净明道。

以上所述符箓新派，都表现出此时期道教内丹丹法与符箓结合，吸收禅宗，附会儒学的普遍特色。不仅如此，这一特色在此时期传统符箓三大道派中同样有体现。如：正一派自北宋末第30代天师张继先起，就吸收内丹、禅宗、理学，将道教传统的"道"与其相融合，建立起新的理论体系，并顺应内丹术兴起之趋势，学修内丹，改进符箓道法，形成"正一雷法"，从而使传统正一派表现出新的活力。上清派也是如此。南宋茅山高道萧应叟在其论著《度人经内义》中，就以内丹理论来解释符箓及融合理学宇宙论，并用内丹的生命形成说来解释"太上洞玄"的神明之号。认为炼就内丹，不仅可以"长寿不老，与天齐休"，而且也能使真炁外布，能救万病，除妖邪，动风雷，挟万物，拔幽魂，是"无量度人"的上品之法。这种将符箓祈禳劾治，呼风唤雨，治疗病患，超度鬼魂的神奇能力都归于内炼所成的真炁，而不是归于神灵的赐予济拔的思想，不能不说是对传统符箓思想的巨大变革。

金丹派南宗。该派宗承北宋张伯端的内丹学说，又兼行雷法，提倡儒、释、道三教归一。因其以张伯端为祖师，故又被称为紫阳派。从其专行内丹修炼和提倡三教归一的宗旨来看，与北方的全真道相似，后人便以之与王重阳所创立的全真道对比，称王重阳一派为北宗，称紫阳派为南宗。这种南、北宗的称呼，并非出于他们自己的立名，乃是后人就其修炼特点而区分的。南宗的实际创始人为宁宗（1195—1224在位）时的白玉蟾。

白玉蟾（1194—1229），本名葛长庚，字白叟、众甫、如晦，号海琼子、南海翁、琼山道人、紫清、武夷散人，生于海南琼州。幼举童子科，后因行侠杀人，亡命武夷山中。不久，遇陈楠，携入罗浮山中学道，九年之间，尽得师之秘奥，并随之云游各地。陈楠逝后，白玉蟾乃披发佯狂，浪迹江湖。嘉定十年（1217），收彭耜、留元长为弟子，建立靖治，开始传教活动。嘉定十一年（1218），游西山玉隆万寿

宫,适逢建醮,都宫门请白玉蟾"为国升座",又于九宫山瑞庆宫主
国醮,以有神龙出现而名声远播。嘉定十五年(1222),赴临安诣阙
上书,阻不得达,醉辱京兆尹,奏以左道惑众,被逐出京师。白玉蟾
收有大量门徒,他们是:彭耜、留元长、叶古熙、赵牧夫、詹继瑞、陈
守默、潘常吉、周希清、胡士简、罗致大、洪知常、陈知白、方智虚、王
金蟾、林自然、桃源子、龙眉子等。彭耜弟子林伯谦、萧廷芝,方碧
虚和林自然弟子永嘉周无所住,桃源子弟子王庆升、王金蟾弟子李
道纯等,皆为南宋金丹派南宗道士。白玉蟾在创教时,以张伯端为
祖师,自叙其丹法来源于张伯端:张伯端授石泰,石泰授薛道光,薛
道光授陈楠,陈楠授已。张伯端的情况前已介绍,故在这里仅介绍
石泰、薛道光、陈楠。

石泰(1022—1158),字得之,号杏林翠玄子,江苏常州人。据说
张伯端曾因得罪凤州太守被黥刺发配,途经邠州境时,在酒肆中遇
石泰,由于石泰的鼎力相助,终得赦免。这样,张伯端将平生所得
金丹秘诀尽付石泰。石泰著有《还源篇》。

薛道光(1078—1191),名式,又名道源,字太原,阆州(今四川阆
中)人,一说为陕西人。初为僧,崇宁五年(1106)遇石泰,稽首皈
依,弃僧从道,受金丹口诀秘要。著有《还丹复命篇》。

陈楠(? —1213),字南木,号翠虚子,惠州博罗(今广东惠阳
东)人。传说曾在黎姥山遇神人,受《景霄大雷琅书》,得雷法秘诀。
师事薛道光,受太乙刀圭金丹法诀。他常常以土掺和符水捏成小
丸,为人治病,故号陈泥丸。南宗前几代传人皆专主内丹修炼,至
陈楠始兼行雷法。他的丹道思想和雷法,皆为白玉蟾所继承。著
作有《翠虚篇》。

从张伯端至陈楠,仅为师徒间私相传授,并未形成宗派,自白
玉蟾始,才建立庵观,组成教团,行符设醮,传丹法和雷法,正式形
成一个道派。南宗徒裔尊张伯端、石泰、薛道光、陈楠、白玉蟾为
"南五祖"。南宗一系从白玉蟾起,还将其丹法渊源上溯于吕洞宾、
钟离权。钟、吕是自唐代及两宋社会上享有盛名的活神仙,以之为
宗祖,有抬高本派身价之意,但从内丹思想源流看,张伯端一系也

的确是钟、吕思想的继承和发扬者。

金丹派南宗的内丹著作不少,诸如:陈楠《翠虚篇》;白玉蟾《玄关显秘论》、《修仙辨惑论》、《性命日月论》、《阴阳升降论》、《金液还丹赋》等,被辑入《海琼白真人语录》,其门人辑录的《海琼白真人语录》、《海琼问道集》、《海琼传道集》、《静玄余问》,皆以论述内丹为主要内容;周无所住《金丹直指》;方碧虚《碧虚子亲传直指》;林自然《长生指要篇》;王庆升《爰清子至命篇》、《三极至命筌蹄》等等。

金丹派南宗的丹法,继承张伯端的内丹理论,主张性命双修、先命后性,并把理学的正心诚意和佛教禅宗的明心见性说纳入道教的修炼方法和理论中,还把神霄雷法与内丹理论结合起来,形成一种独特的内丹理论,对张伯端的思想作了发展。以白玉蟾的思想为例,白玉蟾把内丹归结为心,说:"丹者,心也;心者,神也。阳神谓之阳丹,阴神谓之阴丹,其实皆内丹也。"[1]又说:"圣人以心契之(指道)不获己,而名之曰道,以是知即心是道也。"[2]并认为这种契道之心是道、儒、释三家共同之源,"以此理而质之儒书则一也,以此理而质之佛典则一也,所以天下无二道也。天之道既无二理,而圣人之心岂两用耶?"[3]表现出明显的调和三教及向禅宗靠拢的特征,这种思想为此后的大多数三教调和论者所接受。在丹法修炼上,主张性命双修、先命后性,分为炼形、炼气、炼神三关,以凝神聚气为入手之处。他在《玄关显秘论》中说:"今夫修此理者,不若先炼形,炼形之妙在乎凝神,神凝则气聚,气聚则丹成,丹成则形固,形固则神全。"[4]在《海琼传道集》中则详述了具体修行的十九条要诀,强调修炼自始至终应以调心为要,静定无为,忘形绝念,从佛教禅法中汲取了不少方法。

金丹派南宗也兼传一种属于神霄系的雷法,陈楠称内丹炼就便能"役使鬼神,呼召雷雨"[5]。白玉蟾也说"内炼成丹,外用成

---

①②④《道藏》,第 33 册,第 115、142、142 页。

③⑤《道藏》,第 4 册,第 625、617 页。

法"①,并撰有多种论述雷法的著作。这也是道教各派合流的一种反映。

金丹派南宗不倡导出家,白玉蟾"时又蓬发赤足以入廛市"②。另一南宗道士夏宗禹在《悟真篇讲义》卷六中说:"有志之士若能精勤修炼,初无贵贱之别,在朝不妨为治国平天下之事,在市不失为士农工商之业。"③但是,这并不表明南宗就无教团规制。白玉蟾撰有《道法九要》,分立身、求师、守分、持戒、明道、行法、守一、济度、继袭九要,述道士学道行法之要则,要求十分严格。比如说:"每日焚香稽首,皈依太上大道三宝。首陈已往之愆,祈请自新之佑。披阅经典,广览玄文……孜孜向善,事事求真,精严香火。"④"孝顺父母,恭敬尊长。"⑤"当知感天地阴阳生育之恩,国王父母劬劳抚养之德,度师传道度法之惠,则天地国王父母师友不可不敬,稍有违慢,则真道不成,神明不佑!"⑥道士必须安分守贫,少欲知足,说:"人生天地之间,衣食自然分定,诚宜守之,常生惭愧之心,勿起贪恋之想。富者自富,贫者自贫,都缘夙世根基,不得心怀嫉妒。学道惟一温饱足矣,若不守分外求,则祸患必至。"⑦

在南宋时期,由于统治者的需要与扶植,使传统符箓道派相当兴盛,道流们得到统治者的赏识,特别是张道陵一系成了符箓派的统领,而内丹修炼却未受到朝廷的提倡和利用。然而,内丹在道教内部和社会上却较北宋更为盛行,不仅各符箓道派吸收了内丹思想,分化出许多符箓新派,而且内丹学流派纷歧,丹法多样,内丹学发展到了一个新阶段。这一时期的内丹著作,仅就保留于《道藏》中的来看,就多达二十余种,反映内丹学理论相当成熟。强调性命双修,融摄和会儒学、禅宗是此一时期内丹学的普遍特征,尤其以金丹派南宗最为典型。

---

① 《道藏》,第29册,第234页。
② 《道藏》,第33册,第140页
③ 《道藏》,第3册,第57页。
④⑤⑥⑦《道藏》,第28册,第677、677、679、678页。

在南方道派分化的同时,北方金人统治地区也先后出现了一些新的道派,它们是:太一道、真大道、全真道。

第二节　太一道、真大道、全真道三大道派的创立

金人属女真族,原居住在长白山和黑龙江流域。女真族经过部落联盟制向奴隶制的道路迈进,其中以完颜部为首的部落联盟在斗争中日益强大,1113 年,在完颜阿骨打的统率下,战败辽兵,先后占领了辽东和宾州、威州等地。1115 年,金太祖阿骨打即皇帝位,正式建立起奴隶制国家,国号大金,并命完颜希尹创造女真文字,于天辅三年(1119)正式颁行。紧接着,金太宗完颜晟于天会三年(1125)灭辽,天会五年(1127)灭北宋,占领东起淮水、西至秦岭的广大地区,从此形成金女真与南宋王朝互相对峙的局面,金国还不断发起侵略南宋的战争。但是,在完颜晟迅速占领辽、宋统治下的广大地区以后,其内部的社会矛盾也便日益突出起来。在其统辖的地区里,不仅居住着不同的民族,这些民族各有不同的文化和历史传统,而且还存在不同的社会政治制度和经济制度,既有奴隶制,也有封建制,这就不能不发生矛盾、冲突。因此,广大人民,特别是广大汉族人民反掳掠、反奴隶制度统治的斗争连绵不绝,遍布各地。面对这种形势,金朝统治者为了维护其所占领的广大地区的统治秩序,不得不采取一些相应的措施,一是尽量收罗汉族士大夫担任州县地方官吏,一是对政治制度和经济制度进行改革,使女真族奴隶制逐渐向封建制的关系过渡。随着封建生产关系的发展,也必然带来经济上的繁荣和文化上的变革,金世宗完颜雍(1161—1189 在位)和他的继任者章宗完颜璟(1190—1208 在位)都倡导女真族学习汉文化,通用汉语言,允许女真族与汉族通婚,使女真族与汉族在共同的经济生活的基础上加强彼此间的文化交流,促进女真与汉族之间的融合。他们还大力提倡尊孔读经,兴办学校,以科举取士,将大批汉族士人吸收到他们的统治集团中,担任朝廷的重要官职。但是,也有一些汉族士人不愿在金朝做官,拒

绝在政治上与金朝统治者合作,而又不愿参加各地人民群众反抗
金朝统治者的斗争,便走向隐遁之路。在这种历史背景下,金朝统
治的山东、河北一带出现了由一些汉族士人创立的新的道教派
别——太一道、真大道和全真道。现按时间顺序介绍如下。

太一道。太一道的创教人系卫州(今河南汲县)人萧抱珍
(?—1166),其生平事迹史书记载语焉不详。据王鹗《重修太一广
福万寿宫碑》说:"始祖讳元升"①,即是说元升为萧抱珍道号。《忽
必烈大王令旨碑》称其为"羽升微妙大师"、"太一一悟传教真人"。
创教时间约在金熙宗天眷(1138—1140 在位)初,"天眷初,其法遂
大行"②。至于其教名的由来,据《元史·释老志》说:"太一教者,始
金天眷中道士萧抱珍,传太一三元法箓之术,因名其教曰太一。"③
王鹗《重修太一广福万寿宫之碑》说:太一教以太一为名者,"盖取
元气浑沦,太极剖判,至理纯一之义也"④。"初,真人既得道,即以
仙圣所授秘箓济人,祈禳诃禁,罔不立验。"⑤太一道崇尚符箓,其所
传太一三元法箓系由天师道符箓秘法演化而来。元徒单公履撰
《萧真人碑》说萧抱珍"远□汉仪,近追前代,上稽下考,而立教
焉"⑥。顺治《卫辉府志》卷一五《仙释》亦将萧抱珍与张道陵、寇谦
之相提并论,说:"萧抱珍道成一悟,箓阐三元,创兴太一之门,密毗
治化,潜卫邦家,虽汉张道陵、魏寇谦之,无以过也。"萧抱珍也模仿
天师道秘传原则,维护一姓之承袭。太一道中,凡为"三元法箓"正
传掌教者,都须改姓为萧,故嗣其教者的二祖韩道熙、三祖王志冲,
均改为萧姓。

太一道所奉至上神灵为北宋东西太一宫正殿奉祀的五福太
一。《安阳县金石录》卷九元代《安阳上清正一宫圣旨碑》赞太一教
说:"太一五福之位,莅中央尚丕承于灵贶。"⑦说明太一教是以太一

———————————

①②④⑤⑥ 陈垣:《道家金石略》,第 846、845、845、845、844 页,文物出版社,
1988。

③《元史》,第 4530 页,中华书局,1976。

⑦《续修四库全书》,第 913 册,第 84 页,上海古籍出版社,2002。

五福神为主祀之神灵的。太一道本身关于教义的经籍文献尽佚，但从文人集及残存碑记中可看出其虽然以符水祈禳为主，但也着重内炼。济源县《萧真人碑》说：萧抱珍立教"本之以湛寂，而符箓之为辅，于以上格圆穹，妥安玄像，度群生于厄苦，而为之津梁。迹其冲静玄虚，与夫祈禳祷祀者，并行而不相悖"①。守柔弱亦是太一道修身之法。《秋涧集》卷四七《太一二代度师赠嗣教重明真人萧公行状》载：门人李悟真问："何为仙道？"萧道熙答说："做仙佛不难，只依一'弱'字便是耳，曰'弱者道之用'也。"②陈垣先生说："而太一特以符箓名，盖以老氏之学修身，以巫祝之术御世者也。"③太一道亦以周贫济苦，乐善好施著世。《秋涧集》卷四七《太一二代度师赠重明真人萧公行状碑》就说，萧道熙"生平好赈施，养老恤孤近百人，人以镪五千月给为率，死乃已。贫者丧不能举，衣被棺椁，为俱具之"④。而其四祖萧辅道掩埋道旁枯骨之事，更为社会人士所称道。《秋涧集》卷三九《堆金冢记》记其事说：金宣宗贞祐二年(1214)正月十二日，蒙古兵屠杀卫州城居民，十一月，萧道熙自河南归卫，"睨其城郭为墟，暴骨如莽，师恻然哀之，遂括衣盂所有，募人力敛遗骸，至断沟智井……掇拾罔漏，乃卜州西北二里许，故陈城内地，凿三坎，瘗而丘之，仍设醮祭，以妥厥灵"⑤，人呼其冢曰"堆金冢"，意谓人骨久而化为金石，完全体现了太一道"度群生于厄苦"的宗旨。注重封建伦理关系，笃于人伦是太一道教义最为突出之点。在萧抱珍立教之初，就非常注重教徒人伦方面的品行，对"以孝友著称"的人是极为赏识的。《秋涧集·太一三代度师先考王君墓表》说："太一教法，专以笃人伦、翊世教为本。至于聚庐托处，似疏而亲，师弟之在两间，传度授受，实有父子之义焉。"⑥中肯地道出了太一道教义教制的特点。《秋涧集·太一二代度师行状》

---

① 陈垣：《道家金石略》，第 844 页，文物出版社，1988。
②④⑤⑥《文渊阁四库全书》，第 1200 册，第 624、625、498、794 页，台湾商务印书馆，1986。
③ 陈垣：《南宋初河北新道教考》，第 112 页，中华书局，1962。

记萧道熙对萧抱珍之死"缞绖哀感,如丧考妣。于是相宅兆,具葬仪,及殡,整整有法"①。三祖萧志冲对其先师道士霍子华,因"子华故有淹疾,师(指萧志冲)侍奉惟谨,前后十年,无懈倦之色,或衣不解带者数月,人以为难"②。从上面的叙述中可以看到,行符法,重人伦,乃是太一道教义的要旨,同时也具有时代特征,表现出与当时南方诸符箓派甚多的一致性。

萧抱珍创立太一道之初,尚无宫观,只是在卫州家宅中行法,后来徒众渐多,乃于州之东三清院故址葺茅草庵而居。其徒侯澄受法后,在赵州及真定府(今河北正定)各建一太一堂,奉持香火,以符水为人治病,这些堂口后来都发展成规模宏大的宫观。太一道的传授源流,据《重修太一广福万寿宫碑》谓:萧抱珍"传之重明,重明传之虚寂,虚寂传之中和,中和实为教门四代祖。……□居寿者今为五祖云"③。太一道在金代共有四代掌门人,所谓"重明",即二代祖萧道熙,"虚寂"即三代祖萧志冲,"中和"即四代祖萧辅道。

萧道熙(1156—?),字光远,本姓韩,幼年即受度为道士,其父母均奉太一道。他嗣教时年甫十岁,改姓为萧。他资质聪颖,从小在宫观长大,受到较好的文化教育,知诗书,颇有儒风。王恽《太一二代度师赠嗣教重明真人萧公行状》称其"丰仪潇爽,德宇冲粹,博学善文辞,动辄数百言。乐与四方贤士大夫游,谈玄论道,造极精妙。书画矫矫,有魏晋间风格"④。大定十一年(1171),应诏主持中都天长观,未越月,名声显扬京中,"户外之履满矣"⑤。大定十四年(1174)春,辞归乡里,住持赵州太清观。大定二十二年(1182),金世宗召入内殿,问摄生之道,宠赐甚渥。大定二十六年(1186),思游历名山,栖真岩壑,于是将教事交予弟子王志冲,飘然而去,莫知所终。

---

①⑤ 《文渊阁四库全书》,第1200册,第794、624页,台湾商务印书馆,1986。
②③④ 陈垣:《道家金石略》,第839、845—846、860页,文物出版社,1988。

萧志冲(1151—1216),字用道,本姓王,号玄朴子,博州堂邑人,其父王守谦为萧抱珍弟子。萧志冲 16 岁即赴卫州礼萧道熙为师,金世宗大定十六年(1176),试经度为道士,任卫州管内道门威仪,领教门事。大定二十六年(1186),继任掌教。《滹南集·太一三代度师萧公墓表》谓:萧志冲"素不为辞章,及升堂谕众,随意而言,悉成文理,劝戒深切,听者耸然,内外相庆,以为宗门得人矣"①。不久,补住中都天长观。当黄河泛滥,太一万寿观被冲毁,他率众修复一新,并加以扩建,"声望既隆,求教者接迹而至,岁所传无虑数千人"②。金章宗明昌(1190—1195)间,前尚书右丞刘公伟自大名移镇河中,"道出淇上,谒师甚恭"③。承安元年(1196),因日蚀,于神霄宫设醮祈禳。章宗泰和(1201—1208)间,以皇嗣未立,参与亳州太清宫普天大醮。泰和七年(1207),奉诏设醮禳解蝗灾,命为道教提点,赐号"元通大师"。金卫绍王大安二年(1210),辞回归卫州,以教事付萧辅道,养老西堂。

萧辅道(1191—1252),字公弼,号东瀛子,卫州(河南汲县)人,为萧抱珍的再从孙。大安二年嗣教,金宣宗贞祐二年(1214),奉诏主持亳州太清宫。《太清观懿旨碑》称其"富文学而重气节,谨言行而知塞通"④。与之所游者皆当时名士,他在士大夫中享有极高声誉。金元之际,萧辅道受忽必烈赏识,为元初太一道的鼎盛奠定了基础。

由于太一道的教祖、道士都未能留下论著,只有金、元文人集中保存了一些关于太一道的文字,如王若虚《滹南集》、王恽《秋涧集》、王鹗《鲒埼亭集》等。陈垣先生撰有《南宋初河北新道教考》,其中的《太一篇》对太一道的历史作了较为全面的考校论述。又因太一道在金代及元初的影响,故《元史·释老传》为其立传。

真大道。起初名"大道",后加"真"字。创教人为沧州乐陵(今

---

① ② ③ 《文渊阁四库全书》,第 1190 册,第 492、492、493 页,台湾商务印书馆,1986。

④ 陈垣:《道家金石略》,第 840 页,文物出版社,1988。

山东乐陵)人刘德仁。刘德仁(1122—1180),号无忧子,少年时出家为道士。金熙宗皇统二年(1142),自称太上老君下降,授予《道德经》要言,使传玄妙大道。此后,刘德仁便立九条戒法,在黄河下游一带传道,教人以忠君孝亲,诚以待人,清静无邪,安贫乐道,力耕而食,量入为用,爱生勿杀。这样的观念,在饱经战火蹂躏的北方,得到了百姓的共鸣,不数年,大道教遍及中原。

大道教的宗旨,以老子《道德经》为本。宋濂在《书刘真人事》中说:"德仁在宋金之间,仿佛老子遗意以化人。"①《元一统志·制赠大道正宗四世称号碑》说:"大道之教……清净寡欲,谦卑自守,力作而食,无求于人,得老氏立教之旨为多。"而其戒条为:"一曰视物犹己,勿萌戕害凶嗔之心。二曰忠于君,孝于亲,诚于人,辞无绮语,口无恶声。三曰除邪淫,守清静。四曰远势利,安贱贫,力耕而食,量入为用。五曰毋事博弈,毋习盗窃。六曰毋饮酒茹荤,衣食取足,毋为骄盈。七曰虚心而弱志,和光而同尘。八曰毋恃强梁,谦尊而光。九曰知足不辱,知止不殆。学者宜世守之。"②元赵清琳《大道延祥观碑》说:"其教则大率以无为清静为宗,以真常慈俭为宝。其戒则不色,不欲,不杀,不饮酒,不茹荤。以仁为心,恤其困苦,去其纷争,无私邪,守本分。而不务化缘,日用衣食,自力耕桑,为赡足之。有疾者,符药针艾之事,悉无所用,惟默祷于虚空,以至获愈,复能为世人除邪治病。其亦犹是平日恬淡,无他技。彼言飞升化炼之术,长生久视之事,则曰吾不得而知,惟以一瓣香朝夕恳礼天地。"③《元史·释老传》也说:其教"以苦节危行为要,而不妄取于人,不苟侈于己者也"④。这些都反映出大道教提倡自食其力、少私寡欲,不谈飞升炼化、长生久视,融合道、儒、释三教,特别是援儒入道的特点。这些特点,表明了它与早期符箓派道教有明显的不同,也与原来的丹鼎派道教有所区别。

①③ 陈垣:《道家金石略》,第 836、821—822 页,文物出版社,1988。

② 《文渊阁四库全书》,第 1224 册,第 456 页,台湾商务印书馆,1986。

④ 《元史》,第 4529 页,中华书局,1976。

大道教在其传教活动中,也善使用召劾之术。刘德仁就以祈祷治病、驱役鬼神驰名。宋濂《书刘真人事》说:刘德仁"且善于劾召之术"①。杨果《玉虚观大道祖师传授之碑》说:刘德仁"救病不用药,仰面视天而疾无不愈"。《重修隆阳宫碑》亦称:刘德仁自得至人授诀之后,"由是乡人疾病者远近而来请治,符药、针艾弗用也,愈效如影响焉"②。总之,大道教"见素抱朴,少思寡欲,持之以虚心实腹,守气养神,及乎德盛而功成,乃可济生而度死,以无为而保证性命,以无相而驱役鬼神"③。这些记载,都表明大道教在修炼方法上是以内丹修炼之要"守气养神"为重,其祈祷治病,役驱鬼神的劾治之术是修炼"成道"后的外用。从这些来看,大道教的教旨似与北宋诸道派无直接继承关系,是道教史上独具特色的教派。

大道教的主张,颇能适合当时中下层社会的宗教需求,因之赢得了不少信徒。金大定(1161—1189)初,"传其道者几遍国中","故远近之民,有愿为弟子列,随方立观,为不少焉"。④金代大道教主要在黄河以北传播。刘德仁于大定二十年(1180)二月十五日逝世,弟子陈师正嗣教为二祖,三祖为张信真,四祖为毛希琮。从五祖郦希诚起,就进入了元代。有关大道教之二祖、三祖、四祖的史料现存极少,对他们的情况,只能大致勾勒轮廓。

陈师正(?—1194),字正谕,号大通子。家贫,幼渔于河,刘德仁挈以入道。掌教后,"弘宣祖道,度人罔极,设化无方,阐教垂一十五年,法寿则莫得而识"⑤。

张信真(1164—1218),号希夷子,青州乐安(今山东广饶)人。15岁,参礼陈师正为道士。金明昌五年(1194)嗣教。据说他"戒行精严,祛邪治病大有灵应","禀质不凡,行法好古,敷宣圣教,克肖先师"。⑥他撰有诗文数百篇,集为《玄真集》,已佚。

211

---

① ② ③ ④ ⑤ 陈垣《道家金石略》,第 836、823、818、822、818 页,文物出版社,1988。

⑥ 陈垣:《道家金石略》,第 818 页,文物出版社,1988。

毛希琮(1186—1223),号元阳真人,33 岁时掌教,共五年。史称其"见性达聪,罔怠成法,心厌尘世,不永斯年,掌教五星有奇,得年三十八岁"①。

大道教自毛希琮后,内部发生了分裂。其教分为燕京天宝宫与玉虚观两派,天宝宫一派以郦希诚为五祖,玉虚观一派以李希安为五祖。入元后,郦希诚一派得到元皇室支持,被尊为正统。从这时起,大道教改称为真大道教。

全真道。该派创教人为京兆(今陕西)咸阳大魏村人王重阳。王重阳(1112—1170),原名中孚,字允卿,又名世雄,字德威,入道后改名"嚞",字知明,道号重阳子,出生于一个家业丰厚、财雄乡里的地主家庭。从小读书,修进士籍京兆学府,曾试过武举,中了甲科,署职为酒税小吏,郁郁不得志。在民族矛盾和阶级矛盾错综复杂、整个社会动荡不安的情况下,加之宦途无望,遂遁入玄门,弃家修道。金海陵王正隆四年(1159),王重阳自称在甘河镇遇神人授之修炼真诀,便在终南山筑穴洞,名"活死人墓",穴居修道二年多,对外佯装疯狂,自号"王害风"。金世宗大定七年(1167),自己突然焚烧其居,只身前往山东传教,在文登、宁海、福山、登州(今蓬莱)、莱州(今掖县)活动,先后收马钰、谭处端、刘处玄、王处一、丘处机、郝大通和马钰之妻孙不二七人为徒,世称"七真",并建立了三教七宝会、三教金莲会、三教三光会、三教玉华会、三教平等会,以"全真"名其教。四方前来受戒者接踵而至,不数年,徒众遍及山东。大定九年(1169)秋,他留王处一、郝大通二徒在昆嵛修炼,自己则携丘、刘、谭、马西归。一行人到达开封的第二年(1170),王重阳即辞世,四弟子扶柩回关中,将其安葬于终南刘蒋村其旧隐之地(今陕西户县祖庵镇)。此后,大弟子马钰便为掌教,其余六真便各在山东、河北、陕西、河南一带修炼,活动中心主要在关中。从金世宗后期起,全真道活动中心便随刘处玄、丘处机、郝大通等的相继东返,又回归于山东半岛。全真道在金代传播情况,元好问《紫微观记》说:

① 陈垣:《道家金石略》,第 818 页,文物出版社,1988。

"南际淮,北至朔漠,西向秦,东向海,山林城市,庐舍相望,什佰为偶,甲乙授受,牢不可破。"①

全真道的教祖、骨干多出身于知识阶层,其文化素养在金初三大道派中最高,留下的著述也最多。现存金代全真道士的著作约有二十余种,其中有关教义、教制的论著重要的就有:王重阳《立教十五论》、《金关玉锁诀》、《授丹阳二十四诀》,马钰《丹阳真人直言》、《丹阳真语录》,刘处玄《至真语录》,丘处机《大丹直指》,侯善渊《上清太玄鉴诚论》及《晋真人语录》。而且,他们还善于用诗文表达其思想,这方面重要的有:王重阳《全真集》、《教化集》、《分梨十化集》,马钰《渐悟集》、《洞玄金玉集》、《神光灿》,刘处玄《仙乐集》,谭处端《水云集》,丘处机《磻溪集》,郝大通《太古集》,王处一《云光集》,侯善渊《上清太玄集》,长筌子《洞渊集》等等。这些论著和诗文集,不仅全面而系统地表述了全真道的教义教制,而且还具有很高的文学水平。

全真道的教义,总体上来看仍继承钟离权、吕洞宾的内丹思想,但又具有独到之处,具有鲜明的时代特征。

第一,合一三教。这个特点,可说是全真教义最为鲜明突出之处,从王重阳创教之日起,一直都很重视。王重阳《金关玉锁诀》称其教"太上为祖,释迦为宗,夫子为科牌"②,"三教者,不离真道也。喻曰:似一根树生三枝也"③。《重阳全真集·永学道人》谓:"心中端正莫生邪,三教收来做一家。义理显时何有异,妙玄通后更无加。"④《孙公问三教》说:"儒门释户道相通,三教从来一祖风。"⑤《答战公问先释后道》云:"释道从来是一家,两般形貌理无差。"⑥主张道、儒、释三教的核心都是"道",无有差别。他的弟子们也是继承了这一主张,高唱三教同源一致,如丘处机《磻溪集》卷一曰:"儒

213

---

① 陈垣:《道家金石略》,第475页,文物出版社,1988。
②③④⑤⑥《道藏》,第25册,第803、802、696、693、691页。

释道源三教祖,由来千圣古今同。"①刘处玄《仙乐集》卷三曰:"三教归一,弗论道禅。"②谭处端《水云集》卷上云:"三教由来总一家,道禅清静不相差。"③尹志平《葆光集》卷中云:"道显清虚妙,释明智慧深,仲尼仁义古通今,三圣一般心。"④这里要指出的是,金代全真道教义中的三教归一论主要是一种宣教口号,虽已注意到从三教的核心义理上来融通三教,但尚未展开深入的论述。而且对儒、释的吸取偏重于释,特别是佛教禅宗的思想。全真道三教合一理论还有一个内容就是力倡三教平等。王重阳《金关玉锁诀》谓:"三教者如鼎三足。"⑤马钰之徒王丹桂《草堂集·咏三教》说:三教"同一体,谁高谁下? 谁后谁先? 共扶持邦国,普化人天,浑似沧溟大海分异派流,泛诸川。然如是周游去处,终久尽归源"⑥。

第二,以"全精、全气、全神"为成仙证真的最高境界。全真道追求长生成仙,但鄙弃肉体。王重阳说:"今之人欲永不死而离凡世者,大愚不达道理也。"⑦又说:"离凡世者,非身离凡也,言心地也。"⑧丘处机说:"吾宗所以不言长生者,非不长生,超之也。此无上大道,非区区延年小术耳。"⑨肉体在全真道的眼中,不过是"一团脓",说:"白玉肌,红粉脸,尽是浮华妆点。"⑩此肉总归要腐烂,血液总要干竭。全真道的这种观点,实际上是对长期以来道教成仙说的一种总结,反映了道教传统"仙术"长期实践的失败。

肉体既然不可能永恒不灭,那么,什么才是永恒的呢? 那就是身中不生不灭、超出生死的"性"。他们称之为"心之性",或"元神"、"本真"、"真性"、"本来真性"等等。王重阳《授丹阳二十四诀》说:"是这真性不乱,万缘不挂,不去不来,此是长生不死也。"⑪"惟一灵是真,肉身四大是假。"⑫刘处玄《至真语录》说:"万形至其百年则身死,其性不死也。……阴阳之外则其神无死

---

①②③④⑤⑥⑪⑫《道藏》,第 25 册,第 815、438、849、520、802、481、843、807、799 页。

⑦⑧《道藏》,第 32 册,第 154 页。

⑨《藏外道书》,第 11 册,第 284 页。

也。"①《长春祖师语录》说:"生灭者形也,无生灭者性也、神也。有形皆坏,天地亦属幻躯,元会尽而示终,只有一点阳光,超乎功数之外,在身中为性海,即元神也。"②《晋真人语录》说:"长生不死者,一灵真性也。"③

从这种真性超出生死的观点出发,全真道在修炼上确定了唯重修心见性以期成仙证真的修炼路线,通过对心性的修炼以达到"全精、全气、全神",谓之"全真"的超出生死之外的最高境界,即通过对性的修炼以达到生命的永恒。总之,全真道的修炼之道,以降伏心意、明心见性为道要,是内炼成丹之前提,而又主张炼化精、气、神以结丹成仙,可说是明心见性与传统内丹的结合、融合。

第三,"苦己利人"的宗教实践原则。徐琰《广宁通玄太古真人郝宗师道行碑》说:王重阳"创立一家之教曰全真。其修持大略以识心见性,除情去欲,忍耻含垢,苦己利人为之宗"④。要求全真道士应把物质生活需求降低至最小的程度,摒绝一切物质欲望。《丹阳真人语录》说:"饥则餐一钵粥,睡来铺一束草,褴褴缕缕,以度朝夕,正是道人活计。"⑤《晋真人语录》说:"若要真行,须要修行蕴德,济贫拔苦。见人患难,常怀拯救之心,或化诱善人入道修行。所为之事,先人后己,与万物无私,乃真行也。"⑥"利人"不仅是宗教道德要求,而且是成仙得道的重要条件,金代全真道上至创教祖师及其"七真",下至一般道徒,都以此作为宗教实践的原则严格奉行,史料中关于他们"苦己利人"的记载,俯拾皆是。如《北游语录》说马钰"以去奢从俭,与世相反为大常,凡世所欲者,举皆不为"⑦。

金代全真道教义教制,在王重阳《立教十五论》中是比较全面的,其主要为:一、凡出家者先须投庵,身以心定,气神和畅;二、云游访师,参寻性命;三、学书不寻文乱目,宜采意心解;四、精研药

_____

① ③ ⑤ ⑥ 《道藏》,第23册,第709、698、704、697页。
② 《藏外道书》,第11册,第284页。
④ 陈垣:《道家金石略》,第673页,文物出版社,1988。
⑦ 《道藏》,第33册,第162页。

物,活人性命;五、修盖茅庵,以遮日月,但不雕梁峻宇而绝地脉;六、道人必须择高明者合伴,以丛林为立身之本;七、凡静坐者须要心如泰山,不动不摇,毫无思念;八、剪除念想以求定心;九、紧肃理性于宽慢之中以炼性;十、调配五行精气于身;十一、修炼性命是修行之根本;十二、入圣之道,须苦志多年,积功累行;十三、超脱欲界、色界、无色界;十四、养生之法在于得道多养;十五、超离凡世,非身不死,而在心离凡世。王重阳的这些立教要点,是对全真道立教宗旨和修持方法的集中阐述,并体现了前述的三个特点。全真道与金丹派南宗一样,均重性命双修,但南宗以修命为首,而全真道则以修性为首,并不尚符箓,也反对黄白之术,鄙视肉身成仙,强调道士必须出家住庵,不准有妻室,倡导三教合一说,从而形成了与过去那些主张符箓、烧炼、章醮等旧道派及金代其他新道派均不尽相同的特色。

下面,我们将王重阳七大弟子的情况作一简单介绍。

马钰(1123—1183),字玄宝,原名从义,字宜甫,号丹阳子,山东宁海(今山东牟平)人。其家世为当地豪族,富甲州里。大定七年(1167)七月,在一次酒宴上他与王重阳相遇,见王重阳颇有仙风道骨,乃邀之于家,为其在宅中建全真庵,事以师礼。在王重阳的化导下,遂弃家产,苦心励节,潜心修炼,随王重阳过云游乞食生活。其后,马钰之妻孙不二也出家师事王重阳。王重阳临终之时,以全真秘诀付予马钰,命其掌教。他门下弟子形成全真遇仙派。撰有《洞玄金玉集》、《神光灿》、《渐悟集》。金人王颐中辑《丹阳真人语录》。马钰门下传授如下表:

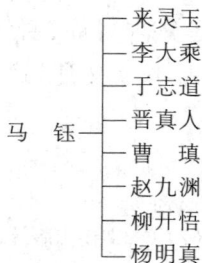

```
          ┌ 来灵玉
          ├ 李大乘
          ├ 于志道
          ├ 晋真人
马  钰 ─┤
          ├ 曹  瑱
          ├ 赵九渊
          ├ 柳开悟
          └ 杨明真
```

谭处端(1123—1185),字通正,原名玉,字伯玉,号长真子,山东宁海人。父为铁匠,他是全真七子中出身最寒微的。十五岁,存志于学,擅工草隶。患风疾,经年不愈,百药无效,求治于王重阳,一宿即愈。遂于大定七年(1167)礼王重阳为师,皈依其门。马钰卒后,接任掌教。他门下弟子形成全真南无派。撰有《水云集》。其门下传授为:

```
            ┌ 王道明
谭处端 ─────┼ 董尚志
            └ 宋德方
```

丘处机(1148—1227),字通密,号长春子,登州栖霞人。据《金莲正宗记》卷四载:"家世栖霞,最为名族。"①大定八年(1168),于昆嵛山礼王重阳为师入道。在王重阳病逝后,丘处机在陕西磻溪洞穴居,苦心修炼。又在龙门山(今陕西宝鸡东南)苦修。于金章宗明昌元年(1190)东归栖霞,并在刘处玄之后接任掌教。丘处机是全真七子中年纪最小者,为全真道在元代的发展作出了重要贡献。他门下弟子形成全真龙门派,为全真道明清以来传承的主要派别,一直流传至今。著有《大丹直指》、《磻溪集》、《摄生消息论》等。其门下传授为:

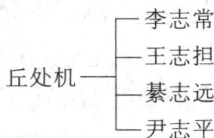

```
            ┌ 李志常
            ├ 王志担
丘处机 ─────┼ 綦志远
            └ 尹志平
```

王处一(1142—1217),号玉阳子,宁海东牟(今山东牟平)人。其母笃信道教,王处一受母亲影响,幼即慕道。大定八年(1168),师事王重阳,出家修道,受师命于铁查山七宝云光洞修炼。大定二十八年(1188),曾应诏赴阙主持万春节醮事。他门下弟子形成全真嵛山派,撰有《云光集》、《西岳华山志》等。其传承不甚清楚。

郝大通(1140—1212),字太古,号恬然子、广宁子,宁海人。出

①《道藏》,第3册,第359页。

身于一个"历代宦游"、"家故饶财,为州首户"[1]之家。从小失去父亲,事母甚孝,少好黄老,尤精《易》理。大定八年,师事王重阳,出家修道,改名璘。大定十五年(1175),在沃州桥下静坐修炼六年,后北游真定,传教度人。他门下弟子形成全真华山派,著有《太古集》。其传承为:

$$
郝大通 \begin{cases} 范圆曦 \\ 王志谨 \end{cases}
$$

刘处玄(1147—1203),字通妙,号长生子,莱州(今山东掖县)人。自幼丧父,事母至孝,誓不婚宦。大定九年(1169),礼王重阳为师。继而奉师命西游开封,乞食修炼,士庶从之者众。大定二十八年,在昌阳设醮祷雨有验,继谭处端后任掌教。他门下弟子形成随山派,著有《黄帝阴符经注》、《黄庭内景玉经注》、《仙乐集》、《至真语录》等。其门下传授为:

$$
刘处玄 \begin{cases} 于道显 \\ 崔道演 \end{cases}
$$

孙不二(1119—1182),号清静散人,马钰之妻,宁海人。王重阳初到其家,劝他们夫妇二人入道出家,不允。王重阳乃每日索取一梨,切成若干块以寓意,最后终被化导,在马钰出家两年后,孙不二乃于大定九年(1169),赴宁海金莲庵,礼王重阳为师,成为女道士。奉师命上街乞化,后游于伊、洛间,传道度人。她门下形成清静派,后人编有《孙不二元君法语》、《孙不二元君传述丹道秘书》。其门下传授不清。

在金代出现的三大新道派中,以全真道的势力为最大,其弟子众多,在元代发展至鼎盛。

太一道、真大道、全真道建立之后,均受到在野汉族人士的向往,参加者不少。《真大道教第八代崇玄广化真人岳公之碑》说:

---

① 《道藏》,第19册,第739页。

"昔者金有中原,豪杰奇伟之士,往往不肯婴世故、蹈乱离,辄草衣
木食,或佯狂独往,各立名号,以自放于山泽之间,当是时,师友道
丧,圣贤之孝湮泯渐尽,惟是为道家者,多能自异于流俗,而又以去
恶复善之说以劝诸人。一时州里田野,各以其所近而从之。受其
教诫者,风靡水流,散在郡县,皆能力耕作,治庐舍,联络表树,以相
保守,久而未之变也。"①《大元奉圣州新建永昌观碑铭》也说:隐逸
清洁之士"翕然从之,实繁有徒。其特达者各相启牖,自名其家,若
寂然师弟弘衍博济教行北山是也。耕田凿井,自食其力,垂慈接
物,以期善俗。……敦纯朴素,有古逸民之遗风焉"②。由此可见,
这些新道派既是一种宗教团体,也是一些在野汉族士人相互联络
的组织,一经建立,便得到迅速发展。而且,它们的快速发展,也引
起了金廷的密切关注。金朝的统治者为了争取汉族士人的支持,
便千方百计地对这些道派的首脑人物进行笼络,表示亲善,并对他
们所代表的道派给予扶植。

金熙宗完颜亶(1135—1149 在位)对汉文化有较深了解,即位
后采取辽、宋汉制。对于道教,据《大金国志》卷三六"道教"条:熙
宗朝设有道司、道录、道正等道官管理道教,任期三年,并设道阶六
等,有侍宸、授经等名目。熙宗于皇统八年(1148),亲自召见太一
道祖师萧抱珍,并为其道观赐额。《重修太一广福万寿宫之碑》载:
"皇统八年,熙宗闻其(萧抱珍)名,遣御带李琮驿召赴阙……悼后
尤加礼敬,赏赉不訾,其为奏乞观额,敕以'太一万寿'赐之。"③

金世宗完颜雍(1161—1189 在位)即位不久,为安定民心,承北
宋之制出售寺观名额、僧道度牒、大师号。先是于"大定二年
(1162),凡释道之居,无名额者,许进输赐之"④。又于"五年
(1165),上谓宰臣曰:'顷以边事未定,财用阙乏,自东、南两京外,

①《藏外道书》,第 35 册,第 423 页。
②《文渊阁四库全书》,第 1200 册,第 764 页,台湾商务印书馆,1986。
③ 陈垣:《道家金石略》,第 845 页,文物出版社,1988。
④《文渊阁四库全书》,第 1190 册,第 495 页,台湾商务印书馆,1986。

命民进纳补官,及卖僧、道、尼、女冠度牒,紫、褐衣,师号,寺观名额"①。对于新道派,世宗也采取笼络的政策,据《隆阳宫碑·书刘真人事》载:大定七年(1167),诏刘德仁入居中都天长观,赐号"东岳真人"。大定九年(1169),为太一道二祖萧道熙敕立万寿碑额于所居道观。大定十四年(1174),因天长观遭灾损毁,曾命有司修复,是年修好后,世宗率领太子和百官前往庆贺,做道场三日夜。《中都十方大天长观重修碑》载其事说:"大定十四年三月,户部尚书臣仲愈、劝农使臣谨言,奏十方天长观馆御既安,像设既严,敢以闻。是月既望,天子暨皇太子率百执事款谒修虔,遂命为道场三日夜,以庆成。"②大定二十二年(1182),诏萧道熙入内殿,问以摄生之道,世宗赏赐甚渥。又于大定二十七年(1187)和二十八年(1188),两次诏王处一进京,并为其修建"修真观",并赐金书篆额,又赐以金帛巨万。大定二十八年,诏丘处机,命其"主万春节醮事",问以至道,赐钱十万。令塑纯阳、重阳、丹阳三师像于其所居宫观之正位。

金章宗完颜璟(1190—1208在位)是金朝皇帝中最为"尊玄崇道"者,与太一道三祖萧志冲来往密切。明昌(1190—1195)间,章宗常常请萧志冲于太清宫作醮,赴太极宫诵经百日。《溽南集》卷四二说:"时,户部侍郎胥鼎方提控寺观,恐师南还,率朝士十余候之,曰:'今明主临朝,尊玄重道,天长才废,随建此宫,如师者人天眼目,不容遽去也。'会宫众亦坚挽之,遂勉为留。"③金章宗对太一道的尊崇还不止于此,朱澜《十方大天长观普天大醮瑞应记》载:"明昌元年(1190)二月癸卯,皇太后微爽节宣之和,越翌日甲辰,皇帝朝隆庆宫问安于慈训殿,还出寝门,行不能正履,朝夕视膳,畴咨药石,未尝解带,以谓祷于上下神祇,著在典故。壬子,敕大天长观设普天大醮七昼夜,仰祝皇太后圣寿无疆,赐钱五百万,梅檀沉水降

---

① 《金史》,第1124—1125页,中华书局,1975。
② 《道藏》,第19册,第716页。
③ 《文渊阁四库全书》,第1190册,第493页,台湾商务印书馆,1986。

真等香二百八十斤，龙脑五两，命昭勇大将军拱卫直都指挥使兼客省使大仲尹西上阁门使张汝猷、左振肃完颜阿鲁罕为行礼官，诏提点天长观事冲和大师孙明道曰：'老君道教乃中国之教，不比释氏西胡之人，以击钹为事，自今以始，醮上不得用法器。即日降普天大醮青词一通，其词曰：嗣天子臣谨上启三清、四帝、二后，……垂至神而洞鉴，锡景命之延洪嘉与群生，永依大庇。'"①以皇太后生病之事为由，虔诚奉道，大加赏赐，"辛酉，皇帝驾幸天长观行香，礼毕，车驾还宫，行礼官暨高功大法师闻启发牒，皇帝斋戒七日。癸亥，内降御书青词九通，沉檀四斤，龙脑十两"②。《滹南集》卷四二《清虚大师侯公墓碣》说：太一道士侯元灿于明昌初，"以高德应诏，入住中都天长观。自泰和(1201—1208)改元，国家事祈禳，连设大醮，羽流极天下之选，而师皆与焉"③。获赐紫衣及"观妙大师"号。崇庆(1212—1213)间，召住中都太极宫，授"清虚大师"号。金章宗与全真道首领间的交往更多。明昌元年(1190)，丘处机东归栖霞，大建琳宫，章宗敕赐其额曰"太虚"。承安二年(1197)七月，召见王处一于便殿，问以养生之道和性命之理，以及治国和边境之事，赐紫衣及"体玄大师"号，居京师崇福观，日给钱二百缗。不久，王处一上表请求还侍其母，获准。泰和二年(1202)，又请王处一赴亳州太清宫主行普天醮事。承安二年(1197)冬，召刘处玄赴阙，敕寓天长观，问以玄旨，并赐以"灵虚"、"太微"、"龙翔"、"集仙"、"妙玄"等五观额。承安三年(1198)，又遣使征召，"以鹤板蒲轮接于紫宸，待如上宾，赐以琳宇，名曰'修真'。官僚士庶，络绎相仍，户外之履，无时不盈。明年(1199)三月，乞还故山，天子不敢臣，额赐'灵虚'，宠光祖庭"④。

除新道派的头面人物外，章宗还对一些学有成就，在士人中有一定影响的其他道士，如袁从之、李大方等，也予以尊宠。章宗不

---

①②《道藏》，第 19 册，第 716、719 页。

③《文渊阁四库全书》，第 1190 册，第 495 页，台湾商务印书馆，1986。

④《道藏》，第 3 册，第 358 页。

仅常请道士设醮,并对醮仪法器等非常关心,亲自过问,还亲撰青词。而且,章宗对道书的收集整理也很重视。由于北宋间编撰的《政和万寿道藏》至金时,其经板已残缺不全,大定四年(1164),金世宗曾诏以南京(今河南开封)道藏经板付中都十方天长观,章宗明昌元年,诏命天长观提点冲和大师孙明道主持搜访天下遗经,得1714卷,又根据《政和万寿道藏》经板补板,最后勒成一藏,即《大金玄都宝藏》,共6455卷。这次道经的搜集整理,对道教的发展具有极为重要的意义。

随着新道派的不断发展、壮大,特别是其在下层群众中的影响,也引起了金统治者的猜疑,故金章宗即位之初对这些道派也曾采取过限制。如明昌元年十一月,"以惑众乱民,禁罢全真及五行毗卢"①;明年(1191)十月,"禁以太一混元受箓私建庵室者"②。这种限制的目的,当然是为了维护金王朝的统治。不过,这些新道派所具有的对维护金朝统治、缓和社会矛盾的作用,也被一些金朝要员所认识,有的重臣即出面奏请收回禁令,且得到了章宗的同意。于是,全真道等新道派"已绝而复存,稍微而更炽"③。如承安三年(1198),全真终南祖庭观主就趁刘处玄见重于章宗的时机,购买了数十个观额和三百张度牒。在泰和元年(1201)、三年(1203),金廷在亳州太清宫举行"罗天大醮",参加法事的道士们即乘此机会奏请金廷允许,度道士千余人。元遗山的《紫微观记》在谈到全真道的发展时即指出:"故堕窳之人,翕然从之,南际淮,北至朔漠,西向秦,东向海,山林城市,庐舍相望,什佰为偶,甲乙授受,牢不可破。上之人亦尝惧其有张角斗米之变,著令以止绝之。"④然而,实际上却是"禁"而不能绝,反而更加发展了。正如姚牧庵《重修玉清万寿宫碑》所说:"欲锢其说以叛涣其群",却"势如风火,愈扑愈炽",以至"羽服琳宫日新月盛乎金之世"。⑤

卫绍王完颜永济(1209—1213在位)嗣位之后,金朝统治已处

---

①② 《金史》,第216、219页,中华书局,1975。
③④ 《文渊阁四库全书》,第1191册,第410页,台湾商务印书馆,1986。
⑤ 陈垣:《道家金石略》,第722页,文物出版社,1988。

于急转直下之势,他在位时间不长,但金代敬道之制犹存。受到章宗宠遇的道士李大方,在卫绍王执政期间,仍然活跃于朝廷,大安(1209—1211)初,奉召获赐云锦衣,佩金符,加号"通玄大师"。金宣宗完颜珣(1213—1223 在位)即位不久,燕都便告失守,在这岌岌可危的形势下,他对道教仍给予关注,向一些宫观赐名,以资保护;对道士仍给予礼遇,赐号封官。但是,他在征召丘处机、李处静等道教头面人物时,丘、李等人看到金廷大势已去,均拒不奉召。金哀宗完颜守绪(1224—1234 在位)执政仅十年,便被元太宗窝阔台所灭。然而,在他统治期间,对道士于善庆、于道显等仍予以关怀,遣使征召,给他们赐赠封号。

总之,由上所述可以看出,金代道教的发展不仅与金朝统治者对其的尊崇态度相关联,更为重要的是在社会动荡、战火纷飞、人民生活极无保障、民族矛盾和社会矛盾极为尖锐的情势下,宗教的需求便突显了出来,因此金代新道派的产生也就不是偶然的了,它们得到人们的尊奉也是具有其必然性的。

第五章　元代道教

第一节　全真道、太一道、真大道三大道派的发展

蒙古人建立了南北统一的大元帝国。这个帝国疆域空前，"北逾阴山，西极流沙，东尽辽左，南越海表"[1]，境内民族众多，信仰各异，怎样才能使他们臣服于大元帝国，使自己的统治得到巩固，便是元统治者不能不考虑的重大问题。当然，除武力征服和发挥政权的专政职能外，如何对待形色各异的宗教信仰，也就是说采取什么样的宗教政策就显得极为重要。其实，早在成吉思汗时期，就确定了兼容并蓄各种宗教的政策，对境内的佛教、道教、基督教、伊斯兰教等，都一体优待。这个政策，也为其后的历代元朝皇帝所遵循。据《万寿宫披云真人令旨碑》载：至元十七年（1280），里势都儿大王令旨云："依着已前成吉思汗皇帝圣旨、哈罕皇帝圣旨、蒙哥皇帝圣旨、今上皇帝（世祖）圣旨里：和尚（佛教）、先生（道教）、也可里温（基督教）、达失蛮（伊斯兰教），不拣甚么差发休着者。……但属宫观田地、水土、竹苇、碾磨、园林、解典库、浴堂、店舍、铺席、醋酵，不拣甚么差发休要者。索要呵，也休与者。钦此。"[2]当然，这也并不是说元朝对任何宗教都是一视同仁、无厚薄之分，早就有学者指出，元朝"最重视的是佛教（特别是佛教中的喇嘛教），其次是道教，然后才是基督教和伊斯兰教"[3]。

---

① 《元史》，第 1345 页，中华书局，1976。
② 陈垣：《道家金石略》，第 631 页，文物出版社，1988。
③ 《中国史稿》编写组：《中国史稿》，第 5 册，第 613 页，人民出版社，1983。

　　蒙古人入主中原，相继灭金、灭宋，建立元朝，其面临的问题是如何取得汉族士人的支持，巩固自己的统治。因此，元统治者不仅利用儒学，对道教也表示了尊崇。道教在这个朝代的发展，以金、宋道派分衍为基础而又有新的发展和演变，无论新旧，诸道派均更加兴盛且逐渐合流。其兴盛的景况，相对于唐宋来说，除在理论创新方面略为逊色外，在组织发展上则犹超之。在众多的道派中，由于全真道和龙虎山正一道自身条件的优越，发展更为突出。

　　(1) 全真道的兴盛

　　当成吉思汗在率军西征时的 1219 年，他就迫不及待地遣使臣前往登州(今属山东)宣召全真道首领丘处机，当时丘处机已拒绝金、宋两国的召请，正在观望形势。丘处机于明昌二年(1191)东归栖霞后，并没有如在陕西时那样隐居苦修，而是尽展其社会活动才能，与不少达官贵人、当代名臣相往还，其社会影响日益增大，引起了成吉思汗的注意。丘处机际遇成吉思汗，为全真道在元代的大发展奠定了重要基础。

　　丘处机是王重阳七大弟子中年纪最轻的一位，他在王重阳病逝之后，随马钰、谭处端、刘处玄等送师灵柩回终南山刘蒋村安葬后，于大定十四年(1174)八月，入陕西磻溪(今陕西宝鸡虢镇附近)隐栖苦修六年，"日乞一食，行则一蓑，虽箪瓢不置也"[①]，人称"蓑衣先生"。又于大定二十年(1180)，"隐陇州龙门山(今山西河津西北)七年，如在磻溪时"[②]。经过 13 年的隐修，"道既成，远方学者咸依之"[③]。他在这 13 年的隐居生活和修道悟道的思想情况，尽见其《磻溪集》中。大定二十六年(1186)，回刘蒋村居住。二十八年(1188)，奉金世宗诏至燕京(今北京)主持"万春节"醮事，同年秋返回终南。明昌元年(1190)，金章宗以"惑众乱民"为由，下诏禁罢全真道等，遂于次年(1191)东归栖霞，建观居之。东归栖霞后，丘处机便开始与社会上层人物相交往，逐渐影响四播。泰和七年

────────────────

①②③《道藏》，第 19 册，第 734 页。

(1207),章宗元妃赠予《大金玄都宝藏》一套。泰和八年(1208),金章宗赐所居观名为太虚观。金宣宗贞祐二年(1214)秋,山东大乱,杨安儿等起义,附马都尉讨之,均告无功。无奈只好请丘处机对起义者进行安抚,据说"所至皆投戈拜命,二州(登州、宁海)遂定"①。丘处机名噪一时,显示出他的名望及全真道的号召力。从此,他成为金、南宋、蒙古三方统治者关注的对象,都派使臣前往召请,希其能为己所用。但是,丘处机审时度势,准确地作出了自己的政治选择,先后拒绝了金、南宋朝廷的召请。然而,当成吉思汗于1219年5月派使臣刘仲禄召请时(刘于当年十二月到达丘处机住地莱州),却毫不犹豫地应召,而也正是在这一年,他拒绝了南宋朝廷的召请。

丘处机的影响,可从成吉思汗于己卯岁(1219)发出的《召丘神仙手诏》窥见。诏曰:"访闻丘师先生,体真履规,博物洽闻,探赜穷理,道充德著。怀古君子之肃风,抱真上人之雅操。久栖岩谷,藏身隐形。阐祖师之遗化,坐致有道之士,云集仙经,莫可称数。自干戈而后,伏知先生犹隐山东旧境,朕心仰怀无已。岂不闻渭水同车、茅庐三顾之事,奈何山川弦阔,有失躬迎之礼。朕但避位侧身,斋戒沐浴,选差近侍官刘仲禄备轻骑素车,不远数千里,谨邀先生暂屈仙步。"②可见丘处机当时不仅以道法高妙闻于世,而且还以才学超群而著称,也可见成吉思汗诏请丘处机的目的并不在于对全真道法的仰慕,而是为了其政治上的需要。丘处机在答允赴召之第二年,即元太祖十五年(1220)正月,便率领弟子18人随行,从莱州启程北上,于元太祖十七年(1222)四月五日,终于到达此行目的地——设于阿姆罕河南岸(阿富汗北境)成吉思汗的军营。

丘处机应成吉思汗之召时,已73岁。他以如此高龄,历时两年多,行经万余里,途中的艰辛是不难想像的。对此,成吉思汗十分

---

① 《道藏》,第19册,第734页。
② 陈垣:《道家金石略》,第445页,文物出版社,1988。

赞赏,丘处机一到达,就立即召见,并对丘处机说:"他国征聘皆不
应,今远逾万里而来,朕甚嘉焉。"①丘处机则回答说:"山野召而赴
者,天也。"②关于二人间的谈话内容,《元史·释老志》曰:丘处机
"拳拳以止杀为劝。……太祖时方西征,日事攻战,处机每言欲一
天下者,必在乎不嗜杀人。及问为治之方,则对以敬天爱民为本。
问长生久视之道,则告以清心寡欲为要。太祖深契其言"③。也就
是说,内容涉及治国与养生。然而,从史料来看,更多在治国之术
方面。丘处机进言曰:"昔轩辕氏天命降世,一世为民,再世为臣,
三世为君,济世安民,累功积德,数尽升天而位尊于昔。陛下修行
之法无他,当外修阴德,内固精神耳。恤民保众,使天下怀安则为
外行,省欲保神为乎内行。"④《长春演道主教真人内传》载:"一日,
上问曰:'师每言劝朕止杀,何也?'师曰:'天道好生而恶杀。止杀
保民,乃合天心。顺天者,天必眷祐,降福我家。况民无常怀,惟德
是怀;民无常归,惟仁是归。若为子孙计者,无如布德推恩,依仁由
义,自然六合之大业可成,亿兆之洪基可保。'上悦。又问以雷震
事。师曰:'山野闻国俗夏不浴于河,不浣衣,不晒氈,野有菌,禁其
采,畏天威也,然非奉天之至道。尝闻三千之罪,莫大于不孝。今
闻国俗于父母未知孝道。上乘威德,可戒其众。'上悦曰:'神仙前
后之语,悉合朕心。'命左右书之策,曰:'朕当亲览,终当行之。'"⑤
从这些记载可知,丘处机对成吉思汗提问的回答,除重点讲道家的
"清心寡欲"、"固精守神"外,还谈了"止杀保民"、"布法推恩"、"以
孝治国"等儒家治国之术。成吉思汗对丘处机的奏对非常重视和
满意,称丘处机为"神仙",并"集太子诸王大臣,曰:汉人尊重神仙,
犹汝等敬天,我今愈信真天人也。乃以师前后奏对语谕之。且云:
天俾神仙为朕言此,汝辈各铭诸心"⑥。丘处机还为成吉思汗征服

227

①②⑥《道藏》,第 34 册,第 490、490、493 页。

③《元史》,第 4524—4525 页,中华书局,1976。

④《道藏》,第 3 册,第 389 页。

⑤ 陈垣:《道家金石略》,第 636 页,文物出版社,1988。

山东、河北而积极献策,说:"山东、河北,天下美地,多出良禾美蔬,鱼盐丝枲,以给四方之用。自古得之者为大,所以历代有国者惟重此地耳。今尽为陛下所有,奈何兵火相继,流散未集。宜选清干官为之抚治,量免三年赋役,使军国足金帛之用,黔黎复苏息之安。一举而两得,斯乃开创之良策也。苟授非其才,不徒无益,反以为害。"①

总之,丘处机得到成吉思汗的信任,获得优宠。他在成吉思汗身边待了近两年,便请求东归,被允准。成吉思汗授其虎头金牌及玺书,令其掌管天下道教,诏免道门赋役。经过一年的长途跋涉,丘处机及其弟子们于1224年3月还抵燕京。抵达后,蒙古达官贵人皆争先与之交往,恳请其住在大天长观(今北京白云观),丘处机遂在此观住了下来。从此,该观成为全真道祖庭之一。

成吉思汗对丘处机的恩宠有增无减,"自尔使者赴行宫,皇帝必问:'神仙安否?'还,即有宣谕语"②。1224年季夏,遣使传旨,曰:"自神仙去,朕未尝一日忘神仙,神仙无忘朕!朕所有之地,爱愿处即住。门人恒为朕诵经祝寿则嘉。"③成吉思汗还告诫各处官员,说:"丘神仙应有底修行底院舍等,系逐日念诵经文,告天府人,每与皇帝祝寿万万岁者。所据大小差发赋税都休教著者,据神仙底应系出家门人等,随处院舍都教免了差。"给予全真道发展的特权。

丘处机不失时机,紧紧抓住这个机会,大力发展全真道。他在东归途中就对弟子们说:"今大兵之后,人民涂炭,居无室、行无食者,皆是也。立观度人时不可失,此修行之先务,人人当铭诸心。"④到达燕京后,丘处机即着手"立观度人"之计划。据《元史·释老志》说:"时国兵践蹂中原,河南、北尤甚,民罹俘戮,无所逃命。处机还燕,使其徒持牒招求于战伐之余,由是为人奴者得复为良,与

① 陈垣:《道家金石略》,第636页,文物出版社,1988。
②④《道藏》,第19册,第735、809页。
③《道藏》,第34册,第496页。

滨死而得更生者,毋虑二三万人。中州人至今称道之。"①丘处机所
做的这些事情,不仅扩大了全真教的影响和组织,而且也使他在朝
野上下声望倍僧,成为北方道教的风云人物,不少史料对此都有记
载,如商挺《大都清逸观碑》说:"长春既居燕,士庶之托迹,四方道
侣之来归依者,不啻千数,宫中为之嗔咽。"②《长春演道主教真人内
传》说:"阙后道侣云集,玄教日兴,乃建八会,曰平等,曰长春,曰灵
宝,曰长生,曰明真,曰平安,曰消灾,曰万莲。会各有百人,以良日
设斋供奉上真。"③《盘山栖云观碑》说:"由是玄风大振,四方翕然,
道俗景仰,学徒云集。"④甚至"旁门异户,靡不向风"。全真道成为
当时最为显赫的道派。以此为起点,至尹志平、李志常相继掌教期
间,全真道的发展进入了其发展的鼎盛期。

全真道的鼎盛局面,有这样几个标志:

一是道门兴旺,门徒众多,且知名道士多。不仅丘处机门下如
此,其他六真门下亦如此。仅就丘处机门下而言,真正是人才济
济,既有随其西觐的18位弟子,又有积极推行其立观度人计划的干
将,还有继其遗志编修《玄都道藏》的门徒,从中产生出接任他做掌
门的后继者。且再传弟子中也多知名者。现将其门下知名道士择
其要者列表于下:

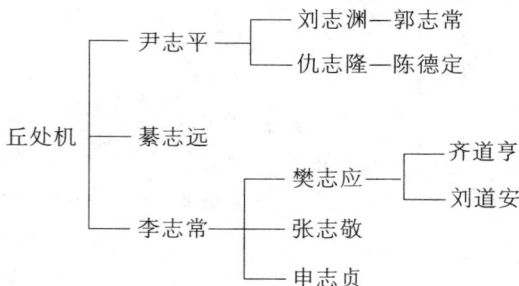

```
                        ┌── 刘志渊──郭志常
            ┌── 尹志平──┤
            │            └── 仇志隆──陈德定
            │
  丘处机 ──┤── 綦志远
            │                         ┌── 齐道亨
            │            ┌── 樊志应──┤
            │            │            └── 刘道安
            └── 李志常──┤── 张志敬
                         │
                         └── 申志贞
```

---

① 《元史》,第 4525 页,中华书局,1976。
② 《道藏》,第 19 册,第 809 页。
③ 陈垣:《道家金石略》,第 636 页,文物出版社,1988。
④ 《道藏》,第 25 册,第 414 页。

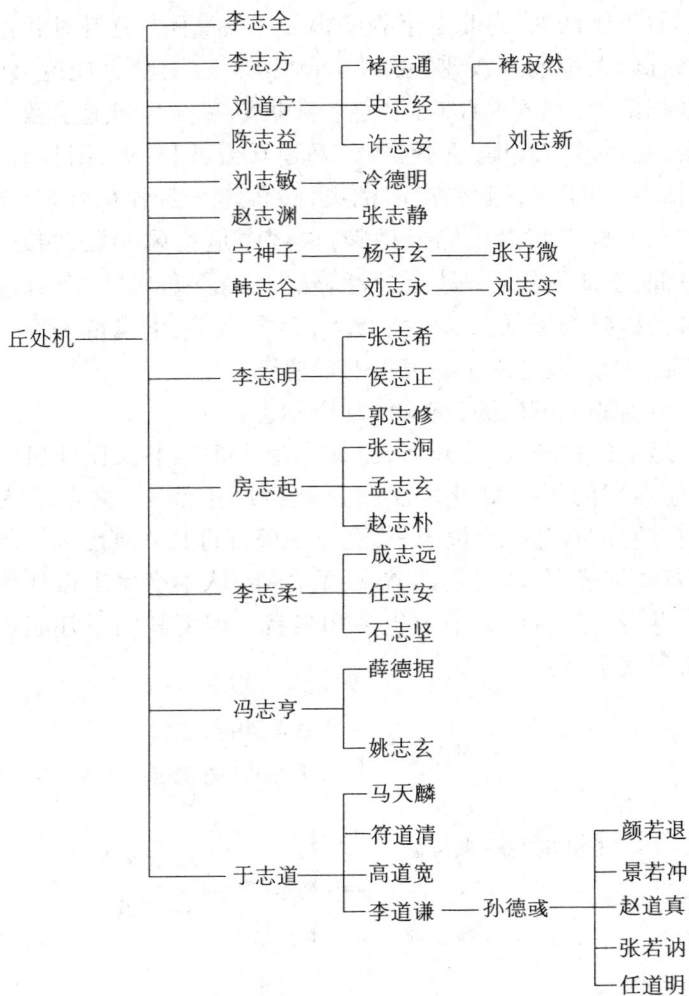

```
                              ┌── 梁志安
                   王志坦 ────┤
                              └── 常志敏

                   蒲察道渊      ┌── 祁志诚 ── 丘洞真
                               │
                               │              ┌── 谢志坚
丘处机 ───────────┤           │   刘志贞 ───┤
                   宋德方 ────┤              └── 梁志端
                               │
                               ├── 何志渊 ── 王志纯
                               │
                               └── 秦志安 ── 李志实

                   潘德冲
```

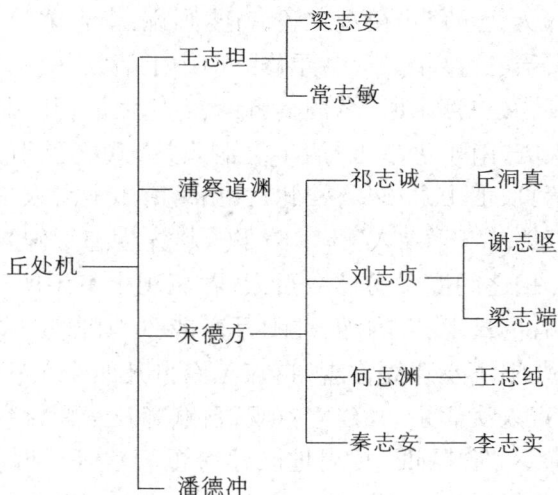

二是大批修建宫观。以燕京地区为中心,遍及河北、河南、山西、山东、陕西、甘肃等地区,几乎凡是丘处机到过之地,都修建了宫观。如燕京地区即有固本观、清逸观、长生观、清都观、洞神观、静远观、兴真观、真元观、崇元观、玉华观、玉真观、冲微观、玄禧观、昭明观、玉清观等。[①] 另外,据学者们对《顺天府志》所引《析津志》、《元一统志》和《析津志辑佚》等所记宫观的粗略统计,燕京及附近地区共有宫观百余所,而其中绝大部分属全真宫观,且大多建成于丘处机居长春宫至李志常掌教期间。河南、河北地区建有长春观、奉天观、栖真观、灵虚观等等。据史载,丘处机在1223年东归至宣德时,向其弟子李志柔交代"以立观度人,将迎往来道众为务"[②]。而李志柔"恪尊玄训,于是始建长春于漳州,奉天、栖真于大名。丙戌(1226),复诣燕觐宝玄堂,参证心印。明年秋长春返真。师杖履南归,向化者益众,如磁州之神霄、相州之清虚、林虑之天平、广宗之大同、燕都之洞真,皆以次而举。其门弟诸方起建大小庵观二百

---

① 参见《顺天府志》卷八,北京大学出版社,1983年影印本;《畿辅通志》卷一三九,台湾华文书局,1968。

②《道藏》,第19册,第781页。

余区"①。又《大元重修古楼观宗圣宫记》则说:李志柔"诸方建立若宫若观若庵,殆三百余区"②。《重修终南山上清太平宫记》说:刘志源"建立宫观,亦二百余所,名额具者:大名之太清,开州之万寿、洞玄,滑州之天庆,南乐之参天,清丰之洞真,修武之重阳,东明之明真,观县之清真,琅山之东华,洎此宫(指终南山上清太平宫),亦有十余处,度门弟子三千余人"③。《清平子赵先生道行碑》说:赵志渊在"大名、磁、相之间度学者凡数百人,立庵观十有余所"④。山东、山西地区建有白云观、兴国观、纯阳万寿宫、九阳洞等。宋德方"即莱州神山开九阳洞及建立宫观,自燕至秦晋凡四十余区"⑤。有的史料则说:"真人犹假余力,建立宫观,自燕齐及秦晋,接汉沔,星分棋布,凡百余区。"⑥陕西、甘肃地区建有重阳宫等。据《洞真真人传》说:于志善"诣门求度为道士者数百人,俱立观院于凤翔、汧陇之间"⑦。"不十载间,雄宫杰观,星罗云布于三秦之分矣。"⑧綦志远"度门弟子数百人,建立宫观二十余所"⑨。冯志亨"自燕至秦三千余里,凡经过道家宫观,废者兴之,缺者完之,至百余所"⑩。还应指出的是,一些边远地区如漠北建有栖霞观,和林也建有道院。而且,全真道的三大祖庭:永乐纯阳万寿宫、陕西重阳万寿宫、北京长春宫(即今白云观),皆创建于此时。

三是重修金代编纂的《大金玄都宝藏》。金代编纂的道藏经板,在火灾中被焚,各地所存藏经又多毁于兵火。丘处机觐见元太祖成吉思汗返回燕京后,有重新编修道藏之意,并将此事付予其徒宋德方承担。宋德方大约于 1237 年开始从事这项工作,以其弟子秦志安为助手,参与校雠编纂的还有李志全、毛养素、何志满等人。此次道藏的编辑,以仅存于管州的《大金玄都宝藏》为底本,购求他处遗经加以补缺、校雠、纂辑,大约经过六至八年的时间而成。据

---

①②④⑤⑦⑧⑨⑩《道藏》,第 19 册,第 781、781、555、540、537、538、540—541、770 页。

③⑥ 陈垣:《道家金石略》,第 520、547 页,文物出版社,1988。

《通真子墓碣铭》载:"起丁酉(1237),尽甲辰(1244)。"①据《玄都至道崇文明化真人道行之碑》载:"首尾凡六载乃毕。"②不过,无论八年还是六年,都说明编纂一部道藏仅就时间来说,就颇需时日,在人力、物力、财力方面的花费之大就更不用说了。这次编藏,是全真道完全以一派之力量来进行的,在道教史上是第一次,也是仅有的一次,充分展示了全真道所拥有的实力,也是全真道鼎盛期的标志之一。编成后的道藏,名《玄都宝藏》,共 7800 余卷,比《大金玄都宝藏》多收道经 1400 余卷。

全真道之所以能达到如此鼎盛之况,是由各种条件和因素构成的。简单说来,一是蒙古统治者给予的扶植,使全真道有了大发展的良好的政治条件以及宫观修建、收授道徒等方面的种种特权。二是由于连年战火,饱受战争之害的广大群众流离失所,又为全真道的大发展创造了良好的群众条件。三是丘处机这个掌门人自身的能力,善于审时度势,准确把握时机,制定出切实可行的发展本教的传教计划。四是全真道众中有一大批杰出人士,不但善于领会其掌门人的意图,而且也有发展本教的共识,并能付诸行动。然而,丘处机本人却并未完全看到全真道鼎盛的局面,他于 1227 年以八十岁的高龄逝于燕京长春宫。据《长春真人西游记》卷下载:丘处机临终前对门人说:"昔丹阳(马钰)尝授记于余云:'吾没之后,教门当大兴。四方往往化为道乡,公(指丘处机)正当其时也。道院皆敕赐名额,又当住持大宫观,仍有使者佩符乘传,勾当教门事。此时,乃公功成名遂归休之时也。'丹阳之言,一一皆验,若念符契。况教门中勾当人内外悉具,吾归无遗恨矣!"③可见丘处机对自己开创的全真道兴旺局面是非常满意的。接任丘处机掌教的是其弟子尹志平,为全真道第 6 任掌门人。

尹志平(1169—1251),字太和,祖籍河北沧州,宋时迁往山东莱州(今山东掖县),故一般都认为他是山东莱州人。据《大元故清

---

①② 陈垣:《道家金石略》,第 487、613 页,文物出版社,1988。

③ 《道藏》,第 34 册,第 498 页。

和妙道广化真人玄门掌教大宗师尹公道行碑铭并序》载:尹志平从小聪颖,读书日记千余言。14 岁时遇马钰,遂有出家之志。无奈其父不允,便偷偷从家逃跑,意欲出家,被家人追回。后又几次逃跑,其父只好同意,终了出家之愿。起初,住昌邑之西庵,梦刘处玄为其断首剖心,觉而大悟。"明昌辛亥(1191),参长春公(丘处机)于栖霞,遂执弟子礼。久之,伟其有受道资,尽以玄妙付之。……又问易原于太古(郝大通),传箓法于玉阳(王处一)。"①可见,尹志平先后师事马钰、丘处机、郝大通、王处一,兼有数人之长。自此"远近尊礼,户外之屦满矣"②。丘处机对尹志平非常欣赏,说:"吾宗教托付,今见人矣。"③1219 年,丘处机赴西域大雪山谒见成吉思汗,尹志平也随之前往。而且,当刘仲禄奉成吉思汗之命征召丘处机时,闻知尹志平乃丘处机之高徒,于是特地假道淮阳,邀尹志平同往莱州昊天观见丘处机。这表明,此时的尹志平已有相当名望,并深得其师钟爱,在丘处机际遇成吉思汗的事件中扮演了极为重要的角色。

尹志平嗣教后,仍然获得了蒙古统治者的宠信和支持,元太宗窝阔台(1229—1241 在位)于 1232 年南征还,尹志平迎见于顺天,"仍令皇后代祀香于长春宫,贶赉优渥"④。1234 年,"皇后遣使劳问,赐道经一藏"⑤。1249 年,"己酉,赐号清和演道至德真人,金冠锦帔付焉"⑥。他继续推行乃师的主张——"立观度人",做了大量的弘教工作。如为修道藏之事曾向皇帝求诏、大建宫观、发展道众等等,使全真道快速地向其鼎盛期的高峰迈进。史载:"乙未(1235)春,关辅略定,师西游,并图营建。又兴复佑德、云台二观,太平、宗圣、太一、华清四宫,以翼祖观。"⑦"丙申(1236)秋,奉旨试经云中,度千人为道士,俾祈天永命,提福元元。"⑧

尹志平掌教期间,全真道的发展盛况,姬志真《南昌观碑》说:

---

①②③⑥ 陈垣《道家金石略》,第 689、689、689、690 页,文物出版社,1988。

④⑤《道藏》,第 19 册,第 742 页。

⑦⑧《文渊阁四库全书》,第 1200 册,第 742 页,台湾商务印书馆,1986。

"长春真人应召之后,大阐门庭,室中之席不虚,户外之履常满。及嗣教清和真人作大宗师,宠膺上命,簪裳接迹,宫观相望,虽遐荒远裔,深山大泽,皆有其人。"①

当然,尹志平获得蒙古统治者的宠信,也不是偶然的,他为蒙古统治者安定后方、消除社会隐患而做了大量的工作。例如1236年,尹志平去陕西终南山修复全真祖庭,"时陕右甫定,遗民犹有保栅未下者,闻师至,相先归附,师为抚慰,皆按堵如故"②。旋即,他又奉旨去云中化度道士,在事毕回归燕京途中,又招抚了"群盗"。《尹宗师碑铭》说:"道经太行,山间群盗罗拜受教,悉为良民。出井陉,历赵、魏、齐、鲁,请命者皆谢遣,原野道路设香花,望尘迎拜者,日千万计,贡物山积。"③尹志平利用其宗教影响,为蒙古统治者安抚抗蒙遗民,使他们拆除"保栅","相先依附"而"按堵如故",无疑是为蒙古统治者南下攻宋,稳定后方的社会秩序帮了大忙,使其在挥兵灭宋的战争中,免除了后顾之忧。这里反映出的不仅是全真道在当时社会上的影响之大,尹志平的社会威望之高,而且也反映出这些"群盗"的归附是十分有利于统治者的。

尹志平于1238年春将教事付予李志常,自己则隐居于大房山玉和宫,同时亦辅助李志常处理一些教事,于1251年春辞世。元世祖中统二年(1261),诏赠"清和妙道广化真人"。元武宗至大三年(1310),加赠"清和妙道广化崇教大真人"。他著有《葆光集》,其弟子段志坚辑其平时讲论为《北游语录》。

李志常(1193—1256),字浩然,号真然子,开州观城(今山东范城)人。幼孤,由伯父养大。19岁,负书云游,隐藏于牢山和天柱山。1218年6月,"闻长春师自登居莱,公促装往拜席下,师一见器许,待之异常"④,取道号"真常子"。1219年,随丘处机至西域谒见成吉思汗,返回后留居燕京。凡教门公事,丘处机皆与之闻。1227年,尹志平委其为都道录兼领长春宫事。1238年继尹志平之后掌

235

---

① 《道藏》,第25册,第420页。
②③④ 《道藏》,第19册,第743、743、745页。

教,是为全真道第7代掌教人。元太宗窝阔台和宪宗蒙哥对李志常尤为赏识。窝阔台在登基为皇帝前,于1229年在乾楼辇召见李志常,登基后,更是屡屡召见,赐号"玄门正派演教真常真人",并对李志常大建全真道宫观给予了大力支持。据《十方重阳万寿宫记》注云:"尊师以道为己任,克自负荷,其于祖庭用力非一朝夕。"1238年"夏四月赴阙,以教门事条奏,首及终南山灵虚观系重阳祖师炼真开化之地,得旨赐重阳宫号,命大为营建。"①据《玄门弘教白云真人綦公道行碑》载:在李志常掌教期间,除新建宫观外,"其余宫观修废补弊,不可殚纪"②。1245年,"都命赠封重阳万寿宫,兼赐于、宋、綦、李四公以真人号"③。1250年,"真常真人泊十八大师光膺宝冠云帔,下至四方名德,亦获紫衣师号之宠"④。元宪宗蒙哥于1251年登基,李志常仍得到尊宠。先是命其遍祭岳渎,令掌教如故。1253年,"奉上命作金箓大斋,给散随路道士、女冠普度戒牒,以公为印押大宗师"⑤。1255年,"数召见,咨以治国保民之术"⑥。同年秋七月,西域进贡物,时太子诸王大摆宴席,特敕李志常入席,蒙哥又向其咨询有关治国保民的问题。总之,全真道在李志常掌教期间发展至鼎盛。孟樊鳞在《十方重阳万寿宫记》中发出了这样的感叹:"呜呼!历观前代列辟重道尊教,未有如今日之盛,兴作之日,四方奔走,而愿赴役者,从之如云。"可见全真道当时之盛势。

全真道在李志常执教时期能发展到巅峰,不是偶然的,他为太宗、宪宗做了不少治国工作。如早在1219年即向窝阔台"进《易》、《诗》、《书》、《道德》、《孝经》,且具陈大义。上嘉之"⑦。1233年,"承诏即燕京教蒙古贵官之子十有八人,公荐寂照大师冯志亨佐其事,日就月将而才艺有可称者"⑧。太宗把建立国子学,从贵族中选其子弟十八人学习汉学,读《孝经》、《论语》、《孟子》、《中庸》、《大学》,为其培养治国人才的重任委托给李志常,而李志常果然不负其望。

①②③⑤⑥⑦⑧《道藏》,第19册,第746、766、746、746、746、746、745页。
④《文渊阁四库全书》,第1200册,第515页,台湾商务印书馆,1986。

1255 年，"上谓公曰：'朕欲天下百姓安生乐业，然与我同此心者，未见其人，何如？'公奏曰：'自古圣君有爱民之心，则才德之士必应诚而至。因历举勋贤并用，可成国泰民安之效。'上嘉纳之"①。

概而言之，入元以后，全真道在其掌教人丘处机、尹志平、李志常的带领下，直至元宪宗六年(1256)李志常逝世，经历了三十多年的发展，达到了其发展史上的顶峰，"今东尽海，南薄汉淮，西北历广漠，虽十庐之聚，必有香火一席之奉"②。王恽在《秋涧集·真常观记》中说："全真教倡于重阳王尊师，道行于丘仙翁，逮真常李公，体含妙用，动应玄机，通明中正，价重一时，可谓成全光大矣。"③从三位掌教人的行迹中可看到，全真道在帮助蒙元统治者收揽人心，安抚百姓，以稳定其统治方面，确实是做了大量有成效的工作，博得了统治者的信赖，确信其有利用价值，故对其进行了大力扶植。同时，他们也在士大夫中做了很多工作。如《真常真人道行碑铭》载说："河南新附，士大夫之流寓于燕者，往往窜名道籍，公委曲招延，饭于斋堂，日数十人，或者厌其烦，公不恤也。"④《黑鞑事略》谓："外有亡金之大夫，混于杂役，随于屠沽去为黄冠。……长春宫多有亡金朝士。既免跋焦，免贱役，又得衣食，最令人惨伤也。"⑤正是因为全真道的这些所作所为，不仅使其获得统治者的信任，而且也获得民心，以至有了"黄冠之人，十分天下之二。声势隆盛，鼓动海岳"⑥之声势。

到李志常晚年，由于佛教和道教间矛盾激化，加之统治者在宗教政策上的一些变化，宪宗五年(1255)，因为《化胡经》和《老子八十一化图》之事，全真道与佛教在御前展开辩论，在御前"对面穷考，按图征诘"⑦。佛教一方不仅说《化胡经》和《老子八十一化图》"谤讪佛门"，历数《化胡经》和《老子八十一化图》之妄，而且特别提

237

①④⑥《道藏》，第 19 册，第 746、747、798 页。

② 陈垣：《道家金石略》，第 476 页，文物出版社，1988。

③《文渊阁四库全书》，第 1200 册，第 515 页，台湾商务印书馆，1986。

⑤《丛书集成初编》，第 3177 册，第 9 页，中华书局，1985。

⑦《大正藏》卷五二，第 768 页。

出全真道侵占佛教寺院,说全真道"恃方凶憝,占夺佛寺,损毁佛像,打碎石塔。……占植寺家园果梨栗水土田地。大略言之,知其名者,可有五百余处。今对天子悉要归还"①。更为严重的是,佛教意欲将全真道置于反叛朝廷的位置上,福裕说:"道士欺负国家,敢为不轨。"又说:"道士欺谩朝廷辽远,倚著钱财壮盛,广买臣下,取媚人情。"②以李志常为首的全真道徒对佛教一方提出的诘问根本不敢争辩,最终败在了以少林长老福裕为首的佛教徒之下,其结果是"烧毁经板,退还佛寺三十七处"。从此,全真道迅猛发展的势头戛然而止,逐渐走向发展低谷。

李志常于 1256 年将教门事交付张志敬后辞世。他著有《又玄集》(已佚)、《长春真人西游记》。

张志敬(1220—1270),字义卿,号诚明子,燕京安次人。八岁入长春宫,拜李志常为师。通儒学,京师贤士大夫及四方宾客皆乐与之游。1256 年接任掌教,是为全真道第 8 任掌门。张志敬掌教之初,即面临由御前小辩论而导致全真道受挫局面,紧接着,在元宪宗八年(1258),佛、道之间又爆发了一场空前规模的大辩论。此次辩论,参加的佛、道徒共有五百余人,双方各出 17 人作为主辩。从这次辩论会的形势看,十分不利于全真道。首先,统治者对佛、道二教的态度有了变化。据《至元辨伪录》载,早在 1256 年,元宪宗就对僧人们说:"我国家依着佛力光阐洪基,佛之圣旨敢不随奉?而先生(按:指道教徒)每见俺皇帝人家皈依佛法,起憎嫉心,横欲遮当佛之道子。这释道两路各不相妨,只欲专擅自家,遏他门户,非通论也。今先生言道门最高,秀才人言儒门第一,迭屑人奉弥失诃言得生天,达失蛮叫空谢天赐与,细思根本,皆难与佛齐。"③从参加辩论的双方的阵容看,佛教一方具有压倒性的优势,不仅有汉地僧人,而且有大批西僧,更有多位被尊为国师的僧人。在商定处罚输方的办法时,有僧人提出:"有输了底","斩头相谢"。但忽必烈认

①②③《大正藏》卷五二,第 768、768、770 页。

为"不须如此。但僧家无据,留发戴冠;道士义负,剃头为释"①。双方同意了这个办法。在佛教徒的猛烈批驳下,以张志敬为首的全真道一方,毫无招架之力,最终败北在以那摩国师为首的佛教一方。忽必烈宣布按约行罚,遣使臣脱欢将道士樊志应等 17 人,诣龙光寺削发为僧。又下令焚毁伪经 45 部,归还佛寺 237 所。全真道再遭重创。在这样的情形下,张志敬在教事上也不可能再有什么作为,全真道的景况是江河日下,处境维艰,直至忽必烈即位,才始有转机。

元世祖忽必烈(1260—1294 在位)当政期间,采取了继续崇道的政策。至元六年(1269),下诏增封全真道崇奉的神仙人物王玄甫为"东华紫府少阳帝君",钟离权、吕洞宾、刘海蟾、王重阳皆赐"真君"之名,王重阳的七大弟子马钰、谭处端、刘处玄、丘处机、王处一、郝大通、孙不二均封为"真人"。对其他一些道教徒也不断地赐赠封号,例如中统二年(1261),诏赠全真道嗣教六祖尹志平为"清和妙道广化真人",追赠清贫道人夏志诚为"抱道素德真人",特赠李志常为"真常上德宣教真人"。中统三年(1262),赠张志敬为"光先体道诚明真人",并赐金冠云罗法服一套,仍命翰林词臣撰《瑞应记》,刻之碑石。至元二年(1265),张志敬奉命在长春宫建醮并修葺四岳一渎五庙。在其逝世的前五年里,就不再见张志敬有什么作为。

王志坦(1200—1272),字公平,号琼和子,河南汤阴人。年及冠就出家当了道士,初师马钰弟子卢柔和,后于 1223 年拜丘处机为师。1244 年,李志常拜其为大度师,其后随李志常北上,参受三洞秘箓,为教门都提点,往返于燕京、和林之间凡 17 次,为全真道联系蒙(元)统治者的重要使者。张志敬逝后,忽必烈令其嗣教,加号"真人",是为全真道第 9 任掌教人。

祁志诚(1219—1293),字信甫,号洞明子,钧州阳翟(今河南禹县)人。为宋德方弟子。至元十一年(1274),拜为诸路道教都提

---

① 《大正藏》卷五二,第 771 页。

点。至元十二年(1275),嗣教为全真道第 10 任掌教人。曾几次奉命代祠岳渎,后移书集贤院。至元二十二年(1285),举张志仙代己掌教后,隐于昌平北山三元观。

张志仙(生卒年不详),号玄逸,其生平不详。嗣教任第 11 任掌门人后,曾奉旨诣东北海岳济渎致祷。

张志敬至张志仙这几位掌教人均是在忽必烈当政期间,相继任全真道的掌教人,在教事上与其前辈几代掌教人相比,都没有太大的作为。而且,在祁志诚掌教期间,又发生了元代第二次佛、道大辩论,全真道再次受创。此次辩论的经过是,至元十七年(1280),佛教徒奏称在保定、真定、太原、平阳、河中府、关西等处仍有道藏伪经板未焚毁,元世祖忽必烈闻奏后,于至元十八年(1281)诏正一天师张宗演,全真掌教祁志诚,大道教掌教李德和、杜福春等,及其文臣、僧录司教禅诸僧,一同于长春宫考订道藏经板真伪。考订的结果,仍是不利于全真道,最终除老子《道德经》及有关斋醮祠祭的道书允许保存外,其余道经,特别是牵涉佛道关系的道书、传记等,被坚决焚毁。据学者们研究,此次焚毁的道经,有 794 种、2500 卷,相当于半部明《正统道藏》。

全真道在几次佛道辩论中的失败,结束了其鼎盛的局面,标志是 1225 年发生的御前小辩论。全真道在政治上遭受惨重打击,鼎盛局面的结束,其主要原因是元室宗教政策的改变。当时,全真道发展势头之迅猛,可说是超乎想像的,不仅在下层群众中拥有众多的信徒,且亡金士大夫也多有人托庇其门下,这不能不引起当朝统治者的猜疑,从统治者的角度考虑,如果任由其这样发展下去,势必有使自己的统治受到威胁的危险。而且,从宗教信仰上来说,元室崇奉的是萨满教和藏传佛教,事实上,一些全真道徒的行为,刺伤了他们的宗教感情。这样,全真道受创也就不是偶然的了。而蒙(元)统治者放弃了成吉思汗以来的对全真道大力扶植的政策,转而采取有限的支持和加以适当地抑制政策也势在必行,当时,忽必烈已统一了江南,注意力转向南方,对于北方的全真道在政治上自然不会有太大的倚重,相反,还会顾忌到全真道发展过盛所起的反作用。据姚遂《牧庵集·长春宫碑》载:元世祖在至元二十八年(1291)前曾下过焚经后的弛禁令,说:"江之北南,道流儒宿,众择之。"①"凡金箓科范,不涉释言者,在所听为。"②这就是说,允许传教信教之自由,没有反佛言论的斋醮科仪之书允许流通,宫观也可以举行斋醮活动。不过,这个弛禁令由于当时权臣桑哥(相哥)从中作梗,没有得到彻底贯彻,但也表明了统治者在全真道的问题上有了一些松动。到了元成宗铁穆耳(1295—1307 在位)即位后,首先诏称:"尚念先朝庶政,悉有成规,惟慎奉行。"③随后即遵世祖之成命大弛禁,宣布:"梗其道者除之,取其业者还之"④,将被佛教徒侵占的道教宫观归还于道教徒。成宗此举,使全真道从艰难的处境中完全解脱出来,对于其以后的发展具有关键的意义。从成宗始,全真道后续掌教人再获元统治者的信赖,其组织也获得正常发展。从张志仙后历任掌教人的活动中,即可看出元室宗教政策上的这种变化。张志仙大约在成宗大德四年(1300)被封为"玄门掌教大宗师……同知集贤院道教事"。集贤院是元代管理道教事务的政府部门,同知为官名,也就是管理道教的官。此官衔最早只是龙虎山支派玄教首领张留孙有,现在全真道首领有此衔,表明其地位已经上升到大致与玄教相等而高于其他道派。

241

张志仙之后的全真道掌教,据学者们考证,分别是:常志清—苗道一—常志清—孙德彧—蓝道元—孙履道—苗道一—完颜德明。常志清和苗道一都分别任过两任掌教。

常志清,其生平事迹完全不得而知。据学者们研究,他任过两任掌教,第一次在张志仙之后,于成宗大德(1297—1307)间的后半期任掌教,第二次在仁宗皇庆(1312—1313)间任掌教。也就是分别担任过第 12 代和第 14 代掌教。

苗道一(1264—?),师事祁志诚。成宗时,祁志诚被追赠为"存神应化洞明真人"。元武宗至大元年(1308),嗣教任掌教,是为全

①②④《丛书集成初编》,第 2102 册,第 127 页,中华书局,1985。
③《元史》,第 382 页,中华书局,1976。

真道第 13 代掌门人。他受到元武宗海山(1308—1311 在位)宠信,道阶日隆,"驸马高唐王闻之,以礼往聘。至则偕诣和林,觐武宗皇帝于军中。言诹有合,虚席咨问,所策应验如响,以为神。……逾年,至大改元,授玄门演道大宗师,管领诸路道教商议集贤院(道教事)"①。至大三年(1310),武宗应其请,加封全真道北五祖(王玄甫、钟离权、吕洞宾、刘海蟾、王重阳),由真君上至帝君;北七真(马钰、谭处端、刘处玄、王处一、丘处机、郝大通、孙不二)由真人上至真君,其他全真道的重要弟子也在加封之列。如随丘处机西觐成吉思汗的 18 弟子皆封为大真人。这些都表明,全真道确实已重新获得元统治者的宠信,开始从低谷走了出来,逐渐步入其发展的另一个较为兴盛的时期。

孙德彧(1243—1321),字用章,四川眉山人。11 岁入道,师事乐天真人李道谦。至元甲戌(1274),昭睿顺圣皇后命其侍安西王掌祠事,充京兆路道录。大德己亥(1299),成宗授其为陕西路西蜀四川道教提点,领重阳宫事。武宗至大二年(1309),加封体仁文粹开元真人,领陕西道教事。至仁宗朝,更是"累加恩命,召至京师掌道教,号曰特授神仙演道大宗师,玄门掌教,辅道体仁文粹开玄真人,管领诸路道教所知集贤院道教事。推恩封其师若祖于洞真为真君,高圆明(道宽)、李天乐(道谦)为真人,穆、王二师为真人"②。延祐元年(1314),嗣任掌教,是为全真道第 15 任掌教人。延祐二年(1315),因祷雨有验,"宰臣致币,文臣诗之"。不久,仁宗命绘其画像,诏翰林学士赵孟頫为赞,以玺识之。延祐七年(1320),请老归终南,英宗允之,优礼以送。

蓝道元,生平事迹皆不详。据《元史·英宗纪》载:至治二年(1322)十二月戊辰,"以掌道教张嗣成、吴全节、蓝道元各三授制命、银印,敕夺其二"③。可知蓝道元是为全真掌教,为第 16 任掌教

---

① 陈垣:《道家金石略》,第 787 页,文物出版社,1988。
② 《藏外道书》,第 35 册,第 428 页。
③ 《元史》,第 626 页,中华书局,1976。

人。《元史·泰定纪》载:泰定三年(1326)八月,"长春宫道士蓝道元以罪被黜。诏道士有妻者,悉给徭役"①。表明蓝道元先被免去掌教,后又被除道籍。

孙履道(生卒年不详),名大方,字天游,太原人。徐志根弟子。泰定元年(1324)因吴全节荐为嗣教,是为全真道第 17 任掌教人。《封孙真人制》曰:"可特授神仙玄门演道大宗师、泰定虚白文逸明德真人,掌管诸路道教所、知集贤院道教事。"②泰定二年(1325),孙履道与第 39 代天师张嗣成、玄教大宗师吴全节,各"率南北道士千众,即大长春宫陈大科法者七日,出黄箓白简万通"③。孙履道在掌教时还修复了上清储祥宫,《上清储祥宫记》云:"泰定三年,虚白文逸明德真人天游孙公,以故宫之基石刻故在,不可终废,命提点纯素清逸大师黄道真从事修复。"④

孙履道后,苗道一又于明宗至顺(1330—1333)间复出掌教,是为第 18 任掌教人。《元史·文宗纪》载:天历二年(1329)"十月癸卯,命道士苗道一建醮于长春宫"⑤。又载:至顺元年(1330)闰七月,"铸黄金神仙符命印,赐掌全真教道士苗道一"⑥。元统元年(1333),"特进神仙掌教凝和大真人苗宗师,召太清提点赵道真来京"⑦。

完颜德明,生平事迹皆不详。据建于元统三年(1335)的《孙德彧道行碑》,其称完颜德明为"特进神仙玄门演道大宗师、重玄蕴奥弘仁广义大真人掌管诸路道教所知集贤院道教事完颜德明"⑧。此表明完颜德明至迟于元统三年(1335)已任掌教,他是第 19 任掌教人,也是全真道在元代的最后一任掌教人。

综上所述,从成宗以来的全真道掌教人的活动及元室对全真道的掌教人的态度中,确实体现出元统治者自成宗始采取的对全

①⑤⑥《元史》,第 672、743、762 页,中华书局,1976。
②⑦ 陈垣:《道家金石略》,第 768、789 页,文物出版社,1988。
③《藏外道书》,第 35 册,第 207 页。
④《文渊阁四库全书》,第 1211 册,第 632 页,台湾商务印书馆,1986。
⑧ 陈垣:《道家金石略》,第 788 页,文物出版社,1988。

真道利用加抑制的政策。从统治者方面而言,首先是元室对各掌教人不断予以敕封,给予当时道教首领所能获得的最高头衔,对全真道历代祖师及其重要弟子——追赠封号;其次,元室不再让全真道徒充当"治国保民"的谋士,而是利用他们为元室的江山永固设斋祈福。再从全真道本身的情况看,这一时段的全真道,与整个道教的情况相仿,王磐说:"今也掌玄教者,盖与古人不相侔矣!居京师,主持皇家香火焚修,宫观,徒众千百,崇墉华栋,连亘街衢,京师居人数十万户,斋醮祈禳之事,日来而无穷。通显士大夫,洎豪家富室,庆吊问遗,往来之礼,水流而不尽。而又天下州郡黄冠羽士之流,岁时参请堂下者,踵相接而未尝绝也。……道宫虽名为闲静清高之地,而实与一繁剧大官府无异焉。……若夫计地产之肥硗,校栋宇之多寡,如豪家大族增置财产,以厚自封殖而务致富强,则非贤者之用心矣。"①虞集说:"今为道家之教者,为宫殿楼观门垣,各务极其宏丽,象设其所事神明而奉祠之,其言曰为天子致福延寿,故法制无所禁,惟其意所欲为。自京师至外郡邑,有为是者多以来告而求识焉,大抵侈国家宗尚赐予之盛,及其土木营缮之劳而已。盖尝执笔而叹曰:世俗之卑隘沉溺甚矣,安得遗世独立奇偶之士,可以发予言哉!"②从时人的这些记载和感叹中可以看出,道教的掌教人,已蜕变为道士官僚,生活上腐化奢侈,所居之处为雕梁画栋的宫室,往来之人是皇亲国戚、达官贵人,所行活动除尽职为皇室祷醮祈福外,就是长年累月为豪家巨富庆吊往还。这样的情况也存在于全真道中,难怪陈垣先生说:"呜呼!此市朝鬻道之徒,非山林乐道之士矣。"③"故全真自孙德彧掌教以后,已失其本色。"④此时的全真道,不仅丢弃了其祖师的立教宗旨,教内人材也是日渐凋零,掌教人的才识也是远不能与前期的掌教人同日而语。陈垣先生称此时的全真道为"末流之贵盛"⑤。

---

① 《道藏》,第 19 册,第 802—803 页。
② 《藏外道书》,第 35 册,第 401 页。
③④⑤ 陈垣:《南宋初河北新道教考》,第 69、71、67 页,中华书局,1962。

　　总之,全真道在元代经历了由鼎盛—低谷—贵盛这样的发展过程,其走出低谷而转向后期贵盛的关键,是元成宗即位后将世祖之"驰禁"成命予以颁布与实施,这一点对全真道能够成为元后期道教合流后两大派之一至关重要。

　　(2) 太一道与元帝室

　　太一道在金代时受到金廷的重视,很重要的原因是太一道的敬天拜神、祈禳治病的教义与女真族拜天敬神崇巫的萨满习俗相近。在金统治者看来,太一道士与他们信奉的巫师属同一类。太一道在金代经过了三代掌教,当四祖萧辅道于金末接任掌教后不久,就进入元代。由于太一道的发祥地在河南汲县,处于金蒙交兵之境,从前所述萧辅道掩埋尸骨的行为中,可知当时汲县遭受元兵的破坏相当大。萧辅道在这种情形下,辗转于汲县、柘县及河北赵县之间,为太一道在其后的恢复和发展准备条件。他还抓住战后更新之机,领导修复了被焚于战火中的祖观——汲县太一万寿观,时间大约在 1234 年以后,其弟子张善渊、张居祐等为其修复工作的主要助手。修复后的太一万寿观"坛殿斋室,下暨庖湢库厩,井井一新"。[①] 太一道与元室的关系,自忽必烈始。统一南北的元世祖忽必烈,是一个具有雄才大略的人,很重视人才的收罗,凡有声名者,无论儒生、道士还是僧人,皆在他的罗致之列。忽必烈即位之前,就与太一道四祖萧辅道有往来,《元史·释老传》载:"太一教者……四传而至萧辅道。世祖在潜邸闻其名,命史天泽召至和林,赐对称旨,留居宫邸。"[②]王恽《清跸殿记》载:"初上(指元世祖)之在潜也,思得贤俊,以裨至理,闻太一四代度师萧辅道弘衍博大,则其人也。于是以安车来聘,既至,上询所以为治者,师以爱民立制,润色鸿业,用隆至孝者数事为对。上喜甚,锡(赐)之重宝,辞不受,

245

---

　　① 陈垣:《道家金石略》,第 862 页,文物出版社,1988。

　　②《元史》,第 4530 页,中华书局,1976。

曰:'真有道士也',赐号中和仁靖真人,冠帔尊崇之礼,前后有加。"①元世祖初次与萧辅道相交,就予以宠信。到第二年(1247),即以其母名义下"懿旨",曰:"赵州太清观住持道士萧辅道,实太一一悟传教真人泉裔之曾孙,继承之四叶。才德兼茂,名实相副,清而能容,光而不耀。富文学而重气节,谨言行而知塞通,体一理而不偏,应众机而靡戾。复以阐扬法事,绍述宗风,道助邦家,泽濡幽显,是可尚也。要光前业,宜锡(赐)嘉名,用传不朽者。右赐中和仁靖真人号,传度太一法箓事萧辅道,准此。"②标志着太一道于1246年正式得到了元室的承认。

元宪宗二年(1252),忽必烈再次召见萧辅道,而萧辅道也于当年逝世。同年,忽必烈下令追封太一道开山祖师萧抱珍真人号,升太一万寿观为太一广福万寿宫。《太一广福万寿宫令旨碑》云:"长生天底气力里蒙哥皇帝福荫里,忽必烈大王令旨:卫州太一万寿观,羽升微妙大师萧抱□(珍),道成一悟,箓阐三元,创兴太一之门……密毗治化……潜卫邦家,虽汉张道陵、魏寇谦之无以过也,宜追赠太一一悟传教真人,及改太一万寿观为太一广福万寿宫。"③萧辅道能得到元室的宠信,乃因其有过人的人品和才学,当时的许多文人士大夫都与其交往,并为他的才智所折服。王恽《大都宛平县京西乡创建太一集仙观记》云:"师人品峻洁,博学富才智,士论有山中宰相之目。"④他的才识学问在士大夫中是有口皆碑的,故忽必烈对其十分感兴趣。

萧居寿(1221—1280),本姓李,讳居寿,字伯仁,号淳然子,汲县西晋里人。《太一五祖演化贞常真人行状》曰:"生有淑质,沉默寡言笑,自幼喜道家之学,年十三,拜太一四代祖中和仁靖真人为师。旦夕给侍左右,进退应对,容度详谨。……戊戌岁(1238),受戒为道士,命典符箓科式等事。"⑤萧居寿甚得其师器重,当元宪宗二年

---

①②③④ 陈垣《道家金石略》,第853、840—841、841、856页,文物出版社,1988。

⑤《文渊阁四库全书》,第1200册,第630页,台湾商务印书馆,1986。

(1252)元世祖召见萧辅道时,萧辅道即向忽必烈推荐萧居寿。史载:萧辅道"荐师才识明敏,志行淳和,请传嗣为五代祖,仍从誓约,易姓为萧,即蒙允可,赐号贞常大师,仍授紫衣。"①是年冬,萧辅道逝,居寿接任掌教,是为太一道第五代祖,史曰:"师嗣挈玄纲,以简重坚洁,持守成规,洞洞属属,若恐失坠。及其张皇道纪,酬酢事宜,其应如响,由是徒众厌服,听约束维谨。"②可见萧居寿也是一个非常能干的人,他对太一道在元代的发展作出了很大的贡献,在他掌教期间,受到元室的尊宠超过其师。

忽必烈于宪宗九年(1259)春南巡,驻跸淇右,应萧居寿之请,亲临汲县太一万寿宫,"怅真仙(指萧辅道)之倏去,喜付界之得人(指萧居寿),周历殿庑,询慰者久之。师敷对诚款,允协睿意,眷顾光宠,于焉伊始"③。此时忽必烈尚未即皇帝位。在忽必烈登上皇帝之位后,他对萧居寿及其太一道的尊宠备至,眷顾频频。中统元年(1260)秋九月,"诏赴阙下,上亲谕修祈祓金箓醮筵……特赐号太一演化贞常真人"④。至元十一年(1274),"建太一宫于两京,命居寿居之,领祠事,且禋祀六丁,以继太保刘秉忠之术"⑤。两京太一万寿宫的修建,标志着太一道的首脑机关已迁至元都城,这对于太一道的发展无疑是有利的。至元十三年(1276),"赐太一掌教宗师印"⑥。这个"宗师"的封号,在萧辅道受尊宠时也未获得过。这一切都表明元室对太一道的尊宠有所提高。

元世祖不仅给了萧居寿很高的地位,而且在萧居寿的请求下,还追赠太一道先祖,赠封其徒众。《演化贞常真人行状》载:"师爰自传嗣以来,奏谥始祖曰太一一悟传教真人,二代祖曰太一嗣教重明真人,三代祖曰太一体道虚寂真人,四代祖曰太一中和仁靖真人。……至元三年(1266),以重修祖观殿宇告成以闻,蒙敕辞臣制碑,铺敦教基,具纪本末。复奏受(授)保举师张善渊(为)真靖大师,教门提点监度师高昌龄(为)保真崇德大师,高弟李全祐(为)观

---

①②③④ 陈垣:《道家金石略》,第849页,文物出版社,1988。
⑤⑥《元史》,第4530页,中华书局,1976。

妙大师,范全定(为)希真大师。"①除此而外,甚至连皇太子能否参预国政、涉及政治方面的进言元世祖也采纳。《元史·释老传》载:"(至元)十六年(1279)十月辛丑,月直元辰,敕居寿祠醮,奏赤章于天,凡五昼夜。事毕,居寿请问曰:'皇太子春秋鼎盛,宜参预国政。'且又因典瑞董文忠以为言,世祖喜曰:'行将及之'。其后诏太子参决朝政,庶事皆先启后闻者,盖居寿为之先也。"②李居寿于"(至元)十七年(1280)七月廿六日,羽化于西堂方丈……讣闻,上嗟悼久之,储皇赙楮币三十定,仍谕中书省给威仪祖送。其年十月,遣使护丧归葬卫州汲县四门村祖茔之次。"③元世祖在萧居寿生前即亲临其所居之道宫,不断征召遣问,在其亡后,派遣国家仪仗队哀仪护送,实是将其奉为朝廷顾问,待之如高官显臣。李居寿受元室之尊宠,王恽《秋涧集·清跸殿记》云:"居寿等以遭际圣明,显异家教,其临幸之荣,又为前代希阔之遇。"④

李居寿在当时士大夫中有极高声誉,王恽评价说:"师丰仪秀伟,清修有操行,谦虚笃实……与人交,诚款有蕴藉,所谈率以忠信孝慈为行身之本,未尝露香火余习。生平问学,不斯须臾,如饥渴之于饮食。其易传、皇极、三式等书,皆通究其理。晚节德量弘衍博大,不可涯涘。"⑤可见对其评价之高。

萧全祐(生卒年不详),本姓李,洺水(今属河北)人。因幼有赢疾,其父命其弃家师事萧辅道。据《演化贞常真人行状》,知其接任太一道掌教是在至元十七年(1280)七月,是为太一道六祖。《元史·世祖纪》谓:至元十八年(1281)正月"丁巳,制以六祖李全祐嗣五祖李居寿祭斗"⑥。《洺水李君墓表》曰:"今以学识清修,先赐号观妙大师,再加纯一真人,深为上及皇太子之所眷顾焉。"⑦说明他掌教后仍受元室尊宠。而且,据王恽《大都宛平县京西乡创建太一集仙观记》,李全祐对太一道的发展也有相当大的贡献。王恽说:

---

①③⑤⑦ 陈垣《道家金石略》,第849、850、850、855 页,文物出版社,1988。
②⑥《元史》,第4530、229 页,中华书局,1976。
④《文渊阁四库全书》,第1200 册,第490 页,台湾商务印书馆,1986。

"逮今承化纯一真人全祐,继奉祀事十载间,以受业者众,国之经费日广,坚辞廪料,至于再三。有司上议,祷祀重事,供给所需,不可阙也,全祐谦挹之请,亦不可违也,良田果植,隶大司农者,量宜颁赐,置为恒产。遂赐顺(即顺州,今北京顺义)之坎上故营屯地四千余亩。复虑未臻丰赡,元贞改号,岁七月……(又赐)宛平县京西乡冯家里,隶司农籍栗林……尽界全祐。……明年丙申(1296)春,相粟林隙地……中构正殿三楹,像事玄元九师,祖师、真官二堂位其左右……榜曰太一集仙观。"①元室从经济上给予太一道大量支持,而李全祐也知恩图报,"今纯一师操履贞固,精严祭醮,至蒙两宫眷顾,而图报之诚,惟恐不及,是观之建,特其余事耳"②。

萧天祐(生卒年不详),为大道教七祖,关于他的生平事迹,所知比其六祖更少。据陈垣先生考证,他本姓蔡,曾封崇玄体素演道真人,大概在延祐三年(1316)至泰定元年(1324)之间嗣教,参加过延祐二年(1315)和泰定元年的金箓大醮。与玄教大宗师吴全节过从甚密,也与文人虞集等相往还。从上述可见,太一道在元代的发展,主要在李居寿和李全祐掌教之时,但其发展的具体情况,诸如道众多少、教区组织的分布等等均不得而知。大约说来,其势力为北方三个新道派中力量最弱者,宫观、教徒大都分布在河南、河北,余及山东。其教区组织,在两京设有太一广福万寿宫为其首脑机关。太一道的掌教人,自七祖萧天祐后,就不再见有嗣教者,而且太一道的活动也不见于记载。据一些资料推测,因太一道主修符箓斋醮,传"太一三元法箓之术",接近于张陵正一派,其七祖萧天祐与正一道支派玄教大宗师吴全节相若相善,其后很可能逐渐融入了正一道。

(3) 真大道的发展与归流

大道教在金代经历了四代祖师,进入蒙(元)后,也取得了较大的发展。该派与元室建立关系,是从郦希诚开始的。

郦希诚(1181—1259),号太玄,妫川(今河北怀来)人。15 岁出

①② 陈垣:《道家金石略》,第 857 页,文物出版社,1988。

家为道士，师事毛希琮。他大约在1223年接替毛希琮嗣教，是为五祖。据《洛京缑山改建先天宫记》载："五祖当教之日，值大元立国之初……自戊戌（1238）以来，化因以洽，南通河岳，北极燕齐，立观度人，莫知其数。"①《畿辅通志》载："郦既领正宗，遂以行化，自秦、晋、蜀、洛、燕、代、齐、鲁，凡崇向之人，莫不恪恭迎拜。数奉馈赆，用有羡赢，转惠贫者，不留。"②这就是说，郦希诚在与元室建立关系前，就使大道教的影响传播到了陕西、山西、四川、河南、河北、山东等地区，宫观、教团组织都有很大发展。《重修隆阳宫碑》说："慕道之徒，翕然而从，不召而自来，不言而自应，于是出整颓纲，道风大振，巨观小庵，四方有之。"③宋濂《书刘真人事》载：郦希诚受到了元宪宗的尊礼，"赐真人号曰太玄，名其教曰真大道"④。《大元创建天宝宫碑》说："及期而太玄郦君方嗣体玄法，识者谓无忧后身也。自是其教日盛，风行四方，学者响应。宪宗皇帝即位之四年（1254），特降玺书，赐名'真大道'，中宫赐之冠服"⑤。大道教与元室拉上关系自元宪宗始，这大概是郦希诚的传教活动使大道教得到迅速发展，在社会上影响大增，故引起了元室的关注。

真大道教的祖山在燕京天宝宫，此宫始建于元太祖二十二年（1227），从郦希诚始，该宫就成为真大道教首脑机关所在之地。郦希诚在得到元宪宗知遇后，在发展真大道教上到底有些什么举措，不得而知。也许由于元统治者见其发展势头迅猛而加以抑制，而使其无所作为了。

孙德福（1217—1273），号通玄，其生平不详，为大道教六祖。据《洛京缑山改建先天宫记》称："六祖得法之后，德感宸旒，名闻朝野，君王眷顾，卿相主持，秉统辖诸路之权，受通玄真人之号，嗣承

①③④　陈垣：《道家金石略》，第818、823、836页，文物出版社，1988。

②《古今图书集成》，第51册，第62672页，中华书局、巴蜀书社影印，1985。

⑤《顺天府志》，第76—77页，北京大学出版社影印，1983。

宗教,转见辉光。"①

李德和(? —1284),号颐真,生平不详,为大道教七祖。元世祖命其统辖诸路真大道教,赐号"颐真体道真人"。至元十二年(1275),令怯薛丹察罕不花、侍仪副使关思义与李德和一起,代祀岳渎后土。至元十四年(1277),代祀济渎。至元十八年(1281),以掌教身份与杜福春一起参加了佛道大辩论。至元十九年(1282),将教事付予岳德文。

岳德文(1235—1299),号崇玄,涿州(今河北涿县)人,为真大道教第八祖。据说他"性不嗜酒食肉,亦绝不啖。年十六,辞亲入道龙阳宫"②。18岁,师事郦希诚,"渐领其文书谷帛之事,又主四方之来受其戒誓者,太玄甚重之"③。李德和掌教后,署其为法师,充教门诸路都提点,将其作为自己的副手。至元十九年(1282)十月,接任掌教。岳德文掌教后,获得了元世祖忽必烈的恩宠。据《道园学古录・真大道教第八代崇玄广化真人岳公碑》载:"(至元)二十一年(1284),宣授崇玄广化真人,掌教宗师,统辖诸路真大道教事。又赐玺书褒护之。自是眷遇隆渥,中宫至召见,亲赐袍焉。……诸王邸各以其章致书,为崇教礼助者,多至五十余通,而实都而王又为创库藏,修宫宇,广门墙,充田亩,始冠与衣,间饰金宝,极其精盛。成宗元贞□年,加封其祖师,赐赉尤厚,使人立碑棣州冠剑所藏处。是年奉诏修大内延春阁,下赐予遍及其徒。"④

岳德文掌教期间,真大道教已有了很大的发展。据虞集《真大道教第八代崇玄广化真人岳公之碑》说:"其徒云:西出关陇,至于蜀,东望齐鲁,至于海滨,南极江淮之表,皆有奉其教戒者。"⑤又说:岳德文"常使人行江南录奉其教者,已三千余人。庵观四百,其他可概知矣"⑥。岳德文去世后,围绕掌教人的问题,真大道教内部又出现了波折。据资料显示,岳德文在去世前,曾将教事付予张清志(一作志清),但张清志没有能够顺利继任做九祖,而是产生了一个

251

---

①②③④⑤⑥ 陈垣:《道家金石略》,第 818、830、830、830—831、831、831 页,文物出版社,1988。

由"二赵一郑摄掌教事"的局面,反映出真大道教内部争夺掌教人位置的斗争。这个非常局面持续了五年才告结束,张清志做了掌教人。此事后人还是产生了疑惑,即张清志究竟是九祖还是十二祖?我们认为,如果按真大道教正统的传授定制来看,张清志应是九祖,但如果按实际情形来说,张清志则应是第十二祖。无论如何,"二赵一郑摄掌教事期间",于真大道教的发展影响并不是很大,这里就不作介绍了。总之,无论是将张清志看做九祖抑或十二祖,他都是真大道教最后一任掌教。

张清志(?—1325),乾州奉天(今陕西乾县)人。出身儒宦之家,"自幼恶杀,不啖肉味,年十六,从天宝宫李师(李德和)为道流,赐名清志……年二十六,创长安明道观,又适凤翔扶风县,立天宝宫。及李师死,师事岳师(岳德文),畀以扶风道教之职。年三十三,为永昌王祈福于五岳、四渎、名山、大川既遍,复来关中,修理前所创宫观。……已而岳师死,吾师还丧之,丧毕潜遁;逾大庆渡至河东,居临汾。……复归华山旧隐"①,直到元成宗大德(1297—1307)末。元成宗大德十一年(1307)四月后嗣教,他嗣教后所做的第一件事就是废除教内刑罚。他向众教徒说:"吾教以慈俭无为为宝,今听狱讼,设刑威,若有司然,吾教果如是乎?继今以始,凡桎梏鞭笞之具尽废之。……自是众安害息,五年宿弊(指二赵一郑摄教事),一旦悉除。"②据说,张清志掌教后,"深居寡出,人或不识其面。著书以名其学,文多奇奥。贵人达官来见,率告病伏卧内,虽有金玉重币之献,漠如也。……至于道德忠正缙绅先生,则纳屦杖策往见,不以为难。时人高其风,至画为图以相传"③。张清志的这种不交权贵、不慕名利,只愿与文人学士往来的作风,得到了士大夫们的赞许。张清志掌教,历经武宗、仁宗、英宗、泰定帝四朝,深受皇室尊崇,仁宗为其加恩进号,英宗命往华岳、太白山祝釐。《元史·释老传》称:真大道教在张清志掌教时"其教益盛,授演教大宗

---

①②③ 陈垣:《道家金石略》,第 827、828、830 页,文物出版社,1988。

师、凝神冲妙玄应真人"①。《天宝宫碑》说:"谦冲损抑,掌教将二十年,教风日盛。"②

综上所述,真大道教在元代的大致情形是,随着其掌教人得到元室的尊宠,传播地区从金代的河北、中都(燕京)及山东扩大到了河南、陕西、四川、江淮、河东以及江南部分地区,其道徒在江南就有"三千余人"。在张清志掌教时,大都天宝宫"日食数千指"③,其盛况可见一斑。在宫观建设方面,仅知名宫观就有:大都南城之天宝宫、玉虚宫,平谷之延祥观,房山之隆阳宫,缑山之先天宫,许州之天宝宫,卫辉之颐真宫。而从其传播地域看,一般宫观更不会少。真大道教在元代时,其组织机构的设置也是比较严密的,按照元代的行政区划,设有四级组织进行管理:第一级,在跨行省范围,设提点都举正;第二级,在路设道录、道判;第三级,在州设道正、举师;第四级,在县设威仪。最基层宫观设提点、提举、知观,负责宫观事务。大都天宝宫则是其中心,真大道在各地的活动指令皆由这里发出。

真大道教入元以来,一直处于元室的羽翼之下,呈向上发展的趋势。然而,当张清志于泰定三年(1326)左右逝世后,其教也就湮没无闻。据学者们推测,很可能是融入了当时已成为全国道教两大派之一的全真道。

第二节　全真道的南传与金丹派南宗

早在金代,就有全真道士活动于南北交界处的湖北武当山。入元以后,全真道在元初统治者的宠信和扶植下,成为北方三大新道派中势力最为强盛的道派,并发展到极盛。随着元世祖忽必烈统一江南,全真道也就开始了向南方的大举传播。由于武当山地处南北交汇点上,且早有全真道士在此活动,因而成为其南传的重

---

① 《元史》,第 4529 页,中华书局,1976。
②③ 陈垣:《道家金石略》,第 828、835 页,文物出版社,1988。

要基地。为全真道在武当山扎根打下基础的是鲁大宥和汪真常。

鲁大宥(？—1285)，号洞云子，随州应山(今属湖北)人。家世宦族，初入武当山学道，"隐居五龙观，草居菲食四十余年"。元兵破襄汉，"去渡河，访道全镇"①。至元十二年(1275)，还归武当。汪真常(生卒年不详)，名思真，号寂然子，祖籍安徽歙县，出生于安庆，为宋丞相汪伯彦之后。嗣全真教法，入武当山。此二人皆为全真道入元后最早居于武当山者。至元十二年，他们二人率徒众修复紫霄、五龙诸宫，并各度有徒众百余人。此后，武当山紫霄宫、五龙宫即成为全真道的重要基地。汪真常之徒张道贵，鲁大宥之徒张守清，皆为元代武当山著名道士，从他们开始武当山全真道就有了一个较大的发展，元统治者亦给予扶植。继湖北武当山之后，全真道又相继往南传至苏、浙、闽、赣等地区。

金丹派南宗原本是一个组织十分松散的教团，人数少，且无固定宫观，社会影响也不大。因而，在忽必烈统一江南，全真道徒大批南下的情况下，许多南宗道士或投入全真门下，或自称为全真，并将南北二派之学相互交融。这种情形相当普遍，如当时著名道士李道纯、陈致虚就具有相当的代表性。

李道纯(生卒年不详)，字元素，号清庵，别号莹蟾子，都梁(今属湖南)人。他主要活动于至元(1264—1294)间，为南宗创始人白玉蟾弟子王金蟾的门人，属南宗嫡系。李道纯是元代著名的道教理论家，著有《道德会元》、《中和集》、《三天易髓》、《全真集玄秘要》、《太上大通经注》、《太上老君说常清静经注》、《太上升玄消灾护命经注》、《无上赤文洞真经注》等等，门人又辑其语录为《清庵莹蟾子语录》。李道纯在道教理论和丹道理论上成绩斐然，作为金丹派南宗嫡传，却著有论"全真之道"的《全真集玄秘要》。他在阐述内丹理论时，主张性命双修，说："性无命不立，命无性不存，其名虽二，其理一也。"②

---

① 《道藏》，第19册，第667页。

② 《道藏》，第4册，第503页。

"修命者不明其性,宁逃劫运?见性者不知其命,末后何归?"①反对将性、命二者割裂,不失南宗本色。然而,在修炼次序上,他却主张"先持戒定慧而虚其心,后炼精气神而保其身,身安泰则命基永固,心虚澄则性本圆明。性圆明则无来无去,命永固则无死无生,至于混成圆顿,直入无为,性命双全,形神俱妙也"②的全真修丹路线。李道纯有很多弟子,如柴元皋、苗善时、邓德成、张应坦、蔡志颐等,皆为其弟子中的知名者。

陈致虚(1290—?),字观吾,号上阳子,江右庐陵(今江西吉安)人。元天历二年(1329),拜兼承南北二宗之学的全真道士赵友钦为师,学金丹之道,是元代后期有名的内丹家。著有《金丹大要》、《金丹大要图》、《金丹大要列仙志》、《金丹大要仙派》、《元始无量度人上品妙经注解》、《参同契分章注》等,以及与薛道光、陆墅共同署名的《悟真篇三注》。陈致虚弟子颇众,如田至斋、王冰田、潘太初、车兰谷、明素蟾、欧阳玉渊、欧阳玉田、周允中、周草窗、余观古、张性初、徐仁寿、张彦文、李天来、张毅夫、夏彦夫、赵仁卿、邓养浩、赵伯庸、韩国仪、真息、陶唐佐等。陈致虚本属于金丹派南宗的阴阳双修派,与翁葆光同系,而与全真道的清修思想迥然不同。但是,他却在《金丹大要列仙志》等书中,宣称己派传自丘处机弟子宋德方,竭力标榜己派为全真嫡传,并且极力促进南、北二宗的合流。而且,在合并二宗时,还压低南宗祖师地位而极力抬高全真道祖师的地位。

其实,像李道纯、陈致虚这样的南宗金丹派道士还有很多,例如活动于江西、浙江、福建等地区的李珏、金志扬及其弟子们,此外还有很多见于记载的其他南宗金丹派道士,他们成为元代中后期南、北二宗合并的积极推动者。当然,这种现象的出现不是偶然的。金丹派南宗和全真道在南宋与金对峙时期,分别产生于南北两地,都是以北宋所积淀的道教内炼理论为基础,又皆以钟离权、吕洞宾为其始祖,只是因为两地隔绝,才各自独立门户。不可否认

---

①②《道藏》,第 4 册,第 503 页。

的是,南、北二宗在各自的发展中,有着不同的优势。金丹派南宗虽说组织松散,势力弱小,但其道徒们却都有很高的文化修养,擅长于理论著述,特别受理学和佛教禅学的影响,把二者引入其理论中,对丹道修炼理论有深刻的见解,而这正是北方全真道所缺乏的;北方全真道与元室关系密切,有较高的政治地位,并致力于发展组织,其组织庞大而又严密,这一点却正是南宗所欠缺的。这样,在元世祖统一江南后,南、北二宗的道教徒经过接触、了解,相互间都产生了合归为一派的要求,特别是势力弱小的南宗,这种要求更为强烈。也就是说,南、北二宗的合并,从某种意义上看,实际上是南宗归并于全真道。

南宗归并于全真道,其过程反映在二宗道士如何追寻己派的渊源和如何调整二宗祖师地位的问题上。最初,全真道与南宗皆祖述自己的创派人,很少言及自己这一派的渊源。如全真道最初只有"七真"之称,而无"五祖"之说,而且与钟离权、吕洞宾也没有联系,直到王重阳的再传弟子秦志安著《金莲正宗记》,才始倡"五祖七真"说。南宗在最初也是并没有将己派与钟、吕联系起来,直到白玉蟾弟子陈守默、詹继瑞作《海琼传道集》,才将他们联系了起来,称自己这一派的祖师是钟离权、吕洞宾。吕洞宾传道给北宋的张伯端,张伯端传石泰,石泰传薛道光,薛道光传陈楠,陈楠传白玉蟾。这表明,双方都在祖述自己的祖师,也在追寻自己的渊源。但是,这样一来,南、北二宗的传承也就出现了矛盾。二宗要合并,就必须解决这个矛盾。这时,积极致力于二宗合并的陈致虚,提出了一个为两派都能接受的传承系统,即以王玄甫、钟离权、吕洞宾、刘海蟾、王重阳为共同的五祖,刘海蟾下设"南七真",王重阳下设"北七真"。"南七真"由南宗过去的"南五祖"(张伯端、石泰、薛道光、陈楠、白玉蟾)加上刘永年、彭耜而成;"北七真"则是全真道原有的七人。这个传承系统,为南、北二宗合并后的全真道长期奉守,以此为标志,丹鼎派南、北二宗正式合二为一,时间约在元惠宗(1333—1370在位)时。金丹派南、北宗就成了全真道南、北二宗,合并后的全真道力量更大了。

必须指出的是,合并后的全真道,并未真正结束小派的独立活动或大派的重新分裂,它在后来分衍出许多小派,如从元末明初开始分立门户的以奉全真七子为宗祖的龙门派(宗丘处机)、遇仙派(宗马钰)、南无派(宗谭处端)、随山派(宗刘处玄)、华山派(宗郝大通)、嵛山派(宗王处一)、清净派(宗孙不二)诸派。在这以后,分裂出的小派更是多而又多,但从道教的整个大局来看,仍可谓全真道与正一道分统,且这样的格局一直延续了下来。

第三节 龙虎宗及其支派——玄教

江西龙虎山张天师一系与元室的联系,是从忽必烈开始的。忽必烈当政后,注意力就从北方转向了南方,并于至元十一年(1274)决定大举伐宋。为消灭南宋,统一全国,元室对江南道教的争取工作也就于此时加紧进行。江南道教,道派众多,高道也不少,且多属于符箓道派。这些符箓道派中,从北宋始张陵后嗣被皇室尊崇,多被召见,十二位嗣教者中,就有八位被赐封为"先生",由他们统领的龙虎宗也就逐渐名显于世。然而,由于此时传统的"三山符箓"之一的茅山宗高道辈出,因而成为北宋道教的主流,但这种情况到南宋时就发生了很大变化。宋理宗于嘉熙三年(1239),命第35代天师张可大提举三山符箓,龙虎宗正式成为江南诸道派的统领,其社会影响大增。

正因为龙虎山天师一系是江南很有势力的道派,故天师道特别受到元世祖忽必烈的关注,对历代天师的尊宠更是无以复加。宋代,宋皇室对传统三山符箓的恩宠、礼遇几乎不分轩轾,但到了元代,元室对龙虎山天师的礼遇和优待远远地超乎其他二派之上。据《元史·释老传》载:忽必烈在平定江南的至元十三年(1276),即召嗣汉第36代天师张宗演赴阙,"至则命廷臣郊劳,待以客礼。及见,语之曰:'昔岁己未(1259),朕次鄂渚,尝令王一清往访卿父(第35代天师张宗演),卿父使报朕曰:后二十年天下当混一。神仙之言,验于今矣。'因命坐,赐宴,特赐玉芙蓉冠、组金无缝服,命主领江南道教,仍赐银印"①。次年(1277),命醮于长春宫,"赐号演道灵应冲和真人,给二品银印,命主江南道教事。得自给牒度人为道士。路设道录司,州设道正司,县设威仪司,皆属焉。诏谕江南复宫观赋役,即京师创崇真万寿宫,敕弟子张留孙主之"②。张宗演从元世祖那里得到了特殊的恩宠,即:一是从统治者那里正式获得天师头衔。虽然在这以前,民间及张陵后嗣都自称其嗣教人为天师,但从未被官方承认过。二是获得主领江南道教的权力。在南宋理宗时,也只是获得提举三山符箓之荣,而这次元世祖却将管理整个江南道教的重任委之,可见恩隆之深。世祖授予张宗演天师头衔和主领江南道教事的权力,从此就成为定制,被元代诸帝所承袭,直至元终。从张宗演始,经第37代天师张与棣、第38代天师张与材、第39代天师张嗣成、第40代天师张嗣德、第41代天师张正言,都受到当朝皇帝的隆渥,皆被封为天师、真人或大真人,主领三山符箓,掌领江南道教。龙虎宗获得了优越的发展条件,天师道龙虎宗的历史上纪录了空前显荣的篇章。

张宗演(约1244—1291),字世传,自号简斋,第35代天师张可大次子,19岁嗣教。他于至元十三年(1276)、至元十四年(1277)两次被召,赐封为36代天师、真人,命主江南道教事,然后还归龙虎山天师府。后来,又在至元十八年(1281)、二十五年(1288),"再入觐"③。逝后,由其长子张与棣嗣教为第37代天师。

张与棣(?—1294),字国华,自号希微子。1291年嗣教。至元二十九年(1292)应召入觐,世祖忽必烈授其"体玄弘道广教真人",管理江南诸路道教。成宗复召命醮于圆殿,又醮于长春宫。逝后,由其弟张与材嗣教为第38代天师。

张与材(?—1316),字国梁,自号广微子。张与材嗣教时,正当成宗铁穆耳登极,成宗对江南天师道十分重视,继续奉行忽必烈的崇道政策。元贞元年(1295),召见张与材于大明殿,加封张陵为

---

①③《元史》,第4526、472页,中华书局,1976。
②《道藏》,第34册,第829页。

"三天扶教辅元大法师正一静应显佑真君",并赐予张与棣等 13 人玉圭各一。元贞二年(1296)正月,授张与材为"太素凝神广道真人",管领江南诸路道教事。大德二年(1298),奉诏设醮于佑圣观,退海盐、盐官二州海潮。大德五年(1301),召见于上都幄殿。大德六年(1302),授银印,视二品。大德八年(1304),加授"正一教主,主领三山符箓"。武宗至大(1308—1311)初,朝京师,赐金服玉冠,授金紫光禄大夫、留国公,加封为"太素凝神广道明德大真人",领江南诸路道教事。仁宗即位,给银印,视一品。逝后,其子张嗣成嗣教,是为第 39 代天师。

张嗣成(？—1344),字次望,自号太玄子。元仁宗延祐三年(1316),张与材逝,仁宗遣使至山命张嗣成主教事,并召入觐。四年(1317),制授"太玄辅化体仁应道大真人",主领三山符箓,掌江南诸路道教事。延祐七年(1320),奉命设醮禳盐官州海潮。泰定二年(1325),加授为"翊元玄德正一教主",知集贤院道教事。文宗、惠帝累有加赐。逝后,由其弟张嗣德嗣教,是为第 40 代天师。

张嗣德(？—1352),号太乙子。他嗣教后九年,天下兵兴,命弟子募义勇守乡里。至正十三年(1353),制授"太乙明教广玄体道大真人",主领三山符箓,掌江南道教事。逝后,由长子张正言嗣教,是为第 41 代天师。

张正言(？—1359),号东华子。他嗣教于元末兵兴之后,"时京道不通且二年余矣,江浙行省遣间使传,制授天师明诚凝道弘文广教大真人,主领三山符箓,掌江南道教事"[①]。逝后,由其弟张正常嗣教,是为第 42 代天师。旋即,元统治结束。

综上所述,在蒙(元)统治者的优崇和授权下,有元一代的龙虎山天师不仅统领江南道教符箓各派的事务,而且在江南的全真道也受其管辖。江南各道派的事务,如宫观的赐额,道官、道职的任命,道官封号的赐予等等,皆须经过天师的首肯和向上转达。这样,龙虎宗逐渐成为南方道教的核心,其余符箓各派渐渐集合到它

259

---

① 《道藏》,第 34 册,第 834 页。

的周围,最后组成了道教发展末期的两大道派之一的正一派。

在元统治者的恩宠下,龙虎宗还形成了一个支派——玄教,它的创建人为张留孙。至元十三年(1276)四月,张留孙随张宗演应世祖忽必烈之召赴京城,至元十四年(1277),张宗演返回龙虎山,却将张留孙留在京师,获得元室的信宠,遂创立了玄教。

张留孙(1248—1321),字师汉,信州贵溪(今属江西)人。自幼学道于龙虎山上清宫,继又师李宗老,后游江浙间。至元十三年(1276),随张宗演赴阙,次年,张宗演返龙虎山,留下张留孙奉侍阙下。据史料载:"世祖尝亲祠幄殿,皇太子侍。忽风雨暴至,众骇惧,留孙祷之立止。又尝次日月山,昭睿顺圣皇后得疾危甚,亟召留孙请祷。"①"若有神人献梦于后,遂愈。"②于是,"上大喜,命为上卿,铸宝剑,镂其文曰'大元赐张上卿'。敕两都各建崇真宫,朝夕从驾"③。张留孙因祷雨和为皇太后祷疾有验而获得了元世祖的宠信。从此始,元室对张留孙的恩宠有增无已。至元十五年(1278),赐号玄教宗师,授道教都提点,管领江北淮东淮西荆襄道教事,佩银印。至元十六年(1279),奏复宫观,令自别为籍。此后,更是"宠遇日隆,比于亲臣"④,常奉命外出祠名山大川和到江南访求遗逸,又奉命给成宗、仁宗取名。而且,在至元二十八年(1291),还以卜筮解除世祖任用完泽为相的疑虑。这表明,元世祖对于张留孙并不是只将其作为一个道士看待,而是作为国政咨询的谋臣。世祖逝后,张留孙历经成宗、武宗、仁宗、英宗等朝,且宠信始终不衰,"朝廷有大谋议,必见谘问"⑤,且给予的恩宠也是层层递进。如:成宗为张留孙加号为玄教大宗师,同知集贤院道教事,追封其三代皆为魏国公,官阶品俱第一。武宗登极即召见,升为大真人,知集贤院,位大学士上,寻又加特进上卿。到仁宗延祐二年(1315),张留孙所得头衔多达43字,为:"开府仪同三司,特进上卿,辅成赞化保

①《元史》,第15册,第4527页,中华书局,1976。
②③⑤ 陈垣:《道家金石略》,第924、924、927页,文物出版社,1988。
④《文渊阁四库全书》,第1197册,第633页,台湾商务印书馆,1986。

运玄教大宗师、志道弘教冲玄仁靖大真人,知集贤院事,领诸路道教事。"也就是说,张留孙在几代皇帝的恩宠下,由道教都提点到玄教宗师、玄教大宗师;由上卿到特进上卿;由法师到真人、大真人;由知集贤院道教事,到领集贤院道教事、位大学士上,再加开府仪同三司。爵位由三品到二品,再到一品。既有勋号,又能实际职掌,其政治地位之高,管理道教权力之大,在当时道教诸派首领中绝无仅有。这样,张留孙就利用元世祖的赏识和留守京师为天师在京的合法代理人,皇恩日隆,政治地位稳固,道教权力日益增大的机会,陆续从江西龙虎山征调了许多道士到两京崇真宫,或委以京师教职,或派遣到江南各地管理道教事务。这些人出身龙虎山,有姓名可考者就有八十余人,又在各地发展了为数不少的教徒,他们成为张留孙的弟子和再传弟子。一个以张留孙为中心的龙虎宗支派逐渐形成。关于玄教之名,自它形成时就有了。虞集《陈真人道行碑》说:"开府公(张留孙)受知世祖皇帝,肇设玄教,身为大宗师,择可以受其传者,非奇材异质不与也。"①张留孙说:"钦惟圣朝治尚清静,乃崇道家之言,谓之玄教,实始命臣典领。"②至于玄教的教徒人数则无法弄清,但从其宫观遍布于江苏、江西、湖南、广东等地的情况来看,当是很可观的。总之,玄教的产生过程,具有不同于一般道派之特点,即它不是先在群众中宣传教义,吸收教徒,建立组织,再取得统治者的承认;而是相反,先得到王朝的信任,然后再派骨干发展徒众,建立组织。再者,它也不是从无到有吸收教徒,而是以龙虎宗为基础,从中选择骨干派往各地去发展组织。这就是说,玄教是从原有的龙虎宗内分化出来的支派,并不是一个新道派,正如陈垣先生所说:"玄教由正一教分出,实一教而二名。"③

玄教有一套独特的组织机制,其最高首领为玄教大宗师,住大都崇真万寿宫,以玄教嗣师副之。又设崇真万寿宫提点一职,负责处理日常事务,设江、淮、荆、襄都提点一名,负责处理各路道教之

①② 陈垣《道家金石略》,第932、962页,文物出版社,1988。
③ 陈垣:《南宋初河北新道教考》,第139页,中华书局,1962。

事。在地方上,行省一级设都提点一名,路设道录一名,州设道正、道判,直接管理本州道教宫观。这样,玄教在与龙虎宗的关系上,一方面有其相对独立性,如玄教的掌教由"玺书"任命,大宗师印、剑为皇帝所赐,故在处理本派内部事务时,可以不听命于龙虎山天师;但另一方面,由于玄教首领和骨干大都出自龙虎宗,而历代天师又是主管江南道教的首领,故又要受其管辖,特别是在处理与江南其他道派相关的问题时,还需听命于天师。而玄教所传播的地域,主要在今天的江苏、浙江、江西、湖南、广东等长江以南地区,与天师主领江南道教的区域完全一致。

玄教在元代虽然发展很大,却以政治上的显贵名于世,在道教理论上没有什么建树。其教的宗旨,张留孙在临死前"召诸弟子曰:吾教以清静无为为本,慈俭不敢为天下先,其宗旨也。今玄教特被宠遇五朝四十七年,尔徒见其盛也,其亦知吾之战战慄慄,至于今而后知,而后知其免夫。尚思恪恭乃事以报称朝廷,毋坠成规,则吾志也"①。从这里可看出,在其宗旨的背后,隐藏着强烈的参政意识。其第二代宗师吴全节也说:"予平生以泯然无闻为深耻,每于国家政令之得失,人材之当否,生民之利害,吉凶之先征,苟有可言者,未尝敢以外臣自诡而不尽心焉。"②

在"以清静无为为本,慈俭不敢为天下先"的立教宗旨的指导下,向元皇室尽力效忠,玄教的掌教人积极参与元室的政治活动,尤以张留孙、吴全节二人最为突出。《玄教大宗师张公碑铭》说:张留孙"每进见,必陈说古今治乱成败之理,多所裨益。士大夫赖公荐扬致位尊显者数十百人,及以过失获谴,赖公救解,自贷于死者,亦如之"③。吴全节也向元统治者推荐官吏,他在一次奉命祀岳渎返京觐见成宗时,就对成宗推荐过洛阳太守卢挚,说:"'臣过洛阳,太守卢挚平易无为,而民以安靖。'……即日召拜集贤学士。"④玄教的宗师及其弟子们,还先后奉命去江南访贤,为朝廷搜罗人才。

①②③ 陈垣:《道家金石略》,第912—913、963、913页,文物出版社,1988。
④《元史》,第4528页,中华书局,1976。

《玄教大宗师张公家传》说:张留孙于"(至元)十七年(1280),奉诏祠名山川,给驿马五十,令访遗逸以进。……回朝,以所见闻剡于上,上悉用之"①。吴全节说:"大德九年(1305)夏,予奉旨搜贤。"②张留孙的弟子王寿衍在至元二十九年(1292)、延祐四年(1317)两次奉旨访求江南隐逸。他们还为元皇室处理全国道教事务献计献策,如建议集贤院与翰林院由统一官署分为两院,由集贤院掌管提举学校,访求隐逸贤才,凡国子监、玄门道教、阴阳祭祀、占卜祭遁等皆归之其下。又如至元十八年(1281),全真道在与佛教的辩论中败北,面临全部道经典籍被焚毁的厄运,张留孙即密启太子真金,说:"黄老书汉帝遵守清静,尝以治天下,非臣敢私言,愿殿下敷奏。"③太子真金果然以张留孙之言陈述于世祖,"上始悔悟,集儒臣论定所当传者,俾天下复崇其教"④,"而醮祈禁祝亦不废"⑤。英宗至治年间,全真掌教蓝道元因罪被黜,掌教缺人,泰定帝接受吴全节的推荐,"以汴梁朝元宫孙公履道主之"⑥。可见,玄教首领及其道徒,至少从三个方面参与了元王朝的政治活动:一是参与全国宗教事务,二是访罗隐逸、举荐贤才,三是调解人事纠纷。这都表明玄教不仅有强烈的参政意识,而且有行动,深得元王朝统治者的信任,玄教能获得殊荣,政治地位显赫,历朝皇帝对他们的信任始终不衰,就不是偶然的了。

玄教除以政治上的尊荣显贵卓立于有元一代外,还以思想上的儒学化、宗教内容上的杂采兼收为特点名于世。

从史料看,玄教思想上的儒学化是渊源有致的,袁桷说:"尝闻龙虎山尊崇吾圣人书,弦诵之声接于两庑。"⑦就是说,龙虎山是有着习儒学的传统的,故玄教浓厚的儒学特点不是偶然的。在这方面,最具代表性的是吴全节。史载:张留孙"每与廷臣议论,及奏对

---

①③④⑥ 陈垣:《道家金石略》,第 924、924、912、964 页,文物出版社,1988。

②《道藏》,第 18 册,第 140 页。

⑤《藏外道书》,第 35 册,第 429 页。

⑦《文渊阁四库全书》,第 1203 册,第 329 页,台湾商务印书馆,1986。

上前,及于儒者之事,必曰臣留孙之弟子全节深知儒学,可备顾问。是以武宗、仁宗之世,尝欲使返初服而置诸辅弼焉"①。当时的大儒吴澄就对吴全节的儒学修养大为赞赏,说:"吴真人全节寄迹道家,游意儒术,明粹开豁,超出流俗。"②不仅如此,他在至顺二年(1331)还向文宗推荐过当时世所罕知的陆九渊之学。据载:"进宋儒陆文安公九渊语录,世罕知陆氏之学,是以进之。"③可见吴全节儒学修养之深厚。

道教本身的宗派界限不是壁垒分明的,相互间的思想、方术常相交融。玄教不仅兼融旧有的符箓各派的内容,而且也吸收新道派的内容。这种杂采兼收的特点,在其掌教到骨干们的身上都体现出来,如吴全节、夏文泳、陈日新、陈义高等人。吴全节从小学道龙虎山,对龙虎山传统的祈禳斋醮十分在行,"道家醮设之事,是其职掌,故于科教之方无所遗阙"④。然他又从陈可复学雷法,向东华派首领林灵真学道法,向赵淇学金丹派南宗丹道。史曰:"授受雷法最著者,今玄教嗣师总摄江淮荆襄等处道教都提点、崇文弘道玄德真人吴君其人也。"⑤"凡弟子受道于公(林灵真)之门者,在州里不下百余人,在方外则天师门下高闲董公,宗师堂下闲闲吴公(吴全节)。"⑥赵淇见吴全节"神气冲爽而有福德,可以受吾道。乃焚香密室,出其书以授之,则皆海蟾、玉溪之秘云"⑦。夏文泳"三教九流之书,无所不读,而深明于儒先理学之旨。又尝受河图于隐者,有昔人未睹之秘,而于皇极经世之说,亦瞭然胸臆间。所至名山洞府,必穷探极讨,以广见闻。道法斋科,悉加订考折衷。下至医药卜筮,莫不精究其术"⑧。在向陈可复学雷法方面,他的成就仅在吴全节之下。陈日新"道书丹经、大洞玉诀、灵宝、黄箓斋科等书,皆极精诣",且"又能论人生甲子,推之以言其祸福寿夭奇中"⑨。陈义

①③④⑤⑦⑧⑨ 陈垣:《道家金石略》,第965、964、965、893、965、983、932页,文物出版社,1988。

② 《文渊阁四库全书》,第1197册,第573页,台湾商务印书馆,1986。

⑥ 《道藏》,第7册,第20页。

高"胸中无固滞,学不劳而旁通百家,用于致雷雨、役鬼神,于卜筮推步俱有大过人者"①。

玄教在元代共有过五任掌教。该教在掌教的嬗递过程中,逐渐形成了一套掌教传承制度。除第一任掌教由元世祖直接任命外,其后的几代掌教皆由前任掌教选定,并向皇帝推荐,由皇帝降"玺书"加以任命;下任掌教人选,不是现任掌教临终前才确定,而是早就确定的,有一个正式名称——"嗣师"。历届继任掌教在正式接任时,除须有皇帝任命的玺书外,还须以张留孙遗下的大宗师印和宝剑相承传。前已有述,张留孙在仁宗延祐三年(1316)已升为开府仪同三司、特进上卿、辅成赞化保运玄教大宗师、志道弘教冲玄仁靖大真人、知集贤院、领诸路道教事。在这一大串头衔中,除开府仪同三司为张留孙所独有外,其余的大体上是玄教的每任掌教都有的。这就是说,每任玄教掌教都会被封为特进上卿、玄教大宗师、大真人、知集贤院、领诸路道教事,这些头衔成为玄教掌教的特有标志。

第一任掌教张留孙掌教44年,于元贞宗至治元年(1321)辞世后,就由吴全节接任为第二代掌教。

吴全节(1269—1346),字成重,号闲闲,饶州(今江西上饶)人。13岁入龙虎山学道,师事达观堂李宗老。又从雷思齐学《易》、《老》。至元二十四年(1287),张留孙征其入京,成为张留孙所倚重的大弟子。曾多次奉诏访求遗逸和祠祀岳渎。成宗即位后,奉敕每年侍从行幸,以及外出祠祀。元贞元年(1295),制授冲素崇道大法师、南岳提点。大德二年(1298),制授冲素崇道玄德法师、大都崇真万寿宫提点。大德十年(1306),制授江淮荆襄等处道教都提点。大德十一年(1307),武宗即位,制授玄教嗣师、总摄江淮荆襄等处道教都提点、崇文弘道玄德真人,佩玄教嗣师印,视二品。至大三年(1310),封赠其祖为昭文馆大学士,封其父为司徒、饶国公,母为饶国夫人,名其所居之乡曰"荣禄",里曰"具庆",并奉命归乡

265

① 陈垣:《道家金石略》,第872页,文物出版社,1988。

荣其亲。至治二年(1322),嗣教为玄教掌教,授特进上卿、玄教大宗师、崇文弘道玄德广化大真人、总摄江淮荆襄等处道教、知集贤院道教事,佩一品印。吴全节嗣教后,历经英宗、泰定帝、文宗、惠帝四朝,把玄教继续推向极盛,上则侍奉于皇帝左右,下则周旋于大臣显贵之间,而又与文人士大夫相交往。在掌教25年后,于至顺二年(1331)告老,至正六年(1346)逝。夏文泳接任为第三代掌教。

夏文泳(1277—1349),字明适,号紫清,信州贵溪(今属江西)人。16岁,学道龙虎山崇真院。大德四年(1300),张留孙征召其至京师,为张留孙亲近的弟子之一。大德八年(1304),受命"抚视诸道流于大江之南,比还,制授元道文德中和法师、(大都)崇真万寿宫提点"①。仁宗皇庆元年(1312),特授元成文正中和真人,江淮荆襄等处道教都提点,赐银印,视二品。至顺二年(1331),吴全节告老时,请以夏文泳做嗣教宗师。惠宗至正六年(1346),正式继任掌教,授特进上卿、玄教大宗师、元成文正中和翊运大真人、总摄江淮荆襄等处道教、知集贤院道教事。他掌教四年,可谓是守成的一代。《夏公神道碑》曰:"公既登教席,一意精白以佐清净无为之治,综理庶务,悉遵前人成规,众咸安之。"②张德隆接任为第四代掌教。

张德隆(生卒年不详),字元杰,号环溪,信州贵溪(今属江西)人。为张留孙从子。早年学道龙虎山,后被征召至京师,"从其伯父大宗师开府公及其所礼嗣师吴公居京师崇真万寿宫","数被上旨,函香代祀岳镇、海渎、汾阴、后土、龙虎、武当诸山"③。至正九年(1349)嗣教,制授特进上卿、玄教大宗师、冲真明远玄静演教大真人、总摄江淮荆襄道教事、知集贤院道教事。夏文泳在将教权交付于张德隆时,说:"宗门教位,四传至汝,吾可无身后之虑矣!"④不过,张德隆掌教时,已至元代末期,白莲教和红巾军相继起事,接着就是天下大乱,元统治处于风雨飘摇之中,在这种形势下,他也不可能对玄教有多大建树。他掌教至何时,不见记载。于有兴接任为第五代掌教。

———————

①②③④ 陈垣:《道家金石略》,第983、983、977、983页,文物出版社,1988。

于有兴(生卒年不详),他于何时嗣教,嗣教后做过一些什么事情,史无明载。据明王祎《马迹山紫府观碑》说:"(薛)公名廷凤,字朝阳,蚤学道龙虎山,故特进、玄教大宗师吴公之弟子,而今大宗师于公又其弟子。"[1]学者们据一些零星材料研究,推测其大约在至正十四年(1354)或其前任掌教,至正十八年(1358)仍在掌教任中,但此时离元之亡仅十年,只能是最后一任掌教。而且,在玄教第三代掌教夏文泳时,就已是"守成",至其第四、五代掌教时,因天下兵兴,恐怕连"守成"都谈不上了。玄教的兴盛及崇高的政治地位,亦随着元朝的灭亡而失去。

总之,玄教是元皇室对张留孙特殊恩宠下的产物,有元一代龙虎宗的活动都是以玄教为核心来进行的,张留孙等玄教掌教人,作为天师在京都的代理人,原本该由天师处理的许多事务,都由他们代为处理执行。虽说如此,玄教仍未脱离龙虎宗,所以,元朝灭亡后,由于朱元璋只承认龙虎宗张天师,玄教入明以后就不复存在,仍旧归宗于天师一系。

第四节　茅山宗、阁皂宗及其他符箓道派

进入元代,在江南的传统"三山符箓",除张天师龙虎宗及其支派玄教得到元统治者的优宠而兴盛外,茅山宗仍代有传衍,阁皂宗本身势力较弱,其发展就不太清楚。但是,南宋新兴的净明道则有创建和革新,神霄、清微、东华、天心诸派仍继续流传。最后,都逐渐融合于龙虎宗,形成两大道派之正一道。

(1) 茅山宗

茅山宗在元代有一定的发展。其活动主要以江浙为基地,兼及福建,在江西也有传播。从元初起,它在苏、杭一带的发展反而超过茅山。这种情形的产生,与元初杭州的茅山宗著名道士杜道坚有相当大的关系。杜道坚得到元统治者的信赖,对茅山宗在该

---

[1] 陈垣:《道家金石略》,第 992 页,文物出版社,1988。

地区的发展,起了主要的作用。

杜道坚(1237—1318),字处逸,号南谷子,安徽当涂人。14岁,遇异人得异书,即嗜老学。17岁,寄迹家乡之天庆观,师事蒙庵葛师中。宋淳祐(1241—1252)间,为御前道士。后入茅山,阅《道藏》,得蒋宗瑛授大洞经法,成为茅山宗嫡传弟子。又远游各地,宋度宗时,被引荐,赐号辅教大师。至元十三年(1276),元兵南渡,杜道坚冒矢石,叩军门见太傅淮南王伯颜,为民请命,以不杀无辜相告。伯颜悦其言,禁将士劫掠。江南平定后,有诏命伯颜选用人才,伯颜于至元十四年(1277)朝上都,偕杜道坚觐见元世祖。杜道坚上疏,陈言当务之急在于求贤、养贤、用贤,元世祖嘉纳其疏,屡召对便殿,颇称世祖之心。他向世祖推荐将相之才,所荐举之人,后皆成为元代名臣。忽必烈亦打算请杜道坚执政,力辞不拜。世祖诏其乘传江南求有道之士,事毕后还京。至元十七年(1280),被玺书东还,诏令凡杭州之宗阳宫、纯真观,湖州之升玄报德观,皆护持之。大德七年(1303),授为杭州路道录、教门高士。后又圣旨诏改其建于升玄报德观之东北白石山上的披云庵为通玄观,听其徒甲乙主之。玄教大宗师张留孙又疏请其主持杭州四圣延祥观。皇庆元年(1321),宣授"隆道冲真崇正大真人",依旧主持杭州宗阳宫,兼领湖州计筹山升玄报德观、白石通玄观事。

杜道坚性喜读书,于升玄、宗阳二山筑二真馆,储书数万卷,自己时时往来于其间。他对于道教理论颇有研究,深于玄理,著有《道德玄经原旨》、《玄经原旨发挥》、《关令阐玄》、《文子赞义》等。元朝廷尝以其书颁行于世。还有不少诗文,藏于白石山中。《道德玄经原旨》是他的代表性论著,其特点在于藉儒家思想以阐发《老子》的政治思想。他认为:"玄经之旨,本为君上告。"[1]"老圣作玄经,所以明皇道帝德也。"[2]"《道德》五千余言,包络天地,玄同造化,君臣民物,罔不赅备。"[3]这就是说,《老子》一书,不仅包罗了天道、人道,而且,其立论的主旨是君人南面之术,是总结古代君主统治

---

[1][2][3] 《道藏》,第12册,第727、728、770—771页。

经验,讲如何统治臣民的道和术。他多方调和儒、道,认为老子不
重谈仁义,并非否认忠孝仁义,只是主道德而反对诈伪。说:"亲和
则孝之名隐,而孝未尝不在也;世治则忠之名晦,而忠未尝不在
也。"①他用《孟子》之仁政说,《大学》之修身、齐家、平天下思想进行
阐发,说:"孟子谓杀人以刃与政,亦此意。民不畏死,即是民不堪
命,而怀等死之心。上若宽法令,薄赋敛,省徭役,天下之民各得所
养,惟恐其死为奇作,弗靖也。"②这就是说,他认为《老子》所说"民
不畏死,奈何以死惧之"与孟子之"仁政"是相合的。又说:"盖自天
子至于庶人,一是皆以修身为本。……修之身,其德乃真,慎厥身,
修思永,真其在矣。修之家,其德乃余,能克家,则善有余庆也。修
之乡,其德乃长,斯友一乡之善士也。修之国,其德乃丰,国人皆好
之也。修之天下,其德乃普,天下慕之也。"③杜道坚的这种思想,博
得了不少儒家学者的称赞,如徐天祐为其书序曰:"南谷杜君之为
是学也,不以道家说训老氏书,独援儒以明之,章研句析而前后相
蒙,不喜为破碎引类比义,悉举五三帝王、孔孟之道传诸其说,……
诸微言眇旨,与六经合者,不可一二举。"④

269

杜道坚驻世 81 年,传有弟子 40 余人,其中以姚志恭、赵嗣祺、
袁德逵等有道行,以赵嗣祺影响最著。

赵嗣祺(1277—1340),字虚一,宋魏悼王 11 世孙。24 岁时,学
道福建武夷山天游道院,师事杜道坚弟子张德懋。德懋尝携其至
钱塘,谒杜道坚于宗阳宫。道坚一见奇之,乃令居通玄观。其后,
杜道坚欲广赵嗣祺之见闻,令游京师。玄教大宗师张留孙和嗣师
吴全节礼遇之,挽留其居,声誉日起。仁宗延祐元年(1314),有旨
命其住仙都山(今浙江缙云县境)玉虚宫,又兼少微山(今浙江丽水
境)紫虚观提点焚修。延祐三年(1316),刻铜印授之,视五品。延
祐五年(1318),受命住持,兼领本路诸宫观。延祐六年(1319)以后,
两次受命代祀东南名山,并访求隐逸之士,主吴兴计筹山升玄观。
至治(1321—1323)、泰定(1324—1327)间,又受命主领金陵(今江苏

①②③④《道藏》,第 12 册,第 733、756、748、726 页。

南京)玄妙观。至顺二年(1331),晋见文宗,"求归仙都,不获请,有旨更赐号曰教门真士、玄明通道虚一先生"①。著名学者蒙文通先生曾论元代茅山宗承传说,司马承祯二十六传为蒋宗瑛,"其弟子有杜道坚,作《道德玄经原旨》,赵松雪尝师之。自杜氏而下,遂入于元,次张德懋,次赵嗣祺,次周德方,此皆源于重玄而流播较久,其传授皆有可征,而宗旨亦渐变"②。

元末,茅山宗又出了一个以文学而闻名于世的道士——张雨。

张雨(1277—1348),又名天雨,字伯雨,法名嗣真,别号贞居,又号句曲外史,吴郡(今江苏苏州)人。20岁时,离家游天台诸名山,后去茅山礼宗师许道杞弟子周大静为师,受大洞经箓。其后,又师事玄教道士王寿衍,居杭州开元宫。皇庆二年(1313),随王寿衍入京,居崇真万寿宫。因素以诗才名世,故京中士大夫和文人学士多与之相交游。他不希图朝廷荣进,于延祐(1314—1320)初离京返杭之开元宫。至治二年(1322),因开元宫于头年遭火灾,遂回到茅山,主持崇寿观,又曾主持镇江之崇禧观。惠宗至元二年(1336),辞去宫事,日与友人饮酒赋诗相酬酢。著有《山世集》、《碧岩玄会录》、《寻山志》,皆佚。现存著作有《玄品录》(又称《玄史》)和诗集《句曲外史集》。

茅山宗宗师的传承,在元代共有四代,从42代翟志颖至45代刘大彬后,就不再见所传。

翟志颖(? —1277),字同叔,丹阳人。他掌教期间,至元十二年(1275)元兵下江南,不见其有何作为。是为茅山宗第42代宗师。

许道杞(1236—1291),字祖禹,江苏句容人。为上清派许谧之后裔。幼年师事第38代宗师蒋宗瑛。元初,因祷雨有验而声闻于朝。至元十七年(1280),召入京,"世祖以臂疾召见大都香殿,令试以法,愈。复命祈雪止风,皆奇验。赐宝冠法服,降玺书大护其教,

---

① 《藏外道书》,第35册,第412页。
② 蒙文通:《道书辑校十种》,第369页,巴蜀书社,2001。

佩印南还,三茅山悉统隶之"①。是为茅山宗第 43 代宗师。

王道孟(1242—1314),字牧斋,江苏句容人。14 岁时,礼元符万寿宫沈宗绍为师。"许宗师将化,手印待今王君至而传之"②。大德二年(1298),淮南蝗灾,受淮南道宣慰史礼请至江都设醮,有验。后又祷雨有验,制授"养素通真明教真人"。至大四年(1311),以年老,令弟子刘大彬袭教。是为茅山宗第 44 代宗师。

刘大彬,生卒不详,号玉虚子,吴郡钱塘(今杭州市)人。延祐四年(1317),得"九老仙都君"玉印,仁宗下令还赐茅山元符之上清宗坛,以传道统。现存署名刘大彬编集的《茅山志》,所记刘大彬事极少,此后更不见传代。

(2) 阁皂宗

阁皂宗于"三山符箓"中势力最弱,现存资料极少,元代文人的记载,有袁桷《清容居士集》载《阁皂山万寿崇真宫加大崇真万寿宫诏》和《临江路阁皂山崇真宫住持四十六代传箓嗣教宗师杨伯晋升加太玄崇德翊教真人诏》,从中可知其在元中期已传至 46 代,但事迹不详。虞集《道园学古录》之《苍玉轩新记》,记延祐二年(1315),玄教宗师吴全节奉旨代祠东南名山时,曾经到阁皂山万寿崇真宫,憩于苍玉轩,见其年久失修,勉其徒葺之。这表明,阁皂宗在元代虽有传人,但已趋衰落,不久也就并入于正一道了。

(3) 净明道

净明道由何真公(或周真公)创立于南宋,但是,该派发展至南宋末年几乎就湮没无闻,不过由许逊崇拜发展而来的净明忠孝信仰,却一直在社会上流传。元世祖忽必烈于至元十三年(1276)攻下南宋都城临安(今杭州)后,即确定江南名山仙迹之宜祠者,属于净明道的江西玉隆万寿宫在这个名单中居于首位。元世祖至元(1264—1294)末年,便有居于南康建昌(今属江西)的刘玉出面重建其组织,并对净明教义加以新的阐释,弘扬净明道。

刘玉(1267—1308),字颐真,号玉真子,其先祖为鄱阳石门(今

①②《道藏》,第 5 册,第 609、674 页。

属江西)人,后迁至南康建昌。刘玉5岁时,即读书务通大义。弱冠,父母双亡。由于家庭贫困,自己力耕而食,视尘事不足为,志存方外,笃志于神仙之学。据《净明忠孝全书·玉真刘先生传》、《逍遥山万寿宫志·刘玉传》等资料,知其大约是在至元二十九年(1292)至元贞三年(1297)间,在江西南昌西山一带开始了积极进行重建净明道的活动。在这一过程中,他编造了大量的仙真降临神话来制造宣传舆论,以耸人听闻。并建起一批坛、靖,收了一批弟子,"由是开阐大教,诱诲后学"①。随之往后,"隐真、洞真、靖庐,次第兴建;诸品秘要,相继授受"②。"先生虽道行日隆,而益自韬晦。间为人祈祓禳解,无不出奇"③。从组织上使净明道得以恢复。然而,更为重要的是,刘玉对净明道教义重新作了阐释,使之具有了较新的思想内容。《净明忠孝全书》载:许逊下降告之刘玉,要"更当勉励弟子不昧心君,不戕性命,忠孝存心,方便济物"④。从这里已不难看出刘玉重兴建立的净明道的宗旨。

刘玉对净明道教义的重新阐释,主要围绕"净明忠孝"四字来进行,其门人所辑《玉真先生语录》涵括了其全部思想内容。何谓"净明忠孝"? 刘玉说:"净明只是正心诚意,忠孝只是扶植纲常。"⑤又对"净明忠孝"四字分别作了阐释,认为:"净"就是不染物,"明"就是不触物,"忠"就是忠于君,"孝"就是孝于亲。但是,"君"不仅仅是世俗所理解的"君主",最主要的是指"心君",他说:"心君为万神之主宰,一念欺心,即不忠也。"⑥至于"孝",又说:"人子事其亲,自谓能竭其力者,未也。须是一念之孝,能致父母心中印可,则天心亦印可矣。如此,方可谓之孝道格天。"⑦总之,"大忠者,一物不欺;大孝者,一体皆爱"⑧。也就说,刘玉确定了忠孝是其教义的核心内容,但又不仅将此局限于日常的奉养父母、敬事君长范围的日常行为方面,而是将其扩展至"一物不欺"和"一体皆爱"的广阔范围,特别着重于在思想上、内心上涵养此观念,以至于达到纯洁净明的、绝对的真忠真孝之净明道的最高修炼境界。

---

①②③④⑤⑥⑦⑧《道藏》,第24册,第630、630、630、630、635、635、635、635页。

那么,如何才能达到其最高的理想境界呢?刘玉提出了须经过"始于忠孝立本,中于去欲正心,终于直至净明"①这样三个修炼步聚。为何要以"忠孝立本"作为修炼的第一步聚呢?刘玉认为,"人道"与"仙道"不相离,二者相互统一,并不矛盾,而"人道"又是"仙道"的基础,"仙道"则是"人道"的升华。故只有打好了"人道"这个基础,才有可能修成"仙道"。修持净明道者,只有在心中把这个忠孝的根本立牢,修好人道,进而才可能修成仙道。人如果丧失了忠孝这个人区别于禽兽的特性,"便不得为人之道,则何以配天地而曰三才?"②正因如此,故他说:"入吾忠孝大道之门者,皆当祝国寿、报亲恩为第一事;次愿雨旸顺序,年谷丰登,普天率土,咸庆升平。"③在思想上立下了忠孝这个根本,还要使之不断完善和净化,故第二个步聚就是"去欲正心"。他说:"净明忠孝,人人分内有也。"④"忠孝者,臣子之良知良能,人人具此天理,非分外事也。"⑤但是,因为人是生活在社会中,由于自身的私欲和外界的影响,这些都会使人原心中固有的忠孝这个天理蒙上污垢,并且还会使已经树立起来的忠孝德性丧失,所以必须"正心"。这也就是要用"惩忿窒欲,正心诚意"的方法进行修持,除去私欲和外邪。他说:"大凡行法之士……且要先净除了自己胸腹间几种魑魅魍魉,则外邪自然息灭矣。所谓魑魅魍魉者,只是十二时中贪财好色、邪僻奸狡、胡思乱量的念头便是也。……所以道是能治内祟,方可降伏外邪。"⑥在刘玉看来,除私欲(即内祟)是最为要紧的,所以他又称净明道为"正心修身之学"。他说:"净明大教是正心修身之学,非区区世俗所谓修炼精气之说也。正心修身是教世人整理性天心地工夫。"⑦"奉行道法,皆当平居暇日;存守正念,此即正心之学。"⑧只要能保持内心(方寸)净明,外邪自然能被消除,这就需要时刻警惕,从克己入手,存守正念,天长日久,自然而然就会达到"方寸净明"之境而与道合一。这样,就进入第三个步聚,即"净明境界"。就是说,经过前两个步聚,忠孝德性在此时已是不着一点杂质,是

273

①②③④⑤⑥⑦⑧《道藏》,第 24 册,第 647、635、640、639、647、639、637、637 页。

一种最完美的境界——净明,"大概无别说,只要除去欲念便是净,就里除去邪恶之念,外面便无不好的行检。……淘汰到无的田地,却是公心也。公能生明,所以曰:欲净则理明"①。

总而言之,刘玉的净明道追求的是一种精神上的永恒,不再追求人身的长生不死,而主要追求忠孝道德的完善,忠孝道德最为完善的人即是真人、仙人。他说:"忠孝之道非必长生,而长生之性存。死而不昧,列于仙班,谓之长生。"②刘玉的弟子黄元吉更是说得明白,谓:"真者一真无伪,人者异于禽兽。净明教中所谓真人者,非谓吐纳、按摩、休粮、辟谷而成真也;只是惩忿窒欲,改过迁善,明理复性,配天地而为三极,无愧人道,谓之真人。"③"当知九霄之上,岂有不净不明不忠不孝之神仙也。"④净明之道,即是学做人之道,说:"此教法,大概只是学为人之道。……入此教者,或仕宦,或隐遁,无往不可。所贵忠君孝亲,奉先淑后。至于夏葛冬裘,渴饮饥食,与世人略无少异。只就方寸中用壹整治工夫,非比世俗所谓修行殊形异服,废绝人事,没溺空无。"⑤又说:"上士非必入山绝人事、去妻子、入闲旷、舍荣华而谓之服炼,当服炼其心性,心明性达,孝悌不亏……后世失道之人,不忠不孝以乱其国家,国家败,无所容身,乃假名入山学道,是舍厦屋而入炎火也。"⑥因此,他对那些只花大力气去修炼精气和符箓,而弃忠孝于不顾的修道者作出批评,说:"每见世间一种号为学道之士,十二时中使心用计,奸邪谬僻之不除,险诐倾侧之犹在,任是满口说出黄芽白雪、黑汞红铅,到底只成个妄想去。所以千人万人学,终无一二成,究竟何以云然? 只是不曾先去整理心地故也。"⑦当然,刘玉作为一个宗教家,也是不失其本色,亦用鬼神威吓信众以进行忠孝修持。他说:"夙兴夜寐存着忠孝一念在心者",可"上合天心","人不知,天必知之也"。⑧"纤毫失度,即招黑暗之愆,霎顷邪言,必犯禁空之丑。"⑨他解释说:"所谓禁空之丑者,即《度人经》中飞天大丑魔王是也,其类

---

① ② ③ ④ ⑤ ⑥ ⑦ ⑧ ⑨《道藏》,第 24 册,第 648、646、649—650、649、639、646、636、636、635 页。

甚众。上帝委任助佐三官检察过恶,常时飞行虚空,鉴观下界,邪言一出,冒犯其禁,彼才动念之顷,言者福德自销。福德既销,殃祸随至。"①

从修持忠孝为修道的根本,务求在心中涵养忠孝德性的核心观点出发,刘玉对道教传统的斋醮符章不予重视,尽量地加以简化,将原本繁芜的诸如申奏表章、符箓、告斗等等,都尽力地使其简易。他说:"古者忠臣孝子,只是一念精诚,感而遂通。近代行法之士,多不修己以求感动,只靠烧化文字,所以往往不应。盖惟德动天,无远弗届。今此大教之行,学者真个平日能惩忿窒欲,不昧心天,则一旦有求于天,举念便是。若平时恣忿纵欲,违背天理,一旦有求,便写奏申之词百十纸烧化,也济不得事。"②有人问净明教炼度时,只用一符,而其他派别炼度时,动则便有百十道符,这是不是太过简易? 刘玉回答说:"至道不烦,只是以善化恶,以阳制阴,收万归三,收三归一,炼销阴滓,身净自然化生。每见后天之法,不曾究竟得一个大本领,搬出许多枝梢花叶,徒为已堕之魂重添许多妄想。"③以上所述,表明净明道在刘玉手中其突出特点是颇具理学色彩,神仙观念也发生了重大变化,追求的是忠孝道德的完善,而不再追求肉体的长生不死。而且,刘玉重建的净明道带有极为强烈的入世精神,革新了不少道教传统思想,鬼神之气也较少,这在道教诸派中很罕见。刘玉于武宗至大元年(1308)逝后,由其弟子黄元吉继做第二代传人。

黄元吉(1270—1324),字希文,人称中黄先生,出身豫章丰城(今属江西)名族。12 岁时,入西山玉隆万寿宫为道士,师事清逸堂朱尊。朱逝后,师事王尊师。其后,又师事刘玉。英宗至治三年(1323),到京师游说其教,公卿士大夫多礼问之。第二年(1324),泰定改元,第 39 代天师张嗣成朝京,廷臣向其推荐黄元吉,说:"中黄先生刚介坚鸷,长于干裁,向尝都监其宫,治众严甚,人或不乐,而土田之入,庐舍之完,公而成功。昔为忤者,更交誉之亲之。其后

---

① ② ③《道藏》,第 24 册,第 635—636、639、643 页。

从玉真先生,得旌阳忠孝之教,盖折节就冲澹,为达人巨公前席,宜表异之。"①于是,张嗣成乃书请黄元吉为"净明崇德弘道法师、教门高士、玉隆万寿宫焚修提点"。"未行,玄教大宗师(吴全节)留之崇真万寿宫。期年,将以其名上闻,奏且上,有玺书之赐。而希文翛然高居,唯以发明其师说为己事"②。当玺书还未下时,黄元吉即于泰定元年(1324)十二月逝于京中崇真万寿宫。黄元吉弟子中最著名者有陈天和、徐慧、刘真传、熊玄晖、刘思复、黄通理等人。黄元吉编著有《玉真先生语录》,其弟子陈天和编集、徐慧校正他平时与弟子间的问答为《中黄先生问答》。接替黄元吉的第三代传人为徐慧。

徐慧(1291—1356),又名异,字子奇,号丹扃子,其先祖为丰城望族,仕庐陵,故迁居于此。徐慧幼好学,善为诗文。延祐五年(1318)春,游历京师,与名公臣卿相交往。至治三年(1323),闻中黄元吉得都仙净明之道,住在崇真万寿宫,遂前往师之,尽得中黄八极之妙。又参全真掌教蓝道元于长春宫,得全真无为之旨。并参加英宗诏书金经试字,不久,受赐号"净明配道格神昭效法师"。泰定元年(1324)归家,侍老母二十余年。而且,就在归家当年,家乡大旱,应乡人之请祷雨有验。自此,弟子益众,及其门者,皆为文学特达之士。"数十年间,千百里内,水旱丰凶,请祷即往。……士君子常称奇峰先生,又称丹扃道人。……诗集曰《杯水玉霄》,滕公序之。所传净明忠孝诸书,先以刊行,至于手撰科文,正大雅洁,凡若干卷,传于世。"③传人弟子数百人,著名者有钟彦文、萧尚贤等。

由于徐慧逝世时已是元末,赵宜真接任为第四代传人。赵宜真是元末明初著名道士,传承颇为复杂,既传全真、净明,又传清微,从他身上集中体现出道教走向合流的大趋势。因他主要活动于明初,故下章介绍之。

(4)神霄派

神霄派在元代的传人主要是莫月鼎,但关于他的名、字、籍贯

①②③《道藏》,第24册,第631、631、632页。

和生卒年等,众说纷纭,莫衷一是。综合各种资料,莫月鼎系吴兴(今浙江湖州)人,约生于南宋理宗宝庆(1225—1227)间,逝于元世祖至元(1264—1294)末。出身宦族,幼习科举,三试不利,乃弃家为道士。初入四川青城山丈人观,从徐无极受五雷法,后又从邹铁壁得王文卿雷书。于是,"召雷雨,破鬼魅,动与天合。虽嬉笑怒骂,皆若有神物从之者"①,名重当时。宝祐六年(1258),浙东大旱,莫月鼎建坛祷雨,雨立至。宋理宗闻知,赐诗一章,称其为神仙。元世祖至元二十六年(1289),召见于滦京内殿,试其道术,皆验。世祖厚赐之并请其掌道教事,以老辞而不受。南归后,登门求授道者益众。从此避世佯狂,浪迹江湖,兴雷致雨,书符治病,无不立验,时人呼之"莫真官"。他不轻易收授门人,得其传者唯王继华、潘无涯,"继华授张善渊,善渊授步宗浩,宗浩授周玄真,皆解狎雷致雨云,而玄真尤号伟特"②。莫月鼎弟子,另还有金善信、王惟一。

据《历世真仙体道通鉴续编·莫月鼎传》载:"自侍宸王真君演道以来,惟真人与西垄沈真人二派支流衍迤,盛于西江,昌于东吴。"③说明莫月鼎一系是相当流行的。此中提到的沈真人(即沈震雷)一系则因资料缺乏,具体情况不得而知。此外,还有由王文卿直接传衍于元的一系。该系由王文卿传新城高子羽,高子羽"授之临江徐次举,以次至金溪聂天锡。其后得其传而最显者曰临川谭悟真云。人不敢称其名,但谓之谭五雷"④。

总之,神霄派支派繁衍,而以莫月鼎一系最为昌盛,主要活动于苏、浙、赣、闽、广,以及湖北、陕西,在民间的影响很大。就其理论来看,主要还是承袭前代,基本特点仍为雷法与内丹相结合,以雷法依附于内炼。王惟一在其《道法心传》中说:道法"在乎人心,清静则存,秽浊则亡。故精住则气住,气住则神住。三者既住,则

①② 《丛书集成初编》,第 2129 册,第 1356、1357 页,中华书局,1985。

③ 《道藏》,第 5 册,第 447 页。

④ 陈垣:《道家金石略》,第 1177 页,文物出版社,1988。

道法备,散而为风云,聚而有雷霆,出则为将吏,纳则为金丹"①。又说:"五藏之中有精神魂魄意,聚成五雷。"②这就是说,修道者应以内炼为本,以劾召之术为末。否则,劾召之术将无从施展。

(5) 清微派

清微派在元代,以黄舜申一系为主。至元二十三年(1286),黄舜申应诏入阙,制授"丹山雷渊广福普化真人"③。《清微仙谱》说黄舜申有门人近百人,"所度弟子,皆立石题名,立石之前者三十人,立石之后者五人而已"④。他们使清微道法大行于世。后之五人,分两支向南北传播:一支是西山熊道辉,以福建建宁为中心传行于南;一支是张道贵,以湖北武当山为中心传行于北。而向北传的这支颇为兴盛,而且是由一批全真道士兼行,因而其内炼特点更为彰明,并且还受到元室的看重。因其所在地为全真道南传的基地,故武当山道教在元代也颇为兴盛。

张道贵(生卒年不详),名云岩,号雷翁,长沙人。至元(1264—1294)间入武当山,礼汪贞常(为全真道士)为师。随后又"同云莱、洞阳谒雷渊黄真人得先天之道。归五龙宫,潜行利济,门下嗣法者二百余人。得其奥旨,惟张洞困焉,终于自然庵"⑤。表明张道贵是一位兼传全真与清微的道士。

张守清(生卒年不详),名洞渊,号月峡叟,宜昌(今属湖北)人。幼习举子业,31岁时,拜全真道士鲁大宥为师,出家为道士。后又得张道贵、叶云莱、刘洞明之传。是一位身兼两派的道士。武宗至大三年(1310),皇后遣使,令其建金箓醮。仁宗皇庆元年(1312)春,奉召至京师,祷雨有验,赐号"体玄妙应太和真人"。仁宗延祐元年(1314)春,奉旨还武当山,兼领教门公事。张守清传有弟子数人,著名者有唐中一、刘中和、彭通微、单道安等。清微派理论及其清

---

① ②《道藏》,第32册,第413、423页。
③ ④《道藏》,第5册,第446页。
⑤《古今图书集成》,第51册,第62673页,中华书局、巴蜀书社,1985年影印本。

微雷法,以黄舜申为集大成者。陈采《清微仙谱·序》说:黄舜申"覃思著述,阐扬宗旨,而其书始大备"①。张宇初《道门十规》说:"清微自魏、祖二师而下,则有朱、李、南、黄诸师,传衍犹盛。凡符章经道斋法雷法之文,率多黄师所衍。"②《道藏》中所存的清微道法著作,大多出自黄舜申及其门人之手。它的雷法理论,大致相同于神霄派。《清微斋法》说:"盖行持以正心诚意为主。心不正,则不足以感物;意不诚,则不足以通神。神运于此,物应于彼,故虽万里,可呼吸于咫尺之间。"又说:"将吏只在身中,神明不离方寸。"③可见,清微雷法仍以天人合一,内炼与外法相结合,而以内炼为行法之基础。由此,也可看出传统的天人合一、天人感应思想对道教的影响之深,其间也表现出时代的特点——理学的影响。

(6)东华派

东华派在元代的主要传人是林灵真。林灵真(1239—1302),俗名伟夫,字君昭,灵真为其法名,自号水南,人称"水南先生",温州(今属浙江)人。出身官宦之家,"既长,经纬史传,诸子百家,若方外之书,靡不洞究。而于四辅、三奇、阴符、毕法之旨,独加意焉"④。累举不第,乃弃儒从道。《灵宝领教济度金书·水南林先生传》说:林灵真学道有成,"乃绍开东华之教,蔚为一代真师。以度生济死为己任,建普度大会者不一"⑤。至元二十八年(1291)到三十一年(1294)间,第37代天师张与棣慕其学,表荐其为温州路玄学讲师,继升本路道录。后退居琳宇,对灵宝济度斋仪作了整理,"尽三洞领教诸科,及历代祖师所著内文秘典,准绳正一教法,撰辑为篇目,为济度之书——卷,符章奥旨二卷"⑥。书撰成后,第38代天师张与材命雕板印行,以广其传。并授以灵宝通玄弘教法师、教门高士、住持温州路天清观事。林灵真所传弟子,既有出家道士,也

---

① 《道藏》,第 3 册,第 326 页。
② 《道藏》,第 32 册,第 149 页。
③ 《道藏》,第 4 册,第 286 页。
④⑤⑥ 《道藏》,第 7 册,第 19 页。

有方外之人。临终前,贻书弟子林天任,命其嗣教,后被授命为凝和通妙观明法师、玄学讲师。据《玉清灵宝无量度人上经·灵宝源流》所列东华派历代宗师,自林灵真之后,为正一派董处谦、第39代天师张嗣成,他们二人是该派最后两代宗师,表明东华派已归于正一道了。

(7) 天心派

天心派在元代的主要传人为雷时中。

雷时中(1221—1295),字可权,号默庵,又号双桥老人,祖籍豫章(今江西南昌),后徙居湖北武昌金牛镇。幼年习词赋,通《诗经》,精心道学,专务性理之学。景定(1260—1264)间,绝功名之念,于金牛镇置坛祀事。一天,忽宣称路真君下降,授"混元六天如意道法",并嘱其"开阐雷霆之教,普济众生"。[①] 又称其教由太上老君所授,"专以《度人经》为主",又"及儒、释二家,博采旁求,贯彻混融,归于一致"。[②]故"每化导世人及开度弟子,皆先令其精心诵经,各获果报,且尝论《度人经》旨以开后学"[③]。雷时中道行卓异,"及其门者日众。弟子数千人,分东南、西蜀二派。首度卢、李二宗师及南康查泰宇,由是卢、李之道,行于西蜀,泰宇之道,行乎东南。混元之教,大行于世"[④]。由此表明,雷时中所传之天心派亦可称为混元派。他著有《心法序要》、《道法直指》、《原道歌》,以阐发该派理论。

天心派在元代,除雷时中一派外,还有传天心地司法的彭元泰一系。据彭元泰所撰之《天心地司大法·法序》称,该系由南宋廖守真传衍而来,至彭元泰已是入元后的第一代传人。彭元泰之后的传承为:彭元泰传史白云,史白云传费文亨,费文亨传陈一中,此被认为是正系。另外,彭文泰又传张湖山,再传傅道判,是为旁支。从史料看,该派与雷时中一派相类似,亦看重《度人经》,也是从阁皂宗衍化而来的派系,重视修炼大丹。如彭元泰说:"昔宗师廖真

---

① ② ③ ④ 《道藏》,第5册,第446、447、447、447页。

人修大洞法,诵《度人经》","真人修炼大丹,所到则瘟疫消灭"。[①]

从以上的叙述中,可以看出新旧符箓道派之间的界限并不严格,法术大同小异,教义、方术都很接近,各派之间的相互交融也是早已有之的现象。所有这一切,都为各派融合归一奠定了思想上的基础,于此,又进一步导致从组织上的会归合流。元代统治者命天师掌管江南道教,又从客观上促使各道派之间有了更为广泛的接触,天师一系成为最具凝聚力的道派。因此,到元代中、后期,各种主客观条件都已成熟时,正一道也就正式形成了。正一道形成的标志是元成宗于大德八年(1304),敕封张陵第38代孙张与材为"正一教主,主领三山符箓"[②]。

概括说来,正一道具有这样一些特点:第一,以张陵后嗣为教主。继张与材之后的历代天师皆袭"正一教主"之职,即使在明清之际,天师封号被取消,正一教主也不再由皇帝敕封的情况下,张陵后裔子孙仍旧被视为正一道的首领。第二,在组织上,是由龙虎宗、茅山宗、阁皂宗、太一道、净明道,以及神霄、清微、东华、天心等新旧符箓派各派组成,在正一教主的管理之下。其中,有的宗派因无人传承而彻底融入大宗,有的则以天师道为大宗主而继续其原有的宗派传承。因而,正一道的组织结构是比较松散的,具有联盟的性质。第三,《正一经》为共同奉持的主要经典,以画符念咒、祈禳斋醮等主要法术为人驱鬼降妖、祈福禳灾。第四,宫观规模小,戒律也不严格,正一道士可以娶妻生子,亦可不住宫观,俗称"火居道士"。

总起来看,元代统治者对道教是十分尊重的,其所尊重的重点则前后略有不同。在灭南宋前,主要是对北方的全真道、真大道教和太一道等道派的大力争取和利用,尤以争取、利用全真道最为突出。之所以如此,是因为全真道影响远在真大道教和太一道之上,特别是在山东地区。在灭南宋后,其重点转为争取天师道,这是由

281

---

① 《道藏》,第30册,第517页。

② 《元史》,第4526—4527页,中华书局,1976。

于天师道是南宋统治区内最有影响的一个道派。这种前后重点的不同,正好说明元代统治者对道教的尊重,乃是为建立和巩固其统治的政治目的服务的,而道教在元代统治者的尊重下也得到了很大的发展。在元(蒙)统一全国以后,天师道在北方得到了迅速传播,全真道在江南也有较大的发展,其他力量较弱的各道派则逐渐分别与天师道和全真道相继融合,从而形成正一道与全真道两大派别,这种格局自此一直被保持不变。在当时的历史背景之下,文士入道者较多,形成汉族士人与道士的结合,许多道教领袖人物均有较高的文化修养,与名士交往密切,这对提高道教的素质和促进道教的发展,都提供了有利条件。道教的教理教义在道教内部各派互相融合,以及道教与儒、释思想互相融合的基础上,以内丹学说为主流,呈现出蓬勃发展的趋势,但是,在元末也逐步暴露出教徒发展过滥,教团素质有所下降,上层日趋腐化的弱点,不仅全真道是这样,正一道也如此。《历代名臣奏议》卷六七《郑介夫奏议》称:江南龙虎山张天师"纵情姬爱,广置田庄,招揽权势,凌烁官府,乃江南一大豪霸也"①。当然,这一切都是与元代统治者有相当的关系,难怪《元史·释老传》谓:"释、老之教,行乎中国也,千数百年,而其盛衰,每系乎时君之好恶。"②

从道教史的分期来看,元代道教与南宋、金代道教属于同一个发展期,我们在这里将元代道教作为独立一章,仅是为了方便起见,并非把元代道教作为道教史上的一个独立发展期。同样,后面的明代道教及清代道教两章,从道教史的分期言,明中叶以前的道教与南宋金元道教为同一期,明中叶以后的道教与清代以降道教为同一期。

①《文渊阁四库全书》,第434册,第881页,台湾商务印书馆,1986。
②《元史》,第4517页,中华书局,1976。

第六章　明代道教

第一节　明代统治者与道教

从总体上看,明朝的统治者对道教采取了尊崇的态度,管理上的措施也较为完善,超过了历代王朝。但是,随着时间的推移,特别到了明中叶,明统治者对道教的尊崇可说到了无以复加的地步,道教发展到极为兴盛的状况,不少道教徒被委以朝廷重要官职,参与朝政,声势极为显赫,其地位之高、权势之大,为历代所罕见,这主要以正一派为代表。

明朝第一代开国皇帝朱元璋(1368—1398 在位),对于如何利用道、儒、释三教为其统治服务,有着极为深刻认识,在夺取政权之后,即制定了三教并用的宗教政策,并撰有《三教论》、《释道论》等著作,阐发其对三教的主张。他在《三教论》中说:"三教之立,虽持身荣俭之不同,其所济给之理一,然于斯世之愚人,于斯三教有不可缺者。"①也就是说,在朱元璋看来,三教对于民众都可起教化作用,于国家统治,尤其是加强对民众的思想控制是必不可少的。然而,朱元璋首重儒教,他说:"仲尼之道,祖尧舜,率三王,删诗制典,万世永赖"②,"凡有国家不可无"③。对于道、佛二教,他说:"昔梁武好佛,遇神僧宝公者,其武帝终不遇佛证果。汉武帝、魏武帝、唐明皇皆好神仙,足世而不暇举。以斯之所求,以斯之所不验,则仙

---

①②③《文渊阁四库全书》,第 1223 册,第 108、108、107 页,台湾商务印书馆,1986。

佛无矣。"①表明朱元璋是根本不信仙佛的。但是,这并不表明他认为二教就可以弃绝,他说:"其佛仙之幽灵,暗助王纲,益世无穷。"②"若绝弃之而杳然,则世无鬼神,人无畏天,王纲力用焉?"③朱元璋最看重的是佛、道二教对民众的教化作用,说:"僧言地狱镬汤,道言洞里乾坤、壶中日月,皆非实象。此二说俱空,岂足信乎?"④"然此佛虽空,道虽玄",却可"感动化外蛮夷及中国假处山薮之愚民",使其"未知国法,先知虑生死之罪,以至于善者多,而恶者少"。⑤总之,朱元璋的这些论述三教的著作,既表明了他利用和扶植宗教的指导思想,也为整个明代三教并用政策奠定了基础,他的以儒学为主,道、佛为辅的宗教政策,对其后的继任者们具有重大的影响,且为其继任者们一直奉行。

就朱元璋对道教的态度看,从一开始就没有忽视过。他利用道教为其服务,大造他是所谓的真命天子的舆论,说他家祖坟是经过道士选择的风水宝地,"有天子气"⑥。又宣称其母孕妊他时,吃了道士所给的药丸,故他降生时有"红光满室"⑦之异兆。当他幼年时,曾有道士入家告知其父"八十三当大贵"⑧,果然得到应验。在他贫病无依之时,曾有穿紫衣的神人为之护理,"至正四年(1344)甲申,里中大饥疫,……太祖时年十七,无所依,乃入皇觉寺为僧。逾月,游食合肥,道病,辄见二紫衣人与俱护视之,病已,遂不见"⑨。种种神佑之说相当多,以此表明他"承天命"而行事。他起兵之后,在征战过程中,也是经常得到道士周颠仙和铁冠道人张中等的指点和帮助。朱元璋于洪武(1368—1398)间,还亲撰《御制周颠仙人传》以记其事。《传》曰:"周颠仙,举止异常人,能火烧无损,入水不濡,与人谈未来事,多验。朕兵至洪都时来归,出战友谅时,尝

①②③④⑤《文渊阁四库全书》,第 1223 册,第 108、108、108、107、107 页,台湾商务印书馆,1986。

⑥《纪录汇编》卷一三《龙兴慈记》,上海涵芬楼影印明万历木刻本。

⑦⑧《明实录》,第 1 册,第 1、2 页,中央研究院史语所,1962 年影印本。(下引此书不再注明版本)

⑨《明通鉴》,第 1 册,第 1 页,中华书局,1959。

询其前途吉凶,谈多中。后廿余年,朕病,颠仙自深山遣人进丹药,服之即愈。"①后来还为其建观立碑。对铁冠道人张中的利用,《明太祖实录》卷一五载曰:"铁冠道人张中,通皇极数,谈祸福如验。其破友谅,策算尤神,他占验亦称是。"说明道士们对其夺取政权确有很大帮助。朱元璋亦常宣称自己梦游天宫,见到了"道家三清",并有紫衣道士授以真人服和剑,从而把自己打扮成"奉天承运"的"真命天子"。后来,又撰写《御制梦纪》大加宣扬。朱元璋之所以要利用道教来为其登极作舆论工具,只不过是表明了道教这一中国传统宗教在中国社会的广泛影响,能够容易被广大群众接受。

在元代中后期时,由于正一道在民间的影响相当大,特别是在江南一带颇有势力,故朱元璋早在他做吴王之时的龙凤六年(1360),便积极争取正一道首领的支持,命有司访求,并出榜招聘正一教主张正常。张正常遂"遣使者上笺,陈'天运有归'之符",而朱元璋立即"以手书赐答"。到朱元璋即大明皇帝之位的洪武元年(1368),张正常入贺,受到厚待。除赐宴于便殿之外,还立即制书授予"正一教主嗣汉四十二代天师、护国阐祖通诚崇道弘德大真人"之号,俾领道教事,给银印,视二品;设其僚佐曰赞教、掌书;赐白金十二锭,以新其宅第。自此以后,几乎每年都有召见和赐赠。洪武三年(1370),还特敕吏部改赠其父张嗣成为"正一教主太玄弘化明成崇道大真人",改封其母为"恭顺慈惠淑静玄君"。洪武五年(1372),敕令永掌天下道教事。以后,直至明第51代天师张显庸,张陵后嗣代代皆袭封"大真人"和掌天下道教事。这样一来,道教整个教权全部都掌握在天师及正一道手中。洪武十年(1377)夏,张正常率领弟子汪弘仁等入朝觐见,朱元璋赐宴于午门之城楼上,敕内侍出其亲撰的《历代天师赞》示之,并说:"他日当书以赐卿。"及张正常逝世,朱元璋还亲制文一通,遣使吊祭。又命其子张宇初袭掌教法,于洪武十三年(1380)二月,授以"正一嗣教道合无为阐

285

---

① 《纪录汇编》卷六,上海涵芬楼影印明万历木刻本。

祖光范大真人"号,领道教事,恩宠如故。

朱元璋除对正一道首领优礼有加外,同时也礼遇和起用大量的正一道中的有道之士,如宋宗真、邓仲修、张友霖、黄仲理、王默渊、刘渊然、傅若霖等。他们有的多次随张正常入朝觐见,被委以道门重任,为皇朝建醮祈福。如洪武七年(1374),明太祖朱元璋以灵宝斋仪失于文繁,诏宋宗真、邓仲修、傅同虚等人重新修纂,并"设筵以宴享之"①。太祖在优宠礼遇正一道的同时,也亲自为《道德经》作注,以示推崇。

朱元璋在优礼道教的同时,又鉴于元末道教发展过滥、道士腐化堕落等现象,采取了相当有力的措施进行整治和管理。他认为道士们"皆不循本俗,汙教败行,为害甚大"②,甚至还有僧、道利用民间各种秘密宗教组织进行起义的情况。于是,他吸取以往统治经验,结合当时的实际情况,在尊崇道教的同时,也建立起了一套较为完善的管理道教的机构和制度。先是于洪武元年(1368)正月,"立玄教院,以道士经善悦为真人,领道教事"③。洪武四年(1371)十二月,革去玄教院。④ 至洪武十五年(1382)四月,始于京师改置道录司,作为管理道教的最高机构,隶属礼部。道录司设正一、演法、至灵、玄义等官职,分左右设置,一职一人,即:左、右正一各一人,正六品;左、右演法各一人,从六品;左、右至灵各一人,正八品;左、右玄义各一人,从八品。在地方,府设道纪司,置都纪一人,从九品;副都纪一人,未入流。州设道正司,置道正一人。县设道会司,置道会一人。全未入流。⑤ 府、州、县的道教事,均由道录司统辖。此外,还在龙虎山设正一真人一名,正二品;法官、赞教、掌书各二名,以佐其事。三茅山、阁皂山各设灵官一名,正八品。

① 陈垣:《道家金石略》,第1238页,文物出版社,1988。
②《明实录》,第5册,第3109页。
③《明实录》,第1册,第0500页。
④《明实录》,第2册,第1312页。
⑤《明实录》,第4册,第2262页。

武当山设提点一名。① 分掌各山道教事。这些道教管理机构的道官,俱应"举有戒行,通精典"②的道士担任。他们的职责有编制道士的户籍,任命道观的住持,发放度牒,管理道士们的日常生活等等。

朱元璋认为"释老二教,近代崇尚太过,徒众日盛"③,因此,在设置道教管理机构的同时,又制定了对道教宫观和道士进行管理的各种政策性规定,以限制其发展。如为了限制僧、道人数的过分增长,洪武六年(1373)十二月,令民家女子年纪不过 40 以上者,不得出家为尼姑、女道士。④洪武二十年(1387)八月,诏男子年 20 以上者,不许出家为僧、道。⑤洪武二十七年(1394)正月,禁收民家儿童 14 岁以下者为僧、道。⑥ 而且,还禁止军人、工匠及犯罪黥刺者为僧、道。除这些禁令外,还定下了由国家颁发给出家人的身份凭证(即度牒)制度。度牒即载明持有者的年龄、姓名、字行,以及成为僧、道的时间、剃度师,所授度牒的时间、编号等的证书。僧、道持有度牒,表明获得了国家的承认,才算正式出家的僧人或道士,是合法的,可以享受国家为僧、道制定的诸如免除徭役、税赋等特权。这个制度早在唐代就开始了,历经宋、元,是国家控制僧、道发展的重要行政手段之一。明太祖朱元璋吸取前代经验,再三强调必须严格控制度牒的发放,提出了获得度牒的条件。洪武五年(1372)十二月,开始向全国僧、道发放度牒,"时天下僧尼道士女冠,凡五万七千二百余人,皆给度牒,以防伪滥"⑦。洪武六年(1373)十二月,诏归并寺观时即强调:"若请给度牒,必考试,精通经典者方许。"⑧洪武二十七年(1394)正月,诏令僧道行童道童随师习经三年后,"赴京考试,通经典者,始给度牒;不通者,杖为

---

① 《明史》,第 1817 页,中华书局,1974。
②⑤ 《明实录》,第 4 册,第 2263、2271 页。
③④⑧ 《明实录》,第 3 册,第 1537 页。
⑥ 《明实录》,第 5 册,第 3372—3373 页。
⑦ 《明实录》,第 2 册,第 1416 页。

民"①。对举行获取度牒的考试也是有严格规定的,即每三年举行一次。

在宫观的管理上,不仅严格控制宫观数量,而且严禁私建寺观。洪武六年(1373)十二月,明太祖以释、老二教近代崇尚太过,徒众日盛,安坐而食,于国家经济有害为由,诏令:"府州县止存大寺观一所,并其徒而处之,择有戒行者领其事。"②洪武二十四年(1391)六月,重申:"自今天下僧道,凡各府州县寺观虽多,但存其宽大可容众者一所,并而居之。毋杂处于外,与民相混。违者治以重罪。"③七月,诏天下僧、道,有创立庵堂寺非旧额者,尽数毁之。洪武二十七年(1394)正月,又"命礼部榜示天下僧寺道观,凡归并大寺,设砧基道人一人,以主差税。每大观道士编成班次,每班一年高者率之,余僧道俱不许奔走于外,及交构有司"④。又令:"僧道有妻妾者,诸人许捶逐,相容隐者罪之,愿还俗者听。"⑤"有称白莲、灵宝、火居,及僧道不务祖风,妄为论议祖令者,皆治重罪。"⑥不仅如此,对于道士的服装颜色也做了严格的规定。史载:洪武十四年(1381),"道士,常服青法服,朝衣皆赤,道官亦如之。惟道录司官,法服、朝服,绿文饰金。凡在京道官,红道衣、金襕、木简。在外道官,红道衣,木简,不用金襕。道士,青道服,木简。"⑦朱元璋的这些规定、诏令的重要目的是在于限制僧、道的发展,便于集中管理,防止社会上图谋不轨的邪教之徒混迹其间。为达到此目的,其最为重要的制度是于洪武(1368—1398)间,令僧、道录司实施的"周知册"制度。⑧ 所谓"周知册",从道教方面说,就是由道录司将在京和各府州县宫观的道士造成名册,名册内容有姓名、字行、籍贯、父兄名号,以及入道年月和度牒字号等等,将此册颁行天下宫观,"凡游方行脚至者,以册验之。其不同者,许获送有司,械至京

---

①③④⑤⑥《明实录》,第 5 册,第 3373、3109、3372、3372、3373 页。

②《明实录》,第 3 册,第 1537 页。

⑦《明史》,第 1656 页,中华书局,1974。

⑧《大明会典》称此制始于洪武五年(1372),而《明实录》称此制始于洪武二十五年(1392)。

治重罪。容隐者,罪如之"①。对于明太祖朱元璋并寺观和制"周知册"的用意,嘉靖时詹事霍韬在一次上疏中说:"洪武中,给僧道度牒,令僧道录司造周知册,颁行天下寺观,凡遇僧道,即与对册,如有不同,即为伪冒。又令各府州县寺观,但存宽大一所,并居其众,毋容散处,盖作奸倡乱自易觉察也。宜遵行之。"②可谓一语中的。

总之,明太祖朱元璋对道教的这些管理措施,是在总结历代王朝的统治经验和管理道教的政策基础上,并根据当时的实际情况制定的,可以说比以往任何时候都更为完备,成为有明一代君主共同遵守的制度。虽然有些措施到后来几乎成了一纸空文,但在一定时期内对于管理道教和维护明王朝的统治,仍然起着一定的作用。也可以看出,朱元璋对于道教的尊宠,出自信仰的成分是少而又少的,主要还是在于政治的需要,很多措施实际上蕴藏着防范当时秘密结社,阴谋颠覆明朝政府的明教、白莲教等的目的。

明成祖朱棣(1403—1424 在位)通过"靖难之变"夺取皇位。在夺权过程中,即利用了佛教徒、道教徒和方士、术士为其出谋划策,制造舆论,如道衍(姚广孝)、袁珙、金忠、颜士等。夺取皇位后,更利用道教徒为巩固他的统治地位服务。据《明史·张宇初传》载:正一道首领张宇初于"建文时,坐不法,夺印诰"③。但成祖即位后,仍遵太祖成法,常召见之,于永乐元年(1403)令其陪祀天坛,让其为自己举行斋醮祀祷活动。当张宇初于永乐八年(1410)逝世后,即命其弟张宇清嗣教,制授"正一嗣教清虚冲素光祖演道大真人",掌道教事。又于永乐元年(1403)、永乐十四年(1416),两度赐缗钱修葺龙虎山上清宫。永乐十二年(1414),敕建龙虎山真懿观。明成祖对道书的编修也十分重视,永乐四年(1406)和五年(1407),连

① 《明实录》,第 5 册,第 3269 页。
② 《明实录》,第 40 册,第 1860—1861 页。
③ 《明史》,第 7654 页,中华书局,1974。

续两次敕令张宇初领修道书,锓梓内传。明成祖还亲自撰写玄教乐章(我们于今还能见到,即现存于《道藏》中的《大明御制玄教乐章》),以示慕道之诚。

　　成祖朱棣在崇道的同时,还对太祖时所制定的约束道教的各种规章制度作了增饰,使之更趋完善。据《明太宗实录》卷一三一、一七六载:永乐十年(1412)八月,相继在云南交阯之北江、交州、三江、谅江、奉化、建平六府设立道纪司,在威蛮州设道正司。永乐十四年(1416)五月,于交阯之建昌等府设道纪司,归化等 15 州设道正司,慈廉等 37 县设道会司。这表明明成祖对边远地区的道教也注意加强管理。永乐十六年(1418)十月,规定全国僧、道人数,府不得超过 40 人,州不得超过 30 人,县不得超过 30 人,全国僧、道数总计约不得超过 3.6 万名。同年,又敕命礼部榜谕天下,行童、道童必须"从师授业五年后,诸经习熟,然后赴僧录、道录司考试。果谙经典,始立法名,给与度牒。不通者,罢还为民"[1]。给牒也由原来的三年一给改为五年一给。永乐十年(1412)谕礼部:"天下僧道多不守戒律,民间修斋诵经,动辄较利厚薄,又无诚心,甚至饮酒食肉,游荡荒淫,略无顾忌",必须严禁,"违者杀不赦"。[2] 这一切都说明,成祖朱棣仍很注重对道教施行两重政策。

　　在对道教加强管理的同时,又大肆崇拜,如《金陵梵刹志》载:永乐五年(1407)二月,朱棣下圣旨,谓:"着落礼部知道,重新出榜晓谕:该行脚僧道持斋受戒,任他结坛说法,有人阻挡,发口外为民。"在朱棣的崇道行为中,特别值得一提的是他对于道教真武神的崇拜。"真武",也称"玄武",本为中国古代神话中的北方之神,后被道教纳入其神灵系统加以崇拜,与青龙、白虎、朱雀合称四方四神。它的形象为龟蛇合体,宋代时因避始祖赵玄朗之讳而改"玄"为"真",其像以披发、黑衣、执剑、踏龟蛇为特征,所统领之部属则执黑旗。据《鸿猷录》卷七载曰:朱棣将起兵"靖难"时,屡与僧

---

① 《明实录》,第 9 册,第 2109 页。
② 《大明会典》,第 3 册,第 1577 页,新文丰出版公司,1976。

人道衍商讨起兵日期,道衍均说不可,直至举兵前一天,道衍方对成祖说:"明日午召天兵应,可也。"及期,"众见空中兵甲,其帅玄武也。成祖即披发仗剑应之"。[①] 其实,这与唐高祖李渊举兵时的所谓"霍山神使"相助之类的神话如出一辙。真武神是北方之神,而朱棣起兵也是在北方,且真武信仰在元代时民间就较为流行,朱棣的谋士们借真武神信仰,假号神佑,以坚定其起兵的信心,借助神灵广造舆论,以获社会的认可。即位后,朱棣对真武神尊之尤甚,不仅亲撰《御制真武庙碑》、《御制太岳太和山道宫之碑》[②],说他"靖难"之所以成功,全是因真武神的"阴翊默赞"[③]:"朕起义兵,靖内难,神辅相左右,风行霆击,其迹甚著。"[④] 对此大肆宣扬,歌颂其功德,并命于"京城艮隅并武当山重建庙宇。两京岁时朔望各遣官致祭,而武当山又专官督视祀事"[⑤]。更有甚者的是,于永乐十年(1412)开始了大规模建造武当山道教宫观的工程。敕命隆平侯张信、驸马都尉沐昕督工,每日役使军民工匠达二十余万(一说为三十余万)人之多,费以百万计,花费了六年的时间,最终建成了八宫、二观、三十六庵堂、七十二岩庙的庞大的道教宫观建筑群,特别于天柱峰顶冶铜为殿,饰以黄金,以供奉玄武神像于中,并赐名武当山为"大岳太和山",视之为"五岳之冠"。像这样由皇室出巨资,一次性建成如此宏大的道教宫观群,实属罕见,故张开东《太岳赋并序》称成祖之举为"补秦皇汉武之遗,历朝罕有;张金阙琳宫之胜,亦环宇所无"。在整个工程的进行过程中,成祖也从未放松过对此事的关注,如永乐十一年(1413)八月,在玄天玉虚宫、太玄紫霄宫、兴圣五龙宫、大圣南岩宫尚未峻工之际,即任命道录司右正一孙碧云为南岩宫住持,又命第 44 代天师张宇清为其他三个宫观选拔高道任住持。永乐十四年(1416),为解决武当山宫观田粮供

291

---

① 《丛书集成初编》,第3915 册,第84 页,中华书局,1985。
② 太和山,即武当山,传说为真武神飞升之地。
③④ 《道藏》,第 19 册,第 640、632 页。
⑤ 《明实录》,第 28 册,第 0310 页。

赡问题,特令户部差官前往踏勘附近闲田,着法司拨徙流犯人 500 名充作佃户,专一耕种供赡。永乐十五年(1417),又将湖广襄阳府均州辖管军民入户,分派轮流前去武当山玄天玉虚宫等处守护山场、洒扫宫观。永乐十六年(1418),当所有宫观落成,乃选道士任自垣等九名高道为提点,秩正六品,分主宫观,严祀事,设官铸印以守。并选道士 200 人供洒扫,给田 277 顷,以耕户赡之,授以免税特权。此后,又不时遣人专程斋香设醮,以示敬意和祈求神灵佑护。

明成祖大兴土木,营建武当山道教宫观的动机,在中外历史上一直说法颇多,综合各种观点,特别是从成祖修建武当山宫观的敕命来看,主要有这样几点:第一,鉴于元末武当道教宫观毁于兵火,修炼学道者无所依凭,因此,为使"羽人逸士修炼学道者有所依凭",故大建道教宫观;第二,因武当山是"护国有功"的"北极玄天上帝修真得道显化去处",为示崇奉之诚心而营建武当宫观以祠奉,希图其皇朝能继续获得神灵的庇佑;第三,因多次寻访被称为仙人的武当道士张三丰不得,为明其慕道之诚心而营建武当宫观,以恭候张三丰的到来。可见,明成祖大力营建武当宫观,既有个人信仰上的原因,也有政治上的需求,后者是更为主要的。明成祖《御制太岳太和山道宫之碑》说:"天启我国家隆盛之基,朕皇考太祖高皇帝以一旅定天下,神阴翊显佑,灵明赫奕。肆朕起义兵,靖内难,神辅相左右,风行霆击,其迹甚著。暨即位之初,茂锡景贶,益加炫耀。至若椰梅再实,岁功屡成,嘉生骈臻,灼有异征。朕夙夜祗念,罔神之休。仰惟皇考皇妣,劬劳恩深,昊天罔极,亦罔以尽其报。惟武当神之攸栖,肃命臣工,即五龙之东数十里,得胜地焉,创建玄天玉虚宫。于紫霄、南岩、五龙创建太玄紫霄宫、大圣南岩宫、兴圣五龙宫。又即天柱之顶,冶铜为殿,饰以黄金,范神之像,享祀无极。"[1]在成祖看来,不仅明太祖建立大明江山得到了真武神之助,而其肃靖内难获得成功更是真武神护佑的结果。明成祖从其侄儿惠帝手中强夺帝位,以正统的角度来看名不正、言不顺,是

---

[1] 陈垣:《道家金石略》,第 1251 页,文物出版社,1988。

"以臣弑君"、"同宗相戮"。为消除种种不利于已的舆论,牢牢把握住已取得的帝位,故成祖将玄武神推出来,大造玄武神护佑他的神话,宣扬"天人合一"、"君权神授"的传统观念,以此证明他的"靖难"起兵,赶跑建文帝,夺得政权是合乎天心的。

明成祖对玄武神的礼奉,从此成为明皇朝的定制,明代各位皇帝都加以仿效,不时遣派专人前往武当山诣香上供。在这些皇帝的心目中,正如明人汪道昆《游太和山记》中所指出的:"我国家尊大岳为帝畴",难怪武当山真武神会被如此尊隆。正是在明王朝对武当神的崇奉下,武当道教的发展也得到大大的促进。

明仁宗朱高炽(1425 在位)在位时间仅九个月,于道教就谈不上有什么举措,但遵守前代对道教的尊崇态度则是毫无疑问的。他曾敕谕随时修理大岳太和山宫观,尊崇高道刘渊然等。

宣宗朱瞻基(1426—1435 在位),他继位后,即按前代所定政策对待道教。宣德元年(1426),封张宇清为大真人,领天下道教事。张宇清逝后,于宣德三年(1428),封嗣教者张德懋为真人,次年晋升为大真人。在对道教的管理制度方面,宣德七年(1426)七月,根据礼部尚书胡濙上疏,言可能有犯罪之人潜隐于僧、道之中,请求严格度牒制度。于是,宣宗敕令:"宜令僧道官取勘。如果无之,尔礼部同翰林院官、礼科给事中,及僧道官(会)同考试。能通大经,则给与度牒;在七月十九日以后及不通经者,皆不给。"[1]宣德(1426—1435)初,还应高道刘渊然之请设立云南、大理、金齿三府道纪司。[2]

总之,仁、宣两朝基本上是遵守了前代崇奉正一道,以及立下的各种管理制度。然而,从宣宗始,度牒制度的施行出现了例外,在非给度之年零星赐牒,或提前给牒,或超过定额给牒,或为了解决政府的财政困难而出售度牒。如宣德九年(1434),因第 45 代天

---

① 《明实录》,第 10 册,第 0516 页。
② 陈垣:《道家金石略》,第 1261 页,文物出版社,1988。

师张懋丞治愈皇太子之疾,宣宗即额外赐其度牒五百。① 宣德十年
(1435)十二月,应行在礼悦奏请,"给僧、道童倪华观等一百一十五
人度牒"②。

英宗朱祁镇(1436—1449、1457—1464在位)即位后,继续尊礼
张陵后嗣,在张懋丞逝后,封嗣教者张元吉以大真人号。英宗有功
于道教的一件大事莫过于是继承成祖朱棣遗志,修纂道书。明朝
的统治,经过数十年的经营,于英宗时已达到"海内富庶,朝野清
晏"③。英宗乃于正统九年(1444)组织道士编纂《正统道藏》,以著
名道士邵以正督校,增所未备,重加订正,刊板流布,至正统十年
(1445)告成,共5305卷。正统十二年(1447),颁赐天下道观。此举
对道教经书的保存和传播起了巨大的作用。

在对道教的管理制度上,英宗于正统十四年(1449)四月,重申
必须严格度牒考试,实行僧、道录司进行初试,礼部复试的两堂考
试制度,曰:"凡有应给牒者,先令僧道衙门勘试,申送该管有司。
审系额内,并贯籍明白,仍试其精通本教经典。如行童令背《法华》
等经并诸品经咒;道童令背《玉皇本行集》等经并诸品科范……方
许申送礼部复试。中式,然后具奏请给。敢有似前滥保,事发,其
经由诸司官吏、里老,俱重罪不宥。"④说明明朝的度牒制度在实施
过程中已出现了弊病。然而,这种弊病的因由,实际上是皇帝本人
造成的,例如:正统二年(1437)正月,"行在礼部尚书胡滢等,奏请
给僧道度牒凡一百九十五人"⑤。正统五年(1440)为例度之年,当
时已度僧、道1万余名,但英宗却于次年(1441)因张懋丞建吉祥醮
于朝天宫,特给度牒五百。正统八年(1443)三月,又"给道童刘珪
安等一百七十四人度牒"⑥。据记载:"自天顺元年(1457)至成化二

①《道藏》,第34册,第837页。
②⑤《明实录》,第13册,第0225、0523页。
③《明史》,第160页,中华书局,1974。
④《明实录》,第17册,第3425页。
⑥《明实录》,第15册,第2055页。

年(1466),已度一十三万二千二百余人。"①即是说,在短短十年中所度僧、道,已远远超过永乐间所定的全国僧、道总额数。

代宗朱祁钰(1450—1456 在位)即位后,对道教也极为尊崇。不仅赐道士邵以正高士、真人号,而且任用道士蒋守约为礼部尚书。据《英宗实录》载:"守约,字德简,直隶宜兴县(今属江苏)人。少失怙恃……有黄冠师见而异之,授以所业。既而选为神乐观乐舞生。……丙辰(正统元年,1436),上(英宗)嗣位,升少卿,掌寺事。越三载,升本寺卿。景泰壬申(三年,1452),进升礼部尚书,仍掌太常寺。天顺元年,上(英宗)复位,以例致仕归。是年秋,复召至京,命莅事如初。"②礼部作为明代中央六部之一,在士大夫们的眼里,其尚书之位是清职,而道士则属"杂流",根本没有资格担任此种职务。因此,《明宪宗实录》说:"本朝革中书省,立六部以分掌国政,今之尚书,盖前代宰辅。而官杂流,此景泰之失也。"③

在度牒发放方面,如景泰二年(1451)七月,因用兵贵州,需从四川等地运送粮饷,允许僧、道赴贵州纳米五石,即可获得度牒。景泰五年(1454)四月,又"命礼部,凡僧道请给度牒者,于通州运米二十石赴口外万全等处官仓交收,以备军用"④。在寺观建造方面,景泰三年(1452)六月,命造隆福寺。同年七月,又命修大报恩寺。其实,早在景泰元年(1450)就有人指出:"比者,宦寺专权,取命(民)膏血以创寺观。"⑤这样的情况,以至到英宗复辟之天顺元年(1457)时,就有官员在上疏中曰:"以在京观之,寺观动至千百,僧道不可数计。"⑥

明宪宗朱见深(1465—1487 在位)即位之后,崇道尤甚,道士常常因为统治者的优宠而躐等超擢,骤得显官。受到宪宗宠信的道

295

① 《明实录》,第 24 册,第 2310 页。
②⑥ 《明实录》,第 20 册,第 6141—6142、5895 页。
③ 《明实录》,第 23 册,第 1032 页。
④ 《明实录》,第 19 册,第 5230 页。
⑤ 《明实录》,第 18 册,第 4045 页。

士、方士颇多，"祈雨雪者得美官，进金宝者射厚利。方士献炼服之书，伶人奏曼延之戏。掾史胥徒皆叨官禄，俳优僧道亦玷班资"①。"而诸杂流加侍郎、通政、太常、太仆、尚宝者，不可悉数"②。不仅如此，宪宗朝还首开朝臣升迁不经执掌大臣议决，而由皇帝个人意旨决定，要升迁某人，只需命宦官传达旨意的"传升制"。《明史·李孜省传》曰："初，帝践位甫逾月，即命中官传旨，用工人为文思院副使。自后相继不绝，一传旨姓名至百十人，时谓之传奉官，文武、僧道滥恩泽者数千。"③"僧道亦玷班资，一岁而传奉或至千人，数岁而数千人矣。数千人之禄，岁以数十万计。"④起初文武僧道皆有，愈往后则几乎成为僧、道之专属。当时权倾一时的李孜省、邓恩常等人，就是通过这种"传升"而获高官，"搢绅进退，多出其口"⑤，"羽流加号真人、高士者，亦盈都下"⑥。往日的僧、道官迁升制度被破坏殆尽。有人据《明宪宗实录》作出统计，在宪宗成化（1465—1487）二十余年间，传升僧、道官达三百数十次之多。⑦ 史载："旧制，道录司官止八名，有缺则听所司以资次选补，至是皆出自中旨云。"大量传升的结果，是使道官数量成几倍以至几十倍地增长。成化十二年（1476）二月，礼科给事中张谦等上书曰："道官今几三倍。"⑧至成化二十三年（1487）十月，礼部上书曰："道录司真人、高士并左演法等官一百三十三员。"⑨

宪宗的崇道过滥，还从他对第46代天师张元吉的优渥上表现出来。张元吉于英宗时嗣教，受英、代两朝皇帝的隆重礼遇。但是，他却利用统治者的恩宠而胡作非为，犯下大罪。据《明史·张正常传》载：张元吉"素凶顽，至僭用乘舆器服，擅易制书。夺良家

①②③④⑤⑥《明史》，第 4779、7883、7882、4779、7882、7885 页，中华书局，1974。

⑦ 杨启樵：《明代诸帝之崇尚方术及其影响》，载《明清史抉奥》，第 52 页，香港广角镜出版社，1984。

⑧《明实录》，第 25 册，第 2742 页。

⑨《明实录》，第 28 册，第 0056 页。

子女,逼取人财物。家置狱,前后杀四十余人,有一家三人者"①。
成化五年(1469)五月其恶行暴露,械至京师,下刑部狱。宪宗会百
官廷讯,法司拟罪,定其死罪,妻子流放,绝其荫封。但其后,宪宗
却宽恕之,改为坐系二年,杖百,流放肃州。后来,又释为庶人,还
其乡。其妻及其子张玄庆之流刑皆免,并保留其荫封。张元吉所
犯重罪,实际上被宪宗一笔勾销。成化八年(1472)三月,宪宗即命
张元吉之子张玄庆袭封正一嗣教真人。据《汉天师世家》载:张玄
庆于"成化丁酉(十三年,1477)入觐,赐燕内庭,遣中官梁芳传旨,
聘成国公朱仪女为配。明年,诏赴南畿完婚。仍赐蟒衣玉带,加拨
马快船只送回。诰授正一嗣教保和养素继祖守道大真人,领道教
事"②。比其先祖更为荣贵,且攀上了皇亲国戚。宪宗对于道教的
优宠,还可于陆容所撰《菽园杂记》中所记载的成化年间朝廷给张
陵后嗣待遇在孔子后裔之上的事情进一步得到证明。该书曰:"袭
封衍圣公每岁赴京朝贺,沿途水陆驿传,起中马站船廪给。回日,
无马快船装送。而张真人往回,水陆起上马站船廪给,且有马快船
之从。……时成化十六年三月初五日也。"③而这里所说的张真人,
即张玄庆。

宪宗也任用了一个道士李希安为礼部尚书。据《明英宗实录》
和《明宪宗实录》载:李希安,起初为神乐观乐舞生。天顺元年
(1457),升太常寺少卿。成化二年(1466),官至礼部左侍郎,支二品
俸。成化四年(1468),升为礼部尚书,仍掌太常寺事。而且,当李
希安按例应致仕时,宪宗不允,诏令继续任职。甚至李希安本人以
病为由乞辞官,宪宗仍然不允,直至其逝。

在宪宗如此奉道的情形下,不仅道官制度被破坏,度牒制度同
样也遭破坏。如成化二年(1466)为例度之年,宪宗不仅给足额定

---

① 《明史》,第7655页,中华书局,1974。
② 《道藏》,第34册,第839页。
③ (明)陆容:《菽园杂记》卷八,第93页,中华书局,1985。

度牒数，又"令额外给度僧道十五岁以上者五万名"①。仅成化二年
(1466)、十二年(1476)、二十二年(1486)"三次开度，已逾三十五万，
正数之外，增至十倍"②。成化二十年(1484)十月，"给空名度牒一
万纸，分送山西巡抚都御史叶淇，陕西巡抚都御史郑时，募愿为僧
道者，令诣被灾处输粟十石以助赈济，给度之"③。十一月，"诏顺天
永平及保定等府僧道输粟十五石于大名等府被灾处赈济，给牒度
之"④。十二月，因山西、陕西等处灾荒，便令浙江等处提前发放(实
际是出售)度牒七万，以所得银两、粟赈饥，"准后二十二年该度之
数"⑤。政府出售度牒之风，不仅使度牒制度遭受破坏，而且在其影
响下，社会上也出现了伪造和倒卖度牒的现象。据《明实录》载：所
收之人，但取银两，或假张作李，或假老作少，或容纵军囚灶站，或
滥及游手白丁，或人不到而借债代替，或捏虚名而货卖于人。这
样，原来的度牒制度是荡然无存。在敕建寺观上，也十分兴盛。
如："成化十七年(1481)以前，京城内外敕赐寺观至六百三十九所，
后复增建，以至西山等处相望不绝。"⑥宪宗还对自己崇奉道、佛进
行夸耀说："三茅功施社稷，朕自即位以来二十年矣，四海奠安，万
方宁谧，惟赖神之灵贶，以至于斯。"⑦

　　孝宗朱祐樘(1488—1505 在位)，史称其是恭俭有制、勤政爱民
的有道贤君。他即位后不到两个月，便下令汰除传奉官，罢遣真
人、高士及正一演法诸道官 123 人；真人降左正一，高士降左演法，
追夺印章及诸玉器；道录司只留正一等八员；裁革了大批通过"传
升制"而获僧、道官的和尚、道士，所谓"先朝妖佞之臣，放斥殆
尽"⑧。然而，几年之后，便重演了其父宪宗的崇道，好尚方术，广建
斋醮，大量传升僧、道官的场景。如：《明史·徐溥传》谓："帝自八

　　①《明实录》，第 22 册，第 0560 页。
　　②《明实录》，第 30 册，第 2049 页。
　　③④⑤⑥《明实录》，第 27 册，第 4337、4358、4367、4392 页。
　　⑦《藏外道书》，第 19 册，第 746 页。
　　⑧ (清)谷应泰：《明史纪事本末》，第 607 页，中华书局，1977。

年(1495)后,视朝渐晏,溥等屡以为言"①,中官李广以烧炼斋醮宠。十年(1497)二月,溥等上疏极论曰:"近闻有以斋醮修炼之说进者。……金石之药,性多酷烈。唐宪宗信柳泌以殒身,其祸可鉴。"②弘治十年(1497)八月,"升太常寺寺丞冯宗远为本寺少卿。……宗远本以黄冠进也"③。"传旨升太常寺典簿赵继宗、协律郎王福广为本寺寺丞。继宗等俱以黄冠进也。"④弘治十六年(1503)十月,一次性传升道官就达43人。⑤ 不仅如此,孝宗对道教的崇奉还表现在对道士的封号、诰命上,他给予道士的封号有的多达18字,超过了亲王及文武大臣及祖宗庙号。弘治十七年(1504)二月,"内阁大学士刘健等言:今早司礼监传旨,赐问臣等所撰真人杜永祺等诰命封号久不进呈。臣等窃惟……诰命之典,朝廷所以奖贤励能,虽师保大臣,必待三年考称无过,乃得颁给。今永祺等即与诰命,不知其何贤何能,而反重如此? 至于封号,尤为非礼,盖祖宗庙号不过十六字,亲王及文武大臣有功德者,谥号止一二字,而此辈封号乃多至十八字。"⑥孝宗还任用一名道士崔志端作礼部尚书。崔志端,顺天宛平(今属北京)人。起初为神乐观道士充乐舞生,后逐渐进升为太常寺赞礼郎、寺丞、少卿、寺卿。弘治十七年(1504),进礼部尚书,仍掌太常寺事。在孝宗晋升崔志端为太常寺卿和尚书时,均遭言官弹劾和激烈反对,但孝宗均不听。

在僧、道管理制度上,弘治初,同意停止十年一度之例,改为额定数缺时照补的方法。但实际上,孝宗并未实行,至弘治九年(1496),准备下令开度。后在群臣的劝谏下停止开度,但仍然命"在京准度八千名,南京五千名"⑦。孝宗也发布过一些禁令,如:弘治七年(1494),令"僧道尼姑女冠有犯奸淫者,就于本寺门首枷号一个月,满日发落"⑧。弘治十三年(1500),准奏"僧道官、僧人、道

---

①②《明史》,第4806页,中华书局,1974。

③④⑦《明实录》,第30册,第2267、2271—2272、2065页。

⑤⑥《明实录》,第32册,第3804—3805、3870页。

⑧《大明会典》,第3册,第1578页,台湾新文丰出版公司影印本。

299

士,有犯挟妓饮酒者,俱问发原籍为民;若奸拜认义父母亲属,俱发
边卫充军"①。这些禁令,实际上是从另一侧面反映出当时僧、道发
展过滥,以致不得不作出如此的禁令。

武宗朱厚照(1506—1521 在位)即位之初,也对前代在僧、道问
题上存在的弊病作了一些革新。例如严禁僧、道出入禁中,滥设斋
醮,诏除三十余人国师、真人、高士等名号。② 然而,未及两年亦重
蹈其祖、父辈之旧辙。仅据《明武宗实录》所载,武宗时期传升、乞
升的道官就有正德二年(1507)十月,"以太常寺丞赵继宗为本寺少
卿。……至是,少卿缺,吏部以起复清黄通政黄宝、提督四夷馆少
卿张志淳请,竟补继宗云"③。十二月,"准复显灵宫右正一刘云徽
为真人,仍与原给印诰。上初即位,革云徽真人诰,已会官烧毁矣,
至是陈乞,仍复给之"④。正德四年(1509)八月,"司礼监传旨:升
……道录司左正一柏尚宽为真人"⑤。正德五年(1510)十月,"升大
德显灵宫道录司左正一朱正增为真人,兼至德灵通宫住持管事"⑥。
此外,武宗逝后,被世宗所裁革的在正德间传升、乞升的就有"僧录
司左善世文明等一百八十二员,道录司真人高士柏尚宽等,左正一
周得安等七十七员"⑦。在度牒发放方面也过滥,如正德元年
(1506),因救灾、工程需要等,诏准僧道官有缺,许纳银送部免考授
官。⑧正德二年(1507)五月,"僧录司左善世定皑等奏,谓已及十年
给度之期,宜如例举行。事下礼部,侍郎张澯等覆议:前次度僧道,
视额数已逾十倍,今止宜照缺度补,不可滥度"。但是,武宗却不纳
此议,而"准度在京在外僧三万名,道一万名"⑨。正德八年(1513),
"有旨度番汉僧行道士四万人"⑩。

从以上所述,可见自英宗、代宗朝始,历宪宗、孝宗、武宗等
朝,明初定下的对于道教既优宠又抑制的政策逐渐地被破坏殆

① 《大明会典》,第 3 册,第 1578 页,台湾新文丰出版公司影印本。
②⑧ 参见《明实录》,第 33 册,第 0033—0034、298 页。
③④⑤⑨ 《明实录》,第 34 册,第 0775、0814、1203、0692 页。
⑥⑩ 《明实录》,第 35 册,第 1508、2172 页。
⑦ 《明实录》,第 38 册,第 0151 页。

尽,而这种破坏则是由皇帝们自己造成的。在宪宗、孝宗、武宗三朝实行的僧、道官"传升"制,更是造成崇道过滥和措施失效的直接原因。

明世宗朱厚熜(1522—1566在位)是明代诸帝中崇道最甚的一个皇帝。在入继大统之后,一反过去祖辈佛、道并崇,或崇释甚于崇道的传统,毁佛寺逐僧人,专以扶植道教为事,使明代统治者对道教的崇奉达到登峰造极的地步。而且,世宗的崇道行为和举措日甚一日,老而弥笃。概括起来,世宗的崇道表现主要有以下几个方面。

第一,宠信道徒方士,授予高官厚禄。世宗除仍然尊重正一道首领外,其他受宠信的方士、道士很多,其中最为突出者乃为邵元节和陶仲文。邵元节(?—1539),江西贵溪人,龙虎山上清宫道士。嘉靖三年(1524)应诏入京,与世宗于便殿相见,大被崇信。嘉靖五年(1526),赐封"清微妙济守静修真凝玄衍范志默秉诚致一真人",统辖朝天、显灵、灵济三宫,领道教事,赐金、银、玉、象牙印各一,班二品。后又赠其父太常丞,母安人,师真人。赐元节紫衣玉带,敕建真人府于城西。以其孙邵启南为太常丞,曾孙邵时雍为太常博士。每年给邵元节禄百石,以校尉40人供洒扫,赐庄田30顷,蠲免其租。又遣中使建道院于贵溪,赐名仙源宫。世宗乏皇嗣,嘉靖十一年(1532),令邵元节建祈嗣醮,四年后(即嘉靖十五年,1536),皇子诞生,即授元节礼部尚书,赐一品服,孙、徒、师皆进高秩。嘉靖十八年(1539),邵元节逝,追赠为少师,从伯爵礼,谥曰"文康荣靖"。其孙启南官至太常少卿,徒善道也封号为"清微阐教崇真卫道高士"。其实,早在嘉靖九年(1530)和十一年(1532),兵科给事中高金、翰林院编修杨名即先后上疏弹劾邵元节,结果元节不仅继续获得世宗宠信,而高金、杨名却均被问罪。[①]

---

① 参见《明史》卷三○七《邵元节传》及《明世宗实录》卷六一至卷二二二相关部分。

　　受世宗宠信而知名的另一道士是陶仲文。陶因邵元节的推荐而得宠,且世宗对其的宠信程度超过了邵元节。陶仲文(?—1560),初名典真,湖北黄岗人。嘉靖十八年(1539),世宗南巡,邵元节因病不能随之出行,乃以仲文代。授"神霄保国宣教高士",进而封为"神霄保国弘烈宣教振法通真忠孝秉一真人",领道教事。以其子陶赏为太常丞,重孙陶良辅为太常博士。嘉靖十九年(1540),为嘉奖仲文为其疾建祷有功,特授少保、礼部尚书,久之加少傅,仍兼少保。嘉靖二十三年(1544),加少师,仍兼少傅、少保。史称:"一人兼领三孤,终明世,惟仲文而已。"[①]嘉靖二十六年(1547),加授特进、光禄大夫、柱国、兼支大学士俸,荫其子世恩为尚宝丞。复以"圣诞"加恩,给伯爵俸,授其徒郭弘经、王永宁为高士。嘉靖二十九年(1550),又封为恭诚伯,岁禄千二百石,郭弘经、王永宁升真人。嘉靖三十一年(1552),又诏增其禄百石,荫其子世昌为国子生。嘉靖三十三年(1554),以"圣诞"加恩,荫其子锦衣百户。嘉靖三十六年(1557),陶仲文病,乞请还山,奉还世宗历年所赐蟒玉、金宝、法冠及白金万两。其归山后,世宗念念不忘,不时遣有司以时加礼。还改其子尚宝少卿世恩为太常丞兼道录司右演法,供事真人府。嘉靖三十九年(1560),陶仲文逝,世宗哀痛不已,诏葬祭视邵元节,谥"荣康惠肃"。陶仲文得世宗之宠二十年,位及人臣,且其子孙门徒皆受恩泽。然则陶仲文本人倒是十分小心缜密,不恣意妄为。[②]

　　明世宗对道士的恩宠、尊崇,至此已达到无以复加的地步。除邵元节、陶仲文而外,受世宗优宠的方士也不少,如段朝用、龚可佩、蓝道行、胡大顺、蓝田玉等多人。他们皆是以烧炼符咒、进献丹药而获世宗宠信。然而,在其术不灵之时又遭贬谪,甚至杖狱至死。

---

　　① 《明史》,第 7897 页,中华书局,1974。
　　② 参见《明史》卷三〇七《陶仲文传》及《明世宗实录》卷二二二至卷四九〇相关部分。

第二，广建斋醮，迷信乩仙。《明史·邵元节传》说："世宗嗣位，惑内侍崔文等言，好鬼神事，日事斋醮"，虽然"谏官屡以为言"，均拒而"不纳"。[①] 嘉靖三年(1524)，召邵元节入京，就是因为其特别擅长于斋醮祈禳之术，要其"专司祷祀"[②]。明世宗对斋醮祈禳之嗜好日甚一日，以至于发展到"经年不视朝"，深居西苑，日夕以斋醮为事。[③] 而为此所耗费的钱物，据史料载：宫中每年要用黄蜡二十余万斤，白蜡十余万斤，以供皇家斋醮之用。"臣巡视光禄，见一斋醮蔬食之费，为钱万有八千。"[④] "时每一举醮，无论他费，即亦金赤至数千两，盖门坛匾对皆以金书，屑金为泥，凡数十盌。"[⑤]

明世宗对于扶乩活动也特别爱好，不仅利用蓝道行、罗万象等为其扶乩，还亲自动手。《明史·世宗纪》载：嘉靖二十四年(1545)七月，"帝于禁中筑乩仙台，间用其言决威福"[⑥]。在处理朝廷政务上，也求乩仙，听命于神道。例如御史杨爵、工部员外郎刘魁、给事中周怡劝谏世宗勿任用"左道"，引起世宗震怒，三人皆被下狱。然而，在二十四年(1545)八月的一次扶乩活动中，"有神降于乩。帝感其言，立出三人狱"[⑦]。后来又再次将三人入狱，但是，嘉靖二十六年(1547)十一月，因大高元殿灾，世宗祷于露台，"火光中若有呼三人忠臣者，遂传诏急释之"[⑧]。朝臣们对于世宗的焚修、斋醮之事，只能迎合、奉承之，绝对不能持任何异议，凡是敢于进谏者，必受极其严厉的惩治，反之则可获宠高升。这类事例不绝于史书，以致造成朝廷政治混乱，佞臣借此陷害忠良之事时有发生。海瑞说："陛下之误多矣，大端在修醮。"[⑨]

第三，不惜耗费民财，建宫筑室。兴建宫观是世宗崇道的一项主要举措。如嘉靖二十一年(1542)八月，用陶仲文言，建佑国康民

303

①②③④⑥⑦⑧《明史》，第 7894、7894、5523、5437、5216、5526、5526 页，中华书局，1974。

⑤ (明)沈德符：《万历野获编》，上册，第 59 页，中华书局，1959。

⑨《明实录》，第 48 册，第 8922 页。

雷殿于太液池西,所司按旨意,务求宏侈,工部员外郎刘魁上疏,曰:"一役之费动至亿万。土木衣文绣,匠作班朱紫,道流所居拟于宫禁。"①嘉靖四十五年(1566)二月,海瑞也上疏,指出:"竭民脂膏,滥兴土木","建宫筑室,则将作竭力经营;购香市宝,则度支差求四出"。②《明史·食货志》称:"世宗营建最繁,十五年(1536)以前,名为汰省,而经费已六七百万。其后增十数倍,斋宫、秘殿并时而兴,工场二三十处,役匠数万人……岁费二三百万。"③以至于使明王朝开国以来"百余年富庶治平之业,因以渐替"④。

第四,爱好青词,工者立被超擢。青词,又称绿章,是道教举行斋醮时献给天神的奏章祝文,一般为骈俪体,因用红色颜料写在青藤纸上,故名。世宗因为"日事斋醮"、"焚修"之事,需用大量青词。便"简文武大臣及词臣入直西苑,供奉青词"⑤。这造成了中国历史上第一次以撰写青词获宠而擢升为朝廷高官重臣的罕见现象,并出现了"青词宰相"之称。《明史·袁炜传》曰:"自嘉靖中年,帝专事焚修,词臣率供奉青词。工者立超擢,卒至入阁,时谓李春芳、严讷、郭朴及炜为'青词宰相'。"⑥据《明史·宰辅年表》统计,嘉靖十七年后内阁十四辅臣中,就有九人即是以撰写青词起家,他们是顾鼎臣、夏言、严嵩、徐阶、袁炜、严讷、李春芳、郭朴、高拱,这些人皆先后以青词获世宗之宠,位居高官,甚至入阁。

第五,迷信丹药方术。世宗对长生仙药特别感兴趣,千方百计四处寻找,道士、佞幸以进仙方丹药而获宠者就达数十人之多。《万历野获编·秘方见幸》载:陶仲文"献房中秘方,得幸世宗,官至特进、光禄大夫、柱国、少师、少傅、少保、礼部尚书、恭诚伯"⑦。又载:顾可学"自言能炼童男女溲为秋石,服之延年。……遂命为右通政"⑧。盛端明,"自言通晓药石,服之可长生……遂召为礼部右

①②③④⑤⑥⑧《明史》,第5531、5928、1907、251、7897、5118、7902页,中华书局,1974。

⑦ (明)沈德符:《万历野获编》,中册,第546页,中华书局,1959。

侍郎"①。世宗相信服食灵芝可以延年,便于嘉靖三十五年(1556)
八月,派人到五岳及太和、龙虎、三茅、齐云、鹤鸣诸道教名山广为
采集。嘉靖三十七年(1558)十月,礼部将四方进献的"瑞芝"一齐
呈报,共有 1860 本,但世宗仍嫌不好,于是,又"诏广求径尺以上
者"②。更为荒唐的是,他为了获取长生丹药,相信方士之言,以处
女首次行经之经血作为炼药原料,炼成之丹药称为"先天丹铅"或
"红铅"。当时道士、方士进献的方术、方药颇多,但大都秘而不宣,
只有少数流传于外。《万历野获编》说:"嘉靖间,诸佞幸进方最多,
其秘者不可知。相传至今者,若邵(元节)、陶(仲文)则用红铅,取
童女初行月事,炼之如辰砂以进。若顾(可学)、盛(端明)则用秋
石,取童男小遗去头尾,炼之如解盐以进。此二法盛行,士人亦多
用之。然在世宗中年始饵此及他热剂,以发阳气,名曰长生,不过
供秘戏耳。"③世宗如此热衷于方药、方术,不仅没有获得长生,反而
被此所害。王圻《续文献通考》说:"世宗晚年须眉脱落,乃至大渐,
丹毒并作。"

　　第六,为其父母及自己加封道号。据《明史·陶仲文传》载,嘉
靖三十五年(1556),上皇考道号为"三天金阙无上玉堂都仙法主玄
元道德哲慧圣尊开真仁化大帝",皇妣号为"三天金阙无上玉堂总
仙法主玄元道德哲慧圣母天后掌仙妙化元君",自号为"灵霄上清
统雷元阳妙一飞玄真君"。后又一再为自己加号为"九天弘教普济
生灵掌阴阳功过大道思仁紫极仙翁一阳真人元虚圆应开化伏魔
忠孝帝君"、"太上大罗天仙紫极长生圣智昭灵统元证应玉虚总掌
五雷大真人玄都境万寿帝君"④。可见,明世宗朱厚熜完全与宋徽宗
赵佶一样,俨然将自己视为"道教皇帝"。而且,明世宗的崇道行为
远在宋徽宗之上。其他不必说,仅就封号而言,宋徽宗只给自己封
了道号,尚未延及父母,明世宗却不仅为自己加封了道号,而且还
给父母封加了道号。明世宗的这种做法,在中国历代崇道统治者

①②④《明史》,第 7903、245、7897—7898 页,中华书局,1974。
③(明)沈德符:《万历野获编》,中册,第 547 页,中华书局,1959。

中是绝无仅有的。可以说,明王朝到了世宗时,几乎成为了一个道教王国。明初建立起来的一整套管理道教的制度和政策,世宗朝不起丝毫作用。

明世宗以奉道教为首务,并使政治与宗教信仰相配合,而以宗教信仰为其治理朝政的中心,不仅将一切有利于国家的功绩都归功于尊崇道教,同时,如果朝廷政务有不决者,亦听命于神道。仅举几例为证:嘉靖二十三年(1544)十月,大同边卒获叛人王三。十一月,世宗"谕吏、礼二部曰:朕祇叩玄威保民伐逆,赖上天下鉴,叛恶生擒,固义勇之徒奋力,实鬼神默戮其魄。……玄恩酬谢,礼不可无"①。嘉靖三十一年(1552)十二月二十四日,世宗"命礼部传谕百官曰:朕钦承天祐,崇事玄修,今岁着护非常,感恩莫报,凡尔内外诸臣,宜尽一体大义,勿欺勿慢"②。嘉靖四十一年(1562)五月初七,辽东大捷,败边外属夷,上以将吏用命归功上玄。③世宗在用人制度上,更以是否崇道修玄为标准,以臣僚赞助道教者为重臣,素质低劣的道士、方士竟可被超擢为高官显宦,把持朝政。而凡是敢于向其进言劝谏涉及崇道之举的朝臣,轻则削职为民、枷禁狱中,重则当场杖死。关于这方面的记载也是不绝于史书的。

世宗在崇信道教的同时,对佛教却是多方加以抑制。嘉靖十五年(1536),敕废宫中大善佛殿,建太后宫。毁金、银佛像 169 座,刮正德(1506—1521)间所铸佛像上的镀金 1.3 万两,烧毁佛骨、佛牙 1.3 万余斤。

综上所述,明代中叶前的统治者对道教是尊崇的。明初的太祖朱元璋和成祖朱棣对道教实行的是优宠加抑制的双重政策,制定出了一套较为完善的管理道教的规章制度,并得到较为严格的贯彻执行。然而,从英、代两朝起,这一套制度逐渐被破坏,最高统治者对道教的尊崇愈来愈热烈,尤其是在宪宗、世宗当政期间,一些道士位及人臣,把持朝纲,恩渥终身,荫及子孙,致使天下士大夫

---

①②《明实录》,第 44 册,第 5600 页。
③《明实录》,第 46 册,第 6888 页。

仰其鼻息,干扰政事,缙绅进退咸出其口,广兴土木,宫观道院遍天下,斋醮祭祷活动频仍,崇道之滥,使明初所定下的道教管理制度大都被废弃。

第二节　全真道和正一道

自元代中、后期以来,道教便逐渐归流为以符箓为主的正一道和以内丹修炼为主的全真道两大派。进入明代,明太祖朱元璋于洪武七年(1374)在《御制玄教斋醮仪文序》中说:"朕观释、道之教,各有二徒。僧,有禅有教;道,有正一有全真。"①朱元璋在洪武十五年(1382),正式设立道录司总理全国道教,将道教分为正一、全真两种来加以管理,两派道士的度牒和职衔均不相同。这样,道教派别正式由官方划为正一道和全真道两大派,从而决定了社会上人们对于道教派别的一般概念。尽管从道教本身来看,由于其传承、宫观等等的不同而区分为许多派别,即使正一道、全真道两大派的教义教制已互相混融,但人们还是视道教为全真道和正一道两大派。这样的观念持续至今。

（1）全真道的自守内炼

全真道在元代受统治者的重视,在政治上享有极高的地位,发展也极为迅猛。然则,随着元王朝的覆灭、全真道本身的蜕变,入明以后,几乎销声匿迹,其政治地位一落千丈。不仅在明中叶以前其道士荣贵者甚少,且终明之世也寂然无闻。

明朝皇帝从朱元璋起,对全真道即不太重视。在朱元璋看来,全真道唯修一己性命的教旨,并不适合自己从政治上利用道教的政策,他说:"禅与全真,务以修身养性,独为自己而已。"②一语即道出全真道不能满足其敦人伦,厚风俗,以鬼神暗助王纲的需要。再者,全真道是起于北方的道派,与元代统治者的关系十分密切,这也可能是明代统治者与全真道关系疏远的原因。

---

①②《道藏》,第9册,第1页。

明代全真道士中,得到明统治者优遇、推崇的有以隐而名愈著的武当道士张三丰。有关张三丰的种种传说非常多,不仅其生辰时日、籍贯和行踪神秘莫测,甚至连他的长相也无人知晓。据《明史·张三丰传》说:"张三丰,辽东懿州人,名全一,一名君宝,三丰其号也。以其不饰边幅,又号张邋遢。颀而伟,龟形鹤背,大耳圆目,须髯如戟。寒暑惟一衲一蓑,所啖,升斗辄尽,或数日一食,或数月不食。书经目不忘。游处无恒,或云能一日千里。善嬉谐,旁若无人。尝游武当诸岩壑,语人曰:'此山,异日必大兴。'时五龙、南岩、紫霄俱毁于兵,三丰与其徒去荆榛,辟瓦砾,创草庐居之,已而舍去。……后居宝鸡之金台观。……乃游四川,见蜀献王。复入武当,历襄、汉,踪迹益奇幻。"①由此来看,张三丰是一个内炼有成的全真道士,然其身世出处皆不可详考。据《明史》、《名山藏》、《明史稿》以及李西月《三丰全集》等,至洪武初时,张三丰已有 120 岁。其传承,从其隐逸风范来看,大约与陈抟确有渊源关系。

从明初起,张三丰便受到明皇室的钦重,他的出名,可说与明室的访求及其隐仙风范有关。洪武十七年(1384),朱元璋下诏征求张三丰入朝,不赴。于是,又下诏命张三丰弟子沈万三、丘玄清恭请张三丰,亦未获。洪武二十四年(1391),"太祖故闻其名,洪武二十四年遣使觅之不得"②。明成祖更是多次派人寻访,表现出对张三丰的渴求、景仰。永乐五年(1407),遣给事中胡濙偕内侍朱祥赍玺书香币访求,"遍历荒徼,积数年不遇"③。成祖在给张三丰的御书中说:"朕久仰真仙,渴思亲承仪范","至诚愿见之心,夙夜不忘"。④永乐十年(1412),敕命正一道士孙碧云于武当山建宫住持,预候张三丰。永乐十四年(1416),敕命安车迎请张三丰,亦不得。于是,乃命工部侍郎郭璡、隆平侯张信督丁 30 余万人,营造武当山宫观,供奉玄天上帝,所费银以百万计。宫观落成后,赐武当山名"太和太岳山",这竟使张三丰"此山异日必大兴"之预言应验。即

---

①②③《明史》,第 7641 页,中华书局,1974。
④《藏外道书》,第 32 册,第 827 页。

使如此,太祖、成祖多次征召张三丰未果,但此后的明代诸帝都对他表示了无限的钦崇。英宗天顺三年(1459),诏封张三丰为"通微显化大真人"。成化二十二年(1486),明宪宗诰封张三丰为"韬光尚志真仙"。嘉靖四十二年(1563),明世宗封张三丰为"清虚元妙真君",从这个封号来看,大概至此时,明皇帝们才相信张三丰已不在人世而升入仙界。直到天启三年(1623),明熹宗还以张三丰降临乩坛示以鸾语,封张三丰为"飞龙显化宏仁济世真君"。张三丰虽然未入朝做官,却受到了明朝诸帝的屡次诏封,声名大著。张三丰的弟子丘玄清(1327—1393),也获得了明统治者的宠遇。据《万历野获编·补遗》卷三载:丘玄清于洪武初因张三丰被荐为武当山五龙宫住持,有司又以贤才荐为御史,后转太常卿,封三代。"每遇大祀天地,上宿斋宫,咨以雨旸之事,奏对有验。暇则凝神默坐。"[1]又说:"上以二宫人赐之,邱度不能辞,遂自宫。今观其遗像,真俨然一妪也。"[2]并说京师之"燕九节",就是因为此日是丘玄清自阉之日,故名"阉九"(农历正月十九日),转为"燕九",为京师一大节日。"然京师是日不但游人塞途,而四方全真道人,不期而集者不下数万……中贵人多以是日散钱施斋。"[3]从此记载可以看出,丘玄清虽身居高位,但仍保持了全真道最初的清净自守之风。

此外,在嘉靖朝时,崂山全真道士孙玄清因求雨有验,世宗赐号为"护国天师左赞教主紫阳真人"。

全真道本身在明代的发展,有以张三丰为祖师的系别,据北京白云观《诸真宗派总簿》所列,有王屋山邋遢派、自然派、三丰派、三丰祖师日新派、三丰祖师蓬莱派、松塔派等。另外,全真道北七真门下所形成的各门派于明初中叶罕见有影响的高道出现,受皇帝征召,赐号封官者更少,最有势力的乃是丘处机所传的龙门派。据清初王常月《钵鉴》记述,形成于元明间的"龙门律宗",以戒律密传。活动于元代的是第一代律师赵道坚和第二代律师张德纯。第

---

①②③ (明)沈德符:《万历野获编·补遗》,下册,第902页,中华书局,1959。

三代律师陈通微、第四代律师周玄朴、第五代律师张静定和沈静圆、第六代律师赵真嵩,他们皆活动于明代。总之,龙门律宗虽然传嗣不绝,然道派传衍不广,道德声望不高,未受到明王朝及上层的重视。其余的全真嫡派更为凋零。

全真道在明代的发展,以武当山全真道最为活跃。武当山由于其特殊的地理位置,成为南北道教交汇之地,所传道派既有全真道,也有清微、神霄、正一诸派,各派都信奉真武玄天大帝。各道派间相互交融的程度也相当深,全真派道士也兼行清微、神霄雷法,也会打醮设斋,而符箓派道士也吸收全真道的内炼之学。在元代,各派的基本职责是为元室进行"告天祝祷"、"建醮祈雨"。进入明代,由于全真道隐仙张三丰受明皇帝的钦慕及成祖奉祀玄天上帝,大修武当山宫观,这就为武当山全真派的发展提供了有利条件。如成祖于永乐十一年(1413)十月颁布圣旨,曰:"大岳太和山各宫观有修炼之士,怡神葆真,抱一守素,外远身形,屏绝人事,习静之功,顷刻无间。一应往来浮浪之人,并不许生事喧聒,扰其静功,妨其办道,违者治以重罪。有至诚之士,慕蹑玄关,思超凡质,实心参真问道者,不在禁例。若道士有不务本教,生事害群,伤坏祖风者,轻则即时谴责逐出下山,重则具奏来闻,治以重罪。"①为武当山全真道士的潜心修道提供了极为良好的条件。而此时的武当全真道士也确实具有该派创立初期的纯朴之风,不慕荣华,即使身居高位,并受到统治者的优待,也能洁身自好。据《太岳太和山志》等史书载,当时隐栖苦修,炼养有素的全真道士相当多。例如张三丰弟子,人称太和四仙的卢秋云、周真得、刘古泉、杨善澄,得其师清静守中之秘,同时静炼,四人皆证果。其他如周自然、王宗道、单道安等,修道也颇有成绩。总之,这一切都为全真道以后的发展奠定了重要的基础。

明初至中叶,全真道士们著述不辍。如张三丰曾撰《大道论》、

---

① 此"圣旨"刻于武当山紫霄宫大殿壁上。亦见于《道藏》,第19册,第632—633页。

《玄机直指》、《道言浅说》、《玄要篇》等,后由清代李西月辑成《张三丰全集》八卷。而存于《正统道藏》中的有何道全、王道渊二人的著述,他们皆为元、明间人。何道全有《随机应化录》以及《般若心经注》传世,王道渊有《还真集》、《道玄集》、《崔公入药镜注释》、《黄帝阴符经夹颂解说》、《黄帝阴符经注》、《青天歌注释》。他们三人的思想观点,都有时代的共同特征,主张道、儒、释三教同源一致,而又各有自己的特色。

张三丰丹道理论的特点在于:首先,特别强调道、儒、释三教归一,竭力和会儒学,具有浓厚的理学气味。他在《大道论》中说:"穷性命之真,发圣贤仙佛之理,本本原原,如疏如注,有为无为之序,内药外药之分,养胎脱胎之妙。"[①]又说:"世人多以异端目之,夫黄老所传,亦正心修身治国平天下之理也。"人遵行其道,则"真精真神聚其中,大才大德出其中"。[②]他的内丹丹法,基本上属于北宗先性后命、性命双修一路。然而,他又有主张阴阳双修的论述,故其后学有清修与双修两派。所谓清修,即谓人之一身,自具太极阴阳,一人独修即可结丹,故须绝对禁欲。所谓双修,即指阴阳(男、女)同修。主张此法的丹家认为,阴阳在人表现为有男有女,人由男女交合而生,故要修炼结丹,必须通过男女交合。其方法大致有二:一种是体交而精不泄,采取对方之气;一种是隔体神交,即心交形不交,情交貌不交,气交身不交,神交体不交。另外,张三丰内丹丹法还有一个独特的睡功,称为"蛰龙法"。

何道全(1319—1399),号无垢子,浙江四明人。他也主张道、儒、释三教同源,在回答他人问道时,往往是引证三教经典作答,而尤多引证佛学。故其在三教归一论上,多以融汇佛学为其特点。在丹法上,其主张颇近全真道初旨,强调修外行,从修性入手,以性兼命的顿法。认为内炼成仙,超脱生死,应以明心见性为核心,也注重坐圜内修与在境物上磨练心地相结合。

王道渊(生卒年不详),号混然子,南昌修江人。他虽也主张

311

---

①②《藏外道书》,第 5 册,第 470、465 页。

道、儒、释三教同源说,然特别强调"惩忿窒欲",并以此作为三教的契结点。其丹法理论是在南宗内丹学的基础上,融摄北宗之学,对内丹理论的核心——性命问题有独到见解。在修炼法则上,融合南北二宗之传,大体以持戒收心、惩忿窒欲为入门之要。从修命着眼,将内炼之秘总结为鼎器、药物、火候三要。

此外,明代中叶还有一本名叫《真诠》的道经,不知作者为谁,为嘉靖朝全真道龙门派道士阳道生所传。该书引证诸家之说,阐修炼之道大略分为"忘精神而超养生之道"和"见精神而久生之道"。视前者为修性兼命的"上品丹法",后者为循序炼化精气神、性命双修之内丹。简言之,《真诠》从总结汉魏以来道教炼养之学的角度,分道士之修炼为顿、渐两途,对渐法之炼化精炁要诀论述颇为切实,体现了明代道教炼养学的更加成熟。

全真道在明代虽未得到统治者的信任,然而它对于道教本身的影响却是深入而持久的。不但许多正一派的有道之士都深受全真道的影响,即使是那些获得明统治者青睐的正一道高道,都兼承全真道北宗之传,如刘渊然、邵以正师徒。第43代天师张宇初也深受全真道影响,撰文对全真道教风予以弘扬推广。

(2) 正一道的斋醮祈禳

由于朱元璋对道教两大派采取的是扬正一而抑全真的态度,这样,正一道在明初至中叶以前取得过很高的政治地位。明太祖朱元璋认为:正一道是"特为孝子慈亲之设,益人伦厚风俗,其功大矣哉!虽孔子之教明,国家之法严,旌有德而责不善,则尚有不听者。纵有听者,行不合理又多少?其释、道两家,绝无绳愆纠缪之为,世人从而不异者甚广。官民之家,若有丧事,非僧、非道难以殡送"①。就是说,在朱元璋看来,以斋醮祈禳为职事,擅长于符箓法术的正一道,更符合明王朝利用道教为其政治服务的需要,也更符合汉民族的风俗人情习惯。就前所述明中叶以前明朝各皇帝对道教的尊崇来看,也偏爱于斋醮法术,所宠信的道士,绝大多数都是

---

① 《道藏》,第9册,第1页。

正一道道徒,受到皇帝宠信的为数极少的全真道道士,差不多亦以祈禳之术获宠。

明王朝建立时,正一道最高首领是第 42 代天师张正常。张正常(?—1378),字仲经,号冲虚子。他早在 1361 年朱元璋攻克南昌时,就以"天运有归"之符命而受到朱元璋的褒奖。1365、1366 年,两次入觐,"宠赐特至"。南京士庶求符者之众,日以千百。诏命其传太上、延禧诸阶法箓。当其还山时,赐织文金衣,给驿卷。洪武元年(1368),朱元璋即皇帝位,张正常入朝贺礼,太祖说:"夫天岂有师",革去元代统治者为正一道首领所封"天师"号,改授"护国阐祖通诚崇道弘德大真人",领道教事,赐银印,秩视二品,又在其下设"赞教"、"掌书"等官阶。当张正常还山时,太祖对他说:"卿乃祖天师,有功于国,所以家世与孔子并传,以迄于今。卿宜体之,以清静无为,辅予至治,则予汝嘉!"[①]可见,朱元璋一方面向其传达了自己将利用传统道教来辅政的决心,另一方面又告知张正常,只要你带领正一道道徒服从我的统治,为大明江山永固尽力,那么,正一道是可以获得殊荣的。否则,就适得其反。充分表明了朱元璋对其既尊崇又抑制的双重政策。洪武二年(1369),特诏入朝,命其主持醮事,焚香上章天帝。洪武三年(1370),敕吏部改赠其父第 39 代天师张嗣成为"太玄弘化明成崇道大真人",改赠其母胡氏为"恭顺慈惠淑静玄君"。并向其询问鬼神情状,给掌天下道教银印。洪武五年(1372),御制制诰,命其"掌天下道教事"。正一天师从此由道教一派之首领而升格为整个道教的统领,获得了从未有过的崇高地位。洪武十年(1377)夏,奉诏代祀嵩山,分遣重臣及张正常弟子代祀诸岳,赐宴赐衣,并御制《历代天师赞》示之。

继张正常嗣教的是第 43 代天师张宇初。张宇初(1361—1410),字子璿,号耆山,历明太祖与成祖两朝。洪武十二年(1379),制授"正一嗣教道合无为阐祖光范大真人",领道教事,诏赴京,赐法衣金币,给驿还山。洪武十六年(1383),奉命建玉箓大斋于紫金

---

① 《道藏》,第 34 册,第 834 页。

山。洪武十八年（1385）夏，受命祷雨于神乐观。洪武二十三年
（1390），奏请重建龙虎山大上清宫，赐准。洪武二十四年（1391），入
觐，赐正一玄坛铜章，视六品。永乐元年（1403），成祖即位，张宇初
入朝贺礼，成祖给予的宠遇更隆。先赐钱修葺大上清宫，又命陪祀
天坛。永乐四年（1406），诏命编修道教书以进，此为明代道藏编辑
工作之肇始。永乐五年（1407），受命于朝天宫主建玉箓大斋，以荐
拔超度亡灵。永乐六年（1408），命传延禧法箓，建延禧大斋五坛，
厚赐上方珍物，给驿卷还山。

  继张宇初嗣教的是第 44 代天师张宇清。张宇清（1364—
1427），字彦玑，别号西壁，宇初之弟。永乐十年（1412），成祖诏见，
制授"正一嗣教清虚冲素光祖演道大真人"，领道教事，命设醮于朝
天宫。永乐十一年（1413），诏修大上清宫，敕建真懿观。永乐十五
年（1417），诏往福建灵济宫修祈谢金箓大斋，有金币之赐。永乐十
六年（1418），召入京，赐冠服、白金百镒，命祠玄武金像于武当山。
又命治浙江潮患。永乐十八年（1420），召见，命率道士修玉箓大
斋，又建普度醮于京中灵济宫。永乐十九年（1421），命建星辰坛，
保安醮，及祈谢大斋，赐赏有加。仁宗即位后，奉诏建荐扬大斋，有
法印法服之赐。宣宗即位，加封为"清虚冲素光祖演道崇谦守静洞
玄大真人"，掌天下道教事。宣德二年（1427），入觐，命有司蠲其仆
从丁役。

  继张宇清嗣教的是第 45 代天师张子开。张子开（1380—
1445），字懋丞，又字文升，号澹然，又号九阳。宣德二年（1427）嗣
教。宣德三年（1428）入朝，奉命建延禧醮于大内，赐宝冠剑佩等，
诰封为"正一嗣教崇修至道葆素演法大真人"，领道教事。宣德四
年（1429），入朝贺皇寿，设醮坛于宫中。宣宗召见之，懋丞奏举龙
虎山高道操克弘等四人充任道录，从之。又建吉祥斋祠旸，并陪祀
太庙。宣德六年（1431），入贺，献星辰坛醮于大内。宣德八年
（1433），入觐，用符治愈皇太子疾，获牒度道士百人，钞五千贯、白
金五十两。英宗即位，入朝献醮贺礼，获金币之赐。正统三年
（1438）、正统五年（1440）、正统七年（1442）、正统八年（1443）都入朝

贺礼献醮,皆获赏赐,并得牒度道士 500 人。

继张子开嗣教的是第 46 代天师张元吉。张元吉(1435—?),字孟阳,别号太和。正统十年(1445),入朝,诰授"正一嗣教冲虚守素绍祖崇法真人",领道教事。正统十一年(1446),英宗召见,命书赵天君符,获赐冠服圭佩金币等,诰赠其父母真人、玄君号。正统十四年(1449)夏,召入问对,命建祈晴醮于朝天宫。代宗即位,召入顾问者再,命建保镇国祚醮于大德观,并降敕褒奖。景泰二年(1451),获道士度牒一千。景泰三年(1452)冬,命于内殿设醮,获赐宴。景泰四年(1453),命分献风云雷雨醮于朝天宫。景泰五年(1454),入朝,乞给道童 410 人度牒,获准。景泰六年(1455)春,召见于文华殿,问雷法之秘,命作符,帝心大悦,赞其曰:"神明之胄,代不乏人,可谓善继矣。"①命建金箓、黄箓二大斋于灵济宫。诰封"正一嗣教绍祖崇法安恬乐静玄同大真人",掌天下道教事,有玉冠圭佩衣履宝剑之赐,遣中使护送还山。天顺元年(1457),英宗复位,张元吉入朝贺礼,命建祈谢醮于内庭。颁敕申禁伪出符箓及族属欺凌者。天顺三年(1459),入觐,命传太上、延禧诸秘箓。天顺四年(1460),命陪祀天坛,问对称旨,加封其母高氏为太玄君。天顺五年(1461),召入京行醮于大内玄天祠,又命于承天门建祈谢禳荧醮,获赐冠服剑器,且同行弟子也获赏赐。天顺七年(1463),获道童度牒一百五十。天顺八年(1464),入朝,命书符劾治御座影响之怪,又进符水治英宗脚痛,设醮禳治奉天殿空中怪声。加封为"正一嗣教体玄悟法渊默静虚阐道弘化妙应大真人",其母为"慈和端惠贞淑太玄君"。宪宗继位,入朝贺礼,获宴赐。成化二年(1466)正月,命分献雷雨坛,建升真醮于大德观,敕申禁族属侵犯及诸人伪造符箓,授赞教、掌书等道官助理教事。成化三年(1467)秋,入朝,召见于大善殿,命以祖传印剑进览,给正一嗣教大真人府金印,又加赐玉印一颗,赐御书"大真人府"额,加封为"正一嗣教体玄崇默悟法通真阐道弘化辅德佑圣妙应大真人",掌天下道教事。

---

① 《道藏》,第 34 册,第 838 页。

并赐蟒衣玉带,冠履剑器圭佩等,史称"宠赉独盛,朝野荣之"。后来,张元吉因种种恶行被有司上奏,最终仅以杖发充军,不久即获释,谪为庶人了事。

继张元吉嗣教的是第47代天师张玄庆。张玄庆(?—1509),字天赐,别号贞一,又号七一丈人。成化十三年(1477),入觐,宪宗降旨要其聘成国公朱仪之女为妻,次年诏赴南畿完婚,诰授"正一嗣教保和养素继祖守道大真人",领道教事,并有蟒衣玉带之赐。成化二十年(1484),赐敕谕:申禁诸人伪造私出符箓及偷盗放生。成化二十一年(1485),特敕江西守臣重建天师宅第大真人府,命降香大华盖山和铁柱宫。成化二十二年(1486),入觐,命设醮于钦安殿,获玉带金币之赐。明孝宗即位,张玄庆入朝贺礼。弘治三年(1490),雷击谨身殿,命玄庆建祈谢醮,又命设醮祈皇嗣,次年太子出生,获玉带金冠蟒衣银币之赐。弘治九年(1496),命建保民大醮于大上清宫。弘治十一年(1498)冬,应诏祈雪于朝天宫。弘治十二年(1499),命传太上、延禧秘箓,获赐牙刻印记二函并金币。弘治十四年(1501),诏携嗣子入朝,并应许其乞嗣子致仕之请,赐嗣子衣带。弘治十五年(1502),奉诏礼长陵,归,授致仕敕书。又令赍香赴天目、华盖、武当、鹤鸣等山斋香。弘治十八年(1505),孝宗降御书褒问,并敕命赍御前香烛,游武当、鹤鸣、葛仙三山降香礼神。

继张玄庆嗣教的是第48代天师张彦頨。张彦頨(1480—1550),字士瞻,别号湛然。弘治十四年(1501),随父张玄庆入朝,诰授"正一嗣教致虚冲静承先弘化真人",掌天下道教事。武宗即位,入朝贺礼,奏对称旨。正德三年(1508),颁给部牒,准度道士。正德五年(1510),上疏请重修大上清宫,敕遣内官监太监李文会同江西镇巡等官督造。正德七年(1512),召见,命陪祀泰坛,有蟒衣玉带之赐。世宗即位,入朝贺礼,召对问答,以清心寡欲对之,请太上诸秘、延禧箓文以进。嘉靖二年(1523),诏聘安远侯柳文之女为其继室,敕留都内外守备官陪往娶亲。并赐诰加封为"正一嗣教怀玄抱真养素守默葆光履和致虚冲虚冲静承先弘化大真人",掌天下道教事,敕授上清宫道士数人为掌书等官,以佐理大真人。敕往祷于武当山。嘉靖五年(1526),奏请差官修造天师府第,世宗准奏,敕遣内官监左少监吴猷会同江西巡抚重建大真人府,增造敕书阁以藏累朝敕书诰命,于阁东建万法宗坛奉上帝列真,阁西建天师家庙祀历代天师,赐以"掌法仙卿"银印、牙刻"宗传"之印及铜铸神像,并诏户部查明上清宫田产被侵真情,降敕禁护。嘉靖七年(1528),入觐,命陪祀星辰坛。嘉靖十年(1531)、十六年(1537)两次入觐迟到,世宗问及原因,告知驿传艰阻,世宗为此下诏追究戒饬违慢有司。嘉靖十七年(1538),命建金箓大斋于大内皇坛,又诏往齐云山建报谢祷禳大醮。嘉靖十八年(1539),张彦頨得子,世宗特降御书金币为贺,谕暂免入朝,以守护嗣子。嘉靖二十年(1541),诰赠其嫡母、生母及继妻元君号,给道士度牒五百,特敕江西巡抚、都御史,严禁抚州奸民伪出符箓。嘉靖二十八年(1549),诏携嗣子入觐,命录历代天师名讳进览,赐嗣子名永绪及蟒衣玉带金币。

继张彦頨嗣教的是第 49 代天师张永绪。张永绪(1539—1565),字永承,别号三阳。嘉靖二十八年(1549),诰授"正一嗣教守玄养素遵范崇道大真人",掌天下道教事。诏聘定国公徐延德之女为妻。嘉靖三十一年(1552),入觐,获赐伯爵朝祭常服。嘉靖三十二年(1553),奉诏成婚。嘉靖三十四年(1555),奉敕改建正一、静应、祥府三观。嘉靖三十七年(1558),入觐,召入对,并命建保安大醮于朝天宫,获赐蟒衣玉带。嘉靖四十三年(1564),入觐。次年(1565)又召见,与徐阶等七大臣宴坐便殿,敕命以张永绪为首席。又命设醮于内庭,又命主春祈祀典。

从上所述可见,正一道首领在明朝受到了统治者优渥的待遇,不仅代代袭封大真人号,掌管天下道教,而且国家的祈祀大典也由其主持,增官晋爵,修建宫观府第,皇帝还亲自为其选择婚配、赐名。总之,享有种种政治、经济特权,可谓荣贵无比。然而,与其贵盛形成强烈反差的是,正一道首领中依恃皇恩胡作非为,以行贿取宠、贪求富贵者也颇有其人。例如:张宇初"建文时,坐不法,夺印诰。成祖即位,复之"①。张元吉"素凶顽,至僭用乘舆器服,擅易制书。夺良家子女,逼取人财物。家置狱,前后杀四十余人,有一家三人者"②。张彦頨"知天子好神仙,遣其徒十余人乘传诣云南、四川采取遗经、古器进上方,且以蟒衣玉带遗镇守中贵,为云南巡抚欧阳重所劾,不问"③。

除正一道首领外,受到明皇室重用、宠待,荣贵可比天师者,尚有其人,最著名者为经太、成、仁、宣四朝的刘渊然及世宗朝的邵元节和陶仲文。邵、陶二人在前已作介绍,在这里介绍刘渊然。刘渊然(1351—1432),赣县人,从小出家为祥符宫道士,为元明间著名道士赵宜真弟子,得清微、全真二派之传。以能呼召风雷名闻于世,《净明宗教录》尊其为净明道第六代嗣师。洪武二十六年(1393),朱元璋召见,试其道术,赐号高道,命馆于朝天宫。永乐间,随成祖朱棣至北京,升左正一,奉敕建金箓大斋七昼夜。公卿士大夫多乐与其交往,后因忤权贵,被谪置龙虎山,又移至云南,居龙泉观三年。被仁宗召回,命居洞阳观,给二品印诰,与正一真人相当,赐号"长春真人"。宣德初,又进号为大真人。刘渊然于道教在云南的发展有功,他命徒阐道云南,且奏请设立大理、云南、金齿三道纪司。告老后居南京朝天宫,并荐其徒邵以正(? —1462),召为道箓司左玄义,英宗正统间升为左正一,领京师道教事。代宗景泰间,赐号"悟元养素凝神冲默阐微振法通妙真人"。英宗天顺三年(1459),命其列二品班末。《明史》对刘渊然、邵以正有很高的评价:刘渊然"有道术,为人清静自守,故为累朝所礼"。邵以正"廉静谦谨,礼度雍容,缙绅咸重之"。

这一时期的正一道,虽然极为贵盛,然而在道教的教理教义方面,却没有什么发展,故《明史·张正常传》说:"张氏自正常以来,无他神异,专恃符箓,祈雨驱鬼,间有小验。"④正一道士们最大的成绩是编修了一部道藏,但从整体来看,水平不是很高,然却保留了不少有价值的资料。就天师来看,能文者不多,著述无几。

---

①②③④《明史》,第 7654、7655、7655、7656 页,中华书局,1974。

第42代天师张正常著有《汉天师世家》1卷,由当时著名文学士人宋濂为之作序。第44代天师张宇清著有《西壁文集》,已亡佚。第43代天师张宇初为历代天师中的佼佼者,博学能文,著述最多,有《道门十规》1卷、《岘泉集》12卷、《度人经通义》4卷、《龙虎山志》10卷。除天师而外,道士著述尤以赵宜真于道教教理教义多有所发明,著有《原阳子法语》、《仙传外科秘方》和《灵宝归空诀》传世。

张宇初思想的基本特点,在于申明道统源流,强调道门以老子为宗源,主张清静无为,对道教传统经书持全面肯定态度。他在《道门十规》中说:"自秦汉以来,方士竞出,若文成武利之以金石草木,徒杀身取祸,遂世称方术矣。外而施之,则有祷禬祠祝之事,自寇、杜、葛、陆之徒,其说方盛。由后之师匠增损夸诞,奔竞声利,而世曰异端矣。然二者,太上之初,所未彰显,后之不究其本,不探其源者,流而忘返,眩异失同,则去太上立教之本,虚无清静无为不言之妙日远矣。凡习吾道者,必根据经书,探索源流,务归于正,勿为邪说淫辞之所汩。"①又说:"若元始说经,当以《度人上品》为诸经之首;灵宝说经,当以《定观》、《内观》为要;太上立教,当以《道德》、《日用》(按:即《太上老君日用妙经》)为规。内而修己,则《虚皇四十九章经》、《洞古》、《大通》、《生天》、《清静》诸经最为捷要;外而济世度幽,则《黄帝阴符经》、《玉枢》、《北斗》、《消灾》、《救苦》、《五厨》、《生神》诸经,《玉枢》、《朝天》、《九幽》诸忏,是皆入道之梯航,修真之蹊径。"②张宇初力图通过各方面的举措来整治当时已出现的不良之风,其《道门十规》的实质就在于针对道教教团的种种不良风气,以提倡初期全真派的清静纯朴之风,要求道士们应以内炼为本,性命双修。他说:"近世以禅为性宗,道为命宗,全真为性命双修,正一则惟习科教。孰知学道之本,非性命二事而何?虽科教之设,亦惟性命之学而已。"③强调道教各派教徒皆应遵循全真道性命双修之道,竭力将内炼与外用、内丹与符箓统为一体,深化符箓道

---

①②③《道藏》,第32册,第147、147、148页。

术,强调外用作法的关键在于自身的一点灵明,而不在于符箓咒诀之形式。他说:"一炁一诀,皆出身中妙用,非徒纸上之文。"①还特别规诫道士不得于传统道术斋法之外,行圆光附体、降将扶乩、扶鸾照水等"诸项邪说","凡行符水之士,务以利济存心,以丹砂药术兼济,不得妄受资财,反与鬼神构怨,以至法术不验"②。张宇初的思想还明显地带有融合道、儒、释三教,并极力向儒学靠拢的特色,他还特别于《道门十规》中规定道士"凡系本宗科典经书,斋醮道法,词意榜语,必当贯熟赅通,潜心究竟,出处语默,修习为常。行有余力,若儒之性理,释之禅宗,更能融通一贯,犹为上士"③。这就是说,作为道教徒,不仅要弄通、掌握本宗的经书典籍,还应博学多览,精通儒、佛二学,并使三者融会贯通,才是一个真正的有道之士。

赵宜真(?—1382),号原阳子,江西福安人,其父原为福安县令。从小通经史,因在省试途中患病,遂断仕途之念而入道。主要活动于元明间。起初师事清微派传人曾贵宽,后又师事吉州泰宇观全真道士张天全,得丘长春北派之传。又拜李玄一为师,修白玉蟾真人南宗之学,并精通医药和"正一天心雷法"之术。《净明宗教录》卷七称他还从曾真人受净明忠孝道法,"间有阙文,悉加订证,参考尽详。……时净明之道久湮不行,今复大显于世,实真人振起之力也,由是净明学者尊之为嗣师云"。可见,赵宜真兼全真、清微、净明诸派于一身,尤被清微、净明两派尊为嗣师。他对道门贡献颇大,张宇初在《岘泉集》卷四《赵原阳传》中,称其"凡道门旨奥,皆缀辑成书"④。赵宜真思想的特点在于:糅合内丹与雷法为一体。在内丹方面,其说大略与全真之说一致。他说:"自性法身,本来具足,不假于外,自然之真。其进修之功,则摄情归性,摄性还元。有为之为,出于无为,无证之证,所以实证。"⑤其雷法重内炼为外用符

①④《道藏》,第33册,第284、232页。
②③《道藏》,第32册,第150、151页。
⑤《道藏》,第24册,第80页。

箓灵验之本,强调行持作法要与"天心"相合,不注重仪式上的繁文缛节。他说:"清微祈祷本无祭坛……所谓天地大天地,人身小天地。我之心正,则天地之心亦正;我之气顺,则天地之气亦顺矣。故清微祈祷之妙,造化在吾身中,而不在乎登坛作用之繁琐也。"①

明代初至中叶,正一道士们还编制了一些斋醮仪范方面的书,其中最重要的是朱元璋敕礼部选道士宋宗真、赵允中、傅同虚、邓仲修、周玄真等编撰的《大明玄教立成斋醮仪范》一卷。该书根据传统斋醮仪范,去繁就简,确为定规。其内容以突出忠孝为根本。书成后,朱元璋亲为作序,命颁行全国,立为定制。此外,这一时期的斋仪书,有《诸师圣诞冲举酌献仪》、《洪恩灵济真君自然行道仪》、《洪恩灵济真君愿文》、《伏魔经坛谢恩醮仪》等。还有一部很重要的符箓道法汇编《道法会元》268 卷,是道法著述中卷帙最为浩巨者,内容多为宋、元所流传的清微、神霄等新符箓道法,是研究宋、元符箓道教的重要文献。其中,有许多篇章的序、跋都为赵宜真所撰。

综上所述,明代统治者在建国初期,鉴于元明之际下层群众不断利用民间宗教进行起义和道教在元末发展较滥等情况,吸取历代的统治经验,在对道教崇奉和利用的同时,又制定了较为完善的管理道教的各种规章制度,加强了对道教的管理与约束。道教在明初的发展还是比较正常的,但随着明统治者对道教信仰及方术的迷恋,各种规章制度逐渐被破坏,到嘉靖朝时,几乎成了一种摆设。就道教内部情况而言,由于明统治者重视传统道教发展而成的符箓派正一道,使正一道获得了很高的政治地位,在明中叶时达到其贵盛的顶端,不少道徒被朝廷委以重要官职,出入宫廷,参与朝政,声势显赫,其地位之高、权势之重,为历代所罕见。然而,正一道虽受统治者扶植,贵盛无比,但素质并不很高,在教理教义方面并无建树,埋下了衰颓的种子。此时期的全真道,因不受朝廷的重视而失去在元代的声势,几乎寂然无闻,许多全真道士安于寂

321

---

① 《道藏》,第 28 册,第 715 页。

宽,恪守本分,具有全真道初期的纯朴之风,为后来的发展打下了基础。全真道虽然没有参与明代宫廷政治,但它的影响,特别对于道教教理教义的影响,却是深入而持久的。从总体上看,道教仍向着各派融合的路子走,而且差别日渐缩小,各教派之间已无严格的宗派隔阂,互相间交融的倾向却日趋明显。

第三节　道教的世俗化和民间化

明中叶后,历代皇帝虽然仍旧将道教作为其统治的辅助工具而加以利用,但开始对它加以防范,不断抑制。继明世宗之后的明后期的几位皇帝,对道教的态度已有一些改变。道教本身也逐渐走向世俗化和民间化。

穆宗朱载垕(1567—1572 在位)即位后,在臣僚徐阶的辅助下,鉴于其父崇道过滥的教训,对道教采取了打击、抑制的政策。可以说,穆宗是明代皇帝中抑制道教最为严厉的皇帝。隆庆元年(1567),削夺邵元节、陶仲文爵诰,毁除为他们修建的坊牌、墓碑,以及籍田宅院和宫观亭台名额。同年四月,吏部覆主事郭谏臣奏:"正一真人(按:指第 49 代天师张永绪)荒淫不检,不当复令世袭。……得旨允行。"①隆庆二年(1568),"诏革正一真人名号,夺其印。……止以裔孙张国祥为上清观提点,铸给提点印。上从之"②。这样的情形持续了十年,到神宗时才有所改变。

明神宗朱翊钧(1573—1619 在位)即位后,于万历五年(1577)复张国祥正一大真人封号,秩二品,仍予金印,并御书"宗传"字额赐之,又赐玉刻"宗传"之印及金冠、玉带,敕修朝天宫内赐第,御书"真人府"额。并敕张国祥聘驸马都尉谢公之女为妻。万历二十三年(1595)五月,追赠其父张永绪为"正一嗣教崇谦养素真人",母夏氏为"静恪元君",张国祥封为"正一嗣教凝诚志道阐元宏教大真人",妻谢氏为"静淑元君"。万历二十六年(1598),敕建金山龙王

---

①② 《明实录》,第 49 册,第 215—216、434—435 页。

庙。万历二十七年(1599),敕张国祥于大上清宫安供钦赐《道藏》。万历二十九年(1601),追赠其祖父张彦頨为"正一嗣教秉诚崇范真人",祖母杨氏为"安淑元君"。万历三十五年(1607),敕张国祥编印《续道藏》180卷,名为《万历续道藏》。这是继《正统道藏》之后又一道书汇辑,对道教文化的保存、传播具有深远的历史意义。万历三十七年(1609),诏免上清宫大真人府杂赋差役。万历三十八年(1610),敕修龙虎山上清宫三清等殿及演法观等处被大水冲坏之殿宇,拨银3万两,令张国祥自行修理。但是,明神宗对正一道首领的态度并不是一味优宠,而是宽中有紧,恩威并施。如《明史》称张国祥在复请真人号时,"(马)自强寝其奏。国祥乃重贿冯保固求复,自强力持不可,卒以中旨许之"[1],但不许朝觐。万历七年(1579)八月,"礼部题该内阁传圣谕:朕昨御门,见真人张国祥也随班,他前奏今年该朝觐,朕思他是外方之人,焉用朝参,又无民社之寄,何须入觐? 今只在本府暂住,恭候圣母万寿圣节供事毕,即辞回。以后凡遇寿旦,只在本山建醮祝诞,朝觐免行"[2]。此后对朝觐之事稍有改变,"仍命张国祥三年一觐,言官争之不听。又至京师,辄久留不去。盖中官辈诳上,以祝延圣寿建醮为词,然终不得预朝会"[3]。

明神宗之后的光宗朱常洛(1620在位)、熹宗朱由校(1621—1627在位)、思宗朱由检(1628—1644在位),这几位皇帝当政时,明王朝处于大势已去、国势阽危的景况。然而,他们对于正一道仍有一些推崇的措施。如熹宗天启六年(1626),第51代天师张显祖嗣教,继续进行修理大上清宫,于天启八年(1628)竣工,熹宗诰封其为"正一嗣教光扬祖范冲和清素大真人"。崇祯八年(1635),第52代天师张应京嗣教,于崇祯十三年(1640)入觐,思宗令为太子设坛祈禳。崇祯十六年(1643),应诏于万寿宫中建禳妖护国清醮及罗

---

① 《明史》,第5772页,中华书局,1974。

② 《明实录》,第53册,第1858页。

③ (明)沈德符:《万历野获编》,下册,第696页,中华书局,1959。

天大醮。可见,明后期的统治者对正一道基本上仍采取利用、扶植的态度,尤以明神宗为最,但最终也未能阻止明王朝的覆灭。实际上,明世宗之后,明朝廷对道教也感到力不从心,自嘉靖二十一年(1542)明世宗给予天师度牒 500 名后,就再不见有颁给天师度牒的记载。而且,在赐币修理上清宫诸殿宇时,也没有派朝廷官员督工,而是要张国祥自行负责工程事宜,以致工期长达 18 年之久,这种情况,在明初、中期是绝不可能出现的。明穆宗以前,明朝各位皇帝诏传龙虎山高道入朝极为频繁,并对所召道士给予很高的特殊待遇,然而,自明穆宗起,则鲜见有龙虎山高道应诏入京者。据清代龙虎山娄近垣《重修龙虎山志》卷七《人物》记载,仅有混成院道士何海曙曾于崇祯(1628—1644)间入觐,受到沈相国的尊礼,任混成院提点。受明代帝王尊崇的武当山道教,进入明后期后其情形也是大不如从前。穆宗即位后,曾于隆庆元年(1567),遣尚宝寺少卿徐琨至武当山致祭。神宗万历元年(1573),遣工科给事中吴文佳致祭,并为《太上说玄天大圣真武本传神咒妙经》、《玄天上帝说报父母恩重经》作序,刊板印行送武当山,令道士奉诵。光宗泰昌元年(1620),遣武安侯郑惟孝致祭。熹宗天启七年(1627),因武当山玉虚宫遭灾,令地方官速作修理。自此之后,就不再见明王朝对武当道教有何举措。这一切都表明,明后期诸帝对道教虽持利用之心,但扶植却相当有限,也表明了道教本身也在衰退。究其原因,在于明中叶以后,资本主义萌芽已经在中国社会中产生,整个封建社会处于"天崩地解"的状态。而植根于封建社会的道教,其教理、教义适应于封建制度,具有浓厚的封建性和保守性,而道教的领导者们,面临大变动的形势,不能适应新的历史潮流对道教进行自我革新,故只能是随它所依附的封建社会的衰落而式微,即使明后期统治者仍继续崇道,也无法挽救其自身和道教的衰落。

明中叶以来,正一道在上层的地位日趋衰落,然而,不受明统治者重视的全真道却逐渐崭露头角,日趋活跃,在社会上的影响日益增大。如嘉靖间(1522—1566),陆西星创道教内炼东派。明末,全真龙门派第8代传人伍守阳的丹法在社会上产生影响,形成"伍柳派"。

陆西星(1520—1606),字长庚,号潜虚子,又号方壶外史,江苏扬州兴化人。少业儒,及长,参加乡试九次未中,遂弃儒问道,游历名山访道问学,潜心研究道教内丹学。他自言吕洞宾授其丹法秘奥,撰有《宾翁自记》、《道缘汇录》、《南华真经副墨》、《道德经玄览》,以及《参同契测疏》、《阴符经测疏》、《悟真篇注》、《金丹就正篇》、《玄肤论》、《三藏真诠》等著述十多种,汇为《方壶外史丛编》。他又学佛参禅,撰有《楞严述旨》、《楞严经说约》、《楞伽经句义》。陆西星在究讨道教内丹学的过程中,逐渐形成了自己的内丹修炼体系,主倡阴阳双修,认为:"男女阴阳之道,顺之而生人,逆之而成丹"①,强调"凝神聚气"、"道归自然"。值得注意的是,他在《玄肤论》中对《庄子》"众人之息以喉,真人之息以踵"提出自己的见解,认为:"以踵者,谓深入于穴也。众人之息,非不以踵也,但神有不存,纵其出入焉而不自觉,若以喉耳。真人则神依于息而深入于本穴之中,绵绵若存无少间断,故得专气致柔,抱一无离,虚极静笃而能观其复也。所谓依者,又非逐于息而依之也,有勿忘勿助之义焉。故神依于息则凝,神凝则气亦凝,神依于息则和,神和则气亦合,相须之道也。凝神之法自调息始,调息者,依息之谓也。"②陆西星在论述丹法时有一大特点,就是尽力使其通俗化,用浅显易懂的语言来讲论深奥的丹法,去掉前人论丹道的晦涩难懂的隐语,以及笼罩在丹法秘诀中的神秘色彩,使道教丹法逐渐走向民间。实际上,这也是明中叶以后道教丹法著述的一种趋势,也是道教世俗化、民间化的表现之一。

应当指出的是,陆西星虽被尊为道教内丹东派祖师,但他本人并未入道,因而其师徒宗传系统的记载不详。不过,根据当时的一些情况可以作出这样的推断:陆西星的出现,是全真道在不受明统治者重视的情形下,全真道士隐修民间,并逐渐使内丹修炼法走向

---

①② 《藏外道书》,第5册,第368、365页。

民间的结果。

明末,全真龙门派第8代传人伍守阳,其丹法理论在社会上也产生了较大影响。伍守阳(1565—1644),号冲虚子,世居江西南昌辟邪里。他本为一介儒生,兼通佛学,同时也读到了王重阳的著作。万历二十一年(1593),遇全真道龙门派第7代传人曹还阳,后又遇赵真嵩、王常月(按:王常月为清初振兴龙门派领军者,其行状将在后面的章节中介绍),得龙门派内修秘诀。伍守阳撰有阐扬内丹丹法的著述《天仙正理直论》、《仙佛合宗语录》。伍守阳丹道理论的特色在于将佛教禅学引入内丹修炼理论中,将道教内丹修炼的每一步骤都与佛教的修禅方法相结合,强调仙佛合宗,说:"仙佛同一工夫,同一景象,同一阳神证果。"[①]"道修于有为,以至于无为;佛成于有证,以至于无所证。仙佛皆然也。"[②]"心"、"性"合一是仙道合宗的基础,得出"仙道即佛法者也"[③]的结论。伍守阳的论述,同样具有直截、简明的特色。他的思想为清代道士柳华阳所承袭,影响颇大,后世人称他们的丹派为"伍柳派"。

总之,内丹学在晚明时流传较广,并不局限于道教内部,社会上对此产生兴趣的人也很多。故清初王常月获得清统治者的信赖,开坛授戒,大阐法门,大江南北前来皈依受戒者颇众。这种情况的出现,可以说很大程度上得益于内丹学的走向民间及其通俗化。

明后期,道教典籍的编撰整理,除万历年间张国祥领修的《万历续道藏》外,还有明熹宗时白云观在天启六年(1626)刊印的《道藏》和白云霁撰的《道藏目录详注》4卷,也有不少隐修于民间的内丹道士撰写的多种丹书。

明中叶以后,道教在上层的政治地位日趋衰落的同时,民间通俗形式的道教却很活跃。以各种宗教互相融合为特点的民间秘密宗教,虽然派别繁多,思想渊源也很复杂,但不少派别在思想上乃至组织上同道教有相当多的关系。民间秘密宗教远在宋元时期就

---

①②③《藏外道书》,第5册,第690、691—692、699页。

已出现,而到了明清之际,大大小小的各色民间宗教组织多达百余种,在社会上十分活跃。它们或倡言弥勒降生,或宣扬圣君诞生,掀起了一次又一次的反对统治者的斗争,并撰有一大批带有道教思想内容的被称为"宝卷"的经书,道教神灵亦被纳入它们的神灵系统,道教符箓、斋醮、内丹修炼方法等等,亦成为其宗教教义的重要内容,且更具通俗化、世俗化、大众化的特色。具有代表性的如白莲教、黄天教、八卦教、红阳教、长生教等,都带有浓烈的道教色彩。可以说,民间秘密宗教的活跃深刻地折射出道教在社会上的影响。

　　道教在中国哲学思想领域内的强大影响力,也是此时期道教对社会影响的一个重要方面,明代理学家仍沿着宋元理学家融摄道、释思想的路子走,且尤以融摄道教思想最为突出。明代中叶出现的大理学家王阳明的学说,对后来的社会影响颇大,而他的学说中,道教色彩十分浓厚,其"致良知"说,就融入了不少道教内丹修炼思想。王守仁有很多弟子,这些弟子在阐发其师的学说时,不仅援道入儒,有的则兼习道教工夫。例如王畿,作为王阳明著名弟子之一,其思想中道教就有相当的分量。他论静坐调息时,说:"欲习静坐,以调息为入门,使心有所寄,神气相守,亦权法也。调息与数息不同,数为有意,调为无意。委心虚无,不沉不乱,息调则心定,心定则息愈调,真息往来,呼吸之机自能夺天地之造化,心息相依,是谓息息归根,命之蒂也。"①又说:"调息之术,亦是古人立教权法,从静中收摄精神,心息相依,以渐而入,亦补小学一段工夫,息息归根,谓之丹母。"②可见,王畿所论调息法,与道教内丹家所论如出一辙。当他论"致良知"时,更运用了道教的内丹理论。他说:"人之所以为人,神与气而已矣。神为气之主宰,气为神之流行。神为性,气为命。良知者,神气之奥,性命之灵枢也。良知致,则神气交而性命全,其机不外于一念之微。"③王守仁的另一弟子朱得

327

————————

①②③ (清)黄宗羲著、沈芝盈点校:《明儒学案》,第 256、248、256 页,中华书局,1985。

之,不仅以道教内丹学释理学之修养,还撰有一本讲道教修炼的书,名为《霄练匣》。他说:"人之养生,只是降意火。意火降得不已,渐有余溢,自然上升,只管降,只管自然升,非是一升一降相对也。降便是水,升便是火,《参同契》:'真人潜深渊,浮游守规中',此其指也。"①又释修炼"金丹",说:"金者,至坚至利之象;丹者,赤也,言吾赤子之心也;炼者,喜怒哀乐,发动处是火也。喜怒哀乐之发,是有物牵引,重重轻轻,冷冷热热,锻炼得此心端然在此,不出不入,则赤子之心不失,久久纯熟,此便是丹成也。故曰:'贫贱忧戚,玉汝于成。动心忍性,增益不能。'此便是出世,此是飞升冲举之实。谓其利者,百凡应处,迎之而解,万古不变,万物不离,大人之心,常如婴儿,知识不逐,纯气不散,则所以延年者在是,所以作圣者在是。故曰:'专气致柔如婴儿,清明在躬,志气如神,嗜欲将至,有开必先。'所以知几者在是,所以知天者在是。"②朱得之的这一番见解,实在不像出自一个儒者之口,倒像一个颇在行的道教人士的见解。在明代,类似这样的理学家不在少数,也并不仅局限于王学学派中人。

更为值得注意的是,有的儒者竟将儒学演变为宗教,成为宗教教主,林兆恩就是典型代表。林兆恩(1517—1598),字茂勋,别号龙江,道号子谷子、心隐子,后又号混虚氏、无始氏,福建莆田人。他出身于世代业儒之家,从小习儒业,青年时参加科举考试却三试未中,故弃举子业而"遍叩三门,凡略有道者,辄拜访之"③。在博览三教经书、访道四方的基础上,以儒学为主,会归道、释,著书立说,开导弟子,逐渐形成一个以他为中心的学术团体,人称其为"三教先生"。后来,其思想进一步发展,终于使一个倡"三一说"的学术团体演变成为宗教——"三一教",又称为"三教"或"夏教"。据记载,万历十二年(1584),"黄芳倡建三教祠于马峰"④,祠堂内供奉孔子、

---

①② (清)黄宗羲著、沈芝盈点校:《明儒学案》,第588、588—589页,中华书局,1985。

③④《四库全书存目丛书》,子集,第92册,第714、727页,齐鲁书社,1995。

老子、如来、林兆恩像。孔子被称为儒仲尼氏,圣教宗师;老子被称为道青尼氏,玄教宗师;如来被称为释牟尼氏,禅教宗师;林兆恩被称为夏午尼氏,三一教主。林兆恩创立的这个三一教,其教理教义以儒家思想为主体,以佛、道思想为辅助,在"归儒宗孔"的立教基本宗旨下合三为一。三一教面世后,发展很快,在民间产生了很大影响。林兆恩于万历二十六年(1598)逝世后,其弟子分三支向南、北发展,从其家乡莆田发展到福建、浙江、安徽、江西、直隶、北京等地,甚至到达台湾及东南亚地区,直至近现代,影响犹存。

　　三一教的道教色彩是引人注目的。林兆恩在创教过程中,与道士卓晚春交往非常密切,受其影响不谓不大。卓晚春,自号无山子、上阳子,福建莆田人,善算筹,人称"小仙"。嘉靖二十七年(1548),林、卓结为方外交,"搜秘讨奇,纵饮行歌"[1],直到嘉靖四十年(1561)左右,卓晚春云游天下,二人间的交往才中断。林兆恩曾"摘其遗言,拾其遗诗"[2]辑为集,取名《寱言录》,附于《林子三教正宗统论》之后。林兆恩直接汲取了卓晚春"人身乃一天地"的思想,其《九序》中讲内丹理论的前五序,思想也渊源于卓晚春。故林兆恩之三传弟子董史说卓晚春"有功于师门",并建有无山宫专祀卓晚春。林兆恩对张三丰也非常崇敬,并借张三丰降授的神话来扩大三一教的影响,在现存的许多三一教堂(祠)的正殿中所供奉的三尊偶像,一为位居正中的林兆恩,一为居左的卓晚春,一为居右的张三丰。三一教在后来的传播发展过程中,又不断地编织张三丰、吕洞宾降临的神话,并将道教的符箓、神咒、卜卦、扶乩及斋醮等引入。在建立其神灵系统时,将道教的诸如元始天尊、玉皇天尊、道德天尊、天官、地官、水官、火官、玄虚上帝、赵玄坛,以及钟离权、吕洞宾、张果老、张伯端、白玉蟾、王重阳、丘长春等数十位纳入,作为供奉对象。故《乐山集草》卷一《瑶岛三教祠记》曰:"龙江之学,以儒为表,以道为里,以释为归,故称三教也。"《顾仲恭文集续刻·易外别传序》曰:"其说乃系道教七八分,佛教二三分,而以

---

①②《四库全书存目丛书》,子集,第92册,第715、667页,齐鲁书社,1995。

儒教饰其表面。"

道教对明代佛学的影响也是存在的。在明末四大高僧的著作中都不难见到道教影响的痕迹,特别是德清。德清著有《道德经注》2 卷、《观老庄影响说》1 卷、《庄子内篇注》4 卷,说:"尝言为学有三要,所谓不知《春秋》不能涉世;不精《老》、《庄》,不能忘世;不参禅,不能出世。此三者,经世、出世之学备矣。"①

明代道教对社会的影响是多方面的,并不仅仅局限于儒、释,在文化思想的其他领域,诸如戏曲、小说、诗词、音乐、绘画等方面,都有着广泛而深刻的影响。这里仅以明代文学创作主流的小说、戏曲为例,考察道教的影响。明代以道教为题材的作品是文学创作的重头戏,中国著名的四大古典小说《三国演义》、《水浒传》、《西游记》、《红楼梦》,前三部都出现在明代。其中,《西游记》虽以佛教为主题,但也兼涉道教。《水浒传》中也不乏道教内容。而《封神演义》更是一部卷帙浩大、脍炙人口、盛传民间的道教题材神魔小说。除这三部名著外,还有一大批异彩纷呈的以写鬼怪神仙为主题的作品,以致被后来的文学研究家们称为"神魔小说"而成为小说分目中的一个大类目。如嘉靖、隆庆间人吴元泰著的《东游记》,又名《上洞八仙传》、《八仙出外东游记》,叙述了铁拐李、钟离权、吕洞宾、蓝采和、张果老、何仙姑、韩湘子、曹国舅等八仙得道的故事;隆庆、万历年间人余斗象著的《北游记》,全名《北方真武玄天上帝出身志传》,叙讲真武大帝降妖伏魔、成道升天的故事。邓志谟写有《铁树记》,又名《许仙铁树记》,讲述许逊得道斩蛟擒妖的故事。又著《飞剑记》,一名《吕仙飞剑记》,叙吕洞宾的传奇故事。著《咒枣记》,一名《萨真人咒枣记》,叙道士萨守坚得道除妖的故事。这些小说往往通过说唱艺人之口,深入到下层社会,可说妇孺皆知,影响非常之大。

在戏曲创作方面,更有一大批以道教神仙、历史人物为题材的作品面世。诸如:谷子敬的《吕洞宾三度城南柳》、《邯郸道卢生枕

① 《卐字续藏经》,第 127 册,第 777 页,台湾新文丰出版公司,1994。

中记》，朱有燉的《吕洞宾花月神仙会》、《张天师明断辰钩月》、《紫阳仙三度常椿寿》，贾仲明的《吕洞宾桃柳升仙梦》、《铁拐李度金童玉女》、《丘长春三度碧桃花》，陆进之的《韩湘子引度升仙会》，杨讷的《王祖师三化刘行首》，宁献王朱权的《淮南王白日飞升》、《瑶天笙鹤》、《周武帝辩三教》、《冲漠子独步大罗天》，另还有无名氏所著的《吕洞宾戏白牡丹》、《吕真人九度国一禅师》、《吕翁三化邯郸店》、《吕纯阳点化度黄龙》、《钟离权度脱蓝采和》、《蓝采和锁心猿意马》、《许真人拔宅飞升》、《孙真人南极登仙》、《马丹阳三化刘行首》、《萨真人夜断碧桃花》、《时真人四圣锁白猿》等等，还有表现盛大的群仙相会场景的《八仙过海》、《八仙庆寿》等。

随着这些以道教为题材的戏曲、小说在社会上的流传，道教的教理教义以及其宗教伦理道德思想也逐渐影响于民众，深入民众的日常生活。诸如关帝、玄武、八仙、文昌帝君、妈祖、土地、城隍、三官大帝、雷公、门神、灶君、药王、瘟神、蚕神、王灵官等道教诸神在民间被广泛祀奉，有的还成为行业神，被加以崇奉。蕴含着儒家伦理学说和佛教因果报应思想的道教伦理观，随着《功过格》、《劝善书》的流行，在明代社会各阶层中打下了深深的烙印，影响着人们的心理和行为，现实人生中人们无法靠人力圆满解决的问题，如送死迎生、祛病消灾、延年益寿、功名富贵、祈晴祷雨等等，都被寄之于神灵。道教神祇的神庙星罗棋布于乡间小镇，远达少数民族聚居的边寨山区，从另一个侧面反映出道教对明代社会的影响。

第七章 清代民国道教

第一节 衰落期的道教

　　1644年,爱新觉罗·福临进入北京,即皇帝位,国号大清,纪元顺治,开始了清王朝对全国的统治。虽然清统治者在宗教信仰上信仰萨满教,入关后又接受了佛教,对道教缺乏信仰。然而,要统治全国,对传统的道教就不得不加以利用。这样,他们对道教采取的政策是,在严格防范和抑制的条件下加以利用,且抑制不断加强。

　　清初的顺治皇帝(1644—1661在位)、康熙皇帝(1662—1722在位)、雍正皇帝(1723—1735在位),他们从笼络汉人的角度出发,对道教尚沿明例加以保护,抑制的程度较为宽松。

　　据《补汉天师世家》称:第52代天师张应京"皇清定鼎入贺,世祖章皇帝颁赐敕谕。谕曰:国家续天立极,光昭典礼,清静之教,亦所不废。尔祖张道陵,博通五经,覃精玄教,治民疾病,俾不惑神怪,子孙嗣教,代有崇封。兹特命尔袭职,掌理道箓,统率族属,务使异端方术,不得惑乱愚民。今朝纲整肃,百度惟贞,尔其申饬教规,遵行正道,其附山本教族属,贤愚不同,悉听纠察,此外不得干预。尔尤宜法祖奉道,谨德修行,身立模范,禁约该管员役,俾之一守法纪,毋致生事,庶不负朝廷优加盛典,尔其钦承之! 故谕给一品印,恩礼咸如故"[1]。并"封张真人五十二代孙应京为正一嗣教大

---

[1]《藏外道书》,第20册,第640页。

真人,赐敕印"①。可见,顺治皇帝对正一道首领恩威并施,一方面敕命张应京袭掌道箓,给一品印;一方面对其权力加以限制,强调张应京应"身立模范",使其教徒遵守王法,不能与朝廷作对。顺治十二年(1655),诏第53代天师张洪任入觐,并敕免龙虎山上清宫及本户各种徭役。顺治十三年(1656),敕谕礼部严禁无为、白莲、闻香等民间秘密宗教活动,但对儒、释、道三教应予以保护,曰:"儒、释、道三教并垂,皆使人为善去恶,反邪归正,遵王法而免祸患。"②顺治帝对全真龙门派王常月的阐教活动给予了很大的支持。

康熙帝玄烨对道教一方面加以抑制,明确规定巫师、道士跳神驱鬼逐邪以惑民心者处死,其延请跳神逐邪者亦治罪。这个规定,从当时的实际情况看,主要针对日益活跃的民间秘密宗教结社。但是,这个规定对于道教特别是正一道也有很大限制。康熙二十二年(1683),谕吏部曰:"一切僧道,原不可过于优崇,若一时优崇,日后渐加纵肆,或别致妄为,尔等识之。"③康熙二十六年(1687),又在禁淫辞小说诏谕中说:"至于僧道邪教,素悖礼法,其惑世诬民尤甚。愚人遇方术之士,闻其虚诞之言,辄以为有道,敬之如神,殊堪嗤笑,俱宜严行禁止。"④另一方面,康熙帝对正一道首领又加以利用,例行加以赐封。康熙二十年(1681),授第54代天师张继宗为正一嗣教大真人。康熙三十三年(1694),令其进香五岳。康熙四十二年(1703),又授张继宗为光禄大夫品秩,并追赠第52代天师张应京、第53代天师张洪任为光禄大夫。康熙五十二年(1713),赐帑修葺龙虎山大上清宫。康熙帝对道教有一个总的看法,他说:"道法自然,为天地根,老氏之学,能养其真。流而成弊,刑名放荡,长生久视,语益惝恍。况神仙之杳渺,气历劫而难聚,纵白日兮飞升,与世道乎奚补?慨秦汉之往事,求方药而何愚!用清净而获效,宁化

①②《清实录》,第3册,第357、811页,中华书局,1985年。(下引此书不再注明版本)

③④《清实录》,第5册,第132、385页。

美于皇初,养身寿人。儒者有道,保合太和,何取黄老?"①基于这样的看法,康熙帝自然不会重用道教。而据《清朝野史大观》卷一一载:"御史有以沙汰僧道为请者,朕谓沙汰何难,即尽去之,不过一纸之颁,天下有不奉行者乎? 但今之僧道,实不比昔日之横恣,有赖于儒氏辞而辟之。盖彼教已式微矣,且藉以养流民,分田授井之制,既不可行,将此数千百万无衣无食游手好闲之人,置之何处? 故为诗以见意云:'颓波日下岂能回,二氏于今日可哀。何必辟邪犹泥古,留资画景与诗材。'"②对释、道二教,清人黄钧宰说:"我朝于此二者,不废其教,亦不用其言,听其自生自息(于)天地之间。"③

　　雍正帝是清代最为优待和重视道教的一位皇帝。他从三教一体的角度来看待儒、释、道三教,主张利用三教为统治服务。他说:"域中有三教,曰儒、曰释、曰道。儒教本乎圣人,为生民立命,乃治世之大经大法。而释氏之明心见性,道家之炼气凝神,亦于吾儒存心养气之旨不悖。且其教皆主于劝人为善,戒人为恶,亦有补于治化。道家所用经箓符章,能祈晴祷雨,治病驱邪,其济人利物之功验,人所共知。"④又说:"以佛治心,以道治身,以儒治世。……圣人同其性则广为道德,人能同诚其心,同斋戒其身,同推德于人,则可以福吾亲,可以资吾君之安天下。"⑤又说:"三教初无异旨,无非欲人同归于善。……古人有曰:周孔六经之训,忠孝履其端;李老二篇之旨,道德创其首;瞿昙三藏之文,慈悲为其本。事迹虽异,理数不殊,皆可崇可慕者。又有曰:儒以正设教,道以尊设教,佛以大设教。观其好生恶杀,则同一仁也;视人犹己,则同一公也;惩忿塞欲,禁过防非,则同一操修也。又有曰:以佛治心,以道治身,以儒治世……三教虽各具治心、治身、治世之道,然各有所专,其各有所

---

①《文渊阁四库全书》,第 495 册,第 27 页,台湾商务印书馆,1986。

②《清朝野史大观》,第 5 册,第 127—128 页,上海书店,1981。

③《中国野史集成》,第 49 册,第 536 页,巴蜀书社,1993。

④《藏外道书》,第 19 册,第 427 页。

⑤《道藏辑要》,第 1 册,第 14 页,吉林人民出版社影印,1995。

长,各有不及处,亦显而易见,实缺一不可者。"①鉴于认为儒、释、道皆主"劝人为善,戒人为恶",于统治大有利益,故雍正帝对道、佛二教予以保护。又对重创道、释二教的做法进行斥责,说:"数年来,有请严禁私自剃度者,有请将寺观改为书院者,有县令无故毁庙逐僧者,甚至有请僧尼悉行配合夫妇,可广增人丁者。"②这些做法,都是"悖理妄言,惑乱国是",应严加禁止。又说:"不思鳏寡孤独,为国家之所矜恤,彼既立愿出家,其意亦为国家苍生修福田耳。乃无故强令配合,以拂其性,岂仁君治天下者之所忍为乎!"③当然,雍正帝并不是一味地、无原则地予道、释二教以保护,而是认为应区别对待,"其中违理犯科者,朝廷原有惩创之条;而其清修苦行、精戒明宗者,则为之护持! ……凡有地方责任之文武大臣官员,当诚是朕旨,加意护持出家修行人,以成大公同善之治"④。

对于道教,雍正帝对其的治世作用也是持肯定的态度。他说:张陵所创之教,"以忠孝为道法之宗,自东汉迄今千五百年,法裔相仍,克修绪业,效忠阐教,捍患除灾。盖其精诚所感,实足以通贯幽明,知鬼神之情状。故能常垂宇宙,裨益圣功,福国济人,功验昭著"⑤。这样,于雍正元年(1723),授第55代天师张锡麟为光禄大夫。此后,又十分宠信龙虎山高道娄近垣,封其为龙虎山提点,秩四品,钦安殿住持,并令其常住大光明殿,赐封为"妙正真人",又将其语录收入《御选语录》。还赐银修缮龙虎山大上清宫,以及置买香火田。总之,雍正帝是清代最为崇重道教的一位皇帝。

然而,从乾隆皇帝弘历(1736—1795 在位)始,清皇室对道教的贬抑就愈来愈强。乾隆先是宣布藏传佛教为国教,道教为汉人的宗教。道教首领的地位一再被加以降贬,对道教活动的限制亦不断增强,道教的组织发展渐趋停滞,可以说,道教的处境是日渐困难。据《清朝续文献通考》卷八九载:乾隆四年(1739),"议奏:嗣后

335

---

①②③④《丛书集成初编》,第 0734 册,第 1—2、2、2—3、3 页,中华书局,1985。
⑤《文渊阁四库全书》,第 1300 册,第 130 页,台湾商务印书馆,1986。

真人差委法员往各省开坛传度,一概永行禁止。如有法员潜往各省选道士,受(授)箓传徒者,一经发觉,将法员治罪,该真人一并议处"①。也就是说,正一真人只能在龙虎山一带发展组织,禁止其到另外的省区发展道徒。乾隆五年(1740),"正一真人诣京祝万寿,鸿胪寺卿梅毅成疏言:'道流卑贱,不宜滥厕朝班。'于是停朝觐筵宴例"②。乾隆十二年(1747),"复准:张氏真人名号,非朝官卿尹之称,存其旧名,正所以别其流品,前因无案可稽,两遇覃恩,加至光禄大夫,封及三代,邀荣逾分,理应更正,嗣后不许援引假借题给封典"③。不仅认为前代封典逾分,而且又将其品秩由二品降为五品。载曰:"十二年……至正一真人有统率龙虎山上清宫道众之责,视提点、演法稍优,按太医院使秩正五品,医巫类本相等,应将正一真人亦授为正五品。从前所用银印,缴部换给。"④关于此事,《清史稿》和《补汉天师世家》所记系年为乾隆十七年(1752)。无论系年如何不同,但正一真人之品秩由二品降为五品确凿无疑。同时,还停正一真人朝觐,曰:"至于朝觐,为述职大典,筵宴实惠下隆恩,未便令道流厕身其间,即一概停止,以肃体制。"⑤乾隆三十一年(1766),因故又升正一真人品秩为正三品。谕曰:"正一真人向系承袭一品,前据副都御史梅毅成奏请,量加裁抑,经部议复降为五品……然旧例一品,班序未免太优;遽降五品,又未免过于贬损,着加恩视三品秩,永为例。"⑥之所以又加恩升为三品,据清俞正燮《癸巳存稿》和《补汉天师世家》称,是由于第57代天师张存义祈雨有功的缘故。乾隆三十六年(1771),授予张存义为通议大夫,后来的第58代天师张起隆、第59代天师张钰,皆沿此例授通义大夫。乾隆五十四年(1789),又令正一真人"五年一次至京"⑦。除此而外,乾隆年间,又下令废除多年来由道士担任太常寺乐官的制度,而改由儒士充任。史载:"清初沿明旧例,太常寺乐官用道士承充,乾隆间

①③④⑤⑥《清朝续文献通考》,第 1 册,第 8494 页,商务印书馆,1936。

②《清史稿》,第 12 册,第 3332 页,中华书局,1976。

⑦《丛书集成初编》,第 0364 册,第 380 页,中华书局,1985。

高宗特谕廷臣：'二氏异乐，不宜用之。'朝廷乃别选儒士为乐官，而令道士改业。"①至清嘉庆、道光年间，不仅正一真人的地位是继被贬降，而且对龙虎山道官的选任、管理也作出了相当严格的规定。嘉庆九年（1804），换给三品印。嘉庆二十四年（1819），仍定为五品。道光元年（1821），停正一真人朝觐。又规定："龙虎山上清宫设提点一员，正六品；提举一员，从六品；副理二员，赞教四员，均七品；知事十八员，未入流。缺出由正一真人于本山道众内选补，出具考语，报部补放给劄。每届年终，造各法官及道众年貌籍贯清册，报该抚（按：指江西巡抚）咨部查核。如有私钤执照发给法官，及用空白札付向各省考选道士，并容士民投充挂名等事，该法官及投充之人，从重治罪。仍将正一真人职名咨送吏部议处。"②

　　清代正一道士中，受清代统治者优待者为娄近垣，他也是清代正一道士中唯一能以著述留传后世者。娄近垣（1689—1776），字朗斋，道号三臣，又号上清外史，又称妙正真人，江南松江娄县（今属江苏）人。自幼喜道，先师从杨纯一在枫溪仁济观修道，后又师事龙虎山三华院道士周大经。据娄近垣自己说：周大经"明习五雷正法，诸家符秘，任本宫提点，好行其教于四方，度弟子数百人。江浙间羽士之精于道法者，不问知为大经弟子也"③。张昭麟《敕赐重建大真人府第碑记》谓：娄近垣"至性精虔，博综符箓"④，表明在学道过程中，娄近垣不仅得到明师的指点，还学有所成，成为道法高妙之士。雍正五年（1727），娄近垣循例至京城值季。雍正九年（1731）正月，奉召入宫为雍正帝驱邪治病，大获效验。于是，雍正帝对其大加褒奖，封为龙虎山四品提点，供奉内钦安殿住持。雍正十年（1732）三月，颁赐龙虎山上清宫提点印信，并给予提点、提举等员部劄 25 道。雍正十一年（1733）六月，颁《赐大光明殿上谕》，谕曰："大光明殿现在修整与你作子孙常住。上清宫去选些法官来，

①《清朝野史大观》，第 5 册，第 128 页，上海书店，1981。
②《清朝续文献通考》，第 1 册，第 8494 页，商务印书馆，1936。
③④《藏外道书》，第 19 册，第 491、568 页。

若上清宫人少,在苏州选几个来。……将来,光明殿你就是第一代开山的人了。"①八月,敕封其为"妙正真人"。十月,赐其为大光明殿开山正住持,统领法官 48 名。雍正帝对娄近垣的这种恩宠,实为历代少见。其后,又晋其秩为三品,诰授通议大夫,还荣及其祖、父,又令其兼掌道录司印务事,东岳庙正住持。雍正帝对娄近垣的宠赉,并不仅仅是因其治好了他的疾病,更重要的是娄近垣"能以忠孝为心,利济为事,而不涉于丹药怪迂之说"②。雍正帝说:"法官娄近垣者,秉性忠实,居心诚敬。"③"道法精通,行止端方,居心坦白,能得其祖师真人之正传,而有济人利物之益。迩年以来,朕命祈祷雨旸,礼诵法事,备极诚敬。其忠质之性,甚属可嘉。"④也就是说,雍正帝认为娄近垣对朝廷是一片忠心,行为举止合乎礼法,实在是堪为玄门表率,故对其大加褒扬,"以表清修,以励后学"⑤。其实,娄近垣对人情事故也相当通透,游刃有余地周旋于王公贵族和高官显宦之间。例如雍正帝喜谈禅,自认对"禅"之精髓颇为有得,娄近垣就跟着雍正帝学禅,并得到赞赏。雍正帝说:"朕于闲暇召见之时,将禅宗妙旨闻示提撕,近垣豁然觉悟,竟能直透重关。而于三教一源之理,更能贯彻,实近代元门中所罕见者。"⑥据《啸亭杂录·娄真人》云:娄近垣"虽嗣道教,颇不喜言炼气修真之法,云此皆妖妄之人借以谋生理耳,岂有真仙肯向红尘中度世也?"娄近垣本人是因符箓道术获得帝王优遇,但从不炫言。又如,当恭王向他请问养生术时,"真人曰:'王今锦衣玉食,即真神仙中人。'席上有烧猪,真人因笑曰:'今日食烧猪,即绝好养生术,又奚必外求哉!'"⑦

娄近垣不仅在雍正朝受到清廷的优待,而且在乾隆朝仍然受到优待。乾隆元年(1736)七月,下圣旨曰:"妙正真人娄近垣带管道录司印务,东岳庙住持,余如故。"⑧乾隆五年(1740),赐御制对联及诗书各一幅。乾隆七年(1742)七月,娄近垣奏请修缮上清宫及

①②③④⑤⑥⑧《藏外道书》,第 19 册,第 429、421、427、427、429、429、494 页。
⑦《清朝野史大观》,第 129 页,上海书店,1981。

增修殿阁、香田岁额租谷事,下旨谕:"照议酌量办理。"最能体现娄近垣受乾隆帝重视的事,是当乾隆对正一真人的特权加以抑制,爵位从二品降至五品,规定不许入朝臣班行,取消朝觐、筵宴时,都没有影响到娄近垣,甚至出现了娄近垣的品秩高于正一真人品秩的情形。故张昭麟、张仲翀对娄近垣都有相当高的评价,说:娄近垣"能以修身却病之术裨益圣躬,雩祷斋坛,屡著诚效。世宗宪皇帝特加宠异,赐以真人封号,为元教主持。且因娄氏忠勤,推本所自,敕重修龙虎山上清宫,发帑巨万,遣内大臣董视落成,赐之以碑额以垂永久"①。"推恩于所自,更成盛事于名山……天恩叠赐,大法常流,惟殚护国之诚,宜沐酬庸之美。昭麟自惭菲薄,何能际兹旷典,欣睹帝代之殊恩,共俨天威于咫尺,庶几夙夜匪懈,对越弥殷。谨书岁月以志盛遇焉。"②

娄近垣著有《龙虎山志》18 卷、《南华经注》1 卷,删定《黄箓科仪》12 卷,校订《先天奏告玄科》1 卷。而他的修道思想则是集中体现在其《语录》中,其《语录》被收入雍正皇帝择古今禅语汇辑而成的《御选语录》中的《当今法会章》,在娄近垣自撰的《龙虎山志》中亦被收录。娄近垣作为一名正一道士,理所当然是对正一道的符箓斋醮等十分熟谙,但他与这个时期的绝大多数正一道道士相同,也进行内丹修炼,而且主要通过对丹道的阐发来体现其修道思想。简略说来,他主张道、儒、释三教合一,特别融合禅学,主张性命双修,从无心、无住、无为为要点的性功入手,继而炼化精气以达到"内其神而神固,外其身而身存,然后易彼幻形,成其真体,出此真体,转彼幻形"③。真正的得道就在于:"非参无悟,非悟无修,非修无证,含万法于一空,纳一空于万法。不空即空,空即不空,是之谓妙有真空,真空妙有。即真空而显妙有,即妙有以证真空,于参而实无所参,于悟而实无所悟,于修而实无所修,于证而实无所证,是谓之真参、真悟、真修、真证。所谓冲然漠然,而住于无所住者,

---

①②③《藏外道书》,第 19 册,第 420、569、554 页。

此也。"①

总的来看,清代正一道虽说没有获得清廷的宠遇和重用,政治地位很低,但不能绝对地认为其与清统治者的关系泾渭分明,毫无联系。这一时期,正一道在民间的影响较大,据民国时期白云观《诸真宗派总簿》的记载看,正一、茅山、清微、灵宝、净明等传统符箓道派,传承仍不绝如缕。据一些地方志书记载,自乾隆年间废除了僧、道度牒制度以来,一些原来并无道教影响或影响甚微的地方,如东北、新疆、内蒙、台湾等地,都建立了道教神庙并有了道士。

全真道在经过长期沉寂之后,以丘处机门下的龙门派为主体,呈复苏之势,且出现了一大批高道。龙门派为全真道北宗嫡传,以丘处机为祖师,在元、明间形成以戒律密传的"龙门律宗"。据《钵鉴》载:其第1代律师为赵道坚,第2代律师为张德纯,第3代律师为陈通微。陈通微大约在明洪武丁卯(1387)间传法于西安人周玄朴,故周玄朴为第4代传人。据《金盖心灯》卷一云:"是时元门零落,有志之士,皆全身避咎,师(按:指周玄朴)隐青城,不履城市五十余年。……弟子数人,皆不以阐教为事,律门几至湮没。"②从此记载可以看出,龙门律宗在明代湮没无闻,道士也是隐栖山林从事个人修炼,与整个明代全真道总体情形是一致的。周玄朴又传法于张静定、沈静圆,二人同被视为龙门律宗第5代律师。张静定于嘉靖七年(1528)传戒法于山东琅玡人赵真嵩,沈静圆传戒法于嘉兴石门人卫真定,赵真嵩、卫真定二人被视为第6代传人。赵真嵩所传弟子王常月,是为第7代律师,且是在清代振兴全真道龙门派的主帅。

王常月(?—1680),原名平,法名常月,号昆阳,山西潞安府长治县(今属山西)人。关于他的生年,记载不一,但有一点是确定的,即他经历了明季之乱。据载,他年甫弱冠,即遍历名山大川,求师学道,曾两遇龙门六祖赵真嵩,受"天仙大戒",隐居华山多年。

———————

① 《藏外道书》,第19册,第554页。
② 《藏外道书》,第31册,第178页。

明末,游历北京,时值李自成破京城,白云观道士纷纷逃逸,他应守观的一俞姓居士之邀,居于观内,任方丈。

王常月以振兴教门、光复全真祖风为己任,开始了振兴全真道的阐教活动,并取得了顺治帝的信任,赐为"国师"。顺治十三年(1656)、十五年(1658)、十六年(1659),三次"奉旨主讲白云观,赐紫衣凡三次,登坛说戒,度弟子千余人"①。一时间南北道士纷纷前来求戒,对全真道的振兴意义非同寻常。不仅发展了大批教徒,使全真道实力大增,其中有许多人都成为"振兴龙门"的得力干将。更为重要的是使世人得知全真道已获得清统治者的认可和支持,故王常月说:"我道门中,自七真阐教之后,教相衰微,戒律威仪,四百年不显于世。缘因教门之中,未曾有人出来担当其任。……今幸道运当行,遭逢盛世,上有皇上福庇,天下太平;朝多官宰善信,教中护法;又有檀越布施,衣巾冠钵,制就现成,这便是千生难遇、历世希逢!"②康熙即位后,王常月仍获得支持。康熙二年(1663),王常月率弟子詹守椿、邵守善等弟子南下传教。先后于南京、杭州、湖州、武当山等地开坛说戒,系统阐释全真道龙门派的思想特点,皈依者甚众。这样,不仅为龙门派在江浙一带的迅猛发展播下了种子,而且使武当山的道士大都皈依其门下。总之,王常月使久衰的全真道龙门派逐渐复兴,被后世道教徒视为龙门中兴之祖,誉为"我朝高士第一流人物"。王常月于康熙十九年(1680)逝世,康熙帝追赠为"抱一高士",并命于其墓上建响堂、塑像,每年忌日还遣官致祭。王常月著有《初真戒律》1卷、《钵鉴》5卷,以及弟子们根据他在南京碧苑说戒整理而成的《碧苑坛经》(又称《龙门心法》)。

王常月的宗教思想,涉及内容相当丰富,其主要为:入道学仙,须按皈依三宝、忏悔罪业、断除障碍、舍绝爱缘、戒行精严、忍辱降心、清静身心、求师问道、定慧等持等"二十要"依次修行,并须严持初真、中极、天仙三级道戒,以戒、定、慧为渐进之基。实际上,王

---

① 《藏外道书》,第20册,第592页。
② 《藏外道书》,第10册,第168页。

常月将内丹修炼理论贯穿于戒律说中,强调明心见性,认为"命在性中"。而明心见性须从持戒降心、日用常行中去朴实用功,性见则命在,亦是得道。"戒行精严"是王常月修道思想的主体,也是他振兴全真道龙门派的主要措施。他认为戒"是降魔之杵,能镇压妖邪;是护命之符,能增延福寿;是升天之梯,能礼三清而超凡入圣;是引路之灯,能消除六欲而破暗除昏;是仙舟宝筏,能渡众生离苦海;是慈杠津梁,能济众生出爱河。诚修行人之保障,为进道者之提纲。仙圣无门,皆从戒入;圣贤有路,皆自戒行。实系仙真之要路通衢,贤哲之中门正道。"① 又说:"持戒在心,如持物在手,手中之物,一放即失,心中之戒,一放即破。世间王法律例,犯则招刑;天上道法、女青之律,犯则受报。莫道阴司冥而不见,生生死死,只在你心;莫说戒神幽而不显,出出入入,只在尔念。"② 可见,他非常强调"心"的作用,并将道教戒律与世俗王法相提并论。总而言之,如果真正能够做到"持戒在心",就"可以入圣成真,可以登仙了道、在俗化导、国治民安、时和岁稔、忠孝节义、廉洁贞清"③。由此可见,"戒"在王常月的心目中占有何等重要的地位。

总之,王常月提倡的"戒行精严",不仅有道教本身的思想,也融合了儒、释的思想。这一特点,既适合当时阐教的需要和当时的社会环境,又对于教团组织具有极强的维系和巩固作用。其所制订的具体详细的戒条和通俗的解说,对于提高一般道徒和信众的水平及获取世俗社会的接受,也具有相当的积极作用。而且,用佛教的天堂地狱轮回思想及中国传统的善恶报应思想,再结合道教的承负说,也易于在一般民众中得到响应。王常月亦注意从宗教哲理上吸取佛教哲理,比如说,他讲的"不著相"、"色身"、"法身",以及否定肉体的永恒,强调"心"、"性"修炼的理论,都与佛教理论有很深的关系;再如,他所论及的世法与出世法的关系,就受佛教"无住处涅槃"思想的启发。他在三教关系上,更直言不讳地

①②③《藏外道书》,第 10 册,第 168、169、161 页。

说:"这三教圣人,大藏经典,万法千门,诸天妙用,三万六千种道,八万四千法门,恒河沙数菩萨,无鞅数众金仙,皆不能出清静定慧无为妙法。"①故后人说:"昆阳先生,慈悲普度者也。遇儒言儒,遇释言释,遇道言道。"②

在王常月受清廷礼遇之际,雍正帝还敕封全真道南宗祖师张伯端为"大慈圆通禅仙紫阳真人",并选其《禅宗诗偈》入于《御选语录》,敕命在张伯端家乡建立崇道观加以崇祀。乾隆三十年(1765),乾隆帝敕命拨内帑葺修全真道祖庭北京白云观,并行幸瞻礼。乾隆五十三年(1788),乾隆帝再次临幸白云观,赐御笔诗、碑记,及御书楹联:"万古长生,不用餐霞求秘诀;一言止杀,始知济世有奇功。"以此称赞丘处机。道光九年(1829),道光帝加封全真道五祖之一的吕洞宾。据《白云观志》,清光绪(1875—1908)间,白云观第20代住持高仁峒(一作峒元),颇得慈禧太后宠信。然据《清朝野史大观·白云观道士之淫恶》条称:高仁峒"交通宫禁,卖官鬻爵"③,势倾京师。小横香室主人编《清朝野史大观·清代述异》载:"总管太监(刘素云)与道士高峒元,盟兄弟也。峒元以神仙之术惑慈禧,时入宫数日不出,其观产之富甲天下。慈禧又封峒元为总道教司,与龙虎山正乙真人并行,其实正乙真人远不如其势力也。"④综合一些史料看,高仁峒虽得慈禧一时之宠,但并未为全真道兴办事业,自己亦无任何著述,其主要活动是攀结权贵,"悦内官贵绅"。

总的来说,全真道在清初王常月的振兴下,仍未能得到清廷的特别重用、扶植,其发展还是走向民间,在民间的发展比较兴盛。尤其是王常月和其同辈沈常敬二人的弟子,在江浙一带颇有影响,形成了不少龙门支派。此外,东北、西北、西南等边远地区都有龙门宗嗣。据《诸真宗派总簿》载,全真道除龙门派外,其他支派皆传续不绝,但社会影响不是太大。事实上,全真道龙门派从清以后,

---

① 《藏外道书》,第10册,第176页。
② 《藏外道书》,第5册,第574页。
③④ 《清朝野史大观》,第131页,上海书店,1981。

便成为全真道的主体。

清代全真道士,经过明代的隐栖苦修,再加之明亡后遁入其门的世家豪门富户出身的儒士颇多,他们的文化修养都较高,因而,在阐发内丹学方面成绩斐然,对道门内外都产生了较大影响。万历年间江苏扬州的陆西星、清道光年间四川乐山的李西月,皆非正式全真道道徒,他们也著书立说,在道教内丹修炼方面各自形成一个流派,世称前者为"东派",后者为"西派"。

全真派道士著述颇丰,择其要者有:王常月《初真戒律》、《钵鉴》、《碧苑坛经》,闵一得《金盖心灯》及收以内丹为主的 28 种道书的《古书隐楼藏书》,范青云《钵鉴续》,刘一明《道书十二种》,谢凝素《金仙证论》、《慧命篇》、《金丹火候》,张太玄《金丹直指》、《阴符经注解》,陈铭珪《长春道教源流》等等。这些著述,主要是对内丹学的阐述,但也有记述明清间道教史实、全真道历史、东南全真龙门派历史、清初龙门派史实等的著述。除此而外,民间也有不少关于内丹学的著作面世,如李西月《三车秘旨》、《三丰全书》、《海山奇遇》,傅金铨《道书十七种》,王士瑞评点、养真子撰《养真集》,托名元代尹真人高弟撰《性命圭旨》,托名元代黄元吉《乐育堂语录》,以及托乩神降的《太乙金华宗旨》、《唱道真言》等等。这从另一个侧面反映出全真道在民间的影响及发展。从这些著作来看,清代全真道内丹学仍大体上秉承宋、元以来南北二宗之学,在哲理上进一步融会儒释、和会理学,在修炼法则和阐述上进而具体化、通俗化,进一步表现出其世俗化的特征。

在宗教行持上,以龙门派为主体的清代全真道,其道徒多兼行斋醮祈禳,以香火收入为谋生手段,与正一道道士没有多大区别,显示出两大道派之间不断融合的趋向。全真道虽经一批高道的努力,曾一度有复兴之象,以至在清末时仍有相当势力,其宫观庵院遍布全国各地,田产收入也相当多,仅北京白云观在清末至民国初年便有土地 5800 余亩。然而,其教团素质却日渐下降,道士中道行可称者不多,且个别上层道士(如前所说的高仁峒)的所作所为却令人失望。

　　总之,道教无论是正一道还是全真道,都不得不随着其依附的封建社会的衰落而衰颓。整个道教从明中叶以来,随着其领导集团地位日趋衰落的同时,其活动方式转向了民间,以各种宗教思想相互融合为特点的民间秘密宗教,虽然派别繁多,思想渊源复杂,但大都与道教在思想上乃至组织上仍有一定关系,从某种意义上可称为变相的道教,诸如清初的八卦教、清末的义和拳等,皆属此类。这类变相道教和民间秘密宗教的活动,有的一直延续到 20 世纪初。

第二节　陈撄宁与"仙学"

　　1911 年的辛亥革命推翻了清王朝的皇权统治,民国政府在宗教政策上实行信教自由,道教得以合法存在。民国元年(1912),江西都督府取消了龙虎山正一道首领正一真人封号。袁世凯复辟时,虽曾封第 62 代天师张晓初为"正一嗣教大真人",重颁"正一真人"之印章,但随着袁世凯皇帝梦的破灭,正一道首领的封建特权也仅是昙花一现而已。从此,龙虎山正一道天师再也没有任何封建特权,天师称号也不过是循惯例称呼张陵后嗣,其传承也是在教内按传统进行,正一道仅作为一个道派而传承不绝,对其他道派而言没有管辖的权力。而且,民国政府对道教没有财政上的支持。但是,这并不是说道教与统治阶级之间无任何关系。

　　比如说,正一道首领与袁世凯的关系。全真道在北京也曾先后举行过五六次全国性的放戒活动,署名赞助放戒的就有大总统黎元洪、伪满洲国政府国务院总理张景惠,以及某些省长、将军、督办、知事、商会会长、学校校长等。在放戒活动中,声称"道教今后应与社会发展相结合"。1936 年 12 月,西安事变后,蒋介石被迫同意停止内战,联共抗日,各地道教也举行所谓"祝愿蒋委员长平安返京"的祈愿道场。日本帝国主义侵华战争期间,以田子久为首的一些北京道士组织伪华北道教会,为日本帝国主义建立"大东亚共荣圈"效力。上海个别道观也进行过"追悼中日阵亡将士"和"追悼

345

汪精卫"等活动。辽宁沈阳太清宫某些道士还举行过投降卖国的
"圣战必胜祈愿"道场。这些行为，都为广大中国道教徒所不齿，也
遭到日本仁人学士的鄙弃。

但是，绝大多数受剥削和压迫的道教徒是爱国的，他们在反对
帝国主义的侵略中做出了种种爱国义举。例如20世纪20年代，沈
阳太清宫住持葛月潭道长就将宫内收入结余全部拿出来周济奉天
老百姓，办学校，开粥厂。在冀、鲁大旱时，葛月潭又夜以继日作画
千余幅义卖，并将义卖所得全部用来赈济两省灾民。30年代初，红
三方面军在贺龙军长的率领下进入武当山，武当山道总徐本善便
以紫霄宫父母殿和西道院作为贺龙的司令部和后方医院，帮助红
军送情报、截军火和救护伤员。当红军转移北上后，武当山道教宫
观遭到空前劫难，道总徐本善被暗杀，精于医道的王教化道长被严
刑拷打。在抗日战争期间，江苏茅山成为新四军在江南的抗日根
据地，乾元观一度成为陈毅将军所领导的新四军一支队司令部所
在地。茅山道众有的参加了新四军，直接投身于民族解放事业；有
的为新四军做向导，传递情报，护理伤员，备粮筹款等等。后来，茅
山乾元观、元符宫等道院在日寇的清乡"扫荡"中，被焚烧殆尽，几
十名道士惨遭日寇杀害。南岳衡山的道众也曾在叶剑英的引领
下，加入"南岳佛道救难会"，投入到抗日救国的洪流中。西岳华山
的道众和广东罗浮山的道士们，也都在解放战争期间支持和帮助
人民解放军。这样的事例，是不胜枚举的。

民国初年，道教为了适应社会的变化，也曾仿效西方教会组
织，企图建立全国性的道教教会组织体系，以维护自身的利益。如
民国元年(1912)，在北京和上海先后成立了两个全国性的道教会，
即北京的"中央道教总会"、上海的"中华民国道教总会"。前者的
发起人和领导人是清一色的各地全真道宫观住持，因此，它只能说
是全真道的全国性组织；后者以江西龙虎山天师府为本部，以上海
为总机关部(虽然参加其成立大会者有数千人，并有外国传教士李
佳白等人的捧场)的龙虎山企求重建其权威的正一道的一个全国
性组织。这两大道派组织，都各自制订了一套复兴道教的计划，但

由于缺乏经济实力和权威领导,因而都未能形成从上至下的组织系统,也未能开展有影响的活动。况且,道教历来以师承宗派为体系,相互间无统属关系,而且同一宗派在其发展过程中还不断地分衍出一些新的小宗派。相互间的联系,基本上以宗派师承关系来开展,即使在正一道统领全国道教事务时,也未能打破这一传统。这样,在正一道丧失其权力,道教日渐衰微,各派政治势力林林总总的复杂的社会环境中,道教诸派更是各自为政。1924 年,上海浦东钦赐仰殿成立了"上海特别市浦东道教同人联谊会"。1944 年,以上海白云观为核心,成立了以正一、全真二派合作的全国性道教社团。抗日战争胜利后,于 1947 年在上海重新成立了由正一、全真两大派联合组织的"上海市道教会",正一派方面的代表人物是第 36 代天师张恩溥,全真派方面的代表人物是李理山。稍后,张、李二人又商谈筹建全国性的"中国道教会",但由于二人意见不合,结果只能不了了之。此外,全国其他地区也纷纷成立了形形色色的道教组织,例如沈阳太清宫的"中国道教会关东总分会"、西安八仙宫的"陕西道教会",以及"湖南道教会"、"湖北道教会"、"华北道教会"、"杭州道教会"等等。可以看出,当时上海道教界最为活跃,但各种组织活动的范围仍是区域性的,抑或是宗派性的。因而,从根本上讲,此一时期的整个道教界仍是一盘散沙,许多道教组织昙花一现,很快就杳无声息。然而,随着时代的变迁,全真和正一两大派联合建立全国性的道教组织,已是道教界的共同愿望和历史发展的必然趋势。

时代的变迁和政治风云的变幻,给当时的思想文化界提出了新的思考、新的课题。就道教而言,面对新的历史条件,它本身在教理教义的建设上是被动的,不能够对新的时代思潮作出敏锐反应,这表现在教内没有培养人才的专门机构,也无代表性的报刊杂志,缺乏有号召力的领军人物。一般认为近代中国最有影响的道教期刊,是道教居士翼化堂主张竹铭出资主办的《扬善半月刊》和《仙道月报》,而陈撄宁作为这两个刊物的主要撰稿人,可说是当时最有影响的道教思想家。

陈撄宁(1880—1969),原名志详、元善,字子修,道号"圆顿子",安徽怀宁人。自幼熟习儒典,长而考中秀才,但无意仕进。因体弱多病,从其叔祖学医,先后游历九华、宁波天童、常州等地,访求佛门高僧,索求佛家修养之法。又广游穹隆、茅山、武当、崂山、涂山、金盖等道教名山,获得一些隐修高道的指点,遂进一步通阅《道藏》,探究道教丹学内蕴,全面了解道教的教理教义。20 世纪 30 年代在上海任仙学院教授,为《扬善半月刊》和《仙道月报》主编。全国解放后,1956 年,与全国道教界人士共同发起筹备全国道教组织。1957 年后,历任中国道教协会副会长、会长等职。1961 年,指导中国道教协会研究室编写《中国道教史提纲》、《道教起源》、《教理概论》等著述。他自己的著述有:《〈史记·老子传〉问题考证》、《〈老子〉第五十章研究》、《〈南华〉内外篇分章标旨》、《解〈道生旨〉》、《论〈四库提要〉不识道家学术之全体》、《仙与三教之异同》、《论〈白虎首经〉》、《辨〈楞严经〉十种仙》、《口诀钩玄录》、《论性命》、《最上一乘性命双修廿四首丹诀串述》、《外丹黄白术各家序跋》、《〈黄庭经〉讲义》、《孙不二女功内丹次第诗注》、《〈灵源大道歌〉白话注解》、《静功总说》等等。总之,陈撄宁是我国近世最著名的道教学者。

陈撄宁认为:"道家学术,包罗万象,贯彻九流,本不限于'清静无为'消极之偏见;亦不限于'炼养'、'服食'、'符箓'、'经典'、'科教'狭隘之范围。"[①]"道家学术,即是治国平天下之学术,含义甚广,不可执一端而概其全体。"[②]在对道教理论有了较为深刻认识的基础上,他认为道教的仙学理论乃是其精粹,源远流长,是中国传统文化中非常宝贵的东西,并亲加实践。也就是在上世纪 30 年代,他提出了独树一帜的"仙学"理论,主张在道教传统炼丹术"内丹"学的基础上,对旧的丹道观念进行革新,称其"仙学"不同于儒、释,与道家和道教虽有联系,但又有所区别,倡导"仙学"独立。他说:"吾国仙道,始于黄帝,乃是一种独立的专门学术。"[③]不仅与儒教无甚关系,与老、庄之道也有不同,它虽然采取了老、庄的部分修养方

法,但并非全盘接受老、庄的教义。"仙学"虽然是道教理论中非常重要的内容之一,但二者也有明显的不同,仙学不是宗教,而是与科学非常接近而且能够补救人生之缺憾。他从以下几个重要方面来阐述其"仙学"的独立性。

第一,"仙学"与儒、释、道的关系。他说:"试观历史所记载,孔子生于衰周,而周朝以前之神仙,斑斑可考,是仙学对于儒教毫无关系。佛法自汉明帝时方从印度流入中国,而汉朝以前之神仙,亦大有人在,是仙学对于释教毫无关系。道教正一派,始于汉之张道陵;道教全真派,始于元之丘长春;张、丘以前之神仙,载籍有名者,屈指难数,是仙学对于道教尚属前辈,不能因为儒释道三教中人偶有从事于仙学者,遂谓仙学是三教之附属品。"①他在《〈孙不二女功内丹次第诗注〉凡例》一文中,通过对儒、释、道三教的历史考察,说儒、释、道三教自汉以来到清代,相互间彼此诽议,而三者间究竟谁优谁劣,迄今亦无定论。而自君主政体改革以后,儒教同归于尽;道教亦日渐衰微,不成其教;佛教可谓硕果仅存,其信徒虽然不少,可真实用功者鲜有。他说:"儒教虽近乎常情,而其流弊则不免顽固而迂腐;释教虽似乎高妙,但其弱点在不认识现实之人生。"②"道教倡唯生学说,首贵肉体健康。可使现实人生,相当安慰。"③但是,道教也不是没有缺憾。总之,"仅学老庄之清静无为,乐天安命,无济也。再学孔孟之诚意、正心、修身、养气,亦无济也。更进而学释氏之参禅、打坐、念佛作观,仍无济也。因为这些功夫都偏重于心性方面,对于肉体上不起变化。且容易令人固执贵心性而贱肉体之谬见",结果"肉体老病而死,心性亦无作为"④,对于现实人生并无益处。他一再表明自己对于"儒释道三教,不欲议其得失,免启无谓之争。今只将仙术从三教圈套中单提出来,扶助其自由独立,使世人得知儒教、释教、道教而外,尚有仙教;理学、佛学、玄学而外,尚有仙学"。这就是说,陈撄宁弘扬的是道教中的仙术,认为:"笕百家之总论,济儒术之穷途。揽国学之结晶,正新潮之思想。

---

①②③④ 陈撄宁:《道教与养生》,第 457、480、3、478 页,华文出版社,2000。

舍吾道教,其谁堪负此使命哉?"①其目的是"阐扬仙道之真诠,恢复仙道之名誉"。对于儒、释,陈撄宁并不持全然摒弃态度,而是对"儒释二教经典及诸子百家,遇有可采者,亦随时罗致,以为我用,不必显分门户"②。但陈撄宁所倡导的"仙学",又与当时的张化声、竺潜道人、常遵先、纯一子等人倡导的"道学"不同,在《再复北平杨少臣君》信中,指出纯一子主双修接命之说,竺潜道人借佛典中名词与佛理来诠解道学,张化声则将道教摄入佛教大乘,他自己的主张与这些人的主张是相异的。他说自己主张的是"注重实验,谢绝空谈,只讲物质变化,不讲心性玄言","希望肉体证得之神通,消灭科学战争之利器"。且又与传统的"三教一贯"主张亦大相径庭。总之,他的主张正如其在《复武昌佛学院张化声先生函》中所说:"道体本一,而其用万殊,从流溯源,则万殊复归于一。无所谓心物之差别,释老之异同。若因时制宜,随机应变,非但道家与佛家二者之间有所取舍,即在道家范围以内,法门甚多,亦岂能漫无别择?"应"由博返约,先知后行"。尤其反对将仙学与儒、释、道三家义理混为一谈,认为这样做危害尤大,必定使"神仙真面目遂失"③,使"后世学仙者,遂坠入五里雾中,弄得脑筋昏胀,思想糊涂,理解且不可通,况实行乎?"总而言之,如果不"将仙学从儒、释、道三教束缚中提拔出来,使其独立自成一教,则不足以绵延黄帝以来相传之坠绪"④。

　　第二,仙学与宗教的关系。陈撄宁声明自己不是宗教家,自己的著作也毫无宗教气味,所提倡的仙学,与宗教亦相去甚远,仙学不是宗教。为了免除异教纷争,陷入宗教的漩涡,为仙学的今日和将来发展计,故"只求仙学能自由独立"⑤。如果不将仙学与宗教迷信严格区分,那么"宗教迷信有一日被科学打倒之后,而仙学亦随之而倒,被人一律嗤为迷信"⑥。这非常不利于民族传统文化的继承、弘扬、光大,他强调"勿以宗教之眼光"对"仙学"强为评判,而应

---

①②③④⑤⑥　陈撄宁:《道教与养生》,第3、182、481、458、458、458页,华文出版社,2000。

"把仙术独立于宗教之外",使其与"科学相接近"。

他认为,仙学本身的特质决定了它与宗教的不同。仙学简而要,以生理变化心理,以色身冥通法界。仙学应用真一之气,是唯生的,"内化身心,外融物质"。因此,它既不同于宗教家的空谈,又异于功利者的逐末。况且,仙学还有不同于其他宗教的重要特质,即:"世间各种宗教,其中威仪制度,理论工修,殊少男女平等之机会,独有神仙家不然。常谓女子修炼,其成就比男子更快……至其成功以后之地位,则视本人努力与否为断,并无男女高下之差,此乃神仙家特具之卓识,与别教大不同者。可知神仙一派,极端自由,已超出宗教范围,纯为学术方面之事。"①

再者,从与仙学有密切关系的道教来看,陈撄宁认为:"道教基于民族"②,"为中华民族精神之所寄托"③。信仰道教,可以保身;弘扬道教,能够救国。这是因为道教是教人以积极的态度图存,不是教人以消极的态度苟且偷生,具有教人发奋图强,拯救国家、民族于内患外扰的祸患之作用,具有积极的振奋人心的作用。无论何种宗教,都有厌弃世间,妄希身后福报,遂令国家事业尽堕悲观的内容。但是,道教则"倡唯生学说,首贵肉体健康,可使现实人生,相当安慰"④。其他宗教侈讲大同,其结果后患无穷,会有亡国灭族之祸,而道教则不然。这些是陈撄宁针对当时中华民族在世界形势中所处地位而得出的看法,在这里,他虽然用了道教一词,但其着眼点乃在于道教"仙术",也就是他所提倡的"仙学",从某种意义上讲,我们不妨将他所说的"道教"看做"仙学"的同义语。从历史发展的眼光看,陈撄宁认为无论何种宗教,随着时代的推进、科学的发展,人们对事物的认识更加深入,故"在以后的世界上,若不改头换面,他本身就立不住。无论道教、佛教、耶教、天主教,以及其他的鬼神乩坛教,一概都要被科学打倒。岂但宗教如此,连空谈的哲学也无存在之价值"⑤。现实情形是,全世界所有的宗教都已成强弩之末,若不用新的面目出现,适应环境,必终归于消亡。

①②③④⑤ 陈撄宁:《道教与养生》,第182、3、10、3、405页,华文出版社,2000。

故必须将仙学与宗教、道教严格区分开,使其独立。他一再重申自己不是宗教家,不像基督教的牧师,劝人信仰耶稣;不像佛教的法师,劝人往生净土;不像道教徒,以传道为职业。他弘扬的不是宗教,而是"仙学"——中华民族传统文化的精髓、中华无上国宝。他说:"我等今日所研究者,乃中华民族自古相传之仙术,不是宗教,不是道德,更不是专讲心性的工夫。"①"神仙家的思想理论与方术,综合而观,可以称为超人哲学。虽其中法门,种种不同,程度有深浅之殊,成功有迟速之异。然其本旨,总在乎改变现实之人生,不在乎创立迷信之宗教。"②他自己著书立说,弘扬仙学的真实动机,"乃为研究学理,预备将来同志诸人,实地试验,解决人生一切问题",因而"与彼阐扬宗教者,用意固有别也。故对于道教之元始天尊、太上老君、玉皇大帝,毫无关系可言"。③

第三,仙学与科学的关系。陈撄宁先生所处时代,西方的物质文明和科学技术已在我国得以传播,他在强调"仙学"独立时,亦借重科学观点来看待仙学。认为神仙之术,因其"首贵长生。惟讲现实",而"极与科学相接近。有科学思想、科学知识之人,学仙最易入门"。④而且,"神仙要有凭有据,万目共睹,并且还要能经过科学家的试验,成功就说成功,不成功就说不成功,其中界限,假如铜墙铁壁,没有丝毫躲闪的余地"⑤。这就是说,仙学重实证、践履,是谓与科学有相通之处。然而,又不可将仙学与物质科学等量齐观,它有着独具的特性,"可以补救人生之缺憾"⑥。含蓄着精神与物质混合而一的底蕴,故"其能力高出世间一切科学之上。凡普通科学所不能解决之问题,仙学皆足以解决之"⑦。仅靠物质科学是远远不够的,他说:"欧美偏重物质科学,中毒已深,无可救药。杀人利器,层出不穷,飞机炸弹,可以使都市顷刻成为垆墟,毒气死光,可以令全球人类立变灰烬。彼等自作自受,犹有可说;独怜吾华夏良善之民族,与此等国家同居一世界内,受害岂能幸免?中日冲突,已小

---

①②③④⑤⑥⑦ 陈撄宁:《道教与养生》,第 353、353、181—182、328、403、480—481、481 页,华文出版社,2000。

试其端;百倍残忍,将继续而至。佛教慈悲,徒唤奈何!"①在这种情形之下,"若借助于物质科学,杀以止杀,更滋荒谬"②,根本不能达到和平之境地。"现在希望只有从道家入手,合精神与物质,同归一炉而冶之,将来或可以达到自救救他之目的。"③故"仙学在各种宗教、哲学、科学以外,独树一帜"④。

第四,中华民族所面临的形势。陈撄宁先生认为,当时中华民族所面临的国内外形势是,国力羸弱,各种反动政治势力搅合在一块,争权夺位,闹得不可开交,根本不为国家、民族的前途、利益着想,而帝国主义列强虎视眈眈,大有一口吞掉中华民族之势。他说:"世变已亟,来日大难。强敌狼吞,群夷鸱顾。"⑤面对帝国主义的武力侵略和文化宗教侵略,他分析说:"武力侵略,不过裂人土地,毁人肉体,其害浅;文化宗教侵略,直可以夺人思想,劫人灵魂,其害深。武力侵略我者,我尚能用武力对付之;文化侵略我者,则我之武力无所施其技矣。"⑥要抵御帝国主义的精神文化侵略,就必须用"本国固有之文化宗教以相抵抗",不然,"将见数千年传统之思想,一朝丧失其根基,四百兆民族之中心,终至失其信仰,祸患岂可胜言哉!"⑦在中华民族传统文化宗教中,陈撄宁选择了道教(不是宗教意义上的道教),"确认道教为中华民族精神之所寄托"⑧,现实所需要的"乃民族精神与国家思想,团结一致,竭力御侮。否则国破家亡,生命且不保,伦常道德从何说起? 须知中华民族所以敌不过他种民族者,其最大原因,并非伦常道德不及他人,乃国家思想不能充分发达,而民族精神亦未能团结一致也"⑨。"外国强盗早已打到我们家里来了,讲四书五经给他们听,是没有用的。再拿太上感应篇及文昌阴骘文等类善书劝化人民,亦不过制造出一种极驯良极柔弱的老百姓,毫无抵外侮之能力,只有听他们宰割而已。"⑩身处"现在这个时代,是动真刀真枪的时代,不是弄笔杆子时代。说

---

①②③⑨⑩《藏外道书》,第 26 册,第 236、236、236、210、210 页。

④⑤⑥⑦⑧ 陈撄宁:《道教与养生》,第 462、3、10、10、9—10 页,华文出版社,2000。

得好听,没有用处,必须要做出一点实在工夫,方足以使人相信"①。

"必须做出一点实在工夫",这是陈撄宁先生极力倡导的"仙学"的一个重要特点,他说:"仙学乃实人、实物、实情、实事、实修、实证"②,与现在与将来这个科学实验时代相合拍,"如此世界,如此人生,自然以修道学仙为最高尚"③。"你若要救国,请你先研究仙学。"他立下"决不求生西方,更不求生天堂,定要永久长住在这个世界上,改造此世界,方见得道家真实的力量比任何宗教为伟大"④的誓愿。可见,陈撄宁提倡"仙学"独立,实有其深刻含义。

综上所述,可知陈撄宁先生提倡的"仙学"不是教人远绝尘寰,不闻世事,采取消极的方法以求个人的洁身自好。他"虽提倡仙学,却不一定崇拜老庄,因老庄亦难免有引人趋向消极之流弊耳"⑤。"仙学"虽然是建立在古代神仙理论基础之上,但却被赋予了新的内容,与古代神仙理论迥然不同,带有鲜明的时代特色。其着眼点是以积极的方式,通过弘扬中国传统文化的瑰宝,以期达到拯救整个中华民族的目的,其思之深,其虑之远,其用心之良苦,实可见陈撄宁先生的一片爱国赤心。不论其"仙学"理论的得失,是否真的能达到他所期望的目标,但他的严肃认真,从积极的方面去认识传统文化、弘扬民族文化的态度,对我们今天研究传统文化的工作,不无启迪、借鉴作用。此外,陈撄宁先生不拘于道教一家,而是采撷各家各派之说,结合时代精神来充实仙学内容,"将道教、孔教、诸子、百家、正一、全真、南宗、北派,宗教思想、神仙学说,民族精神,三民主义,新生活运动,混合团结而不可分也"⑥。总之,陈撄宁先生所提出的"仙学",与其说是鼓吹"离尘出世",不如说是在即将沦为亡国奴的形势下,追求不染污浊,独善其身,自救救他思想的一种曲折表现。陈撄宁提出了这样的仙学箴言:

学理——重研究不重崇拜

①② 陈撄宁:《道教与养生》,第405、407页,华文出版社,2000。
③④⑤⑥《藏外道书》,第26册,第211、209、281、280页。

功夫——尚实践不尚空谈

思想——要积极不要消极

精神——图自力不图依赖

能力——宜团结不宜分散

事业——贵创造不贵模仿

幸福——讲生前不讲死后

信仰——凭实验不凭经典

住世——是长存不是速朽

出世——在超脱不在皈依①

近代中国道教,从总体上看,在资本主义商品经济的侵蚀下,逐渐失去其固有本色。一些宫观殿堂变成了赚钱的场所,为信徒做功德也成了一些道士糊口谋生的手段,道教信徒一方面出钱雇道士做道场,冀求登升仙界;一方面又从音舞结合的道场中获得娱乐。在道教世俗化的潮流中,向来口口相传的道教内修秘术,也逐渐流向了社会。

---

① 见《扬善半月刊》封面。

第八章　当代道教

第一节　道教的新生

1949 年 10 月，在毛泽东主席"中国人民从此站起来了"的庄严宣告声中，多灾多难的中华民族以崭新的姿态屹立于世界。在中国共产党的领导下，古老的中国焕发出耀眼的青春光彩，在政治、经济、文化等各个方面发生了天翻地覆的变化，全体中国人民无不为民族的新生而欢欣鼓舞。在旧中国饱受封建地主阶级、反动军阀、官僚资产阶级、帝国主义侵略者残酷蹂躏的广大道教徒，与全国人民一道，以极大的政治热情和饱满的爱国主义激情，积极投入到建设新中国的时代洪流中。

新中国建立后，党和政府对具有古老传统的道教给予了高度的重视与关怀。全国政治协商会议的《共同纲领》宣布了宗教信仰自由政策，无疑使广大道教徒对中国共产党领导的新政权有了进一步的认识，感到放心，对共产党的信任感增强了，与全国人民一道以主人翁的责任感迈入社会主义建设的行列。党和政府积极从政治上对教徒们加以引导，在生活上对道徒们予以关心，对广大的教徒采取了团结的政策方针，尊重他们的宗教感情，以我党一贯主张的统一战线方针，团结广大爱国宗教徒为繁荣祖国共理国家大事。

道教是植根于中华大地的具有中国特色的传统宗教，其教理教义中很重要的一个内容，就是拥护和平、反对战争、济世救人、利国福民，具有浓厚的爱国主义精神及传统。在中国社会历次重大变革时期和民族危亡的紧要关头，道教的这种爱国主义精神都表现得非常鲜明和充分。远的不说,仅回顾一下中英鸦片战争以来,道教在帝国主义列强对中华民族的掠夺、侵略中所表现出的爱国行动,就可见一斑。

自 1840 年中英鸦片战争始,外国列强用兵舰枪炮打开了中国紧锁的大门,腐败无能的清王朝在帝国主义列强的武力胁迫下,签订了一系列丧权辱国的不平等条约。面临国家被帝国主义列强瓜分的严重民族危机,具有爱国主义传统的中国人民奋起反抗,于 1900 年爆发的著名的"反清灭洋"的义和团运动就是这方面的范例。从现存史料来看,道教对"义和团运动"的积极作用是明显的,如在组织成员上,参加义和团的"有和尚,有道士"[1]。在组织形式上,义和团以道教传统的"坛"为基层组织形式,以八卦为标识,布八卦阵,竖八卦旗,以道教之"真人"称号命名一些卦教头领,并供奉道教信奉的神灵,运用道教符箓咒法。借助中国传统神灵作为精神力量,反抗手持洋枪洋炮的侵略者,并以"只因天主教、耶稣教不遵佛法,欺灭贤圣,欺压中国军民,玉皇大怒收去雷雨,降下八千九百万神兵,义和拳传流世界,神力借人力,扶保存中国,度化人心,剿杀洋人洋教,不久刀兵复流,不论君民商贾士农,急学义和拳。如若秉心虔理,终能保一家之灾"[2]的神话和龙虎山张天师"今年人民有灾,疾病当现"、"行善者可免,作恶者难逃"的预言,以及"天师用黄纸书符带在身上可免灾难,供神前可保平安"[3]的法术,鼓舞士气。总之,道教在义和团运动中的作用是不可否认的。

1911 年,孙中山先生领导的辛亥革命取得胜利,推翻清王朝,建立中华民国。在民国政府宗教政策的保护下,处于困境的道教获得法律保障,并发挥自己长于应变的优势,开展组织和宣传活

---

①③ 中国史学会主编:《义和团》(1),第 356、150 页,上海人民出版社、上海书店,2000。

② 陈振江、程歗编著:《义和团文献辑注与研究》,第 20 页,天津人民出版社,1985。

动,以新的势态在现代社会政治生活中争取一席之地。民国元年(1912),以北京白云观陈明霖住持、承德县太清宫葛明新、上海白云观赵至中等为代表的道教全真派18所宫观,一起成立道教会。他们拟定《道教会宣言书》、《道教会大纲》和《道教会要求民国政府承认条件》三篇文稿,报经民国政府批准予以立案。这三份文件特别突出强调"道教为中华固有之国教"①,与道德、政治、法律相辅而行,具有劝善止恶、净化人心的社会功能,对巩固国家政权有重要作用,"无论何等社会,凡虔诚信仰者,一切贪、嗔、痴、妄、杀、盗、邪、淫诸恶念,顷刻即消,其于相辅之中,尤别具一种统摄超举之力也"②。更为重要的是,其列举道教为国教的理由,不仅涵括道教与中华文明同始、道教高于儒教、先于释教的传统观点,还吸收现代社会新思潮的内容,说老子"逆料夫未来之世界,必有见素抱朴混然大同之一日,故立说著书,特揭橥平等自由之真相而虚悬其境以相待,未至其时,人多执而不悟。今幸世界潮流趋往共和,始信太上之教持之有故矣。欧西所谓国家、社会、世界三大主义,太上之言,均涵蓄之"③。又说老子"为古今中外一大哲学家。欧洲之先觉,如亚里士多德、柏拉图、梭格拉第(苏格拉底)种种学说,及晚近之卢梭民约论、孟德斯鸠之万法精理、康德之魂学、赫胥黎之天演论,太上之经早已见及"④。又称:"按老氏之教,非为一国度而言,为百千万亿国度而言;非为现世界而言,为将来未来之无量世界而言。汉初文景用之,稍得端倪。……由是引而申之,递进递上,将见由小康而升平,而太平,而大同,攸往而咸宜,推行而皆准。"⑤这些看法,不免有牵强附会和夸张之嫌,然而,它所表露的爱国之心和力求跟上时代步伐的精神,却是值得赞扬的。基于这样的认识,在帝制被共和取代的新旧变革之际,宣称道教"有昌明道德,促进共和之义务"⑥,以"力挽颓风,表彰道脉,出世入世,化而为一,务求国利民福,以铸造优美高尚完全无缺之共和为宗旨"⑦。适应社会

①②③④⑤⑥⑦《藏外道书》,第24册,第472、472、472—473、473、473、477、474页。

政治的需要,以振兴国家民族为己任。与此同时,以第62代天师张元旭为首的道教正一派,也建立"中华民国道教总会",立下以"黄老为宗,联络各派,昌明道教,本道德以维持世道,俾人类共跻太和"①的宗旨,表现出与全真道一致的旨趣。事实是,辛亥革命后,中国政局并未产生真正民主共和政体,反而是出现军阀割据、混战不休的局面,给日本帝国主义武装侵华以可乘之机。

20世纪30年代,日本帝国主义的铁蹄踏上了中国大地,民族危机空前严峻。这时,在上海的道教界爱国人士,发起成立"中华全国道教会",以道教作为"今日团结民族精神之工具"。道教学者陈撄宁代表了这一思潮,他在《答复北平学院胡同钱道极先生》一文中说:"从前有许多人常常劝我念佛求生西方,我说西方虽好,我不愿去。"②"今试设一譬喻以明之:我们所居之世界,等于中国;西方极乐世界,等于欧美。我们既生为中国人,没有本领将中国改造完善,徒然羡慕外人,个个都想抛弃本国,往外国跑,试问成何体面?我们已经生在这个世界,总算与此界有缘。若嫌此界不好,何不拿出实力来再改造一下?……完全要仰仗他力(指阿弥陀佛而言)来救拔我们,较之仰仗国联,仰仗欧美,来帮助中国,同是一种幼稚的思想,可笑又可怜也。"③幻想仰仗外力来拯救中国,在陈撄宁先生看来是极不可取的。

抗日战争爆发后,不少道教徒发扬道教一贯的爱国主义精神,以实际行动支持抗日军队,参加各种形式的抗日救亡活动,为民族的生存尽一个炎黄子孙的职责。具体事例前已有述,这里就不再列举。道教界与中国共产党的联系,亦是很早就开始了的。在第一次国内革命战争时期、抗日战争时期、解放战争时期,都有不少道教徒积极支持共产党的民族解放事业,提供各种帮助,乃至献出生命。总之,中国道教具有维护祖国独立,反对外来侵略的强烈的爱国主义精神,这种精神是道教思想文化的精华和中华民族优秀

359

---

① 《上海宗教史》,第430页,上海人民出版社,1992。
②③ 《藏外道书》,第26册,第208页。

传统文化的重要组成部分,伴随着中华民族的政治、经济、文化的发展而不断得到发扬光大。

中国共产党领导全体被压迫人民,推倒了三座大山,建立起劳动人民当家作主的新中国,使中国社会发生了翻天覆地的变化,在社会政治制度、经济制度和思想文化方面产生了深刻变革。从我们党和政府来说,面临国民党政府留下的破烂摊子,百废待兴,肩负着领导全国人民建设一个繁荣昌盛的新中国的重担。然而,党和政府并没有忘记广大的爱国道教徒,团结、引导他们与全国人民一道跨入祖国社会主义建设的行列。

全国解放以后,党的工作重心转移到经济建设上。在和平环境中,如何对待宗教,亦被提到党和政府的议事日程上来。在长期的革命实践中,中国共产党从实际出发,规定尊重宗教感情、宗教信仰自由,不到宗教场所宣传马列主义;同时,宗教也不能干涉社会教育,不可在宗教场所之外宣教布道,允许开展正常的宗教活动的政策,从法律和政策上来保证宗教信仰自由的贯彻落实。党和政府的宗教信仰自由政策,具体到道教,就是针对道教这一古老的传统宗教的特点和道教徒的实际情况,开展长期的思想教育工作,以新的思想、观念,从社会生活的各个方面去影响、感染、熏陶他们。在旧社会,绝大多数的道教界上层人士和道教徒,特别是广大下层道教徒,与全国劳动人民一样,饱经忧患、屈辱、饥寒和战乱,生存尚危,在政治上更没有任何权利可言,他们中的绝大多数人是爱国和拥护共产党的领导的。基于这样的分析,根据党的统一战线工作原则,因势利导,团结道教界爱国上层人士和下层教徒,给他们以参政议政的权利,使他们在政治上获得新生,在政治上与各界人民一样,享有平等的权利。这样,道教界有了重大变革,而这个变革特别体现在宫观的管理体制方面。旧的道教大宫观,其组织与管理体制,实行的是在庙产集体公有制的基础上,经过全体教徒的选举而产生执事人。然而,事实上道教组织具有强烈的封建宗法色彩,等级森严,推举出的执事人多数是上层道士,一般的下层道士并没有参加宫观管理的权利。这种管理体制,也是旧中国社会政治制度在道教内的反映,带有阶级压迫的性质。宫观内设有严厉的处罚规约,对于违犯戒规的道士,轻则驱逐、体罚、禁闭,重则处死。这些,都与解放后的新中国所倡导的社会主义民主、法制相悖。随着社会主义民主改革的进程,时代的新风也吹到了宫观内,广大道教徒耳闻目睹到新中国的变化,也亲身感受到了这种变化,广大下层道教徒在事实的教育下,在党和政府的关怀下,纷纷觉醒,强烈要求解放,渴望民主,改变不合理的清规戒律,参与管理宫观事务。这样,大多数宫观在保留原管理体制中传统执事与称谓的情况下,由全观道徒选举有才干者组成民主管理委员会,传统执事管理一般性事务,重点是宗教活动,而其他宫观内外的大事,概由民主管理委员会讨论决定。最高负责人监院只负责执行决定,无任何特权。宫观内外一切不符合社会主义宪法、法令的惩罚条例规戒,被全部废除,制定了符合社会主义法制原则的新的宫观规约,道教徒的人格得到尊重。由于贯彻执行了党的宗教信仰自由政策,原本出于生活所迫而并无虔诚道教信仰的不少道教徒也还俗返家,开始了新的生活;有重大恶迹的少数道教徒受到了法律的制裁。道教队伍得到纯洁,为正常的宗教活动的开展奠定了基础。

在经济上,也出现了新的气象。过去,道教徒的经济生活来源,一靠香火钱,二靠宫观的田产等收入。规模较大的宫观都有为数不少的土地,这些土地有的是历代统治者所赐,有的是无偿占有,有的是低价购得,也有的是信徒捐赠。宫观将这些土地租给佃农耕种,按亩收取租谷,或是由道教徒自己耕种,在宫观与佃农、道教徒之间也存在封建剥削和压迫。大宫观的住持有处置下层道教徒及所属佃农的权利,这种情况当然与社会主义体制不相符合,党和政府将宫观经济制度的改革也纳入到整个中国经济制度改革的序列。经过土改、房改后,常住宫观的职业道教徒也同农民一样分得土地,组织起来从事生产,摆脱了"寄生"生活,后来又都集体参加了当地的农业生产合作社等。而上层道教徒也力所能及地参加生产劳动,由靠地租剥削收入,转变成自食其力者。道教内部不平等的封建制度被彻底废除了。

在思想方面,周恩来总理在 1957 年 8 月的一次座谈会上说:"有的宗教界朋友担心,既然经济基础的改革会影响到思想方面,那么,是否也会影响到宗教呢? 经济基础的改革对思想方面的影响是必然的。但是,思想方面的变化,不会像政治制度的改革那样发展,思想变化的过程是最慢的。信仰宗教的人,不仅现在社会主义的国家里有,就是将来进入共产主义社会,是不是就完全没有了? 现在还不能说得那么死。"①又说:"别说分了地的农民,就是进入了社会主义社会,也还有信教的。苏联十月革命已经三十多年了,现在还不是有很多教堂,很多人画十字?"②十分准确地表达了马克思主义关于宗教问题的基本观点,为道教的新生指明了方向。总之,随着党和政府对宗教的各项政策、措施的颁布和完善,道教徒们对中国共产党的认识日益加深,他们从心底里拥护共产党,愿意接受中国共产党的领导,以实际行动支持社会主义建设事业。从建国初到 1958 年这一段时期,道教界在党的领导下,加强了自身的建设,积极参加了民主改革、土地改革、"三反""五反"、抗美援朝等一系列重大政治活动,出现了新气象,取得令人可喜的成绩,如发扬道教义理中合理的内容与新的思想文化相结合,摒弃封建迷信等腐朽没落的思想,使古老的道教文化焕发出青春,造福人类等等。在旧社会饱受蹂躏的道教徒获得了新生,为国家的兴旺、民族的昌盛出力,成为社会主义建设事业中的一分子。他们的思想面貌发生了很大变化,爱国主义精神、反帝爱国观念明显增强,消极出世思想有了较大改变,增强了爱国建国的责任感。

1956 年夏,沈阳太清宫岳崇岱方丈及全国其他爱国高道发出组织中国道教协会的倡仪,此举得到道教界的积极响应,同时,人民政府也给予大力支持。这样,以岳崇岱、汪月清、韩守松、易心莹、孟明慧、刘之维、李锡庚、杨祥福、乔清心、吴荣福、尚士廉、陈撄宁等 23 人,代表全国道教界,齐集北京酝酿成立道教的全国性组

---

①② 中共中央文献研究室编:《周恩来统一战线文选》,第 383、201 页,人民出版社,1984。

织——中国道教协会。他们先成立了筹备委员会,推举岳崇岱为主任,陈撄宁、孟明慧为副主任。经过一段时间的准备工作,1957年4月中旬,全国各名山宫观、道派及道教学者92名代表,在北京举行了新中国成立后道教界的第一次全国代表大会,正式宣布中国道教协会成立,岳崇岱当选为会长,陈撄宁、汪月清、易心莹、孟明慧、乔清心当选为副会长,秘书长由陈撄宁兼任,副秘书长为黎遇航。会议制定了《中国道教协会章程》,提出协会的宗旨为:"联系和团结全国道教徒,继承和发扬道教的优良传统;在人民政府领导下,爱护祖国,积极参加国家的社会主义建设和保卫世界和平运动;协助政府贯彻宗教信仰自由政策。"①从此,近代历史上始终处于一盘散沙状态的道教界,第一次有了真正属于自己的统一的全国性爱国组织。

中国道教协会成立和开展工作后不久,在全国开展的反右斗争和随之而来的大跃进、人民公社化等等运动,也波及到道教界。在反右斗争中,各级道教协会的一些中、上层道教界人士,有的受到批判,有的被打成右派,道教界的教务活动受到较大影响。在大跃进和人民公社化的过程中,不少宫观道院的珍贵的古鼎、古钟、古炉等被熔毁,农村的全部宫观道院都被纳入人民公社,道众成为公社社员,城市里宫观的道众则参加当地的手工业、轻工合作社。常住道士也成为农民或工人,宫观成为劳动生产组织。不可否认,在这些运动中,确实存在一些过火行为,对道教徒的宗教感情有所伤害。但是,党和政府很快认识到了这一点,于1961年及时采取了"调整"方针,进一步协调宗教界与党的关系,增进相互间的了解和团结。同年,中国道教协会召开了第二次全国代表大会,并由陈撄宁会长提出在道教协会开展道教学术研究,建立道教学校,出版道教刊物,发扬道教优良传统的计划。此举不但得到道教界的赞同,也得到了党和政府有关部门的热情支持,对改变道教徒文化素质较低,不重视道教理论研究和后继乏人的局面产生长远影响。

363

---

① 转引自李养正《当代中国道教》,第58页,中国社会科学出版社,1993。

　　1962 年,陈撄宁在全国政协委员会议上,以《分析道教界今昔不同的情况》为题,中肯地、实事求是地总结了道教的现状。他说:在社会主义新中国,"我们就不能用旧时代的眼光来看新时代的道教"①;"解放后十余年来,我国社会制度起了根本变化,道教虽还是个那古老的面貌,而道教徒的面貌却是焕然一新。以往到各处云游挂单的,现在已成为某一处固定的劳动力;以往不事生产的,现在也获得先进生产者荣誉;以往悲观厌世的,现在对前途很抱乐观;而且出家与返俗绝对自由,方外和方内一律平等,道教中人有做各级人民代表的,也有做省市政协委员的,丝毫不受歧视。他们经过长期学习,大部分人已认识到整个国家命运就是道教徒自己的命运,只要一心一意靠拢了党,服从领导,积极参加社会主义建设事业,能够做到维护群众利益,个人利益也就在其中,今后用不着再为自己个人打算。其中思想搞不通的人未尝没有,但就全体而言,只居极少数,他们将来也还有逐渐自我改造的可能。以上就是今日道教界的普遍情况"②。

　　1966 年,史无前例的"文化大革命"爆发。林彪、江青反革命集团肆无忌惮地践踏国家宪法,党的各项政策和方针不能正确落实,新中国遭受了一场空前大劫难。在极"左"路线的影响下,宗教被作为应清除干净的"四旧"之魁首,道教自然不能幸免于难。其结果是,不少爱国的道教界人士枉遭不白之冤,有的被打成反革命,成为专政对象,有的遭酷刑,有的含冤而逝;一般的道教徒也被勒令还俗,驱逐出宫观;作为道教宗教活动场所的宫观或被封闭,或被占用,或被拆毁;具有很高文物价值、记载中华民族古老历史和传统文化的大量碑碣、经书、法器也遭严重破坏。古老的道教文化已到被毁灭的边缘。

　　1978 年,党中央开始拨乱反正,召开十一届三中全会,制定了党的工作重心由阶级斗争转为以工业、农业、国防、科学技术四个现代化建设为中心。同时,在全国范围内进行全面的、艰苦的

---

①② 陈撄宁:《道教与养生》,第 540、542—543 页,华文出版社,2000。

落实政策的工作。在宗教工作方面,制定了一系列文件,提出了
解决实际问题的有效措施。"文革"中遭受不白之冤、受到不公正
待遇的爱国的道教界人士,也被彻底平反昭雪,一部分宫观发还
道教界自己管理。1980年,中国道教协会重新恢复工作。同年,
召开了第三次全国代表大会。会上选出会长黎遇航,副会长王教
化、陈理实。

　　1982年4月,彭真同志在第五届全国人民代表大会常务委员
会第二十三次会议上作了《关于中华人民共和国宪法修改草案的
说明》的讲话,指出:"我国公民有宗教信仰的自由。这是马列主
义、毛泽东思想对待宗教信仰问题的一贯方针。草案恢复和发展
了一九五四年宪法的有关规定,写得更加明确、具体。"又指出:
"在我国,不论信仰宗教的公民,还是不信仰宗教的公民,在政治
上的共同点是爱国,拥护社会主义。有些人信仰这种或那种宗
教,这是客观存在的社会意识形态问题,决不能也不应该采取强
制手段去解决。"《中华人民共和国宪法》第三十六条规定:中华人
民共和国公民有宗教信仰自由。任何国家机关、社会团体和个人
不得强制公民信仰宗教或者不信仰宗教,不得歧视信仰宗教和不
信仰宗教的公民。国家保护正常的宗教活动。任何人不得利用
宗教进行破坏社会秩序,损害公民身体健康,妨碍国家教育制度
的活动。宗教团体和宗教事务不受外国势力支配。如果说宪法
第三十六条是以非常精辟、简练的语言概括了党和政府宗教政策
的基本内容,那么,中共中央1982年第19号文件《关于我国社会
主义时期宗教问题的基本观点和基本政策》[①],则详尽地对宪法的
规定作了解释和具体说明:"宗教信仰自由,就是说,每个公民既有
信仰宗教的自由,也有不信仰宗教的自由;有信仰这种宗教的自
由,也有信仰那种宗教的自由;在同一宗教里面,有信仰这个教派
的自由,也有信仰那个教派的自由;有过去不信教而现在信教的自

365

由,也有过去信教而现在不信教的自由。""在贯彻执行这项政策的
过程中,在强调保障人们信教自由的同时,也应当强调保障人们有
不信仰宗教的自由。这是同一问题的两个不可缺少的方面。任何
强迫不信教的人信教的行为,如同强迫信教的人不信教一样,都是
侵犯别人的信仰自由,因而都是极端错误和绝对不允许的。"还指
出,要充分认识到信教群众和不信教群众在政治上、经济上根本利
益的一致性,不要夸大他们之间在信仰上的差异,要促进他们之间
的团结,共同致力于社会主义现代化建设。这个文件,认真总结和
汲取了建国以来党在宗教工作上正反两个方面的历史经验,全面
阐述了党对宗教问题的基本观点和政策,从而成为党和政府对待
和处理我国社会主义历史条件下的宗教问题的指导性文件。

在党和政府的新时期宗教信仰自由政策的指导下,振兴道教
的工作全面铺开。中国道教协会参照国务院颁布的《关于汉族地
区佛教道教寺观管理试行办法》,提出了《拟作为宗教活动场所的
全国重点宫观名单》及一些作为地方开放的宫观的名单。1982 年,
国务院宗教事务管理局批准 21 座宫观为全国道教重点宫观,它们
是:山东泰山碧霞祠、山东崂山太清宫、江苏茅山道院、浙江杭州抱
朴道院、江西龙虎山天师府、湖北武当山紫霄宫、湖北武当山太岳
太和宫、湖北武昌长春观、广东罗浮山冲虚古观、四川青城山常道
观、四川青城山祖师殿、四川成都青羊宫、陕西终南山楼观台、陕西
西安八仙宫、陕西华山玉泉道院、陕西华山九天宫、陕西华山镇岳
宫、辽宁千山无量观、辽宁沈阳太清宫、河南嵩山中岳庙、北京白云
观。在党和政府关心及道众们的努力下,这 21 所道教宫观逐渐恢
复了其原有风貌。随着政治上的拨乱反正,党的宗教信仰自由政
策在各级政府的切实贯彻下,"文革"中被遣散的道士陆续返回宫
观和新的入道者的增加,原有的 21 所宫观已远远不能满足入道者
和信教群众开展正常宗教活动的需要,于是,一些被单位占用、拆
毁的地方宫观,也陆续发还或重建,由道教界自主管理。据李养正
先生《当代中国道教》载,到 1992 年底,经县以上地方政府批准恢复
道教活动的宫观已达四百多座,如果加上农村小规模的子孙庙,全

国道教活动场所达近千余处。道教职业者,常住全真道丛林宫观的道士近万人,子孙庙全真道士近 2000 人,散居于民间的火居道士(大多为正一道)近 5 万人。道教居士及未受箓的青年正一道道众,估计已逾万。全国各级道教协会也逐步恢复,开展活动,全国省市县各级道教协会组织已达 83 个。[①]

如今,道教界出现了前所未有的新气象,表现在如下方面。

第一,道教界人才匮乏、后继无人的现象得到显著改观。中国道教协会重新恢复工作后,即着手于道教人才的培养,为提高道教徒的道教理论修养、文化素质,先后举办多期"道教知识专修班",培养了一批道教宫观管理和道教文化研究人员,并注意对女道士的培养,开设"坤道班"。各地方道教协会也相继积极举办各种形式的道教知识培训班。1990 年 5 月,"中国道教学院"正式成立,道教界第一次有了培养高级专门人才的学校。学院提出了在中国共产党和人民政府的领导下,坚持爱国爱教的原则,根据国家宪法及道教教理、教义进行教学的办学宗旨,以及培养爱国爱教的、具有较高道教知识和修养并有志为道教事业服务的青年道教徒,继承和发扬道教优良传统,弘扬道教文化的办学目的及任务。经过几年的办学实践,已培养出一大批有文化、懂理论的青年教徒,他们已成为道教队伍建设中的一支骨干力量,发挥着重要作用。

第二,继承和发扬道教优良传统,弘扬道教文化,开展道教文化理论研究工作。过去,由于种种原因,无论学术界还是道教界,对道教文化理论进行的研究远远不够。中共十一届三中全会后,道教研究出现了繁荣的景象。中国道教协会成立了道教文化研究所,原来由内部发行的《道协会刊》改为向海内外公开发行的《中国道教》杂志,编辑出版了《道教资料选编》、《白云观》画册、《道教基本知识》、《道教仪范》、《道教识略》、《道教要籍概论》、《道教与诸子百家》、《道教与中国炼丹术》、《道教与中医药学》、《道教与周易》、《道

367

---

① 参见李养正《当代中国道教》,中国社会科学出版社,1993。

教养生学》、《道教与民俗文学》、《道教音乐》、《道教美术史话》等，编辑出版了《道教大辞典》。一些教内人士还撰写了为数不少的研究文章，或与学术界人士合作撰写道教研究专著，为世人研究道教、了解道教开拓了视野，提供了宝贵的资料。一些地方道教协会也开展了对本地道教的研究工作，并创办了刊物，如上海的《上海道教》、陕西的《三秦道教》等。道教界与学术界的联系亦日益加强，互相尊重，互相切磋，共同交流，携手为繁荣中国传统文化而努力，整理出版了一大批道教文献、史料。道教界与学术界之间的相互沟通，无疑大大有裨于道教传统文化研究的深入开展。运用现代科学技术手段，发行影视音像图片资料，使一些鲜为人见的道教宗教生活状况生动地呈现于公众眼前。特别是关于道教音乐、斋醮仪式的录像带的发行，更是现代道教文化事业的一个新气象。其他如电视录像片《白云观和它的道士们》、《中国道教》、《道教在成都》、《道教龙山石窟》、《中国道教斋醮仪范》、《太和仙乐巧复鸣》、《全真玉皇朝科仪》，音乐磁带《霓裳雅韵》、《中国道教音乐》、《仙家乐》、《白云飞》，宣讲理论的《道教教理教义》等，生动而形象、具体而全面地向公众展示了道教历史、教理教义、信仰、文物、法事，以及道教音乐、道教哲学、天文、地理、医药学、冶金术等方面的贡献，展示了现代道教徒的风貌，打破了人们对道教内部生活的神秘感、好奇心，增进了一般人对道教的了解，也为发掘整理保存道教文化做出了重要贡献，体现了党和政府的宗教信仰自由政策得到贯彻实施。

第三，召开道教学术研讨会。1992年，中国道教协会、道教文化研究所、西安市道教协会、西安市八仙宫，联合召开了"西安中国道教文化研讨会"，大会邀请道教界、学术界以及我国港、澳、台地区和外国学者参加，收到论文40篇，题材广泛、内容丰富。此次会议的宗旨为："沟通学术界与道教界的关系和相互了解，使两股力量互益互补，结成一股力量，为弘扬民族文化做出贡献。"①改变"学

---

① 《中国道教》1992年增刊《西安中国道教文化研讨会论文集》前言。

术界与道教界很少接触与交往,对道教文化往往限于文献研究,不能深入到宫观进行实地考查;道教徒只限于背诵经典,修持于宫观,未能开阔知识视野,深究义理"①的情状。这次会议是一次大胆的尝试,其意义是不可估量的。同年 9 月,湖北武当山道教协会也举行了"中国武当山道教文化国际学术研讨会",与会者有 20 余名中外专家学者。1993 年 10 月,武当山道教协会又举行了第二次研讨会,与会的中外专家学者及道教界人士近 60 名,提交学术论文 60 篇。这两次会议,对武当山道教的沿革及著名道士、武当山供奉主神玄天上帝信仰、武当道教武术、武当道教斋醮法事音乐、武当山古代道教建筑群、武当山志书等方面展开了充分讨论,还对国外研究道教及武当道教文化的情况作了介绍。特别是第二次会议,研讨的范围更为广泛,反映了学术研究范围正在拓展。

第四,大力发展宫观经济,促进道教徒"自养"事业进一步开展。现在,全国各地宫观基本上都实现了"自养",道教徒生活得到明显改善。道教徒们顺应时代要求,一些道教宫观已不仅仅是传统的宗教活动场所,在现代社会中还具有丰富的旅游价值,成为著名宗教旅游胜地,吸引不少游人前来参观。宫观旅游经济的发达,不仅满足自身的需要,而且也为满足社会的需要做出贡献,成为社会主义经济建设的一部分,既减轻了国家的负担,又为社会创造了财富。道教界人士在发展宫观经济的同时,也注意对社会公益事业出力,为"希望工程"和遭受自然灾害的地区捐款捐物,发扬了道教伦理道德中的优良传统。

第五,恢复了传统的"传戒"与"授箓"仪典。"传戒"是指全真道十方丛林宫观中德高望重的高道向正式道士传授"初真戒"、"中极戒"和"天仙戒"三坛大戒,戒律是出家道士必须遵守的、不可违背的修持准则,在道教义理中占有非常重要的地位,是宗教道德原则的具体体现。"授箓"是正一道向道众宣扬各种自律规戒的一种制度和仪式,其重要性与全真道的"授戒"相同。由于各种原因,这

---

① 《中国道教》1992 年增刊《西安中国道教文化研讨会论文集》前言。

两种仪典已中断几十年。1989年11月12日至12月2日,在北京白云观举行了解放以来首次"传戒"仪典。1991年10月3—9日,正一派在江西龙虎山嗣汉天师府为台湾和海外道教徒举行了隆重的授箓仪式,这在道教史上是第一次。两次仪典,在时间和内容上与过去相比,有了新的内涵。既有对传统的继承,又有新的发展,是对道众进行遵守国家法纪,遵行社会主义道德规范的一次良好教育,也是党和政府统一战线政策和宗教政策得到具体贯彻实施的成功典范。

综上所述,新中国道教界出现的这些新变化,无疑是党的宗教信仰自由政策进一步得到落实、贯彻、执行的体现,是党和政府及有关部门关心、支持的结果,表明没有共产党,就没有中国道教的今天。当然,也与道教界道众自身努力分不开。他们在时代潮流的推动下,发扬道教长于"通变"和爱国的教义,在政治上与党和政府保持一致,自愿接受共产党的领导,与全国人民一道,同心同德,为繁荣社会主义现代化建设事业尽心出力。

370

在当今改革开放深入发展的形势下,道教界的有识之士有了更为深层的思考,认为道教面临的改变课题是广泛而复杂的,至少有下列五项:"一是教义思想必须增加新内容。将道教信仰和当代社会生活相结合,在宇宙观、社会观、善恶观和神仙观等方面回答当代道教徒关心的问题,对道教如何适应社会主义社会作出教义解释。二是宗教生活必须作出新调整。根据当代道教徒的要求,对科仪和道德的内容作出取舍,淘汰不合时代的,新增道教徒需要的。三是教徒规戒必须符合时代的要求。根据社会要求和教义思想,制订符合当代生活实际的规戒,既保证教徒队伍的纯洁,又能吸引朋友和留住教徒。四是积极进行各种社会服务、壮大自己的入世活动。从事各种经济活动,为宗教生活和社会生活服务,增强自身经济实力。出版道教经典和书刊,建立和扩大同教徒信众的联系,为教徒排忧解难。五是在团体和庙观管理中,借鉴社会成功的经验。培养人才,鼓励竞争,提倡民主,奖勤罚懒,不断增强道教发展的活力。"①

总之，"中国道教出现了半个世纪以来从未有过的生动局面，各地道观整修开放；道教活动得到恢复；一些老年教徒积极整理遗产，著书立说；一批有信仰、有文化、有朝气的青年道士培养成才，有的还走上了领导岗位；教内外编撰出版的道教书籍在社会发行，引起重视。"②在这种形势下，发扬道教优良传统，整理、研究道教文化，服务于社会，更好地与社会主义社会相协调。道教将迎来一个新的未来。

第二节　台湾、香港、澳门的道教

一、台湾道教

台湾何时有了道教，尚无定论，有晋代说、唐代说、明代说几种。不过，清代台湾地区已有了大量道教活动，则是确凿无疑的事实。台湾地区的道教，以天师道(正一道)为主体，久传不衰，而其根源则在大陆，是中国固有传统宗教——道教的一个部分。

1949年以前，台湾道教的大致情况为：天师道流入台湾后，逐渐与当地的巫觋信仰相融合，具有台湾巫觋信仰的特点。道士比较注重醮仪，从事算命、卜卦、摸骨看相、观测风水等活动的人亦不少。而探讨教理教义、修持动静功者，则为数不多。另外，道、儒、释三教以及民间宗教结社相融合，佛、道神像合祀状况也相当突出。全真道在台湾也有传播，但并无全真丛林和子孙庙，以宫观为家，持戒清修，从事宗教活动的全真职业道士甚为罕见。台湾道教建筑，多以宫、观、庙、堂、山、洞、坛、祠、阁、厅、院、社、福地为称谓，主要奉祀玉皇大帝、三官大帝、玄天上帝、玄坛元帅、孚佑帝君、关圣帝君、文昌帝君、保生大帝、天妃、水仙等神灵。台湾道士的称谓分为"乌头司公"、"红头司公"。

---

①② 陈莲笙：《培养人才，加强联合和适应时代的要求》，见《中国道教》1992年增刊《西安中国道教文化研讨会论文集》。

1949 年,国民党从大陆溃败至台湾,当时江西龙虎山上清镇"天师府"的第 63 代天师张恩溥,携子张允贤随至台湾,并带走了家传印、剑。国民党中原本就有不少与天师道关系密切的党政军要人以及一些会道门首领,张恩溥等人到达台湾后,在他们的支持下,与当地道教界相结合,使台湾道教出现了新局面。

1950 年,张恩溥在台湾设立了"嗣汉天师府驻台湾办公处",还成立了"台北道教会"和"台湾省道教会"(按:1987 年改名为"中华道教会台湾省分会"),自任理事长。

1957 年,又成立了"道教居士会",会员称"大居士"。居士会吸收了与道教有联系的国民党政要、社会名流、民间道教首领,按道教宗派分设积善、经典、丹鼎、符箓、占验五道院,并各设住持主其事。"道教居士会"对左右台湾道教教务有相当力量。

1964 年,"立法委员"蒋肇周申请筹组"中华民国道教会",制定了"以研究道学,阐扬教义,整理教规,提倡人伦,砥砺道德,保全民族文化,增进社会福利,策划人类安全制度,以促进世界大同"的宗旨,提出了"任务及应办事项"十条,即:"一、遵奉国家法令,提倡道德,改良社会风俗事项。二、举办道学讲习,设立道教学院,培植人才,推行宗教教育事项。三、兴办救济慈善公益教育文化诸种事业,服务人群,增进社会福利事项。四、融合道教各教派,发展宗教教务事项。五、联合外来各宗教,促进团结合作事项。六、修建道庙设置教产,增培道教基础事项。七、维护道教庙宇、名胜古迹,美化道庙环境事项。八、研究整理道教经典科仪规例,划一教规仪法事项。九、设立布教场所,编印书刊,宣扬道教教义事项。十、办理其他有关道教事项。"1968 年 7 月,召开了第一届理事监事会议,张恩溥当选为理事长,李叔还为常务监事。次年,张恩溥逝。1970 年,台湾省政府顾问陈仙州继任第一届理事长。1971 年,举行第二届会员大会,决定设立台北、台中、台南、台东联络中心,编组庙群。1975 年,又召开了第三届会员代表大会,推选国民党立法委员赵家焯为理事长,并对原来的宗旨作了修订。重新修订后的宗旨为:"阐扬教义,研究道学,整理教规,服务社会,促进世界大同。"另外,还制订了六项任务："一、融合各道派,联合各宗教。二、兴办道学院,开设布道所。三、划一规例,革新道教科仪。四、维护教产,协助修建道庙。五、兴办慈善公益、文化事业。六、兴办其他有关道教事项。"1979年,召开第四届会员代表大会。"中华道教会"下设有台湾省分会、花莲县支会、高雄市分会、基隆市支会、台南市支会、嘉义县支会、台北县支会、云林县支会、台中县支会、屏东县支会、新竹县支会、高雄县支会、彰化县支会、台南县支会、台东县支会、台中市支会、彭湖县支会、桃园县支会、苗栗县支会、南投县支会、宜兰县支会。

1972年,台湾各大道观及道教团体负责人举行"庄敬自强座谈会",成立了"道教革新委员会",并拟出"道教诸神台湾炉下团体联系辅助委员会组织要点"。这个"道教革新委员会"仍为"中华道教会"下属组织,其主任委员为赵家焯,秘书长叶在旸,秘书长张柽。该会还设有"道教学术研究委员会"、"改善社会风气重要措施推行委员会"。1973年,"道教革新委员会"举行第一次委员会议,着手庙群编组工作。

台湾的道教会成员,有团体会员和个人会员两种。团体会员指宫、观、庙、堂、祠、社、院、坛以集体名义入会者;个人会员指道教徒以个人名义入会者。会员有居士、道士、教士、鸾士、乩士、相士、信士等七种称谓,其中除"居士"中从事学术研究的人员外,其余均属职业或半职业宗教人员。大体上,崇信神仙、经常烧香祈神的一般信徒,是不参加道教组织的。

台湾当局一方面禁止任何教团暗中传教,另一方面则主张其合法化、公开化,归入正统宗教,便于管理。台湾道教学术研究委员会主任委员高越天在《告海内外同道书》说:"凡不流于邪僻诬妄者,皆应认为同道,而不强其从同。至于修炼、积善、经典,以及符箓、飞鸾、占验、方伎等,则各有所信,各有所得。只须有益于个人之修养,有利于大众之进德,而不损及社会,则神道设教,以天济人欲之穷,本会自亦愿各方不多干涉。惟望道长、道友作有效之沟通与联系,使能咸归于正,达成'道通于一'。"这种观点,与台湾当局

373

的宗教政策是一致的。然而,这也使得台湾道教界教派的情况变得比较复杂,所包纳的教派及民间教派大致就有天师道、理教、轩辕教、夏教、天德圣教、瑶池金母信仰、斋教、一贯道等等。其中,一贯道在台湾发展很快。过去,台湾当局只允许其在道、佛二教和轩辕教下面活动,1986年开禁,允许一贯道总会成立。一贯道道徒主要以经商传道,其成员中有不少大企业家、大商人及知识界人士。据李达编著的《台湾宗教势力》一书称,一贯道成员总数在10万人以上,其中兴毅派信徒在60万人以上,法一派信徒在30万人以上,基础派信徒在10万人以上。台湾道教的宫观情况,据林道衡编《台湾寺庙概览》统计,现代宫观加上明清古庙,台北市为151座,基隆市为62座,台中市为62座,台南市为164座,高雄市为91座,台北县为230座,宜兰县为254座,桃园县为64座,新竹县为94座,苗栗县为163座,台中县为289座,彰化县为293座,南投县为144座,云林县为283座,嘉义县为416座,台南县为460座,高雄县为387座,屏东县为341座,花莲县为41座,台东县为57座,彭湖县为112座,总计4082座。又据《人民日报》1983年10月6日报道,台湾道教宫观共4158座。《北京晚报》1992年1月2日刊登的《台湾庙多》一文,说:"台湾道庙有6518座,未准予登记的神坛还有4820余座。总之,台湾有浓厚的宗教氛围,而道教信仰居于首位,保持有较大社会势力。据台湾民政厅和《民族晚报》、天师府《道教文化》统计,台湾的道教信士约在500万人以上。"

自中国共产党和人民政府提出一国两制、统一祖国的方针以来,台湾道教界与中国大陆道教界之间的联系逐渐加强,已不断有团体和个人回大陆寻根认祖、朝拜祖庭、奉请神像及请求受箓。

1988年6月,江西天师府接待了台湾台中县神冈村等两个进香团。同年8月,又接待了台中市慈圣宫进香团。1989年4月,台湾道教会理事蔡明贤、许持明道长一行,参访了龙虎山天师府。同年12月,台湾道教会基隆分会负责人第63代天师张恩溥弟子邱银惇等专程至龙虎山天师府谒祖。1990年3月,张源先大师等参观上清天师府,捐献香资,赠送道教书籍。1992年6月,台湾省高雄市林园乡汕尾村"嗣汉天师府"住持黄清河率进香团,到江西龙虎山天师府进香谒祖,并迎请天师神像。此外,仅1989年一年,前往武当山寻根访祖的台湾代表团就有30多个。

1989年8月,台湾中华道教总会一行15人,在副秘书长张柽、顾问平国藩和龚群等率领下,参访北京白云观。张柽在与中国道教协会负责人及白云观执事的座谈会上发表讲话,说:"不管发生什么情况,台湾和大陆道教之间的往来不应该割断,因为我们的祖师是一个。中国人只有信奉道教,只有'清静无为'才能得到幸福。……不愿意中国的土地上变成西方文化的殖民地。"[①]

1990年元月,台湾《统一日报》社社长、世界宗教徒联谊会新闻组主任彭绍周率台湾地区道教领导人亲善访问团在泉州进行考察访问,并与泉州市区道教文化研究会同仁进行了座谈和学术交流。同年5月,由周大围、李炳南带领的台湾保生大帝庙宇联谊会大陆进香团到泉州、厦门、漳州等地参观访问,参加厦门吴真人研究学术讨论会。

1990年4月,应中国道教协会的邀请,台湾天师府秘书长、《道教文化》创办人龚群,香港《大道》杂志创办人陈达强和美国旧金山紫金阁阁长谢满根一行,在参观了四川、广东等地道观后,说:"国内道教不愧为世界道教的楷模,道教真正的希望在祖国大陆。"[②]

1990年12月,代表台湾40个道庙的台湾道教科仪交流朝圣团,参访了中国道教协会和北京白云观,举办了"海峡两岸醮仪讲坛"。

1991年9月,北京白云观道众为台湾麻豆代天府迎请斗姆元君举办了三天开光道场。同年,台湾省到白云观迎请神像71尊。

1993年,台湾文化三清宫理事长黄胜得、高雄文化院蔡文,应邀访问中国道教学院。黄胜得发表讲话,说:"道教是根植于中华民族的古老的国教,继承和发扬道教优良传统文化是我们炎黄子

375

---

① 《中国道教》,1989年第4期。

② 《中国道教》,1990年第3期。

孙神圣的使命和光荣的职责。希望我们今后加强往来,为道教发扬光大共同努力。"①

二、香港道教

香港,是指包括香港岛、九龙、新界在内的地区。原属广东东莞县管辖,自古以来就是我国领土不可分割的一部分。1842 年 8 月,英帝国主义强迫清廷订立不平等的《南京条约》,占领了香港岛;1860 年 10 月,又强迫清廷签订《中英北京条约》,割让九龙半岛;1898 年 6 月,清廷又被迫签订《展拓香港界址专条》,英国强行租占了新界。于是,整个香港地区就处于英帝国主义的统治之下。然而,香港居民中有 98% 是中国人,与祖国内地有着不可分离的血缘关系,在思想文化上与传统中国文化一脉相承。

香港何时开始有了道教的传播、何时有了道教宫观,迄今仍无定论。不过,从史料来看,自明季(17 世纪中期)起,香港一带地区已经有了道教的传播,至清代,所建宫观已有不少。历史较为悠久的香港道教宫观,诸如屯门青云观、大屿山鹿湖普云仙院、上环文武庙、长州北帝庙、湾仔北帝庙、红磡鹤园角北帝庙、元朗旧墟玄关二帝庙、元朗八乡元岗众圣宫等,都留有清代文物,或者建于清代。从其分布来看,这些宫观所在地又恰是清朝时有较多人口聚居之处。民国以来,道教在香港继续得到发展,属广东罗浮山酥醪观一系的一群奉信道教的晚清遗老,如张学华、陈伯陶、黄佛颐等人,对香港道教的发展起了一定作用。香港道教有先天道、全真道和纯阳派三大派别。

先天道带有浓烈的三教合一色彩,信奉的神灵是三教圣人,尤以观音大士最为普遍。属于这派的道堂有九龙道德会龙庆堂、紫霞园、英庆堂、永乐洞、翠竹林、瑞霞园、心庆堂、宾霞洞、智园、金霞精舍、藏霞精舍等。先天道在香港有两大系统,其一是正统先天道传至香港发展的道堂组织,其二则属先天道分支同善社的一脉。曾任香港道教联合会主席的汤国华,即为这派的领袖人物。

---

① 《中国道教》,1993 年第 3 期。

先天道创立于明清之际,据说起因于不满外族的专制统治,以刘基、王守仁、顾宪成、黄宗羲、王船山、顾炎武、颜习斋、钱大昕、洪亮吉、孙星衍等明清大儒为先贤,以瑶池金母(按:又称老母)为最高神,主张人性本善、天堂地狱轮回和阴阳五行及礼拜祖先等传统观念。总之,信仰上主张儒、释、道三教融汇,再加天主教、伊斯兰教,五教共参,以道德哲理为基础,以"天人合发"为最高境界。理论上以宋明理学为主体,对濂、洛、关、闽各派,禅、净、显、密各宗,老、庄、孔、孟各圣,以及道教的积善、修静、丹鼎、符箓、经论、感应、占验诸家都表示尊重;修持上主张内外同修。外功指行善积德,内功指锻炼精气神。然而,得道者必须先积德,外功与内功相互并进,才能成道。虽说先天道以"行儒家之礼,持释宗之戒,修道教之功"为宗旨,三教参融,但其实质仍以道教为主。

先天道的另一支派——同善社,与正统先天道有一些区别。从修炼方式上看,正统先天道徒毋需出家持斋守戒,只要诚信亦可得道成仙;同善社道徒则须严格恪守佛家戒条,长期吃素,修持内外功,才可成正果。不过,无论是正统先天道还是同善社,两者在香港都被承认为正统的道教组织。

据罗智光《代先天道答美国密西根大学人类学系讲师桑安硕士问题十三则》谓:今天香港的先天道,"已支持及致力香港道教联合会,融汇各支各派,发扬道教,致力于宣道、教育、慈善工作,而非囿于一隅,存门户之见"①。又说:"至于教中领导架构,则因目前后辈多不肯茹长素(按:即守释家之戒),未能依法规进升等级,不能达到掌权的法定地位,各道堂唯有改组为有限公司,采选举制。但宏教工作,则因后继乏人,发展未如理想,甚至有乾班式微的倾向。"②据黄兆汉、郑炜明两人的研究,说:"目前香港的先天道,乃香港道教联合会的成员之一,明显地以道教的一份子自居,盖其自谓教中戒律森严,且重视内丹的修炼,故强调乃属道教。但据笔者调查研究所得,即以道教的角度来看,现在香港的先天道的形态已与

---

① ② 1975 年《香港道教联合会新厦落成特刊》,第 75 页。

前大不一样。目前的香港先天道,已可分为乾(男性教徒)道的积善派和坤(女性道徒)道的丹鼎派两大派;盖为了适应现代生活,目前先天道大多数的男性为了谋生,已渐放弃内丹的修炼,改为行善积德,以所得钱财办道;而女性道徒,则仍有许多严守戒律,精修内丹的。因此说现代的先天道,可分两大支,而香港的先天道,尤具这方面特色。"①

全真道是香港颇为流行的另一个道派,与内地全真道相同,是奉金人王重阳为始祖的一个道派,它主张三教合一。在香港的全真道,仍以王重阳七大弟子之一的丘处机所创龙门派最有影响。属于这一派的道观有青松观、蓬瀛仙馆、万德至善社、云鹤山房、玉壶仙洞等。此外,还有属于全真派的竹林仙馆。

纯阳派是以吕洞宾为崇拜主神,并同时供奉铁拐李、张果老、何仙姑、蓝采和、曹国舅、韩湘子、钟离权等神仙的一个道派。吕祖信仰在香港非常流行,全真教各派别以及其他一些不标榜纯阳派的信徒也拜吕祖,例如青松观、蓬瀛仙馆、松荫园佛道社、省善真堂、万德至善社、云泉仙馆、通善坛、竹林仙馆、玉壶仙洞、信善坛、六合玄宫、纯阳仙洞、庆云古洞等。就现在的情况看,香港不少道堂都常常请吕祖降乩,训示善信。

香港道派,除以上所介绍的三大派之外,还有相传属于闾山三奶派、位于新蒲岗的魏氏广德祖坛;有以六壬神功为主,崇奉李淳风的六壬派;还有一般只做法事,师徒或父子相传,俗称喃呒佬的职业道士。同时,还有自谓源于茅山宗支派的清花派、江湖组织的流民派等。他们皆自己标榜为道教传人,并以道术招徕信众。

香港道教供奉的神灵对象非常多,上有道教最高尊神三清,下至历代仙人、圣贤、菩萨。换言之,香港道教所奉神祇,一是以道教正宗为信仰基础,崇奉三清、吕祖及全真祖师;另一则是融会儒、释、道三教根本信仰,崇奉三教圣神。而香火最盛者为吕洞宾和赤松黄大仙,其次为全真祖师、佛教的观音菩萨。"三教合一"可说是

---

① 黄兆汉、郑炜明:《香港与澳门之道教》,香港略加山房有限公司,1993。

香港道教特色之一。

据悉,香港目前约有大大小小的道堂、宫观 120 余个,著名的有圆玄学院、青松观、啬色园、蓬瀛仙馆、云泉仙馆、信善紫阙玄观、黄大仙祠、九龙道德会龙庆堂、道教通善坛、竹林仙馆、明元仙馆、华松仙馆、信善坛、六合玄宫、玉壶仙馆、长州北帝庙、筲箕湾谭公庙、鲤鱼天后庙等。

1961 年 6 月,香港成立了道教联合会(简称道联会),是目前香港最大的道教组织,由香港各道堂代表组建而成。1966 年 6 月,向香港政府申请注册为有限公司,1967 年 3 月获得批准而成为香港六大宗教团体之一。截至 1990 年 1 月 1 日,集体入会的有 65 个大小道堂、道观,散布于香港岛、九龙、新界和离岛各地。这 65 个成员是:青松观、圆玄学院、啬色园、蓬瀛仙馆、云泉仙馆、省善真堂、九龙道德会龙庆堂、抱道堂、翠柏仙洞、竹林仙馆、金兰观、先觉祠、玉壶仙洞、通善坛、六合玄宫、松荫园佛道社、万德至善社、信善坛、华松仙馆、竹隐长春洞、心庆佛堂、纯阳仙洞、善济佛道堂、庆云古洞、行德佛道社、香港道德会善庆洞、英庆堂、竹林精舍、藏霞精舍、玉清别馆、玉霞阁、芝兰堂、宾霞洞、天启道坛、翠竹林、云鹤山房、永乐洞、明元仙观、万佛堂、松庆苑、乾元洞、瑞霞园、崇珠阁佛道社、天真堂、飞霞精舍、慈善阁、赤园堂、普善佛堂、莲鹤仙观、紫霞上园、葆真堂、飞雁洞、觉园、仁枫佛道社、金霞精舍、成德堂、灵霄阁、香港道德会福庆堂、义庆堂、九龙别院、六合圣室、圣明坛、真霞观、仁德善社、崇道堂等。香港道教联合会,宣称以"忠、孝、仁、爱、礼、义、廉、耻"八德为立会基石,劝人向善,以善行事,实为以道教信仰为主体的儒、释、道三教联合体。它与其隶属的六十多所道堂并无领导与被领导的关系,六十多个道堂各有自己的宗旨、活动方式和主持人,只是在举办、处理有关香港地区道教界的大事时起教务方面的组织、协调作用。道联会会长为柳子元,副会长有侯宝垣、陈立、罗智光、吕重德、宋锡珍、林忠汉、邓九宜、黄桂。主席为汤国华,副主席为陈钦、黄廷荣、吴耀东、赵镇东、丘福雄。道联会下设总务、财务、宣道、慈善、交际、调查、稽核、文书、经忏、妇女、学务等部门。会址设在九龙深水埗。

香港的道教团体,不遗余力地为文化事业,特别是教育事业的发展贡献力量,兴办有幼稚园、小学、中学。由道联会主办的学校有13所,其他团体主办的有15所,在这方面最有成绩的当属圆玄学院、青松观和啬色园。这些学校主要分布于新界及九龙地区,招生对象一般以家境较为清贫的子弟为主。这些学校的办学方针是:"以'道化教育'为目标,大至以道为宗,以德为化,以修为教,以仁为有育,旨在以道为中心,导人向纯朴真诚,以孝、悌、忠、信、礼、义、廉、耻八德为修行要目,希望学生有良好品德,身体强健,学识丰富,使能于现代社会中,尊重道德修养,运用科学技能,精神与物质文明并重。"注重兴办教育,可说是香港道教界的又一大特色。

香港的道教组织,在社会福利慈善事业方面也颇有建树。各道教组织共办有诊所七间、安老院(又名敬老院)九所,另有儿童院、医药局、老人服务中心和青年自修室。热心于社会福利慈善事业,也是香港道教界的特色之一。香港道教的另一特色是商、教合一。许多道教领袖,不仅为弘扬道教做出成绩,同时也是成功的商界人士。宫观道堂大都从事工业或商业活动,有些宫观也称为"有限公司"。

总之,香港道教具有与内地道教明显不同的特色,其道派多与全真道有关,正一道(天师道)流传不广,主要在新界渔村的农村地区传播,以在家修行者为主。

香港学术界重视对道教的研究。许地山教授是香港学者中道教研究的先行者。1934年6月,他撰写的《道教史》上册由上海商务印书馆出版,是我国学界较早出现的道教史专著,影响较大。可惜未能续完,令人遗憾。1935年9月,他在《读书季刊》第一卷第二期上发表论文《道教的根本思想及其对于人生的态度》。1941年6月,又在商务印书馆出版了《扶箕迷信的研究》。

饶宗颐教授于1956年4月出版《敦煌六朝写本张天师道陵著老子想尔注校笺》,1991年11月由上海古籍出版社出版了增订本,易名为《老子想尔注校笺》。此书在欧洲道教研究学者中引起广泛重视,影响极大。此外,他还撰有《想尔九戒与三合义》、《老子想尔注续论》、《四论想尔注》、《老子想尔注考略》、《太平经与说文解字》、《吴县玄妙观石础画迹》、《论敦煌残本登真隐诀(p·2732)》、《南戏戏神咒哩啰哖问题》、《全真教与西安鼓乐》等极具学术价值的道教研究论著。

黄兆汉博士在 1982 年出版了 *Investigations into the Authenticity of Chang San Feng chuan—chi*。1988 年出版《道教研究论文集》、《明代道士张三丰》、《道藏丹药异名索引》。1993 年出版 *Mortal or Immortal ——A Story of Chang San Feng the Taoist*。合著《香港与澳门之道教》。

此外,还有研究道教音乐的曹本冶博士;出版有 *Taoist Tradition and Change* 一书的徐佩明博士。

1978 年,道联会创办的机关刊物《道心》年刊正式发行,它是香港道教界最重要的刊物之一。同年 6 月,庆云古洞机关刊物《道声》月刊出版。1990 年元旦,大道杂志社有限公司出版《大道》季刊。同年 2 月,省善真堂出版机关刊物《省善月刊》。1992 年 6 月,香港道教学院主办、上海古籍出版社出版《道家文化研究》。这五种刊物中,《道心》、《道声》、《省善月刊》旨在弘教,而《大道》与《道家文化研究》则学术性较强。

香港还举办过两次"国际道教科仪及音乐研讨会"。第一次在 1985 年 12 月 11—15 日举行,论文以《国际道教科仪及音乐研讨会论文集》编辑发行;第二次会议在 1989 年 12 月 26—30 日举行。

在推广道教知识方面,道联会学务部于 1982 和 1986 年印行了汤国华先生编撰的《道教知识》、《道教知识教学会参》,作为香港各道教中学的教科书。

近年来,香港人士对道教的研究工作正在展开,且有上升之势,宫观坛堂也不断增多,表明道教在香港社会的地位日益重要,越来越普及。

三、澳门道教

澳门原属香山县(今广东中山),包括澳门半岛、凼仔岛和路环岛,居民以华人为主。

香山地区早在宋朝就有了道教的传播,且颇为活跃。不仅建立了规模宏大的道观,供奉道教尊神三清、玄武、天后、东岳大帝、城隍、康王神等,而且还有修真的坤道。元、明两朝,供奉的神灵又增加了洪圣爷、文昌帝君、关帝、北帝。清朝初年,道教在香山地区有了更大的发展,拱北地区建立了太清道观和北帝庙。这一切,对澳门所产生的影响是毋庸置疑的。

澳门境内,在明成化(1465—1487)间也有了与道教有关的妈祖信仰,建有妈祖阁庙。现知最古老的弘仁殿,则建立于明弘治元年(1488)。正统道教的遗迹在澳门也是可见的,如约建于1891年的属全真派的吕祖仙院、医灵庙内就有属于正一道的张天师殿。澳门的道教与大陆及香港道教有渊源关系,太乙门纯阳派信善系在澳门建有紫阙玄观,以及尊崇吕祖的云泉仙馆。除正统道教的庙观外,澳门还有供奉哪吒的哪吒庙,供奉康君的康真君庙、望厦康真君庙,供奉关帝的三街会馆关帝古庙、凼仔岛关帝天后古庙、路环九澳三圣庙、路环三圣宫,供奉女娲的(又名灵岩观、灵岩仙观)女娲庙,供奉玄武的凼仔北帝庙,供奉谭仙(又称谭公)的中环九澳三圣庙、路环三圣宫、路环谭仙圣庙等等。澳门民众最为崇信的是海神天后,其次为朱大仙、三婆神、洪圣爷等海神。另外,如石敢当、土地、财帛星君、鲁班先师、华光大帝、华佗先师、社神、福神、太岁和侯王等神灵也受到崇奉。可以说,澳门的道教信仰具有浓郁的民间色彩的特点。

当代澳门道教,其重要组织有澳门儒释道联合会,办有1974年成立的凼仔孝思墓园。此外,也有先天道的活动踪迹。20世纪80年代,在凼仔和路环两岛,少数道士代为主持许多带宗教性质的仪式,为人做法事的道士则开有道馆,较为有名的如灯明道院、李七道馆等。

澳门东亚大学文学硕士,现任澳门大学中文系讲师的郑炜明,在研究澳门道教方面颇有心得,与香港的黄兆汉合撰《香港与澳门之道教》一书。

第三节　道教在世界各地的传播

作为中国传统文化重要支柱之一的道教文化,很早就随着中华民族对外的经济、文化交往,走向世界。特别是在亚洲地区,其影响之深是不可低估的。同时,它也传播到美洲、欧洲、非洲、大洋洲的许多国家。中国道教所蕴含的丰富内容、博大精深的体系,吸引了众多的研究者,受到尊重和仰慕。现在,国际上涌动着一股研究道教文化的热潮,对道教文化展开全方位的研究、探讨。研究者中,既有信徒,也有学者。

据1952年台湾《中华日报》编印的《世界要览》及台北"嗣汉天师府"驻海外办事处统计,海外道教活动场所及道士、信众分布情况:北美洲设坛或庙54座,道教徒2.5万人;南美洲设坛或庙85座,道教徒2.7万人;大洋洲设坛或庙130座,道教徒9500人;欧洲设坛或庙98座,道教徒2.9万人;非洲设坛或庙54座,道教徒3400人;亚洲,日本设坛或庙12座,道教徒3400人;泰国设坛或庙9座,道教徒5200人;缅甸设坛或庙7座,道教徒2700人;印尼设坛或庙4座,道教徒820人;印度设坛或庙2座,道教徒120人;菲律宾设坛或庙58座,道教徒3.8万人;马来西亚设坛或庙135座,道教徒1.25万人;新加坡设坛或庙198座,道教徒2.7万人。台湾的"天师府"在美国、加拿大、菲律宾、新加坡、马来西亚等国设有办事处。近年来,随着改革开放形势的发展和宗教信仰自由政策的贯彻落实,我国各级道教协会及许多名山宫观,逐渐与国外道教界有了友好交往,如美国亚利桑那州中孚道院,纽约紫根阁、天后宫和应道观,夏威夷的太玄道观,加拿大多伦多蓬莱阁,法国巴黎挽云楼,新加坡金锻殿、混元道坛等,都与北京白云观和中国道教协会建立了交往关系。国外对道教文化有较深了解和研究的是日本、英国、法国、加拿大、美国、澳大利亚及韩国的一些学者和学术团体,他们的研究取得了丰硕的成果。就道教在日本的情况来看,据推测编集于7世纪末的《日本国见在书目录》就收有道教经典或与道教相关的书籍,诸如《老子化胡经》、《太上老君玄元皇帝圣化(记)经》、《本际经》、《太上灵宝经》、《消魔宝真安志经》、《三甲神符》、《三五禁法》、《太一经》、《黄帝注金匮经》、《黄帝龙首经》、《玄女经》、《龙虎上经》、《印书禹步》、《太清神丹经上篇》、《太清金液丹经》、《神仙服药食方经》、《调气导引》、《调气导引法》、《五岳仙方》、《延年秘录方》、《八素真经》、《素女经》、《三五神禁治病图》等 63 种。8 世纪末,日本僧人空海入唐求法,回日本后撰写了《三教指归》,对儒、佛、道三教优劣发表了自己的看法。成书于 712 年的日本古籍《古事记》和成书于 720 年的《日本书纪》,很明显地运用道教哲学思想为主旨来论述宇宙生成理论。由藤原明衡于 11 世纪撰成的《本朝文粹》,就载有于 870 年的春澄善绳和于 879 年去世的都良香关于"神仙"问对的文章,不仅大量运用描述道教仙境、道术的词语,而且还提及三十六洞天、七十二福地、青童君等。这些史料表明,至迟在唐朝时,道教文化已在日本受到官方和民间的重视,对日本社会产生的影响是广泛的,在哲学、民俗、医学、神道等方面都有所体现。正因为如此,日本学者才提出"日本的道教"的名称。

　　19 世纪末,日本学者开始对道教文化研究发生兴趣,他们既对道教本身进行研究,也对道教传入日本后所产生的影响进行探讨。黑板胜美撰《我国古代的道教思想及道教》,推断以大和的田身岭、葛城山为中心的四周群峰上筑有道观,得出道教不仅作为一种文化思想,作为宗教教团也早就传到日本的结论。到明治、大正、昭和时期,涌现出了一大批道教文化研究者,他们是黑川真道、石谷斋藏、吉田东伍、冈崎清安、斋藤励、山本信哉、津田敬武、津田左右、西田直二郎、和迁哲郎、黑板胜美、竹内理山、铃本重光、小柳司气太、妻木直良、铃木由次郎、竹内义雄、那波利贞、美河纳、下出积舆、吉冈义丰、清原贞雄、福永光司、福井康顺、中村璋八、窪得忠等。这些学者并不只囿于从日本古文献中对道教进行研究,而且有许多人还来到中国进行实地考察,同中国道教界、学术界接触,写出了不少颇具价值的学术论文、专著,受到世界学术界的注目。

　　1950 年,为促进对道教、东方民族宗教及文化诸方面的研究,以研究宗教的学者为主,成立了"日本道教学会",并创办了《东方宗教杂志》,著名学者酒井忠夫、福井康顺、秋月观暎、阿部肇一、今井宇三郎、金冈照光、穴泽长雄、石川忠久等都是其核心成员。现在,紧随这批老一辈学者之后,新起的研究者也不少,如蜂屋邦夫、中嶋隆藏、三浦国雄、麦谷邦夫、吉川忠夫、末木文美士、原田二郎、吉田纯等。近年来,日本学者到中国进行道教考察、进修、学术交流以及参加学术研讨会的人逐年增多,中日双方学者的互访、交流活动亦方兴未艾。

日本的宗教团体与中国道教界的交往也日渐密切,如日本阿含宗友好访华团在馆长桐山清雄的率领下,于1990年11月再度拜访了中国道教协会。桐山先生曾于1989年1月来到北京白云观拜访中国道教协会,为修复窝凤桥捐款。这次重访,不仅参拜了白云观各殿堂,而且还到中国道教学院参观访问。1991年5月,号称道教全真道龙门派弟子的早岛正雄道长,首次到北京白云观朝圣拜祖。他在日本先后开办了30多处道场,有信徒30多万,并撰写了《老子庄子事典》、《道家入门》、《不老回春法》等道教方面的专著。他表示要在日本建立一所白云观下院,要按照道教全真龙门派的仪范来武装信徒,还邀请中国道教学院与日本道教学院互访、交流。同年10月,在早岛正雄道长的率领下,由124名日本道教信徒组成的朝圣团,又来到白云观拜祖朝圣,白云观经师为他们举行了"祈福、消灾、延寿法会",并向每一位日本道友赠送了道服、道巾、参访朝圣的证书。

就道教在朝鲜的情况来看,朝鲜何时有了道教的传入,说法不一,有的说是在3世纪左右,有的认为是在"三国时代"(按:指朝鲜的高句丽、百济、新罗时期)。但是,道教在唐高祖时已传入朝鲜应是确凿无疑的,而且对朝鲜社会产生的影响相当大,宝藏王就将道教看做治国的法宝之一。8—15世纪,朝鲜的士大夫及庶民阶层都热衷于道教,在文宗、肃宗、睿宗、仁宗、毅宗五朝,道教在朝鲜达到全盛,不仅修建了大型道观,而且还确立了道士制度和祭祀制度,并举行大规模的国家斋醮活动。此时,道教与朝鲜固有的桓固、桓

385

雄和檀君王俭三神崇拜相结合,创立了道教在朝鲜的道统,三神被视为朝鲜道教的始祖。17世纪时,编者撰成了记录朝鲜道教道派传承的《海东传道录》,以及反映道士隐居生活的诗文集《青鹤集》。19世纪60年代,崔济愚在道教的基础上,并综合佛教和朝鲜民族信仰,创立"天道教"(原名"东学道")。天道教在传播中,同农民运动相结合,在朝鲜社会产生极大影响。道教的炼丹术和服食等养生术也传到朝鲜,并逐渐形成了朝鲜的炼丹派和道教医学。

近年来,韩国学者也表现出对道教研究的强烈兴趣,从事道教研究或与道教相关问题探讨的学者越来越多,并成立了韩国道教学会、韩国道教思想研究会。韩国学者李能和撰有《韩国道教史》、《韩国巫俗史》等,车柱环撰有《韩国道教思想研究》,李成焕撰有《韩国朝鲜中期的关帝信仰》等。致力于对韩国受道家、道教影响这一领域的探索的学者,还有都珖淳、宗恒龙、梁银容等人,他们都撰写了一些专著和论文。

就道教在东南亚的情况来看,由于地域和历史的原因,东南亚各国的人口比例中,华裔和华侨占有相当大的部分,有的国家甚至主要以华裔为主。道教至迟于唐代就传入东南亚地区,直至今日,在东南亚各国的现实生活中,也可看到道教的影响。例如道教的航海神"妈祖",仍受崇奉。缅甸、泰国的信道者在每年立冬后、清明前,都要到云南省腾冲县云峰道观谒拜。1990年,新加坡道教总会成立。这一道教组织,是由近30座道观和道教团体组成,以协调新加坡道教团体为务的中央机构。1991年9月,该会应中国道教协会之邀,在总会主席陈国显的率领下,对北京、上海、浙江、江西等地的道观进行参访,陈国显主席还在江西天师府受箓。并表示,今后双方要加强交往,为弘扬道教文化共同多做工作。1991年9月,马来西亚茅山教五馆总坛的马来西亚道士,在李天师的带领下,回国参拜茅山祖庭,并在江西龙虎山受箓。

就道教在欧美的情况看,随着华侨进入欧美各国,道教也在这些国家中传播开来并产生影响。欧美各国的道教信仰者以华侨为主;本土居民中,道教信仰者和道教团体也有,但历史不长,人数不多。然而,对道教的养生、内丹修炼、武术等感兴趣者却不在少数。此外,对道教理论感兴趣,且从事这方面研究的欧美学者也大有人在,近几十年中呈上升趋势。

欧美人士对中国道教的直接了解,进而对其展开研究,最早可追溯至 1840 年鸦片战争时期。鸦片战争的结果,使中国的大门被迫向资本主义国家开放。于是,许多基督教传教士接踵来到中国,他们利用传教的便利条件,在驻华外交官的帮助下,对中国各方面的情况进行调查研究,开始对中国道教有了认识,撰写出了一批研究著述,如英国传教士理雅各的《中国的宗教》、《道教经典》,法国耶稣会传教士戴遂良的《道教》、《中国的宗教信仰和哲学思想》,英国传教士艾约瑟的《中国的宗教》等。到 20 世纪 60 年代,逐渐形成了日本、法国、美国等三个道教研究中心,而在英国、德国、荷兰、澳大利亚、瑞士和加拿大等国也有不少研究者。

法国道教研究者中,早期代表人物为葛耐、马伯乐、石泰安、康德谟,后继者为施博尔。其中,康德谟是世界著名的中国宗教学权威人物,尤其精道教学研究,他是葛耐和马伯乐的高足。法国汉学家对中国宗教学作研究已有 200 余年历史。施博尔是当代法国最著名的道教学研究者,享有世界声誉,现任巴黎高等研究院第五高研院宗教组主任导师及主持道教文献馆工作,又为欧洲青年汉学家会议执行秘书。他受教于康德谟,曾在台南居住七年,拜道士为师,修习正一科仪。他撰写了大量有关道教的著述,专著、论文多达近三十种。

美国的道教研究,虽说起步较晚,然而,从 20 世纪 60 年代以来,取得了长足进步。其较为著名的道教研究代表人物有韦尔奇、希文、斯特里克曼、萨梭、顾立雅、马瑟等人。韦尔奇被视为美国道教研究的开拓者,曾任哈佛大学东亚研究中心世界宗教研究中心副主任。希文专门研究中国文化史和科学,讲授中医治疗、宗教仪式疗法、巫术治疗和天文学、炼丹术。斯特里克曼为国际上著名的道教学者,侧重于六朝以前时期,其对茅山上清派的研究成果最为引人注目。萨梭曾在台湾从事道教与民俗方面的研究和调查工作,与新竹道士陈登云、钱彩枝交往颇深。他尽力收集道教科仪书法诀秘本,获庄、林、陈、吴诸家世传珍抄秘本,后由台北市成文出版社以《庄林续道藏》为名刊印出版,又由东京龙溪书舍以《道教秘诀集成》为名,刊出道教珍贵世传抄本数种,引起国际道教学者的重视。撰有道教论著近 20 种。马瑟为六朝思想研究美国名家、《世说新语》英译者,他对六朝时期的道教、佛教有极为深刻的见解。

此外,李约瑟为英国最著名的道教研究者。牛津大学的彼得龙教授从事道教研究,撰写了《宋代馆阁及家藏道书综录》。瑞士的霍曼教授也撰写了不少道教论著,德国的赛德尔从事早期道教研究。荷兰的佛教目录学权威舒克尔,近年来开始从事道教研究,并在罗马东方学院成立了道教研究小组。澳大利亚的柳存仁教授、加拿大的冉云华教授都是著名的佛、道教研究者。

欧美学者对道教研究所涉猎的范围相当广泛,特别是近几十年来研究成果累累,所涉范围尤广。有的是前人已有所探讨但不深入领域,有的则是在以往的研究中从未被涉足的领域。他们在研究过程中,对道教的认识也更为深刻,认识到:"道教与中国人的生活与思想密切相关,由于这个缘故,世界上研究道教的学者强调了道教对认识中国的重要性。"由于他们的努力,在道家、道教及相关的中国科技、宗教思想、对外文化交流、美学及政治经济领域等等方面,都取得了令人瞩目的重大研究成果。

欧美学者在考察道藏源流、编辑道教研究文献目录索引、道教经典的研究、道教斋醮科仪的研究、道教与儒释关系的研究、道教与民间宗教关系的研究、道教与艺术的研究、道教炼丹史研究、道教医药学的研究、道教现状的调查研究等方面,都做了不懈的努力和有益的探讨。他们不仅从文献、经典方面进行研究,而且还试图深入到秘传道教的研究中,并取得了一些成绩。而且,在他们的促进下,从 1968 年至今,已召开了数次国际性的道教研究学术讨论会。这些讨论会,不仅议题广泛,有深度,且对于研究水平的提高也起了不可忽视的作用。

近年来,欧美道教学者加强了与中国道教界和学术界的交往、联系,前来中国大陆进行实地考察、学习的人士日益增多。我们相信,在中外道教界和学术界的共同努力下,道教文化研究必将会有一个光明的前景。

389

第一节　基本信仰及神仙

　　综观历代道教诸派的理论,尽管有方方面面的差异,但有一点却是共通的,即它们都以"道"为其基本信仰。

　　道教以"道"名教,"道"就是其信仰的核心,道教的一切教理教义和修炼方术,无不发端于此。道教的"道",作为教理枢要、最高信仰,渊源于先秦道家,又称为"大道"、"常道"。它无时不在,无处不有,是造化天地万物的本始、本根,是天地万物存在的最终依据。"道"虽然看不见、摸不着,却可以"因修而得"。只要人们肯于认真修道,就能使道与生相守,生与道相保,二者不相离,"神与道合,谓之得道"①,"得道"以后,便会"与道同久"②,长生久视,成为神仙。

　　长生成仙是道教追求的终极目标。为实现这一目标,道教按照众生均可修道成仙的思想,提出了一系列的道功、道术,或者叫做修炼方术,如服食、行气、房中术、守一、外丹、内丹,以及斋醮、符箓、禁咒、守庚申等等。在涉及这些内容的著作中,除了大量宣扬宗教迷信的糟粕之外,也保存了许多关于化学、医学、药物学、养生学等有价值的资料,成为研究中国古代科技史的重要文献。道教的修炼方术,贯穿着一个"我命在我不属天地"③的思想,认为人的生命的寿夭存亡,完全取决于自身是否善于修道养生,这跟儒家"死生由命"的宿命论思想不同,它包含着积极的人生意义。这也

---

①② 《道藏》,第 22 册,第 897 页。

③ 《道藏》,第 11 册,第 507 页。

是道教信仰的一个重要特点。

　　道教信仰的最终目标既然是长生成仙,并进而升入神仙世界,那么,它是通过什么样的途径来完成这种论证的呢? 总的说来,道教的这种神学论证,大致有以下几个方面。

　　第一,从"道"的神秘性和永恒性来推出人能长生成仙的结论。道教认为,道是有意志的、不可思议的,具有永恒的生命力。它化生万物,又寓于万物,人只要修道、宝精、爱气、全神,即可长生不老。葛洪《抱朴子内篇·至理》谓:人只要得道,便可以从中获取这种神秘的生命力,从而像道一样永恒存在。《形神可固论》云:"身者,道之器也,知之修炼,谓之圣人。"[①]

　　第二,以精、气、神理论来解释人能长生成仙。在道教看来,精、气、神是人生命的三大要素,人之所以夭亡,是因为精耗、气竭、神衰。葛洪说:"人在气中,气在人中,自天地至于万物,无不须气以生者也"[②]。《形神可固论》亦谓:"人之炁与精神,易浊而难清,易暗而难明,知之修炼,实得长生。"[③]故修炼精、气(炁)、神,就可以长生成仙,以物质存在的永恒性克服生命个体的短暂性。

　　第三,以道教的形神理论证明神仙可致。道教认为,人的生命分为两部分,一是物质性的"形",一是精神性的"神"。长生成仙,就是肉体不老,精神长存。人之老死,皆因形体衰朽,神去其形。《抱朴子内篇·至理》说:"夫有因无而生焉,形须神而立焉。有者,无之宫也。形者,神之宅也。故譬之于堤,堤坏则水不留矣。方之于烛,烛糜则火不居矣。身劳则神散,气竭则命终。"[④]因此,修性可以固命,养性可以全神,形神永固,则长生可致。

　　第四,以道教的变化思想论证人能长生不死,成为神仙。谭峭曰:"夫变化者,乃天地之自然,变化之术,无所不能,雉可变为蜃,雀可变为蛤,死而更生,男女易形。故物类受气不定,可以互变。"葛洪说:"化形为飞禽走兽,及金木玉石,兴云致雨方百里,雪亦如

　　①③《道藏》,第 32 册,第 664 页。

　　②④ 王明:《抱朴子内篇校释》,第 103、99 页,中华书局,1985。

之,渡大水不用舟梁,分形为千人,因风高飞,出入无间,能吐气七色,坐见八极。"①因此,人也可以化为神仙。谭峭《化书·生死》谓:人若达化化不间、生死必然之理,"虚而乳之,神可以不化,形可以不生"②,达到有神无形的永恒境界。

第五,通过夸大医药的作用来论证人能长生成仙。《抱朴子内篇·论仙》说:"若夫仙人,以药物养生,以术数延命,使内疾不生,外患不入,虽久视不死,而旧身不改,苟有其道,无以为难也。"③可见,道教认为药物不但能够治病养生,延年益寿,如果制作得法,炼成金丹大药,服之还可以使人长生不死,成为神仙。

对神仙的追求是道教的特色之一,这既不同于佛教,也不同于基督教或伊斯兰教。所谓神仙,其实就是道教理想中的修真得道、神通广大的长生不死者,所以又称神人或仙人。《易·系辞》云:"阴阳不测之谓神。"④《庄子·天下篇》谓:"不离于精,谓之神人。"⑤

在早期道教中,神与仙稍有区别。神,一般是指天界地位较高、权力较大的神灵;仙,是指由人修炼而成的长生不死之人。当然,有时也不加区别,统称为神仙。神仙具有超出凡人的能力和神通,《庄子·逍遥游》:"藐姑射之山,有神人居焉,肌肤若冰雪,绰约若处子。不食五谷,吸风饮露。乘云气,御飞龙,而游乎四海之外。"⑥葛洪的《神仙传》称:仙人可以耸身入云,无翅而飞,驾龙乘云,上造天阶,化为鸟兽,浮游青云;或潜行江海,翱翔名山。或食元气,或茹芝草,或出入人间而人不识,或隐其身而人莫见。面生异骨,体有奇毛,性好深僻,不交流俗。连相貌和生活习惯都与常人不同。

道教所崇奉的最高尊神是"三清",即:元始天尊、灵宝天尊、道德天尊。据《道教三洞宗元》等经典称:由混洞太无元玄之青气化

---

①③ 王明:《抱朴子内篇校释》,第 309、13 页,中华书局,1985。

② 丁祯彦、李似珍点校:《化书》,第 13 页,中华书局,1996。

④ 徐子宏译注:《周易全译》,第 354 页,贵州人民出版社,1991。

⑤⑥ (清)郭庆藩辑:《庄子集释》,第 1066、28 页,中华书局,1961。

生为天宝君,又称元始天尊,居清微天之玉清境,故称"玉清";由赤混太无元玄之黄气化生为灵宝君,又称灵宝天尊,居禹余天之上清境,故称"上清";由冥寂玄通元玄之白气化生为神宝君,又称道德天尊,即太上老君,居大赤天之太清境,故称"太清"。三者合称为"三清"。此三君各为教主,即三洞之尊神,统御诸天神灵,为神王之宗、飞仙之主,宇宙万物皆为其所创。《魏书·释老志》说:老子先天地生,厥迹无常,历任三皇五帝之师。《隋书·经籍志》又谓:元始天尊生于太元之先,禀自然之气,冲虚凝远,莫知其极,故称元始。天尊之体,常存不灭。

"三清"之说,初见于六朝,唐宋时已臻极盛,道教奉为最高尊神。有老子一气化三清,或说三清皆为元始天尊之化身的说法。

道教所奉神灵,除"三清"外,还有各种天神、地祇、人鬼及众多的仙真,其神灵系统是复杂而庞大的。各个神仙之间,又有品位高低之分,等级极为森严。陶弘景说:"三清九宫,并有僚属,例左胜于右。其上惣称曰道君,次真人、真公、真卿。其中有御史、玉郎诸小号,官位甚多也。女真则称元君、夫人,其名仙夫人之秩,比仙公也。……凡称太上者,皆一宫之所尊。又有太清右仙公、蓬莱左仙、太极仙侯、真伯、先监、先郎、先贤。"[1]又说:"虽同号真人,真品乃有数;俱目仙人,仙亦有等级千亿。"[2]陶弘景撰《真灵位业图》,第一次给道教诸神编制了一个神谱,依照七个等次给道教的三千余名神仙安排了一个序列。此对道教神学是一大贡献。

总之,道教崇奉神与仙,既是其基本信仰的外在表现,又是从中国原始宗教、古代宗教、古代神话,战国以来的神仙以及民间信仰、佛教诸方面,对原有的神、仙、神话人物、英雄人物,具体地继承、吸收、修饰、改造,从而构成自己的祭天帝、敬仙真、祀百神的崇拜奉献体系。这个体系经历了八百多年,至宋代才最后定型,

---

① 《文渊阁四库全书》,第899册,第50—51页,台湾商务印书馆,1986。
② 《道藏》,第3册,第272页。

成为后世通行的道教神系的基础。实质上,道教神仙世界森严的等级,恰恰正是人间世界封建等级制度的折射。

第二节　仙境、宫观、组织、戒律及清规

一、道教的仙境

道教称神仙所居之胜境为仙境。仙境之说,源于古代神话。这类神话,开始以昆仑山为中心。如:《山海经·西山经》称:"昆仑之丘,是实惟帝之下都。……其神状虎身而九尾,人面而虎爪。"①《山海经·海内西经》谓:"海内昆仑之墟,在西北,帝之下都。昆仑之墟,方八百里,高万仞。"②《山海经·大荒西经》谓:"有山,名曰昆仑之丘。有神,人面虎身,有文有尾,皆白,处之。其下有弱水之渊环之……有人,戴称、虎齿、有尾、穴处,名曰西王母。此山万物尽有。"③《淮南子》卷七《地形训》称,昆仑山有不死树,又有"丹水,饮之不死"④。并称:"昆仑之丘,或上倍之,是谓凉风之山,登之而不死;或上倍之,是谓悬圃,登之乃灵,能使风雨;或上倍之,乃维上天,登之乃神,是谓太帝之居。"⑤随着滨海地区海上交通渐开,又产生了海上"三神山"之说。《史记》卷二八《封禅书》说:"自(齐)威、宣、燕昭使人入海求蓬莱、方丈、瀛洲。此三神山者,其传在勃海中,去人不远;患且至,则船风引而去。盖尝有至者,诸仙人及不死之药皆在焉。其物禽兽尽白,而黄金银为宫阙。未至,望之如云;及到,三神山反居水下。临之,风辄引去,终莫能至云。"⑥于是,寻找三神山及不死之药者,从齐威王、秦始皇到汉武帝,延续二百余年。道教承袭了古代的神话传说,稍加纂缀增益,构成了道教的仙境。道书中有托名东方朔所著《海内十洲记》,称昆仑、方丈、蓬丘等三神山为三岛,称祖、瀛、玄、炎、

---

①②③《道藏》,第 21 册,第 793、834、840 页。

④⑤《道藏》,第 28 册,第 28 页。

⑥《史记》,第 1369—1370 页,中华书局,1959。

长、元、流、生、凤麟、聚窟为十洲,合称十洲三岛,皆神仙所居,以
为道士修道成仙之所。

道教的仙境,除十洲三岛之外,又汲取古代九天之说,构造了
一个神仙所居的天界。九天之说,古已有之。《史记·封禅书》
说:有"九天巫,祠九天"①的记载。《孝武本纪》说:汉武帝"立九天
庙天甘泉"。所谓九天,一指平面排列的中央、四正、四隅九方。
《吕氏春秋·有始篇》称:西北为幽天,西方为颢天,西南为朱天,
南方为炎天,东南为阳天。《淮南子·天文训》的说法,与此完全
相同。道教承袭了这一思想,如《三洞道士居山修炼科》说:"上有
九天,下有九地,上有九星,下有九宫。故东方木王,名曰苍天,主
温生万物。南方火王,名曰赤天,主热养万物。西方金王,名曰皓
天,主凉成万物。北方水王,名曰玄天,主寒杀万物。中央土王,
名曰圆天,主风。西北方极高名曰高天,主清。东南方名曰元天,
主气。西南方名曰凉天,主阴。东北方名曰皇天,主政。九天之
君,都号皇天。"②这个方位的排列,和九天的名称,都带着中国传
统的九天说的气息,其承袭关系一目了然。九天的另一含义指九
重,这是立体的排列。屈原《天问》即有"圜则九重,孰营度之"③之
问。《犹龙传》卷二说"三清之炁,各生三炁,合成九炁而为九
天"④,这个九天即是上下立体九重。然九天之名,带有浓厚的佛
教色彩。由这种立体的九天之说,又衍生出三十六天说。如《灵
宝无量度人上经大法》卷四称:"大罗一炁生三天,三清之境是三
天降炁而生九重……一重各又生三天,九重总为三十六天。"⑤这
是一个将中国古代九天之说与道教三清糅合为一的三十六天说。
另外,《云笈七签》卷三《道教三洞宗元》还记载了一个三十六天
说,其说为:"从下六天为欲界,次十八天为色界,次四天为无色

① 《史记》,第 1379 页,中华书局,1959。
② 《道藏》,第 32 册,第 586 页。
③ 王泗厚:《楚辞校释》,第 80 页,人民教育出版社,1990。
④ 《道藏》,第 18 册,第 6 页。
⑤ 《道藏》,第 3 册,第 627 页。

界,三界合二十八天……其次,三界上四天,名为种民天,亦名圣弟子天,亦名四梵天……其次即至三(清)境……最上一天名曰大罗。"[1]这个三十六天说汲取佛教三界说与道教的三清天和大罗天相互交织而成。在这里,已由九重变成了六重,即:欲界六天、色界十八天、无色界四天、四种民天、三清天、大罗天。道教的三十六天之说,正史的最早记载见于《魏书·释老志》,表明此说在南北朝时已经出现了。

隋唐以后,随着道教及其修炼方术的发展,除了十洲三岛和天界等理想中的仙境外,许多名山胜地也被视为神仙所居之洞府,或修道成仙之佳境。较早的记载见于《云笈七签》卷二七的《洞天福地·天地宫府图》,其称天下名山中有十大洞天、三十六小洞天和七十二福地,均为神仙所居处。《洞天福地岳渎名山记》中也有洞天福地的记载,但与《云笈七签》的说法略有不同。

二、道教的宫观与组织

宫观是指道士修道、祀神和举行宗教仪式的场所,也是其日常生活起居的地方,是道宫和道观的合称。道教宫观是源于五斗米道的创立者张陵所设的二十四治。《广弘明集》卷一二《决对傅奕废佛僧事并表》称:张陵时,"杀牛祭祀二十四所,置以土坛,戴以草屋,称二十四治。治馆之兴,始乎此也"[2]。可见,"治"乃道教祀神之所。到了晋代,除称治外,又称庐、靖或馆,它们的建筑皆很简陋,多以茅草结顶,并远离市镇。随着道教的发展,逐渐地有人开始建馆于都邑,数量也多了起来,规模也大了起来。南北朝时,南朝有招真馆、九真馆、华阳上下馆等;北朝则已有道观的称谓。唐代,统治者尊崇道教,由是大兴宫观,据《唐大典·祠部》载:"凡天下观总一千六百八十七所。"杜光庭《历代崇道记》亦称:唐代自开国以来"所造宫观约一千九百余……其亲王贵主及公卿

---

[1]《道藏》,第22册,第13—14页。

[2]《弘明集·广弘明集》,第178页,上海古籍出版社,1991。

士庶,或舍宅舍庄为观并不在其数"①。这时的宫观,建筑宏丽,规模也很大,不仅是道士祀神场所,也是修道及日常生活起居之地。可以这样说,道教宫观于唐代形成定制,历宋、元、明诸代,修建之风不衰。宫观的建筑格式,从现有资料看,大约有这样三个发展阶段:一是"靖"和"治",二是以"天尊殿"为中心的宫观建筑格式,三是至今仍存的以"三清殿"为中心的宫观建筑格式。据《真诰》卷一八称:"所谓靖室者,一曰茅屋,二曰方溜室,三曰环堵。制屋之法,用四柱三桁二梁,取同种材。屋东西首长一丈九尺,成中一丈二尺,二头各余三尺,后溜余三尺五寸,前南溜余三尺,栋去地九尺六寸,二边桁去地七尺二寸;东南开户高六尺五寸,广二尺四寸。用材为户扇,务令茂密,无使有隙。南面开牖,名曰通光,长一尺七寸,高一尺五寸。在室中坐,令平眉,中有板床,高一尺二寸,长九尺六寸,广六尺五寸。荐席随时寒暑,又随月建,周旋转首……好摩治之。此法在名山大泽无人之野,不宜人间。入室春秋四时,皆有法。"②另据南朝刘宋之陆修静《陆先生道门科略》所记:"奉道之家,靖室是致诚之所,其外别绝,不连他屋,其中清虚,不杂余物,开闭门户,不妄触突。洒扫精肃,常若神居,唯置香炉、香灯、章案、书刀四物而已。"③可见,陆修静所说的"靖"与《真诰》之说有所不同。《真诰》所说的"靖"大约是山居道士所建造的靖、庐,陆修静所说的"靖",则可以肯定是道教信徒在家所立的靖室。

关于"治"的建筑格式,据《要修科仪戒律钞》载:"《太真科》曰:立天师治,地方八十一步,法九九之数,唯升阳之气。治正中央名崇虚堂,一区七架六间十二丈,又开启堂屋上,当中央二间上,作一层崇玄台。当台中央安大香炉高五尺,恒燉香。开东、西、南三户,户边安窗。两头马道。厦南户下飞格上朝礼。天师子孙,上八大

---

① 《道藏》,第 11 册,第 7 页。
② 《道藏》,第 20 册,第 596—597 页。
③ 《道藏》,第 24 册,第 780 页。

治,山居清苦济世道士,可登台朝礼。其余职大小中外祭酒,并在大堂下遥朝礼。崇玄台北五丈起崇仙堂七间十四丈七架,东为阳仙房,西为阴仙房。玄台之南,去台十二,又近南门起五间三架门室。门室东门南部宣威祭酒舍,门屋西间典司察气祭酒舍。其余小舍,不能具书。二十四治,各各如此。"①可以看出,"治"的建筑格式是:主要建筑摆在南北中轴线上,崇虚堂中的崇玄台为"治"的建筑中心。"治"已经形成较为简朴的道教宫观建筑格局。

以"天尊殿"为中心的宫观建筑格式,据《洞玄灵宝三洞奉道科戒营始》之"置观品"记载:"布设方所,各有轨制。凡有六种:一者山门,二者城郭,三者宫掖,四者村落,五者孤迥,六者依人。"②并设有天尊殿(可造三、五、七、九、十一、十三间)、天尊讲堂(可造一、两间,三、五间)、说法院、经楼、钟阁、师房、步廊、轩廊、门楼、门屋、玄坛、斋堂、斋厨、写经坊、校经堂、演经堂、熏经堂、浴堂、受道院、精思院、寻真台、炼气台、祈真台、吸景台、散华台、望仙台……游仙阁、凝灵阁、乘云阁……九仙楼、延真楼、舞凤楼、逍遥楼……还有净人坊、俗客房、烧香坊、升遐房,以及药圃、果园等等。可见其规模比之"靖"、"治",面积增大了很多,设施也完善了。从建筑格式上看,主要建筑仍是摆在南北中轴线上,但中心建筑则以"天尊殿"取代了"崇玄台"。这个阶段乃是道教宫观建筑发展的一个重要阶段。

以"三清殿"为中心的宫观建筑格式,主要建筑仍摆在南北中轴线上,只是以"三清殿"取代"天尊殿"为建筑中心。

道教宫观建筑格式,大约是经历了上面所讲的这样三个阶段。当然,严格说来,其建筑格式在每个时期是不一样的,如元代全真道的大纯阳万寿宫,就没有设东、西配殿和周围廊屋。概言之,道教宫观建筑规模虽有大小之别,但格式大致无差,基本上是前有门,入门为中庭,继为堂(即殿),堂后是寝居处。或者旁有廊庑,后

---

① 《道藏》,第 6 册,第 966 页。
② 《道藏》,第 24 册,第 745 页。

有园池,廊之两侧,分别建屋。

随着道教宫观的发展,按其组织形式和管理体制之不同,逐步形成了两种不同类型的宫观,即子孙庙和十方丛林两种。子孙庙,又称为小庙,有这样一些特点:庙产私有,师徒世代相传,师徒间不仅有法嗣传承关系,而且有产业继承关系;师父管理庙产和宗教事务,可以收徒、教授经籍等,但不能传戒;不能悬挂钟板和接受游方道士,即"不留单"。总之,子孙庙居住者不多,结构简单,师父即住持,也称当家,宛如一个家庭。正一道宫观多采用子孙庙制。十方丛林,又称十方常住,它的主要特点为:庙产公有,道教徒只要通过考核手续,都可挂单居留,其常住道众大多都是从挂单道教徒中择优留下者;只能传戒,不能收徒,传戒对象由小庙推荐;由于规模较大,常住道众较多,故有较为严密的组织机构和管理体制。道教的重要活动场所,如陕西楼观台、北京白云观、沈阳太清宫等皆属此。全真道宫观多采用十方丛林制。

道教宫观除以上两种外,还有一种半小庙、半十方丛林性质的子孙丛林,或谓子孙常住,是在子孙庙的基础上发展起来的。它可以接待游方道徒,悬挂钟板,给留住道徒安排庙内职务,共同管理庙务,并可传戒,但传戒以后,就不能再收徒了,诸如辽宁千山的无量观、河南中岳庙等皆属此。

由于十方丛林规模较大,财产公有,常住道众多,故有较为严密的组织机构和管理体制。道职设立精细,分工细密,无论方丈、监院、都管等主要执事,还是库头、菜头等一般执事,皆由道众公议推举产生。所有执事都有一定的任期,对于不称职或渎职者,道众可以公议罢免,并按道教清规戒律处置。

十方丛林的道职设置为:方丈、监院、都管。监院之下设有八个执事部门,即:客堂、寮房、账房、经堂、大厨房、堂主、号房等。其执事人员有三都、五主、十八头。三都为:都管、都讲、都厨;五主为:堂主、殿主、经主、化主、静主;十八头为:库头、庄头、堂头、钟头、鼓头、门头、茶头、火头、水头、饭头、仓头、磨头、碾头、园头、圊头、槽头、净头。主要道职的分工大致为:方丈,虽名为一观之主,

399

是最高的负责人,但不管丛林的具体事务,仅系一种荣誉职务。担任方丈者,须德高望重,受过三堂大戒和接受过律师传法的高道。方丈可以传戒,在传戒期间方丈亦被称做律师。监院,又叫住持,俗谓当家,负责全面管理丛林中的实际事务,须择有管理才干者担任。都管,为监院的助手,主要是协助监院管理丛林中的实际事务。其他如都讲,主要职责是负责管理圜堂、钵堂等事;都厨,主要职责是掌管食堂伙食事务;堂主,主要负责接待安置游方道士;殿主,主要管理殿堂事务;化主,主要管理募化事务;高功,主要管理念经师;库头,主要负责钱粮出入。需要指出的是,道职是随着道教的发展而不断发生着变化,其名称也不固定。这里介绍的只是一般情形。

三、道教的戒律与清规

《道教义枢·十二部义》训"戒"为解、界、止,意思是"能解众恶之缚,能分善恶之界,又能防止诸恶也"①。训"律"为率、直、慄,意思为"率计罪愆,直而不枉,使惧栗也"②,认为:"戒律者,如六情十恶之例是也。"③《云笈七签》卷三八《说戒》指出:"身死神逝,喻之如屋,屋坏则人不立,身败则神不居,当制念以定志,静身以安神,宝气以存精,思虑兼忘,冥想内视,则身神并一,身神并一,近为真身也。此实由宿世本行,积念累感,功济一切,德荫万物,因缘轮转,罪福相对,生死相灭,贵贱相使,贤愚相倾,贫富相欺,善恶相显,其苦无量,皆人行愿所得也。非道、非天、非地、非人万物所为矣,正由心耳。……故有道之士,取诸我身,无求乎人,道言修身,其德乃真,斯之谓也。夫学道不受大智慧道行本愿上品大戒,无缘上仙也。"④故"欲修善累功,便心勤寻诸戒"。就是说,能否遵守戒律,是关系到修道之士能否得道成仙的大问题,如有违背,不仅不能得道成仙,反会获罪。可见,戒律在道教中占有极重要的地位。

初期的道教并未有正式戒律,在早期经书《太平经》中只有

---

① ② ③ 《道藏》,第 24 册,第 816、816、734 页。

④ 《道藏》,第 22 册,第 264 页。

"诫",如"贪财色灾及胞中诫"①,"不孝不可久生诫"②等等。《老子想尔注》中则有"道诫"说:"道贵中和,当中和行之,志意不可盈溢,违道诫。"③"名与功,身之仇,功名就,身即灭,故道诫之。"④"奉道诫,积善成功,积精成神,神成仙寿,以此为身宝矣。"⑤这里的"诫"、"道诫",虽不是道教后来意义上的戒律,但已有规范人心、制约行为的含义。有人认为,道教最早的具有条文式的戒律,可能是根据《老子想尔注》造作的《道德尊经想尔戒》,书中说:"行无为,行柔弱,行守雌,勿先动,此上最三行;行无名,行清静,行诸善,此中最三行;行无欲,行知止足,行推让,此下最三行。"⑥也有人主张五斗米道时就已有了戒律,其根据来自《正一法文》:凡为道民便受护身符及三戒,进受五戒、八戒,然后受箓。受戒后,还必须诵记通行,恒存思行,持忆不谬妄,则不犯科。可以肯定的是,至迟在魏晋南北朝时,道教便有了正式的条文式的戒律,如新天师道有《老君说一百八十戒》,上清、灵宝派有《说十戒》、《思微定志经十戒》。其后,又逐渐衍生出成条文的、有简有繁的戒律。不过,从总体上看,道教戒律的主要内容并没有多大改变,仍以儒家名教纲常观念为主。不可否认,道教戒律在自己的发展过程中,其某些内容、形式沿袭了佛教戒律,或受其影响。但是,这决不意味道教戒律渊源于佛教。实际上,在我国古代的民间信仰、斋祀活动中,早已存在许许多多的禁忌,甚至儒家先圣孔子也以"礼"来规范人们的思想言行。所以,道教戒律的渊源仍在于中国固有的文化传统。

道教戒律有很多种类,最基本的为五戒、八戒、十戒,从这些基本戒条又演变出元始天尊二十七戒、六十戒、一百二十九戒、三百戒,以至多达一千二百戒。现存道戒主要收录在道藏三洞中的戒律类,在《云笈七签》和《道藏辑要》中也收有部分戒律。其中,重要的有《太上经律》、《洞玄灵宝天尊说十戒经》、《太上老君戒律》、《初

①② 王明:《太平经合校》,第563、597页,中华书局,1960。
③④⑤ 饶宗颐:《老子想尔注校证》,第7、12、16页,上海古籍出版社,1991。
⑥ 《道藏》,第18册,第218页。

真戒》、《中极戒》和《天仙大戒》等等。

至于道教"清规",则是在元明之际才出现的。清规与戒律一样,都是用来约束道士言行的规条。不过,二者之间略有区别,这个区别在于:戒律是警戒于事前的行为准则,清规则是对犯律道士事后进行处罚的准则。一般说来,清规由各道观自行订立,对犯律道士的处罚不外是跪香、催单(劝离)、革出(逐出)、杖革(杖责逐出),最重的处罚则是处以火化,亦即处死等等。例如,北京白云观于清咸丰六年(1856)所公布的《清规榜》为:

开静贪睡不起者,跪香;
早晚功课不随班者,跪香;
上殿诵经礼斗,不恭敬者,跪香;
三五成群,交头结党者,迁单;
公报私仇,假传命令,重责迁单;
毁谤大众,怨骂斗殴,杖责驱出;
茹荤饮酒,不顾道体者,逐出;
违犯国法,奸盗邪淫,坏教败宗,顶清规,火化示众。

道教清规的内容,随着历史的变迁而发展变化。现在,道教宫观的清规戒律,首先是在遵循国家法律的前提下,然后按照教义和社会道德规范而制订的。

第三节 道藏的编纂及分类

道教初创时期,其经籍并不多,主要奉《老子五千文》,重要的还有《太平经》、《老子想尔注》等。随着道教的发展,道书的数量也逐渐增多。两晋之际,葛洪《抱朴子·遐览篇》载有道经 205 种,近 680 卷,另有符 57 种,约 500 余卷。此后,南朝刘宋时的陆修静"总括三洞",整理道书,有 1228 卷,于宋明帝泰始七年(471)撰《三洞经书目录》。《三洞经书目录》是道教史上第一部道经目录,首倡按经书来源分类的思想,为以后道书的编纂分类奠定了基础。开元(713—741)中,唐玄宗遣使搜访道经,加以校刊,编为《道藏》,目曰《三洞琼纲》,总3744卷(一作5700卷)。这是编纂《道藏》的开始,是历史上第一部道教经书总集。此后,宋、金、元、明皆有编纂。但是,将全藏镂板刊行,则为宋徽宗政和(1111—1118)中所编《万寿道藏》,总540函、5481卷。不过,明以前所编《道藏》均遭焚毁。现存的《道藏》为明代的《正统道藏》和《万历续道藏》,共5485卷。所集经书,按其渊源和传授系统的不同,分三洞、四辅、十二类进行编排。

所谓"三洞",即洞真、洞玄、洞神三部,系承袭陆修静《三洞经书目录》题名。道经来源不一,其初各有传授系统。《道教三洞宗元》、《三洞并序》皆称:洞真系天宝君所说经,为大乘;洞玄系灵宝君所说经,为中乘;洞神系神宝君所说经,为小乘。"此三君各为教主",即天宝君为洞真教主,灵宝君为洞玄教主,神宝君为洞神教主。另据《道藏目录·凡例》:凡托名元始天尊所造作的经典,均收于洞真部,《上清经》属之;托名太上道君造作的经典,均收于洞玄部,《灵宝经》属之;托名太上老君造作的经典,均收于洞神部,《三皇经》属之。道教认为:"三洞经符,道之纲纪,太虚之玄宗,上圣之首经。"故三洞为道经中最重要的三个部类。

所谓"四辅",即太清、太平、太玄、正一的总称,是对三洞的解说和补充。据《道教义枢》和《云笈七签》记载:太玄为洞真经之辅,太平为洞玄经之辅,太清为洞神经之辅,正一部则通贯三洞和三太(按:即太清、太玄、太平),遍陈三乘,为以上六部之补充。《正统道藏》虽仍分三洞、四辅,实际上分部已经混淆。如《上清经》当入洞真部,今大多误入正一部;《度人经》诸家注当入洞玄部,今误入洞真部;道家诸子注疏当入太玄部,今亦误入洞真部。

三洞之下各分十二类,总为三十六类经,也称三十六部。据《云笈七签》和《道教义枢》记载:所谓十二类或十二部,即:

(1) 本文类:经教的原本真文;

(2) 神符类:龙章凤篆之文,灵迹符书之字;

（3）玉诀类：对道经的注解和疏义；

（4）灵图类：对本文的图解或以图像为主的著作；

（5）谱录类：记录高真上圣的应化事迹和功德名位的道书；

（6）戒律类：戒规、戒律的经书和功过格；

（7）威仪类：斋法、醮仪及道教科仪制度的著作；

（8）方法类：论述修真养性和设坛祭炼等各种方法之书；

（9）众术类：外丹炉火、五行变化及一切术数等方术书；

（10）记传类：众仙传记、碑铭及岳渎道观的书；

（11）赞颂类：歌颂赞唱神灵的著作，如步虚、赞颂灵章、诸真宝诰等；

（12）章表类：建斋、设醮时上呈天帝的章奏、词等。

《道藏》的三洞四辅十二类的分类法，是一种既反映道经传授系统，又反映道书实际内容的双重标准分类体系。但是，因后世道书日益增多，传授系统渐趋混乱，因而三洞的名称有失原义，各分十二类已嫌重复，四辅之下又不分类，在检索上有所不便。现在，新编的《藏外道书》已不采取这种分类法。

第十章 道教与中国传统文化

　　道教是在中国封建社会里孕育、发展、成熟起来的,它与中国封建社会有着密切的关系。一方面,它本身受到中国封建社会的束缚和影响,同时,也对中国封建社会发挥着自己的作用,特别是当它成为一个较为成熟的宗教信仰体系后,对封建社会的作用和影响就愈见深远。可以说,在中国封建社会的各个方面,都可见到道教的影子。它是中国封建社会思想文化的三大支柱之一。

　　在我国漫长的封建社会中,一方面,封建统治者总是利用道教来为其统治服务,道教亦长期得到封建统治者的扶持,封建统治者与道教有着十分密切的关系,其中尤以唐玄宗、宋徽宗、明世宗最为突出。另一方面,道教本身也在积极地向封建皇朝的统治者靠拢,改变道教的民间色彩,删去不适应于统治者需要的成分,使道教逐渐成为维护封建统治的工具,葛洪便是这方面的代表人物之一。此后,许多道教徒还直接参与了封建统治阶级内部的政治斗争,为统治者出谋划策,在政治上和军事上都扮演着重要角色,有些道教徒甚至还担任朝廷重要官职,深入宫廷,参与朝政,其中尤以邵以正、陶仲文等最为有名。除此而外,许多农民起义领导者,也曾利用道教作为他们发动起义的思想工具和组织工具,如黄巾起义,孙恩、卢循起义等等。道教在下层群众中的社会影响,也是非常广泛的和深刻的,以致许多民间习俗也是由道教活动转化而来。道教在思想文化方面的影响更为明显。就它与传统思想文化的另外两大支柱——儒、释的关系来看,其影响也是深刻的。因而,如果不对道教进行深入的研究,不对道教与儒学、佛学的关系展开讨论,就不可能正确了解中国传统思想文化,也不可能正确认识中国封建社会的方方面面。道教与儒、释的相互关系,既互相矛盾、互相斗争,又互相吸收、互相融合。这种关系从东汉道教产生以来,几乎就贯穿于道教历史发展之中。

第一节 道教与儒学

儒家思想学说,早在春秋时就被创立出来,孔子被奉为儒家正统学说的祖师,他奠定了儒家学说的基本模式,在政治、伦理各个方面都有所建树。孔子的思想观念,经过后来的儒家学者的发扬光大,形成了系统的理论体系,因适合各朝封建统治者的需要而被视为正统。道教的兴起则比儒学创立要晚得多,它出现在汉代,是我国土生土长的宗教,本身就是吸收中国各种思想学说的产物。所以,道教在其产生、成长乃至成熟的过程中,受其他思想学说的影响相当大,尤其受封建社会的主要意识形态——儒学的影响特别突出。不仅如此,当它作为一个成熟的宗教出现在社会上时,本身也就成为封建社会意识形态之一,与其他意识形态一道为中国封建社会服务。当然,道教也会对其他的思想意识形态产生影响和作用。换句话说,道教与其他意识形态间呈现出一种双向运动。

道教与儒学的关系,从总体上说是既相互影响,又相互攻讦。不少儒学家从维护儒学正统地位出发,将道教视为异端,加以排斥,并否认道教对儒学的影响;道教徒为了维护自己的利益,也对儒家学说进行攻击。然而,事实表明,无论儒、道二家如何相互攻击,相互间的影响却愈来愈深,特别是在儒、释、道三教的斗争中,儒家往往与道教携手联合反对佛教。

道教对儒学的影响是多方面的。道教的哲学思想、修道理论、养生说、宗教道德伦理理论对儒学的影响都很大。唐德宗时太子校书郎李观在其《通儒道说》中认为:儒、道同源,儒家的仁、信、礼、义,在道教那里体现为"道"、"德","故二(按:指道、德)为儒之臂,四(按:指仁、信、礼、义)为德之指,若忘源决派,薙茎而掩其本树,难矣"。再如颜之推,他对道教的炼丹术及神仙思想持否定态度,说:"人生居世,触途牵絷:幼少之日,既有供养之勤;成立之年,便增妻孥之累。衣食资须,公私驱役;而望遁迹山林,超然尘滓,千万不遇一尔。加以金玉之费,炉器所需,益非贫士所办。学如牛毛,成如麟角。华山之下,白骨如莽,何有可遂之理? 考之内教,纵使得仙,终当有死,不能出世,不愿汝曹专精于此。"①"神仙之事,未可全诬。"②即是说,在颜之推看来,神仙虽有,但不是所有世人都能学得的,希望他的子孙们不要离俗学神仙。但是,他又认为道教的养生法有益于人体,不妨加以效法,他说:"若其爱养神明,调护气息,慎节起卧,均适寒暄,禁忌食饮,将饵药物,遂其所禀,不为夭折者,吾无间然。诸药饵法,不废世务也。……吾尝患齿,摇动欲落,饮食热冷,皆苦疼痛。见《抱朴子》牢齿之法,早朝叩齿三百下为良,行之数日,即便平愈,今恒持之。此辈小术,无损于事,亦可修也。"③又如隋末名儒王通(号文中子),其《文中子中说》说:儒士不应修习道教的长生神仙之术,"或问长生神仙之道,子(指王通)曰:仁义不修,孝悌不立,奚为长生? 甚矣,人之无厌也!"但是,在其《天地篇》中却又记载了他与董常论"坐忘"之理,表明他还是受到了道教的影响。唐代李翱的《复性书》所阐发的"复性论",也明显受道教理论家司马承祯"主静"说的影响。柳宗元在《送元十八山人南游序》中说:"太史公尝言:世之学孔氏者,则黜老子,学老子者,则黜孔氏。道不同不相为谋。余观老子,亦孔氏之异流也,不得以相抗,又况杨墨申商刑名纵横之说,其迭相訾毁、抵牾而不合者,可胜言耶? 然皆有以佐世。"④道教除以道家学说为其主要的思想理论来源外,也有另外的哲理性内容,如关于宇宙生成、万物化生之说,这是儒家所缺少的。

到唐宋之时,儒学已经越过注疏训诂的传统,走上融合佛、道思想以创造新儒学的道路,理学逐渐兴起。可以说,宋明理学的产生,是道教深入影响儒学的明显标志。

①②③ 王利器:《颜氏家训集解》,第 327 页,上海古籍出版社,1980。
④《柳宗元集》,第 662 页,中华书局,1979。

　　理学创始人是宋仁宗时的周敦颐。周敦颐并不公开排斥佛、老，也不公开宣扬"三教合一"，而是沿着唐代李翱开辟的思想路线，以孔孟思想为核心，融合佛、道思想，最终建立起了一套新的儒学体系。他撰写的《太极图说》，就是受佛、道特别是道教思想影响的产物，这部书的主旨是要"推明天地万物之原"，即探讨宇宙的本源和发展过程。但过去儒家所重视的不过是"序君臣父子之礼，列夫妇长幼之别"①，对于宇宙本源及其发展的问题不甚关心，因而缺乏关于自然观、宇宙观方面的内容。而在这方面，佛、道二教都有很丰富的思想资料。因此，周敦颐在撰《太极图说》时，就不得不借助佛、道二教，以完成自己对宇宙生成发展的描述。这一特点和事实，已为南宋以后诸多著名思想家所指出。《太极图说》关于图的部分，直接来源于道教理论家陈抟。南宋学者朱震在《汉上易解》中指出："陈抟以《先天图》传种放，放传穆修，修传李之才，之才传邵雍。放以《河图》、《洛书》传李溉，溉传许坚，坚传范谔昌，谔昌传刘牧。修以《太极图》传周敦颐，敦颐传程颐、程颢。"②还有一些其他学者如陆九渊、黄宗炎、毛奇龄等也认为《太极图说》直接来源于陈抟传至穆修的《无极图》。《太极图说》关于"说"的部分，讲宇宙本源及演变、人性的善恶及修养问题等，也汲取了许多道教思想。如周敦颐认为宇宙生成是由无极—太极—阴阳五行—万物，其实就是老子"道生一，一生二，二生三，三生万物"③模式的翻版，也是北宋以前许多道教经书对宇宙生成的描述。《太极图说》中也讲到人性善恶和修养方法，周敦颐将"人性"与宇宙万物的演化连到一起，认为人得二五之秀气，故万物之中，人为最灵，人禀受阴气形成形体，禀受阳气产生精神，禀受五行之气形成人的五常之性。心和性感受外物而动，便有了善恶的分别。为了使人去"恶"从"善"，他提出了"主静"的修养方法。只要人们去掉一切欲望，"无欲故静"，

---

　　① 《史记》，第 3289 页，中华书局，1959。
　　② 《文渊阁四库全书》，第 11 册，第 5 页，台湾商务印书馆，1986。
　　③ 陈鼓应：《老子注译及评介》，第 232 页，中华书局，1984。

就可达到"诚立明通"境界,也就符合做人的最高标准——"仁义"、"中正"。"仁义"、"中正"是儒家一贯的主张,而"无欲"、"主静"的思想,在唐代道教学者如司马承祯等人的著作中早已提出,并有系统的阐述。除此而外,陈抟的《河图》《洛书》对张载、李觏、陆九渊等人的宇宙生成论,以及他的《先天图》和《伏羲六十四卦次序图》,对邵雍、二程、朱熹等的宇宙生成论思想的奠定,都有相当大的影响。总之,无论是从理学的哲学范畴、哲学命题,抑或是人性论、修养论等方面,都可看到道教的影子。

宋代理学,经过周敦颐的创始、二程的奠基,可说完全形成,从而成为思想界占统治地位的哲学思想,一直沿续千余年。需要指出的是,入明后,理学更深地染上了道教、佛教色彩,理学的演变发生了重大变化。吴与弼开明朝心学一派之先河,陈献章将朱子学说真正变成了心学,而王阳明则集心学之大成,使心学成为明朝主要的理学派别。心学的道教、佛教色彩之浓烈,远非宋儒所可比拟。

道教与儒学虽都是在中国封建社会的土壤中产生和成长起来的,然而,在正统儒学家的眼中,道教被视为"邪教"、"异端",它的主张与儒家的"君臣"王道大相径庭,故受到儒家的攻讦。这样,道教为了争得自己的一席之地,一方面,与儒家展开了激烈论争;另一方面,道教又尽力改变其最初的民间色彩,以儒家学说来充实自己的理论。道教在与儒家的论争中,认为自己承继了黄帝之绪,孔子是自己的教祖老子的弟子,道教高于儒学。最具代表性的道教理论家之一的葛洪说:"儒者博而寡要,劳而少功……唯道家之教,使人精神专一,动合无形,包儒墨之善,总名法之要,与时迁移,应物变化,指约而易明,事少而功多,务在全大宗之朴,守真正之源者也。"①因而,"道者,儒之本也;儒者,道之末也"②。而且,"夫所谓道,岂唯养生之事而已乎?《易》曰:立天之道,曰阴与阳;立地之道,曰柔与刚;立人之道,曰仁与义。……凡言道者,上自二仪,下

---

①② 王明:《抱朴子内篇校释》,第 167 页,中华书局,1980。

逮万物,莫不由之。但黄老执其本,儒墨治其末耳,……夫道者,内以治身,外以为国。……故道之兴也,则三五垂拱而有余焉。道之衰也,则叔代驰骛而不足焉。夫唯有余,故无为而化美。夫唯不足,故刑严而奸繁。……君臣易位者有矣,父子推刃者有矣,然后忠义制名于危国,孝子收誉于败家。疾疫起而巫医贵矣,道德丧而儒墨重矣。由此观之,儒道之先后,可得定矣。"①他又指出:"夫道者,其为也,善自修以成务;其居也,善取人所不争;其治也,善绝祸于未起;其施也,善济物而不德;其动也,善观民以用心;其静也,善居慎而无闷。此所以为百家之君长,仁义之祖宗也。"②表明了他的道本儒末、道高于儒的基本主张。然而,葛洪又表明自己并不排斥儒家,说:"所以贵儒者,以其移风易俗,不唯揖让与盘旋也。所以尊道者,以其不言而化行,匪独养生之一事也。若儒道果有先后,则仲尼未可专信,而老氏未可孤用。"③认为二者殊途同归,有相一致之处,可以互相补充,互相协调。所以,他认为儒、道二教应该而且完全可以"兼而修之","内宝养生之道,外则和光于世,治身而身长修,治国而国太平。以六经训俗士,以方术授知音,欲少留则且止而佐时,欲升腾则凌霄而轻举者,上士也"④。主张以"内儒外道"来调和儒、道间的关系。葛洪的政治抱负在于"佐时治国",故对于道家的"无为而治"、"我好静,而民自正……我无欲,而民自朴"⑤整套政治学说进行了尖锐的批评。他认为,道家的这一套政治学说是不切实际的,迂阔无用,而主张实行申韩之法,提倡严刑峻法。他说:当魏晋之世,"黎庶巧伪,趋利忘义,若不齐之以威,纠之以刑,远羲、农之风,则乱不可振,其祸深大"⑥。认为只有实行"以杀止杀"⑦的严刑峻法,才是"全民之术也"⑧。不仅如此,葛洪还认为修道者不能脱离世事,不能"废生民之事",他说:"古人多得道而

①②③④ 王明:《抱朴子内篇校释》,第 167—169、170—171、126、135 页,中华书局,1985。

⑤ 陈鼓应:《老子注译及评介》,第 284 页,中华书局,1984。

⑥⑦⑧ 杨明照:《抱朴子外编校笺》,上册,第 331、331、342 页,中华书局,1991。

匡世,修之于朝隐,盖有余力故也。何必修于山林,尽废生民之事,然后乃成乎?"①原因在于:"君臣之大,次于天地。思乐有道,出处一情,隐显任时,言亦何系?大人君子,与事变通。老子无为者也,鬼谷终隐者也,而著其书,咸论世务。何必身居其位,然后乃言其事乎?……余才短德薄,干不适治,出处同归,行止一致。岂必达官乃可议政事,居否则不可论治乱乎?"②。葛洪还宣扬一种极端神秘主义的因果报应思想,并把儒家的纲常名教与道教长生成仙的教义相结合。他认为,要想得道长生成仙,仅仅靠内修外养的方术远远不够,重要的还在于必须立善积功,以忠孝、和顺、仁信为本,切忌不能犯"禁"。这个"禁"的中心内容,就是"憎拒忠信,不顺上命,不敬所师"③等等。总之,"欲求仙者,要当以忠孝和顺仁信为本。若德行不修,而但务方术,皆不得长生也"④。"欲求长生者,必欲积善立功,慈心于物,恕己及人,仁逮昆虫,乐人之吉,愍人之苦,赒人之急,救人之穷,手不伤生,口不劝祸,见人之得如己之得,见人之失如己之失,不自贵,不自誉,不嫉妒胜己,不佞谄阴贼,如此乃为有德,受福于天,所作必成,求仙可冀也。"⑤可见,葛洪把儒家维护封建统治的一套纲常名理纳入道教教理之中,要道教徒遵守封建秩序,不要犯上作乱。

实际上,道教在其开创时期就已吸收了不少儒家的伦理观念,上清、灵宝等派别在制定戒律时,就已将儒家的忠孝思想写成条文,要道士遵守,如:"不得违戾父母师长,反逆不孝"、"不得叛逆君王,谋害家国"⑥等等,往后,更有一些道教学者相继援儒入道,使道教理论更增儒家色彩。如唐末道士吕嵒就说:"人若能忠于国,孝友于家,信于交友,仁于待下,不慢自心,不欺暗室,以方便济物,以阴骘格天,人爱之,鬼神敬之,即此一念,已与吾同,虽不见吾,犹见

①③④⑤　王明:《抱朴子内篇校释》,第490、148、126、53、126页,中华书局,1985。

②　杨明照:《抱朴子外篇校笺》,下册,第409—411页,中华书局,1997。

⑥　《道藏》,第18册,第222页。

吾也。"①将儒家的忠、孝、仁、信等伦理思想纳入道教教义之中。又如:唐末道士杜光庭在为《道德真经玄德纂疏》所作《序》中也说:"道、德二篇……非谓绝仁义圣智,在乎抑浇诈聪明,将使君君、臣臣、父父、子子,见素抱朴,混合于太和,体道复元,自臻于忠孝。"②又认为:仁、义、乐、礼、智、信,与天地的德、宜、和、节、辩、时相合,"弘淳一之源,成大同之化;混合至道,归仁寿之乡"③。

　　五代道士谭峭在《化书》中,也将道、德与仁、义、礼、智、信相比附,说:"旷然无为之谓道,道能自守之谓德,德生万物之谓仁,仁救安危之谓义,义有去就之谓礼,礼有变通之谓智,智有诚实之谓信,通而用之之谓圣。"④宋代,内丹修炼逐渐成为道教之特色,道教教理教义亦以内丹学为其重点,被公认为内丹祖师之一的张伯端,在其阐述内丹理论的《悟真篇》中,就汲取了儒家性命之学的思想,并加以改造,融合在其内丹理论中,提出了性命双修的修炼理论。他认为:"《周易》有穷理尽性至命之辞,《鲁语》有毋意、必、固、我之说,此又仲尼极臻乎性命之奥也。"⑤在以后所出现的道教内丹著作中,更援入了不少儒家思想。

　　儒家对道教的影响,还表现在儒家的伦理道德观念几乎全部被道教接纳入其宗教伦理道德体系中,并赋予了宗教神秘主义的色彩。这是从道教创立之初就开始了的。早期道教经书《太平经》所反映的道教伦理思想,就继承了《周易》中的"积善之家,必有余庆;积不善之家,必有余殃"⑥的善恶报应思想,以及孔子所制定的符合封建宗法血缘关系的一系列伦常道德原则,并加以发展,创立了"承负说"。《太平经》将善恶报应概括为"善自命长,恶自命

---

　　①《古今图书集成》,第 51 册,第 62272 页,中华书局、巴蜀书社,1985 年影印本。

　　②③《道藏》,第 13 册,第 357 页。

　　④ 丁祯彦、李似珍点校:《化书》,第 40 页,中华书局,1996。

　　⑤《道藏》,第 2 册,第 914 页。

　　⑥ 徐子宏:《周易全译》,第 22 页,贵州人民出版社,1991。

短"①，即认为作善作恶，报应在生命的长短。天地是喜欢人们为善，厌恶人们作恶的，所以，对于人们的行为，"天遣神往记之，过无大小，天皆知之。簿疏善恶之籍，岁日月拘校，前后除算减年，……算尽当入土，愆流后生"②。"有善者财小过除，竟其年耳。如有大功，增命益年。"③"神仙之人，皆不为恶者，各惜其命，是善之证也。"④它鼓励人们追求"真道德"，成为"上善之人"，由此才能成为神仙。但是，现实中存在着这样的情形："凡人之行，或有力行善，反常得恶，或有力行恶，反得善。"⑤对此，《太平经》以"承负说"来加以解释，说："力行善反得恶者，是承负先人之过，流灾前后积来害此人也。其行恶反得善者，是先人深有积蓄大功，来流及此人也。能行大功万万倍之，先人虽有余殃，不能及此人也。因复过去，流其后世，成承五祖。"⑥这就是说，善恶报应，不仅仅应在行为者自身，而且要流及后世子孙，而自身也要承负先人善恶的报应。这个范围是很大的：承负前五代，流及后五代。但是，如果自己能够行大功，就可避免先人的余殃。这就不仅回答了力行善者反得恶、力行恶者反得善的问题，而且还指明了行善积功可免除余殃的行动方向。"承"和"负"是有联系又有区别的两个概念，它说："承者为前，负者为后；承者，乃谓先人本承天心而行，小小失之，不自知，用日积久，相聚为多，今后生人反无辜蒙其过谪，连传被其灾，故前为承，后为负也。负者，流灾亦不由一人之治，比连不平，前后更相负，故名之为负。负者，乃先人负于后生者也。"⑦"比若父母失至道德，有过于邻里，后生其子孙反为邻里所害，是即明承负之责也。今先王为治，不得天地心意，非一人共乱天也。天大怒不悦喜，故病灾万端，后在位者复承负之。"⑧这就是说，无论是个人行为，或国家的政治，都有一个善恶、治乱造成的承负问题，天神在其中起作用，直接与自身或后世的生命长短相联系，带有浓厚的宗教神秘主

①②③④⑤⑥⑦⑧ 王明：《太平经合校》，第 525、526、537、602、22、22、70、54—55页，中华书局，1960。

义色彩。其判断善恶的标准，虽然仍是以是否敬奉天地，以忠、孝、顺、慈、仁、诚、信等世俗道德观为准则，然而，却不再是原来的世俗道德，而是具有了宗教伦理道德的色彩。《太平经》这部早期道教经典，已奠定了道教伦理学的初步基础。随着道教的发展，其宗教伦理道德观也逐步成熟而完善。在两宋时期出现的道教劝善书、功过格等等，最为完整地体现了道教伦理观念。宋代产生的理学，使封建伦常本体化，仁、义、礼、智、信等道德范畴被宣布为万物始源和宇宙本身，推行到自然、社会、人生，封建伦常被普遍化、神圣化了，名教纲常蔓延到社会各个角落。南宋初产生的道教新教派，也吸收儒家伦理观，在道教诸神的名义下，强调日常的伦理道德。由于宋代社会内忧外患不断，民族矛盾和阶级矛盾交织在一起，使整个社会动荡不已。社会动乱，使各阶层的人们感到吉凶祸福变幻莫测，生命朝不保夕，都祈望获得神灵的护佑，乞求上苍能免祸降福。于是，适应社会心理需要，道教劝善书应运而生。

　　道教劝善书的主要思想内容，是将道教的宗教伦理思想和其主要教义如长生成仙，通过报应思想为中介联系起来，将道教的人生哲学和伦理学合二为一，将为善去恶的道德行为作为解决人生寿夭存亡的寄托。劝善书告诫人们，要想长生成仙，首先必须广行善事，信奉和遵守现实的伦理准则。针对世人企求长寿的心理，劝善书搬出了太上和文昌帝君等神灵，要人们按照这些神灵的意志行善，以异己力量控制现实社会人们的道德行为，裁定善恶，从而调整人与人之间的社会关系，维护封建秩序。这种作用，是儒家三纲五常等封建道德达不到的。除了生死问题，其他的人生问题，诸如人的命运、贫富、祸福、子嗣等等，道教劝善书都是将其联系到人们的道德行为上。道教劝善书不是以禁欲主义的态度来追求天国幸福，而是以现世幸福为目的，它的伦理观不是苦行主义，而是功利主义和快乐论，追求的是福禄寿喜、富贵多子和吉祥如意。无论是行善还是为恶，马上就会有相关的报应。劝善书继承了《太平经》的"承负说"，简括为"近报在身，远报在孙"，重点放在今生今世,强调现世报、立地报及子孙报。劝善书还强调要靠自己的苦苦修行来达到完美的道德修养境界,才可以获得神恩赐的幸福。选择善恶的念头的自由意志在于自己的心,与神无关,然而,神起监督作用,无论你心中生的是恶念还是善念,神立刻就会知道,并给你相应的报应。因此,人们应该"不欺暗室",即儒家所说的"慎独",无论是在有人处还是在无人处,都应自觉地树立善念,摒除恶念。修养的方法是从一闪念处下手,修养的第一要义则是忠和孝。《太上感应篇集注》说:"立善多端,莫先忠孝,即成仙证佛,亦何尝不根基于此。"①"求仙者必以忠、孝、友、悌、仁、信为本。"②劝善书不吝笔墨,大肆强调忠孝的重要,各种道德义务和善行中,忠孝总是被置于首位。劝善书的这种观念,其渊源于儒家以宗族血缘关系为基础的伦常。宗族制度是中国封建社会的基本结构,在家族制下的道德以重视血缘关系为标志,具体体现为"父慈、子孝、兄良、弟悌、夫义、妇听、长惠、幼顺、君仁、臣忠"③等一系列伦理观念。本宗教权威而立的道教伦理道德观,亦充满了大量的这种封建道德规范,其核心也是忠君孝亲。可见,道教的宗教道德伦理观念,在本质上与儒家正统一致,只是披上了道教的神学外衣。

415

道教劝善书问世不久,即得到封建统治者的重视和提倡,产生了极大的社会影响。无论是最高统治者还是高官显宦以及大儒们,都意识到它对统治多有裨益,宋理宗亲笔为《太上感应篇》刊本题写:"诸恶莫作,众善奉行。"④宋代为其作序的有"郑安晚丞相、真西山先生,余皆其时宗工巨儒"⑤。明太祖朱元璋亲撰《世德碑》一文,宣扬朱家皇帝就是因祖先积功累善而得天赐的结果。明宦官刘若愚《酌中志》中记录在案的宫廷书目中就有《仁孝皇后劝善书》、《太上感应篇》、《为善阴骘》等等。明政府还从法律上为劝善书的传播开绿灯,据《大明律讲解》卷二六《刑律杂记》载:"凡采人

---

① ②《藏外道书》,第 12 册,第 129、156 页。
③《黄侃手批白文十三经·礼记》,第 82 页,上海古籍出版社,1983。
④ ⑤《道藏》,第 27 册,第 1、2 页。

搬做杂剧戏文……其神仙道扮及义夫、节妇、孝子、顺孙劝人为善者,不在禁限。"清朝政府也曾令翰林诸臣翻译、刊布《太上感应篇》,顺治帝作《劝善要言序》一篇,以示提倡。在历代统治者的提倡下,劝善书自宋以来便流传不绝,注家蜂起,刻板捐资者和用文艺作品宣传者皆有之。信奉者从宫廷、官僚阶层、士大夫到闾巷细民比比皆是。特别是明、清时代,道教的特点之一便是以劝善书为标志,以宗教道德训化为主,深入到社会民情风俗中,成为民众生活不可分割的一部分,直至近代仍在起着作用。儒生中有许多人认为:"此篇虽道家之书,而实不悖乎儒家之旨。"[①]不仅可以劝人为善,也能导人走圣贤之路,使人知道求仙之本在于忠、孝、友、悌、仁、信。而且它简易明白,不是以深奥的理论进行说教,而是以通俗易懂、人们乐于接受的故事形式进行宣传,便于普及到文化知识较低的社会一般人群中,而它的思想内容又与社会上层所提倡的道德说教相合拍,清代大儒惠栋、俞樾注释《太上感应篇》就借用了这种形式,以儒家经义和典故进行注释。故清代有的儒者把劝善书和圣贤书同置案头,课以弟子,作为修身的工具。总之,劝善书在封建社会中后期,给予社会各阶层人士以巨大影响,这种影响一代传一代,成为颇具力量的传统观念。

第二节　道教与佛教

佛教是东汉时由印度传来的异国之教,而道教则是中国土生土长的宗教信仰。佛教为了能够在中国站稳脚跟,就不能不接受中国文化的影响,使之中国化。另一方面,中国人也会用自己的眼光来看待外来的佛教。这样,佛教与中国传统思想、固有的宗教信仰之间,就产生了既相互融合又相互斗争的关系。

佛教刚传入中国时,当时有不少人将佛教视为神仙方术中的一种,或称之为浮屠道,而将其与黄老道等量齐观。《后汉书·襄

---

① 《藏外道书》,第 12 册,第 229 页。

楷传》说："又闻宫中立黄老、浮屠之祠。此道清虚,贵尚无为,好生恶杀,省欲去奢。"①袁宏《后汉纪》说："浮屠者,佛也。西域天竺有佛道焉。佛者,汉言觉,将悟群生也,其教以修善慈心为主,不杀生,专务清净者。其精者号为沙门。沙门者,汉言息心,盖息意去欲,而归于无为也。……佛身长一丈六尺,黄金色,项中佩日月光,变化无方,无所不入,故能化通万物,而大济群生。"②可见,当时人们确是将佛教与黄老道等同一致,认为二者主张的都是"清静"、"无为",佛与仙一样,都拥有"变化无方,无所不入"的神仙方术。《后汉书·襄楷传》中还有"或言老子入夷狄为浮屠"③之说,表明在当时甚至还有人认为佛教也是老子所创,佛也是老子的门徒。这种看法,尽管后来成为佛、道激烈斗争的内容之一。但是,这种说法在佛教传入初期,却有利于佛教在中国立足生根,便于它在中国的传播。

中国最早阐述佛教理论的著作是《理惑论》,作者牟融站在维护佛教的立场,提出佛教高于儒、道。他说："佛乃道德之元祖,神明之宗绪。"④将佛、道加以比较,说："比其类,犹五霸之与五帝,阳货之与仲尼;比其形,犹丘垤之与华恒,涓渎之与江海;比其文,犹虎鞹之与羊皮,班纻之与锦绣也。道有九十六种,至于尊大,莫尚佛道也。"⑤牟融还对道教的神仙辟谷长生之术进行攻击,但又认为佛教的"道""导人致于无为",主张"恬淡无欲",与道家一致。并且说他的《理惑论》之所以著为三十七条,其原因就在于"老氏道经亦三十七篇,故法之焉"⑥。他对佛的描述是:"佛者,谥号也,犹名三皇神、五帝圣也。……佛之言觉也,恍惚变化,分身散体,或存或亡,能小能大,能圆能方,能老能少,能隐能彰,蹈火不烧,履刃不伤,在污不染,在祸无殃,欲行则飞,坐则扬光,故号为佛也。"⑦从初期佛教译经来看,其受道教的影响也是可见的,如《四十二章经》就"与《大易》、《老》、《庄》相表里"。安世高译《安般守意经》,就释"安

---

①③《后汉书》,第1082页,中华书局,1965。

②《文渊阁四库全书》,第303册,第605页,台湾商务印书馆,1986。

④⑤⑥⑦《弘明集·广弘明集》,第2、6、7、2页,上海古籍出版社,1991。

般守意"为："安为清，般为净，守为无，意为名，是清净无为也。"①还将小乘禅法看做道术"守一"法，且声称修炼此法可以获得"制天地"、"能飞行"的神道，达到"断生死"、"住寿命"，成为仙佛。开创佛教本无宗的东晋僧人道安，则以《老子》语来解《般若经》，说："无在万化之前，空为众形之始，夫人之所滞，滞在未有。若诧心本无，则异想便息。……一切诸法，本性空寂，故云本无。"②不难看出，这是源于老子"无，名天地之始"③、"天下万物生于有，有生于无"④的思想。

南北朝时，佛教已逐渐在中国扎下了根，并开始有了发展，与道教的矛盾也日渐尖锐起来。但是，道教仍对佛教发生影响，有不少人仍认为佛教与道教本质是一致的，说："道也与佛，逗极无二，寂然不动，致本则同，感而遂通，达迹成异。"⑤南齐顾欢在《夷夏论》中说："五帝三皇，不闻有佛；国师道士，无过老、庄；儒林之宗，孰出周、孔。若孔、老非圣，谁则当之？然二经所说，如合符契。道则佛也，佛则道也，其圣则符，其迹则反。"⑥又说："泥洹仙化，各是一术。佛号正真，道称正一，一归无死，真会无生。在名则反，在实则合。"⑦"道教执本以领末，佛教救末以存本。"⑧指出佛、道二教虽有形式方法上的差别，但并没有实质的不同。但是，他强调二者有夷夏之别，不能"舍华效夷"。不过，从维护封建统治看，二者又各有其特殊用途，他说："佛是破恶之方，道是兴善之术。"⑨与顾欢同时代的吴兴道士孟景翼著《正一论》，强调佛、道一致，说："《宝积》云：'佛以一音广说法。'《老子》云：'圣人抱一以为天下式。'一之为妙，空玄绝于有境，神化赡于无穷。为万物而无为，处一数而无数。莫之能名，强号为一。在佛曰'实相'，在道曰'玄牝'。道之大象，即佛之法身。……法乃至于无数，行亦达于无央，等级随缘，须导归

① 《大正藏》卷一五，第 164 页。

② 《大正藏》卷四二，第 29 页。

③④ 陈鼓应：《老子注译及评介》，第 53、223 页，中华书局，1984。

⑤ 《弘明集·广弘明集》，第 39 页，上海古籍出版社，1991。

⑥⑦⑧⑨ 《南史》，第 1876、1877、1878、1877 页，中华书局，1975。

一。归一曰回向,向正即无邪。邪观既遣,亿善日新……旷劫诸圣,共遵斯一。老、释未始于尝分,迷者分之而未合。"①这是打算进一步从理论上来论证佛、道二教的一致性。相传佛教天台宗三祖慧思,就大量吸取神仙方术思想,以建立他的宗教思想体系,他在其所著《誓愿文》中说:"我今入山,忏悔一切,障道重罪,经行修禅,若得成就,五通神仙。及六神通,暗诵如来。"②"我今入山修习苦行……为护法故,求长寿命。……愿诸贤圣佐助我得好芝草及神丹,疗治众病除饥渴,……藉外丹力修内丹。"③可见,道教的神仙思想对佛教的影响是存在的。

这一时期,佛教与道教之间的矛盾、冲突也逐渐表现了出来,如西晋惠帝时道士王浮与沙门帛远之间的邪正之争。王浮作《老子化胡经》,攻击佛教,开佛、道斗争之先声。宋明帝时,在宋明帝刘彧的提倡下,佛教开始兴盛起来,这时道士顾欢撰《夷夏论》,反对提倡佛教,他提出了两条理由:一是认为道教在中国的出现要比佛教早得多,二是认为佛教是"西戎之法",道教才是中国人自己的宗教。"舍华效夷,义将安取"的质疑,从而引发了佛、道之间的大论争。南齐道教徒又假托张融之名撰《三破论》,诋毁佛教,认为佛教是"入国而破国,入家而破家,入身而破身"④。佛教徒对此进行了反击,撰写《正诬论》、《清静法行经》,针锋相对,认为孔、老都是佛祖的学生,佛教比道教更早,因此应以佛教为正统。佛教为了获得统治者的支持,指责道教"挟道作乱"、以"左道惑众"。⑤释玄光以黄巾(张角)、张鲁、孙恩为例,斥道教为"凶逆"、"群妖"。刘勰亦说:"事合氓庶,故比屋归宗。是以张角、李弘,毒流汉季;卢循、孙恩,乱盈晋末。余波所被,实蕃有徒。"⑥这一点,也被后来的佛教徒抓住不放,作为攻击道教的重要证据。北朝,佛、道之间的斗争更为激烈,特别在统治者的支持下,佛教遭到重大打击。北朝的佛、

---

① 《南史》,第 1876 页,中华书局,1975。
②③ 《大正藏》卷四六,第 788、791 页。
④⑤⑥ 《弘明集·广弘明集》,第 51、146、52 页,上海古籍出版社,1991。

道斗争,不仅仅是佛、道之间的斗争,而且带有强烈的政治色彩,可以说乃是民族斗争和政治斗争的反映。北魏太武帝对佛教采取了严厉的废除措施,不仅"诏诛长安沙门,焚破佛像"①,而且令:"自今以后,敢有事胡神及造形像泥人、铜人者,门诛。……诸有佛图形像及胡经,尽皆击破焚烧,沙门无少长悉坑之。"②魏太武帝的灭佛,与道士寇谦之有一定的关系,但更为重要的还是在于政治上的原因。到北齐时,为强调鲜卑人的优越地位,佛教得到尊崇。天保六年(555),齐文宣帝高洋灭道兴佛,强迫道士削发为僧。北周武帝宇文邕时,在道士张宾和卫元嵩的鼓动下,信道轻佛,经过几次儒、道、佛论辩,下令设通道观,选著名道士、僧人120人入通道观,学习《老》、《庄》、《周易》,名为通道观学士。周武帝灭齐后,即下令将齐境内四万多所寺庙赐给王公大臣,一切经、像皆焚毁之,寺院的所有财物簿录入官,寺院奴婢一律释放,将近300万的僧尼还俗为民。

隋代,佛教与道教之间发生过两次小冲突,一次在开皇三年(583),隋文帝见老子化胡像,乃召集儒、释、道三方人物进行讨论。此次讨论的具体情况如何,史无记载,只说佛教徒彦琮撰有《辨教论》,以驳斥道教的老子化胡说。另一次在大业三年(607),道士、儒生在智藏寺与佛教徒进行论辩,双方主要人物为沙门慧净和道士余永通。余永通以"有物混成,先天地生,吾不知其名,字之曰道"③诘问慧净,慧净回答说:"有物混成,为体一故混? 为体异故混? 若体一故混,正混之时已自成一,则一非道生。若体异故混,未混之时已自成二,则二非一起。先生道冠余列,请为稽疑?"④据说余永通对此无言以对。

唐宋时,儒、释、道三教形成了鼎立之局面,三教一方面仍有斗争,另一方面又相互影响、融合。从其斗争来看,是以儒者傅奕上书请废除佛教而引发的。开始是傅奕引领的儒者与以法琳为首的佛教徒之间展开论辩,其后,道士也参与进来。清虚观道士李仲卿

_____

①② 《魏书》,第 3034、3034—3035 页,中华书局,1974。
③④ 《大正藏》卷五○,第 442 页。

著《十异九迷论》、刘进喜著《显正论》对佛教进行驳斥,法琳著《辨正论》予以回击。双方争辩的主要论点为:长生与无生、夷夏、释道先后、伦常等问题。其中,尤以释、道先后问题的辩论最为激烈,因为这不仅关系到两教本身的切身利益,而且直接涉及唐王朝的三教政策。故唐初的统治者直接出面进行干预,下了"老先,次孔,末后释宗"的诏令。武则天执政后,大兴佛教,改变"道先、释末"的政策,唐中宗下令焚毁《老子化胡经》。在这种情况下,道士吴筠撰《思还淳赋》,站在维护儒、道的立场上,指出佛教在中国兴起后破坏了中国传统的名教纲常,带来许多弊端。他说:佛教"务在乎噬儒吞道,抑帝掩王,夺真宰之柄,操元化之纲。自古初以逮今,未有若斯之弊,逆天暴物,干纪乱常"①,认为应以道教的威力来消灭佛教,以达到"人伦顺化"、"神道永贞"、"民俗雍熙"。中唐以后,佛、道之间的斗争较之唐初有了明显缓和。但是,在唐武宗时却出现了一次尖锐的斗争,发生了灭佛事件。这次灭佛事件,虽与唐武宗本人崇信道教和道士赵归真、刘元靖、邓元起等人的共同排佛有关,更为重要的原因是由于佛教寺院经济的过度发展,已严重影响唐王朝的财政收入和封建经济。

佛教和道教在激烈论争的同时,相互间的融合也在不断加强。一大批道教学者,大量吸收佛教的某些思想来充实和发展道教理论,如王玄览、司马承祯、成玄英等人。佛教对道教思想的融合、汲取,以天台宗和密宗最为突出。如天台宗的湛然在所著的《止观辅行传弘诀》中,便引入了道教的服丹成仙思想,说:"太阳之草名曰黄精,食可长生;太阴之精名曰钩吻,入口则死。""金丹者,圆法也,初发心时成佛大仙,准龙树法飞金为丹,故曰金丹。"②唐玄宗时传入我国的佛教密宗,也有不少理论和修炼方术与道教非常相似。道教主张"即身成仙",密宗主张"即身成佛";道教有"房中术",密宗有"欢喜佛"。密宗经典中所涉及的司命、司禄、泰山府君诸神,

① 《道藏》,第23册,第657页。
② 《大正藏》卷四六,第445页。

以及青龙、白虎、朱雀、玄武、六甲禁纬、十二肖诸神等都是来自道教。英国著名学者李约瑟说："乍视之下，密宗似乎是从印度输入中国的，但仔细探究其(形成)时间，倒使我们认为，至少可能是全部东西都是道教的。"①佛教与道教的融合，还表现在三教讨论会上，中唐以后，佛、道之间互相攻讦的情况减少了，往往"同归于善"②。

经过隋唐五代，儒、释、道三教都有了一些新变化。儒学走上了融合佛、道思想，以创造新儒学的道路；佛教已盛极而衰，宗派、教义都渐趋单一，沿着中国化的方向发展；道教的教义理论更加丰富并有了发展，且由重视外丹转向侧重于内丹，继续处于兴盛和发展时期。宋朝的皇帝，除徽宗一度抬高道教压制佛教外，大都注重对佛、道二教均加以利用，为它们的进一步融合创造了有利的条件。徽宗时，因皇帝特别重视道教，任用道士林灵素等，对佛教采取过许多压制性措施。例如，令僧人改做道士，改变佛、菩萨和僧、尼的称谓，以及改变僧人的服饰和礼仪等。但这种情形并没有持续太久，林灵素被逐，所有诏令作废，因此对佛、道关系并未产生太大影响。这一时期的佛教，主要融合儒学，但道教仍对其发生影响。如南宋僧人圆悟克勤就以道的思想诠释佛理。这时，道教出现了重内丹修炼的金丹派道士，他们将佛教禅宗的理论引入内丹修炼理论，如张伯端就说："释氏以空寂为宗，若顿悟圆通，则直超彼岸，如有习漏未尽，则尚徇于有生。"③"先以神仙命脉诱其修炼，次以诸佛妙用广其神通，终以真如觉性遣其幻妄，而归于究竟空寂之本源矣。"④张伯端的这种观点，几乎被以后所有的内丹理论家们继承了下来，并加以发挥。在这个时期出现的许多道教新道派，无一不融合儒、释。而此时出现的道教劝善书，也吸收了许多佛教思想，佛教的心性说、地狱说、因果报应论，在劝善书中都得到淋漓发

---

① 转引自李冀诚《佛教密宗仪礼窥密》，第18页，大连出版社，1991。
②《新唐书》，第4984页，中华书局，1975。
③④《道藏》，第2册，第973、1030页。

挥,如《阴骘文》就反复强调:"或奉真朝斗,或拜佛念经,报答四恩,广行三教。"①

金元时期,全真道汲取佛教思想是其非常突出的特征,从教理、教义到戒律都无一不透露出佛教思想的气息。其创教人王重阳不但宣称:"释道从来是一家,两般形貌理无差。"②还劝人诵读《心经》,并提出了"三教圆融"、"识心见性"、"独全其真"③的立教宗旨,规定全真教徒必须出家住丛林,严格遵从丛林的清规戒律,不许娶妻生子等等。其中很多内容显然是取自佛教而与传统道教迥异。《终南山重阳真人全真教祖碑》说:"真人者,盖子思、达摩之徒欤,足见其冲虚明妙,寂静圆融,不独居一教也。"④王重阳的主张完全被其后嗣所继承。至于真大道、太一道和正一道等道派,吸取佛教思想也相当明显。此时,佛教也在继续吸取道教思想。如万松行秀在《从容录》第23则《鲁祖面壁》中,引《道德经·谷神不死章》说:"玄牝之门,是为天地根,绵绵若存。又曰:吾不知谁子,象帝之先。衲僧为言,绵绵若存,不可一向断绝去也。象帝之先者,空劫以前,佛未出世时也。"⑤这样的说法,在《从容录》中还有许许多多。元代,也发生过佛、道之间的激烈斗争,以道教的失败而告终。然而,这并没有能阻止二者间的相互吸收和融合,而且这种融合愈加深入。

明清时期,佛、道之间几乎没有什么激烈的斗争,而相互间的融合却得到进一步的加强。明代四大高僧袾宏、真可、德清、智旭,都十分强调儒、释、道三教一家、同源。袾宏在《山房杂录·诗歌·题三教图》中说:"胡须秀才书一卷,白头老子丹一片,碧眼胡僧祖一肩,相看相聚还相恋。……想是同根生,血脉原无间,后代儿孙情渐高,各分门户生仇怨,但请高明完此图,录取当年祖宗面。"真

423

---

① 《藏外道书》,第12册,第413—414页。
② 《道藏》,第25册,第691页。
③④ 《道藏》,第19册,第723、724页。
⑤ 《禅宗集成》,第11册,第6828页,台湾艺文印书馆,1968。

可说:"夫《心经》一书,乃入世、出世间圣贤豪杰之神术也。是以得其旨者,御大千而王天下。……故曰以智治国国之贼,有我治人物之敌……夫物我既忘,则本心自露,故曰灵光独耀,迥脱根尘也。若夫将此光照出世,则觉路可登;照世间,则古道可复。余故曰:《心经》一书,入世、出世之神术也。"①可见,他所说的"神术",就含有"绝圣弃智"和"无为而治"的道家思想在内。德清说:"老氏所宗虚无大道,即《楞严》所谓晦昧为空,八识精明之体也。"②"老氏所宗,以虚无自然为妙道,此即《楞严》所谓分别都无,非色非空,拘舍离等,昧为冥谛者是已。"③明代道士中,以佛理来释道教理论者也是大有人在。如张三丰《玄要篇·打坐歌》就说:"初打坐,学参禅……仙是佛,佛是仙,一性圆明不二般。"④又在《虚无篇》中说:"虚无者,老释同传之旨也。"⑤他的《无根树道情》24 首,更完全用佛教理论来谈道教的内丹修炼。另一道士张宇初也说:"若释氏之特立独行,明心见性,抑亦出世之一助也。"⑥又在《道门十规》中说:"近世以禅为性宗,道为命宗,全真为性命双修,正一则惟习科教。孰知学道之本,非性命二事而何,虽科教之设亦惟性命之学而已。若夫修己利人,济幽度显,非明性命根基,曷得功行全备。"⑦在这里,张宇初非常明确地表示了道教与佛教理论的一致性。明末道士伍守阳著的《仙佛合宗语录》,也将道教内丹修炼的每个步骤与佛教的修禅方法结合起来讲解,以说明道教与佛教的一致性。这样的情形,直到清代出现的丹书也都如此。

总之,道教与佛教无论是在教理教义、修持方法,乃至科仪、戒律等方面,都相互摄取、相互影响。

---

①《卍续藏经》,第 126 册,第 829—830 页,台湾新文丰出版公司,1994。(下引此书不再注明版本)

②③《卍续藏经》,第 127 册,第 824、827 页。

④⑤《藏外道书》,第 5 册,第 434、522 页。

⑥《道藏》,第 33 册,第 235 页。

⑦《道藏》,第 32 册,第 148 页。

第三节　道教与民间宗教

道教最初就是作为一个民间宗教而面世的。所谓民间宗教，指不为统治阶级所承认，不允许其公开传教，只能在民间秘密流传的宗教，又有民间秘密宗教之称。早期道教如张角的太平道和张陵所创的五斗米道，都在民间的下层群众中流传，为统治阶级所不承认，属于民间宗教。

道教从民间宗教演变为代表统治阶级利益，为统治阶级所承认的官方宗教，经历了一个较长的过程，这种演变从魏晋时期开始。东晋道士葛洪为官方道教奠定了理论基础，他在《抱朴子》一书中，竭力攻击民间的原始道教，为迎合统治阶级的需要，从理论上对道教长生成仙思想加以发展和改造，提出以神仙养生为内、儒术应世为外的主张，将道教的神仙信仰系统化、理论化，并将其与儒家的纲常名教相结合，提倡道教徒应以儒家的忠、孝、仁、信为本，否则，虽勤于修炼，也不能得道成仙。随后，南北朝时期的陆修静、寇谦之和陶弘景等，也着手对五斗米道进行改造、整顿，"除去三张伪法"，建立了南、北天师道，道教正式演变为为统治者服务的官方道教。道教从民间宗教演变为官方宗教，并不是说它与民间宗教没有关系，事实上，它不仅与后来新起的民间秘密宗教关系很大，而且就其自身来看，也有许多支派在民间流传，如李家道就是其中之一，它在吴大帝（222—252）时，从蜀中流传到江南，到东晋至隋，上下二百余年间遍及全国各地的"李弘"起义，均与这个道派在民间的传播有一定的关系。

唐宋时期至明中叶，道教在统治者的大力扶植下，鼎兴一时，但与民间宗教仍有联系。如南宋时期，从旧有的"三山符箓"分化出来的许多新道派，大多在民间流传。金元时期，北方兴起的一些新道派，最初也都流传于民间。如名重一时的全真道，其创教人王重阳在金代修道于终南山，直到王重阳逝世后的若干年间，全真道也只是在民间流传，未获统治者承认。

明清时期,社会上出现了许许多多的民间秘密宗教。从明正德(1506—1521)年间罗祖教的产生为始,至明末,社会上就有数十种民间教派,迄至清代,各类教派和会社竟达数百种之多。这些民间教派中的绝大多数不为统治者承认,被视为异己力量,对它们采取了极为严厉的禁绝措施。有的教派虽一度获得官方承认,但终因不合乎统治者的需要而被抛弃。明清时期出现的众多民间秘密宗教,或多或少都受到道教的影响,其中像黄天教、三一教、混元教、红阳教、圆顿教、八卦教、一炷香教、黄崖教等等,受道教影响尤深。清末出现的义和团运动,也受到道教的影响。所以,有人认为,民间秘密宗教最初基本上由道教衍化而来。

民间秘密宗教与道教的关系,从组织的领导者和参与者看,都有许多道士参加。而其经书,据日本泽田瑞穗教授研究,与道教有关的有《太上老子清静科仪》、《护国灵感隆恩真君宝卷》、《东岳天齐仁圣大帝宝卷》、《金阙化身玄天上帝宝卷》、《大梵天斗母圆明宝卷》、《先天元始土地宝卷》、《清源妙道二郎真君宝卷》、《承天效法后土皇帝道源度生宝卷》、《玄天上帝真武祖师修行成圣宝卷》、《敕封刘守真君宝卷》、《三茅真君宝卷》、《吕祖师度何仙姑宝卷》、《韩湘宝卷》、《七真天仙宝卷》等。[①] 从所供奉的神灵看,既有直接将道教神灵加以供奉的,如元始天尊、太上老君、八仙、玉皇大帝、真武玄天上帝、二十八星宿君、三官大帝、斗姆元君、纯阳吕祖等等,也有在道教神灵基础上,为适应创教需要而新造出的神灵,如"混元老祖"、"无生老母"等等。再从被冠以"妖术"之称的民间宗教所行修持方法诸术来看,皆大都渊源于道教,有的属于道教的修仙方术,有的属于道教养生术,特别是道教的内丹修炼、符箓科教,都被民间秘密宗教加以接收,作为吸引信徒的传教手段。道教的教理教义,也被民间宗教接受,如道教关于宇宙生成的理论、"道"的学说,明清的秘密宗教家将这些理论与佛教的某些思想相结合,创造的"真空家乡,无生老母"八字真言,认为无生老母是人类世界的始

---

① 参见野口铁郎《道教与民众宗教结社》,《道教学探索》第 3 号。

祖,创造了阴阳,由阴阳演化出人类老祖——女娲、伏羲,男女相配才生下了 96 亿"皇胎儿女"。这一切,均脱胎于道教的宗教宇宙观。毛泽东曾经调查过属罗祖教一支的同善社的历史,他说:"同善社的发源在四川,由那四川的同善社发出公事到各省开办同善社,各省的政府准许后再向各县开同善社。赣州府的天恩先生是得了南昌省的公事的。他来到寻乌,首先拜会县知事,知事赞成了,出了保护告示,同善社就可以大大地开起来。"①他还对神、坛、社、庙、寺、观等六种情况作了分析,指出:"'神'是指的各种各色的神,许多都有会,如赵公会、观音会、关爷会、大神会、真君会、婆太会、赖爷会、公王会、伯公会、文昌会等等,都是没有庙的……'社'是与'神坛'有别的一种'社坛',每个村子有一个,即使那个村子只有三家人,也有个社坛。为什么要社坛? 保佑禾苗没有虫子食、牛猪六畜不至于遭瘟,保佑人们得到康健……庙的性质,是所谓'有功德于民则祀之'的意思。神坛是地主需要的,社坛是农民需要的,庙是地主、农民共同需要的。"②同善社的源头是罗祖教,该教尊菩提达摩为初祖,又推崇《道德经》之"无,名天地之始;有,名万物之母"③和"天下有始,以为天下母。既得其母,以知其子"④的思想,故"无生老母"信仰,曾在明清时代民间流行一时。⑤

可见,道教与民间秘密宗教的关系紧密,为此毛泽东专门将同善社作为个案分析。他的分析有助于我们对这一现象的认识,因之有着重要意义。

第四节　道教与民俗、少数民族宗教信仰

中国民俗的范围极为广泛,所谓"百里不同风,千里不同俗",就是对民俗的最形象的写照。而且其内容也是繁复的,涉及到衣

---

①② 《毛泽东农村调查文集》,第 97、108—110 页,人民出版社,1982。
③④ 陈鼓应:《老子注译及评介》,第 53、265 页,中华书局,1984。
⑤　参见马西沙、韩秉方《中国民间宗教史》,第 5 章,上海人民出版社,1992。

食住行、婚丧嫁娶、娱乐节庆、礼仪、信仰等各个方面。一般地说，道教主要是与民间信仰习俗联系紧密，通过与信仰习俗的联系，进而影响到岁时习俗、娱乐习俗等。

　　道教所尊崇的神灵，作为超凡出尘的神仙，是虚幻的产物。然而，却又与中国民间传统文化紧紧相联，很多赫赫有名的道教神灵，究其根底，都起自民间。道教神仙体系中的道教俗神，诸如雷公、风伯、关帝、文昌、门神、灶神、城隍、土地、妈祖、瘟神、蚕神、药王、财神等等，原本都在民间流行，后来在道教发展过程中，逐渐被道教纳入其神灵系统，成为道教神灵，并被冠上各种名号。这既是道教不断扩大影响的一种方式，也是它吸引群众的一个重要手段。道教把民间俗神集中到自己的信仰中来，使其成为道教神仙体系的一个组成部分；反过来，道教又利用自己的优势使这些经过道教化的神灵返回到民间，更深更广地影响着民间的神灵祭祀活动。比如说，像城隍、土地、灶神等，一般的民众对它们都无比敬畏，唯恐对之不恭。对这些神灵的崇拜祭祷，实际上也就成了一种民俗。道教特有的一些神灵，如八仙、财神、福禄寿三星，也得到民间的普遍祭祀。道教的法术亦深入到民间，常与民间的巫术结合而对民众生活发挥重大作用。道教法术内容也很多，如祈雨、疗病、延生、送死、超度、祈梦、求签，其中相当部分源于民间巫术，经过道教的改造和发展，使之更加系统化。这些道教法术与民间巫术结合起来，使得道教借助民俗而普及，这是民间风俗与道教相联系的重要环节。

　　民间各种有着固定时间的民俗活动，道教亦深入其间。比如春节这个中国民间最盛大的节日，道教的影子就随处可见，有的风俗沿袭至今，像敬灶神、贴门神、挂桃符、燃爆竹等等，都涉及道教。原本属于道教的节日、道教神仙诞辰的庆典活动，在民间也极有影响，如吕洞宾、老君、天地水三官的诞辰日，民众多要到道观烧香礼拜。而且道教的这些庆典、节日，也糅进了许多民间娱乐方式，变得相当世俗化。这时，有关的宫观就成了民间娱乐的中心，大家所熟知的庙会就是此种情形的表现。而有些道教节日甚至走出宫观,与民间习俗相结合而演变成民间节日,如原本为庆祝天官诞辰的上元节,就演变为元宵节,每年的农历正月十五日晚,盛行观灯;中元节演变为鬼节,民间多在这一天祭祀亡人,祈求亡灵鬼魂早日得到超度。这也是道教与民俗相关联的重要方面。

道教不仅对中国民俗发生了很大的影响,同样,对我国少数民族的影响亦不可忽视,特别是在我国少数民族聚居最多的西南与中南地区,少数民族受道教的影响尤为突出。道教对少数民族的影响,从早期五斗米道时就开始了。《晋书·李特传》载:"汉末,张鲁居汉中,以鬼道教百姓,賨人敬信巫觋,多往奉之。"①《正一法文太上外箓仪》也说:"四夷云:某东、西、南、北四方荒外,或某州、郡、县山川界内夷狄羌戎姓名,今居某处,改姓某,易名某,年岁某月日时生,叩(头)搏(颡)奉辞:先因丑恶生出边荒,不识礼法,不知义方,羣秽之中,善根未绝。某年月日时为某事随某事得来中国,闻见道科,弥增喜跃。含炁愿活,凭真乞生,依法赍信,奉辞以闻。伏愿明师特垂矜副,谨辞。"②表明少数民族中也有入道受箓者。

道教在少数民族中,多采取不建宫观,不做职业道士,而是将道教信仰不同程度地纳入到本民族宗教信仰中的形式。我国许多少数民族的民族信仰中都糅合了道教信仰的成分在内。例如川西北羌族的"白石崇拜",就含有道教的"三官"信仰内容。云南白族的本主崇拜,将道教神灵玉皇大帝奉为最高主宰神。广西壮族乡间有半职业性质的"道公",他们为群众进行"驱鬼打斋"的各种宗教活动。广西仫佬族主要信奉道教。毛南族的婚丧民俗中也有许多道教的内容。我国北方的一些少数民族的宗教信仰中也带有道教信仰的痕迹。赫哲族信仰的是萨满教,但他们崇信的神中又有关帝神、土地神、药王等,很明显地是受到道教影响的结果。据学者统计,在我国现有的 55 个少数民族中,以信仰道教为主而兼信其他宗教的有瑶、壮、白、苗、侗、京、羌、黎、毛南、仫佬、阿昌、土家、布

---

① 《晋书》,第 3022 页,中华书局,1974。

② 《道藏》,第 32 册,第 207 页。

依、纳西等民族。又据民族工作者统计,我国现有约6700多万人口的55个少数民族中,以信仰道教为主而兼信仰其他宗教的有壮、瑶、仫佬等民族,约有1000万人。除此而外,怒、佤、水、傣、畲、仡佬、普米、傈僳、景颇、独龙、拉祜、布朗、崩龙、基诺、哈尼、赫哲、鄂伦春、鄂温克、朝鲜等民族,他们虽然以信仰佛教、基督教、天主教、萨满教或其他宗教为主,但在他们的主要信仰内容中,又或多或少地杂有道教信仰的成分。

道教之所以能够广泛地传播于如此多的少数民族之中,产生较大的影响,其原因在于:道教是一个多神崇拜的宗教,崇奉的神和仙很多。在道教的神灵体系中,最高神是元始天尊、灵宝天尊、道德天尊。在这三个最高神之下,又有无数大大小小的神灵,而我国许多少数民族的信仰又存在着一个共同点,即绝大多数少数民族的信仰内容是多元的。这样的情况与道教本身在形成和发展过程中又吸收了一些少数民族的信仰成分相结合,就给道教在少数民族中的传播造就了良好的条件。而且,道教能够平等对待各少数民族,《太上玄灵北斗本命延生真经》说:"或……生在中华,或生夷狄之中,或生蛮戎之内"①的众生,都应该平等相待,使他们都能够"心修正道,渐入仙宗"。这也是道教能对各少数民族产生广泛影响的一个重要原因。

第五节　道教与文学、美术、音乐

一、道教与中国文学

道教通向文学的第一座桥梁是神话传说。古老的神话传说不但是文学的一大渊源,同时也是作为一种重要的营养为道教所吸收和利用。例如,女娲补天的著名神话传说不仅是中国文学作品中经常出现的典故和原始素材,而且也在道教的典籍中以各种各

---

① 《道藏》,第11册,第346页。

样的"变格"出现,《三洞群仙录》云:"葛氏蛟帐,女娲云幕。"①这里
的女娲即指神话传说中的以炼五彩石补天的女娲氏。再如,西王
母的神话传说,不仅为许多文人津津乐道,道教更将西王母塑造成
一个上乘女仙。

　　道教在其建设过程中,还直接运用了各种文学形式,如歌谣、
谚语、骈文、散文等来宣扬自己的教理教义。《道藏》中有一部题为
焦延寿作的《易林》,其作者为西汉元帝、成帝时人,书的内容以占
卜为主,可其在文字、写法上,却是对《诗经》的模仿。道教把这部
以《诗经》为典式,以歌谣为占辞的谶纬卜筮书收入自己的经书总
集,确凿证明了古代歌谣、谚语之类为道教所直接吸收的事实。不
仅如此,道教还在此基础上创作了众多的四言歌谣,如《中央黄天
真文》云:"中央总灵,黄上天元,始生五老,中黄高尊,摄炁监真,总
领群仙。典箓玄图,宿简玉文,推运促炁,普告万神。"②从其内容
上,尽管还看不出它与《诗经》、《易林》的继承关系,但其形式却无
疑是因袭《易林》而成的。道教深受中国文学影响是无疑的。然
而,当它作为一种特殊的信仰形态而被社会接受,并享有较高地位
时,反过来也影响文学艺术。

　　道教作为一种古老的传统宗教,保留了大量的神话故事和民
间传说,而且道教本身也创造了许多神仙故事,为中国文学中关于
神话的这一部分内容增添了色彩。道教的玉皇大帝、东王公、西王
母、盘古真人等等,都承袭古代神话而来,并基本上完整地把这些
流传于民间的口头文学保留了下来。另外,道教本身所创造的神
仙故事,如关于八仙的传说,以及泰山、华山、龙虎山、武当山等许
多掺有道教信仰在内的神话故事,亦盛传民间,对中国文学发生着
影响。正因如此,有的外国学者在研究中国神话时,将"道家神话"
作为中国古代神话的四大部分之一,给予很高的评价。我国台湾
的学者也曾说过:"道教传说流播于世,其丰富的想像,幻异的情

431

---

① 《道藏》,第 32 册,第 298 页。
② 《道藏》,第 25 册,第 69 页。

节,均能在不同时代说话者口中制造出不少趣味。人类在现实生活中不能满足的,诸如婚姻、病痛,以及死亡,都可在娓娓叙述中获得暂时的解脱。尤其通过舞台,一些度脱成仙,仙道解困,以及神仙游戏人间,随心所欲的能力,更为长期生活在困顿中的百姓,在哄堂嬉笑声中涤荡心灵。这种文学艺术的满足,绝不限于文人的寄托幽隐而已,更是广大民众的生活乐趣,而为中国文学中特出的艺术成就之一。"

　　道教关于神仙及其生活的描写,带有浓厚的浪漫主义色彩,这一点对中国文学的影响尤巨。道教从道家那里继承了极为丰富的浪漫精神,并加以发展,所描绘的无论人物还是境物,皆虚实相交,世俗生活与神幻境界相互交织,令人目不暇接,浮想联翩。这种诡异神奇的浪漫主义,深深地浸润了中国文学的各个领域,成为中国古代文学的一大特色。独具特色的道教诗歌、词曲,也深深地渗透到中国文学领域。道教描述成仙轻举飞升,与仙同游的"游仙诗"和描写神仙生活的"神仙诗",以及阐发修道理论的一些诗文,给中国诗词宝库增添了特殊的新内容。我国古代著名诗人李白、李贺、李商隐等人都深受道教影响,甚至还成了道士,他们的诗作中散发着浓郁的道味,有不少佳作传世。在词曲方面,不仅有令人惊叹的深受道教影响的作品,而且很多词牌就得名于道教神仙故事,诸如"瑶池宴"、"霓裳羽衣曲"、"渔歌子"等。

　　在小说创作方面,道教的影响也相当大。仅就明清时期大量出现的描写神魔相斗和以神人、仙人为题材的长篇章回小说来看,就可知道教的影响之大。鲁迅先生将这一类小说称之为"神魔小说",如《封神演义》、《三遂平妖传》、《韩湘子全传》、《吕仙飞剑记》、《七真传》等等,都以道教思想为主旨。此外,以历史演义为主题的作品,如《水浒传》、《三国演义》等,也带有浓厚的道教色彩。以言情题材为主的作品,如《红楼梦》等,亦不例外。道教固然给中国文学增添了新的内容、表现方式,但中国文学作品也给道教的传播提供了方便,扩大和深化了其影响。比如说,明清时期的话本小说,其思想内容中充满了善恶果报、多积阴德的道教伦理观念,塑造了好些行善积阴骘的人物形象。如《西游记》中的道、佛二家皆主张"惩恶劝善"、"慈善为本"。《水浒传》第七十一回用报应论对梁山英雄们的业绩做总结,曰:"忠义英雄迴结台,感通上帝亦奇哉!人间善恶皆招报,天眼何时不大开!"①

明崇祯年间天然痴叟《石点头》亦以行善开导读者,曰:"劝人休作恶,作恶必有报,一朝毒发时,苦恼无从告。"②"留有余不尽之福,以还子孙。"③这样的例子不胜枚举。由于文艺作品的读者数量众多,连目不识丁者也可通过听说书艺人说书而受潜移默化之影响。文艺作品又是社会生活的反映,社会各阶层的思想风貌也会在作品中得到表现,文学形象具有一定的典型性,文学作品所刻画的人物、事物,更好地再现了道教思想给予社会各阶层人物的巨大影响。总之,道教与中国文学的关系是互动的。

二、道教与中国美术

符箓是道士用来召神劾鬼的一种重要手段,带有相当神秘的色彩,但作为一种具有抽象意义的书法艺术,从其形态以及有关文字解说中,不但可以了解到中国古老的书法艺术,而且可以发现书者是如何通过点、线的组合来表达一定心理冲动的艺术思想萌芽。

"符"起源于古老的"云书"。相传黄帝作云书,故以云为纪。古人认为,流云有飞龙变化之状,狂风有猛虎下山之势,故称云从龙,风从虎。云书即是模拟云彩飘动之状而成。"箓"乃是道教记录天曹官属佐吏之名的一种秘文,其书写方式与"符"大体相似。从艺术心理上看,符箓的书写或制作讲究得意自然。道教要求作符时,必须收视返听,摄念存诚,心若太虚,内外贞白,意到笔运,一气呵成。这就是说,从内心澄清杂念,全神贯注,正是书符作箓的艺术心理准备,而这一点,与我国古代许多书法家挥笔书写的内在心境要求相合。

从制作过程看,符箓又与篆刻有共同的艺术特征。篆刻的章

① (明)施耐庵、罗贯中:《水浒全传》,第 873—874 页,上海人民出版社,1975。
②③ (明)天然痴叟:《石点头》,第 208、180 页,上海古籍出版社,1985。

法要求疏密结合,肥瘦均匀,轻重得体,增损自然,屈伸入势,挪让相得,起伏承应,盘错变化,离合有序。这些艺术原则恰恰正好也是制作符箓的要求,如"符印"常以黑白圆点、曲直线相交错,从而体现其水火阴阳之分的特色。反过来,道教符箓又对金石篆刻施加影响,在金石篆刻中留下了道教符箓的印迹。

道教绘画更是中国美术史瑰丽的一章。道教绘画以宣传道教教义和神仙思想为主要内容,一般分为壁画与文人道画两大类。壁画名作有现存于泰山岱庙天贶殿的巨幅壁画《泰山神启跸回銮图》,描绘泰山神东岳大帝出巡和回銮的情形。此画绘于宋代,后经明清两代画工重新彩绘。山西永乐宫道教壁画绘于元代,被誉为是集唐宋道画传统的中国美术史上的杰作。如:三清殿壁画以三清为中心,分为多组,绘有雷公、雨师、南斗六阙、北斗七星、八卦神灵、十二生肖君、二十八星宿、三十二天帝等,壁画长 90.68 米、高4.26 米,绘有大小神像共 286 尊。纯阳殿有《纯阳帝君神游显化之图》,共有壁画 52 幅。七真殿有描述全真道创教人王重阳出生、得道和度化弟子故事的壁画共 42 幅。

文人道画中,晋代画家顾恺之不但开以龙、云为道画主题的先河,而且据《贞观公私画录》载,顾恺之还画有《刘仙像》、《三天女像》等,并著有叙述自己创作道画心得的《画云台山记》。唐代画家吴道子擅长于道释画。道士张素卿也是有名的道画家,史载其曾画有《老子过流沙图》、《五岳朝真图》、《九皇图》、《五星图》、《太无先生像》,并为前蜀主王建生辰绘十二仙真,备受赞赏。宋代画家武宗元的《朝元仙仗图》被誉为传世道画,张渥《九歌图》、《太乙真人像》也是道画中颇具代表性的佳作。元代的颜辉有传世之作《李仙像》。明代有吴伟的《北海真人》。清代扬州画派金农所绘张天师像,亦堪称佳作。当代享誉海内外的著名国画大师张大千先生,绘有不少表现道教题材的道画,所绘西王母、麻姑、陈抟、吕纯阳和张陵等画,被刻石于青城山,至今犹存。

中国画坛把以道教题材和以佛教题材为内容的绘画合称为"道释画"。有人说"古人以画名家率由释道始",可见道教绘画和佛教绘画对中国画界的影响之大。

　　首先,从人物画方面来看,历代都有人从绘画理论上探讨道、释人物画的特点。东晋顾恺之的《画云台山记》,是现存最早的探讨神仙人物画像的理论著作,对中国画的影响相当大。宋代郭若虚的《图画见闻志》,从绘画技法上探讨了仙女与一般仕女画形象的不同。明代周履靖《天形道貌画人物论》,特别区分了道画与释画的不同。清代蒋骥《读画纪闻》、《神女论》,对历代探讨道教人物画的绘画理论作了总结性的叙述。这一切,不仅促进了道教人物画的成熟和发展,而且也对中国绘画中人物画的成熟和发展起了促进作用。

　　其次,就中国画中占重要位置的山水画来看,山水画受道教思想的影响就更大了。这种影响,不只在技法上,更重要的在于对绘画者思想的影响,也就是就道教的信仰理论对绘画者的影响。道教追求的与自然合一、恬淡、静泊、玄远,对不少山水画家影响较大,五代末、宋初,以山水寒林画闻名于世的郭忠恕,就是一个学道之人。元代是山水画的顶峰期,"元四家"是当时最有声誉的四位山水画家,其中黄公望和倪瓒都是道教徒,而且黄公望在"四家中"居魁首之位。画史专家俞剑华评论"元四家"说:"不离古人法度,然能自具面貌,取古人之神,而不泥古人之形,又能饱遨观饫,日徜徉于名山之间,而文章道德,又皆加人一等,故其所作,自异凡响。水墨渲淡与浅绛著色一派乃底于大成,为明清百年之宗主。盖山水画至元四大家已炉火纯青时代,其醇厚之趣味不在表面,而在内容,令人百读不厌,真绝诣也。"他们的作品具有简远高洁、飘逸潇洒、宁静幽远、古朴高雅的特点,这些特点的形成,当然与他们的内在精神修养和审美情趣紧紧相关。美术评论家们认为,"元四家"的成就,根本的不在于他们绘画技艺的高超,而是他们深谙绘画"逸格"。所谓"逸格",是中国画中的一个绘画术语,"拙规矩于方圆,鄙精研于彩绘,笔简形具,得之自然,莫可楷模,出于意表,故目之曰逸格"。可见,逸格之真精神指画家本人的内在修养、审美情趣与绘画对象的融合,恰是由黄公望等人的推动而得以完成的,体

435

现着道教主旨,浸透了道教精神。

三、道教与中国音乐

由于原始巫教曾是道教思想渊源之一,而巫术本身就包含着音乐方面的内容,它是通过音乐形式来为其通神感灵服务的,因此,道教在吸取巫术的过程中,也继承了巫术中的音乐形式,将传教活动与音乐形式结合起来,并把自身追求的终极目标通过一定的音乐形式来表达。这样,道教和中国古代音乐就紧密地联系起来。

道教音乐主要是在做法事时使用,目的是为了用音乐感动众神。例如:《要修科仪戒律钞》卷八引"太真科"说:"斋堂之前,经台之上,皆悬金钟玉磬,……非唯警戒人众,亦乃感动群灵。"①其形式有声乐和器乐两大部分。声乐部分主要有独唱、齐唱、念白等形式,独唱一般是由高功、都讲担任;器乐部分主要有鼓乐、吹打乐以及合奏等形式。声乐形式是道教音乐的核心部分,以宣戒诵咒,通过对神灵的赞美来表白愿望,以感动众神,达到做某种法事的目的。声乐的体裁主要为"颂"、"赞"、"偈"、"步虚"等,器乐形式一般在法事的开头、结尾、队列变换及唱曲的过门等场景时使用。总之,在法事进行中,声乐和器乐配合谐和,灵活统一,为整个法事增色。

道教音乐的一个显著特点在于形式和内容的统一。道教法事的内容名目繁多,因而在做法事时就非常注重就法事的内容来择定其音乐形式,法事的内容不同,音乐的组合也就不同。甚至在同一法事进行的不同阶段中,哪里该用优雅恬淡、缥缈清越之音,哪里该用庄严威武、喜庆欢乐之声,都是相当讲究的。

道教音乐的另一特点是具有地方性。同一内容的法事,虽采用的主旋律相同,但在行腔、旋律装饰方面,总是带有本地音乐特色。例如,在上海等地,就多带江南小调韵味;在四川,则多带有

① 胡道静、陈莲笙、陈耀庭选辑:《道藏要籍选刊》,第8册,第429页,上海古籍出版社,1989。

四川民歌的腔调。写了大家所熟悉的二胡名曲《二泉印月》的阿炳，就出身于道教家庭，且从小就入道观成为道士，从事道教乐曲演练，通晓多种乐器，最终成为一代民间艺术大师。他所创作的《二泉印月》，声调哀转，抑扬顿挫，浑然一体，不知打动了多少人的心，至今仍是人们喜爱的经典乐曲。并且还被改编为交响乐、合奏曲等多种音乐形式，经常被演奏。道教音乐的这一特点，对广大群众具有强烈的吸引力，也成为广大乡村群众喜看道场的原因之一。

　　道教既然是土生土长的中国宗教，道教音乐自然植根于中国本土音乐之中。它的来源是多方面的，既有来自宫廷的，如吹打曲的素材《笛曲》和《经忏》曲的绝大部分；也有来自民间的，如《将军令》、《十八拍》、《水龙吟》、《大开门》等。一些从事道教音乐研究的音乐工作者认为，道教音乐中的步虚声，就是《楚辞·九歌》音乐的继承和发展，具有清静幽远的特色。

　　道教追求的是一种超尘出世的境界，因此，其音乐理想是崇尚自然，效法自然，表现出来便具有非常浓烈的浪漫主义色彩，而与儒家音乐的"乐而有节"不同。我国古代的一些音乐作品，明显地受到道教音乐的影响和浸润，例如汉代的《黄老弹》，唐代法曲《霓裳羽衣曲》，明代古琴曲谱中收录的宋元明清大曲《庄周梦蝶》、《羽化登仙》、《八公操》、《颐真》等。再就音乐理论来看，如嵇康的《声无哀乐论》、阮籍的《乐论篇》等，都主要是以道教的理论基础道家思想为指导的音乐理论著作，所提出的"音声自然之和"、"声无哀乐之异"的观点，对中国古代的音乐发展产生过不可小视的作用。又如音乐技巧，道教思想更是渗入其间，俯拾皆是。如唐代段安节《乐府杂录》说："善歌者必行调气，氤氲自脐间出，至喉乃噫其词而分抗坠之音，既得其术，即可致遏云响谷之妙也。"这里所指的气出位置恰好就是道教所说"下丹田"的位置，而其调气的方式与道教的内丹调息方法在原理上也是一致的。又如明代琴家徐上瀛所作《大还阁琴谱》，在论述演奏二十四诀时，不仅把道家、道教思想化入其间，而且还频繁地引述道教典籍，认为练指弹琴时必须有离尘出世之宁静、出有入无之意境。显然，其中所蕴含的正是道教涵养心性时关于破除外界干扰、逆返归魂、复归于朴、再现真身的道理。类似徐上瀛这类论述，在中国古代音乐典籍中并不少见。

附　录

一　道教大事记

125—144 年　东汉顺帝时,琅玡宫崇上其师干(一作于)吉在曲阳泉水上所得神书 170 卷,名为《太平清领书》。沛人张陵客蜀,学道鹤鸣山中,创立"五斗米道"。

143 年　东汉顺帝汉安二年。据道教称,张陵于其时立二十四治、三十六靖。

146—147 年　东汉质帝、桓帝时,魏伯阳作丹鼎派道教的重要著作《周易参同契》。

172 年　东汉灵帝熹平元年。张角奉黄老道,并有《太平经》一书,遣弟子八人使于四方,以"善道"教化天下,十余年间徒众达数十万。

181 年　东汉灵帝光和四年。东方有张角为太平道,汉中有张修为五斗米道。

184 年　东汉灵帝中平元年。张角编太平道徒为 36 方,发动"黄巾军起义"。后张角病死,黄巾起义失败,太平道传授不明。

191 年　东汉献帝初平二年。张陵之孙张鲁在汉中建立政教合一的政权,以五斗米道教民,雄据巴、汉 30 年。张鲁述作《老子想尔注》。

215 年　东汉献帝建安二十年。曹操率 17 万兵马攻汉中,张鲁降。张鲁被拜为镇南将军,封阆中侯,又随迁至邺。次年,张鲁逝。五斗米道由此传到中原。

25—220 年　东汉时,产生了标志着《老子》由道家学说向道教理论过渡的《老子河上公章句》。

231 年　三国魏明帝太和五年。迁往北方的五斗米道在张鲁逝后,其祭酒自发立治传教,出现了组织混乱状况。

277 年　西晋武帝咸宁三年。犍为道士陈瑞在四川传教收徒,自号"天师",是为五斗米道之一支。益州刺史王浚以"不孝"罪诛之。

282 年　西晋武帝太康三年。《黄庭内景经》成书。

301 年　西晋惠帝永宁元年。李特、李雄领导的与五斗米道有关联的流民起义爆发。

305 年　西晋惠帝永兴二年。李雄称帝成都,国号大成。封道教首领范长生为天地太师,拜为丞相。道教在巴蜀地区再获发展。

290—306 年　西晋惠帝时。道士王浮造作《化胡经》一卷。

343 年　东晋康帝建元元年。生于西晋武帝太康四年(283)的道教理论家葛洪去世。

364 年　东晋哀帝兴宁二年。以《上清大洞真经》为首,主"存思法"的道教上清派形成。

371—372 年　东晋简文帝时。江南不少士家大族奉信天师道,逐渐形成天师道世家。

374 年　东晋孝武帝宁康二年。被道教净明派奉为始祖的许逊逝。

440

397—401 年　东晋安帝隆安年间。葛洪族孙葛巢甫创道教灵宝派,出《灵宝经》30 余卷,灵宝教大行于世。

398 年　东晋安帝隆安二年。王灵期演绎《上清经》,将原有的 31 卷增至 50 佘卷,从此《上清经》广泛流传。

399 年　东晋安帝隆安三年。孙恩利用五斗米道起义,杀世奉五斗米道的王凝之。

402 年　东晋安帝元兴元年。孙恩兵败投海自沉,余众推其妹夫卢循为主。

411 年　东晋安帝义熙七年。交州刺史杜慧度击败卢循,持续近 12 年的孙恩、卢循起义失败。

419—420 年　东晋末年。《度人经》成书,是为道教史上的一部重要经典,《正统道藏》列为全藏第一卷。

415 岳　北魏明元帝神瑞二年。道士寇谦之称太上老君降临嵩岳,授予天师之位,并赐《云中音诵新科之诫》,令其"清整道教,除去三张伪法"。

423 年　北魏明元帝泰常八年。寇谦之称老君之孙李普文令他奉持《录图真经》60 余卷，"辅佐北方太平真君"。

424 年　北魏太武帝始光元年。寇谦之献书太武帝。"魏文朗造佛道像"，
　　　　这是现存最早的有明确纪年的道教造像。

425 年　北魏太武帝始光二年。太武帝崇奉崔浩上疏所荐寇谦之的天师
　　　　道，并宣扬天下。建天师道场于京城东南，给道士衣食，月设厨会数
　　　　千人。

424—428 年　北魏太武帝始光间。道士尹通事马俭于楼观，太武帝常遣
　　　　使致香烛。楼观道逐渐形成一个对社会产生影响的道教教团。

432 年　刘宋文帝元嘉九年。何承天出《报应问》，批评佛教因果报应说，
　　　　儒、道同佛教之间的理论斗争展开。

440 年　北魏太武帝太平真君元年。太武帝据寇谦之所云"辅佐北方太
　　　　平真君"，改元太平真君。

444 年　北魏太武帝太平真君五年。太武帝亲至道坛受箓，从此成为北
　　　　魏诸帝即位之惯例。

446 年　北魏太武帝太平真君七年。太武帝"废佛"。

448 年　北魏太武帝太平真君九年。寇谦之逝，享年 83。

452 年　刘宋文帝元嘉二十九年。陆修静应召入宫讲道，皇太后王氏执
　　　　门徒礼。

461 年　刘宋孝武帝大明五年。陆修静于庐山建"简寂观"，于此修道。

467 年　刘宋明帝泰始三年。陆修静奉召与弟子孙游岳赴建康，明帝为
　　　　其于北郊天印山筑崇虚馆以居之。

471 年　刘宋明帝泰始七年。陆修静按"三洞"分类道经，撰中国道教史
　　　　上第一部道书目录《三洞经书目录》，著录道经 1090 卷。

477 年　刘宋后废帝元徽五年。陆修静逝，时年 71 岁。

401—479 年　刘宋末年。道士顾欢发表《夷夏论》，详论佛、道二教同异
　　　　优劣。

479—502 年　南齐初。司徒从事中郎张融作《门律》，以说明佛、道本无二
　　　　致。齐道士托张融之名作《三破论》，斥佛教入国破国，入家破家，入
　　　　身破身。

492 年　南齐武帝永明十年。陶弘景隐居茅山修道。

479—502 年　南齐(479—502)末至萧梁(502—557)初。孟法师作道教史

上第二部经书目录《玉纬七部经书目》。该目录在陆修静的三洞目录基础上另加四辅而成,已佚。

503 年 萧梁武帝天监二年。朝廷置大小道正,令孟景翼作大正。孟景翼著《正一论》,宣称佛、道二教同源。

504 年 萧梁武帝天监三年。梁武帝弃道奉佛,宣布"惟佛一道是正道"。

502—519 年 萧梁武帝天监年间。梁武帝对陶弘景书问不绝,时以政务询于弘景,人呼为"山中宰相"。

520 年 北魏孝明帝正光元年。朝廷请道士姜斌与释昙无最当廷辩论佛、道二教先后,姜斌败,被配徙马邑。

531—580 年 北朝隋初间。在道教史和古代哲学史上都有一定地位的《黄帝阴符经》成书。

536 年 萧梁武帝大同二年。陶弘景逝,时年 80 岁。

555 年 北齐文宣帝天保六年。文宣帝敕召沙门与道士辩二教优劣,道教辩败,敕道士削发为僧,遂使"齐境无两信"。

569 年 北周武帝天和四年。武帝集百官、道士、沙门、名儒讨论释、老,判定以儒教为先,佛教为后,道教最上。开创《道藏》兼收诸子书先河的《玄都经目》成书,收有诸子书 884 卷。

570 年 北周武帝天和五年。甄鸾上《笑道论》三卷,被焚毁。

573 年 北周武帝建德三年。武帝敕断佛、道二教,经像悉毁,罢沙门道士,并令还俗。建通道观,命道士王延于通道观校雠三洞经图,凡 80 余卷。王延又作《三洞珠囊》7 卷。

577 年 北周武帝建德六年。北周灭齐,武帝宣布废佛令。

559—581 年 北周时。朝廷崇奉道法,承规制,诸帝即位皆登坛受道箓。

579 年 北周静帝大象元年。道士张宾盛言杨坚有代谢之征,及杨坚即位,擢张宾为华州太史。

581 年 隋文帝开皇元年。杨坚诏令复行佛、道二教。

583 年 隋文帝开皇三年。杨坚命重修楼观宫宇,并度道士 20 人。释颜琮撰《辨道论》,及老子化胡说。

586 年 隋文帝开皇六年。文帝杨坚令亳州刺史营修老子祠堂,申醮祀之礼,并建老子碑作颂。

600 年 隋文帝开皇二十年。文帝下诏重申佛法深妙,道教虚融,敢毁坏、偷盗佛及天尊像、岳镇海渎神形者,以不道论;沙门坏佛像,道士坏天尊像,以恶逆论。

605 年 隋炀帝大业元年。朝廷改僧寺为道场,道观为玄坛。于东都置道术坊,于内道场集道、佛经典,禁图谶。

606 年 隋炀帝大业二年。炀帝诏令沙门、道士致敬王者。

608 年 隋炀帝大业四年。炀帝诏令杨宏集道士、名儒入智藏寺,论议三教。

617 年 隋炀帝大业十三年。李渊起兵晋阳,楼观道士岐晖以观中资粮给军,李渊命岐晖为紫金光禄大夫,并遣使楼观设醮祈福。

619 年 唐高祖武德二年。李渊命楼观令鼎新修老君殿、天尊堂及尹真人庙。令道士岐晖主观事。

620 年 唐高祖武德三年。李渊立老子庙于羊角山,诏改楼观为宗圣观。

624 年 唐高祖武德七年。李渊遣刑部尚书沈叔安携天尊像赠高丽,并令道士前往讲《道德经》。

625 年 唐高祖武德八年。李渊幸国子学,诏老先、孔次、释末。

626 年 唐高祖武德九年。清虚观道士李仲卿著《十异九迷论》,刘进喜著《显正论》斥佛教。释法琳撰《辨正论》驳李仲卿、刘进喜之论。

631 年 唐太宗贞观五年。李世民诏僧、道致敬父母。

637 年 唐太宗贞观十一年。高丽遣使学道教,太宗遣道士八人前往高丽,其王尊道士坐儒士之上,命道士行镇国内有名山川。

647 年 唐太宗贞观二十一年。李世民命玄奘法师与道士蔡晃等三十余人齐集五通观,译《老子五千文》为梵言。

666 年 唐高宗乾封元年。太宗诏天下诸州置观、寺一所。高宗至亳州谒老君庙,上尊号曰"太上玄元皇帝"、圣母曰"先天太后",创建祠堂。改阳谷县为真源县,县内宗姓特给复一年。

668 年 唐高宗总章元年。高宗诏百僚、僧、道议《老子化胡经》,后下敕搜聚《化胡经》焚毁之。

674 年 唐高宗上元元年。武则天上奏十二条,请王公百僚皆习《老子》,每岁依《孝经》、《论语》例策试。

678 年 唐高宗仪凤三年。高宗命道士隶宗正寺,班在诸王之次。诏自今而后《道德经》为上经,贡举人皆须兼通。

691 年 唐则天天授二年。武则天令佛教在道教之上,僧尼处道士女冠之前。

693 年 唐则天长寿二年。武则天罢举人习《老子》,改习《臣轨》。

701 年 唐则天大足元年。张昌宗、李峤、宋之问、刘知几撰成《三教珠英》1300 卷。

705 年 唐中宗神龙元年。中宗令贡举人停习《臣轨》,依旧习《老子》,老子依旧为玄元皇帝。

711 年 唐睿宗景云二年。睿宗诏令自今每法事集会,僧尼道士女冠宜齐行道集。

713 年 唐玄宗先天二年。玄宗命太清观主史崇玄与昭文馆、崇文馆学士等修《一切道经音义》、《妙门缘起》等,共约 150 卷。玄宗为《音义》作序。后又发使搜求道经,纂修成藏,曰《三洞琼纲》,共 3744 卷(或谓 5700 卷)。

715 年 唐玄宗开元三年。玄宗以老君诞辰为玄元节,御制玄元皇帝赞。诏改羊角山为龙角山,改庙为庆唐观,塑高祖、太宗、中宗、睿宗、玄宗像列侍。

721 年 唐玄宗开元九年。玄宗遣使迎司马承祯入京,并亲受法箓。诏司马承祯制《玄真曲》,李会元制《大罗天曲》,贺知章制《紫清上圣道曲》。

722 年 唐玄宗开元十年。玄宗诏两京及诸州各置玄元皇帝庙一所,每岁依道法斋醮。置崇玄学,其徒令习《道德经》、《庄子》、《列子》、《文子》,每年准明经例举送。

725 年 唐玄宗开元十三年。玄宗颁《赐青城常道观敕》,令区分佛、道,使毋争夺。

730 年 唐玄宗开元十八年。玄宗诏释、道二教论议,沙门道氤与道士尹崇对辩,并下旨令将议论编入藏,曰《开元佛道论衡》。

733 年 唐玄宗开元二十一年。玄宗注《道德经》,令学者习之。制令士庶家藏《老子》一本,每年贡举人量减《尚书》、《论语》两策,加《老子》策。

734 年 唐玄宗开元二十二年。玄宗诏京城及天下诸州每年正月、七月、十月三元日,十三至十五日,官禁断屠宰。

735 年 唐玄宗开元二十三年。玄宗亲注《老子》、修《疏义》8 卷,制《开元

文字音义》30 卷,颁示公卿士庶及道、释二门。日本使臣请《老子经》
及天尊像以归于国。

738 年 唐玄宗开元二十六年。玄宗注《道德经》刻于石,作《疏》10 卷令
学者习之。遣唐使携《道德经》赠新罗。

741 年 唐玄宗开元二十九年。玄宗诏令家习《道德经》,两京及诸州各
置玄元皇帝庙一所,每年依道法斋醮。又兼置崇玄学生员,令习《老
子》、《庄子》、《列子》、《文子》,每年准明经例考试。玄宗制《霓裳羽衣
曲》、《紫微八卦舞》。

742 年 唐玄宗天宝元年。玄宗亲享玄元皇帝于新庙。以庄子号南华真
人,文子号通玄真人,列子号冲虚真人,庚桑子号洞灵真人;改《庄子》
为《南华真经》、《文子》为《通玄真经》、《列子》为《冲虚真经》、《庚桑
子》为《洞灵真经》。两京玄元庙改为太上玄元庙,天下准此。颁分
《道德经》为上下经诏。

743 年 唐玄宗天宝二年。玄宗追尊老子为大圣祖玄元皇帝,改两京崇
玄学为崇玄馆,宰相为大学士,领两京玄元宫及道观。玄宗亲谒玄元
宫,追尊玄元皇帝为先天太上皇、圣母益寿氏号先天太后。改西京玄
元庙为太清宫,东宫为太微宫,天下诸州为紫极宫。

745 年 唐玄宗天宝四年。玄宗亲制《降真召仙之曲》、《紫微送仙之曲》。
诏坟籍中载有老君、庄子旧号者,并宜改正,其余编录经义等书,以
《道德经》在诸经之首,《南华》等经不宜编列子书。

747 年 唐玄宗天宝六年。玄宗册赠后汉张道陵为天师,梁陶弘景为
太保。

748 年 唐玄宗天宝七年。玄宗从茅山道士李含光受上清经箓。

749 年 唐玄宗天宝八年。玄宗谒太清宫,加老君尊号为"圣祖大道玄元
皇帝"。命崇玄馆写一切道经送诸道采访使,令管内诸道转写,官本
留采访郡太一观持诵。

751 年 唐玄宗天宝十年。玄宗于内道场亲教诸道士步虚声韵。命写一
切道经五本(部)赐诸道观。

754 年 唐玄宗天宝十三年。玄宗朝献太清宫,上老君尊号曰"大圣祖高
上大道金阙玄元天皇大帝"。

757 年 唐肃宗至德二年。肃宗诏天柱山老君庙改为启圣宫。

761 年　唐肃宗上元二年。朝廷于景龙观设高座讲论释、道二教,遣公卿
百僚悉就观设醮讲论。

777 年　唐代宗大历十二年。代宗命天下仙洞灵迹禁樵捕。

796 年　唐德宗贞元十二年。德宗御麟德殿,命韦渠牟、徐岱等与沙门鉴
虚、覃延及道士郗维素、葛参成讨论三教。

814 年　唐宪宗元和九年。宫内出道教神仙图像经法九辇,赐兴唐观。

822 年　唐穆宗长庆二年。穆宗令诸色人中有情愿入道者,但能暗记《老
子经》及《度人经》精熟者即任入道,愿以《黄庭经》代者亦听之。

826 年　唐敬宗宝历二年。朝廷以太清宫道士赵归真充两街道门都教授
博士。

827 年　唐文宗太和元年。文宗召秘书监白居易、安国寺沙门义林、上清
宫道士杨弘元入麟德殿内道场谈论三教。

844 年　唐武宗会昌四年。礼部以道士赵归真为左右街道门教授先生。
归真言释氏之教蠹耗生灵,非中国之教,尽宜除之。武宗毁道场佛经
像,安置天尊老君像。令毁拆天下小寺,经、佛入大寺,钟送道观。

845 年　唐武宗会昌五年。赵归真请与释氏辩论,令僧、道会麟德殿。令
沙门知玄与道门敌言"神仙为可学不可学"。颁敕废佛。

846 年　唐武宗会昌六年。宣宗受三洞法箓于道士刘玄靖。

849 年　唐宣宗大中三年。宣宗召谏议李贻孙、给事杨汉公、沙门知玄与
道士于麟德殿讲论三教。

875 年　唐僖宗乾符二年。僖宗遣使至茅山受大洞箓。

883 年　唐僖宗中和三年。僖宗改成都玄中观为青羊宫,令乐朋龟撰《西
川青羊宫碑铭》。

884 年　唐僖宗中和四年。据杜光庭记载:唐代所造宫观约 1900 所,度道
士 1.5 万余人。

887 年　唐僖宗光启三年。《无能子》成书。

891 年　唐昭宗大顺二年。据杜光庭记载:玄宗开元年间著《琼纲经目》
凡 7300 卷,复有《玉纬别目》,纪传疏论相兼 9000 余卷。肃宗上元年
中,所收经箓 6000 余卷,代宗大历中又及 7000 卷,穆宗、懿宗时两街
所写仅 5300 卷,经黄巢起义,"真宫道宇,所在凋零,玉笈琅函,十无
三二"。

446

907 年 后梁太祖开平元年。太祖令道士不入宗正。罢释、道二教诞日御前讲论。

913 年 前蜀高祖永平三年。王建以杜光庭为金紫光禄大夫、左谏议大夫，封蔡国公，赐号广成先生。

955 年 后周世宗显德二年。世宗召见华山道士陈抟。

967 年 宋太祖乾德五年。太祖召莱州道士刘若拙为左街道录。道士孙夷中撰《三洞群仙录》。

972 年 宋太祖开宝五年。朝廷禁民寄褐宫观，私度出家。诏功德使与左街道录刘若拙集京师道士考试，其学业未至者皆斥之。诏："每当朝集，僧先道后，并立殿，僧东道西。""若遇郊天，道左僧右。"

977 年 宋太宗太平兴国二年。太宗召见华山道士陈抟。

990 年 宋太宗淳化元年。太宗命散骑常侍徐铉、知制诰王禹偁校正道经 7000 卷，道士张契真参与其事，编纂《道藏》成，得 3737 卷。

1004 年 宋真宗景德元年。朱自英嗣教，任茅山第 23 代宗师。

1006 年 宋真宗景德三年。真宗谓："道释之门，有助世教"，倡三教一贯。

1007 年 宋真宗景德四年。真宗遣使命朱自英设醮祈嗣，越年赐号"国师"。

1008 年 宋真宗大中祥符元年。真宗称神人告以"天书"下降之期，至期有《大中祥符》三篇降于皇宫左承天门屋角，召群臣启读，遂崇道教。敕两街道士修斋醮科仪，特命王钦若定《罗天大醮仪》。真宗自制道教乐章。

1009 年 宋真宗大中祥符二年。真宗诏天下建道场，左右街选道士十人校定《道藏》典籍。

1010 年 宋真宗大中祥符三年。真宗令崇文院集馆阁本详校道书，宰臣王钦若总领其事。

1012 年 宋真宗大中祥符五年。真宗称九天司命上卿保生天尊降于延恩殿。梦神人传玉皇命，曰："先令汝祖赵某授汝天书，将再见汝，如唐朝恭奉玄元皇帝。"遂上天尊号曰："圣祖上灵高道九天司命保生天尊上帝"。诏天下天庆观并增置圣祖殿，又于京师建景灵宫以奉圣祖。诏："圣祖名，上曰'玄'，下曰'朗'，不得斥犯。"改兖州曲阜县为仙源县，建景灵宫、太极观于寿丘，供奉圣祖与圣祖母。作《圣祖降临记》宣示中外,后赐《道藏》于天下。初置玉清昭应宫使,令宰相王旦兼之。且演变为宋代官僚提举宫观的祠禄制度。

1013 年　宋真宗大中祥符六年。真宗诏加上真元皇帝老子号曰:"太上老君混元上德皇帝"。任张君房为著作左郎,主领《道藏》纂修事。

1014 年　宋真宗大中祥符七年。真宗尊上玉皇大帝号曰:"太上开天执符御历含真体道玉皇大天帝"。

1015 年　宋真宗大中祥符八年。真宗召信州龙虎山道士张正随至京师。

1016 年　宋真宗大中祥符九年。王钦若撰成新编《道藏》篇目进上,真宗赐名《宝文统录》,并制序。此乃王钦若依旧有三洞四辅经目增编,共得 4359 卷。

1019 年　宋真宗天禧三年。张君房编纂全藏成,函目始"天"终"宫",因号《大宋天宫宝藏》,总 466 函,4565 卷。《道藏》以千字文编函自此始。张君房又撮其精要,编成《云笈七签》122 卷,俗称"小道藏"。

1022 年　宋真宗乾兴元年。二月,真宗逝。仁宗即位,罢天庆、天祯、天贶、先天、降圣诸节宫观燃灯。

1025 年　宋仁宗天圣三年。浩然子刘从善充景灵宫住持,进《咒食文》。咒食之科从此始。

1055 年　宋仁宗至和二年。仁宗召第 26 代天师张嗣宗赴阙,为国祈祷。

1069 年　宋神宗熙宁二年。张伯端入成都,遇师授内丹药物火候之诀,撰《悟真篇》。

1072 年　宋神宗熙宁五年。朝廷增神仙封号,初"真人",次"真君"。

1097 年　宋哲宗绍圣四年。哲宗敕江宁府句容县三茅山经箓宝坛与信州龙虎山、临江军阁皂山,三山鼎峙,辅化皇图。亳州道士贾善翔作《犹龙传》、《高道传》。

1105 年　宋徽宗崇宁四年。徽宗召张继先进京,命禳澥州盐池精怪,又建醮内廷。赐昆玉所刻"阳平治都功印",封其祖张陵"正一静应显佑真君",赐缗钱修龙虎山上清宫,拨步口庄五万以饭其众,改赐"上清正一宫"额。追封其祖、父"先生"号,度其祖母陈氏、母冯氏、妹葆真为道士,官其兄绍先仕郎。

1106 年　宋徽宗崇宁五年。徽宗诏访求道教遗书,令道士校定,至是《道藏》增至 5387 卷。

1107 年　宋徽宗大观元年。徽宗诏:"道士序位在僧上,女冠在尼上。"命张继先醮于龙虎山中,召赴阙,命祛宫中妖。因问道要,乃作《大道歌》。

1112 年　宋徽宗政和二年。朝廷颁《金箓灵宝道场仪范》于天下。

1113 年　宋徽宗政和三年。徽宗诏天下访求道教仙经,令道士校定,编纂《政和万寿道藏》,送福州闽县镂板。

1114 年　宋徽宗政和四年。朝廷置道阶六字先生至额外鉴议品秩,比视中大夫至将仕郎,凡 26 等,后又置道职八等,有诸殿侍宸、校籍、授经、以拟待制、修撰、直阁之名。诏诸路监司,每路通选宫观道士十人上京,赴左右街道录院讲习科教声赞科仪。再诏求道书。知福州事黄裳请于福州闽县九仙山巅天宁万寿观建飞天法藏,庋天下道书,总540 函,赐名《万寿道藏》,镂板进京。

1116 年　宋徽宗政和六年。徽宗上玉皇"太上开天执符御历含真体道昊天玉皇上帝"徽号。访求高道,左街道录徐知常荐温州永嘉道士林灵蘁累言神霄事,尝作《神霄谣》,召对,为其改名"灵素"。命天下皆建神霄万寿宫,于京师开神霄箓坛。令道士改隶秘书省。

1117 年　宋徽宗政和七年。诏改天下天宁观为神霄玉清万寿宫,无观者,以僧寺充之,并设长生大帝、东华大帝像。大会道士 2000 余人于上清宝箓宫,徽宗亲率吏民万众,听林灵素讲玉清神霄王降生记及道经教义。徽宗册封己为"教主道君皇帝"。改《老子道德经》为《太上混元上德皇帝道德真经》,徽宗有注曰《政和御注》。

1118 年　宋徽宗重和元年。国家建道学。学道之士许入州县学,所习经以《黄帝内经》、《道德真经》为大经,《庄子》、《列子》为小经,兼通儒书,合为一道。又增置士名,自元士至志士凡九等,分入官品。诏太学、辟雍各置《内经》、《道德经》、《庄子》、《列子》博士二员,颁《御注道德经》,刻石神霄宫。采蔡京言,集古今道教事为纪、志,赐名《道史》。

1119 年　宋徽宗宣和元年。徽宗诏改佛为"大觉金仙",余为"仙人"、"大士";僧称"德士",尼为"女德士";寺为"宫",院为"观",住持为"知宫观";佛像赐天尊服;所有僧录司称"德士司",左右街道录院改名"道德院",德士司隶属之。诏许德士入道学,依道士法。此前即将释典中诋毁道、儒二教者尽行焚毁,颁降林灵素所上《释经诋诬道教议》一

449

卷。诏封庄周为"微妙元通真君",列御寇为"致虚观妙真君",配享混元皇帝。诏所修道书,自东汉止五代为《道史》,本朝为《道典》。

1120 年　宋徽宗宣和二年。国家罢道学。诏复寺院额,诏复佛号,德士复为僧。

1122 年　宋徽宗宣和四年。徽宗遣使延聘建昌军南丰道士王文卿至京。奏对玄化无为之道,筑雷坛驱治皇宫妖祟。

1127 年　宋高宗建炎元年。高宗诏:"罢天下神霄宫","藉天下神霄宫钱谷充经费"。

1127－1130 年　宋高宗建炎间。高宗敕封崔府君为"护国显应兴福普佑真君",京城建"显应观"以崇祀。

1131 年　宋高宗绍兴元年。何守证撰《灵宝净明新修九老神印伏魔秘法序》。

1144 年　宋高宗绍兴十四年。高宗敕命于京城建"四圣延祥观",崇祀天蓬、天猷、翊圣、真武。

1145 年　宋高宗绍兴十五年。朝廷收僧道免丁钱,自 1.5 万至 2000,凡九等。

1146 年　宋高宗绍兴十六年。东华派创始人宁全真应诏祈晴。

1150 年　宋高宗绍兴二十年。贺允中奏曰:"道士止有万人。"

1151 年　宋高宗绍兴二十一年。高宗诏:"籍寺观庙产以赡学。"

1154 年　宋高宗绍兴二十四年。高宗诏:售紫衣大师号,每枚千三百有奇,以为定制。

1168 年　宋孝宗乾道四年。孝宗下敕:"班祈雨雪之法于诸路。"

1175 年　宋孝宗淳熙二年。闽县报恩光孝观所藏《政和万寿道藏》送往临安,太一宫抄录一藏,四年成。孝宗御书《琼章宝藏》以赐,并敕写录数藏,六年成,颁赐各大道观。

1179 年　宋孝宗淳熙六年。孝宗赐余杭大涤山洞霄宫《道藏》。

1187 年　宋孝宗淳熙十四年。孝宗亲赴太一宫、明庆寺祈雨。

1208 年　宋宁宗嘉定元年。宁宗幸太一宫、明庆寺祷雨。

1226 年　宋理宗宝庆二年。茅山道士萧应叟撰成《元始无量度人上品妙经内义》5 卷。

1233 年　宋理宗绍定六年。临安太一宫道士胡滢微刊印《太上感应篇》,

并撰《进太上感应篇表》进于朝,理宗亲为刊题"诸恶莫作,众善奉行"八字,以广推行。

1234—1236 年　宋理宗端平年间。第 35 代天师张可大累次应诏赴阙行斋醮事,劾治鄱阳湖水患、钱塘潮患。又设醮太乙宫,禳治蝗灾。

1239 年　宋理宗嘉熙三年。理宗召见第 35 代天师张可大,命提举三山符箓兼御前诸宫观教门公事,主领杭州龙翔宫,正一派正式成为江南诸道派统领。元世祖忽必烈遣密使入龙虎山造访张可大,可大谓吏者曰:"善事尔主,二十年当混一天下。"

1252 年　宋理宗淳祐十二年。皇帝诏:于临安建西太乙宫。

1254 年　宋理宗宝祐二年。理宗亲诣太乙宫为国祈祥。凡遇灾祸及节庆,皆命道士斋醮祈禳。

1127—1279 年　南宋年间。新出道教符箓派有东华派、神霄派、天心派、净明道、清微派,以及主内丹修炼的金丹派南宗。

1138—1149 年　金熙宗年间。朝廷设道司、道录、道正等道官管理道教,任期五年。又设道阶六等,有侍宸、授经等名目。

1138—1140 年　金熙宗天眷间。萧抱珍创太一教。

1141—1149 年　金熙宗皇统间。刘德仁创大道教,后改名为真大道教。

1148 年　金熙宗皇统八年。熙宗遣御带李琮驿召萧抱珍赴阙。

1161—1189 年　金世宗大定间。王重阳创全真道。

1165 年　金世宗大定五年。世宗谓宰臣,曰:自东南两京外,命民进补纳官,以及卖僧道尼女冠度牒、紫褐衣、师号、寺观等名额。

1166 年　金世宗大定六年。萧抱珍逝,其弟子韩道熙嗣教,改姓萧。

1167 年　金世宗大定七年。世宗诏刘德仁入居中都天长观,赐号"东岳真人"。

1169 年　金世宗大定九年。王重阳率弟子刘处玄、谭处端、马钰、丘处机从山东返陕西终南山,抵开封。次年,王重阳逝,马钰掌教。

1171 年　金世宗大定十一年。世宗诏求国内高道主持新修复的中都天长观,萧道熙应诏。

1172 年　金世宗大定十二年。丘处机、马钰、谭处端、刘处玄护送王重阳遗体回终南山刘蒋村安葬。

1174 年　金世宗大定十四年。丘处机隐居磻溪修道六年。

1176 年　金世宗大定十六年。金廷依宋制普试僧、道,考试合格者发予度牒。

1180 年　金世宗大定二十年。丘处机隐陇州龙门山修道七年。刘德仁逝,其弟子陈师正嗣教。

1186 年　金世宗大定二十六年。丘处机还终南山刘蒋村修葺王重阳旧居,取名"祖庭"。

1187 年　金世宗大定二十七年。世宗诏王处一赴京,亲问其卫生之道。

1188 年　金世宗大定二十八年。世宗召丘处机赴京,为世宗讲解全真道教理。

1190 年　金章宗明昌元年。章宗"以惑众乱民,禁罢全真及五行毗卢"。制禁私自披剃为僧、道者,敕僧、道三年一试。

1191 年　金章宗明昌二年。禁以太一混元授箓私建庵室者。丘处机返归山东栖霞,建太虚观以居。《大金玄都宝藏》成,共 6455 卷。

1196 年　金章宗承安元年。章宗从尚书省奏,降僧、道空名度牒紫褐师德号以助军饷。章宗幸天长观建普天大醮。

1201 年　金章宗泰和元年。章宗命祷亳州太清宫,幸天长观。

1203 年　金章宗泰和三年。丘处机任全真掌教。

1207 年　金章宗泰和七年。章宗元妃分赐王处一所居圣水玉虚观和丘处机所居栖霞太虚观道经各一藏。

1214 年　金宣宗贞祐四年。山东大乱,金廷请丘处机至登州、宁海招安乱军首领杨安儿,"所至皆投弋拜命。二州遂定"。

1216 年　金宣宗贞祐四年。宣宗遣使召请丘处机,不应诏。

1219 年　金宣宗兴定三年。宋宁宗遣使召请丘处机,不应诏。元太祖成吉思汗派使臣刘仲禄召请丘处机。

1220 年　元太祖十五年。丘处机率十八弟子应成吉思汗诏,启程北上。

1222 年　元太祖十七年。丘处机到达成吉思汗设于阿姆河南岸军营。

1224 年　元太祖十九年。丘处机东归抵燕京,居大天长观。成吉思汗遣使传旨:"朕所有之地,爱愿处即住。"

1227 年　元太祖二十二年。丘处机逝,尹志平嗣教。

1238 年　元太宗十年。李志常奏请得旨,改终南山灵虚观为"重阳宫"(即陕西重阳宫)。

1244 年　蒙古乃马真皇后称制三年。潘德冲在山西芮城县永乐镇创建纯阳万寿宫(即永乐宫)。宋德方等编撰《大元玄都宝藏》成,共 7800 余卷。

1246 年　元定宗元年。忽必烈召见太一道四祖萧辅道。

1254 年　元宪宗四年。宪宗赐大道教改名"真大道教"。

1255 年　元宪宗五年。释、道间展开御前小辩论,道教败北,被焚毁伪经经板,退还佛寺 37 处。

1258 年　元宪宗八年。佛、道大辩论,全真道败,被令焚毁伪经 45 部,归还佛寺 237 处。

1261 年　元世祖中统二年。世祖命李希安掌管真大道教。

1268 年　元世祖至元五年。世祖赐真大道教六祖孙德彧"通玄真人"号,命其统辖诸路真大道教,赐铜章,后改赐银印二。

1269 年　元世祖至元六年。世宗诏封赠王玄甫"东华紫府少阳帝君",钟离权、吕洞宾、刘海蟾、王重阳"真君"名号,马钰、谭处端、刘处玄、王处一、丘处机、郝大通、孙不二"真人"号。

1273 年　元世祖至元十年。世宗召王志坦掌全真教,加号"大真人"。

1274 年　元世祖至元十一年。朝廷建太一宫于两京,命太一道五祖萧居寿居之,领祠事。

1275 年　元世祖至元十二年。世祖钦定江南名山仙迹宜祠者,江西玉隆宫居其一。凡道吕,率被玺书。鲁大宥、汪真常率徒众修复武当山紫霄、五龙诸宫。

1276 年　元世祖至元十三年。世祖召见张陵第 36 代孙张宗演,命主领江南道教,赐银印。

1277 年　元世祖至元十四年。世祖制称张宗演为"36 代天师",并赐号"演道灵应冲和真人"。

1278 年　元世祖至元十五年。世祖赐张留孙"玄教宗师"号,制授张留孙为江南诸路道教都提点,管领江北淮东淮西荆襄道教事,佩银印。建汉祖天师正一祠于京师,令张留孙居之。

1279 年　元世祖至元十六年。世宗令张留孙自别为籍,标志龙虎山支派玄教创立。

1280 年　元世祖至元十七年。茅山宗第 43 代宗师许道杞应召入朝,"世祖以臂疾召见大都香殿,令试以法,愈。复命祈雪止风,皆奇验,赐宝冠法服。降玺书大护其教,佩印南还,三茅山悉统隶之"。

1281 年　元世祖至元十八年。世宗命文臣及僧录司教禅诸僧诣长春宫,偕正一天师张宗演、全真掌教祁志诚、大道掌教李德和与杜福春考证道藏伪经经板。下诏:天下"道家诸经可留《道德》二篇,其余文字及板本化图,一切焚毁,隐匿者罪之"。太子真金以张留孙言请曰:"黄老之言,治国不可废者。上始悔悟,集儒臣论定当所行者,俾天下复崇其教","而醮祈禁祝,亦皆不废"。

1287 年　元世祖至元二十四年。世祖遣使诣龙虎、阁皂、三茅山设醮。

1291 年　元世祖至元二十八年。张留孙以卜筮解除世祖任用完颜泽为相之疑虑。

1264—1294 年　元世祖至元间。刘玉重建净明道。

1295 年　元成宗元贞元年。成宗加封张陵为"三天扶教辅元大法正一静应显佑真君"号。尊世祖之成命大驰禁,谓:"江之南北,道流儒宿,众择之","凡金箓科范不涉释言者","在所听焉"。

1303 年　元成宗大德七年。成宗加封真武为"元圣仁威玄天上帝",许逊为"至道玄应神功录济真君"。

1304 年　元成宗大德八年。成宗敕封第 38 代天师张与材为"正一教主",主领三山符箓。此标志以龙虎山张天师为首的各符箓派融合,正一道形成。后历代天师皆袭此职。

1314 年　元仁宗延祐元年。玄教道士毛颖达主持六丁之祠。

1315 年　元仁宗延祐二年。张留孙所得头衔为"开府仪同三司,特进上卿,辅成赞化保运玄教大宗师,志道弘教冲玄仁静大真人,知集贤院事,领诸路道教事"。

1317 年　元仁宗延祐四年。茅山第 44 代宗师刘大彬得"九天老仙都君"印,有司闻于朝,仁宗下旨还赐茅山上清宗坛,以传道统。张留孙弟子王寿衍"复奉旨求东南贤良"。

1318 年　元仁宗延祐五年。王寿衍在访求东南贤良过程中,得永嘉戴侗《六书故》、鄱阳马端临《文献通考》二书,表上而颁行之。

1321 年　元英宗至治元年。张留孙逝,吴全节嗣教。

1322 年　元英宗至治二年。英宗"以掌道教张嗣成、吴全节、蓝道元各三授制命、银印,敕夺其二"。

1324 年　元泰定帝泰定元年。吴全节向泰定帝荐汴梁朝元观孙履道为全真掌教。

1329 年　元文宗天历二年。文宗加封张留孙为"上卿大宗师,辅成赞化保运神德真君"。

1337 年　元顺帝至元二年。帝加封文始真人为"无上太初博文文始真君",徐甲为"垂玄感圣慈华应御真君",庚桑子为"洞灵感化超蹈混然真君",文子为"通玄光畅升元敏诱真君",列子为"冲虚至德遁世游乐真君",庄子为"南华至极雄文弘道真君"。

1335—1340 年　元顺帝至元初。金丹派南宗与全真道合流。正一道郭宗纯主持六丁之祠,表明太一道已逐渐汇归正一道。

1360 年　元顺帝至正二十年。朱元璋命有司访求招聘正一教教主第 42 代天师张正常。张正常"遣使者上笺,陈'天运有归'之符"。

1365 年　元顺帝至正二十五年。张正常朝觐朱元璋。朱元璋下诏褒美之,有金缯之赐。

1368 年　明太祖洪武元年。张正常入朝贺朱元璋即皇帝位,制书授以正一教主,嗣汉 42 代天师,"护国阐祖通诚崇道弘德大真人"号,仍俾领道教事,给以银印,视二品;设其僚佐曰赞教、掌书。朱元璋去元代封张陵子孙"天师"之号。立"玄教院","以道士经善悦为真人,领道教事"。

1370 年　明太祖洪武三年。太祖特敕礼部改赠张嗣成为"正一教主,太玄弘化明成崇道大真人",改封张嗣成妻胡氏为"恭顺慈惠淑静玄君"。

1371 年　明太祖洪武四年。朱元璋革玄教院。

1372 年　明太祖洪武五年。朱元璋命张正常"永掌天下道教事",标志着正一道首领由道教正一派首领升为整个道教统领。令僧、道录司造"周知册"(一说为此制始于洪武二十五年)。

1373 年　明太祖洪武六年。太祖令民家女子年非四十以上者,不得出家为尼姑、女冠。令州府县止存大寺观一所,并其徒而处之,择有戒行者领其事。规定:"若请给度牒,必考试,精通经典者方许。"

1374 年　明太祖洪武七年。朱元璋以灵宝斋仪失于文繁,诏宋真宗、邓仲修、傅若霖等删繁摭要,重新修撰。朱元璋作《御制玄教斋醮仪文序》。

1377 年 明太祖洪武十年。张正常率弟子入觐,赐宴于午门城楼上,敕内侍出所撰《御制历代天师赞》示之,令代祀嵩山。张正常逝,御制祭文,遣使致祭。

1379 年 明太祖洪武十二年。朝廷建神乐观,设提点一人,正六品;知观一人,从八品。神乐观职掌乐舞,以备大祀天地神祇及家庙社稷之祭,隶太常寺,与道录司不相统属。又先后于龙虎山设正一真人一人,正二品;法官、赞教、掌书各二人,以佐其事。三茅山、阁皂山各设灵官一人,正八品。武当山设提点一人。

1380 年 明太祖洪武十三年。张宇初嗣教,授"正一嗣教道合无为阐祖光范大真人"号,领道教事。

1382 年 明太祖洪武十五年。太祖诏设道录司,以掌天下道教。道录司设左、右正一,正六品;左、右演法,从六品;左、右至灵,正八品;左、右玄义,从八品。府设道纪司,都纪一人,从九品;副都纪一人,未入流。县设道会司,道会一人,未入流。

1384 年 明太祖洪武十七年。太祖下诏征张三丰入朝,不赴。遂又下诏命张三丰弟子沈万三、丘玄靖征请张三丰,未获。

1385 年 明太祖洪武十八年。太祖有旨于龙虎、三茅、阁皂三山,选有道行之士充神乐观提点。擢升武当道士丘玄靖为"嘉议大夫,太常寺卿"。

1387 年 明太祖洪武二十年。太祖诏:男子年二十以上者,不许出家为僧、道。

1391 年 明太祖洪武二十四年。太祖诏:"天下僧、道,有创立庵庙寺观非旧额者,悉皆毁之。"令"自今天下僧道,凡各府州县寺观虽多,但存其宽大可容众者一所,并而居之,毋杂处于外,与民相混"。违者治以重罪。命张宇初访求张三丰,不获。

1392 年 明太祖洪武二十五年。太祖命道录司各官依品支俸。左、右正一,正六品,月给米十石;左、右演法,从六品,月给米八石;左、右至灵,正八品,月给米六石五斗;左、右玄义,从八品,月给米六石。府设道纪司都纪,从九品,月给米五石。各级道官,俱应"选精通经典,戒行端洁者为之"。

1393 年　明太祖洪武二十六年。朱元璋召见刘渊然,赐号高道,命馆于朝天宫。礼部榜示天下:"若游方问道……凡所至僧寺,必揭周知册以验,其实不同者,获送有司。"

1394 年　明太祖洪武二十七年。朱元璋命"礼部榜示天下僧道寺观,凡归并大寺,设砧基道人一人,以主差税。每大观道士编成班次,每班一年高者率之,余僧道俱不许奔走于外,交构有司"。令"僧道有妻妾者,诸人许捶逐,相密隐者罪之,愿还俗者听"。"有称白莲、灵宝、火居,及僧道不务祖风,妄为议论沮令者,皆治重罪"。规定僧、道、行童、道童随师习经三年后,"赴京考试,通经典者,始给度牒,不通者,杖为民"。禁收民家十四岁以下者为僧、道。

1368—1398 年　明太祖洪武年间。朱元璋撰《周颠仙传》、《御制纪梦》、《释道论》、《三教论》、《道德经注》。

1402 年　明建文帝四年(洪武三十五年)。朱棣即皇帝位,遣神乐观提点"祭北极真武之神"。

1403 年　明成祖永乐元年。成祖命张宇初陪祀天坛,赐缗钱修葺龙虎山上清宫。

1405 年　明成祖永乐三年。武当道士李希素以榔梅结实,遣人上贡,有赐。

1406 年　明成祖永乐四年。朱棣命张宇初领修道教书以进,此为明道藏编辑之肇始。李希素再献榔梅,赐赏,诣阙谢恩,赐坐便殿。召武当山紫霄宫道士简中阳问玄帝升真事,赐礼部护身牒。

1407 年　明成祖永乐五年。朱棣再下敕命宇初领修道书,将镂梓以传。遣礼科给事中胡濙等赍玺书、香币往访张三丰,"积数年不遇"。

1410 年　明成祖永乐八年。张宇初逝,成祖诏令其弟张宇清嗣教,封"正一嗣教清虚冲素光祖演道真人",领道教事。诏命第 44 代天师张宇清主持编修道藏事。

1412 年　明成祖永乐十年。成祖敕命正一道士孙碧云于武当山建宫住持,预候张三丰。敕隆平侯张信、驸马沐昕率军夫 20 余万(一说 30 万)大建武当宫观。谕礼部:"天下僧道多不守戒律,民间修斋诵经,动辄较利厚薄,又无诚心,甚至饮酒食肉,游荡荒淫,略无顾忌",榜示严禁，"违者杀不赦"。于云南交阯之北江、交洲、谅江、奉化、建平六府设道纪司，威蛮州设道正司。

1413 年 明成祖永乐十一年。武当山主要宫观落成，赐名"玄天玉虚宫"、"太玄紫霄宫"、"兴圣五龙宫"、"大圣南岩宫"。任命道录司右正一孙碧云为南岩宫住持，又命张宇清为各宫观选拔有道行者为住持，别选至诚敬谨道士每处 50 人看守。并颁降圣旨，严饬道规。

1415 年 明成祖永乐十三年。朝廷敕建龙虎山真懿观，于北京皇城北、海子桥东建真武庙成。

1416 年 明成祖永乐十四年。朝廷赐缗钱修葺龙虎山上清宫，于云南交阯之建昌六府设道纪司，归化等 25 州设道正司，慈廉等 37 县设道会司。敕命安车迎请张三丰，不得。赐武当山宫观田地 227 顷，拨徙流犯人 500 为武当山佃户，专一供赡道士。

1417 年 明成祖永乐十五年。朝廷敕改武当山名为"大岳太和山"，免均州军民科差，轮流分派护理武当山场，洒扫宫观。

1418 年 明成祖永乐十六年。朝廷规定行童、道童"从师授业五年后，诸经习熟，然后赴僧录、道录司考试。果谙经典，始立法名，给与度牒，不通者罢还为民"。武当山宫观主体工程建成，于天柱峰冶铜为殿，饰以黄金，供奉玄天上帝像于其中。御制《大岳太和山道宫之碑》。召第 44 代天师张宇清入京，令祠玄帝金像于武当山。规定全国僧、道人数，府不过 40 人、州不过 30 人、县不过 20 人。

1419 年 明成祖永乐十七年。朱棣为 10 卷本《为善阴骘》"亲制序冠之"。令湖广布政司右参议诸葛平，专一提调太和山事务，兼提调均州事。此为番臣提调太和山之始。

1424 年 明成祖永乐二十二年。成祖以太和山宫观告成，令张宇清率道众于玉虚宫建金箓大醮。

1425 年 明仁宗洪熙元年。朝廷遣礼部左侍郎胡濙于武当山致祭真武。

1426 年 明宣宗宣德元年。晋封张宇清为"大真人"，领天下道教事。进刘渊然"大真人"号。"立云南、大理、金齿三府道纪司。"令僧、道官取勘僧、道中有无罪人潜隐，如无，谕礼部同翰林院官、礼科给事中及僧、道官会同考试，能通六经，则给颁度牒；在七月十九日后及不通经者，皆不给。遣太常寺丞袁正安致祭真武。

458

1427 年　明宣宗宣德二年。张懋丞奉命建延禧醮于大内,诰封为"正一嗣教崇修至道葆素演法真人",领道教事。

1428 年　明宣宗宣德三年。宣宗诰赠张懋丞故室孙氏为元君。

1431 年　明宣宗宣德六年。任自垣撰《大岳太和山志》以进。

1432 年　明宣宗宣德七年。宣宗诏刘渊然徒邵以正为道录司左玄义。

1434 年　明宣宗宣德九年。第 45 代天师张懋丞治愈皇太子疾,给予度牒 500。

1435 年　明宣宗宣德十年。朝廷诏:"禁僧道私自簪剃,及妄言惑众者。"

1438 年　明英宗正统三年。张懋丞入朝献醮,祝皇太后寿辰,诰封其继室董氏为元君。

1441 年　明英宗正统六年。皇帝谕:"新建寺观,曾有赐额者,听其居住,今后不许再私自创建。"张懋丞建吉祥醮于朝天宫,给度牒 500。

1443 年　明英宗正统八年。朝廷给道童刘珪安等 174 人度牒。

1444 年　明英宗正统九年。朝廷命重修《道藏》,邵以正督校,增所未备,刊板流布。

1445 年　明英宗正统十年。《正统道藏》编纂刊印完成,共 5305 卷。

1447 年　明英宗正统十二年。朝廷颁赐《正统道藏》于天下道观。

1448 年　明英宗正统十三年。朝廷赐太和山《正统道藏》,分藏于太和、南岩、紫霄、净乐诸宫观。

1449 年　明英宗正统十四年。朝廷规定僧、道考试资格及应考经典。凡有应给度牒者,先令僧、道衙门勘试,申送该管有司,审系额内并籍贯明白,仍试其精通本教经典。……道童令背《玉皇本行集》等经并诸品科范……方许送礼部复试。中试,然后具奏请给(度牒)。敢有似以前滥保,事发,其经由诸司官吏、里老,俱重罪不宥。

1453 年　明代宗景泰四年。朝廷重申太和山佃户 555 户专一供赡宫观道士。

1455 年　明代宗景泰六年。代宗命张元吉建金箓、黄箓大斋于灵济宫,诰封张元吉为"正一嗣教绍祖崇法安悟乐静玄同大真人",掌天下道教事。

1456 年　明代宗景泰七年。邵以正于全真祖庭北京白云观新修三殿。

1457 年　明英宗天顺元年。英宗复位,张元吉入贺,命建祈谢醮于内庭。

颁敕申禁伪出符箓及族属欺凌者。遣定西侯蒋琬致祭真武。

1458 年 明英宗天顺二年。朝廷规定度牒发放由洪武初的三年一给、永乐中的五年一给,改为十年一给。给道士度牒 1000。

1459 年 明英宗天顺三年。朝廷诏封张三丰为"通微显化大真人"。进升道士蒋守约为礼部尚书。

1463 年 明英宗天顺七年。朝廷诏许度道童 150 人。

1464 年 明英宗天顺八年。朝廷升左正一孙道玉为真人,给诰命,"道士乞恩膺封,夤缘受赏自此始"。

1465 年 明宪宗成化元年。宪宗遣礼科给事中沈瑶祭真武。

1466 年 明宪宗成化二年。张元吉入朝,授赞教,掌书道官助理教事,给正一嗣教大真人府金印,加赐玉印一颗,御书"大真人府"赐之。加封张元吉为"正一嗣教体玄崇默悟法通真阐道弘化辅德佑圣妙应大真人",掌天下道教事。令额外给度僧、道 15 岁以上者五名。

1468 年 明宪宗成化四年。朝廷升道士李希安为礼部尚书。

1469 年 明宪宗成化五年。第 46 代天师张元吉杀害 40 余人事发,械至京师,下刑部狱,法司拟罪凌迟,革其妻吴氏玄君之号,免吴氏及其子玄庆流刑,保留其荫封。

1470 年 明宪宗成化六年。朝廷诏免张元吉死罪,杖之百,发充肃州卫军,家属随往。

1472 年 明宪宗成化八年。朝廷命张元吉之子张玄庆袭封正一嗣教真人。

1473 年 明宪宗成化九年。朝廷诏准张玄庆之请,"放肃州卫军张元吉还其乡"。遣太监陈喜送铜铸鎏金、银铸镀金真武圣像二尊,分别安放于武当太和、玉虚二宫。

1475 年 明宪宗成化十一年。国家一次传升道官 15 人。

1476 年 明宪宗成化十二年。礼科给事中张谦等奉旨上书言:"道官今几三倍。"降赐《真武经》500 册于太和山。

1477 年 明宪宗成化十三年。张玄庆入觐,赐宴内庭,遣中官梁方传旨,聘成国公朱仪女为配。

1478 年 明宪宗成化十四年。宪宗诏张玄庆赴南畿完婚,诰授"正一嗣教保和养素继祖守道大真人",领道教事。遣陈喜送铜铸鎏金真武像一尊安于武当紫霄宫。

1483 年　明宪宗成化十九年。礼部传升道官 16 人。差陈喜奉铜铸鎏金、贴金真武像一尊于太和山五龙宫安放。

1484 年　明宪宗成化二十年。皇帝敕谕均州官员军民诸色人等,划定太和山四周道场界线,严禁流民在界内砍伐竹木、住种田地。

1486 年　明宪宗成化二十二年。皇帝诰封张三丰为"韬光尚志真仙",周颠为"宣猷辅化真仙"。差陈喜奉送经书、道像等物,陈放于太和山各宫观岩庙。

1487 年　明宪宗成化二十三年。礼部上疏谓:"道录司真人、高士并左演法等官 123 员。"令"僧道有父母见存,无人侍养者,不问有无度牒,许令还俗养亲"。

1465—1487 年　明宪宗成化年间。国家首开僧、道官传升制度,20 余年间,传升道官、僧官达 300 余次。

1488 年　明孝宗弘治元年。孝宗裁革僧、道官,惩治方士。准左都御史事文升之请,停十年一度之例,"待后额数不足之日,方许所在官司依额内名缺,起送赴部,考中,给与度牒"。遣阳武侯薛伦致祭真武。

1496 年　明孝宗弘治九年。朝廷在京准度僧、道 8000 名,南京 5000 名。

1497 年　明孝宗弘治十年。礼部传升道官三人。令"僧道尼姑女冠有犯奸淫者,就本寺门首枷号一月,满日发落"。

1499 年　明孝宗弘治十二年。吏部尚书屠滽等言:"近日节次传升,文职官员及冠带人员等,通前共七百九十余人。"遣太监李瑾斋赍香帛银两至太和山建醮。

1500 年　明孝宗弘治十三年。皇帝谕:"僧道官、僧人、道士,有犯挟妓饮酒者,俱问发原籍为民;若奸拜认父母亲属,俱发边卫充军。"

1501 年　明孝宗弘治十四年。皇帝遣太监王瑞等人奉送铜铸镀金真武像二尊,于净乐、遇真二宫安奉。

1503 年　明孝宗弘治十六年。礼部传升道官 43 人。

1504 年　明孝宗弘治十七年。内阁大学士刘建等上疏,请停颁诰命、封号,孝宗"嘉纳之"。进升道士崔志端为礼部尚书。

1505 年　明孝宗弘治十八年。孝宗遣太监韦兴、王瑞等送铜铸镀金真武像一尊,于太和宫供奉。

1506 年　明武宗正德元年。武宗诏除国师、真人、高士等 30 余人名号,严禁僧、道出入禁中,罢斋醮,止建塔造像,沙汰僧尼。遣崇信伯费柱致祭真武。

1507 年　明武宗正德二年。武宗再兴传升僧、道官制度,以太常丞道士赵继宗为本寺少卿。此后传升道官不绝于朝。准度在京在外道士 1 万名。遣太监甄瑾送真武像一尊于太和山供奉,赐赠道冠 3800 顶。

1508 年　明武宗正德三年。朝廷颁给张彦頨部牒,准度道士。

1510 年　明武宗正德五年。张彦頨上疏请重修龙虎山大上清宫,敕遣内宫太监李文会同江西镇巡等官督造。

1513 年　明武宗正德八年。武宗有旨度番汉僧行道士 4 万人。

1516 年　明武宗正德十一年。道士李得晟撰《长春殿增塑七真仙范纪略》。

1522 年　明世宗嘉靖元年。世宗遣工部右侍郎陈雍致祭真武。

1523 年　明世宗嘉靖二年。世宗诏张彦頨聘安远侯柳文之女为继室,赐诰加封张彦頨为"正一嗣教怀玄抱真养素守默葆光履和致虚冲静承先弘化大真人",掌天下道教事。敕授上清宫道士傅德岩、邵启南为赞教,金永寿、詹望奎为掌书,佐理大真人。敕往祷于武当山。

1524 年　明世宗嘉靖三年。世宗召龙虎山上清宫邵元节入京。

1526 年　明世宗嘉靖五年。封邵元节为"清微妙济守静修真凝玄衍范志默秉诚致一真人",统辖朝天、显灵、灵济三宫,总领道教,赐金、石、银、象牙印各一,班二品。世宗敕遣内官监少监吴猷会同江西巡抚重建大真人府,增造敕书阁以藏累朝敕书诰命,于阁东建万法宗坛奉上帝列真,阁西建天师家庙祀历代天师,赐以铜铸神像及"掌法仙卿"银印、牙刻"宗传之印"。诏户部查明上清宫田产之被豪民侵害者,降敕禁护之。遣太监李瓒等送铜铸镀金真武像一尊于净乐宫供奉。

1530 年　明世宗嘉靖九年。兵科给事中高金上表劾邵元节,世宗罪之,逮问。

1532 年　明世宗嘉靖十一年。翰林院编修杨名再上疏劾邵元节,世宗怒,令下狱拷掠,寻被谪戍。敕遣内官监左监丞曹玉会同江西巡抚重建大上清宫。

1535 年　明世宗嘉靖十四年。张彦頨奏以本府庄田有司违例编寄庄各县差徭,下户部议,命悉蠲免。

1536 年 明世宗嘉靖十五年。世宗拜邵元节为礼部尚书,赐一品服,孙邵启南、徒陈善道等进秩,赠伯芳、太初为真人。提调参议方升编撰《大岳志略》5 卷成,刊行。

1538 年 明世宗嘉靖十七年。礼科给事中顾陈仁上疏,误指道士叶凝秀为释氏,世宗怒,"廷杖之六十,编氓口外"。

1539 年 明世宗嘉靖十八年。邵元节逝,世宗追赠为少师,命从伯爵礼葬之,谥曰"文康荣靖"。邵启南官至太常少卿,善道也封"清微阐教崇真卫道高士"。授陶仲文"神霄保国宣教高士"。

1540 年 明世宗嘉靖十九年。"帝有疾,既而瘳。喜仲文祈祷有功,特授少保、礼部尚书。"太仆卿杨最谏信方士,世宗怒,"立下诏狱,重杖之,杖未毕而死"。

1541 年 明世宗嘉靖二十年。世宗诏赠张彦頨嫡母朱氏、生母宋氏及继妻吴氏为元君,给道士度牒 500,特敕江西巡抚、都御史,严禁抚州奸民伪出符箓。御史杨爵上疏言事,语及陶仲文及奉道之非,"帝震怒,立下诏狱拷掠"。

1542 年 明世宗嘉靖二十一年。世宗用陶仲文言,建佑国康民雷殿于太液池西。工部员外郎刘魁上疏谏曰:"一役之费动至亿万,土木衣文绣,匠作班朱紫,道流所居拟于宫禁","帝震怒杖于廷,锢之诏狱"。下敕保护邵元节之仙源宫,设提点、提举等官,蠲免仙源宫坟茔田地五千亩粮差。

1543 年 明世宗嘉靖二十二年。吏部给事中周怡上言:"陛下日事祷祀",世宗以为谤讪,"诏杖之阙下,逮下诏狱,命如杨爵例锢系之"。令太和山道宫送道书、符箓于京。

1544 年 明世宗嘉靖二十三年。帝加陶仲文少师,仍兼少傅、少保。史称:"一人兼领三孤,终明世,惟仲文而已。"顾鼎臣进《步虚词》七章,"复言七日奏进青词,尤为至要。"

1545 年 明世宗嘉靖二十四年。世宗"于禁中筑乩仙台,间用其言决威福"。吏部尚书熊浃谏止乩仙忤旨,诏削职为民,押回原籍当差。

1549 年 明世宗嘉靖二十八年。世宗诰授张永绪"正一嗣教守玄养素遵范崇道大真人",掌天下道教事。诏张永绪聘定国公徐延德女为妻。

1552 年 明世宗嘉靖三十一年。世宗诏修太和山玄帝宫,后拨帑银 11 万两,敕陆杰提督工程。以分变鸾就戳,下诏称陶仲文叩玄伐虏有功,增禄百石,荫子陶世昌国子生。光禄少卿马从谦劾中官杜泰疏中颇及斋醮事,触世宗怒,"命廷杖八十,戍烟瘴,竟死杖下"。

1555 年 明世宗嘉靖三十四年。朝廷敕改建正一、静应、祥符三观。

1556 年 明世宗嘉靖三十五年。朝廷进升道士徐可成为礼部尚书。提督太监王佐督修《大岳太和山志》17 卷成。世宗自号"神霄上清统雷元阳妙一飞玄真君",后又加号"九天弘教普济生灵掌阴阳功过大道思仁紫极仙翁一阳真人元虚圆应开化伏魔忠孝帝君",再号"太上大罗天仙紫极长生圣智昭灵统元证应玉虚总掌五雷大真人玄都境万寿帝君"。上皇考号"三天金阙无上玉堂都仙法主玄元道德哲慧圣尊开真仁化大帝",皇妣号"三天金阙无上玉堂总仙法主玄元道德哲慧圣母天后掌仙妙化元君"。遣人于五岳及太和、龙虎、茅山、齐云、鹤鸣等道教诸名山广为采集芝草。

1562 年 明世宗嘉靖四十一年。世宗命御史姜儆、王大任分行天下,访求方士及符箓秘书。

1563 年 明世宗嘉靖四十二年。世宗封张三丰"清虚元妙真君"。

1564 年 明世宗嘉靖四十三年。姜儆、王大任上所得法秘数千册,方士唐秩、刘文彬等数人。

1565 年 明世宗嘉靖四十四年。朝廷特降敕禁江西龙虎山张天师族人侵害凌辱。

1566 年 明世宗嘉靖四十五年。海瑞上疏言:"陛下则锐精未久,妄念牵之,谓神仙可得,一意玄修,竭民脂膏,侈兴土木","陛下之误多矣,大端在修醮"。

1522—1566 年 明世宗嘉靖间。世宗专事焚修,词臣率供奉青词,时谓李春芳、严讷、郭朴及袁炜为"青词宰相"。

1567 年 明穆宗隆庆元年。穆宗遣尚宝司少卿徐琨致祭真武。

1572 年 明穆宗隆庆六年。均州学正卢重华编撰《大岳太和山志》8 卷。

1567—1572 年 明穆宗隆庆间。穆宗革除正一道首领真人称号,降为上清宫提点,秩五品,给铜印。

1573 年 明神宗万历元年。神宗遣工科给事中吴文佳致祭真武。

1577 年　明神宗万历五年。神宗下诏恢复第 50 代天师张国祥正一真人封号,予金印,并御书"宗传"字额赐之,又赐玉刻"宗传"之印。敕修朝天宫内赐第,御书"真人府"额。张国祥奉旨聘驸马都尉谢公绍之女为配。

1584 年　明神宗万历十二年。林兆恩创"三一教"。

1595 年　明神宗万历二十三年。神宗追赠张永绪"正一嗣教崇谦养素真人"。

1601 年　明神宗万历二十九年。神宗命给张国祥朝祭服,仍准常用。

1607 年　明神宗万历三十五年。神宗敕张国祥编印《续道藏》,共 108 卷,称为《万历续道藏》。

1609 年　明神宗万历三十七年。张国祥逝,神宗赠太子太保。

1617 年　明神宗万历四十五年。神宗御制《真武本传妙经序》。又曾御制《玄天上帝说报父母恩重经序》,皆刊印送至太和山,令道士奉诵。

1573—1620 年　明神宗万历间。江苏扬州陆西星创道教内丹"东派"。

1620 年　明光宗泰昌元年。光宗遣武安侯郑惟考致祭真武。

1623 年　明熹宗天启三年。朝廷封张三丰"飞龙显化宏仁济世真君"。

1627 年　明熹宗天启七年。太和山玉虚宫灾,令地方官作速修理。

1639 年　明思宗崇祯十二年。崇祯封其已死的第五子为"玄机慈应真君",并命礼臣议孝和皇太后、庄妃、懿妃道号。

1643 年　明思宗崇祯十六年。思宗召第 52 代天师张应京建禳妖护国清醮及罗天大醮于万寿宫。

1645 年　清世祖顺治二年。武当山一应事宜具归均州管理。

1651 年　清世祖顺治八年。清帝订立致祭真武之礼。从此,清历朝皇帝于天寿节均遣官至显佑宫祭告真武。

1655 年　清世祖顺治十二年。第 53 代天师张洪任入觐,敕免龙虎山上清宫及本户各科徭役。

1656 年　清世祖顺治十三年。世祖谓:"儒释道三教并垂,皆使人为善去恶,反邪归正,遵王法而免祸患。"全真道龙门派第七代律师王常月"奉旨主讲白云观,赐紫衣凡三次,登坛说戒,度弟子千余人"。一时南、北全真道徒纷纷来京求戒。此为龙门派公开传戒之始。

1662 年　清圣祖康熙元年。武当山全真道龙门派道士白玄福师徒修复复真观。

1663 年　清圣祖康熙二年。王常月率弟子詹守椿、邵守善等南下,于南京、杭州、湖州、武当山等地开坛授戒,皈依者甚众。

1673 年　清圣祖康熙十二年。康熙帝遣侍卫吴当、色虎玄斋香帛及银5000 两至武当山,祭告北极玄天上帝。

1680 年　清圣祖康熙十九年。王常月逝,帝追赠"抱一高士"号,并命于其墓上建响堂、塑像,每年忌日遣官致祭。

1681 年　清圣祖康熙二十年。圣祖授第 54 代天师张继宗为"正一嗣教大真人"。

1689 年　清圣祖康熙二十八年。武当山净乐宫毁于火灾,历时八年始初复旧貌。

1703 年　清圣祖康熙四十二年。圣祖授张继宗光禄大夫品秩,追赠第 52代天师张应京、第 53 代天师张洪任光禄大夫。遣使至太和山金顶进香,赐香银一千两,御书金匾五通。

1713 年　清圣祖康熙五十二年。圣祖赐帑修葺龙虎山大上清宫。

1727 年　清世宗雍正五年。雍正帝授第 55 代天师张锡麟光禄大夫品秩。

1730 年　清世宗雍正八年。龙虎山道士娄近垣以符箓治愈雍正帝疾病,封四品龙虎山提点、钦安殿住持。

1731 年　清世宗雍正九年。雍正帝谓:"释氏之明心见性,道家之炼气凝神,亦于吾儒存心养气之旨不悖,且其教皆主于劝人为善,戒人为恶,亦有补于治化。道家所用经箓符章,能祈晴祷雨,治病驱邪,其济人利物之功验,人所共知。"

1733 年　清世宗雍正十一年。帝谕:修大光明殿,赐娄近垣居住,封"妙正真人"。谕:"凡有地方责任之文武大臣官员,当诚是朕旨,加意扶持出家修行人,以成大公同善之治。"

1723—1735 年　清世宗雍正间。雍正帝敕封全真道南宗祖师张伯端"大慈圆通禅仙紫阳真人",选其《禅宗诗偈》入《御选语录》,敕命于张伯端家乡建立崇道观以崇祀。

1736 年　清高宗乾隆元年。乾隆帝授娄近垣通议大夫,食三品俸,带管道录司印务。住持北京东岳庙。诏免太和山香税。

1739 年　清高宗乾隆四年。乾隆帝敕令:"嗣后真人差委法员往各省开坛传度,一概永行禁止。如有法员潜往各省考选道士,授箓传徒者,一经发觉,将法员治罪,该真人一并论处。"禁止正一真人传度道士,限制天师只能率领龙虎山本山道众。

1740 年 清高宗乾隆五年。乾隆敕礼部定议,规定嗣后正一真人不许入朝臣班行。

1744 年 清高宗乾隆九年。王概编撰《大岳太和山纪略》8 卷成。

1745 年 清高宗乾隆十年。太和山玉虚宫毁于火灾。

1747 年 清高宗乾隆十二年。朝廷"覆准张氏真人名号,……前因无案可稽,两遇覃恩,加至光禄大夫,封及三代,邀荣逾分,理应更正。……应将正一真人亦授为正五品,从前所用银印缴部换给……至于朝觐为述职大典,筵宴实惠下隆恩,未便令道流厕其间,即一概停止,以肃体制。"

1752 年 清高宗乾隆十七年。御史梅毂成上疏劾正一真人品秩过高,遂降为正五品。

1765 年 清高宗乾隆三十年。高宗敕命拨内帑葺修全真道龙门派祖庭北京白云观,并行幸瞻礼。

1766 年 清高宗乾隆三十一年。第 57 代天师张存义入觐,因祈雨有功,"著加恩视三品秩"。

1771 年 清高宗乾隆三十六年。高宗授张存义"通议大夫"。

1778 年 清高宗乾隆四十三年。高宗御书"天柱枢光"匾额,悬挂于太和宫。

1788 年 清高宗乾隆五十三年。乾隆帝临幸白云观,赐御笔诗、碑记,并御书楹联赞丘处机,曰:"万古长生,不用餐霞求秘诀;一言止杀,始知济世有奇功。"

1789 年 清高宗乾隆五十四年。乾隆帝敕令:"正一真人,嗣后著五年一次来京。"

1803 年 清仁宗嘉庆八年。朝廷令湖北地方官于武当山祭告玄天上帝。

1819 年 清仁宗嘉庆二十四年。朝廷规定:"正一真人系属方外,原不得与朝臣同列,嗣后仍照旧例朝觐,筵宴概行停止。"

1821 年 清宣宗道光元年。宣宗敕令第 59 代天师正一真人张钰,"停其朝觐,不准来京"。

467

1829 年　清宣宗道光九年。宣宗加封全真道五祖之一的吕洞宾。

1831 年　清宣宗道光十一年。宣宗御书"生天立地",赐予武当山太和宫皇经堂。

1821—1850 年　清宣宗道光间。四川乐山李西月创道教内丹"西派"。

1875—1908 年　清德宗光绪间。北京白云观住持高仁峒颇得慈禧太后宠信。

1912 年　江西都督府取消龙虎山正一道首领真人封号。北京白云观方丈陈毓坤主持成立以全真派为主的"中央道教会"。龙虎山第 62 代天师张元旭在上海成立以正一派为主的"中华民国道教总会",旋又成立"上海正一道教公会"。沈阳太清宫成立"中国道教会关东分会"。

1916 年　袁世凯复辟称帝,封第 62 代天师张元旭为"正一嗣教大真人",重颁"正一真人"印章。

1917 年　武当山道总徐本善募修宫观、神路。

1927 年　上海火神庙成立"中国道教总会"。

1931 年　贺龙率红三军进驻武当山,于紫霄宫设司令部和后方医院。道总徐本善命擅医道士罗教培、水合一为伤员疗治伤病。

1932 年　上海道教正一、全真两派联合成立"中华道教会"。国民党军第 51 师范石生部与郧阳专署决定成立"武当山庙产保管处",没收庙产,吊打道士。湖北绅士状告蒋介石,遂被制止。

1933 年　张竹铭医师在上海创办《扬善半月刊》。

1937 年　《扬善半月刊》停办。

1938 年　张竹铭等创办"仙学院",请陈撄宁主讲仙学经典。惠心白道长等茅山道众帮助陈毅、粟裕将军率领的新四军。日本侵略军扫荡茅山,"三宫五观"殿宇几乎全部被焚毁,仅"九霄宫"、"元符宫"保存部分建筑,惠心白等 30 余名道士被杀。

1939 年　《扬善半月刊》改版为《仙道月报》重新发行。以李光斗道长为首的南岳衡山道众,拥护共产党的抗日主张,组织并参加"南岳佛道救难协会"。

1941 年　《仙道月报》停刊。陕西道教会、湖北道教会、湖南道教会、华北道教会、杭州道教会相继成立,均属宗派或地方性质,不久即解体。

1942 年　上海浦东钦赐仰殿成立"上海特别市浦东道教同人联谊会"。上海浦东道士成立"上海特别市道教会"。

1944 年　以上海白云观为中心成立道教正一、全真两派联合的道教社团。

1949 年　张恩溥、李理山在上海筹建"上海市道教会",旋又筹建"中华民国道教会"。以叶兴文、杨礼效为首的华山道众协助人民解放军智取华山。江西贵溪龙虎山天师道第 63 代"天师"张恩溥携其子往台湾。

1950 年　张恩溥在台北设置"嗣汉天师府驻台办公处",成立"台北道教会"、"台湾省道教会"。

1956 年　沈阳太清宫方丈岳崇岱,联络全国著名高道,倡议组建中国道教协会,成立了以岳崇岱为主任,陈撄宁、孟明慧为副主任的筹备委员会。岳崇岱被邀为全国政协特别委员。北京市人民政府拨款修缮白云观。

1957 年　周恩来总理接见岳崇岱。岳崇岱在全国政协第二届第三次全体会议上作"扭转消极思想,参加社会活动"讲话。中国道教协会正式成立,全国各道派、名山宫观及道教学者共 92 人,举行了第一次全国代表大会,岳崇岱当选为会长。协会宗旨为:"团结和教育道教徒爱国爱教,积极参加社会主义建设,发扬道教优良传统;协助政府贯彻宗教信仰自由政策。"道教界从此有了自己统一的、全国性的道教组织。会议期间,中华人民共和国副主席朱德、李济深接见了全体代表。台北"天师府"成立"道教居士会"。

1958 年　"反右"运动在全国开展,波及至道教界。中国道教协会在北京西郊京西宾馆召开理事扩大会,开展"反右"运动。各级道教协会中一些道士被打成右派,岳崇岱、王信安、李净尘、向理山等被打成右派分子。在大炼钢铁中,一些宫观的古鼎、古钟、古炉被熔化。在人民公社化中,农村的全部宫观道院都纳入人民公社体制。

1961 年　中国人民政治协商委员会宗教组召开了开展对道教学研究的座谈会。中国道教协会第二次全国代表大会召开,陈撄宁当选为会长,提出在道教协会开展道教学术研究,建立道教学校,出版道教刊物,发扬道教优良传统的计划。拟定《培养道教知识分子计划大纲》,筹备"道教徒进修班"。中国道教协会成立道教研究室。香港道教界成立"香港道教联合会"。

1962 年　中国道教协会会长陈撄宁在全国政协委员会上,发表《分析道教界今昔不同情况》的讲话。中国道教协会会刊《道协会刊》创刊,至1986 年改版更名为《中国道教》时,共出版 20 期。"道教徒进修班"正式于北京白云观开班。北京白云观举行了蒋宗翰方丈升座典礼。陈撄宁、黎遇航接待英国学者李约瑟一行。中国道教协会召开第二届二次常务理事会议,陈撄宁作《道协 1962 年上半年工作情况及下半年工作安排》报告;讨论通过了《道协工作简则》、《道教徒进修班教学计划》,讨论了《中国道教史提纲》(草稿)。

1964 年　台湾"立法委员"蒋肇周申请筹组"中华民国道教会"。

1966 年　"文化大革命"爆发,中国道教协会工作停顿。"文革"期间,宫观道院被封闭,道士被遣散。

1967 年　香港道教界成立"香港道教联合会",获香港政府批准为有限公司。

1969 年　张恩溥于台北逝世。

1972 年　台湾各大道观及道教团体负责人举行"庄敬自强座谈会",成立"道教革新委员会"。

1978 年　中共中央召开了第十一届三中全会,开始拨乱反正工作,制定了一系关于宗教工作的文件。香港道联会创办机关刊物《道心》。香港庆云洞创机关刊物《道声》。

1979 年　中国道教协会恢复工作。辽宁省道教协会恢复工作。

1980 年　中国道教协会召开第三次全国代表会议,对《中国道教协会章程》作了修改,修改后的宗旨为:"团结全国道教徒,继承和发扬道教的优良传统;在人民政府领导下,积极参加社会主义现代化建设;协助政府贯彻宗教信仰自由政策;推动和开展道教研究工作;反对霸权主义,维护世界和平。"黎遇航当选为会长。会议还通过《致台湾省道教界书》。中国道教协会召开第三届常务理事会第一次会议,讨论了《中国道教协会研究室三年规划》、《重新出版〈道协会刊〉的计划》、《白云观修缮工程规划》。中国道教协会恢复研究室,《道协会刊》复刊。

1981 年　中国道教协会草拟《道教知识专修班计划》。武汉市道教协会恢复工作。

1982 年　中国道教协会根据国务院批转的《关于汉族地区佛道教寺观管理试行办法》,提出了《拟作为宗教活动场所的全国重点宫观名单》,共计 21 座宫观,涉及全国 17 个地区,并获得批准。中国道教协会第三届理事会第二次会议召开,制订了《道教界爱国公约》。第一期道教知识专修班开学。北京白云观修复,恢复了宫观管理体制,制订了新的《道众守则》、《日常科仪》,设置白云观道教文物陈列室。

1984 年　陕西省道教界组成陕西省道教协会筹备组。鞍山市道教协会成立。成都市道教协会成立。齐云山道教协会成立。苍南县道教协会成立。临沧县道教协会成立。第二期道教知识专修班开学。北京白云观作为宗教活动场所重新开放。成都市道教协会与巴蜀书社协议重印《道藏辑要》。

1985 年　上海市道教协会成立。甘肃省道教协会成立。茅山道教协会成立。乐清县道教协会成立。龙虎山道教协会筹备组成立。凤庆县道教协会成立。云县道教管理会成立。香港紫阙玄观等道士及信徒参访北京白云观。台湾《道教文化》杂志驻美办事处主任谢满根参访北京白云观。世界宗教和平会议秘书长泰勒参访北京白云观。美国前国务卿基辛格博士参访北京白云观。

1986 年　中国道教协会第四届全国代表会议召开。会议讨论修改《中国道教协会章程》,修改后的宗旨为:"在人民政府领导下团结全国道教徒,继承和发扬道教优良传统,代表道教界合法权益。协助政府贯彻执行宗教信仰自由政策,积极参加社会主义现代化建设,为促进祖国统一,维护世界和平贡献力量。"陕西省道教协会成立。河南省道教协会筹备组成立。湖南省道教协会成立。长沙市道教协会成立。温州市道教协会成立。苏州市道教协会成立。柘荣县道教协会成立。第三期道教知识专修班开学。上海市道教协会道学班开学。武汉市道教协会道教音乐班短训班开学。《道协会刊》改版更名为《中国道教》,向国内外公开发行。香港道教联合会副主席、香港基本法委员会吴耀东,香港圆玄学院副主席赵镇东,香港中文大学音乐系讲师曹本冶等,应上海音乐学院和中国道教协会邀请,参加《中国道教斋醮》第三集上海卷、全真道坤道《进表科仪》第五集香港卷、全真道《关灯散花科仪》等录像片鉴定会,并参访了上海钦赐仰殿和苏州玄妙观。

香港紫阙玄观罗紫彦经师等一行,在北京白云观举行祈祷世界和平道场。香港道教联合会代表团以吴耀东为团长、赵镇东为副团长,应中国道教协会之邀,参访北京白云观。以上海市道教协会副会长陈莲笙为团长的上海市道教协会赴港参访团,应香港圆玄学院的邀请,前往香港参访。香港六大宗教领袖座谈会秘书处访问团,参访北京白云观。

1987 年 河南省道教协会成立。广州市道教协会成立。西安市道教协会成立。椒江市道教协会成立。玉环县道教协会成立。昌宁县道教协会成立。第四期道教知识专修班开学。道教徒进修班开学。茅山道教协会道教知识培训班开办。陕西省道教协会会刊《三秦道教》杂志创刊,此刊为不定期内部刊物。"北京白云观道教参访团"以中国道教协会副会长刘之维为团长,应香港紫阙玄观邀请对香港道教宫观进行参访,并参加紫阙玄关的"祝寿斋醮道场"和"吕祖无极宝忏道场"。北京白云观恢复"燕九节"庙会。香港圆玄学院副主席邓国材、香港蓬瀛仙馆有限公司副理事长黎显华率香港蓬瀛仙馆访问团,参访广东博罗县罗浮山冲虚古观。中国道教协会研究室与中央电视台对外部合作编写、拍摄上下两集《白云观和它的道士们》电视片。

1988 年 宝鸡市道教协会成立。南平市道教协会成立。第五期道教知识专修班(坤道班)开学,此是中国道教史上第一次为坤道办学。成都市道教协会开办道教知识进修班。茅山道教协会道教知识培训班改办为茅山道院经忏学习班。陕西省道教协会举办陕西省道教宫观主持培训班。陕西省道教协会道教知识专修班开学。陕西省楼观台举办道家养生术学习班。北京白云观道教音乐团成立。上海道教协会道教文化研究室组成编委会,创办上海市道教协会会刊《上海道教》,此为季刊。中国道教协会与中央新闻电影纪录制片厂合作,拍摄纪录片《中国道教》。成都市道教协会与电影界合作,拍摄电视纪录片《道教在成都》。香港道联会赵镇东一行抵京,参加北京白云观"上清灵宝天尊圣诞"活动,并为中国道协"坤道班"讲学。台湾省台中市慈圣宫进香团抵江西龙虎山天师府进香谒祖,请天师张陵像回台供奉。香港易学研究会主席傅沛基率香港研易会信善紫阙玄观、纽约天后宫北上学术考察团参访北京白云观。丘福雄率香港蓬瀛仙馆参访团抵京,参访白云观及参加中元法会。台湾台南县东山乡嵌头山孚佑宫龙金琏等人,从西安八仙宫请吕祖像一尊回台安奉。中国道教协会秘书长李文成等赴港,与台北《道教文化》杂志社总经理陈达强进行首次道教经籍、符箓交换活动。香港道联会会长、青松观观长侯宝垣等率道教旅游团参访朝拜北京白云观,侯宝垣为"坤道班"学员授课,陈霖生居士以《道、道教及〈道德经〉》为题,给"坤道班"学员作了演讲。香港竹林仙馆朝圣团抵京,参访白云观并举行"世界和平祈祷法会"。中国道教协会黎遇航会长等,应香港道联会赵镇东之邀赴港访问。北京白云观应加拿大多伦多市道家太极拳社、蓬莱阁道观之邀,派闵智亭、谢宗信道长前往主讲道教哲学和道教气功健身法。法国成道协会主席成之凡率法国成道协会代表团应中国道教协会之邀,参访北京白云观、茅山道观、泰山碧霞祠及孔庙。美国旧金山市紫金阁阁长谢满根参访北京白云观,并为"道教知识专修班"学员讲学。日本东京大学东洋文化研究所蜂屋邦夫教授率日本海外学术研究团,参访四川大邑鹤鸣山。中国道教协会成立传戒仪典筹备小组。中国道教协会四届二次常务理事会通过《中国道教协会关于道教宫观管理试行办法》。

473

1989 年　中国道教协会成立道教文化研究所。中国道教协会和全国政协宗教委员会,为陈撄宁先生逝世 20 周年举行隆重纪念会。南阳地区道教协会成立。青岛市道教协会成立。石首市道教协会成立。洛阳市道教协会成立。陇县道教协会成立。眉县道教协会成立。苏州道教协会青年信徒知识培训班开学。南阳地区道教协会举办道教徒学习班。浙江玉环县道教协会举办实用医疗气功培训班。北京白云观道教音乐团参加北京市各宗教团体联合举办的"迎春音乐会"。中国道教协会研究室与山西电化教育馆合作录制《道教龙山石窟》。台湾道教会理事蔡明贤率台湾高雄道教参访旅游团,参访江西上清镇嗣汉天师府。台湾中华道教总会张柽副秘书长,顾问平国藩、龚群一行,参访北京白云观。台湾花莲胜安宫进香团,前往泰山王母池道观进香朝拜。香港阮适庆夫妇,向天台山桐柏宫赠送《正统道藏》一部。台湾台中天兴宫住持林万成率台湾谒祖参访团,参访龙虎山嗣汉天师府。台湾高雄文化院和桃园明圣道院台湾同胞观光团,参访重庆南岸老君洞。香港啬色园、孔教学院院长、香港佛教联合会副会长黄允畋率香港宗教界人士京鲁访问团,参访北京白云观。台湾道教会基隆分会负责人邱涂银及弟子,到龙虎山天师府谒祖。中国道教协会召开"道教文化研讨会"。中国道教协会于北京白云观举行传戒授戒仪典。

1990 年 中国道教协会完成《道教文化丛书》第一辑编写工作。中国道教协会召开部分地区"关于散居道士管理问题"座谈会。中国道教学院建立。安康市道教协会成立。南召县道教协会成立。江西龙虎山道教协会成立。江西龙虎山天师府举行张天师塑像开光典礼。云南腾冲县道教协会举办道教知识培训班。甘肃省道教协会和兰州市道教协会举办道教经韵学习班。中国道教协会道教文化研究所和中国音乐研究院在北京白云观联合举办道教音乐研讨会。北京白云观音乐团与大连磁带厂合作印制发行《仙家乐》、《白云飞》道教音乐磁带。台湾保生大帝庙宇联谊会大陆进香团由周大围、李炳南率领,参拜泉州道观,并到厦门、漳州参加"保生大帝"升化 954 周年活动,部分团员参加厦门吴本真人学术研讨会。以陈理实为团长的杭州市道教协会访港团赴香港,参访竹林仙馆、蓬瀛仙馆和黄大仙祠。台湾道教科仪交流朝圣团抵京,参访白云观,并在全国政协礼堂举办"海峡两岸醮仪讲坛"。香港圆玄学院参访团访问北京白云观,赵镇东应邀在中国道教学院讲学。美国夏威夷太玄观张怡香道长等,应北京白云观之邀抵京,并到中国道教学院演讲。日本阿含宗友好访华团由馆长桐山靖雄率领访问北京白云观和中国道教协会。新加坡道教总会访华代表团参访北京白云观。香港道教省善真堂机关刊物《省善月刊》创刊。

1991 年 道教正一派在龙虎山嗣汉天师府为台湾和海外道教徒举行授箓传度醮仪。江苏省道教协会筹备组成立。安徽省道教协会成立。湖北省道教协会成立。台州地区道教协会成立。道教界为我国部分遭受特大洪涝灾害地区捐款。青城山道教协会青城山道教学校开学。陕西汉中天台道观举办道教学习班。台湾花莲县七真庙道众,由庙主林茂昌率领前来北京白云观朝圣,并迎请"七真"像。白云观经师班为"七真"像举行了开光仪式。香港道教信善宫、紫阙玄观、研易学会参访团,先后参访北京白云观、武汉长春观、武当山紫霄宫、湖南云麓宫、南岳大庙、南岳黄庭观、南岳玄都观、南岳紫竹林。以邓九宜道长为首的香港竹林仙馆一行,应北京白云观邀请,分别对北京、承德、山东、广东等地道教宫观参访、朝圣。台湾麻豆代府道友组团来京,于北京白云观请"斗姆元君"像回台供奉,白云观经师为他们举行了开光道场。以汤国华为团长,赵镇东、吴跃东为副团长的香港道教联合会访问团,专程到北京白云观参加"元始天尊"圣诞活动。日本道教徒、全真龙门派弟子早岛正雄,到北京白云观朝圣拜祖。马来西亚茅山道教五馆总坛支流门辈,由茅山教李天师带领到江苏茅山道院奉香拜祖,参加"太平醮",并前往江西龙虎山参加"请醮受箓传度大典"。新加坡道教总会参访团,由主席陈国显率领,对北京、上海、浙江、江西等地道观作参访。日本道教徒朝圣团,在早岛正雄道长的率领下前来北京白云观拜祖朝圣,白云观经师为他们举行了"祈福、消灾、延寿法会"。

1992 年 中国道教协会第五届全国代表会议召开,傅元天当选会长。会议通过了新的《中国道教协会章程》、《宫观管理试行办法》、《散居正一派道士管理试行办法》。西安市八仙宫举行闵智亭监院升座仪典。泰安市道教协会成立。北京白云观录制《全真玉皇朝科仪》影视音像片。武当山成立"武当山道教中医药研究会"。北京白云观黄信阳监院及陈建功应邀赴新加坡传授道仪。四川省道教协会筹备组成立。中国道教学院经忏科仪高功专修班开学。台湾高雄市林园乡汕尾村"嗣汉天师府"主持黄清河率进香团到龙虎山天师府,谒祖进香并迎请张陵神像。香港道教代表团到茅山道院,谒祖进香并迎请三茅祖师神像。湖南南岳道教协会成立。苏州道教协会录制《霓裳雅韵》。中国道教协会、道教文化研究所、西安市道教协会、西安市八仙宫,联合发起召开"西安中国道教文化国际学术研讨会"。

1993 年 四川省道教协会成立。江苏省道教协会成立。中国道教学院第一期进修班、第二期专修班开学。方城县道教协会成立。上海市佛教协会、上海市道教协会共同举办第二期佛、道教青年教职人员执事学习班。国务院宗教事务局局长张声作视察上海市道教宫观。中国道教协会副秘书长、北京白云观监院黄信阳为团长的北京白云观经乐团,应新加坡道教总会邀请,赴新加坡参加由新加坡道教总会主办的"护国祈安大清醮暨超度大法会",白云观经乐团先后作了开坛、清水、拜斗、三清表、玉枢经、罗天醮、皇经、皇忏、施食超度等法事。这是北京白云观第一次派经乐团出国参加大型法会。台湾文化三清宫理事长黄胜得及高雄文化院蔡文应邀访问中国道教学院。道教界爱国爱教先进集体和先进个人表彰会在北京召开,评选出先进集体53个,先进个人159名,中国道教协会会长傅元天在开幕式上作了以《发扬道教优良传统,为社会主义建设事业作贡献》为题的报告。北京白云观举行护国佑民、世界和平"罗天大醮",并将功德收入100万元人民币资助希望工程。武当山道教协会召开"武当山中国道教文化学术研讨会"。湖北省道教协会成立。湖北省武当山道教协会会长王光德率团赴台,参加两岸道教文化交流活动。山东省道教协会会长张常明率团赴香港访问香港道教团体及宫观。中国道教协会组团参访香港道教。全国人大常务副委员长李沛瑶视察湖北武当山道教协会。河南省道教协会召开爱国爱教先进表彰会。湖北省武当山道教协会第三届代表会议召开。河南省平顶山市道教协会筹备组成立。陕西省宝鸡县道教协会成立。浙江省永嘉县道教协会成立。河南省叶县道教协会首次道教骨干培训班结业。华山道教改子孙庙为十方丛林道院。河南省内乡县第一座道教宫观——灵山祖师宫道观正式开放。广东省南海市庆云古洞恢复重建。浙江省道教协会筹备组成立。甘肃省道教协会组织道众学习全国统战工作会议精神。辽宁省鞍山市道教协会第二次代表会议召开。陕西省长安县道教管理小组成立。浙江省温州市瓯海区道教协会成立。甘肃省道教协会举办第三期道士培训班。江西龙虎山嗣汉天师府举办青年道教徒培训班。河南省叶县道教协会举办第二次道教知识培训班。海峡两岸道教界在茅山道院联合举行度亡黄箓大法会。浙江省乐清县道教协会举行祈祷世界和平、国泰民安道场。北京白云观举办孙明瑞道长(号墨道人)画展。甘肃省兰州市道教协会第四次代表会议召开。安徽省宿松县道教协会成立。辽宁省凤凰山举行道教宫观开放和紫阳观神像开光典礼。甘肃省敦煌市西云观举行神像开光典礼。四川省江油市含增镇乾元山金光洞举行恢复开放金光洞道观典礼。江西省宁都县成立道教协会筹备小组。福建省泉州市道教协会筹备会成立。湖北省长阳土家族自治县中武当恢复道教活动,并成立道教协会筹备组。四川省新津县老君庙举行"罗天大醮"法会。江苏省海安县道教协会筹备委员会成立。西安市八仙宫道教《全真正韵》盒式录音带出版。武汉音乐学院道教音乐研究室、江西省龙虎山道教协会合编《中国龙虎山天师道音乐》一书出版。湖北省石首市道教协会第二届代表会议召开。河南省方城县道教协会成立。上海市道教协会、上海市佛教协会举办第二期道、佛青年教职人员执事学习班。据不完全统计,甘肃省已有1200余名正一派道士进行了登记,有近800人领到了正一派道士证。

1994 年　中国道教协会在京召开第五届二次会议,傅元天会长作《加强管理,服务社会,发扬道教优良传统》为题的工作报告,并通过了《关于道教正一派道士授箓规定》。中国道教协会召开全国部分地区"道教正一派授箓"座谈会。由中国道教协会与苏州道教协会主编的《中国道教大辞典》出版,计270余万字,辞文条目1.2万余条。江西龙虎山道教协会、江西省社会科学院、台湾中华道教总会联合举行"龙虎山道教文化学术研讨会"。台南市道教会总干事郭瑞云称:台湾有道教庙宇8000余座。中国道学院组织学习《宗教活动场所管理条例》和《中华人民共和国境内外国人宗教活动管理规定》。陕西省、西安市道教协会常务理事扩大联席会议召开。浙江省乐清市道教界表彰先进暨道场所发证大会召开。浙江省瑞安市道教协会成立。江西龙虎山第62代天师张元旭墓重新修整。江西省龙虎山嗣汉天师府举行玉皇殿落成和玉皇大帝圣像开光迎神护国佑民醮典。浙江省黄岩市各宫观道院发证大会、正一派道士发证会议召开。河南省平顶山市道教协会成立及开办首期道教徒培训班。江苏省苏州市道教音乐团赴比利时、英国访问演出。北京白云观经乐团首次赴香港为信善玄宫慈航圣像开光。江苏省道教协会组团赴香港访问。河南省道教协会举办首届经韵班。湖北省武汉市道教协会举办第五期青年道徒培训班。湖北省道教协会一届二次常务理事扩大会议召开。湖南省道教协会二届三次扩大理事会召开。浙江省椒江市道教协会举办正一道士学习、发证会议。山东省泰山王母池坤道院举行"蟠桃会"。中国道教协会五届二次理事会召开。香港道教联合会举行下元节解厄消灾祈祷世界和平万缘胜会,北京白云观经乐团应邀赴港诵经。中国道教协会通过《关于道教正一派道士授箓规定》。中国道教协会于四川青城山召开关于全真派道士传戒座谈会。广东省道教协会成立。北京白云观道教音乐团赴港首演。中国道教协会道教文化交流团赴台参访。香港竹林仙馆参访内地宫观。江西省龙虎山道教协会、江西省社会科学院、台湾中华道教总会联合举办"龙虎山道教文化学术研讨会"。河北省道教协会筹备组举办"道教书画展"。河南省南阳市举办第八期道教知识培训班。安徽省休宁县齐云山玄天太素宫修复工程奠基。辽宁省政协委员、省道教协会会长李高智仙逝。道教学者胡道静领衔主编《藏外道书》全部出版。福建省福州市道教文化研究会召开首届道教文化学术研讨会。河南省道教协会常务理事学习两个宗教法规。河南省道教协会为"希望工程"捐款。浙江省温州市道教协会为"希望工程"捐款。上海道教学院为学员举办政治思想工作短期学习班。湖南省长沙县陶公庙全部移交道教管理。浙江省天台山道教文化研究会成立。江苏省南通市道教协会成立。湖南省湘潭市认定正一派道士1950人,其中任教道友800人。浙江省乐清市有散居正一派道士373名。甘肃省张掖市经认定的散居正一派道士有214人。中国宗教界和平委员会成立,道教界有傅元天等8人参加,傅元天被推举为副主席。中国道教协会在西安召开九省一市(湖北省、湖南省、陕西省、甘肃省、四川省、山西省、河北省、福建省、安徽省、西安市)政府宗教事务部门和省道教协会负责人参加的"道教宫观情况交流座谈会"。香港道教联合会访问团访问北京,中国道教协会领导人与访问团进行了座谈。北京白云观经乐团第二次赴新加坡访问,参加"道教文化月"的"太上慈悲黄箓大斋度亡法会"。江西省龙虎山道教协会恢复成立。浙江省温州市瓯海区白云道观举行神像开光及白象古塔重建奠基典礼。浙江省永嘉县有正一派和全真派教徒700余人。江苏省武进县举行东岳圣像开光大典。河北省涿州市举行泰宁宫大殿落成和开放典礼。河南省内乡县灵山祖师宫观为整修烈士陵园捐款。浙江省瑞安市道教协会向"希望工程"捐款,举办大型赈灾安方道场。位于河北省唐县的华北道教圣地青虚山正式恢复开放。安徽省道教协会召开一届二次理事扩大联席会议。福建省成立省道教协会筹备委员会。福建省有全真道士170余人、正一道士4000余人。中国道教学院举行第一期进修班、第二期专修班毕业典礼。世界上最大的太上道德经壁在香港蓬瀛仙馆落成。河北省鹿泉市道教协会成立。江苏省茅山道教协会第三届代表大会召开。河南省道教协会开办经韵学习班。位于湖南省张家界市东北的五雷山——"南武当"举行神像开光法会。福建省福州市举办道届道教音乐会。湖北省蕲春县举办第二期道教徒培训班。

1995年 北京白云观举办第九届民俗迎春会。中国道教协会举行全真派建国以来第二次传戒法会,临坛受戒全真道士546人、居士166人。中国道教协会举行中国道教正一派首次国内授箓传度法会,受箓箓生197人。中国道教学院第三期专修班(坤道班)开学,这是中国道教学院成立以来首次开办的坤道班。河南省道教协会开办首届坤道经韵班。陕西省户县全真祖庭重阳宫移交道教组织管理。四川省青城山举行上清宫老君阁落成神像开光典礼。吉林省辽源市福寿宫举行落成暨神像开光庆典。中国道教协会举行纪念中国人民抗日战争和世界反法西斯战争胜利50周年"和平祈祷法会",全国各地宫观也举行祈祷法会。中国道教代表团参加"世界宗教与环境保护首脑会议",发表《中国道教关于生态环境保护的宣言》。中国道教协会在四川成都青城山召开第五届六次常务理事会。中国道教协会发出"关于落实《爱国主义教育实施纲要》的意见"。正一派道士授箓座谈会在茅山道院召开。中国道教协会会长傅元天视察湖南省长沙市道教宫观。河北省道教协会成立。辽宁省沈阳市道教协会第四次代表大会召开。福建省泉州市道教协会成立。湖北省长阳土家族自治县道教协会成立。甘肃省各地道观举行祈祷和平道场。台湾省台北县金阙太子宫组团朝拜四川省江油市金光洞太乙真人炼丹圣地。北京白云观经团赴加拿大参加多伦多蓬莱阁第二分观神像开光活动。湖南省南岳道教协会举行大庙三无宫神像开光法会。浙江省瑞安市道教协会举办正一道士培训班暨部分道观发证大会。浙江省台州市重建仙福宫。江西省龙虎山天师府发现第44代天师张宇清墓碑。福建省福州市道教文化研究会举办道教文化学术讲座。河北省邢台市

479

道教音乐团举行道教音乐会演。甘肃省武威市道教协会成立。广东省道教协会一届三次常务理事会召开。上海市道教协会召开成立十周年庆祝大会暨第三届代表会。陕西省宝鸡市道教协会召开二届二次理事扩大会议。江苏省如皋市道教协会第一届代表会召开。河南省内乡县西岳庙道观正式开放。香港省善真堂首次拜会中国道教协会及参访北京白云观内地宫观。香港道教联合会访问团访问北京白云观。台湾道教总庙三清宫访问团参访北京等地道教宫观。陕西省道教协会首次组团赴香港访问。茅山道教文化交流访问团赴新加坡参访。香港圆玄学院主席赵镇东先生访问江苏道教宫观。宁夏回族自治区举办首次道教管理学习班。西安市八仙宫举办第二届经忏培训班。湖北省麻城市道教协会筹委会成立。湖南省益阳市道教协会筹备组成立。河北省道教协会成立道家书画院。陕西省举办第八期道教知识培训班。云南省鲁甸县玄天观举行真武殿落成典礼。中国道教协会赴新加坡道教文化交流团参加与新加坡道教总会联合举办的"95年道教文化月"活动。香港青松观捐资为中国道教学院设立奖助学金。河北省邢台市道教协会成立。湖南省怀化地区道教协会成立。河北省道教协会举办道教知识培训班。陕西省西安市八仙宫经乐团参加临潼明圣宫上梁庆典。辽宁省凤凰山紫阳观举行纯阳殿神像开光典礼。广东省惠州市道教第二次代表会议召开。邮电部首次发行江西"三清山"道教名胜邮票。中国道教协会研究室田诚阳道长撰写《道经知识宝典》出版发行。陕西省大重阳万寿宫举行首次庆祝王重阳祖师圣诞法会。黑龙江省阿城市海云观重修开光。香港道教界捐款援助湖南灾区。上海城隍庙恢复开放。广东省道教协会召开一届三次常务理事会。浙江省台州市道教协会第二届代表会议召开。福建省福州市东岳庙正式恢复开放。浙江省温岭市道源洞举行玉皇神像开光典礼。安徽省道教协会第二次代表会议召开。

1996 年 北京白云观举行第十届民俗迎春会。河北省道教音乐团成立。中国道教学院赴香港教学经验交流团首次出访香港。香港蓬瀛仙馆参访团赴北河北、湖北等地参访。台湾道教真庆宫参访团参访湖北武当山。香港信善玄宫、信善紫阙玄观慰问广东清远市特困户。台湾道教高雄文化院、台北三清宫参访团参访北京白云观、山东省及辽宁省等地道教宫观。浙江省台州市天台山道教协会成立。中国道教协会举办全体工作人员宗教政策学习班。河南省道教协会召开二届四次理事会议。河南省开放道教活动场所 62 处,成立道教协会 13个。湖北省武当山紫霄大殿修复竣工并举行"重光大典"。江西省铅山县葛仙山宫观举行《中国·葛仙山碑林》书画展览和评选会。江苏省茅山道院道教文博物馆正式对外开放。湖北省麻城市召开道教徒代表会议。河北省邢台市道教音乐团开展扶贫救困义演活动。湖北省武汉市道教协会六届二次常务理事扩大会议召开。河南省鹿邑县举办老子圣诞纪念活动。全国政协宗教工作调查组视察湖北武当山、长春观及安徽省齐云山,并听取了两地道教协会的工作汇报。《道藏》整理座谈会在北京白云观召开,并确定整理后的《道藏》定名为《中华道藏》。中国道教协会举行香港青松观向内地诸山道院赠款仪式。福建省福州市道教协会成立。浙江省平阳县道教协会召开第三届代表大会。湖南省南岳大庙圣帝殿举行神像开光大典。加拿大温哥华道教文化研究会成立。台湾高雄德院参访团参访北京、南京、上海等地道教宫观。四川省江油市有出家道士 16 人,在家道徒4000 余人。北京大学哲学系与香港道教学院联合在京举办"道家文化国际学术研讨会"。福建省南安市道教协会成立。甘肃省道教协会首次组织教职人员参访四川成都、重庆市、湖北省、上海市等地道教宫观。香港信善紫阙玄宫参访西安八仙宫。台湾高雄文化院三清宫参访团参访江苏省道教宫观。陕西省西安市八仙宫举行吕祖诞辰1200 周年纪念法事活动。湖南省益阳市城隍庙移交道教管理,并举行城隍爷神像升座、开光法会。加纳共和国发行以江西龙虎山为图案的道教名山邮票。中国道教协会与华夏出版社延请专家学者校注的《云笈七签》出版。中央社会主义学院道教中青年爱国宗教教职人员读书班开学,该期学员来自全国 21 个省区市,共 40 人。国务院宗教事务局叶小文局长同参加中央社会主义学院读书班的道教中青年教职人员座谈。中国道教协会五届七次常务理事会召开。上海道教界举行祝贺陈莲笙会长八秩寿辰暨《道风集》出版座谈会。湖北省道教协会一届三次常务理事扩大会议召开。陕西省西安市道教协会、宝鸡市道教协会、湖北省武汉市道教协会组织学习中共十四届六中全会决议。湖南省南岳道教协会第二届代表大会召开。浙江省金坛市茅山道教文化研究中心成立。浙江省瑞安市道教协会召开道教宫观年检发证暨表彰大会。甘肃省道教协会举办第五期道士培训班。香港云泉仙馆参访团参访北京、四川、陕西等地宫观。世界最大老君岩雕在武夷山落成。湖北省武汉市道藏阁归还长春观。甘肃省民勤县道教协会成立。江苏省茅山道院组成茅山道教文化交流团应邀前往新加坡进行道教文化交流。河南省洛阳市道教第三次代表大会召开。香港道教联合会吴耀东、台湾省台中市道教界访问陕西省西安市八仙宫。海峡两岸第二次超度南京大屠杀死难中国同胞黄箓大法会在茅山道院举行。江苏省淮安市东岳庙开光大典举行。陕西省宝鸡市道教文化研究会成立。河南省内乡市道教协会筹备组举办学习中共十四届六中全会决议培训班。甘肃省道教协会召开散居正一派道士管理工作座谈会。黑龙江省牡丹江市道教协会筹备组成立。辽宁省龙潭山龙华宫举行神像开光典礼。江西省瑞昌市道教协会成立和第一届代表会议召开。

482

1997 年　全国道教界举行各种活动深切哀悼邓小平同志。福建省道教第一次代表会议暨省道教协会成立大会召开。中国道教协会、湖北省武当山道教协会、陕西省道教协会、江西省龙虎山道教协会、陕西省楼观台道观、四川省成都青羊宫、江苏省苏州市道教协会、上海城隍庙和白云观、江苏省茅山道院、山东省泰山碧霞祠、广东省罗浮山冲虚古观、辽宁省沈阳市太清宫和千山无量观、武汉长春观、湖南省湘潭市道教协会、甘肃省武威市道教协会、江苏省如皋市道教协会、福建省南安市道教协会、陕西省汉中市汉台区道教协会、浙江省温州市道教协会、浙江省台州市黄岩道教界、陕西省眉县道教协会、福建省宁德地区和柘荣县道教协会等，举行各种庆祝活动及祈福道场庆祝香港回归。中国道教协会赴香港参加香港道教界为庆祝香港回归祖国而举行的祈福法会。中国道教协会成立四十周年纪念会在人民大会堂举行。中国道教协会五届八次常务理事扩大会议召开，《中华道藏》编纂规划和《分类总目》讨论通过。第八届全国政协常委、中国道教协会会长、道教全真派第 23 代传戒大师傅元天仙逝。中国道教学院第一期宫观(地方道教协会)负责人读书班开学典礼在京举行。

《中华道藏》编委会召开首次编委会会议。江苏省苏州市成立散居道士管理委员会。湖北省武当山道教协会举办新教徒培训班。江苏省道教访问团赴香港访问。香港蓬瀛仙馆参访团参访北京白云观。香港道教联合会主席汤国华一行访问北京。河北省道教协会组团参访香港道教宫观。新加坡道教总会朝圣团到江西龙虎山天师府谒祖参访。中国道教协会副会长陈莲笙一行赴新加坡,参加新加坡道教总会成立七周年庆典。四川省道教协会第三届代表会议召开。广东省惠州市道教协会第二届常务理事会召开。陕西省宝鸡市道教协会第二届第四次常务理事扩大会议召开。浙江省瑞安市道教协会第二届代表大会召开。湖北省、武汉市道教协会联合举办首期道教宫观、道协组织管理人员学习班。江苏省道教协会一届四次常务理事扩大会议召开。江苏省镇江市道教协会召开第二次代表会议。福建省乐清市道教协会第五届代表会召开。青海省道教协会成立。广东罗浮山黄龙古观开光典礼举行。湖南南岳道教协会大庙纯阳宫、仁寿宫、寿宁宫举行神像开光典礼。辽宁省沈阳市蓬瀛宫竣工并举行神像开光和监院升座典礼。《中国道教》创刊 10 周年。中央党校省部班学员参观北京白云观。云南省腾冲县道教协会召开宗教活动场所登记发证会。广东省普宁市明善观获准成为当地第一个道教活动场所。浙江省温岭市道教协会召开第四次代表大会。江苏省无锡市道教协会筹委会成立。江苏省武进市横山白龙观举行神像开光典礼。河北省涿州市泰宁宫交由河北省道教协会直属管理。甘肃省道教协会举办"正一派"学习班。据不完全统计,全国开放宫观 1500 余处,县级以上道教协会组织 133 个,全真、正一道士 2.5 万余人。河南省道教第三次代表会议召开。山东省道教第二届代表会议召开。中国道教协会研究室编撰《道教常识》出版发行。江苏省太仓市道教协会成立。安徽省齐云山举行玄天太素宫主殿落成庆典。广东省潮阳市石洞玉龙宫举行神像开光典礼。福建省福清市道教协会成立。福建省宁德地区道教协会举办首期道教知识培训班。四川省成都市道教协会第四届代表会议召开。河北省鹿泉市十方院举行首期工程竣工庆典。中国道教学院第三届专修班(坤道班)举行毕业典礼。湖北省黄梅县道教协会成立。吉林省辽源市道教协会成立。湖南省桃源县桃川万寿宫等道教宫观全部移交道教管理。湖南省溆浦县道教协会成立。福建省柘荣县道教协会第三届代表会召开。河南省南阳市道教协会首届"高功知识班"举行结业典礼。浙江省瑞安市道教协会召开学习党的十五大精神会议。湖南市娄底市道教协会成立和首届代表会议召开。四川省崇州市道教协会成立,并召开第一届理事会议。湖南省岳阳市道教协会成立。

1998年 香港蓬瀛仙馆向河北灾区捐款56万元。中国道教协会暨北京白云观捐款赈灾。北京白云观举办第十二届民俗迎春会。中国道教代表出席"世界(宗教)信仰与发展"会议。中国道教协会第六届代表会议召开,会议通过《中国道教协会关于道教散居正一派道士管理暂行办法》、《中国道教协会章程》、《关于道教宫观管理办法》。中共中央政治局常委、全国政协主席李瑞环会见第六届与会代表。江西省赣州市道教协会成立。广东省西樵山云泉仙馆举行建馆150周年庆典。吉林省吉林市三清宫举行殿宇落成暨神像开光庆典。吉林省举办全省宫观负责人学习班。陕西省西安市道教协会第二届代表会议召开。江苏省茅山道院建成道教最高的老君神像,并举行神像开光暨道祖广场落成庆典。甘肃省道教协会举办全省第七期道士培训班。河南省南阳市道教协会第三次代表会议召开。福建省泉州市道教协会组团赴台交流。浙江省苍南县道教协会第四次代表会议召开。湖南省长沙市戴公庙开放。中国道教协会副会长张继禹、任法融、丁常云应邀访台,并作了道教教义文化演讲。中国道教学院四期专修班开学。澳门信善二分坛首次组团访问内地道教宫观。台湾道教海峡两岸文化交流团访问西安。全国政协副主席钱伟长视察西安八仙宫。江苏省如东县道教协会成立。香港道教蓬瀛仙馆元辰殿落成,并举行"斗姆圣像崇升、六十太岁开光"庆典。中国道教协会道教文化交流团赴台参加台北指南宫"戊寅年护国祈安罗天大醮"。河南省内乡县道教协会筹备组举办道教知识培训班。青海省道教协会举办道教教职人员培训班。甘肃省天水市玉泉观举办第五届道教知识、高功经韵学习班。据中国道教协会教务处不完全统计,全国开放宫观达1500余处,县级以上道教协会组织133个,全真、正一道士2.5万余人。河北省鹿泉十方院举行第二期工程竣工暨神像开光活动。河北省涿州市泰宁宫举行神像开光典礼。广东省龙藏洞赤松观举行黄大仙师升殿三周年庆祝活动,并举行祈祷国泰民安世界和平法会。江苏省茅山道院、湖北省武当山道教协会组成道教文化交流团,赴台进行道教文化交流活动。湖南省桃源县道教协会成立。湖南省道教第三次代表会议召开。中国道教学院上海进修班开学。山东省第八届政协常委、中国道教协会常务理事、山东省道教协会会长、泰山碧霞祠住持张常明道长仙逝。中国道教协会道教文化研究所、庐山仙人洞道院、台北文化三清宫共同举办"'98庐山中国道教文化研讨会"。《中华道藏》编委会第三次会议召开。世界宗教与环境保护联盟考察山东省泰山道教文化古迹和环境状况。香港信善玄宫参访团参访北京、河北石家庄、保定、沧州等地宫观。湖北省武汉市道教正一派民主管理委员会成立。上海道学院学员参访北京。江西省举办全省道教宫观负责人普法学习班。陕西省西安市八仙宫举办首次宗教普法学习班。成都市道教协会与四川联合大学宗教研究所联合举办首期成都市道教文化研修班。福建省福州市裴仙宫举办道教文化座谈会。广东省道教协会举办道教知识培训班。广东省罗浮山举行岭南道教黄龙观培训中心第一期培训班开学典礼。北京白云观王理仙方丈灵塔落成典礼及座谈会在陕西省楼观台举行。福建省南平市圣公殿举行神像开光典礼。陕西省紫阳县真人宫举行道观开放和神像开光典礼。

1999年 中国道教界强烈谴责北约轰炸我国驻南斯拉夫使馆的罪行。中国道教协会会长闵智亭代表道教界声明"道教界坚决拥护祖国统一——谴责李登辉'两国论'"。中国道教协会第六届理事会第一次会长扩大会议召开。中国道教协会六届二次常务理事会召开。中国道教协会闵智亭会长等考察陕西省部分道观。北京白云观举行第十三届民俗迎春会。河北省永年县道教协会成立,第一届道教文化交流会召开。鹿邑县老子故里道教协会第二届会议召开。广东省道教协会召开一届六次常务理事扩大会议。江西龙虎山天师府道教文化参访团应邀赴台。江苏省道教协会举办首届中青年道长培训班。茅山道院举办第七期经忏培训班。台湾九玄宫道教参访团拜谒西岳华山。湖北省天门市道教协会成立。江苏省高邮市道教管理工作会议召开。中国道教协会组织协会青年参观西柏坡。中央党校省部班学员参观北京白云观。北京白云观修缮工程竣工。香港青松观、蓬瀛仙馆、圆玄学院及香港嘉浩集团董事局主席许明浩捐款赞助北京白云观修缮工程。中国道教协会张继禹、任法融等应邀参加新加坡三清道教会"'99 宣弘大会"。厦门大学宗教学研究所、台湾中华大道文教基金会、武夷山道文化研究中心、福建师范大学宗教文化研究所、武夷山桃源洞道观共同举办"'99 武夷山道文化研讨会"。中国道教协会、北京白云观举办"庆国庆、迎回归、祈和平"中秋音乐会。中国道教协会举办庆国庆歌唱会。中国道教协会、中国道教学院、北京白云观 20 名道众代表道教界参加国庆群众游行。湖北省麻城市举办第二届道教经韵经忏培训班。广东省道教第二次代表会议召开。广东省广州市道教协会第四届代表会议召开。浙江省洞头县道教协会第二届代表会议召开。浙江省台州市第三届道教代表会议召开。中国道教协会副会长丁常云出席"世界宗教和平委员会第七届大会"。湖北省道教协会召开一届五次常务理事扩大会议。浙江省道教协会成立。江苏省无锡市道教协会成立。西安市道教协会举办首期爱国主义、社会主义教育学习班。江西省武宁县道教协会举行挂牌典礼。中国道教学院举行"庆回归"座谈会。澳门道教吕道会信善坛举行庆回归祈福法会。湖南省益阳市城隍庙举行迎澳门回归祈祥法会。陕西省道教协会华山培训班举行开学典礼。河北省道教协会举办两期经韵培训班。香港青松观观长、香港道教学院院长侯宝垣仙逝。上海市道教协会召开第四次代表会议。广东省道教协会举办庆祝国庆五十周年"万缘法会"。陕西省西安市八仙宫举行"庆祝建国五十周年座谈会"。江苏省苏州市玄妙观举行维修工程竣工暨神像开光庆典。江苏省南通市举办青年道士培训班。庐山仙人洞举行神像开光典礼。江苏省苏州市玄妙观整治更新工程全面启动。江苏省苏州市道教协会组团参加新加坡第四届道教节。福建省福州市道教协会举办第二期道教骨干培训班。福建省平潭县道教协会成立。贵州省桐梓县虎峰山崇德观对外开放。湖南省道教协会举办第一届宫观负责人学习班。由香港移民陈锦忠发起修建的澳大利亚悉尼市黄大仙祠竣工,中国道教协会会长闵智亭率中国道教代表团参加开光活动。泰国北揽坡本头公妈己卯值年理事会参访团参访北京、湖北、四川等地道教宫观,此是中泰两国首次正式开展道教文化交往活动。香港青松观在澳大利亚纽修威省(即新南威尔士州)建成"纽省青松观",并举行新观落成暨列圣崇升开幕典礼。湖北省武当山现有道人 120 余名。山西省新绛县发现 80 年前的绘图手抄本——《三官经》。中国道教协会代表团参加香港蓬瀛仙馆成立七十周年活动。陕西省周至县楼观台道观刘嗣传道长应邀赴斯洛文尼亚,为西方近十个国家和地区代表参加的"'99 道教与太极拳修炼大会"传道讲学。江西省南昌市道教协会、九江市道教协会成立。河北省道教协会一届十二次常务理事扩大会召开。

2000 年　　香港道教信善玄宫慈善基金会在中国人民大学设立"香港信善助学奖学金"。中国道教协会副会长任法融注解《道德经释义》韩文本出版。甘肃省榆中县道教协会秘书长孙永乐主编《刘一明道书研究》第一辑出版。沈阳太清宫举行恢复宫观体制及监院升座庆典。浙江省瑞安市道教协会召开全市道教学习大会。兰州市道教协会第六次代表会召开。山西省大同市道教协会成立。湖北省浠水县道教协会成立。广东省道教协会召开二届二次常务理事会。新加坡第五届道教节开幕。湖北省道协一届五次常务理事会议召开。中国道教协会六届二次会长扩大会议召开。北京政协民宗委到北京白云观调研。韩国道教本山寿星宫李福顺道长拜访中国道教协会。新加坡宗教联谊会访华团拜访中国道教协会。新加坡金锻殿道教协会参访团朝谒广东揭阳华阳观。中国道教协会、上海市道教协会联合主办"自然·生命——动物是人类的朋友"大型画展。南岳道教协会举行道教文化建设座谈会。南岳祖师殿举行竣工典礼及神像开光法会。浙江省温州市道教协会培训中心举办首期道教协会宫观负责人培训班。甘肃省武威市召开道教第二次代表大会。江苏省道教协会举办第二期中青年道长培训班。河南省内乡县道教协会举行挂牌典礼。华山道教协会、华阴市政协文史委合编《华山宫观庙宇印谱》印行面世。新加坡宗教联谊访华团拜访中国道教协会。上海道教界举行祈祷世界和平法会。江西龙虎山天师府举行庆祝抗日战争胜利五十五周年祈祷国泰民安世界和平法会。茅山道院经忏法务团举办"新千年祈祷世界和平法会"。湖北省武当山道教协会举办祈祷世界和平大法会。山东泰山碧霞祠举行"新千年祈祷世界和平法会"。青海省西宁市土楼观,贵德县三清宫,乐都县武当山、昆仑山等道观举行"新千年祈祷世界和平法会"。西安市八仙宫举行新千年祈祷世界和平法会。嵩山中岳庙举行"新千年祈祷世界和平法会"。成都市青羊宫举行"新千年祈祷世界和平法会"。辽宁省鞍山市道教协会举行"新千年祈祷世界和平法会"。浙江省道源鹤鸣山道观举行"新千年祈祷世界和平法会"。河北省永年县道教界举行"新千年祈祷世界和平法会"。浙江省温岭市道教协会、瑞安市道教协会举行"祈祷新千年世界和平法会"。福建省福州市裴仙宫、福清市石竹山道院、南平市道教协会举行"新千年祈祷世界和平法会"。重庆市道教协会筹备组组织重庆十余座道教宫观举行"新千年祈祷世界和平法会"。贵州省贵阳市仙人洞道观举行"新千年祈祷世界和平法会"。甘肃省临夏州道教协会举行"新千年祈祷世界和平法会"。中国道教协会组团赴台湾进行道教文化交流。苏州市道教协会第四次代表会议召开。以中国道教协会任法融为团长的道教文化交流团赴台进行道教文化交流。中国道教协会会长闵智亭等赴港参加蓬瀛仙馆《道教文化资料库》启网一周年庆典。台湾省台南县道教会参访江苏省镇江市润洲道院。湖北省道教协会第二次代表会议召开。张继禹当选全国青年联合会副主席。广东省道教协会二届二次常务理事会召开。河北省邯郸市召开道教第一次代表会。河南省信阳市道教第一次代表大会召开。中国道教协会举行"支持我国政府严正声明抗议梵蒂冈反华行径"座谈会。第二届庐山中国道教文化研讨会暨道教文化笔会在庐山召开。全国政治协商委员会民宗委西部考察团考察西安八仙宫。陕西省道教协会、陕西省社会科学院宗教研究所发起,宝鸡市道教协会、陇县道教协会协办举行"纪念丘处机创建龙门山场 820 周年暨学术报告会"。山西省芮城县道教协会成立。河南省南阳市道教协会举办第三届高功科仪班。福建省闽侯县道教协会成立。宁夏回族自治区银川市贺兰山道观开放。湖南省益阳市赦山区东岳庙举行神像开光法会。甘肃省兰州市白云观举行迎神开光典礼。中国道教协会会长闵智亭在联合国世界宗教领袖和平千年大会上作了题为《热爱自然,尊重生命》的发言。河北省道教第二次代表会议召开。北京白云观举行修缮竣工、方丈升座及神像开光庆典活动,谢宗信道长任方丈。江西龙虎山天师府举行对海外授箓仪典。上海城隍庙举行住持升座暨城隍庙开光庆典,陈莲笙道长任城隍庙住持。香港道联会主席、香港圆玄学院主席赵镇东先生一行参访北京白云观。中国道教协会组团参访澳门道教宫观。道教与中国艺术展览在美国芝加哥开幕,北京白云观有《太和山瑞图》等五件作品参展。浙江省瑞安市道教协会会长应维贤主编《瑞安市正一道宗谱》出版。湖北省武汉市新洲区召开道教代表会议,产生了区道教管理委员会。湖北省石首市小南岳三元宫举行开光开放典礼。陕西省商洛地区道教协会成立。台湾弘扬社会道德文教基金会董事长邱创焕参访北京白云观。河北省道教协会鹿泉十方院举行神像开光等一系列庆典。河北省石家庄市道教第二次代表会议召开。中国道教协会举行学习贯彻"全国统战工作会议"精神座谈会。甘肃省道教协会举办第九期道士培训班。茅山乾元观道教法务团赴新加坡参加"礼斗赞星大法会"。四川省成都市道教协会第五届代表大会召开。山东省崂山太清宫新建工程全面启动。福建省漳州市道教协会成立。陕西省华山道教协会举办电脑培训班。

2001 年 北京白云观举办第十五届民俗迎春会,首都道教界举办"申奥道场"。中国道教协会发表"致全国道教界的公开信",呼吁全国各地道教协会、各宫观、诸山道长、诸信众,深入揭批"法轮功"邪教的邪理邪说。中国道教协会第六届三次会长扩大会议召开。中国道教协会全体人员学习座谈《全国五大宗教团体愤怒声讨"法轮功"》。中国道教学院举行第二届进修班开学典礼。中国道教协会、山西省道教协会(筹)、山西介休市道教协会共同举办"罗天大醮"法会。四川省二王庙举行神像开光仪典。湖北省道教协会召开会长扩大会议。陕西省道教协会二届九次常务理事扩大会议召开。四川省道教协会举办高功培训班。全国首次道教刊物座谈会在延安召开。中国道教协会全体工作人员参观西柏坡。北京白云观、登封中岳庙被批准为全国重点文物保护单位。中国道教协会派员参加中国反邪教协会第三次报告会暨学术讨论会。太行山道教协会成立。湖北省暨武汉市道教

489

协会联合举办全省道教协会宫观负责人培训班。中国道教协会正一派道士授箓工作座谈会在沪召开。茅山中国道教文化研讨会召开。南岳道教协会第三届代表会议召开。武汉新州区举办道教教职人员学习培训班。乐清市道教协会举行第六届代表会议。江西省道教第一次代表会议在南昌召开。中国道教学院上海进修班举行毕业典礼。全国政协委员、中国道教协会副会长、湖北省道教协会会长、十堰市政协副主席、武当山旅游经济特区副区长、武当山道教协会会长王光德道长仙逝。河北省唐县道教协会成立。西安市八仙宫举办第二期普法学习班。西安市道教协会举办道教政策法规培训班。澳门道教协会成立。河南省开封市无梁庙开放。泰安市道教协会为抗洪抢险捐款捐物。中国道教协会副会长张继禹、中国道教学院副院长李养正一行三人,参加香港道教学院成立十周年庆典暨"道教教义与现代社会"学术研讨会。云南省道教协会筹备组成立及举办"云南道教首期法规培训班"。浙江省温州市道教协会召开常务理事扩大会议。浙江温州道教界为扶贫公益事业共捐资人民币 277.77 万元。广东省陆丰市道教第一次代表会议召开。河南省南阳市开放道教宫观 65 处、道众 537 人。香港蓬瀛仙馆发起并在香港举办首届道教音乐汇演。中国道教协会六届二次理事会召开。湖南省道教协会举办高功培训班。福建省泉州市道教协会第二届代表会议召开。福建省德化县道教协会成立。香港圆玄学院参访团参访北京白云观。中国道教协会黄信阳副会长一行参加首届香港道教节。澳门道教协会注册成立。中国道教协会闵智亭会长视察陕西省楼观台等宫观。

2002 年 中国道教协会主办的全国宗教性刊物《中国道教》创刊 15 年。中共中央统战部朱维群副部长、国家宗教事务局局长叶小文看望中国道教协会负责人。中国道教协会会长闵智亭应邀参加澳门道教协会成立暨澳门道教协会首届理监事职员就职典礼。中国道教协会组团参加香港道教联合主办的香港壬午年道教节。甘肃省政协常委、省、市道教协会名誉会长、全真嵛山派第 20 代传人韩壬泉道长仙逝。中国道教协会副会长张继禹一行访问马来西亚美里省莲花山三清殿。四川省道教协会召开三届四次常务理事扩大会。浙江省温州市道教协会扶贫委员会筹款 15 万余元及物品,对 10 个县(市区)13 个乡镇近200户贫困家庭进行扶贫慰问活动。中国道教协会组织道职员工赴江西井冈山、庐山学习参访。全国政治协商委员会民宗委调研组视察中国道教学院。江苏省无锡市道教协会第一分会成立。江西省龙虎山天师府道众批判"法轮功"。福建省泉州市道教协会二届二次常务理事会召开。湖北省武汉市长春观举行纪念丘长春真人诞辰法会。陕西省道教协会召开三届二次常务理事会议。江苏省镇江市润州道院首次组团赴台参访。福建省泉州市东岳行宫举行东岳大帝神像开光典礼,惠安县道教协会召开第二届代表会议。浙江省温州市道教协会举办宫观负责人培训班。河北省保定市道教协会筹备组成立。中国道教协会会长闵智亭为团长的中国宗教世界和平委员会代表团出席亚洲宗教和平委员会第六届大会,闵智亭发表"尊道贵德以促进自然与社会的可持续发展"为题的讲话。北京市火德真君庙一期修缮工程开工。中国道教协会张继禹副会长率团赴台湾参加台北指南宫举办的"通天大醮"活动。广东省新会市紫云观举行开光庆典。云南省鲁甸文屏山玄天观、灵祖殿举行开光庆典。湖北省道教协会召开二届三次常务理事扩大会议。兰州市道教协会袁宗善会长主编《兰州道教概编》出版。辽宁省鞍山市千山五龙宫举行方丈升座仪式及新中国成立以来全真派第三次开坛传戒法会,入坛受大戒弟子近200人,受方便戒弟子200人左右。中国道教协会道教文化研究所、江西省道教协会、江西南昌西山万寿宫共同举办,江西师范大学道教文化研究中心协办"中国道教净明道文化研讨会暨道教文化笔会"。陕西省人大常委会视察组视察西安八仙宫。四川省道教协会、四川大学宗教研究所、四川省洪雅县瓦屋山管委会共同举办"中国道家与生态文化学术研讨会"。浙江省温州市瓯海区道教协会、太清宫,向温州市道教协会扶贫委员会捐赠人民币30万元。陕西省道教界向遭受特大洪涝灾害的陕南地区捐款5.37万余元人民币。全国政协委员、中国道教协会副会长、陕西省道教协会会长任法融多方筹集人民币150万元,资助甘肃天水市北道区凤凰乡兴修供水工程。河南省政协委员、中国道教协会理事、河南省道教协会会长、登封市政协委员、中岳庙道教管理委员会主任孟明林道长仙逝。上海市城隍庙为意大利信徒举行度亡道场。西班牙太极拳协会一行

491

参访北京白云观。台湾中华道教三清道祖弘道协会大陆文化交流访问团抵闽参访。香港道教联合会及六大宗教知名人士参访广东省潮阳市石洞玉龙宫。香港宗教界知名人士一行 31 人访问泉州元妙观、福州于山九仙观等道教宫观。福建省道教界向闽西北灾区捐资人民币 15 万余元。湖南省南岳道教协会举行朱陵宫竣工典礼暨神像开光法会。湖北省武当山道教协会第四届代表会议召开。中国道教协会向全国各地各级道教协会、道教宫观发出《关于深入学习中国共产党十六大精神的通知》。中国道教协会组织全体道职人员集体收看十六大开幕式、闭幕式和新一届政治局常委同记者的见面会,学习和讨论十六大精神。四川省道教协会第四届代表会议召开。上海市道教界、福建省道教界、陕西省道教界、西安市道教界、温州市道教协会、泉州市道教协会、江西龙虎山嗣汉天师府、茅山道院、泰山碧霞祠等广大道教徒认真学习贯彻中共十六大精神。中国道教协会道教文化研究所、上海道教协会联合主办,上海市社会科学院宗教研究所、上海华东师范大学宗教文化研究中心协办,上海城隍庙承办"道教思想与中国社会发展进步"研讨会召开。重庆市道教协会成立。中韩道教文化交流揭碑仪式在陕西楼观台举行。中国道教学院周永慎道长编著《历代真仙高道传》出版。世界宗教和平会议日本委员会中国和平使节团参访北京白云观。河南省道教协会三届四次理事扩大会议召开。甘肃省金塔县三元道观举行落成暨神像开光典礼。湖南省桃江县道教协会成立。浙江省瑞安市道教协会第三届代表会议召开。江西省武宁县道教协会召开第二届理事会。四川省乐山市恢复重建紫霞宫,其涵虚殿将供奉道教内丹丹法西派创始人李涵虚真人像。中共中央统战部组织"全国各省道教协会中青年负责人研讨班",全国 18 个省市道教协会的 28 名学员参加学习。中国道教协会闵智亭会长视察泉州道教工作。中国道教协会顾问黎遇航道长仙逝,北京白云观为其做了超度道场。甘肃省道教协会以王至全会长为团长的道教参访团,赴港、澳参访。江苏省茅山乾元观经乐团出访新加坡。台湾省台南县大内乡受玄宫、北极殿谒祖进香团到福建省漳州市芗城区文化街凤霞祖宫,按道教科仪举行谒祖朝圣活动。第二届道教音乐汇演在台北举行。江苏省茅山乾元观坤道经乐团在新加坡主持

"礼斗赞星谢太岁大法会"。

2003 年　中国道教协会主办癸未年道祖老子诞辰纪念活动,主要内容有老子诞辰纪念法会、老子诞辰纪念庆典大会、道教书画展及道教音乐汇演。中国道教协会向各省、市、自治区道教协会及全国道教界同仁发出《倡议书》,倡议从今年春季植树期开始,在甘肃省武威市民勤县政府划拨给县道教协会的 1200 亩生态林建设用地上,建立"中国道教生态林建设基地"。并号召全国各地道教协会、宫观和个人,港澳台地区和海外道教界的朋友们积极参与,共襄善举。中国道教学院举行第二届进修班毕业典礼。山东省道教第三次代表会议召开。中国道教学院宫观管理专业招生。江苏省句容市茅山道教文化研究中心郑志平、潘一德主编《茅山道教文集》出版。中国道教协会副会长张继禹编撰《道藏养生》出版。湖北省武当山道教协会近年来筹资4000 余万元人民币抢救修复武当山古建筑群。台湾中华道教总会秘书长张柽为团长,台湾中华道教总会、中华灵乩协会、台北市道教会、皇意宫、宝天宫、德恩宫等 21 个单位组成的台湾宗教直航两岸文化交流参圣团到泉州朝圣。中国陕西省道教协会会长任法融率团赴马来西亚,进行道文化交流与道文化知识讲座。台湾竹山慈惠堂 10人到中国道教学院短期进修。山东省青岛市道教协会第三次代表会议召开。江苏省道教协会举行爱国爱教先进集体、先进个人表彰会。江西龙虎山天师府"下元节"为海外弟子传度授箓。江苏省镇江市润州道院举行玉皇大帝、东岳大帝等神像开光典礼。云南省黑龙潭龙泉道观举行诸神开光典礼。浙江省杭州市葛岭抱朴道院重修竣工。福建省闽侯县荆溪北岳恒山府举行崔大帝神像落成暨开光庆典。湖北省蕲春县普济观举行三清大殿落成暨神像开光典礼。四川省阳平治道观八卦亭举行平顶典礼。中国道教协会领导及部分省、市道教界代表赴甘肃民勤县,参加"中国道教生态林建设基地"揭碑、捐款仪式。黑龙江省道教协会成立。西安市道教协会举行第二届五次常务理事扩大会议。北京白云观举行"道教界避瘟驱疫祈福禳灾道场",祈祷早日战胜"非典"病疫。江西龙虎山天师府举行"祈祷'非典'病疫早日消除,祝愿人类健康吉祥"大法会。新加坡三清宫举行落成及神像开光典礼。华中师范大学道家道教研究中心承办,湖北省道教协会、武汉道教文化研究会联办"湖北道教文化研习班"。中国道教协会举行"庆祝中共建党八十二周年,学习'三个代表'重要思想"座谈会。全国人大副委员长傅铁山主教一行到北京白云观考察、指导工作。湖南省道教协会第四届代表会议召开。四川省成都市道教协会第五届二次理事会召开。江苏茅山道院举办爱国主义教育专题讲座。中国道教学院首届研究生班、宫观管理专业大专班开学。中国道教协会副会长张继禹参加"第一届世界与传统宗教大会",并作了《和谐、和平:人类的共同追求》为题的演讲。国家宗教事务局领导慰问中国道教学院教师。以汤恩加为团长的香港宗教界国庆访京团参访北京白云观。辽宁省千山五龙宫举行神像开光庆典暨监院升座仪式。江苏省苏州市吴中区城隍山道院修复,并举行了城隍山道院落成典礼暨神像开光庆典。以张柽为团长的台湾中华道教总会朝圣团参访北京白云观及河南鹿邑、陕西西安、四川成都等地道观。香港蓬瀛仙馆与香港宽频网络有限公司共同建立专门宣传道教文化的电视频道——《道通天地》开播。浙江省道教协会一届三次常务理事扩大会议召开。辽宁省本溪市道教协会成立。浙江省台州市道教协会为"我为小康作贡献"活动捐资 7 万余元。上海钦赐仰殿道观举行恢复开放二十周年庆典。河南省焦作市道教协会成立。湖南省桃源市道教协会第二次代表会议召开。浙江省苍南县道教协会第五次代表会议召开。四川省苍溪县道教协会第二次会议召开。湖北省京山观音岩道观举行皇经堂落成暨神像开光仪式。河南省沁阳市道教协会成立。陕西省紫阳县紫阳真人宫举行开光庆典。陕西省汉中市道教协会成立。福建省泉州市道教协会二届五次常务理事会召开。中国道教协会《中华道藏》编纂出版座谈会举行。"道教思想与中国社会发展进步研讨会"第二次会议在福建泉州召开。云南省道教第一次代表会议举行。广州市道教协会第五次代表会议召开。中国道教学院同学赴装甲兵工程学院学习参观。国际黄大仙文化研讨会暨黄大仙祭祀大典在浙江金华举行。台湾高雄道院参访团参访湖北、江西道教宫观。长沙道文化研究中心成立暨道文化与现代社会研讨会在长沙举行。江苏省镇江市道教协会第三次代表会议召开。江苏省道教协会举办爱国主义和道风建设培训班。甘肃省道教协会举办第十二期道士培训班。江苏省道教协会举行散居正一派道士身份认定考试。北京白云观经乐团赴宁夏回族自治区参加平罗县玉皇阁神像开光法事。甘肃省天水市道教协会第二届三次代表会议召开。河南省嵩山中岳庙举行六十甲子神像开光大法会。上海唯一的坤道院——浦东新区三元宫将移址博文路重新修建。江苏省如东县上真观举行第一期工程落成典礼暨神像开光仪式。第三届道教音乐汇演在北京举行。

2004 年　中国道教协会会长闵智亭仙逝。中国道教协会委托陕西省道教协会、西安市道教协会主办，西安市万寿八仙宫承办"迎请闵智亭大师灵骨回陕西供奉仪式"及"缅怀座谈会"。中国道教协会组织协会全体工作人员学习《中华人民共和国宪法修正案》。中国道教协会副会长黄信阳出席第九届新加坡道教节。台湾台中大里兴福宫圣母会参访团访问北京白云观。台湾高雄凤山仙公庙道教参访团朝谒北京白云观。北京白云观经乐团赴香港访问，并为香港蓬瀛仙馆主持观音殿神像开光科仪。中国道教协会副会长丁常云率团赴新加坡参加第四届道教音乐汇演。江西龙虎山天师府经乐团赴新加坡访问演出。浙江省道教协会一届二次理事会召开。宁夏回族自治区道教协会筹备工作会议召开。宁夏回族自治区道教协会成立并召开道教第一次代表会议。河南嵩山中岳庙举行祭黄帝大典。中国道教协会编修《中华道藏》开始发行。中国道教协会发起，江西庐山仙人洞道院承办"海峡两岸三地纪念吕祖诞辰1206年法会"举行。中国道教协会、四川省道教协会、成都市道教协会联合举办"中国（成都）道教文化节"。河北省道教学院成立暨第一期进修班开学典礼。国家宗教局叶小文局长视察江西南昌万寿宫、龙虎山天师府。哈萨克斯坦总统夫人参观北京白云观。河南省道教协会第四届代表会议召开。江西南昌万寿宫举行竣工暨神像开光典礼。北京白云观中医诊所举行开业典礼。魏华存诞辰1752周年纪念活动在河南省沁阳市神农山二仙庙举行。甘肃省兰州市道教第七次代表会议召开。宁夏回族自治区民宗委举办道教协会筹务组道士资格认证及道教管理学习班。香港竹林仙馆参访团参访广东揭阳华阳观。中国道教协会组织全体道职员工参观"延安精神永放光芒"大型展览。全国政协民宗委考察四川省宜宾市真武山道观。河南省开封救苦庙举行"救苦庙山门落成暨闵会长题匾揭幕庆典"。山东泰山碧霞祠建国以来最大规模维修工程竣工,并举办消防安全演练培训。山东省道教协会三届二次常务理事会召开。云南省昆明市道教协会成立。浙江省道教协会召开一届四次常务理事会议。河南省开封市建立道教界人士每月学习会制度。江苏省苏州市城隍庙正式对外开放。安徽省休宁县齐云山道教协会召开第三届理事会。福建省泉州市道教协会二届九次会议召开。中央党校省部领导班领导参观北京白云观。国家宗教事务局领导慰问中国道教学院教师。中国道教协会会长扩大会议召开。安徽省道教第三次代表会议召开。浙江省道教协会会长高信一一行慰问台州市遭14号强台风侵袭受灾严重的道观。香港道教联合会第19届会长、香港蓬瀛仙馆第16届理事会永远馆长丘福雄仙逝。台湾省龙凤宫朝圣团访问山东省泰安市。山东省泰安市道教协会举办道教教职人员培训班。江苏南通市城隍庙举行迁建工程竣工、神像开光暨住持升座活动。海峡两岸纪念老子楼观台授经祈祷法会、楼观台修复奠基仪式暨学术报告会、大陵山祭拜老子墓及临潼明圣宫开光庆典等道教文化系列交流活动在西安举行。中央社会主义学院师生到北京白云观、中国道教学院调研。中国道教协会道教文化研究所、湖南省道教协会、中南大学应用伦理学研究中心和中南大学宗教研究所联合举办"道教思想与中国社会发展进步"研讨会第三次会议。广东省清新县举行太和古洞150周年纪念暨神像开光仪式。葡萄牙议会外交与欧洲事务委员会主席亚伊梅·伽玛率团参观陕西省西安八仙宫。江西省龙虎山嗣汉天师府道教访问团赴台湾、香港访问。台湾道教协会访问团参访北京白云观、拜访中国道教协会。沈阳市道教协会第六届代表会议召开。中国道教协会副会长黄信阳视察江苏省无锡市太湖三山道院。浙江省台州市道教第四届代表会议召开。陕西省紫阳县道教协会成立。中国道教协会组织全体道职员工学习《宗教事务条例》。香港蓬瀛仙馆举行创馆七十五周年馆庆暨道教电视频道《道通天地》开播仪式。印度尼西亚宗教代表团参观北京白云观。中国道教协会副会长黄信阳赴香港参加竹林仙馆扩建落成暨重塑神像开光庆典。台湾三清道祖弘道协会许荣财一行,到福建泉州市进行道教文化参访交流。香港道教联合会会长汤国华先生仙逝。北京白云观为汤国华会长举行超度法会。江西龙虎山嗣汉天师府道众学习《宗教事务条例》。国家宗教事务局副局长杨同祥参观广州市道教纯阳观。甘肃省道教第五次代表会议召开。黑龙江省哈尔滨市道教协会成立。上海道教协会举行陈莲笙道长收徒仪式暨"陈莲笙道教研究奖学金"签字仪式。浙江省道教协会举办道教中青年代表人士培训班。福建省闽侯县道教协会举行第二届代表会议。陕西省宝鸡市政协副主席、统战部部长一行视察长寿山道观。广东省道教协会第三次代表大会举行。福建省泉州市道教协会召开二届十一次常务理事扩大会议暨学习《宗教事务条例》座谈会。第四届道教音乐汇演在新加坡举行。

2005 年　国家宗教事务局局长叶小文一行看望中国道教协会负责人、全体工作人员。北京市道教协会成立,并召开第一次代表会议。中国道教界各地重要宫观同时为东南亚海啸受灾国举行"中国道教消灾解厄祈福大法会"及捐款赈灾。澳门道教协会举行庆贺澳门回归五周年祈福典礼、道教仙韵颂太平等系列活动。中国道教协会全体道职员工学习座谈《反分裂国家法》。中国道教协会创建"中国道教协会网"开通。国家宗教事务局向中国道教学院赠送电脑等教学设备。香港道教联合会举行第五届香港道教节。江西省鹰潭市道教协会成立。中国道教协会第七次全国代表会议召开。全国政协主席贾庆林会见中国道教协会第七次全国代表会议代表。中国道教学院首届宫观管理专业大专班举行毕业典礼。中国道教协会和台湾中华道教会共同举办以"蓬莱仙韵颂太平"为主题的海峡两岸道教音乐会。第五届道教音乐汇演在广州举行。湖北省政府台湾事务办公室等主办、武当山道协承办"海峡两岸武当文化论坛"举行。上海白云观举行迁建竣工庆典暨玉皇大帝等神像开光活动。中国道教协会原副会长、北京白云观方丈谢宗信道长仙逝。中国道教协会传戒团首次在马来西亚协助美里莲花山三清观举行乙酉全真传戒(方便戒)大法会。四川省成都市道教协会第六届代表会议举行。乐清市道教协会向该市慈善总会捐款总额已达人民币 31.95 万元。北京白云观组织道众前往西柏坡参观学习。陕西省宝鸡市道教协会召开理事扩大会议学习贯彻《宗教事务条例》。

二 索 引

506

三 主要参考书目

1. 传统典籍

《史记》,中华书局出版。

《汉书》,同上。

《三国志》,同上。

《魏书》,同上。

《北史》,同上。

《隋书》,同上。

《晋书》,同上。

《北齐书》,同上。

《南齐书》,同上。

《南史》,同上。

《宋书》,同上。

507

《旧唐书》,同上。

《新唐书》,同上。

《宋史》,同上。

《旧五代史》,同上。

《新五代史》,同上。

《金史》,同上。

《明史》,同上。

《资治通鉴》,同上。

《续资治通鉴》,同上。

《全唐文》,同上。

《册府元龟》,同上。

《明儒学案》,同上。

《宋元学案》,同上。

《四库全书总目提要》,同上。

《大唐创业起居注》,上海古籍出版社出版。

《唐鉴》,同上。

《能改斋漫录》,同上。

《颜鲁公文集》,四部丛刊本。

《丛书集成》,同上。

《华阳国志》,四川人民出版社出版。

《唐会要》,中华书局出版。

《廿二史札记》,同上。

《文献通考》,万有文库本。

《万历野获编》,中华书局出版。

《太平御览》,同上。

《白云观志》,日本东方文化学院东京研究所藏本。

《道藏》,上海书店、天津古籍出版社、文物出版社出版。

《藏外道书》,四川巴蜀书社出版。

《大正新修大藏经》。

《文渊阁四库全书》,台湾新文丰出版社出版。

《道藏辑要》,四川二仙庵刻本。

《清朝野史大观》,上海书局出版。

《明实录》,中华书局出版。

《清实录》,同上。

2. 今人著作

陈　垣:《南宋初河北新道教考》,中华书局出版。

　　　《道家金石略》,商务印书馆出版。

任继愈:《汉唐佛教思想论集》,人民出版社出版。

　　　《中国哲学史》,同上。

王　明:《太平经合校》,中华书局出版。

　　　《抱朴子内篇校释》,同上。

蒙文通:《道书辑校十种》,巴蜀书社出版。

陈撄宁:《道教与养生》,华文出版社出版。

卿希泰:《中国道教思想史纲》第1、2卷,四川人民出版社出版。

　　　《道教文化新探》,同上。

　　　《中国道教史》(四卷本),同上。

　　　《道教与中国传统文化》,福建人民出版社出版。

李养正:《当代中国道教》,中国社会科学出版社出版。

黄兆汉、郑炜明:《香港与澳门之道教》,香港略加山房出版。
中国社会科学院世界宗教研究所:《世界宗教研究》。
四川大学宗教研究所:《宗教学研究》杂志。
中国道教协会:《中国道教》杂志。

　　建设中国特色的社会主义新文化,离不开对中国传统文化的继承和改造。随着社会主义新文化建设高潮的到来,学术界也涌动着一股研究中国传统文化的热潮,因而对中国传统文化三大主流之一的道家和道教文化的研究兴趣,正在日益增强。广大道教文化爱好者迫切要求有一本既简明扼要而又通俗易懂的道教通史性著作,以便能为他们提供比较全面而又系统的道教文化知识。本书的编写,正是为了适应这一要求而作的一种尝试。在写作的时候,我们力图做到史论结合,学术性与通俗性相结合,以不长的篇幅勾勒出道教的产生、发展和演变,以及它在各个历史时期的基本状况和当代道教现状的大致轮廓,涉及了道教的历史、派别、代表人物、思想理论、教理教义、修炼方术等各个方面,使广大读者通过本书的介绍,可以不必花费很多时间就能对道教的产生和发展的规律以及道教文化的方方面面都有一个基本的了解,为他们进一步开展深入研究奠定初步的基础。写作开始,先由我提供了一个大约六七万字的提纲,然后由唐大潮同志参照这个提纲独立编写而成。在编写过程中,借鉴了本所有关研究人员的共同成果,也借鉴了其他同行学者的有关研究成果,在此,我们应向这些同仁表示由衷的感谢。

　　中国社会科学出版社哲学编辑室的诸位同志,尤其是黄燕生和宋立道两位同志,对本书的写作和出版给予了极为热情的关注和大力支持;中国社会科学院世界宗教研究所的黄夏年同志对本书着力甚多,审稿、校对以及索引的编写,均由他承担,付出了极其艰苦的劳动。由于他们的大力帮助,才使本书能以最快的速度出版。在此,我们谨向他们致以深深的谢意。

由于时间的仓促和我们水平的限制,书中的缺点和错误是在所难免的,恳请广大读者和各位专家学者予以指正,以便今后改正。

卿希泰

1994 年 5 月于成都

新版后记

《道教史》一书的出版，迄今已有 11 个年头了。公允地说，本书作为建国以来学术界第一本简明扼要地论述中国道教发展史的专著，自出版以来，对许多欲了解被蒙上了厚厚的神秘面纱的中国本土的传统宗教——道教的人士，确实起到了相当积极的作用，并得到了许多读者的肯定。然而，由于种种原因，本书也存在着一些问题和不足，诸如有些章节的论述过于简略、注释不完整、校对上的疏漏等等。我们一直希望能有机会对这些问题加以解决。

2004 年，江苏人民出版社告知我们将再版本书，并纳入任继愈先生主编的"新版宗教史丛书"之中，我们感到十分高兴！因为我们有了可以弥补初版中存在的种种不足的机会。这样，我们就立即着手开展工作，对存在的问题有针对性地予以解决。比如，对所引用的资料全部重新核实，注释按学术规范详细标明，对过于简略的章节适当加以增写，并增列了 1995—2005 年的道教大事记，等等。

在整个工作过程中，江苏人民出版社的府建明先生给予了大力支持和关心，不仅提出了宝贵的意见，而且也提供了种种方便。责任编辑王保顶先生认真负责、严谨踏实的工作作风，使我们深感钦佩。总之，他们所做的一切，保证了本书再版工作的顺利完成。在此，我们谨向江苏人民出版社及府、王二位先生由衷地致以深深的谢意。

此外，四川大学道教与宗教文化研究所的博士研究生周冶同学、硕士研究生邢飞和张成同学，帮助查阅资料和校对等等，做了大量的工作，花费了很多的时间和精力，在这里我们对三位同学并表感谢。

作 者
2005 年 10 月